Codi Angor yn Lerpwl, Cilgwri a Manceinion: Deugain Mlynedd o Lenydda - ysgrifau ac ati o bapur bro *Yr Angor* — rhan o ddiwylliant Cymraeg Cymry Lerpwl, Manceinion a Chilgwri (1979-2019)

Detholwyd a golygwyd gan

D. Ben Rees

Cyhoeddiadau Modern Cymreig, Lerpwl ar ran Pwyllgor yr Angor.

Argraffiad cyntaf: Gorffennaf 2019

Dymuna'r cyhoeddwyr, ar ran Swyddogion a Phwyllgor Gwaith *Yr Angor*, gydnabod cymorth ariannol unigolion a chymdeithasau tuag at gyhoeddi'r gyfrol hon.

Llun y clawr trwy law'r Golygydd

Englyn Cyfarch i Olygydd *Yr Angor*

Ei afiaith yw'r ffurfafen – un hylaw
A hael, ef yw'r hwylbren
A'r *Angor*, cwrdd a'r angen
Fe wêl y byd ofal Ben.

Owain Ellis Roberts, BBC Caerdydd (a anwyd ac a fagwyd yn Lerpwl).

Rhif Llyfr Rhyngwladol 978-1-9996898-1-0

Argraffwyd gan Wasg Book Empire, Garforth ger Leeds.

CYNNWYS

L

136 Lerpwl a'r Cyffiniau a'i betha yn y tridegau - William Hughes

LL

137 Llongyfarch yr Athro Gareth Roberts - D. Ben Rees

138 Lloffion o gofnodion pwyllgor Yr Angor - Ieuan A. Jenkins

139 Llythyron Mair Davies a Myfanwy Diggory

140 Llythyr agored at y Prif Weinidog ar Ddydd Gŵyl Dewi - D. Ben Rees

141 Llongyfarchiadau Arwel Williams - Clustfeiniwr

142 Llongyfarch Mrs Gwen Roberts, Crosby yn 2010 - D. Ben Rees

143 Llongyfarch Hefin Ednyfed Rees ar ei ddyrchafiad i'r Fainc (2009) - Pat Williams

144 Llongyfarch Undeb Corawl Cymry Lerpwl - D. Ben Rees.

M

145 'Munud i Feddwl' - Harri Parri

146 Marw Cerddor 'Pantyfedwen' - Goronwy Evans

147 Mimosa 2015 -------- Raymond Farley

N

148 Nadoligau Lerpwl - D. Ben Rees

149 Nain - Dewi Tomos

150 Nadolig - D. Ben Rees

151 Newyddion o'r Glannau - E. Gwyn Hughes a Mona Bowen

152 Newyddion o Fanceinion - Eleri Edwards ac Anne S. Hunt

153 Noddfa - Anne Stanley Hunt

154 Noddfa yn orlawn ar ddechrau canrif - Marged Jones

O

155 O'r Ysgwrn i Lwyn y Magnelau - Gareth James

156 O Gadair yr Henaduriaeth - W. Meirion Evans

157 Os hoffech wybod - Hywel Jones

P

158 Patagonia yn 1988 - Elizabeth Emrys Evans

159 Pethau da – Byd y tŷ a thelyneg - Menna Evans ac O. Trefor Roberts (Llanowain)

160 Pinaclau'r Eisteddfod (1983) - Dafydd Ll. Rees

161 Pledleisiwch i aros yn yr Undeb Ewropeaidd (2016) - D. Ben Rees

162 Portread o'r Trysorydd newydd, Ron Gilford - D. Ben Rees

163 Portread a chofio Lewis – gan Un o'r Teulu a D. Ben Rees

164 Prif ddigwyddiadau Cymry Lerpwl, Mai a Mehefin 1985 - Ieuan A. Jenkins

165 Priodas a hir gofir - Un o'r Gwesteion

166 Portread o Lerpwl yn yr Ugeiniau - Elis Aethwy

167 Profiadau Proffidiol - Rhydwen Williams

168 Pwyllgor y Mileniwm - Eleri Edwards

169 Pwy oedd pwy yn nalgylch Yr Angor - D. Ben Rees.

Rh

170 Rhywbeth i godi calon dyn - Carina (John G. Williams)

171 Rhyfeddod y gynghanedd - Cyril P. Cule

S

T

U

211 Ysgrif Goffa - Robert Owen - D. Ben Rees

212 Ysgrif Goffa – Edward Goronwy Owen – D.Ben Rees

213 Ymateb da i'r Holiadur (2010) - D. Ben Rees

214 Ymchwil ar Gymry Lerpwl - Olwen Morris-Jones

215 Ymchwil ar hanes cyffrous Calfiniaid Lerpwl - Bobi Jones

2016 Ymweliad yr Arglwydd Cledwyn o Benrhos (Awst-Medi 1979) - Ieuan A. Jenkins

217 Ymddeoliad y llawfeddyg Edgar Parry (Ebrill 1984) -- Glyn Davies

218 Apel Dathlu yr Angor yn 40 ain oed – Roderick Owen a John G. Williams

GAIR O WERTHFAWROGIAD gan Gadeirydd Pwyllgor Gwaith yr Angor

Un o'r gwyrthiau yng Nghymru yn y degawdau diweddar yw'r tyfiant yn nifer y papurau bro

Yr Angor yw'r unig bapur bro hollol Gymraeg sy'n bodoli y tu allan i Gymru.Cafodd enedigaeth anodd iawn ar y dechrau ond fe drechodd y cefnogwyr y rhwystrau a godwyd. Rhifyn Mehefin 1979 oedd y rhifyn gyntaf. Ers hynny mae ffurf *Yr Angor* wedi newid o fod yn *broadsheet* du a gwyn i 'dabloid' lliw gyda chylchrediad o 300 o bobl yn talu amdano ac mae'n siwr 600 eraill yn ei dderbyn yn ail – law!

Nid ar hap a damwain y mae'r papur wedi ymddangos 10 ngwaith y flwyddyn am y deugain mlynedd diwethaf. Hoffwn ddiolch i'r isod::

- Y sawl sydd wedi paratoi adroddiadau / anfon lluniau bob mis, o fewn yr amserlen penodol wrth gwrs, ar hanes ein cymdeithasau, gweithgareddau a disgrifio achlysuron pwysig a welsom yn ein hardaloedd.
- Y trysoryddion sydd wedi / yn poeni o ble daw yr arian i sicrhau dyfodol y papur. Mae pob rhifyn eleni yn costio £450. Diolch i Lywodraeth Cymru am eu haelioni a chymorth i ni dros y blynyddoedd.
- Yr ysgrifenyddion sydd wedi ceisio gwneud synnwyr allan o drafodaeth y Pwyllgor Gwaith.
- Y sawl sydd yn dosbarthu'r copiau i'r Eglwysi ac i'r sawl sydd yn derbyn yr Angor trwy'r post. Rydym yn anfon copïau ar lein i nifer o bobl gan gynnwys Cymdeithas y Myfyrwyr Prifysgolion Lerpwl ac aelodau WPS! Lerpwl .
- Yr argraffwyr sydd ddim yn unig yn cysodi a chynhyrchu'r *Angor* ond hefyd yn gorfod dadansoddi ysgrifen ambell i golofnydd sydd yn waeth nag ysgrifen meddyg!
- Yn bennaf oll hoffwn ddiolch i'n Golygydd, Parch. Ddr. Athro D. Ben Rees am ei waith cyson ymroddiad am gyfnod mor hir. Mae mwyafrif o bapurau bro yn dibynnu a'r dîm o olygyddion i wneud y gwaith y mae ef wedi ei wneud ar ei ben ei hun am 40 mlynedd. Mawr yw ein gwerthfarogiad o'i gyfraniad i ni ar y Glannau ac yn arbennig am ddewis a dethol yr erthyglau sydd yn ymddangos yn y gyfrol swmpus yma. Camp ynddo 'i hun . Diolch am gyfrannu i'r dathliad drwy brynu'r gyfrol. Mwynhewch !

RHAGAIR

Dyma gyfrol unigryw am o leiaf bedwar rheswm:

Yn gyntaf, rhaid cydnabod bodolaeth y papur bro a elwir *Yr Angor*, a chydnabod mewn blerwch inni ddefnyddio'r un enw ag sydd ar bapur bro Aberystwyth a'r Cylch. Trwy drugaredd, ni fu hynny'n broblem, gan fod 130 milltir rhwng y dref ar lan y môr a'r ddinas fyrlymus ar lan afon Merswy. Ar y dechrau a byth ers hynny bu perthynas dda rhyngom a Chymry Manceinion a'r cyffiniau. Bu hi'n briodas i'w chanmol. Cawsom swyddogion o Fanceinion, cefnogaeth a llawer o haelioni gan Gymdeithas Gymraeg Manceinion, a chynrychilowyr ar ein Pwyllgor Gwaith. Felly, rhaid cofio mai ni yw'r unig bapur bro sy'n gwasanaethu Cymry alltud dros Glawdd Offa, gyda phob tudalen yn Gymraeg. Gwn y ceir ambell gylchlythyr a phapur dwyieithog gan Gymry Llundain, ond gallwn ymffrostio yn ein cynnyrch a'n cynhaliaeth hir.

Yn ail, llwyddodd *Yr Angor* i gyrraedd deugain mlynedd o'i fodolaeth oherwydd yr unigolion a'm cefnogodd o'r cyfarfod cyntaf hwnnw pa fu hi'n galed dadlau dros gychwyn menter newydd. Trengodd *Y Bont* gan fod y Golygydd yn ymddeol ac yn symud yn ôl i Gymru. Nid oedd y Parchedig R. Maurice Williams, unig Olygydd *Y Bont*, yn dymuno gweld parhad, ac yr oedd hynny'n wir am eraill ar y Bwrdd Golygyddol. Dadleuodd y prifathro a'r llenor coeth Gwilym Meredydd Jones, gyda'i fedr arferol, mai ffolineb enbyd fyddai cyhoeddi papur bro aral, gan fod cylchrediad *Y Bont* wedi mynd bron yn ddim. Nid oedd y Cymry'n mynd i gefnogi'r fenter. Dadleuais innau, heb arbediad ar fy llais nag ar fy arddull rethregol, yn llawn tân y dwthwn hwnnw o blaid y cynllun, gan fy mod yn sylweddoli fod gwir angen cadw cysylltiad agos rhyngom a'n gilydd.

Nid oedd Gwilym yn barod o gwbl i fod yn Olygydd ac nid oedd neb arall yn barod chwath i fod yn Gadeirydd. Gwirfoddolais i dderbyn y ddwy swydd. Llwyddais i gael olynydd imi yn Gadeirydd ar ôl dwy flynedd, ond ni fu newid i'r 'swydd wichlyd' chwedl J. Aitsh Jones *Y Brython*. Bu'n bleser, yn anrhydedd ac yn yn bennod hynod o ddiddorol yn fy hanes. Bu penderfyniad T. M. Owens i fod yn Drysorydd, y Parchedig Ieuan Ajax Jenkins i fod yn Ysgrifennydd, a Rolly Pritchard yn Ddosbarthwr, yn foddion gweld genedigaeth *Yr Angor* ym mis Mehefin 1979. Cewch ragor o hanes y dechreuadau yn y gyfrol hon, ac felly nid wyf am ailadrodd fy hun heb eisiau.

Bu taith y papur bro yn ddigon simsan ar adegau gan nad oedd unrhyw gyngor plwyf na marsiandïwyr ar gael i'n cefnogi yn ariannol ar wahân i Henaduriaeth Lerpwl a fu'n haelionus ac atebol yng nghyfnod y Trysorydd J. Tudor Owen. Ceid cwyno gan rai. Beth oedd gan yr Henaduriaeth i'w wneud â phapur bro? Dyna'r adeg y daeth y blaenor craff o Waterloo, J. Alun Edwards, i'r adwy. Cynlluniodd femorandwm, gan ddadlau y byddai *Yr Angor* yn neilltuo o leiaf ddwy dudalen ar gyfer crefydd, capeli a diwinyddiaeth. Gosododd hyn o flaen Comisiwn yr Elusennau, yr Henaduriaeth, Bwrdd *Yr Angor*, a chytunai pawb. Daeth eraill lawer i'n cynorthwyo. Ymhlith yr Annibynwyr, y Bedyddwyr, yr Anglicaniaid, a'r Presbyteriaid, daeth *Yr Angor* yn ffefryn pawb am ei fod yn llwyfan i bawb. Ceid rhyddid i feirniadu, ond canmol oedd tuedd y mwyafrif llethol.

Daeth newid byd pan benderfynodd llywodraeth Geidwadol roi arweiniad i Fwrdd yr Iaith y dylem gael cymhorthdal. Bûm yn ymgyrchu'n galed gerbron David Hunt a'i berswadio o'n hangen, ond credaf iddo ildio am fy mod yn Weinidog gyda'r Hen Gorff a bod ei blant wedi cael eu bedyddio yn un o'n capeli ni ar Gilgwri! Peth fel yna yw brwydrau bywyd. Diolch bellach i Lywodraeth Cymru am gynhaliaeth hanfodol a chawsom gyfle i ddweud hynny'n swyddogol wrth ddau o Brif Weinidogion Cymru ar eu teithiau i Lerpwl, sef Rhodri Morgan a Charwyn Jones, dau o'r goreuon. Tybed pwy ddaw o Lywodraeth Cymru i'n dathliadau ym mis Gorffennaf? Gallwn lawenhau i ni gyhoeddi *Yr Angor* fel llafur cariad. Nid tynnu allan o goffrau *Yr Angor* a wnaeth ein swyddogion, ond cyfrannu'n haelionus i'r Gronfa Fisol. Dyna'r trydydd rheswm sydd yn haeddu cofnod.

Yn Atodiad i'r gyfrol hon, cewch enwau nifer arbennig o ddarllenwyr, pob un o'r swyddogion a chefnogwyr *Yr Angor* sydd wedi gwarantu nad ydym ar ein colled wrth gyhoeddi'r gyfrol hon. Dyma wyrth yn myd cyhoeddi, ein bod yn medru gwerthu'r argraffiad clawr meddal am ddeg punt a'r argraffiad clawr caled am bymtheg punt. Trwy weithredoedd hardd y cyfeillion hyn, fe sicrhawyd bargen i'r bobl a fydd yn prynu'r gyfrol yn siopau llyfrau Cymraeg Cymru. Cawsom wybod yn blwmp ac yn blaen nad oedd ceiniog yn dod at y gyfrol hon o arian Llywodraeth Cymru trwy'r Cyngor Llyfrau Cymraeg, ac felly oni bai am ffrindiau *Yr Angor* byddem wedi boddi wrth ymyl y lan, ond ni ddigwyddodd hynny.

Yn bedwerydd, mae'r gyfrol bron yn yn unigryw am mai dim ond un Golygydd a fu yng ngofal *Yr Angor* o'r cychwyn cyntaf. System dda os oes gennych ddigon o bobl yn ymddiddori ac yn llenydda, ond yn fwy na dim, yn barod i gasglu'r deunydd ynghyd a'i olygu ar gyfer y cysodydd. Y fantais a gefais i oedd bod hanner dwsin o bobl yn barod i fod yn ohebwyr y cymdeithasau a'r capeli. Dirywiodd y nifer yn fawr gan i gymaint o gymdeithasau a chapeli ddiflannu i ebargofiant er mawr dristwch. Bu newid arswydus, aruthrol.

Hyd y nawdegau cynnar ychydig o luniau a welid yn y papur. Y Barnwr J. E. Jones, ffrind da i *Yr Angor*, a oedd y ffotograffydd cyntaf o ddifrif. Adeiladwyd ar ei waith ef gan Dr John G. Williams, Elwyn Evans (Manceinion), Terry O'Neill, (Penbedw) a rhai o'r ffotograffwyr proffesiynol fel Ray Farley y gwyddwn i amdanynt. Eitem arall bwysig yw'r erthygl olygyddol ac fe welir yn yr holiadur diweddaraf a wnaed ar ran *Yr Angor* fod y Golygyddol yn dilyn y lluniau fel y rhan fwyaf atyniadol o'r papur. Diolch am y darllenwyr a gymerodd ran er mwyn dweud hynny. Bu'n godiad calon gan y gwelwyd erthygl olygyddol ymhob rhifyn am ddeugain mlynedd. Ceir detholiad byr, byr ohonynt yn y gyfrol hon. Neilltuir tudalen ym mhob rhifyn i'r Cymry a gollwyd yn nalgylch *Yr Angor.* Cyfaddefaf fod hynny yn un o'm blaenoriaethau. Nid yw'n digwydd yn y rhan fwyaf o'r papurau bro a welaf a gofidiaf yn fawr am hynny. Credaf nad yw'r Cymry, fel cenhedloedd eraill, yn rhoi sylw dyladwy i'r rhai a lafuriodd mor galed dros ein hetifeddiaeth ond sydd bellach , Bala ymhlith 'y cwmwl tystion'. Ceir detholiad gofalus ohonynt yn y detholiad hwn gan fy mod yn bwriadu cyhoeddi *Bywgraffiadur Cymry Lerpwl* yn 2021. Gwn yn dda y bydd y gyfrol hon yn cael ei hanwylo gan lawer un ar sail yr ysgrifau coffa niferus sydd i'w canfod ar ei thudalennau.

Y dasg a roddais i mi fy hun ar ôl ei drafod yn y Cyfarfod Blynyddol oedd paratoi cyfrol swmpus, tua 350 o dudalennau, i ddathlu'r eitemau mwyaf diddorol, yn fy nhyb i, a welodd olau dydd rhwng 1979 a 2019. Go brin y bydd *Yr Angor* yn y flwyddyn 2029 yn mynd ati i gyhoeddi dim byd tebyg. Os cyhoeddir cyfrol, yna cyfrol o luniau fyddai'n debygol. Ni fyddai hon wedi ymddangos oni bai imi gael help anhygoel gan Daniela Schlick o Borthaethwy drwy deipio yr hyn a ddewisais o 1979 hyd 2013, a bu Aeron Jones, Llanuwchllyn, yn garedig i ddarparu cynhyrchion y chwe blynedd diwethaf. Can mil diolch i'r ddau. Bu Aeron Jones yn cysodi *Yr Angor* am y 32 mlynedd diwethaf, yn nyddiau Gwasg y Cyfnod , Bala ac wedi hynny yn nyddiau ei gwmni preifat. Bendith fo arnynt i'r dyfodol. Lluniodd Dr John Williams, ein Cadeirydd doeth, gyflwyniad graenus i'r gyfrol hon. Gofalodd hefyd am adran y lluniau, ef ac Elwyn Evans, gan gynnwys peth o'm casgliad personol innau o luniau Lerpwl. Derbyniais gymorth David Fletcher i osod y cyfan at ei gilydd, cryn dasg, gan nad oeddwm am ddilyn y calendr, ond yn hytrach dilyn fy archwaeth fel Golygydd. Dyna pam y ceir ambell i eitem sy'n wahanol i'r arfer fel sôn am y darlithiau a drefnwyd o dan ofal Henaduriaeth Lerpwl i hyfforddi oedolion i gymryd gofal o oedfaon a chynnwys dro arall restr o gyfeillion haelionus fel enghraifft o'r hyn a gafwyd yn gyson o fis i fis ar hyd y blynyddoedd sef cefnogwyr i'r papur bro. Diolchwn i'r rhai a fu'n prawf ddarllen yn arbennig y Cyngor Llyfrau Cymraeg a Dr Patricia Williams a chynorthwyo'r Golygydd yn y dasg o baratoi'r gyfrol ddiddorol .

Gobeithiwn ddosbarthu'r gyfrol hon yn y cinio a gynhelir yng Nghlwb Golff Woolton am 7.30 o'r gloch ar nos Sadwrn, 20 Gorffennaf 2019, pryd y cawn y fraint o wrando ar Dr Huw Edwards, Llundain, a ffrind da i ni oll ar y Glannau yn ein hannerch. Mae ganddo ddawn y llenor a cheir ysgrif o adolygiad o'i waith yn y gyfrol hon. Nid llenorion y dalgylch yn unig sy'n cyfathrebu â ni o fewn y cloriau hyn, ond llenorion gorau eu cyfnod fel Gwyneth Lilly, Bobi Jones, Hywel Gwynfryn, John Gwynfor Jones, Hafina Clwyd, Harri Parri, Cyril P. Cule, Iorwerth Jones, Dic Jones, Erastus Jones, Dylan Iorwerth, ac ugeiniau o rai eraill.

Mwynhewch y wledd a pheidwch ag anwybyddu'r rysaits a byd y tŷ ac ambell golofn ddigri!

D. Ben Rees, Lerpwl
7 Chwefror 2019

A

1 ANRHYDEDDU'R CYMRY CERDDOROL

gan Tim Evans a Mair Powell

Roedd nos Fawrth, 29 Hydref 2013, yn noson bwysig yn hanes y Côr gan iddo dderbyn Rhyddid y Ddinas yn Neuadd y Ddinas gyda'r Arglwydd Faer, Gary Millar, a'i osgordd a chyfeillion eraill anrhydeddus y ddinas. Roedd yn gyfarfod i'w gofio. Bu'r Côr mewn bodolaeth ers 113 o flynyddoedd. Cawsom anerchiadau byr gan Yr Arglwydd Faer, ei gynorthwywr Wendy Simon, Arweinydd yr Wrthblaid yng Nghyngor Lerpwl, y Cynghorydd Richard Kemp, O.B.E., Llywydd y Côr, yr Athro Huw Rees a'r Cadeirydd, Peter Barlow. Canwyd dau ddarn gan y Côr. Derbyniwyd *Illuminated Freedom Scroll* hardd. Roedd yn dda gweld Miss Nansi Pugh yn bresennol. Cyflwynwyd copi o'i llyfr, *The Liverpool Welsh Choral, The First Hundred Years* i'r Arglwydd Faer gan Peter Barlow. Aeth yr Arglwydd Faer at Miss Nansi Pugh, ysgwyd ei llaw a chael gair gyda hi. Roedd cymeradwyaeth iddi, a'r Côr yn sefyll. Roedd arddangosfa o waith y Côr yn un o'r ystafelloedd. Roedd yn wych fod Côr a ddechreuwyd gan Gymry Lerpwl yn cael ei werthfawrogi a'i anrhydeddu.

Yr Athro Huw Rees a
Peter Barlow yn derbyn y sgrôl
o law'r Arglwydd Faer

Rhan o'r Côr yn diddori y gwahoddedigion

2 Aelodau o Bwyllgor Gwaith yr Angor y deugain mlynedd hyn

Pwyllgor Gwaith yr Angor ynghanol yr wythdegau, Rhes gefn (o'r chwith i'r dde) Ieuan A. Jenkins, William Owen, Walter Rees Jones, R. E. Hughes, J. Alun Hughes a J. Alun Edwards. Rhes flaen (o'r chwith i'r dde) Menai Williams, E. Goronwy Owen, D.Ben Rees, Humphrey Wyn Jones a Anne M.Jones.

Pwyllgor Gwaith *Yr Angor* yn nechrau'r naw degau . Rhes gefn (chwith i'r dde) Humphrey Wyn Jones, William Evans , E. Goronwy Owen . Ken Williams , Hywel Jones, Walter Rees Jones a Ron Gilford ; rhes flaen Marian Prys Davies , Anne M.Jones , D. Ben Rees, Mair Jones a Lois Murphy.

3 CADEIRYDD *YR ANGOR* AR EI DDERBYN I'R ORSEDD

Anrhydeddu y Meddyg Caredig

gan D. Ben Rees

Daeth llawenydd mawr i Gymry'r Glannau a Chymry Manceinion pan ddatgelwyd y newydd fod Dr. John G. Williams, Allerton wedi cael ei anrhydeddu gan yr Orsedd. Caiff ei dderbyn i'r Wisg Las am ei gyfraniad gwerthfawr i wahanol adrannau o fywyd Cymry Glannau Mersi ym mis Awst eleni.

Cafodd yrfa nodedig fel ffisigwr yr ysgyfaint yn Ysbyty Halton a Warrington. Cyfrannodd yn helaeth er 1982 fel arweinydd yn Eglwys Bresbyteraidd Bethel, Heathfield Road, a deil felly hyd heddiw. Y mae ei arweiniad o fewn yr enwad a'r Henaduriaeth yn hynod o dderbyniol. Bu'n gefnogol i gymdeithasau meddygol, Cymraeg a Saesneg, a bu'n gonglfaen fel ffotograffydd i'r *Angor* ar hyd y blynyddoedd. Croesawodd ef a'i briod, Beryl, ddarlithwyr, pregethwyr, pwyllgorau, a chyfarfodydd i'w cartref dedwydd yn gyson, a chawsom gefnogaeth wych gan y mab, Rhys a'r ferch, Sara. Daw'r newydd da yn donic iddynt hwythau ac i ninnau, pobl *Yr Angor*.

Dr John yw Cadeirydd y Pwyllgor Gwaith. Cefnogodd Gymdeithas Cymry Lerpwl ar hyd y blynyddoedd ac y mae'n Is-Lywydd ers rhai blynyddoedd. Derbynnir ef gan yr Archdderwydd yng nghylch y meini yn Eisteddfod Genedlaethol y Fenni a'r Cylch 2016. Ymuna â'r mawrion o fyd meddygaeth Cymry Lerpwl a gafodd yr un anrhydedd yn y dyddiau gynt a fu, sef i enwi tri: Dr. Emyr Wyn Jones, Howell Hughes, a'r Athro David Alan Price Evans. Fe haedda Dr. John gael ei le ymhlith y cylch hwn a chylch ehangach y genedl.

4 Cyfarfod Dinesig Nodedig

gan Nan Hughes Parry

Roedd y 3ydd o Hydref 2018 yn ddiwrnod unigryw iawn i'n gweinidog y Parchedig Ddr. D. Ben Rees pan dderbyniwyd ef yn Ddinesydd er Anrhydedd y y Ddinas yn neuadd y dref, Lerpwl. Anrhydedd haeddiannol iddo am ei holl weithgareddau amrywiol a gyfrannodd i ni y Cymry Cymraeg am hanner can mlynedd ac hefyd i gymunedau ac i ddinas Lerpwl ei hun.

Roedd ei annwyl briod Meinwen, a'r bechgyn, Dafydd, Hefin a Bethan, y wyrion Tomos a Joshua ynghyd ag aelodau o'r eglwysi yn dystion i'r seremoni hon oedd yng ngofal Arglwydd Faer y Ddinas, y Cynghorydd Christine Banks, a'r Is-faer Lerpwl, y Cynghorydd Gary Miller, Old Swan a Dr. John Williams. Ymatebodd Dr. Rees i'r anrhydedd osodwyd arno gan arwyddo'r anrhydedd a derbyn y sgrôl hardd sydd yn dyst o hynny.

Yn dilyn y gwasanaeth ffurfiol cafwyd naws Gymreig o ddatganiad ar y delyn o 'Dafydd y Garreg Wen' gan Angharad Huw, Rhuthun ac unawd 'Guide me o Thou Great Redeemer' gan D. Louise Thomas, Crosby, cyn cydganu y ddwy Anthemau Cenedlaethol.

Trefnwyd bwffe ardderchog gan Meinwen ar gyfer yr holl wahoddedigion a difyr oedd gwrando ar deyrngedau Dafydd a Hefin i'w tad a Dr. Arthur Thomas ar ran Cymdeithas Etifeddiaeth Cymry Lerpwl.

Rydym ni yma ym Methel yn gwybod yn fwy na neb am gyfraniad di-ildio Dr. Rees i'r eglwysi a'i gyfraniad tu allan i furiau'r eglwys. 'Da was, da a ffyddlon'.

Rhai o'r GWESTEION YN Neuadd y Ddinas ar 3 Hydref 2018

D. Louise Thomas

Y Dinesydd er Anrhydedd yn annerch yn y sermoni

Llawen ei fyd

Rhes flaen yn y sermoni

Dirprwy Faer , Cynghorydd Gari Miller

Angharad Huw

Dangos y Darlun

Parchedigion John Williams a D.B Rees

Dafydd Rees yn annerch

Dr John G.Williams yn annerch

Yr Anrhydedd

Dr Arthur Thomas o Gymdeithas
Etifeddiaeth Cymry Glannau Mersi

Dr John G.Williams

Hefin Rees yn datgloi cyfrinachau

Yr Arglwydd Faer Christine Banks

Dafydd Ll.Rees

Hefin E.Rees

Y Tad a'r meibion

Teulu Garth Drive

Dr John G.Williams , Sian a Eurfin Davies,Llandegfan

Tomos Ll.Rees, Meinwen Rees, D.B Rees a Joshua C. Rees

Dangos Roll yr Anrhydedd

Y Teulu

Cynghorydd Richard Kemp, Dr Rees a Dr Williams

Y Maer a'r Dinesydd er Anrhydedd

Llofnodi y dogfennau

Gwrando astud

Hefin Rees, Eryl Wynne Jones, Parchedig Robert Parry a Dr D.B Rees

Ar derfyn y noson fythgofiadwy

5 Arweinydd Anghyffredin y Parchedig Dafydd Hughes Parry

Anodd dygymod â cholli Dafydd Hughes-Parry a hynny, i'n golwg ni, mor gynamserol. Er ei ddyfodiad i Lerpwl yn 1961 bu'n gaffaeliad mawr i'r bywyd Cymraeg, crefyddol, addysgol a chymdeithasol. Gŵr fel arian byw ydoedd, bob amser ar garlam ar ryw neges neu'i gilydd. Byrlymai gan syniadau a chydnabyddwn iddo lwyddo i wireddu cymaint ohonynt.

Yn ei waith fel athro ysgol yr oedd ganddo ddigon o syniadau. Bu ei dymor yn Ysgol Gyfun Gateacre yn un hynod o ffrwythlon. Llwyddodd i gael y rhieni i gydweithio â'r athrawon er budd y plant. Hynny oedd yn bwysig i Dafydd. Nid rhyfedd ei fod yng ngolwg y plant yn ymgorfforiad o'r ysgol. Dyma dystiolaeth un ohonynt o'r Chweched Dosbarth:

> No one will hold a place in our hearts as he did. We respected him because he treated us as adults and friends, not as pupils. He made such an effort with us that will never be forgotten.

Brawychwyd y staff a'r disgyblion, fel ei deulu a'r gweddill ohonom, gan ei farwolaeth ddisyfyd ar fore Iau, 14 Mai 1987, ac yntau ynghanol addfedrwydd ei ddyddiau. Ond bu'r misoedd a'r triniaethau yn Ysbyty Broadgreen ers dechrau'r flwyddyn yn rhai anodd iddo – er hynny yr oedd ei weledigaeth a'i gonsárn yr un mor gadarn.

Gweledigaeth yr Efengyl Gristnogol yn ei chyfoeth oedd ganddo. Iddo ef yr oedd ffydd heb weithredoedd yn ddi-rym. Cyfieithodd yr alwad a gafodd yn fachgen ifanc yn Abersoch yn ofal am yr unig a'r amddifad, yr hen a'r methedig. Bu'n gaffaeliad mawr i Edward Patey a chlywais ef yn talu teyrnged yn fy nghlyw rai blynyddoedd yn ôl am ei ymroddiad eneiniedig. Golygai hynny alw i weld yr anghenus a chario nwyddau ac ati i'w cartrefi. Llwyddodd i godi arian tuag at y Mudiad yn flynyddol. Ond ei gyfraniad mawr oedd *Family Link Line*, sef cyfle i bobl ffonio neu gysylltu pan oedd hi'n ddu arnynt a'r argyfwng yn gwaethygu. Rhoddodd o'i amser a'i ynni i hyn o wasanaeth heb ddal dim yn ôl. Rwy'n grediniol gredu iddo losgi allan dros ei argyhoeddiadau a'i gariad at yr Arglwydd a'i gyd-ddyn. Er yr holl lafur hyn ni laesodd ddwylo yn ein plith ni fel Cymry. Bu'n arweinydd anghyffredin o weithgar ymhlith Aelwydydd yr Urdd, yn ddiweddarach Clwb y Cymry, gweithgarwch Undeb Ysgolion Sul ac fel pregethwr cymeradwy ar y Suliau yn eglwysi Sir Gaerhirfryn.

Gwyddai fod angen cyfathrebu'r Gair yn yr ysgol fel ag yn y pulpud. Llwyddodd. Bu'n hynod o gefnogol i'r eglwysi difugail fel y tystia Eglwys St. Helens Junction ac am gyfnod, Eglwys Stanley Road, Bootle. Yr oedd y dyrfa fawr a ddaeth i eglwys Bresbyteraidd Cymru, Bethel, Heathfield Road ar bnawn Mercher, 21 Mai, yn dweud cyfrolau am ei weinidogaeth a'i gyfraniad i gymaint o gyfeiriadau ac yn rhoi cysur mawr i'w anwyliaid, ei briod Mrs. Nan Hughes-Parry, y merched – Nia, Mair ac Eirian, a'r fam Mrs Elizabeth Parry. Bu'r gwasanaeth yn ôl dymuniad y teulu, yn un gorfoleddus ac yn ysbrydoliaeth – y canu Cymraeg eneiniedig, yr addoli a'r deyrnged, a'r blodau hyfryd yn lliwiau ei hoff dîm pêl-droed, Everton, y bobl ieuainc a hyfforddodd, ei gyd-weithwyr ymhob maes, a'r Cymry o bob cyfeiriad, yn werthfawrogiad ac yn deyrnged i fywyd a gwaith Dafydd Hughes-Parry.

D.Ben Rees

6 ARWR OEDD HYWEL TEIFI

gan Hywel Gwynfryn

Y tro cyntaf i mi siarad ag ef oedd dros y ffôn.

'Mae gen i flys gwneud ychydig o waith ymchwil i fywyd a gwaith Llew Llwyfo. Ydych chi'n meddwl y byddai hynny'n syniad da?' gofynnais.

'Diawl erioed, nagw. Miwsical am yr hen Lew. Dyna sydd ei angen. Oedd e'n well canwr na llenor. Yffach gols. Wyt ti'n sylweddoli mai'r hen Lew oedd y canwr pop *coast-to-coast* cynta' erioed? Mi a'th e a'i deulu, *Llew and his Menargerie'* fel o'n nhw'n cael eu galw, i'r America ac wedyn teithio o ddinas i ddinas yn cynnal *one night stands*. A pheth arall ...'

Ddeng munud yn ddiweddarach, pan ddaeth y ddarlith i ben, roeddwn wedi fy nghyfareddu a'm hysbrydoli. Gallwn weld y Llew yn canu deuawd efo Edith Wynne, Ceiriog a Thalhaearn, a'r Llew yn mwynhau ei hunain ar faes yr Eisteddfod, ac yn mwynhau ei hun hyd yn oed yn fwy gyda'r nos yn y dafarn ar ôl ennill ei goron ddiweddara'. Penodais fy hun yn y fan a'r lle yn Llywydd am oes ar Gymdeithas Edmygwyr Hywel Teifi Edwards. Bûm yn ddigon ffodus i gael cwmni Hywel ar fwy nag un achlysur yn y stiwdio ar faes yr Eisteddfod. Gallaf ei weld rŵan yn gorwedd yn ôl yn ei gadair, a'i lygaid yng nghau, yn gwrando ar un o feirniaid y Gadair yn traethu, ac yn dal i draethu. Cyn bo hir, byddai'n rhaid i mi droi ato a gofyn iddo am ei ymateb i'r seremoni. Edrychais i'w gyfeiriad yn barod i ddweud ei enw a'i ddeffro o'i berlewyg. Ond i brofi ei fod yn gwrando ar bob gair a heb gael ei suo i drwmgwsg gan lais undonog y beirniad, agorodd Hywel un llygad a gwthio darn o bapur ar draws y bwrdd. Arno roedd y geiriau: 'Yffach gols, mae hwn yn blydi *boring*.'

A phwy'n well i wneud sylw o'r fath nag un o'r bobl mwyaf ffraeth, diddorol, gwybodus, doniol a difyr y cefais i erioed y pleser o'u cyfarfod? Dros y blynyddoedd fe'i holais droeon ar amryfal bynciau llenyddol. Na! Tydi hynny ddim yn wir. Dros y blynyddoedd fe wrandewais arno yn siarad ar amryfal bynciau llenyddol. Prin y dôi'r cyfle i ofyn ail gwestiwn i Hywel. Unwaith y byddai yn rhoi clec ar ei chwip i gychwyn y goets fawr urddasol gyfforddus ar ei thaith o amgylch ffyrdd llenyddol Oes Victoria, y cyfan oedd yn rhaid i'r holwr ei wneud oedd gafael yn dynn a mwynhau'r cwmni gan wybod fod awenau'r sgwrs yn ddiogel yn nwylo'r meistr.

Yn ystod y blynyddoedd, fe gawsom ein hatgoffa ganddo droeon mai pêl-droed ac nid rygbi ydi gêm genedlaethol y Cymry, ac mai tîm y timoedd ydi Arsenal. Fe fydd lle iddo'n sicr, ymhlith y gynnau gwynion yn yr *Heavens' Eleven*, efo rhai o'i arwyr oedd yn gyn- chwaraewyr y Gynners (yn gwisgo gynnau cochion hefyd, os caiff Hywel ei ffordd). Maen nhw'n disgwyl amdano – Wally Barnes, y cefnwr chwith o Aberhonddu; Mel Charles o Abertawe; Jack Kelsey y gôlgeidwad o Lansamlet, a Derek Tapscott o'r Barri.

Ond ar gae rygbi y clywais i un o areithiau mwyaf teimladwy Hywel Teifi. Talodd deyrnged ysgytwol i Ray Gravell ar Barc y Strade ddiwrnod ei angladd. A'r un frawddeg syml o'r araith honno sy'n aros yn y cof: 'Dyw arwyr byth yn marw.'

Yffach gols, Hywel, nac ydyn. Byth!

7 ARWEINYDD ANGHYFFREDIN ARALL – J. ALUN EDWARDS

gan D. Ben Rees

Gyda gofid mawr y deallais ddechrau'r flwyddyn 1994 am waeledd cyfaill a chyd-weithiwr hoff, J. Alun Edwards, ac am y saith mis dilynodd wynebodd gyfnodau mewn tair ysbyty (Walton, Fazarkarley a Clatterbridge) a thrwy'r holl flinder daliodd yn gadarn i gredu yn yr addewidion a osodwyd ar ein cyfer yn yr Efengyl a derbyn gofal cariadus, diflino yn ei gartref clyd yn Glan Aber, Blundellsands gan ei briod, Menna, a'r ferch Jennifer a'i gŵr Peter Cunningham a'r wyresau Bethan a Meriel.

Cynnyrch cartref Cymraeg o'r radd flaenaf oedd ein brawd. Ei dad Richard Edwards yn ŵr cadarn a chydwybodol a'i fam Florence Edwards ag aml i berl yn dod o'i genau, fel y sylw hwnnw a wnaeth Alun ddechrau'r flwyddyn ym Methania 'fod pob blwyddyn i'r Arglwydd yn flwyddyn dda'. Trafod Oed Crist yr oedd o ac yn sylwi fod ambell un yn dweud 'fod y flwyddyn hon wedi bod yn flwyddyn druenus'. Nid felly, ac yna dyfynnodd eiriau ei fam i'n llwyr argyhoeddi ei fod e'n llygad ei le.

Bu ei rieni yn byw yng Ngogledd Iwerddon a ganwyd ei frawd Elwyn (a fu farw ddwy flynedd yn ôl yn Whitchurch) yno. Darllenodd cryn lawer am yr Ynys Werdd ac roedd hi'n werth ei glywed e'n traethu am nodweddion trigolion Gogledd a De.

Cafodd Alun ei eni yn y Dyffryn, Môn, ond ei fagu yng Nghaergybi. Cynnyrch Ysgol Sir, Caergybi a Chapel Bethel y Bedyddwyr, a gwahoddwyd ef i annerch yno yn y Cyfarfod Dathlu Daucanmlwyddiant yr Achos (1790-1990). Aeth o Gaergybi i wasanaeth Gweinyddiaeth yr Awyr – i fod yn fanwl gywir yr *Air Ministry* – a gwelodd, pan dorrodd yr Ail Ryfel Byd, gyfnodau o wasanaeth yn yr Eidal, Groeg ac Iwgoslafia. Ar ôl i'r Rhyfel ddod i ben, bu'n gwasanaethu yn ôl gyda'i waith cynharaf, cyn symud yn 1947 i'r Weinyddiaeth Bensiynau.

Bu'n teithio cryn dipyn a dod i werthfawrogi nodweddion gwahanol ardaloedd yng Nghymru. Y man cychwyn oedd tref Caerfyrddin (1947-51), yna yn ôl i Gaergybi, cyn symud i ofalu ar ôl y Gangen Weinyddiaeth Bensiynau ym Machynlleth (1953-9). Symudodd i Gaerdydd yn 1959 i Swyddfa'r *Survey Auditor* yng Nghabalfa. Daeth yn ôl i Ogledd Cymru yn 1962 i dref y Rhyl, lle y cartrefodd ef a'i briod a'r teulu bach, Jennifer a Lewis. Bu'n gyfnod dedwydd: Ysgol Gymraeg i'r plant, Capel Bethel a gweinidogaeth y gŵr amryddawn, y Parch. Emyr Roberts, a bwrlwm bywyd Cymraeg a Chymreig y dref.

Yn 1972 cafodd ddyrchafiad yn Brif Was Sifil i Swyddfa Ranbarthol y Gwasanaeth Cymdeithasol, a hynny yn Bootle, a daeth y pedwar ohonynt i gartrefu yng Ngogledd Lerpwl. Bu yn y swydd bwysig, allweddol hon o 1971 hyd ei ymddeoliad yn niwedd 1981. Ac yn ystod y tair blynedd ar ddeg diwethaf, ymaflodd i bob agwedd o fywyd Cymraeg y Glannau. Roedd e'n ŵr cadarn, dibynadwy ac o ddifrif. Bob tro y clywaf emyn S. J. Griffiths, Morswyn o Gaergybi, meddyliaf amdano. Yr oedd e'n ymgorfforiad o'r ddelwedd am y Graig.

Rhoddodd gryn gefnogaeth i nifer o brojectau y buom yn ymwneud â hwy, y pennaf oedd Caplaniaeth y Glannau. Ni chymrodeddodd ar yr angen i gysuro y cleifion o Gymry yn ysbytai'r ddinas. a bu ef ei hun yn brofiadol o'r cysur hwnnw. Gwasanaethodd bwyllgorau lleol a chenedlaethol y Cyfundeb yn egnïol. Profodd ei hun yn gynrychiolydd gwerth chweil i bwyllgorau Sasiwn y Gogledd, y Pwyllgor Rhanbarth a'r Gronfa Fenthyg, ac anfonai adroddiadau o'r cyfarfyddiadau hynny i'r Henaduriaeth bob tro. Gwasanaethodd yr Henaduriaeth oddi ar ei ethol yn flaenor yn 1977 yn Eglwys Waterloo yn ddi-feth gan eistedd ar bwyllgorau di-ri. Gwasanaethodd ei eglwys leol, Waterloo a Bethania yn dd-rwgnach ac yn effeithiol.

Bu'n Drysorydd delfrydol. Meistrolodd y cyfrifiadur a'r argraffydd gan gynhyrchu cylchlythyr misol proffesiynol i'w eglwys. Ysgwyddodd bob cyfrifoldeb. Sylweddolodd Alun 'wrth dderbyn swydd blaenor y cyfrifoldeb a'r angen am fwy a mwy o waith yn y Winllan' fel y dywedodd un o'i gyfeillion, Idwal Bryan Hughes, Farndon, Caer, 'ac wedi ymddeol, fe ymdrechodd yn deg i baratoi ei hun i lenwi ei swydd yn anrhydeddus'. A gwn yn well na neb iddo lwyddo i wneud hynny, ac yr oedd yn awyddus iawn i mi gychwyn y Cwrs Byr yn 1984 i baratoi blaenoriaid a lleygwyr i gymryd gwasanaethau. Bu hwn yn llwyddiant diamheuol a gwyn fyd y cynulleidfaoedd hynny yn Sir Gaerhirfryn a Sir Gaer a glywodd J. Alun Edwards yn cyflwyno neges yr Efengyl wedi ei baratoi'n ofalus ac aml i berl yn y cyflwyniad.

Yn anffodus y mae cymaint o'n harweinwyr a'n haelodau yn amharod iawn i fanteisio ar y ddarpariaeth addysgol grefyddol sydd ar gael y dyddiau hyn. Manteisiodd J. Alun Edwards ar bob cyfle, gan deithio pum milltir ar hugain (yn ôl ac ymlaen) o'i gartref i Bethel yn rheolaidd er mwyn clywed athrawon prifysgol fel Barnabas Lindars, a Ralph Martin (meistri yn y byd ysgolheigaidd) neu ambell fardd fel Dannie Absie, neu lenor fel Harri Parri ac ugeiniau o rai eraill a wahoddais i Lerpwl yn ystod y ddau ddegawd diwethaf. Yr oedd yn barod bob amser i gyfrannu i'r drafodaeth, a gofyn aml i gwestiwn bachog nes synnu yr athronydd Hywel D. Lewis neu'r diwinydd, W. Eifion Powell. Bu'n ddisgybl am flynyddoedd yn nosbarthiadau Prifysgol Lerpwl, fel dosbarth Diwinyddiaeth Alex Smith, a gwnaeth radd B.A. yn y Gyfraith fel myfyriwr allanol. Cryn gamp.

Rhaid sôn am ei dymor yn Drysorydd *Yr Angor*. Golygai'r cyfrifoldeb gryn lawer iddo, ac yr oedd ef wrth ei fodd yn ein pwyllgorau ac yn rhyfeddu at haelioni cynyddol y darllenwyr tuag at barhad y papur bro hwn. Bu ein hysgrifau'n destun dadl lawer tro ond bob amser yn wahanol, a gwerthfawrogais ei gwrteisi ar bob amgylchiad. Daliodd ei gysylltiad â'r *Angor* hyd y diwedd a bydd colled fawr ar ôl ei sylwadau craff a'i gefnogaeth ddiwyro.

Ond uwchlaw pob dim yr oedd yn ŵr teulu, a dyma lle y derbyniodd ei ysbrydoliaeth yn aml. Bu Menna yn bopeth iddo. Y mae geiriau yn annigonol i gyfleu ein diolchgarwch iddi am ei gofal dros y blynyddoedd – ac yn arbennig y saith mis diwethaf hyd ei alw adref ar bnawn Mercher, 20 Gorffennaf 1994. Bu farw yn ei gartref a dyna ei ddymuniad. Roedd yn barod i'r alwad ers wythnosau. Dywedodd wrthyf ar ôl derbyn y Sacrament o Swper yr Arglwydd – 'Hyd oni ddelo'. Cefais y fraint o'i baratoi trwy weddi a'r Cymun ar gyfer y daith, yn wir, y bererindod i'r nef, a diolch i'w briod a'r ferch am y croeso caredig bob amser. Yr oedd hi'n fraint fawr i weinidogaethu i'r blaenor anghyffredin hwn, i gyfaill a fynegodd ei ddiolch am imi drefnu aml i bererindod, i Oberammergau, i'r Eidal ac i'r trefedigaethau Cymreig yng Ngogledd-Ddwyrain yr Unol Daleithiau.

Cynhaliwyd ei angladd brynhawn Mawrth, 26 Gorffennaf 1994, yng nghapel Bethania o dan fy ngofal ac yn cael fy nghynorthwyo gan M. Quayle B.A., M.Phil, a'i gyn-weinidog y Parch. R. E. Hughes, Tremadog. Gwasanaethodd Mrs Nan Lewis wrth yr organ a chafwyd gwasanaeth pellach yn Amlosgfa Thornton a chynulleidfaoedd cryfion wedi dod ynghyd i dalu'r gymwynas olaf. Yr oedd y diwrnod ag arwyddocâd arbennig oherwydd bod yr angladd 39 o flynyddoedd i'r dyddiad y priododd Menna ac Alun Edwards, a chawsom gyfle i gydnabod gweinidogaeth ei hannwyl briod, nid yn ei gystudd olaf yn unig, ond dros y deugain mlynedd namyn un. Penderfynwyd cyflwyno rhoddion er cof amdano i'r mudiadau hynny yn lleol a fu'n gymaint o gymorth yn ei ymgeleddu ar derfyn y daith. Hyd yn hyn (1 Medi 1994) derbyniwyd y swm anrhydeddus o £808. Credwn y bydd y cof amdano yn ysbrydoliaeth i bawb ohonom i fod yn egnïol ein tystiolaeth i'r dyfodol ar lannau Mersi.

8 AMDDIFFYN Y BARNWR YNG NGHYLCH YR ORSEDD

gan J. D. Williams Richards

Llwyddais i dreulio wythnos yn Eisteddfod Bro Madog, 1987 gan fod fy nwy ferch wedi'm danfon a'm cyrchu o Fôn. Roedd yn hyfryd cael cyfarfod cyfeillion hen a newydd y tu mewn a thu allan i gylch yr Orsedd. Roeddwn yn ffodus am lety nid nepell o ystafell wisgo'r gorseddogion. Roedd y lletywraig (er bod chwech ohonom yn bobl yr Orsedd) yn gofalu ein bod yn cael ein brecwast mewn digon o amser er sicrhau y wisg briodol i'n hurddo. Pan oedd pawb yn barod, roedd yn rhaid cerdded i'r Cylch gan ddilyn yr Arwyddfardd a'r Disteiniaid a chwmpasu'r maen llog yn bedair rhes neu ragor. Cefais fy hun yn ymyl un o'r cerrig ar ymyl y Cylch, ac yno roedd cadair gyfleus imi gael eistedd! Er na fedrwn weld rhyw lawer, gallwn glywed y cwbl. Gyda'r gweithgareddau yn mynd yn eu blaen teimlais law yn disgyn ar fy ysgwydd. Trois i weld pwy oedd yno. Yn ymestyn dros fin y Cylch roedd heddgeidwad a dywedodd wrthyf:

'*Do you know His Honour Judge J. E. Jones?*'

'*Yes,*' meddwn.

'*Where is he?*' oedd y cwestiwn nesaf.

Atebais: '*He is probably in the first dozen or so people at the head of the procession of bards dressed in white.*'

Rhaid ei fod wedi cofio fy mod wedi gofyn hefyd '*Why Judge J. E. Jones?*'canys ei sylw nesaf oedd:

'*I have to keep an eye on him.*'

Roeddwn wedi deall erioed mai rhywun yn chwilio am y drwgweithredwr yw'r heddgeidwad. Dechreuais synfyfyrio. Beth oedd y Barnwr yn debyg o fod yn euog ohono. Nis gallwn feddwl am ddim yn gallai gŵr mor hynaws â'n Barnwr ni, Gymry Lerpwl, fod yn euog ohono!

Ond yn sydyn cofiais am y byd yr ydym yn rhan ohono. Cofiais am droseddwyr sydd am ddial ar farnwyr, ac am anesmwythyd yr Iwerddon, fel y lladdwyd un o'r barnwyr rai misoedd yn ôl. Wedi'r cwbl roedd papur newydd Lerpwl wedi rhoi hysbysrwydd y byddai'r Barnwr yn cael ei anrhydeddu yn Eisteddfod Bro Madog. A diau fod Heddlu Cylch yr Eisteddfod am fod yn wyliadwrus i'r eithaf rhag bod terfysg o fath yn y byd yn ymwneud â'u cyfaill a tharfu ar heddwch yr Orsedd a'r Eisteddfod.

Wrth longyfarch y Barnwr John Edward Jones (Ioan Maesgrug fel y'i gelwir yng Ngorsedd Beirdd Ynys Prydain) dymunaf yn dda iddo i'r dyfodol..

9 ADOLYGIAD AR *CYLCH YR AMSERAU*

gan John Gwynfor Jones

John P. Lyons, *Cylch yr Amserau: hanes Capel Bethania, Waterloo, a rhagor o oleuni ar achosion y Methodistiaid Calfinaidd yng ngogledd Lerpwl a Southport (1879- 2013* (Cyhoeddiadau Modern Cymraeg Cyf., 2013). Cyfrol ddwyieithog. Pris: £15.

Er cymaint y newid a ddigwyddodd yn amgylchiadau'r boblogaeth Gymraeg yn ninas Lerpwl o ail hanner y bedwaredd ganrif ar bymtheg ymlaen, cyfrannodd aelodau capeli o bob enwad yn helaeth i gynnal eu hymwybyddiaeth genedlaethol. Yn eu plith, saif diadell eglwys Bethania, Waterloo. Y mae ei hanes yn rhan o stori fawr a diddorol twf anghydffurfiaeth yn y ddinas ac yn dadlennu llawer o gefndir y gymdeithas yn ogystal â ffeithiau sefydlu a chynnal achosion. O ganlyniad dysgwn am y gymdeithas Gymraeg ynddi mewn byd a oedd yn prysur newid, yn arbennig o ganol cyfnod Victoria ymlaen.

Wele gyfrol ddwyieithog arall gan frodor o'r ddinas ac aelod ffyddlon o Fethania, Crosby Road South, a fu'n gartref ysbrydol i nifer dda o Gymry yng ngogledd y ddinas. O'r flwyddyn 1882, pan adeiladwyd y capel cyntaf, bu cryn lwyddiant ar yr achos. Enwyd y capel yn Bethania wedi i gapel Stanley Road, Bootle, ymuno â hi yn 1991, a Pheniel, Southport, ddeng mlynedd wedi hynny. Oherwydd cynnydd enfawr yn natblygiad Lerpwl fel dinas yn y dyddiau hynny, nid yw'n syndod fod teuluoedd Cymraeg eu hiaith wedi ymsefydlu yno i ennill eu bywoliaeth, y mwyafrif llethol ohonynt o ogledd Cymru. Cymhelliad economaidd oedd yn bennaf gyfrifol am hyn, a digwyddodd y cynnydd mwyaf ym mlynyddoedd datblygiadau masnachol enfawr ac adeiladu dociau a greodd Lerpwl yn borthladd o'r radd flaenaf.

O'r Ysgol Sul y datblygodd achos Waterloo. Sefydlwyd yr eglwys yn 1879 o dan arweiniad y Parch. Griffith Ellis, gweinidog Bootle o 1875 hyd 1911, un o bregethwyr amlycaf yr 'Hen Gorff' yn ei gyfnod, oherwydd fod y safle'n fwy cyfleus na Stanley Road. Gweinidog cyntaf yr eglwys oedd y Parch William Henry a ysgrifennodd hanes yr achos hyd at 1910, ac fe'i dilynwyd gan y Parchedigion Howell Harris Hughes (tad y llawfeddyg enwog R. Arthur Hughes), D. Stephen Davies ac R. Maurice Williams. Bu'r eglwys yn freintiedig o gael gweinidogion sylweddol dros y blynyddoedd, pob un ohonynt yn weithgar mewn cyfnod o dwf a thrai, yn arbennig yng nghyfnodau dirywiad economaidd yr 1930au a'r Ail Ryfel Byd. Gan fod rhif yr aelodaeth yn teneuo, gosodwyd eglwysi Waterloo, Stanley Road, Southport ac Anfield Road dan ofal R. Maurice Williams yn 1978, ac wedi ei ymddeoliad daeth yr eglwys yn rhan o Ofalaeth y Glannau.

Yn Chwefror 1993 aethpwyd ati i drafod sefydlu gofalaeth newydd yn cynnwys Bethel, Heathfield Road a Bethania, Waterloo, dan weinidogaeth y Parch. Ddr. D. Ben Rees, a lluniwyd gofalaeth Lerpwl a'r Cyffiniau. Yn 2001 ymunodd Peniel, Southport, â Bethania gan fod nifer yr aelodau'n gostwng, ac wedi ailadeiladu Bethel daeth y ddiadell yn rhan o gynulleidfa Heathfield Road, dan weinidogaeth glodwiw gweinidog yr eglwys honno. Erbyn hyn mae'n gangen Gogledd Lerpwl o Eglwys Bresbyteraidd Cymru a'i chanolfan ym Methel a D. Ben Rees yn Weinidog Emeritws arni.

Y mae'r gyfrol hon yn un ddiddorol ac addysgiadol. Y mae'r awdur, John P. Lyons, yn cyflwyno inni, mewn dull eglur a threfnus, hanes un o eglwysi enwocaf yr 'Hen Gorff' yn Lerpwl. Hyderwn y bydd Cymry Lerpwl yn ymroi i ddarllen am eu treftadaeth grefyddol yn y gyfrol hon ac yn ei gwerthfawrogi. Diolchwn iddo am ei lafur diflino a'i wasanaeth i'w eglwys dros flynyddoedd llawer.

10 ADOLYGIAD ar *Labour of Love in Liverpool*

gan Huw Edwards

D. Ben Rees, *Labour of Love in Liverpool* (Liverpool, Modern Welsh Publications, 2008) £25 (clawr caled) £15 (clawr meddal)

Y mae gweithgarwch di-ball ein cyfaill Ben Rees yn ddirgelwch pur i mi. Dyma'r gyfrol ddiweddaraf o'i eiddo, a phleser yw ei longyfarch yn gynnes ar ei gamp. Ymddangosodd *Codi Stem a Hwyl yn Lerpwl* yn 2007, a dyma'r fersiwn Saesneg, sef *Labour of Love in Liverpool.*

Cyfrol swmpus yw hon sy'n gyfraniad pwysig tu hwnt i hanes yr Hen Gorff. Bydd cenedlaethau'r dyfodol yn diolch i Ben am ei waith pwysig. Ceir yma doreth o ffeithiau a hanesion am fywyd capel Bethel, Heathfield Road, ynghyd ag achosion Smithdown Lane, Webster Road, a Ramilies Road. Cyflawnodd Ben y gwaith gyda'i ofal arferol, ac y mae graen ar y cyhoeddiad.

Darllenais y gyfrol, yn eiddigeddus braidd, o glawr i glawr. Eiddigedd, meddech chi? Wel ie, gan mod i yn dal i lunio'r bennod olaf o'm cyfrol i ar gapeli Llanelli. Bu ceisio cyfuno'r gwaith ymchwil â'm holl waith darlledu yn brofiad diddorol. Ond fe ddywed Ben iddo orffen drafft y fersiwn Saesneg mewn mis a hanner ... dyna destun dirgelwch arall!

Daeth dau beth i'r amlwg yn syth. Cynhwysodd Ben bob math o fanylion pwysig am fywyd y capeli ac am gymeriadau allweddol, ond llwyddodd serch hynny i lunio ysgrif sy'n darllen yn hawdd. Y mae dull yr adrodd yn rhugl ac yn effeithiol tu hwnt. Camp yw cyfuno arddull lithrig a gofynion cyfrol fel hon. Yr ail beth yw'r defnydd helaeth o luniau ardderchog sy'n ychwanegu yn fawr at fwynhad y darllenydd.

Fframwaith y gyfrol yw stori ryfeddol eglwys enwog Bethel, Heathfield Road. Fel y dywed Ben, dyma stori sy'n cyfleu holl fenter, ffydd a dewrder y Cymry yn Lerpwl. Y mae'r hanes am wreiddiau'r capeli ac am yr hoelion wyth a'u dycnwch yn codi calon dyn. Ceir sawl portread o bregethwyr amlwg a'u galluoedd arbennig, a swyddogion y bu eu hymroddiad yn asgwrn cefn i'r achosion i gyd. Mae'r fframwaith yn gelfydd ac yn apelgar. Ond calon y gyfrol, i mi, yw profiadau oes y Parchedig Ddr. D. Ben Rees ei hun. Nid yw'n gwthio ei hun mewn unrhyw ffordd, ond mae haenen o gofiant personol yn sicr yn cyfoethogi'r gwaith.

Fy hoff bennod yw'r un sy'n adrodd gwefr ac antur ei alwad i Heathfield Road ym 1968. Buasai Ben yn weinidog yng Nghwm Cynon cyn hynny, ac mae'r sôn am ei waith gyda theuluoedd galarus Aber-fan yn sobreiddiol. Symudodd y teulu i Lerpwl, a sefydlwyd Ben yno yng Ngorffennaf 1968. Fel y gŵyr pawb, rhoes oes faith o wasanaeth yn y ddinas honno. Y mae'r hanes am ei ymweliad cyntaf â'r capel, adeg ei brawf, yn cyfleu brwdfrydedd, hyder ac egni difesur.

Y mae yna record hanesyddol gwerthfawr, yn sicr. Ond yn fwy na hynny, ceir cyfoeth o ddeunydd am yr unigolion y bu eu dyfalwch a'u cariad at werthoedd y capel yn ddilychwin. Mynnwch gopi. Mae'n werth pob ceiniog.

11 ADOLYGIAD AR *CHWALU'R NYTH A STRAEON ERAILL*

gan Pat Williams

Gwilym Meredydd Jones, *Chwalu'r Nyth a Straeon Eraill* (Llandysul: Gwasg Gomer, 1994)

Dyma gyfrol olaf y diweddar Gwilym Meredydd Jones, sef casgliad o ddeuddeg stori fer. Mae'r teitl yn eironig. Ni wyddai'r awdur pan gyflwynodd y gyfrol i'r wasg y byddai chwalfa ar ei aelwyd ei hun cyn iddi gael ei chyhoeddi.

Amrywiaeth yw prif nodwedd y gyfrol. Mae'r straeon i gyd yn dra gwahanol i'w gilydd, rhai'n ysgafn a llawn hiwmor direidus, eraill yn drymach a gerwynach megis y brif stori sydd wedi rhoi ei henw i'r gyfrol, ac sy'n dwyn i gof 'Cân y Caneri' yn *Ochr Arall y Geiniog*, gan yr un awdur.

Fe berthyn y rhan fwyaf o'r straeon i'r presennol, ond lleolir 'Yr Erstalwm Agos' adeg diweithdra'r tridegau. Serch hynny, er bod Jac Wilias yn fwy cyndyn i 'seinio'r dôl' nag ydy Cyril yn 'Yr Yfory Pell', mae diflastod y di-waith a bortreadir ynddi yr un mor berthnasol, fel y mae'r teitl paradocsaidd yn awgrymu.

Gwelir ôl profiad Gwilym Jones fel prifathro yn Lerpwl ac fel gwirfoddolwr gyda'r Samariaid yn ei bortread o'i gymeriadau a'i ddadleniad o'u problemau. Y themâu a gyflwynir yn y gyfrol yw diflastod ac undonedd bywyd yn gyffredinol, trais a gormes yn y cartref, effaith tor priodas a diffyg dealltwriaeth rhwng dwy genhedlaeth.

Awgrymu yn hytrach na dweud yw prif nodwedd y stori fer a dyna a wna Gwilym Jones mor gelfydd yn y casgliad hwn. I dreiddio at ei neges rhaid cloddio'n ddwfn a darllen rhwng y llinellau i ddarganfod yr ystyr gudd. Er enghraifft, mae mwy i 'Cerdyn Plastig Esmor Lewis' na dyn yn mynd â'i gi am dro. Fframwaith yw'r mynd am dro i gyflwyno anniddigrwydd gŵr gweddw wedi ymddeol ar ôl oes o wasanaeth a heb bwrpas bellach i'w fywyd llwm. Yr un yw neges 'Newid y Patrwm'. Dynes ganol oed ifanc y tro hwn, wedi ei rhyddhau o hualau gweini ar fam glaf awdurdodol, yn ymysgwyd o orthrwm cyflogwr o anian tebyg i'w mam.

Mae gan yr awdur ddawn i greu sgwrs naturiol a di-ymdrech ac os ymddengys iaith yr athrawes yn 'Linor' yn annaturiol o anystwyth, ymgais yw hyn i ddangos y gwahaniaeth rhwng iaith goeth y genhedlaeth y perthynai'r athrawes iddi ac iaith garbwl, Seisnigaidd ei disgyblion.

Mae'r llun ar y clawr yn awgrymog a gogleisiol hefyd. Y nyth yn drosiad am y cartref toredig. Ond er gwaethaf dagrau pethau mae Gwilym Jones yn gallu gweld yr ochr ddoniol i dreialon bywyd hefyd fel yn 'Emlyn Druan'. Pan fu farw Emlyn yn ddisymwth tra oedd ar ei wyliau yn Bournemouth, yr oedd ei weddw yn poeni gymaint am golli'r *thermal underwear* ag oedd hi am golli'r gŵr. Dyma sut yr adroddai'r hanes i'w nai yn ddiweddarach:, 'Ambiwlans yn dod. *"Will you take off his thermals before you ..."* medde fi. Roedden nhw'n newydd sbon a doedd mo'u hangen nhw arno fo. Cyndyn oedden nhw. A wir mi rois i nhw i Jac 'y nghefnder ar ôl i mi ddod adre.' Ond ni ddatgelaf fwy. Prynwch y gyfrol, da chi, a darllenwch y straeon drosoch eich hunain. Mae hi'n deyrnged addas i un a fu mor weithgar yn ein plith, ac yn enghraifft arall o gyfraniad Cymry Lerpwl at y diwylliant Cymreig.

12 ADOLYGIAD AR *THE HEALER OF SHILLONG*

Gan Bobi Jones

D. Ben Rees, *The Healer of Shillong: Reverend Dr. Hugh Gordon Roberts and the Welsh Mission Hospital* (Lerpwl, Cyhoeddiadau Modern Cymreig, 2016) Pris: £12.99.

'Eglwys Gadeiriol' symbolaidd o adeiladwaith a ddechreuwyd lawer o flynyddoedd yn ôl. Mae'r adeiladwaith yn gymhleth ac yn fawreddog. Mae digon o le i wahanol enwadau, ysbytai, gweinyddwyr, nyrsys ac elusenwyr y tu mewn iddo. Ond nid brics na chlai na phren ond pobl oedd sgaffaldwaith cynhaliol yr adeiladwaith. Ond doedd neb wedi disgrifio'r prosiect rhyfeddol hwn yn llawnach, yn fanylach nag yn well na Dr. D. Ben Rees. Duw a'i hadeiladodd. Ceir 152 o dudalennau yn y gyfrol hon gan gynnwys 23 o luniau.

Mae'n debyg nad oedd y gwasanaethwyr glew a fu'n llafurfio yn Ysbyty Shillong yn ei ystyried yn anturiaeth. Ond hynny ydoedd. Yn y flwyddyn 2022 bydd yn dathlu ei ganmlwyddiant. Cedwir llawer o ddeunydd yr hanes, gan gynnwys y lluniau yn Llyfrgell Genedlaethol Cymru. Thomas Jones a'i wraig oedd y cenhadon cyntaf; a Lerpwl oedd canolfan trefniadaeth y Genhadaeth Bresbyteraidd gyntaf cyn diwedd 1840. Gwnaethant hynny yn nannedd rhwystrau gan Gymdeithas Genhadol Llundain.

Emynydd a brodor o Lerpwl, sef y Parch John Roberts ('Minimus' 1808-80) oedd yr Ysgrifennydd Cyffredinol cyntaf ar gyfer Cenhadaeth Assam a Gogledd-ddwyrain yr India. Ac arhosodd yn y swydd yn ddi-gyflog am chwech ar hugain o flynyddoedd. O hynny ymlaen ceir rhestr arwrol o bobl yn y symudiad aruthrol hwnnw.

Cafwyd gwrthwynebiad wedyn gan Lywodraeth India i sefydlu Ysbyty yn Shillong. Ac felly penderfynwyd yn 1913 i osod sylfeini ryw saith milltir o'r dref, gyda'r Parchedig Ddr Gordon Roberts yn bugeilio'r anghenion ysbrydol mewn ardal chwarter maint Cymru. Ond nid felly y gwnaethpwyd. Pan gyrhaeddodd Dr Roberts yr India, mynnodd mai Shillong oedd yr union le i'r gwaith. Doedd dim arian i'w adeiladu yn ôl fel y deallwyd ar y pryd, doedd dim caniatád chwaith i wneud apêl ariannol. Ac felly, aeth Dr Roberts allan yno heb ddim cronfa. Ond cafwyd swm priodol eisioes o'r neilltu mewn Cronfa Ddarparu i Ddaeargrynfeydd. Ac felly ymlaen o anhawster i anhawster, gydag ambell ddigwyddiad megis y Rhyfel Mawr a'r gwasanaethau militaraidd Indiaidd yn mynnu cymorth. Cafodd y llawfeddyg dinesig ym Mryniau Khasia ei gonsgriptio, a threfnwyd bod ei ddyletswyddau ef yn cael ei hatodi i rai Dr H. G. Roberts.

Cafodd Dr Roberts foto-beic. Dechreuwyd adeiladu'r Ysbyty, ac yna daeth y gaeaf i'r mynyddoedd. Mae'r holl hanes o hyfforddi nyrsys a llawfeddygon lleol mewn mannau diarffordd yn wyrthiol, nid annhebyg i'r hyn a gaed mewn mannau diarffordd anghysbell yng Nghymru. Gwych yw gweld y fantolen ariannol drylwyr bythol gynyddol sy'n rhoi asgwrn cefn i'r prosiect. Ac yn y canol, tynnir portread o Dr Roberts sy'n sicr yn un o'r darluniau o Gymry ymhlith y mwyaf nodedig yng Nghymru.

A rhaid i mi gyfaddef na wyddwn ddim amdano, er mawr gywilydd i mi. Ni ellir crybwyll mewn adolygiad y ganfed ran o'i hanes. Ond diolch i'r Parchedig Ddr. D. Ben Rees am adroddiad mor gyffrous a difyr a gweledigaethus. Gellir cymeradwyo'r gyfrol gyda'r brwdfrydedd mwyaf.

Ysbyty Shillong heddiw

Dr H. Gordon Roberts o flaen Ysbyty Shillong

Dr Gordon Roberts a Dr Arthur Hughes yn Shillong

Dr Gordon Roberts a'r cenhadon

Priodas T.B. Phillips a Mrs Philiips

13 ADOLYGIAD AR *HIS OWN FANFARE*

gan W. I. Cynwil Williams

His Own Fanfare, cyfieithiad Nansi Pugh o hunangofiant ei thad, y diweddar Barchedig Cynolwyn Pugh. (Liverpool: Modern Welsh Publications 1999), £10.00.

Bydd nifer o ddarllenwyr *Yr Angor* wedi darllen *Ei Ffanfer Ei Hun*, hunangofiant a ddaeth i'r brig yng nghystadleuaeth y Fedal Ryddiaith yn Eisteddfod Glynebwy Ebwy yn 1958. Fe'i canmolwyd gan y tri beirniad a'r rhai fu'n ei hadolygu, a bu darllen brwd arno ar aelwydydd Cymru. Roedd yr awdur yn ŵr amryddawn, yn gerddor medrus a chrwydryn heb ei ail, a thua chanol y ganrif ddiwethaf, os nad oedd pregethwyr yn dal yn eilunod, roeddent yn parhau'n arwyr i drwch y boblogaeth.

Cyfrol gymharol fechan oedd yr un wreiddiol, ond mae'r cyfieithiad yn swmpus, yn gyfrol hardd ei diwyg, wedi'i hargraffu'n foethus lân. Mae'n cynnwys llu o luniau diddorol, pedair cyfres ddethol a wasgarwyd rhwng y penodau. Mae rhagymadrodd i'r cyfieithiad gan y Parchedig Ddr. D. Ben Rees, gweinidog Miss Nansi Pugh yn ninas Lerpwl. Mae argyhoeddiadau gwleidyddol a diwinyddol a safbwyntiau cadarn y gŵr a anwyd yn Abergynolwyn, ac a fagwyd yn Nhrehafod, mewn cytgord â rhai lladmerydd Cyhoeddiadau Modern, a roddodd iddi'r wisg orau! Gwasg y Sir, Y Bala, a roddodd y cyfieithiad glân hwn mewn print bras ar bapur sy'n bleserus i'w fodio. Sut y gellir cynnig cyfrol mor ddeniadol am ddecpunt sydd ddirgelwch. Byddai cyfrol debyg o'r wasg Seisnig deirgwaith y pris.

Yng nghorff y gyfrol, fe ddywed yr awdur iddo gyfieithu 'Cwymp Caersalem' (T. Gwynn Jones), ac iddo gael help Nansi, 'fy merch'. Roedd y bardd mawr wedi'i blesio'n fawr gan y cyfieithiad. Ac mae'r un a fwriodd ei phrentisiaeth yn gynnar yn Efrog Newydd, ac a raddiodd yno mewn Hanes a Saesneg, gyda gradd uwch yn dilyn, wedi anrhydeddu coffadwriaeth ei thad â chyfieithiad cwbl naturiol a chwbl deilwng o wychder allanol y llyfr. Bu'r agosatrwydd amlwg oedd yn bodoli rhyngddi hi a'i thad, a'i hedmygedd ohono, yn ysbrydoliaeth iddi gyda'i thasg. Mae'r cyfanwaith yn dystiolaeth y gall ysbryd rhagorol teulu'r Mans rychwantu tri chwarter canrif.

Mae deugain mlynedd, a mwy, oddi ar i dad y cyfieithydd ennill ei Fedal Ryddiaith, a diau y bydd rhai yn gofyn – 'A oes unrhyw ddiben agor pennod sydd wedi'i chau?' Mae pawb ohonom wedi bod yn dathlu'r mileniwm yn ddiweddar, ac wedi cymryd yr heol i'r dyfodol, ac addunedu rhoi doe i ddoe. Digon gwir. Ond, ar ôl darllen y 'Ffanfer' unwaith eto, yn bwyllog, ac ar adegau'n hiraethus, daeth i'm cof frawddeg y Sais hwnnw a ddywedodd: 'The boatman moves intelligently forward by looking back'. A dyma a roddodd werth ar y dychwelyd eto i Drehafod, lle magwyd y cymeriad hwn o weinidog – rhydd i ni gyfeiriad cenedl a chwalwyd gan lifogydd canrif unigryw o chwyldroadol, stori pobl a ddryswyd gan ddiwydiant a'i effaith ar ddiwylliant a chrefydd cymdeithas.

Rhyw chwarter canrif yn ôl, a minnau'n Ysgrifennydd Henaduriaeth Dwyrain Morgannwg, rwyn cofio cau Siloam, Trehafod. Cofiaf mor briodol oedd yr enw a roddwyd ar y capel – ar lain wleb o dir. Fel Cantre'r Gwaelod, suddodd i ebargofiant, fel llawer capel arall yn y cymoedd. Dwy genhedlaeth ynghynt, roedd pob plentyn yn y pentre (yn ôl yr awdur), yn siarad Cymraeg, a'r glowyr, pobl fel taid y cyfieithydd, yn gopi perffaith o'r Glöwr a deyrngedwyd mor gofiadwy yn awdl Gwilym R. Tilsley.

Dau haf yn ôl, roedd fy nghyhoeddiad yn y Rhondda, ac wrth deithio yno, daeth deunaw bws deulawr i'm cyfarfod rhwng Trehopcyn a Threhafod, a phob un yn orlawn o bobl yn troi am awel Porthcawl. Cefais fy nhemtio i droi am adref, ond mae dyrnaid yma a thraw yn dal i ddisgwyl am bregethwr. Er cau ugeiniau o'n capeli, y mae rhyw ddwsin yn dal ar agor. Mae mwy o'r pyllau glo ynghau, pob un am a wn i, heblaw am yr 'amgueddfa o bwll' ger Trehafod. Ac o ail-ddarllen y 'Ffanfer', mae'n rhyfeddod fel y rhagwelodd yr awdur sut y byddai pethau ym Mhorth y Rhondda ar drothwy'r trydydd mileniwm.

Ond, fe welodd y Parch. Cynolwyn Pugh awelon y Diwygiad (1904) yn chwythu trwy'r Cwm, a theimlodd y gwynt hwnnw sydd yng ngweddi pryddest radio Kitchener Davies, yn ei droi i'r Weinidogaeth. Yn y weinidogaeth honno, bu'n efengylaidd ei ysbryd ac yn radicalaidd ei feddwl a'i genhadaeth. Ambell dro, bydd ei stori'n atgoffa rhywun o yrfa a gweinidogaeth George McLeod, sef bywyd o gyfuno'r ysbrydol a'r gwleidyddol heb ofni neb. Cymerodd i'w galon y cyngor a gafodd gan hen flaenor, i ddweud am Iesu yn ei ffordd a'i arddull ei hun. Gwnaeth hynny, gan godi baner cyfiawnder, a tharian yr heddychwr.

Cynysgaeddwyd ef â dawn gerddorol gynhenid, ac fe'i denwyd fel lot o 'gryts' y Rhondda yn ei ddydd gan nodau'r bandiau pres. Chwythodd ei utgorn yn glir, a'i wneud yn gyfrwng i alw eneidiau at Grist. Yn ddiweddarach yn ei fywyd, yn enwedig yn Efrog Newydd, daeth ei hoffter o gerddoriaeth a'i feistrolaeth o'i offeryn ag ef i gysylltiad â llu o enwogion y byd cerddorol. Mae ei hanesion am ei aml gyfarfyddiadau â'r enwogion hynny yn ddifyr iawn, ac yn yr un modd, ei ddisgrifiadau o'i lu teithiau i bob rhan o'r byd.

Yn ei feirniadaeth ar lwyfan Glynebwy, dywedodd y diweddar Frank Price Jones am y gystadleuaeth: 'Yr hyn a chwiliwn amdano ydoedd dadleniad o gymeriad awdur a'i ddatblygiad ef ei hun'. Yn sicr, mae'r cyfieithiad hwn yn cadarnhau bod dadleniad cyfoethog yn yr hunangofiant hwn, a phrofiad un a fwynhaodd bererindod ysbrydol go nodedig. Bu yng nghwmni'r cyffredin a'r anghyffredin, yr enwog a'r anenwog, cyd-wladwyr a thramorwyr. Cododd blant yn ei gartref a'r eglwysi y bu ynddynt i gyflawni fel yntau weithredoddd nerthol, a daethom ni i adnabod ei rai agos yn bersonol. Cyflwynodd ni i lawer na allai ddarllen ei werthfawrogiad o'u llafur yn y Gymraeg. Piti iddynt farw cyn medru darllen yn eu hiaith y teyrngedau hyn.

Gobeithio y bydd llawer yn prynu ac yn darllen y cyfieithiad hwn. Bydd yn gyfle i adolygu'r ganrif a aeth heibio, yn fodd i ailystyried ein camgymeriadau, yn her i ni dderbyn a byw yn y Gymru newydd yng nghanol y cyfnewidiadau a'n goddiweddodd. Diolch i Miss Nansi Pugh am ei llafur, ac am ychwanegu diweddglo difyr iawn, sy'n arwyddlun, fel y cyfieithiad, o gariad teuluol pur. Yn ein plith, mae llawer o Gymry twymgalon, sy'n gofidio na chawsant iaith eu rhieni, ond yn awyddus i ddarllen stori fel hon. Cyflwynwch hwy i stori Cynolwyn, ac ni fydd llafur ei ferch yn ofer.

14 ADOLYGIAD AR *LLEN DROS YR HAUL*

Gan Gweneth Lilly

Sonia Edwards, *Llen dros yr Haul* (Caernarfon: Gwasg Gwynedd, 1997)

Nofel uchelgeisiol yw hon. Mae'n trin y thema dragwyddol o ddioddefaint y plant oherwydd pechodau'r tadau. Merch ifanc mewn pentref yng ngogledd Cymru sy'n etifeddu baich euogrwydd ei theulu ac yn cael ei gyrru o'r naill ddarganfyddiad chwerw i'r llall nes iddi syrthio i anobaith a dryswch meddwl. Yn ddeg oed, mae Jiwli'n clywed bod ein mam dybiedig yn nain iddi mewn gwirionedd, ac mai'r 'chwaer' Lynwen yw ei mam. Mae hyn yn tanseilio byd ei phlentyndod ac yn difetha pob perthynas glòs. O'r tri dyn ym mywyd ifanc Jiwli, mae dau gariad yn ei defnyddio hi'n gwbl hunanol a'r trydydd yn cael ei wahanu oddi wrthi gan y datguddiad eu bob nhw'n blant i'r un tad. Ar y naill law cawn stori o ddirgelwch yng nghefndir Jiwli nad ydi o ddim yn cael ei ddatrys yn llwyr hyd y dudalen olaf, ac ar y llall cyffes yr eneth ei hun sy'n peri inni dreiddio i ddyfnderoedd ei henaid a rhannu ei dyheadau, ei siom, ei hunigrwydd a'i theimlad nad oes neb yn malio amdani nac yn gwrando ar ei chwyn. Dilynwn ei datblygiad o hen gnawes fach galed ddigywilydd bymtheg oed i ddynes ifanc yn crefu am addysg, anwyldeb a bendithion mam.

Mae gwead y nofel yn gelfydd ac yn gynnil, a sefyllfa hunllefus yr eneth yn tyfu'n gredadwy yn amgylchiadau cynefin Cymru fodern. Uchafbwynt y llyfr, i mi, yw'r ddeialog rymus rhwng y fam a'r ferch pan fo Jiwli'n gorfodi Lynwen i adrodd hanes ei chenhedlu 'yng nghefn fan Wilias... rhwng bocsys neges a bagiau tatws'. Mae'r manylion amrwd yn gwneud i'r ferch, yn ei gofid, sylweddoli ei phechod ei hun, 'A wyddwn i ddim lle i ddechrau cywilyddio.' Mae dychymyg yr awdur yn ein galluogi ni i blymio i ddyfnder poen Jiwli, fel nad yw'r atsain o *Oidipos Frenin* yn anaddas: 'gobeithiwn yn daer na welwn i neb o achos bod fy llygaid i'n byllau cochion'.

Mae'r awdur yn creu cydymdeimlad â'r tair merch i raddau, hyd yn oed Lynwen, ac mae 'na lawer o dynerwch hiraethus yn y darlun o'r nain. O'r dynion, Ieuan, y nofelydd sy'n dylanwadu ar feddwl Jiwli a dwyn ei phrofiad yn ddefnydd nofel, yw'r un sy'n mynnu dal ein sylw. Hwyrach y byddai'r adeiladwaith yn gryfach pe bai Derwyn a Wilias y Siop, dau gymeriad arall yn nhrasiedi Jiwli, yn cael eu portreadu'n fwy manwl.

Nid llyfr i'w ddarllen yn frysiog a'i daro i lawr ydi hwn. Mae Sonia Edwards yn awdur sensitif a sylwgar, llenor â'i Chymraeg glân a chyfoethog yn llawn lluniau a chytseiniau barddonol. Gwelwn ambell ddelwedd yn troi'n symbol a magu arwyddocâd yn ystod y nofel. Mae'r ddeialog, mewn tafodiaith ogleddol yn naturiol ac yn fywiog, ac mae sawl gwrthdrawiad, fel yr ymddiddan rhwng Jiwli a gwraig Ieuan wrth ddrws ei dŷ, yn aros yn y cof. Mae Ms Edwards yn feistres ar eironi du a ffraethineb miniog. Ond yn anffodus does yma ddim hiwmor i leddfu'r tywyllwch. Dyna yw natur y weledigaeth, ac mae'r llyfr yn diweddu heb gymod na maddeuant. Ond mae'r awdur yn dilyn traddodiad godidog yn y nofel Gymraeg, ac yn cyfrannu'n deilwng ato.

15 ADOLYGIAD AR *COFIANT JAMES GRIFFITHS*

gan Ioan Matthews

D. Ben Rees, *Cofiant James Griffiths. Arwr Glew y Werin*, (Talybont: Y Lolfa, 2014), 351 tt. Pris: £24.95 (clawr caled) £14-95 (clawr meddal).

Mae cyhoeddi'r gyfrol bwysig hon yn llenwi bwlch amlwg yn hanes diweddar Cymru. Yn ystod ei bererindod hir o lofa'r Betws ger Rhydaman ar ddechrau'r ugeinfed ganrif i goridorau Parc Cathays fel Ysgrifennydd Gwladol cyntaf Cymru rhwng 1964 ac 1966, chwaraeodd Jim Griffiths ran allweddol ym mywyd Cymru.

Mab yr efail yn y Betws oedd Jim Griffiths ac y mae penodau cynnar y gyfrol hon yn cyflwyno darlun llawn o'r cyd-destun cymdeithasol ym maes y glo carreg yn y blynyddoedd cyn y Rhyfel Byd Cyntaf. Yr oedd y Betws a thref gyfagos Rhydaman yn gymunedau cymharol newydd, a Chymraeg eu hiaith, a ddatblygodd yn ganlyniad i dwf y diwydiant glo carreg o'r 1880au ymlaen. Dyma'r cymunedau olaf yn y de diwydiannol i ddatblygu ar raddfa fawr, a hyd yn oed yn eu hanterth, yr oedd cyswllt agos yn parhau rhwng y cymunedau diwydiannol hyn a'r ardaloedd gwledig cyfagos. Drwy wneud defnydd helaeth o archif Jim Griffiths yn y Llyfrgell Genedlaethol, llwyddodd yr awdur i gyflwyno portread llawnach o'r blynyddoedd cynnar hynny nag a ymddangosodd yn ei hunangofiant Saesneg, *Pages from Memory* yn 1969.

Â'r awdur Dr. D. Ben Rees ymlaen wedyn i olrhain taith Griffiths o Rydaman i San Steffan, gan gynnwys ymdriniaeth ddiddorol ar ei brofiadau yn heddychwr yn ystod y Rhyfel Byd Cyntaf, yn asiant i'r Blaid Lafur yn Llanelli ac i'r glowyr ym maes y glo carreg, a'i ethol yn aelod seneddol dros Lanelli ym 1936. Rhoddir sylw llawn hefyd i'w gyfnod ar frig y Blaid Lafur yn aelod o lywodraeth Clement Attlee a dirprwy arweinydd ei blaid ar ddiwedd y pumdegau.

Mae'n siŵr mai prif ddiddordeb llawer o ddarllenwyr y gyfrol hon fydd olrhain perthynas gymhleth Jim Griffiths â'r broses o sicrhau elfen o hunanlywodraeth i Gymru. Yn ystod blynyddoedd y rhyfel, gwnaeth Griffiths sawl araith y gellid ei dehongli fel datganiad cryf o blaid elfen o ddatganoli. Cyfeirir at nifer o'r areithiau hyn yn y gyfrol hon ac fel y dengys cyfrol ddiweddar Alun Lloyd ar hanes Eisteddfod Genedlaethol Llandybïe yn 1944, gwnaeth Griffiths ddatganiadau tebyg adeg ymweliad y brifwyl â'i fro enedigol. Bu peth beirniadaeth ohono yn y pumdegau am ei fethiant i gefnogi'r Ymgyrch Senedd i Gymru y bu aelodau seneddol Llafur megis Goronwy Roberts ac S. O. Davies yn chwarae rhan flaenllaw ynddi. Ac yntau yn dal swyddi uchel yn y Blaid Lafur, a bellach wedi symud ei gartref o Borth Tywyn i Lundain, gellir dadlau iddo lacio'r cysylltiad â'i wreiddiau yn y cyfnod hwn.

Ym mhenodau olaf y llyfr, ceir ymdriniaeth o gyfnod Jim Griffiths yn y Swyddfa Gymreig a dadleua'r awdur iddo chwarae rhan allweddol yn hanes datganoli yng Nghymru. Anodd anghytuno â'r dadansoddiad hwn.

Fel y dywed Gwilym Prys Davies yn ei ragair, cofiant disgybl edmygus i'w athro yw'r gyfrol hon. Ond, yn allweddol, nid yw'r awdur yn osgoi cwestiynau anodd, a neilltuir pennod gyfan i hanes ffrae rhwng Griffiths a'i asiant Douglas Hughes a oedd yn deillio'n rhannol o'i absenoldebau hir o'r etholaeth yn Llanelli. Mae'r cloriannu yn y bennod olaf un hefyd yn codi cwestiynau pwysig a all fod yn ffrwyth ymchwil pellach yn y dyfodol.

Pan baratowyd rhaglen deledu yn 2000 ar Jim Griffiths gan y diweddar Emyr Price, y teitl a roddwyd iddi oedd *Y Gwleidydd Coll.* Mae ein dyled yn fawr i'r awdur am fynd ati i lenwi'r bwlch ac unioni'r cam ag un o wleidyddion pwysicaf y Gymru ddiweddar.

Y Gwir Anrhydeddus James Griffiths fel
Ysgrifennydd Gwladol I Gymru 1964-66.

16 ADOLYGIAD AR *MIMOSA*

gan D. Ben Rees

Susan Wilkinson, *Mimosa: the life and times of the ship that sailed to Patagonia* (Talybont: Y Lolfa, 2015). Pris £12.95, a hefyd Susan Wilkinson, *Mimosa's voyages*: *Official Logs, Crew Lists and Masters* (Talybont: Y Lolfa, 2007). Pris. £6.95.

Dylid diolch o galon i Susan Wilkinson am ei holl waith ymchwil, yn arbennig yn yr ail gyfrol, ond y gyfrol gyntaf sydd o wir ddiddordeb i'r darllenydd cyffredin (os oes y fath oedolyn mewn bodolaeth!). Y mae stori'r *Mimosa* yn haeddu cyfrol ynddi ei hun a dyna a gyflwynwyd gan Susan Wilkinson sy'n byw bellach yn ninas Toronto, Canada, ond sydd wedi ymddiddori yn helaeth yn y llong gan mai hen hen ewythr iddi, Dr Thomas Greene, oedd y meddyg a gafodd gytundeb yn 1865 gyda Michael D. Jones i hwylio o Lerpwl i Borth Madryn.

Gofalodd Susan Wilkinson roi cefndir eang i'r llong hwyliau, o'i gwneuthuriad yn Aberdeen, ei theithiau cyn y daith dyngedfennol i'r Ariannin, a'r gweddill o'r teithiau a gafwyd ar ôl 1865 hyd ddiwedd bywyd y llong enwog hon yn 1880. Mae'r cyfan wedi ei lunio'n gelfydd a manylion am y perchenogion, y capteiniaid a'r rheswm am ei bodolaeth a'r gynhaliaeth a gafodd. Ni chafodd dim un llong hwyliau well cofnodydd, ond i'n pwrpas ni fel Cymry, y mae pwysigrwydd y gyfrol rhwng tudalennau 115 ac 178, sef Rhan V, y daith i Batagonia. Dyma ddarn arwrol o'n hanes a cheir braslun angenrheidiol gan Susan Wilkinson. Ond mae deunydd cyfrol arall yn y daith honno, oherwydd anodd credu i gymaint o Gymry gael eu llwyr gyfareddu gan y weledigaeth o eiddo Michael D. Jones, Hugh Hughes, (Cadfan Gwynedd), Edwin Cynrig Roberts a Lewis Jones. Pobl gyffredin anghyffredin oeddynt, y mwyafrif mawr wedi symud eisoes o gefn gwlad i ardaloedd diwydiannol fel Cwm Cynon, a Glannau Mersi a Cynrig i'r Amerig. O'r ddau gylch hwnnw y cafwyd y mwyafrif o'r ymfudwyr, o bedair tref, sef Aberpennar, Aberdâr a'r cyffiniau, Lerpwl a Phenbedw. Byddai'n fuddiol dadansoddi'r rhestr wreiddiol o'r ymfudwyr yn arbennig y rhai a gollodd hyder am y siwrnai faith ar ôl cyrraedd porthladd Lerpwl.

Sonia Susan Wilkinson am galedi'r daith, am y plant a gollwyd, am y stormydd a brofwyd ac am y gaeaf oedd yn eu hwynebu ym Mhorth Madryn. Michael D. Jones oedd yr ysgogydd pennaf, gan iddo ef losgi ei fysedd gyda'r anturiaeth. Oni bai am gyfoeth ei briod byddai'r hwch wedi mynd trwy'r siop gan iddo ef dalu am y daith i gymaint o'r teithwyr! Ni allai fforddio hyn ar gyflog Gweinidog gyda'r Annibynwyr!

Roedd y Gymraeg yn hawlio'r flaenoriaeth iddo, felly hefyd yn hanes eraill a fentrodd. Sylw hyfryd yw'r sylw a gawn o Hugh Hughes, a weithiodd mor galed gyda Phwyllgor Lerpwl o'r Anturiaeth, yn mynnu cyrraedd o flaen pawb er mwyn cusanu pridd Porth Madryn, ac yn neidio i'r môr o'r *Mimosa*.

Sylwais ar rai gwallau sillafu enwau lleoedd Cymraeg a chymeradwyaf y llyfryddiaeth, er imi ryfeddu i'r awdur anghofio am y llyfrau o dan y teitl, *Stori'r Mimosa / The Story of the Mimosa* (Lerpwl 2005, tudalennau 1-25) gan fod gan yr awdur ysgrif o dan y teitl '*Mimosa:* the ship that sailed to Patagonia' a dwy ysgrif bwysig (ymysg wyth ohonynt) ar 'Mathemategydd y *Mimosa'* a rhai o 'Ddisgynyddion mintai'r *Mimosa',* yr ysgrif gyntaf yn eiddo i Dr Iolo Wyn Williams, Bangor, a'r ail o waith y ddiweddar erbyn hyn Eirionedd Baskerville, Abermagwr. Fel y gellid disgwyl gwnaeth y cyhoeddwyr, y Lolfa, waith da ar y ddwy gyfrol, a da y cyfeiria'r awdures at hynny yn y rhagair. Buddiol yw cael rhestr mor gyflawn o'r rhai a fu'n garedig i'r awdures a gyflawnodd gamp ar stori'r *Mimosa.*

17 ADEILADU JERIWSALEM YN Y WINLLAN WERDD

gan D. Ben Rees

Robert Pope, *Building Jerusalem: Nonconformity, Labour and the Social Question in Wales, 1906-1939* (Cardiff: University of Wales Press, 1998).

Fel un sydd wedi ymddiddori ers deugain mlynedd yn hanes mudiadau y dosbarth gweithiol ac Ymneilltuaeth Gymraeg, croesawaf yn frwdfrydig iawn, ymchwil yr ysgolhaig ifanc, Dr Robert Pope. Cyhoeddwyd y gyfrol gan Wasg Prifysgol Cymru o dan deitl cwmpasog: *Building Jerusalem: Nonconformity, Labour and the Social Question in Wales, 1906-1939* yng nghyfres *Studies in Welsh History* a olygir gan dri hanesydd clodwiw, Ralph A Griffiths, Kenneth O. Morgan a Glanmor Williams.

Gŵr o Abertawe yw'r awdur, a fu'n fyfyriwr yn Ysgol Ddiwinyddiaeth ac Astudiaethau Crefydd Prifysgol Cymru o 1988 i 1991, ac yna gwnaeth ymwchil PhD hyd 1995 o dan gyfarwyddid y Parch. Ddr. Densil Morgan, cyn-olygydd *Crisition*. Dywed yr awdur yn Gymraeg yn ei gyflwyniad amdano – 'Mawr yw fy nyled, mwy fy niolch'. Brawddeg fachog sy'n dweud llawer, a gwelir dylanwad Dr Morgan, yn glir iawn (yn fy meddwl i) ar ei ymdriniaeth ar ddiwinyddiaeth y Cymry yn y tri degau, cyfnod protest fawr J. E. Daniel ac eraill o du Barthiaeth.

Gwerthfawrogaf y gyfrol hardd hon am i Dr Pope loffa'n ddiwyd mewn meysydd amrywiol. Bu drwy bapurau a llythyron rhai o'r meddylwyr pwysicaf yn y ffrwd Sosialaidd Gymraeg fel y Prifathro Thomas Rees, y Prifathro John Morgan Jones, y ddau yng Ngholeg Bala-Bangor, y Marcsydd mwyn Niclas y Glais a chyfaill arall, David Thomas, golygydd *Lleufer* a chenhadwr o'r radd flaenaf i'r Blaid Lafur Annibynnol. Mae'r adrannau am y rhain, ac eraill fel y Bedyddiwr cadarn, John Gwili Jenkins, D. Tudwal Jones, awdur *Sosialaeth* (1911), John Morgan Jones, Merthyr, Presbyteriad eneiniedig ac arwr y glöwyr, heb anghofio y Sosialwyr Cristnogol fel J. H. Howard, Lerpwl a Bedford Roberts, Mynachlog Nedd. Mae'n hawdd sôn mewn adolygiad am rywrai a adawyd allan, ond gan fod Dr Pope wedi gweithio mor ddygn, mae'n chwith sylwi iddo adael allan dri hynod o bwysig yn y mudiad Llafur a hefyd Ymneilltuaeth Cymraeg.

Ni sonnir gair am y Parchedig J. H. Griffiths, Dinbych, pregethwr sylweddol yn y traddodiad rhyddfrydol, modern a hefyd fel heddychwr a sosialydd o'r iawn ryw. Pam ei adael allan? Mae'n debyg am nad adawodd gyfrol sylweddol ar ei ôl, ond yr oedd ar flaen y gad ac yn gyfaill mynwesol gydag eraill o'r un anian fel yr Athro T. Gwynn Jones. Y llall a adawyd allan oedd Howell Harris Hughes (1874-1950), Llandudno, gŵr a fu yr un mor weithgar ym Mrawdoliaeth y Cymod ym Mangor ag a fu Thomas Rees a J. Morgan Jones. A daeth ei fab Dr. R. Arthur Hughes yn un o genhadon meddygol pwysicaf yr ugeinfed ganrif ac yn weithredwr ardderchog i lawer o syniadau ei dad. Y trydydd gŵr a adawyd allan yn gyfan gwbl yw David Rees Griffiths (Amanwy: 1882-1953), bardd ac enghraifft wych o Sosialydd a ddaliodd yn arweinydd capel Gellimanwydd yn Rhydaman ar hyd y blynyddoedd. Byddai troi i'w golofn wythnosol yn *Y Cymro* 'O Gwm i Gwm' yn rhoi syniad da o'i athroniaeth ef fel brawd i James Griffiths.

Fy ngofid pennaf am y gyfrol arloesol hon yw ei bod yn anghofio y llu mawr a ddaliodd yn gadarn i ddiwinyddiaeth ryddfrydol, iachus a hefyd i ymlyniad brwdfrydig o blaid gwerthoedd y Mudiad Llafur ar ei orau, fel materion heddwch, helpu'r gwan, pledio achos y gorthrymedig a chofleidio achosion rhyngwladol.

Cytunaf gyda Dr Robert Pope fod Ymneilltuaeth wedi colli cyfle gwych yng nghymoedd y De, er ymdrechion gwiw rhai o'r gweinidogion a nodir yn y gyfrol, fel R. J. Barker yn Nhonypandy, T. Alban Davies, yn Nhonpentre a Tom Nefyn Williams yn y Tymbl, heb anghofio'r digymar, Leon Atkin yn Rhisga ac Abertawe. Pam anghofio cyfraniad y Parch. Ddr. John Roberts, Caerdydd, pensaer Presbyteriaeth Gymraeg fodern, a'i arweiniad ef yn nyddiau anodd y cyfnod rhwng y ddau Ryfel Byd yn Nwyrain Morgannwg? Ac y mae ei ddedfryd ar Tom Nefyn Williams yn gwbl gamarweiniol: 'He was not an important national or denominational figure and he never achieved prominence again' (t. 211). Daeth Tom Nefyn, rhwng ffiasgo'r Tymbl (1928) a'i farwolaeth ddisyfyd yn Efailnewydd ar nos Sul, 23 Tachwedd 1958, yn un o bregethwyr mwyaf adnabyddus yr Hen Gorff. Pwy o'r ysgolheigion a gamarweiniodd y crwt i ddweud y fath heresi!

Byddwn yn croesawu hefyd bennod ar ymateb ein beirdd a'n llenorion a fagwyd yn y capeli i Sosialaeth. Dyma wythïen werthfawr sy'n disgwyl ymchwilydd trylwyr. Meddyliwch amdanynt o 1906 i 1939. Yr oedd Elfed yn gofidio am gyflwr chwarelwyr Dyffryn Ogwen yr adeg honno ac erbyn diwedd y cyfnod, yr oedd Gwenallt yn llym ar y cyfalafwyr, a rhyngddynt cafwyd llu o feirdd yn ystyried cri y tlawd a chyflwr truenus y gwerinwyr, weithiau'n sentimental fel Crwys a Chynan, ond dro arall yn haerllug o sur fel T. E. Nicholas. Gwythïen arall y dylid ei hystyried yw arweiniad y rhai hynny a fagwyd y tu mewn i'r capeli ac a ddaeth yn arweinwyr Undebau Llafur, y WEA a'r Blaid Lafur. Bu'r capeli yn fagwrfa iddynt. Yn ôl fy neall i o safbwynt Dr Robert Pope, y mae'n disgwyl i'r capeli yn y cyfnod o dan sylw uniaethu eu hunain gyda'r mudiad newydd fel ag y gwnaeth Ymneilltuaeth gyda'r Blaid Ryddfrydol. Ond camgymeriad yw peth felly. Gwaith y capel oedd magu arweinwyr cymdeithas. Dyma a ddigwyddodd a dylid dangos hynny. Er enghraifft, yn 1945 yr oedd tri Aelod Seneddol Llafur yn perthyn i gapel Dewi Sant (St David's) Pontypridd, un o gapeli yr Eglwys Bresbyteraidd sy'n perthyn i Sasiwn y Dwyrain, a gellir rhoi enghreifftiau o hynny trwy Gymru gyfan a thu allan. Magwyd mab-yng-nghyfraith Keir Hardie, Emrys Hughes (1894-1969), ym Mans y Methodistiaid Calfinaidd yn Nhonypandy ac yna Abercynon, a daeth maes o law yn Aelod Seneddol y Blaid Lafur yn yr Alban bell. Mae'r drafodaeth ar bynciau diwinyddol y Sosialwyr Ymneilltuol fel Tadolaeth Duw, Brawdoliaeth Dyn, a Theyrnas Dduw, yn gyfraniad gwerthfawr iawn, ond credaf fod angen edrych ar draddodiad y Proffwydi Anghydffurfiol o'r Beibl, ac yn arbennig yn ein hanes ni yn yr ugeinfed ganrif. Gwelwyd y rhain y tu mewn i Blaid Cymru yn ogystal â'r Blaid Lafur – a dyma hanner dwsin na châi eu didoli o gwbl – Robert Evans, Llanbryn-mair, Ben Owen, Llanberis, David Jones, Blaen-plwyf, Howel Harris Hughes (1873-1956) awdur esboniad pwysig ar Lyfr Amos (1924), a gŵr a gofir o hyd yn Lerpwl fel proffwyd, J. P. Davies, Porthmadog a George M. Ll. Davies. Gallwn ychwanegu at y rhestr, ond mae'n rhaid cloi'r adolygiad, gydag apêl garedig i bwrcasu'r gyfrol sydd â siaced lwch yn darlunio adeiladu capel mwyaf yr Ymneilltuwyr, Tabernacl Treforys, ym 1872. Os am ragor o'r hanes hwnnw, darllener ysgrif gyffrous Herbert Hughes yn *Y Tyst* (5 Chwefror 1998, t.4).

18 ADEILADU YN LERPWL

gan Dawi Griffiths

Os edrychwch yn y 'Property Post' yn *The Liverpool Daily Post* ar ddydd Sadyrnau fe welwch gwmni Venmore & Thomas yn dal i hysbysebu yn dra helaeth. Williams a James Venmore, dau frawd o Lannerch-y-medd, a sefydlodd y cwmni hwn fel busnes gwerthu tai yn Scotland Road. Newidiodd y cwmni ei enw i Venmore & Thomas yn ddiweddarach a hwn, hyd y gwn i, yw bron yr unig gwmni gwerthu tai â chysylltiadau Cymreig sy'n dal i fodoli yn Lerpwl erbyn hyn.

Fodd bynnag, doedd y daith ddim yn rhwydd ac esmwyth bob amser o bell ffordd i adeiladwyr Cymreig Lerpwl. Er i'r ddinas weld cynnydd a thwf cyson drwy'r ganrif ddiwethaf, eto cafwyd rhai cyfnodau helbulus iawn gyda rhyfeloedd a dirwasgiadau economaidd yn achosi cyni enbyd, gan daflu miloedd o weithwyr ar y clwt a pheri i ffortiwn ambell adeiladwr neu fasnachwr cefnog ddiflannu dros nos bron. Yn rhifyn XXIII o *Cymru* O. M. Edwards ceir englyn sy'n disgrifio anwadalwch bywyd masnachwr yn Lerpwl i'r dim; sôn am gynnydd mae hwn ond gallai fod yn ochr arall y geiniog mor hawdd â dim.

Heno'r aeth anturiaethydd – i'w wely,
A'i ddyled fel mynydd,
Ond deffroa doriad dydd
Yn foliannus filiwnydd.

Un cyfnod difrifol mewn masnach oedd y 1840au; dyma gyfnod y newyn mawr yn Iwerddon a chyfnod pan oedd y Deddfau Gwlad yn gwasgu ar bob cwr o wledydd Prydain. Roedd miloedd allan o waith yn Lerpwl bryd hynny a llawer o Gymry'n heidio'n ôl i'r hen wlad gan obeithio cael rhyw waredigaeth yno. Ceir golwg ar hynny yng nghofiant William Rees (Gwilym Hiraethog) a fu bron â mynd yn fethdalwr ei hun yn 1848. Yr un yw'r stori am y cyfnod hwn wedyn yng nghofiant gweinidog Annibynnol arall o Gymro yn Lerpwl, sef Thomas Pierce. Yn y degawd nesaf daeth Rhyfel y Crimea yntau â phroblemau economaidd digon dyrys yn ei sgil. Nid oedd pethau'n dda at ddiwedd y ganrif chwaith oherwydd cystadleuaeth dramor, yn bennaf, erbyn hynny. Meddai rhywun yn *Y Dysgedydd* yn 1888:

> Mae amgylchiadau masnach yn ddrwg iawn ar lawer yma. Colli arian y mae pobl y llongau a'r tai; a'r ddau ddosbarth yma ydyw lluaws y Methodistiaid yn y dref.

Fel y gwyddys roedd llithro i ddyled yn cael ei ystyried yn drosedd foesol bur ddifrifol yn yr eglwysi anghydffurfiol Cymreig, hyd at yn bur ddiweddar yn y ganrif ddiwethaf. Nid colli arian – a chartref weithiau – oedd yr unig boen a wynebai ambell adeiladwr anffodus. Bu'n rhaid i amryw 'a fentrodd yn ddi-feddwl mewn masnach' fel y dywedai'r tadau, ymddangos o flaen y seiat i dderbyn eu cosb ac roedd gwarth diarddeliad yn waeth poen, yn sicr, i lawer na'u colledion materiol. Un tro yn eglwys Fethodistaidd Pall Mall diarddelwyd saith adeiladwr gyda'i gilydd am fynd i ddyled, ac ar 16 Hydref 1837 'cerdyddwyd y brawd a'r henuriad Wm Hughes oherwydd gormod menter mewn masnach ac esgeulusdra hir yn edrych dros ei gyfrifon'. Diwedd pur debyg sydd i fusnes adeiladu Robert Rees yntau yn y nofel *Owen Rees*. o waith Eleazar Roberts. Mae hwnnw'n mentro gormod wrth adeiladu ar hap ac er nad yw'r busnes yn mynd i'r gwellt yn llwyr, mae'n gorfod ymdrechu'n ddyfal iawn i glirio ei ddyledion gan golli cryn dipyn o'i statws yn y fargen.

19 ANGERDD Y GENADWRI

gan J. E. Jones

Mae hanes ysgytwol James Bulger druan wedi cynhyrfu i'r eithaf feddwl a chalon pob aelod o'n cymdeithas. Cyffyrddwyd hyd yn oed y rhai oedd, hyd yn hyn, yn hollol ddihitio ynglŷn â thueddiadau andwyol a llygredig ein dyddiau ni. Lle mae hyn yn ein harwain? Bu rhai o bulpudau ein gwlad, ac ambell wleidydd hefyd, yn condemnio a rhybuddio yn erbyn y dirywiad mawr mewn moesoldeb. Ond lleisiau yn yr anialwch oeddynt.

Yn gyffredinol fe'u cyhuddwyd o ymyrryd yn y rhyddid i fwynhau ein hunain fel y mynnwn. Ond yn awr mae cydwybod gwlad gyfan wedi ei gynhyrfu i'r fath raddau fel bod galwad o'r diwedd nid yn unig i esbonio'r anfadwaith yn Walton, ond yr holl greulondeb ac anfoesoldeb sydd yn ffynnu yn ein plith, er ceisio meddyginiaeth.

Y duedd yw beio pawb ond ni ein hunain. Disgwyliwn i eraill ddatrys problemau aruthrol heb unrhyw gyfraniad o'n hochr ni. Geilw'r sefyllfa, nid am ymateb cynhyrfus, anweddaidd a chreulon fel y gwelwyd gan rai, ond am ystyriaeth ddofn a gweddi daer am arweiniad, gyda chydymdeimlad gwirioneddol â phob un sydd yng nghanol y ddrycin, heb anghofio ing a gwewyr teuluoedd y bechgyn fydd o flaen eu gwell. Rhown ein hunain yn sefyllfa pob un ohonynt.

Mae pulpud Bethel, Heathfield Road, Lerpwl wedi bod ar flaen y gad yn tynnu sylw at y tueddiadau hyn bron o'r cychwyn. Ond fore Sul, 21 Chwefror 1993, yr oedd mwy o angerdd ac *urgency* yng nghenadwri y Parch. Ddr. D. Ben Rees ac yn ei ddadansoddiad treiddgar ar gyflwr trychinebus ein gwlad a oedd yn herio pob un o'r gynulleidfa. Haedda ei sylwadau gyhoeddusrwydd ehangach o lawer na'r Capel ei hun. Haedda yn wir eu hargraffu yn llawn.

Pregethai ag arddeliad mawr a theimlad dwys ar y testun o Efengyl Marc 10:13-14, sef cerydd yr Iesu i'r disgyblion am atal plant bychain rhag dod ato. Ceisir rhoi syniad yn awr o'i genadwri. Ei ben cyntaf oedd diffyg arweiniad mawr ar faterion moesol, a phwy all wadu'r ffaith sylfaenol hon. Yn ail, bod angen i wleidyddion dalu sylw a pharchu gwerthoedd moesol. Dylai'r digwyddiad fod megis morthwyl i ddeffro pob un ohonom ni i ddangos ein hochr a'n cyfrifoldeb i ddysgu i'n plant y gwahaniaeth rhwng da a drwg. Ac yn olaf, rhaid cefnogi'r to sy'n codi a chymryd diddordeb ynddynt. Mae pawb yn barod i lefaru ond heb weithredu. Os na wnawn ein rhan yr ydym yn peryglu ein bywyd ein hunain a'n cymdeithas.

Mae angen i ni fod yn fyw i'n pobl ifainc. O na allem ganu'r emyn 'Iesu, Iesu wyt Ti'n ddigon' o ddifrif, a dwyn y genhedlaeth hon i gofleidio Gwaredwr y Byd.

20 ATGOFION HYFRYD O MONA – FFRIND OES

gan Mary A. Williams

Y tro cyntaf imi gyfarfod Mona oedd yng nghapel Heathfield Road, a hynny dros chwe deg o flynyddoedd yn ôl. Magwyd cyfeillgarwch rhyngom yn fuan a buom yn ffrindiau agos ers hynny. Mynychem y capel a'r Ysgol Sul bob wythnos, ac aml i waith cefais wadd i gartref Mona McEvoy (née Jones) yn Wavertree am de, yna yn ôl i'r gwasanaeth hwyrol. Ar ôl yr oedfa, fe dyrrem i glwb *Young Wales.* yn Parliament Street i ganu emynau o dan arweiniad Hughie John Jones neu Rhys Rowlands. Buom ein dwy mewn llawer achlysur yn y clwb, yn dawnsio neu yn canu, neu'n partïo.

Cawsom eisteddfod flynyddol yn y capel. Enillodd Mona a finnau ar ganu deuawd ar 'Pant y Pistyll'. Aethom bob wythnos i'r ysgoldai yn Heathfield Road i chwarae badminton a thennis bwrdd, ac i'r dramâu a'r cyfarfodydd llenyddol, a'u mwynhau yn fawr iawn.

Cofiaf wyliau ar Ynys Jersey yn nofio, bwyta a dawnsio yn y stryd a thynnu lluniau digrif o'n gilydd. Edrychais ar luniau priodas Bill a Mona ddoe gan gofio'n dda yr achlysur, a hefyd enedigaethau'r plant, Ian a Paul. Unwaith y mis, teithiem mewn tacsi i dai ein gilydd â'r plant yn ifanc, i gael cinio Sul gyda'n gilydd. Ar adeg pen blwydd un ohonom caem ddathlu cinio arbennig. Fe siaradem ar y ffôn yn gyson os yn anabl i gyfarfod yn gorfforol.

Cafodd Mona dipyn o helynt gyda'r cancr yr wyth mlynedd ddiwethaf yma a chael llawer triniaeth yn yr ysbyty. Daliodd ymlaen yn gadarnhaol ei hysbryd, ond yn flinedig iawn, a châi hwb ymlaen gyda'r trallwysiad gwaed i'w hadnerthu. Wythnos cyn ein gadael, galwais i'w gweld yn Mosley Hill, a dywedodd wrthyf fod ei chorff yn newid ac yn colli pwysau, a gwelais gryn newid ynddi. Y tro olaf y'i gwelais, oedd yn siopa yn Tesco yn Allerton, dri diwrnod cyn ein gadael, a hithau'n ddi-boen. Gadawodd ni'n ddisymwth yn y diwedd. Ym mhob achlysur mawr o eni, priodi, a marw buom yn gefn i'n gilydd ar hyd y blynyddoedd. Bydd lle gwag ar ei hôl i'w theulu ac i ninnau, ei ffrindiau.

Eglwys Bresbyteraidd Cymru, Heathfield Road, Lerpwl (ger Penny Lane)

21 ATGOFION AM Y SEIAT YN EGLWYS HEATHFIELD ROAD, LERPWL

gan Trefor Davies Jones

Cynhelid y Seiat ar nos Lun, am 7.30 yn yr ysgoldy fach. Blaenor y mis a lywyddai. Ef a alwai un ymlaen i ddechrau. Yna dywedai air ei hun – yn aml cyfeiriai at bregethau'r Sul blaenorol, ac wedyn gofynnai i bob un o'i gyd-flaenoriaid a oedd ganddynt hwy air. Siaradai dau neu dri – efallai mwy ambell dro. Erbyn hynny yr oedd yn 8.15, a galwai ar y Parch. Robert Davies i gymryd y Seiat. Wedi iddo yntau orffen, neu oddeutu 8.35-8.40, cyflwynai Mr. Davies y Seiat drachefn i lywydd y mis a galwai ef ar rywun, fel rheol un o'r ieuenctid, i ledio emyn a chyhoeddi'r fendith. Yr oedd yr ysgoldy fach bob amser o hanner i dri chwarter llawn.

Pan âi'r Parch. Robert Davies i'r llawr, ambell dro âi at y chwiorydd. Yr oedd cynifer yno fel nad oedd modd i ddim mwy na chyfran fechan ohonynt adrodd adnod – er mai byr iawn oedd sylwadau'r Gweinidog ar bob adnod. Dro arall âi at y dynion a gofynnai am air. Eithr siaradai rhai gyhyd fel mae rhyw bedwar neu bump a gâi gyfle.

Cofiaf un neu ddau. Dyna Mr. Davies. Gŵr dros ei 80 oed. Bu'n ffyddlon, eithr symudodd at ei fab i ran arall o'r ddinas – mor bell fel nad allai ddod ond yn anaml iawn. Eithr y noson hon gofynwyd am air ganddo. Soniodd am fendithion y Tŷ, ac am ei hiraeth angerddol am gael dod i'r oedfaon a'r Seiat. Cyfeiriodd nad oedd ganddo ddigon o arian i dalu'r tram adref. Ar derfyn y Seiat aeth nifer o'r brodyr ato a rhoi arian iddo, ac yntau'n anfodlon ei dderbyn gan ddweud iddo gael digon yn y Seiat. Ni welais ef mewn Seiat ar ôl hynny – bu farw'n fuan wedyn.

Dro arall, cododd John Griffith, Alderson Road. Dywedodd mai milwr oedd y pryd hwnnw yn Rhyfel 1914-18. Yn y gwersyll yr oedd yn cael ei demtio'n gyson a thaer gan ei gyd-filwyr i yfed y ddiod feddwol. Un hwyr bu i rai o'i gyd-filwyr benderfynu, trwy deg neu drais, drechu ei wrthwynebiad. Soniodd John Griffith mor ofnadwy y bu'r wasgfa arno y noson honno – eithr daliodd heb blygu. Ac meddai 'Wyddoch chwi beth ddarfu fy nghynnal? Cofio bod fy nhad a'm mam yn gweddïo drosof yng Nghapel Bach Nebo, ar Fynydd Eilian, yn Sir Fôn.' Ambell dro holai'r Gweinidog yn gyhoeddus – ond eithriad oedd hyn. Yn un o'r Seiadau, gofynnodd 'Beth yw arfogaeth y Cristion?' Yn ddi-oed rhoed yr ateb iddo 'helm yr iachawdwriaeth', 'cleddyf yr Ysbryd' etc. Dyna'r tro cyntaf imi gofio clywed amdanynt.

Pe bai'r Gweinidog yn absennol, Mr. David Griffith a âi i'r llawr. Yr oedd ef yn dda iawn, craff ei holi a chymwys ei sylwadau. Codai ei sylwadau gwerthfawr o'i wybodaeth eang. Cofiaf amdano yn mynd at fy nhad ac yn dweud wrtho 'Fe wyddom nad ydych yn medru clywed yn dda – ond fe'ch gwelwn ymhob oedfa a seiat, a gwerthfawrogwn eich presenoldeb ynddynt.' Soniai am bersonau, digwyddiadau a phregethau, a phob sylw yn ddiddorol ac yn berthnasol. Yr oedd gan Mr Griffith gof eithriadol – yn wir ein barn oedd ei fod wedi cadw cofnodion ers llawer blwyddyn, a'i fod yn eu darllen yn gyson.

Yn y Seiat ar ôl Cyfarfod Misol rhoddwyd adroddiad o weithrediadau y cyfarfod hwnnw. Mr David Griffith a gyflwynai'r adroddiad hwnnw bob amser. Cymerai holl amser y Seiat. Eithr yr oedd ganddo'r ddawn i fynegi'r hanes, nid yn unig mewn ffordd ddiddorol, ond hefyd i wneud i ni deimlo ein bod yn perthyn i Gyfundeb ardderchog – Cyfundeb y gallem ymfalchio ynddo.

Math arall o Seiat oedd y Seiat Goffa, a chynhelid hi yn dilyn marwolaeth pob aelod ffyddlon. Un sylw a wnaed ar ôl marwolaeth Mr J. W. Thomas, tad y Misses Doris, Eunice a Mr Eifion Thomas, Allerton Road, oedd: 'Adeiladydd oedd, ef a adeiladodd Bird Street. Nid oedd fawr o brydferthwch yn y tai, ond yr oedd wedi eu hadeiladu yn gadarn, ac yn dda. Yr oedd crefftwaith gonest ynddynt.' Y Seiat Goffa ddwysaf y bûm ynddi oedd honno yn dilyn marwolaeth Maldwyn, mab y Parch. a Mrs Robert Davies, a laddwyd mewn damwain drychinebus. Yr oedd yr amlygiadau o dristwch yn niferus. Soniodd un gweithiwr, fod ei gyd-weithwyr mewn dagrau wrth sôn am Maldwyn, trannoeth ei farw.

Un waith yn unig y cofiaf ddiarddel un a oedd yn bresennol, merch ieuanc a oedd wedi dod yn fam cyn priodi. Eisteddai'r ferch yn y sedd gefn, nesaf i'r drws. Wedi i Mr Robert Davies ddweud gair ynglŷn â'r digwyddiad, aeth at y ferch a'i cheryddu. Nid wyf yn cofio beth a ddywedodd – ond erys ynof atgof fod y geiriau'n giaidd, a deffrôdd ynof ymdeimlad o dosturi at y ferch. Yna cymerodd Mr Davies bleidlais yr Eglwys a chyhoeddi'r ferch wedi ei diarddel. Ar ôl y Seiat, cyn i'r ferch godi, aeth nifer o'r mamau ati a chydymdeimlo â hi. Ymhen ychydig wythnosau yr oedd y ferch honno drachefn yn y Seiat i'w chyflwyno ei hun o'r newydd i fod yn aelod cyflawn. Cyn ei derbyn, bu i'r Gweinidog ymddiddan â hi, a phwyso arni a oedd yn cydnabod drygedd ei gweithred ac a oedd yn edifarhau. Seiadau eraill – ychydig ohonynt a fu – a ddylanwadodd yn drwm arnaf oedd rheini ynglŷn â thynnu enwau oddi ar restr aelodau'r Eglwys – gweithred a ystyrid yn ddiarddeliad.

Tua diwedd Medi, darllenai Ysgrifennydd yr Eglwys enwau'r rhai y dymunent eu tynnu i ffwrdd, gan ddweud ychydig o hanes pob un ohonynt, er enghraifft, dywedodd am un, iddynt fel Swyddogion fod yn holi amdano yn ei lety. O ddeall yno ei fod wedi symud bu iddynt anfon gair i'r cyfeiriad newydd. Eithr daeth gair ei fod wedi ymadael o'r fan honno, ond na wyddent i ble. Yna bu iddynt anfon i'w Eglwys gartref, ac i'r blaenoriaid ateb na wyddent ddim o'i hanes ers ychydig flynyddoedd. Ar ôl darllen yr enwau a mynegi eu hymdrech gyda phob un ohonynt, apeliwyd os oedd gan rywun wybodaeth am unrhyw un ohonynt iddo hysbysu'r swyddogion. Yna, tua diwedd Tachwedd, darllenai yr Ysgrifennydd restr wedi ei diwygio; rhai enwau wedi eu gadael allan, ond nid oedd yr un wedi ei ychwanegu. Apeliodd eto am wybodaeth amdanynt. Yna yn Seiat olaf y flwyddyn codai'r Gweinidog, darllenai enwau'r rhai y dymunid eu diarddel, a gofyn i'r aelodau eu diarddel o fod yn aelodau yn Eglwys Iesu Grist, trwy godiad deheulaw. Bu i'r Seiadau hyn argraffu ar fy meddwl bwysigrwydd aelodaeth eglwysig. Mewn Seiat y derbyniwyd plant yn gyflawn aelodau, a Seiadau arbennig iawn oeddynt. Ynddynt ceisiwyd pwysleisio'r cam a gymerai'r plant. Saif dwy ohonynt allan. Y naill pan dderbyniwyd fy mrawd John, yn gyflawn aelod. Synnais at fanylrwydd yr holi, ac erys un gofyniad ar fy nghof o hyd, sef 'Beth oedd y gwahaniaeth rhwng cred y Pabydd am yr Ordinhad o Swper yr Arglwydd a chred y Protestant? Y llall oedd Seiat lle y cefais i fy nerbyn. Gwn na fu'r holi mor fanwl nac mor anodd ynddi ag yn y Seiat uchod. Y blaenor a roddodd y cyngor i ni oedd Mr David Griffith. Ynddo adroddodd stori. Aeth y gŵr at dŷ cyfaill iddo, a synnodd weld y *knocker* mor isel ar y drws, tua'i waelod. Gofynnodd i'w gyfaill paham yr oedd wedi ei osod mor isel, ac atebodd hwnnw, 'Y mae llawer o blant yn dod yma, a phan ddônt at y drws ni hoffwn beidio â'u clywed.' Wrth gymhwyso'r stori meddai Mr. Griffith 'Cofiwch tyda chi ddim yn rhy ifanc i weddïo.'

22 ATGOFION CREFYDDOL O'R AIL RYFEL BYD

gan C. Brinley Lettsome

Gofynwyd imi gan fy nghyfaill, a bron â bod fy nghymydog, sef Golygydd *Yr Angor*, i roi tipyn o hanes yr Ail Ryfel Byd gan fy mod yn un o'r 'hen filwyr' hynaf a fu yn Ewrop a Gogledd yr Affrig ymhlith Cymry Lerpwl, a chan fod dathliadau diwedd y rhyfel yn yr awyr ar gyfer haf eleni [1995], dyma fodloni i roi siâp ar swp o atgofion a gyflwynais ar derfyn y Rhyfel i'm cyd-Annibynwyr yng Nghapel Grove Street.

Nis gallaf nodi pob carreg filltir, ond dyma gipolwg ar rai ohonynt, yr hyn a arhosodd yn fy nghof, a hoffwn gychwyn gydag adnod o Salm 122 'Llawenychais pan ddywedent wrthyf awn i Dŷ yr Arglwydd'.

Nid llawenydd oedd teimlad y milwyr fel arfer pan oeddynt yn cael eu cymell i ymddangos ar y *Church Parade* a hwnnw yn un gorfodol. Grwgnach a chnoi cil oedd hi ran amlaf, ac nid oedd y gwasanaeth hwn yn werth ei fynychu ran amlaf oherwydd un ffaith syml. Yr oedd ein meddyliau a'n teimladau cas yn andwyo yr awyrgylch. Ond ar y llaw arall, hyfrydwch oedd prif nod Gwasanaeth crefyddol gwirfoddol ac ar y diwedd teimlem fel milwyr mai da oedd i ni fod yno.

Yr wyf yn gwneud sylw arall a dyma ef – (ni chyfarfyddais ag un Caplan yn Gymro neu Sais) yn berthynol i'n henwad ni yr Annibynwyr Cymraeg tra bûm yn y fyddin, ac ar y cyfan, lot sâl oedd y Caplaniaid Protestannaidd ac eithrio rhyw ddau neu dri. Nid oeddynt yn cymryd digon o ddiddordeb yn y ffydd Gristnogol nac yn hyrwyddo, fel y dylent, ddyletswyddau efengylaidd ymhlith y milwyr. Yr oedd y Pabyddion bob amser yn cael moddion gras wedi ei drefnu iddynt. Ond dyna ddigon ar y pwynt yna.

Y lleoliad cyntaf yr wyf am ei grybwyll yw Cap Matifon, ugain milltir tu allan i Algiers. Un dydd yr oeddwn yn gwarchod yn fy swydd fel milwr a phan ddaeth adeg ymryddhau, nid oedd yn bosibl i eistedd oddi allan yn yr awyr agored oherwydd poethder yr haul. Felly chwiliais am gysgod a dyma fi'n gweld eglwys fechan (yn perthyn i'r Pabyddion) ac i mewn â mi.

Eisteddais ar un o'r seddau ac yno y bûm yn yr awyrgylch hyfryd, allan o'r gwres tanbaid am tua dwy awr mewn gweddi ddistaw ac yn myfyrio. Ni ddaeth neb yno a theimlais fy mod wedi cael hyfrydwch tu hwnt i eiriau. Yn fuan ar ôl hyn danfonwyd fi i ymuno â Chatrawd, a gofynnais ar ôl cyrraedd a oedd hi'n bosibl mynychu gwasanaeth yn ôl trefn yr Eglwysi Rhyddion. Cefais sgwrs gyda'r Caplan a gwahoddodd yntau i mi ymuno yn ei wasanaeth er ei fod yn null yr Eglwys Anglicanaidd. Rhoddodd hawl imi dorri allan y rhannau nad oeddwn yn cydweld â hwy. Felly y bu.

Mae un gwasanaeth a gymerodd y Caplan (gŵr â'r cyfenw Bailey) yn sefyll allan yn fy nghof. Yr oeddwn ar y pryd hwnnw yn yr Eidal ac mewn ardal yn agos i Ortono ar lan Môr yr Adriatig. Deuddeg ohonom wedi ymgynnull mewn stafell fechan. Eira trwm oddi allan. Roedd hi'n rhewi'n galed. Gynnau'r byddinoedd yn cyfarth. Magnelau yn chwibanu. Awyrennau yn hedfan yn ôl ac ymlaen fel gwybed ond gyda'r nod o ddinistrio. Oddi mewn i'r stafell yng ngoleuni gwamal un gannwyll yr oedd Distawrwydd Dwyfol a gwasanaeth y Cymun yn rhoi arweiniad ac eneiniad i bob un o'r milwyr. Ychydig o amser ar ôl hynny lladdwyd y Caplan a theimlais fy mod wedi colli cyfaill ardderchog.

Symudwyd y Gatrawd i lan Afon y Sangro a chlywsom fod yn y pentref cyfagos, a elwid Perano, gapel Ymneilltuol. Dyna syndod, gan fy mod bob amser o dan yr argraff mai gwlad gwbl Babyddol oedd yr Eidal. Beth bynnag, dyma ni'n gofyn am gar modur ac ar fore Sul dyma nifer fechan ohonom yn cyrchu i Perano ar ben y mynydd i gapel Efengylaidd y Methodistiaid. Y Gweinidog, er na fu erioed o'r Eidal, yn arwain y defosiwn mewn Saesneg a'i wraig yn chwarae'r organ. Siaradodd mewn iaith goeth ac mewn ymddiddan ar ddiwedd y gwasanaeth soniodd y Gweinidog fod ei dasg yn un anodd oherwydd erledigaeth yn arbennig o du'r Eglwys Babyddol.

Ar y daith i'r porthladd Ancona buom am beth amser yn Porto Reconati, ac o fewn ychydig o filltiroedd safai pentref Loreto. Yn Loreto, fel y gwyddom, y saif yr Eglwys Gristnogol gyntaf i'w hadeiladu yn yr Eidal ac yno, o dan yr allor, yn y Crypt, yn dra thebyg i'r fangre lle ganwyd ein Ceidwad ym Methlehem, honnid mai'r preseb hwn oedd yr un gwreiddiol. O amgylch y muriau yr oedd allorau a gyflwynwyd i'r Eglwys gan Babyddion y gwahanol wledydd a iaith y gwledydd hynny uwchben yr allorau.

Y noson ar ôl i nifer ohonom ymweld â'r eglwys, niweidiwyd hi gan y brwydro a dyma'r stori yn hanes rhan fwyaf o'r eglwysi a safai ar ffordd y brwydro.

Symudodd y Gatrawd o Ancona i Anzio, a chefais y cyfle o dalu ymweliad byr â Rhufain, y Ddinas Dragwyddol fel y'i gelwir. Wrth gwrs yr oedd rhaid galw yn y Fatican ac yno gwelsom yr eglwys fwyaf ei maint yn y byd, sef Eglwys Sant Pedr, canolfan y grefydd Babyddol. I roi syniad o'i maint, meddylier am Eglwys Sant Paul yn Llundain, y nesaf iddi o ran maintioli. Ni theimlais unrhyw wefr grefyddol o gwbl ynddi gan ei bod yn fwy o *showplace* na mangre addoli. Yr oedd yn rhaid, y pryd hwnnw, dalu pres i weld bron popeth hardd ac o werth yno.

Yn y canol roedd bedd Pedr y pysgotwr gyda grisiau marmor, pyrth aur, a cholofnau alabastr wedi eu haddurno gyda lampau pres. Uwchben y bedd roedd allor fawr ac arni ganwyllbrennau aur. Y Pab yn unig oedd â'r hawl i weinyddu Swper yr Arglwydd yno. Ar yr ochr yr oedd delw o Sant Pedr ac ar adeg neilltuol yn y flwyddyn yr oeddynt yn ei wisgo gyda dillad drud a gemau costus. Nid oedd bysedd i weld ar droed dde y ddelw gan eu bod wedi eu gwisgo i ffwrdd trwy gusanau y deiliaid Pabyddol. Wedyn aethom trwy Stafell y Trysorau lle y cedwid gwisgoedd lliwgar yr offeiriaid. Cafwyd amryw o drysorau fel , llestri cymundeb o aur a cherrig gwerthfawr wedi eu gosod ynddynt, perlau a saffir, gemau o bob math, a rhai ohonynt yn odidocach nag y gwelir yn unman arall.

Ar ôl dod allan o'r Fatican, yr oeddem ymhlith y tlodion yn begera am gardod. Peth gwrthun oedd hyn i mi. Oddi mewn i eglwysi'r Fatican ceir trysorau di-rif ond oddi allan adeg yr Ail Ryfel Byd ceid tlodi a blas newyn.

Aethom i mewn i Siambr y Gynulleidfa (*Audience Chamber*) ac ar ôl aros ennyd daeth y Pab ei hun i mewn. Ysgwydais law ag ef. Nid oeddwn fel Annibynnwr o'r crud yn teimlo fel y

Pabyddion fod rhinwedd yn dylifo allan ohono, ond ei fod yn arweinydd crefyddol ac yn meddu llawer o rym. Wedi'r cyfan, y mae'r Fatican yn wladwriaeth ynddi ei hun. Bûm mewn llawer eglwys yn yr Eidal ac yn eu plith Pompeii wrth droed y mynydd llosg Vesuvius, yn ninas Florence sydd yn nodedig am yr arlunwyr byd-eang yn yr amgueddfeydd, Padua, dinas ysgolheictod, a hefyd Assisi lle bu Sant Ffransis yn gwarchod byd Duw, a Fenis. Ie yn Fenis ymwelais ag Eglwys Sant Marc sydd wedi ei hadeiladu ar y dŵr a phileri i'w chynnal.

Gwelais aml i waith artistig gan arlunwyr godidog, ond teimlais nad oedd un man yn debyg i gartref a chredais hefyd mai ar ffurf gwasanaeth syml ond didwyll y mae'r cyfle gorau i bob credadun. Yn ystod gaeaf olaf yr Ail Ryfel Byd, treuliasom amser hir yn y mynyddoedd ac mewn un man a elwir Chiusi le Verna a oedd ddwywaith yn uwch na'r Wyddfa. Er hynny, uwch ein pennau, yr oedd Mynachlog. Hon oedd y gyntaf a sylfaenwyd gan Sant Ffransis o Assisi, a dyma'r fangre lle cafodd y *stigmata*. Maent wedi ymhelaethu tipyn ar yr adeilad er hynny a phan ddeuthum yn agos ato clywais ganu swynol. Gwasanaeth uwchlaw sŵn rhyfel ydoedd. Yma yr oedd organ drydan fwyaf gwlad yr Eidal, rhodd gan Americanwr a chafodd un o'r cwmni a oedd yn organydd ganiatâd i chwarae'r offeryn (tebyg i organ Wurlitzer) ac yno y bûm yn eistedd yn yr adeilad tywyll yn gwrando ar ddarnau o waith Handel a Bach am dros ddwy awr.

Dyma fi'n awr yn gadael yr Eidal ac yn symud i Awstria, a thrwy garedigwrydd fy swyddog cefais gyfle i ymweld â Klagenfurt, hanner can milltir o daith, i fynychu Gwasanaeth Cymraeg a gynhelid yng nghantîn Eglwys yr Alban. Mewn ystafell fechan yr oedd rhyw ddeg ar hugain o hogiau wedi ymgynnull. Dyma'r gwasanaeth Cymraeg cyntaf imi er ymuno â'r Fyddin a chefais fwynhad yn canu emynau adnabyddus ac ar donau cyfarwydd, yn gwrando ar ddarlleniad o'r Beibl, a gweddi a phregeth yn iaith fy mam. Dyma i mi oedd yr uchafbwynt.

Peidiwch â meddwl mai dyma'r unig adeg y bûm mewn eglwys neu wasanaeth crefyddol, oherwydd yr oeddwn bob amser yn manteisio ar fynychu unrhyw oedfa Brotestannaidd. Yr wyf yn cymryd y cyfle i ddiolch am ein cofio ni filwyr Cymraeg yng ngweddïau capeli Lerpwl a meddyliau ein hanwyliaid. Ni allwn rifo gwerth eiriolaeth a charedigrwydd felly. Dyma fi yn diweddu, fel y gwneuthum hanner can mlynedd yn ôl, trwy ddiolch i Dduw am ei amddiffyniad ac am y cyfle i i ailgydio drachefn ym mywyd capel Grove Street, Lerpwl.

Ôl-nodiad:
Gair am y *Rough Riders.*
Yr oedd y *Rough Riders* yn perthyn i'r *1st City of London Yeomanry 31st Battery.* Ymhlith y Cymry a berthynai i'r 'gyrrwyr caled' yr oedd Sarjant Arnold (Pontypridd), Sarjant Tich Francis (Llansilin), Sarjant Kiff, Mumbles, *Bdr/Fitter* Willie Cledwyn Jones (Porth, Rhondda), *Gnr/Diver* David John McGrath (Port Talbot), *Gnr/Dispatch Rider* Ivon Ellis (Yr Wyddgrug), a *Gnr/Driver Officer* C. B. Lettsome (Lerpwl).

23 ATGOFION AM GAPEL (M.C.) WIDNES

gan William Williams (Helsby)

Enw Widnes yn yr hen amser oedd Woodend a gellid ei gyfieithu fel yr enw hwnnw yn y De, Pen-coed. Cofiaf gefnder fy nhad yn dweud wrthyf rywdro am ei atgofion am Widnes. Daeth yno yn fachgen o Laneilian yn agos i Amlwch, a chofia amdano'i hun yn casglu mwyar duon wrth fin yr afon. Yr adeg honno yr oedd lleoedd prydferth dros ben yn Widnes a'r cylch. Difaodd diwydiant yr harddwch a'r mwyar duon!

Y capel cyntaf a gofiaf yn nhre Widnes oedd Capel Cymraeg y Methodistiaid Calfinaidd yn Milton Street. Fe'm dygwyd yno ym mreichiau fy mam ryw nos Sul. Yr adeg honno goleuid y Capel gyda nwy ar *chandeliers* hardd. Ar y rhain roedd chwech o *incandescent mantles* yn oleuedig. Roeddwn i yr adeg honno tua dwy flwydd oed ac yr oedd y pregethwr wrthi yn cyhoeddi'r Efengyl. Aeth yn ddistaw am ychydig eiliadau, a dyma lais bychan yn gwneud ei hun yn glywadwy gyda'r geiriau: "Oldi cannwyll". Chwarddodd y cennad.

Y blaenoriaid a ddaw i'm cof ydyw John Griffiths a etholwyd yn 1886, Hugh Roberts a ddewiswyd yn 1889, a John Davies yn 1891. Yn y ganrif hon cafodd Owen Davies a Thomas Jones eu dewis yn 1907, W. J. Williams yn 1917, a Richard Parry a finnau yn 1926. Cofiaf fy nhad, a oedd yn enedigol o Laneilian ger Amlwch, yn adrodd hanesyn am John Davies y blaenor. Llew oedd ei lysenw am ei fod yn tueddu bod, fel Simon Pedr, yn wyllt ei dymer ar brydiau. Roedd yna gynulleidfaoedd cryf yn y Capel pan oeddwn i yn fachgen bach, ac eithriad oedd cael cyfarfod heb bregethwr. Ond cofiaf un o'r eithriadau hynny – Cyfarfod Gweddi. Cymerodd John Davies ran ynddo a'r bore canlynol yn y gwaith sebon (*William Gossage & Sons Ltd.)* lle roedd ef yn *foreman* ar fy nhad, dyma'r blaenor yn gofyn yn ddigon naturiol: 'Sut oeddach chi yn licio fi ar fy ngliniau William Williams?' (fy nhad a minnau yn dwyn yr un enw). 'Wel, tasa chi gystal ar eich traed ag yr ydach chi ar eich gliniau, mi fuasech chi John Davies yn ddyn da iawn.' 'Chafwyd ddim llawer o ymateb ganddo weddill y diwrnod hwnnw, ond fe wnaeth ddyn newydd o John Davies. Roedd yn ddyn caredig ym mhob ystyr ar bob amgylchiad, ond fe aeth yn addfwynach. Roedd John Davies yn canu'n dda ac yn ei gyfnod ef yr oedd graen ar ganiadaeth y cysegr. Roedd hi'n arferiad i Saeson sefyll y tu allan i ddrws y Capel i wrando ar y canu godidog. Yr oedd blas ar y canu ac yn arbennig ar ambell emyn fel:

> O Arglwydd dyro awel
> A honno'n awel gref
> I godi f'ysbryd egwan
> O'r ddaear hyd y nef.

Peth naturiol yr adeg hon yn yr hanes oedd y rhai cyntaf allan o'r Capel ar ben Milton Street a'r lleill yn dod allan y funud honno o'r Capel. Yr oedd John Griffiths, a etholwyd yn flaenor yn 1886, yn cael ei gyfrif yn ben blaenor. Haeddai'r teitl hwnnw gan iddo gyflawni gwaith arbennig ar hyd y blynyddoedd. Un o Borth Amlwch oedd Hugh Roberts a gof wrth ei alwedigaeth. Meddai ar farf ddu ac yr oedd ei ben yn hollol foel. Roedd ganddo arferiad o roi ei sbectol ar ei ben moel, ac yn anffodus, yn aml iawn, ni wyddai neb lle roedd y sbectol! Yr oedd yn y Capel un nos Sul tua diwedd 1914 a chafodd annwyd trwm. Bu farw cyn y Sadwrn canlynol. Hen ŵr gwybodus dros ben ydoedd yn enwedig gydag ieithoedd. Yr wythnos cyn ei farw yr oedd yn astudio Eidaleg. Dywedid ei fod yn medru siarad hanner dwsin o ieithoedd yn rhugl. Bu'n flaenor nodedig a chafwyd colled fawr ar ei ôl. Roeddwn yn fwy o ffrindiau gydag Owen Davies na neb arall ohonynt. Ac fel y digwyddodd hi, cefais fyw i weld y cwbl ohonynt yn cael eu galw adref, ac am flynyddoedd bu'n rhaid imi weithredu'n flaenor ar fy mhen fy hun.

Bûm o dan weinidogaeth y gweinidogion i gyd. Y Parch J. H. Hughes a'm bedyddiodd yn 1898 a bu ef yn ein plith am 21 mlynedd. Symudodd i Ellesmere Port yn 1915. Ar ei ôl ef daeth G. Gwynant Owen, D. Ormond Jones, ac am naw mlynedd J. Ellis Jones. Wedyn bu nifer o weinidogion Lerpwl yn arolygu'r Eglwys.

Un o'r breintiau mawr a gefais oedd trefnu 41 o Gyfarfodydd Pregethu Blynyddol yr Eglwys. Daeth rhai o'r De fel Dr. T. J. Jones, Heol y Crwys, Caerdydd, a Philip Jones, Porth-cawl: eraill o'r Gorllewin fel Heber Alun Evans, Llangeitho, ac M. P. Morgan, Blaenannerch; eraill o Wynedd fel y Dr. G. Roberts Jones, Pwllheli, ond y mwyafrif o bell ffordd o Ynys Môn. Enwaf ychydig ohonynt yn unig – R. T. Owen, Llangaffo; J. O. Jones (Hyfreithlon), R. J. Jones, Carreg-lefn; J. Ll. Hughes, Porthaethwy; D. Cwyfan Hughes, Amlwch; John Williams, Pen-sarn; W. R. Owen, Bodorgan a'r Dr Thomas Williams, Gwalchmai. Bu cewri'r pulpud yn Lerpwl yno hefyd a gwahoddwyd Llewelyn Jones, Douglas Road, R. Howell Williams, Princes Road, W. Llywelyn Evans, Edge Lane a'r Dr. J. H. Howard i'r Ŵyl Bregethu.

Yn ystod gweinidogaeth J. H. Hughes yr oedd gweithgarwch mawr yn y Capel o'r Sul i Nos Wener. Ar y Sul oedfaon y bore a'r nos, ysgol Sul y pnawn, ac yna ar Nos Lun Cyfarfod yr Iaith Gymraeg. Nos Fawrth Ysgol Gân, ac ar Nos Fercher y Cyfarfod Gweddi a'r Seiat bob yn ail. Nos Iau oedd noson y *Band of Hope*. Ni allaf gofio beth oedd yn digwydd ar Nos Wener. Ond ar ôl y Rhyfel Byd Cyntaf gwelwyd newid mawr a dirywiad blynyddol yn hanes yr Achos. Un rheswm am hyn oedd bod y Cymry yn priodi â Saeson ac yr oedd hyn yn golled fawr i'r Achos Cymraeg. Yr oedd rhesymau eraill hefyd ac fe waethygodd y sefyllfa ar ôl yr Ail Ryfel Byd. Ym mis Mehefin 1965, datgorfforwyd yr Achos er cryn siom i'r gweddill – ac yn arbennig i'r rhai hynny ohonom a oedd yn blant yr Eglwys. Yn Widnes y'm ganwyd ac yn eglwys y Methodistiaid Calfinaidd ym Milton Street y cefais fy meithrin yn y ffydd Gristnogol, a chyfle o 1926 i 1965 i fod yn flaenor ac arweinydd yn yr Eglwys Gymraeg.

24 AMSTERDAM AMDANI

gan Alun Edwards

I ffwrdd â ni (a hithau'n Sul) am faes awyr Manceinion a chael hwnnw'n dwmpath morgrug– pawb ar grwydr. Paham y rhuthr i adael y wlad a hithau mor dda ei chyflwr? Os gwael ei chyflwr, sut roedd cymaint yn gallu fforddio dianc ohoni?

Ond nid oedd amser i holi na synfyfyrio: rhaid oedd cadw i symud, symud, symud, nes cyrraedd y sedd briodol yn yr awyren, honno'n lefiathan o ddur a thechnoleg yn eiddgar i fwrw ymlaen gan gofio yr addolwyr yng nghapel Oaker Avenue . Erbyn i ni godi'n uchel roedd y saint yno wrth eu defosiwn. Pwy tybed oedd nes at yr 'entrych nef', ys dywed Williams'?

Glanio ymhen yr awr yn Schipol, maes awyr a fu gynt yn rhan o'r cefnfor – a phryd hynny yn lle peryglus i longau. Teimlo eisoes yn lled-gyfarwydd â'r Iseldiroedd gan y byddai'r enw 'Holland' yn amlwg gartre ym Môn. Yn wir, 'Richie Holland' oedd llysenw fy nhad yn fachgen ar ddechreu'r ganrif. I Gaergybi y daeth pencadlys Llynges yr Iseldiroedd wedi helynt Dunkirk yn yr Ail Ryfel Byd.

Gwlad yw'r Iseldiroedd a ddefnyddiodd glawdd er mwyn adennill tir o'r môr. Gwlad oddi mewn i glawdd ydyw Cymru hefyd – Clawdd Offa – ond hwnnw'n llai effeithiol at gadw'r don draw, a'r diwylliant cynhenid yn annigonol i wrthsefyll y dylifiad drosto.

Er i ni fynd i Amsterdam ar dymor y Gwanwyn i ryfeddu at y blodau – ac yr oeddynt yn hardd – y profiad mwyaf y cefais yno oedd syllu ar waith Vincent van Gogh yn yr amgueddfa sy'n dwyn ei enw. Gwerthodd van Gogh fawr ddim o'i gynnyrch erioed, ond fe dalwyd deugain miliwn yn ddiweddar am un o'i luniau – ac fe'i prynwyd yn rhad. Heb fod yn arbenigwr yn y maes – un hollol ddibrofiad fyddai disgrifiad nes at y gwir – eto teimlais wefr o gydymdeimlad yn yr amgueddfa tuag at yr arlunydd hwn a ystyrid yn rhan o'r ysgol arbrofol yn ei ddydd. Roedd yr arwydd 'Vincent' ar ei luniau yn bregeth ynddo'i hun, a phetai'r truan wedi ymddangos yn yr amgueddfa mi fyddwn wedi ei chael hi'n rhwydd iawn i'w gyfarch yn yr un modd.

Wedi cyrraedd gartref rhaid oedd rhodio drachefn i gyfeiriad Carmel Treffynnon a'r Sasiwn yno. Gresynai'r cynrychiolwyr am y mewnlifiad a ddaw i Gymru yn sgil yr A55 diwygiedig. Roeddynt yn y lle priodol i ddarganfod y feddyginiaeth i'w pryderon. Rhan o hen Sir y Fflint yw ardal Treffynnon, tiriogaeth anobeithiol i'r Gymraeg pan ddaeth Dr. Haydn Williams i'w swydd yn Gyfarwyddwr Addysg y Sir. Fe wnaeth 'Schipol' o'r morfa di-Gymraeg a ddilynodd gwmnïau Summers a Courtalds dros y Ddyfrdwy. Yntau hefyd yn ddiwydiannwr, ei faes ef oedd cynhyrchu Cymry allan o bob lliw a llun o blentyn a drigai o fewn ei awdurdod.

Plannodd blanhigyn y Gymraeg mewn man a fu gynt yn dir diffaith iddi. Nid iaith y *ghetto* mo'r Gymraeg: nid iaith ychwaith a ddylai syrthio'n ôl ac yn ôl hyd Enlli, dyweder, ar ddyfodiad saeth yr A55 i'w bro. Rhaid i'r Gymraeg ymosod trwy genhadaeth. 'Fyddai ysgol Gymraeg yn Toxteth yn creu cystal Cymry ag a welodd Eryri erioed. Nid brif-priffordd unffordd yw'r A55. Saif dinas Lerpwl yn hwylus wrth ei therfyn dwyreiniol. Gyda'r dyrchafiad yn economi'r Glannau, dylai mwy a mwy ymgartrefu yma a dylai sefydliadau Cymraeg y ddinas fod yn barod i'w derbyn. Fel Cymry, rydym yn tueddu i ddisgwyl i ryw lywodraeth achub ein cam. Ond ofer y disgwyl. Argyhoeddiad yr ychydig sydd ei angen ymhob ymgyrch. Darparwn yn *yr Angor* ar gyfer y brodorion sydd ar y Glannau yn awr ond hefyd mewn ffydd a gobaith am y rhai a ddaw y blynyddoedd nesaf hyn fel mewnfudwyr , tua 1992 dyweder wedi agor y twnnel i Gyfandir Ewrop.

25 ATHRYLITH Y BEIRDD

gan Dic Jones

Tref bwysig yw Llanelli. Ond mae'r beirdd yn medru gwneud sbort o dref y sosban. Dyma'r enghraifft:

Mae bys Meri Ann wedi cael penisilin
A Dafydd y Gwas wedi llyncu aspirin,
A phetai'r gath 'na wedi cael ei boddi,
A'i fam wedi codi gwynt y babi,
A Dai bach y Sowldiwr a'i grys heb fod allan,
Fyddai dim byd i'w gael yn Llanelli ond sosban.

Yr oedd Gwilym Deudraeth yn fedrus iawn yn defnyddio geiriau ac ymadroddion o'r Saesneg yn ei englynion. Sonia mewn englyn Saesneg am ben blwydd y Fam Frenhines, a fyddai'n disgyn tua chanol yr Eisteddfod Genedlaethol bob blwyddyn. Roedd hi'n bedwar ugain y flwyddyn honno, a W. D. Williams (Y Bermo) oedd yn beirniadu. Hi yn weddw a W. D. erbyn hynny yn widman. Dyma'r englyn:

To congratulate eighty, - a present
To surprise my lady,
We've got a husband handy
Who'll do you well – W. D.

A'r drydedd enghraifft o athrylith y beirdd yw'r bardd yn galaru, os galaru hefyd, am farwolaeth plisman:

Boy Blue like a bubble lies – deflated,
Who did float at moonrise,
To his prey a sweet surprise -
A bobby gone to by-byes.

Ac wrth gwrs, mae'n rhaid rhoi pob cymorth 'to owr inglish ffrens', a dyma gyfeirio un ohonynt i'r pwll nofio:

Down through town, past the boutique, - and turn right
At Ron Rees Electric.
It's just by the Majestic,
We lost two in it last week.

Ond wrth gwrs, mae'n ddigon posib englynna o ddifri yn Saesneg, petai'n ddim ond y bardd hwnnw a ganodd englyn i ddymuno'n dda i ryw bâr ar eu priodas:

May your lives go merrily, - in His pow'r
May God speed your journey

May you sail on a calm sea
Unto the land of plenty.

Neu i bâr arall yn dathlu'u priodas arian:

Hand in hand may you wander – yet a while
The old times together,
And may an autumn summer
Gild anew your golden year.

Efallai'n wir na fedra i ddim gweud yn well na Gwilym Deudraeth ei hunan pan ddywedodd e:

Fe wnaf englyn o'r gwynna, - fe luniaf
Delyneg yn eitha,
Gwn nad wyf yn ddigon da
I wneud emyn hyd yma.

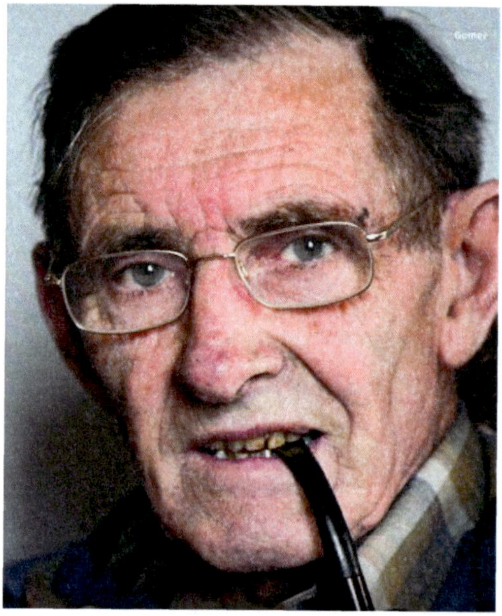

I'm chwaeth i, beth bynnag, mae dyfnder o ystyr yn y cymal olaf yna.

Ond i gloi y tro hwn, gaf i sôn am arfer y beirdd o ganu pennill i ateb rhyw ddiben cymdeithasol, weithiau yn ddiben diflas braidd. Roedd rhyw ferch o Randir-mwyn wedi bod yn poeni rhyw brydydd, mae'n debyg, i weithio pennill iddi gael ei adrodd i gloi rhyw 'araith ar y pryd' – pennill yn ymwneud â hedfan isel, *'low flying'*, rhywbeth sy'n gyffredin iawn tua Rhandir-mwyn yna. Wedi hen gael llond bol ar y ferch yn ei atgoffa am ei addewid, fel hyn yr atebwyd hi:

Mi glywais i ryw stori
Sy'n d'wedyd fod pob corgi
Yn codi'i goes yn Rhandir-mwyn
Er mwyn i'r plêns fynd dani.

B

26 BUDDUGOLIAETH BETHEL

gan D. Ben Rees

Yr oedd mynd mawr ar grefydd gyfundrefnol pan ddechreuais i bregethu yn y pumdegau, yn wir hyd ganol wythdegau'r ganrif ddiwethaf, pan sylweddolais fod yna newid mawr ymhlith y Cymry Cymraeg. A dyna pam y bu imi sylweddoli fod dyddiau'r capeli mawr (yn dal 700 i 1,200 o bobl) yn prysur ddarfod. Y tristwch oedd hyn, ychydig iawn o arweinwyr oedd yn barod i ymgodymu â'r dasg o addasu'r adeiladau at ofynion oes newydd. Yr oeddwn yn benderfynol y dylai Capel Bethel, Heathfield Road, Lerpwl gael ei addasu. Soniais wrth y blaenoriaid a chael y gefnogaeth. Yr oedd hynny yn 1989. Am y ddegawd nesaf buom yn trin a thrafod nifer o adroddiadau gan arbenigwyr o Loegr a Chymru. Yna, yn niwedd y nawdegau cawsom adroddiad deifiol E. C. Harris yn tanlinellu fod angen gwario'n helaeth ar yr adeilad mawr a safai yn Smithdown Place ac yn edrych lawr bron i waelod Penny Lane.

Hyn fu'r cymhelliad i fentro ymlaen ac ystyried datblygu'r safle, a lluniwyd hysbyseb i wahodd datblygwyr. Cawsom ymateb da, tri chwmni yn awyddus, ac ar y funud olaf daeth cwmni arall o'r enw TRB Estates. Hwy a gafodd y cyfle ar argymhelliad cynrychiolydd yr enwad, ond yn anffodus ni fu hi'n hawdd. O Ebrill 2002 i 2004 treuliwyd amser i baratoi'r cytundeb a chytuno ar y cynlluniau. Yn 2001 crewyd Pwyllgor Strategaeth a Stiwardiaeth a fu'n gwbl ganolog i'r trafodaethau, fel y bu y Cyfarfod Blaenoriaid a chawsom gyfarfodydd gyda'r datblygwyr yn gyson. Byddem yn cyfarfod am yn ail, yn fisol, fel stiwardiaid a thrwy drugaredd cadwyd cofnodion gwerthfawr gan Humphrey Wyn Jones a fu yn gaffaeliad mawr pan ddaeth hi'n achos llys. Yn Ebrill 2004, llofnododd Ysgrifennydd Cyffredinol yr enwad yr adeg honno a'r Pennaeth Ariannol y cytundeb. Am y ddwy flynedd nesaf bu trafodaethau cyson, ond y drafferth fawr oedd perswadio'r awdurdodau yn Lerpwl oedd dan orchymyn polisi'r Llywodraeth ganolog i ganiatáu'r datblygiad. Gwrthodwyd y cais cyntaf a'r ail, ac erbyn hynny yr oedd hi'n amser i drefnu cytundeb arall, gan fod y cwmni gwreiddiol yn trafod gyda chwmni arall o ddatblygwyr am adeiladu fflatiau. Erbyn Mawrth 2006 yr oedd y cwmni datblygu a ninnau ym Methel wedi colli ymddiriedaeth yn ein gilydd ac, yn anorfod, wedi gorfod ymadael â'n gilydd. Ond daliodd swyddogion Swyddfa'r Cyfundeb i drafod gyda'r cwmni gwreiddiol a'r cwmni newydd oedd yn awyddus i gael rhan o'r ysbail.

Pendraw'r cyfan oedd inni glywed bod y cwmni a gafodd y dasg yn y lle cyntaf wedi mynd yn fethdalwyr, ond ei bod wedi trosglwyddo'r achos yn ein herbyn i gwmni arall yn Lerpwl sy'n arbenigo ar ddymchwel adeiladau. Felly, pan glywsom yn hydref 2011 fod achos yn ein herbyn yn y llys yn Lerpwl, yr oedd hi'n amser i baratoi ein hachos gyda'r trylwyredd mwyaf.

O drugaredd yr oeddem wedi paratoi tystiolaeth fanwl yn Hydref 2006 yn swyddfa ein cyfreithwyr yn Lerpwl. Honno oedd y dystiolaeth oedd gennyf, ac yn syml yr hyn oedd ynddo oedd adroddiad o'r modd y gweithreda ein henwad mewn perthynas â'r Henaduriaeth a'r eglwys leol. Ac yn ganolbwynt y cyfan fu fy rôl innau fel Cadeirydd Cyfarfod y Blaenoriaid a rhan amlaf y cyfarfodydd eraill. Yn nechrau 2013 paratowyd yr ail dystiolaeth o'm heiddo, yn cywiro rhai ffeithiau yn y dystiolaeth gyntaf, ac yn ychwanegu fy ymateb i'r cyhuddiadau a wnaed yn ein herbyn. Daeth un o'r blaenoriaid, Dr. John G. Williams gennyf ym misoedd Ionawr, Chwefror, Mawrth ac Ebrill 2013 i wyntyllu rhagor ar yr achos yn y swyddfa yn Lerpwl. Diolch o galon iddo am hwyluso'r cyfan ac am aml i gludiant o Garth Drive i Moorfields.

Yr oeddwn yn astudio'r achos cyfreithiol ryw ran o bob dydd ac erbyn y Pasg yr oeddwn yn gwybod pob brawddeg bron ar dafod leferydd. Mae'n sicr fy mod wedi treulio cant o oriau yn astudio'r dogfennau niferus a phob agwedd o'r stori o Ebrill 2002 i Mawrth 2004. Gan fy mod yn cadw dyddiadur bob dydd er 1999, bu dyddiaduron 2002 hyd 2006 yn gymorth aruthrol– tyngedfennol yn ôl y bargyfreithwyr. Cymorth arall oedd fy nheulu, yn enwedig fy mab ieuengaf, Hefin, sydd yn fargyfreithiwr disglair a deallus, gyda'r mab hynaf, Dafydd, mor barod ei gyngor Trwyddynt hwy, a fy mhriod a fy merch yng nghyfraith, yr oedd gennyf gymorth o fewn y cartref. Rwy'n ddiolchgar erbyn hyn fy mod wedi trafod yr holl oblygiadau gyda hwy bob tro y byddem yng nghwmni ein gilydd.

Yr oeddwn yn barod am y llys, er y byddai yn cymryd wyth diwrnod o drafod, gwyntyllu, a thystiolaethu. Daeth y dydd mawr sef dydd Mercher, 24 Ebrill 2013. Ffoniodd Louie Jones yn gynnar y bore hwnnw i ddymuno'n dda. Roeddwn yn falch, gan y byddai ei phriod a fy ffrind cywir, Humphrey Wyn Jones wedi bod wrth fy ochr pe bai wedi cael ei arbed i'r dydd hwnnw. Daeth Dr John G. Williams i'n casglu, Meinwen, Hefin a minnau, ac ar ôl cyrraedd swyddfa'r cyfreithwyr, daeth y Parch. Meirion Morris, Ysgrifennydd Cyffredinol Eglwys Bresbyteraidd Cymru a Neil Poulton, Ysgrifennydd Ystadau y Cyfundeb o Gaerdydd i'n cyfarfod. Trefnwyd yn helaeth ar ein cyfer gan y cyfreithiwr, Ian Alderson, y bûm yn cydweithio ag ef, a braf oedd cwmni'r bargyfreithiwr, Jonathan Seitler, Q.C., Llundain (er i'r trên fod yn hwyr yn cyrraedd Lime Street). Yr oeddem, fel gweinidog, eglwys, ac enwad mewn dwylo diogel.

Cawsom aml i weddi ddirgel ar hyd y blynyddoedd, ac yn arbennig y diwrnod hwn, ac erbyn bore trannoeth yr oedd hi'n llawenydd mawr. Gofynwyd inni gan gyfreithwyr a bargyfreithiwr Cwmni Mees a oedd yn awyddus i setlo'r achos, ein bod yn trafod ymhellach er mwyn cytuno. Ar ôl oriau o drafod dyna fu hi– setlo er budd i'r enwad. Ar Sadwrn, 27 Ebrill 2013 derbyniais lythyr calonogol, gwerthfawr o swyddfa Eglwys Bresbyteraidd Cymru. Ni chefais lythyr tebyg iddo o'r blaen mae'n rhaid cydnabod a dymunaf nodi un paragraff o eiddo y Parchedig Meirion Morris, a mynegi llawer o ddiolch iddo:

> Fel y nodais wrth y bargyfreithwyr, fy unig ddiddordeb o gyrraedd Lerpwl oedd i ddiogelu gweinidog a oedd wedi gwasanaethu y ddinas honno, y gynulleidfa yn Bethel a'r Corff am hanner can mlynedd a mwy. Er nad yw y cytundeb a sicrhawyd yn cymryd i ystyriaeth y pwysau a fu arnoch chi, eto credaf ei fod wedi diogelu eich anrhydedd fel Gweinidog yr Efengyl ac anrhydedd yr eglwys yn Heathfield Road. Yr oedd hefyd yn dda gweld cefnogaeth Meinwen, Dafydd a Hefin. Yr wyf yn diolch i Dduw am y gefnogaeth deuluol sydd gennych a'r gefnogaeth sydd yn dod o du'r blaenoriaid a'r gynulleidfa yn Bethel.

Dywed y paragraff hwn y cyfan. Hoffwn ddiolch am yr holl negeseuon a dderbyniais, ymweliadau, galwadau ffôn, gweddïau yn y Sasiwn a'r Henaduriaeth, ac yn y cartrefi, a'n bod ni bellach yn goruchwylio ar ran Eglwys Bresbyteraidd Cymru y capel a'r ganolfan ac yn anwylo'r tir lle bu'r hen gapel annwyl yn gyrchfan ac yn symbol o'r Ffydd Gristnogol oddi ar 1927. Rhydd hyn bellach gyfle i symud ymlaen i'r dyfodol yn gwbl hyderus.

Y ffenestr liw hardd yn y Bethel Newydd.

Y murlun rhoddedig gan Dr D Ben Rees a Meinwen Rees

Bethel Newydd yn edrych dros Penny Lane

O'r chwith I'r dde Roderick Owen, John P. Lyons, Eryl Wynne Jones, D. Ben Rees, W.Meirion Evans, Ben Hughes a John G. Williams, Cymry adnabyddus yn eglwysi Bethania a Bethel, Lerpwl yn 2019.

Felly dyma Bethel ar ei newydd wedd. Y mae'r ffenestr liw er cof am un o wragedd anwylaf y capel, Miss Laura Jones (1890-203) a chyflawnwyd y dasg gan gwmni yn Bolton. Comisiynwyd *Y Tymhorau* gan Norma Heron (Allerton) , a chyffwynwyd y cyfan . yn rhodd am y cydweithredu creadigol.

Y Ganolfan lle y cyferydd Cymry Lerpwl yn wythnosol a chymdeithasau eraill

Cynulleidfa dathlu 50 mlynedd yn mis Gorffennaf 1968 Dr D .Ben Rees fel Gweinidog ar lannau Merswy ac yn arbennig yn eglwys Bethel.

27 BLYNYDDOEDD YMHLITH CYMRY WARRINGTON

gan Peter W. Williams

Strategaeth yw'r gair mawr heddiw, ac y mae'r gair hwn yn briodol iawn i ni yn Warrington. Deng mis yn ôl, darganfuwyd bod pydredd o dan lawr y capel. Yr oeddem yn defnyddio'r ysgoldy ar y pryd, ond rhaid oedd cael arbenigwr i mewn i weld ehangder y niwed. Siom oedd darganfod maint y niwed a sioc fawr oedd clywed fod y gost dros £20,000. A dyma lle y daw strategaeth i mewn i'r hanes. Y mae gennym ugain o aelodau, un yn unig sydd mewn gwaith, ac o leiaf pump o'r aelodau hynny yn byw ymhell o'r dref. Nid oes dim posibilrwydd i ni godi'r arian ac felly y mae'r aelodau a'r swyddogion wedi penderfynu cau'r capel a gwerthu'r tir. Y mae rhai am barhau'n aelodau ac eraill yn bwriadu ymaelodi mewn eglwysi eraill.

Yn 1992 cafodd y gynulleidfa y fraint o ddathlu canmlwyddiant yr adeilad, ond y flwyddyn 1884 a welodd ddechreuad yr achos. 'Ond nid am y tro cyntaf' medd awdur Hanes yr Achos (a ysgrifenwyd gyda llaw ym mis Mawrth 1895), 'oherwydd i ddwy ymgais gael eu gwneud o'r blaen i sefydlu Eglwys Gymraeg yn y dref.' Yn anffodus, nid ydym yn cael gwybod dim mwy am y ceisiadau hynny. Y mae'r llyfrau cynnar ar gael hyd heddiw, yn dangos symudiadau'r aelodau, casgliadau a chostau'r adeilad newydd, a'r cofnodion cynnar.

Un o'r digwyddiadau diddorol yw gweld cipolwgar yr Ysbryd Glân yn gweithio. Dyma'r digwyddiad yng ngeiriau'r ysgrifennydd:

'Yn ystod nos Sul, Ionawr 19, 1903, o dan ofal yr aelodau, derbyniwyd Miss Joseph, Sankey, gynt o Ffestiniog, yn gyflawn aelod. Daeth naws crefydd a phwys anghyffredin i'r oedfa.'

Beth yw'r utgorn glywai'n seinio?
Brenin Seilo sydd yn gwadd.
Pwy sy'n cael ei galw ganddo?
Pechaduriaid o bob gradd.

A'r dagrau ar eu gruddiau wrth gofio angau loes. Pan yn siarad a'r ferch ieuanc hon canfyddom a theimlasom fod yn y cyfarfod deimladau dwysion a chryfion.

Diolch iddo, byth am gofio llwch y llawr.

Yr oedd blas ar y canu, dechreuodd rhai ddarllen yr ysgrythur, eraill yn adrodd adnodau, ac eraill yn gweddïo. Pob diolch, pob ochenaid yn mynd i maes. Cyfarfod hynod o fendithiol. Y nos Sabbath ganlynol cynhaliwyd cyfarfod gweddi am 5.30 cyn yr oedfa hwyr, a chyfarfod cynnes arall. Y Pen Mawr yn dod yn agos trwy Ei ysbryd. Diweddwyd yr oedfa am 9 o'r gloch yr hwyr.'

Er mor oer yw geiriau'r llyfr heddiw, mae'n bosibl teimlo rhywbeth o'r cynhesrwydd ysbrydol a fu tu ôl i Ddiwygiad 1904/5. Y Diwygiad yn dechrau yn Lloegr!

Y mae pethau doniol hefyd. Dyma resymau dros absendoldeb o'r cwrdd - wedi priodi Sais! Wedi priodi Catholig! Wedi arfer mwynhau capel y Bedyddwyr gyda'i feistr a'r mwynhad o ysgrifennu 'wedi dod yn ôl'.

Mae'n ddiddorol gweld bod capel wedi ei adeiladu yn 1892 pan oedd y capel heb weinidog. Ac felly hefyd yn 1923/4 pan oeddynt eto heb weinidog, casglasant i adeiladu ysgoldy, cegin a thŷ bach. Mae'n amlwg fod arweinwyr da yn arwain trwy'r blynyddoedd yn Warrington. Yn 1938 cyrhaeddodd nifer yr aelodau ei uchafbwynt, sef 92 o aelodau a 50 yn yr Ysgol Sul.

Mae ambell beth arall yn ddiddorol yn ein hanes a cheisiais gofnodi hynny yn y llyfryn. Y mae, er enghraifft, hanes llawer un o'r saint a fu'n ffyddlon yn y moddion ac yn eu swyddi. Y maent wedi bod yn esiampl i lawer.

Er mai ychydig fydd yn bresennol yn ein lle newydd, mae gobaith am y dyfodol. Ac nid lle newydd yn hollol fydd hwnnw, oherwydd i'r Cymry gyfarfod yn ysgoldy Wycliffe o'r blaen, cyn i Crossfield St. gael ei adeiladu. Gweddïwn am bresenoldeb yr Ysbryd Glân am 111 o flynyddoedd eto yn ardal Warrington.

28 BRO FY MEBYD YN SIR GAERFYRDDIN.

gan Mallt Care

Rhyw filltir a hanner i fyny heol yr Eglwys o sgwâr Gors-las mae Llyn Llech Owain. Yn ôl y chwedl, daeth marchog o'r enw Owain heibio a safodd i dorri ei syched o'r ffynnon oedd yno. Ar ôl yfed, syrthiodd i gysgu ac anghofiodd roi'r lechen yn ei hôl ar y ffynnon. Pan ddihunodd roedd y dŵr yn byrlymu o'r ffynnon a gorfod iddo ffoi am ei fywyd. Felly – yn ôl y chwedl y daeth Llyn Llech Owain i fodolaeth.

Diwylliant yr Ardal

Mae yna draddodiad cryf o ddiwylliant yn yr ardal. Ar ddechrau'r ganrif roedd na eisteddfodau lleol yn cael eu cynnal yn flynyddol. Roedd y capeli'n llawn gweithgareddau ac roedd y Cymanfaoedd Canu yn gyrchfan adeg y Pasg. Roedd yna gorau yn perthyn i'r capeli. Bu Côr Tabernacl Cefneithin yn perfformio gweithiau Elgar fel *King Olaf* a'r *Twelfth Mass* gan Mozart. Roedd yna gerddorfa yn Cross Hands er mwyn cyfeilio i'r côr. Roedd yno fand pres yng Ngwaith Glo yr Emlyn ym Mhen-y-groes. Roedd yna gwmnïau drama lleol, ac roedd yna ddramâu cyson yn cael eu cynnal yn Neuadd Gyhoeddus Cross Hands. Fe fyddai cystadlaethau drama am bythefnos o'r flwyddyn. Wythnos o ddramâu Cymraeg ac wythnos o ddramâu Saesneg. Roedd yno gefnogaeth gref ac fe fyddai'r neuadd wastad yn llawn.

Roedd cefnogaeth gref hefyd i'r Capitol – y sinema leol yn Cross Hands. Gyda dyfodiad teledu mae'r sinema wedi hen gau ac mae'r Neuadd Gyhoeddus yn segur.

Mae'r gweithgareddau o ganu, dawnsio a chwarae offerynnau yn parhau, ond yn tueddu i gael eu cynnal yn yr ysgolion yn unig. Mae na ambell gôr lleol yn parhau, fel Côr y Mynydd Mawr. Hwnnw yw'r un mwyaf enwog. Does na ddim canolfan i'r gymdeithas mwyach, a gofid yw dweud peth felly. Carwyn James ar y cae rygbi.

Rygbi

Un o nodweddion yr ardal yw'r talent am chwarae rygbi. Dau enw nodedig yw Carwyn James a Barry John – y ddau yn dod o Gefneithin ac yn mynd i Ysgol Ramadeg y Gwendraeth. Jonathan Davies yw'r chwaraewr mwyaf enwog i adael y Gwendraeth yn y cyfnod mwy diweddar.

Carwyn James a ddaeth I annerch yn Bootle yn 1972

Poblogaeth yr ardal

Mae yna newid ym mhoblogaeth yr ardal, gyda mwy o bobl yn byw yno erbyn hyn. Mae'r nifer o dai newydd sy'n cael eu hadeiladu yn dyst o hynny. Eto i gyd, mae nifer yr ysgolion yr un fath – yn awgrymu bod yno fwy o hen bobl yn y gymdeithas yn awr.

Wrth edrych ar deuluoedd fy ffrindiau o'm hardal – mae na batrwm o'r rheini'n byw yn yr unfan â'r plant – yn enwedig os byddan nhw wedi cael addysg bellach maen nhw'n tueddu i adael yur ardal ,ac yn aml iawn y wlad yn gyfan gwbl. . Mae rhai o'r rhain wedi priodi gyda Saeson.

Ar y llaw arall mae llawer o fewnfudwyr o ardaloedd eraill yn symud i fyw i ardal sydd mor gyfleus i draffordd yr M4, ac yn aml daw'r newydd-ddyfodiaid o Loegr. Mae hyn yn tueddu i seisnigeiddio'r ardal, er bod aml un, lleiafrif bychan yn ôl pob tystiolaeth, yn mynd ati i ddysgu'r iaith Gymraeg.

Mae yna ymdrech gref i gadw'r Gymraeg drwy Fudiad Menter Cwm Gwendraeth a thrwy sefydlu Ysgolion Meithrin Cymraeg. Mae llawer o bynciau'n cael eu dysgu drwy gyfrwng y Gymraeg yn yr ysgolion cynradd ac yn un o'r ysgolion uwchradd. Gobeithio y bydd polisi dwyieithog Cyngor Sir Dyfed yn llwyddo.

Mae'n amlwg, wrth feddwl am y newidiadau sydd wedi digwydd, fod y gymdeithas wedi colli llawer o'i hagosatrwydd a llawer o'r nodweddion unigryw a berthynai i'r gymdeithas Gymraeg slawer dydd.

Mae yna syniad fod ardaloedd Prydain yn mynd yn debycach i'w gilydd drwy ddylanwad y teledu, y radio, addysg, papurau dyddiol a'r cyfleusterau sydd ar gael i deithio i'r Cyfandir a phellafoedd y byd.

29 'BRENIN CYMRY LERPWL', Y RHINGYLL WILLIAM JONES

gan D. Ben Rees

Bu farw'r cyn-Ringyll William Jones, 'Brenin Cymru Lerpwl', ar 13 Medi 1979. Symudodd i Lerpwl o Flaenau Ffestiniog yn llanc 18 mlwydd oed. Daeth ar unwaith yn destun edmygedd fel heddgeidwad ifanc ar sail ei bersonoliaeth hardd a'i fedr i reoli trafnidiaeth brysur Lerpwl. Ef oedd y talaf yn yr heddlu ar y pryd. Gwasanaethodd mewn gwahanol rannau o'r ddinas a thrwy hynny daeth i gyffyrddiad â mawr a bach, drwg a da. Enillodd Dystysgrif *'Meritorious Service'*. Ymddeolodd yn 1971. Roedd yn adnabyddus ar y Glannau a thrwy Gymru ac yn fawr ei barch mewn byd ac eglwys. Meddai ar gof eithriadol. Gwledd oedd gwrando ar ei brofiadau a'i atgofion, gyda'i ddull arbennig o draddodi. Cefnogai bob cyfarfod Cymraeg. Mynnodd gadw'n fyw y Gymdeithas Gymraeg a sefydlwyd yn 1884, a bu'n ysgrifennydd ymroddgar iddi am flynyddoedd. Bu'n un o ffyddloniaid mwyaf amryddawn eglwys Methodistiaid Calfinaidd Heathfield Road hyd 1975, ac am rai blynyddoedd Capel Bethel. Bu'n ffodus yn ei briod Glenys (née Williams) a anwyd yn y Wladfa, ac yn y meibion Dafydd a John Wynne, cynnyrch yr aelwyd ddiwylliedig yn Wavertree.

Teyrnged y bardd

Yng ngwasanaeth angladdol yr heddgeidwad William Jones, darllenwyd awdl fer o deyrnged gan y Parchedig J. Eirian Davies, Yr Wyddgrug, awdl a luniwyd gan y Prifardd R. Bryn Williams, Llanbadarn Fawr (a brawd yng nghyfraith Mr William Jones). Braint i'r *Angor* yw cael cyhoeddi'r darn gwych hwn a luniwyd i ŵr arbennig iawn (a chyfaill a fu'n gefn i'r Golygydd ar hyd y blynyddoedd). Bu'n gefn hefyd i fywyd Cymraeg a chrefyddol Lerpwl ac y mae hiraeth mawr arnom ar ei ôl.

YN ANGLADD WILLIAM JONES

Â'i ddawn gwarchododd ddinas,
A'i law gref yn hael ei gras:
Gwyddai gur pechaduriaid,
Yn llyw i'w codi o'u llaid:
Llawn hedd yw'r rhingyll heddiw,
Lluniaidd ŵr. Mor llonydd yw.

Cerdded a wnâi i'r cyrddau – yn selog
Y Sul a'r nosweithiau;
Yn gaeth i swyn pregethau
Yn ei gof bu'r rhain yn gwau.

O! Dduw Iôn, rho nawdd inni,
A'th nerth yn ein hiraeth ni:
I Glenys rho'r goleuni
Bendigaid i'w henaid hi;

Yn nagrau ei hunigrwydd
Rho win Dy gariad yn rhwydd.

I'w hen wlad fe awn â'i lwch,
I fro hud ei hyfrydwch;
A daw cân a deunod cog
I'w annerch yn Ffestiniog.

Yr Archdderwydd Bryn
(Darlun Swyddogol)

Y bardd a luniodd y gerdd ddwys hon, Yn Angladd William Jones

30 BYD Y TŶ

gan Menna Evans

PASTAI LORRAINE (digon i 4)
8 owns o flawd plaen
4 owns o lard neu fargarîn
6 owns o gaws wedi ei dorri'n fân
2 dafell o gig mochyn
2 ŵy
¼ peint o lefrith
Pupur a halen

1. Paratowch y crwst drwy rwbio'r margarîn (neu'r lard) i mewn i'r blawd, ac ychydig bach o'r halen.
2. Yna ychwanegwch ddŵr oer i wneud toes.
3. Rhowliwch y crwst allan a defnyddio tun fflan 8 modfedd
4. Torrwch y cig mochyn yn ddarnau a'u ffrio yn ysgafn a'u rhoi ar y crwst.
5. Cynheswch y llefrith
6. Curwch yr wyau a'u rhoi yn y llefrith.
7. Ychwanegwch y caws a'r pupur a'r halen iddo
8. Rhowch nhw yn y bastai.
9. Coginiwch mewn popty gweddol boeth – 400°F/200°C neu Nwy 6 am tua 10 munud, yna gwres cymhedrol 325°F/150°C neu Nwy 3 am tua hanner awr.

O.N. Gallwch hefyd ddefnyddio un ai tomato neu nionyn.

31 BYD DIGRI

gan Roderick Owen

1) Fe ddywedir ar lafar gwlad fod dylanwad y môr mor drwm ar blant Caergybi yn Ynys Môn fel i Ned droi at Wil ryw ddiwrnod yn y wlad, wrth fynd heibio i gae yn cael ei aredig, a dweud: 'Sbïa ar y dyn yna yn capseisio cae er mwyn cael bwyd i'r *seagulls*'.

2) Hogyn bach yn chwarae efo ci ar y stryd yn nhref Caernarfon. Eisteddodd ar ei gefn yn hapus braf gan wynebu tua'r gynffon. Gafaelodd yng nghynffon y ci gan a'i hysgwyd i bob cyfeiriad posib.
Pasiodd rhyw ddyn heibio gan roi cyngor i'r bachgen. Dyma'i eiriau:
'Watsia di na wnaiff y ci yna mo dy frathu.'
'Popeth yn iawn, syr,' meddai'r bachgen o dref y Cofis, 'y pen arall sydd yn brathu.'

32 BYWYD R. J. DERFEL (1824-1905)

gan Arthur Meirion Roberts

Dragwyddol, hollalluog Iôr,
Creawdwr nef, a llawr,
O gwrando ar ein gweddi daer
Ar ran ein byd yn awr.

Fel awdur geiriau'r emyn uchod y cofir R. J. Derfel bellach – os o gwbl. (Rhif 809 yn *Caneuon Ffydd*; ef hefyd biau rhifau 206 a 234). Ond dyn diddorol, galluog a chymhleth ydoedd, ac wrth chwilio ychydig o'i hanes yn ddiweddar deuthum i werthfawrogi fwyfwy faint ei gyfraniad mewn sawl maes. Oherwydd ei gysylltiad hir â Manceinion – dros hanner canrif yn wir – gofynnodd Golygydd hynaws *Yr Angor* i mi anfon ychydig o'r hanes.

Fel yr awgryma'r enw, un o Landderfel, ger y Bala, oedd Robert Jones, ond gan gredu, fel Ceiriog, fod cyfenwau Cymreig yn brin, newidiodd ei enw a chofrestru ei blant hefyd, yn Derfel. Daeth o deulu tlawd iawn, ac ni chafodd fawr o addysg, ond dysgodd grefft gwehydd efo ewythr iddo ger Corwen. Bu'n crwydro Cymru a Lloegr yn chwilio am waith sefydlog, a'i gael o'r diwedd gyda chwmni dilladwyr J. F. & H. Roberts ym Manceinion. Ymhen amser penodwyd ef yn werthwr i'r cwmni, a bu'n drafaeliwr iddynt am yn agos i ddeng mlynedd. Agorodd siop lyfrau Cymraeg, ond trodd hynny'n fethiant, ac fel *R. J. Derfel. Publisher. Manchester* y daeth yn adnabyddus. Cyflogai ei wasg yn Ardwick, ar un amser, dros ugain o weithwyr. Ymdaflodd i fywyd Cymraeg y ddinas ac i waith eisteddfodol a chrefyddol ei gyfnod. Datblygodd yn bregethwr cymeradwy, ac ordeiniwyd ef yn Eglwys y Bedyddwyr, Granby Row. Cyfansoddodd gannoedd o gerddi ac emynau Cymraeg a Saesneg ynghyd â nifer o gyfrolau, ysgrifau a phamffledi sylweddol. Nid oedd yn fardd da, ond canodd rai emynau am brofiadau ysbrydol eang – yn syml, cywir a gafaelgar.

Fy ymffrost pennaf trwy oes
Fydd Iesu Grist, ei waed a'i groes.
Pa beth mor deilwng o fy mryd,
Fy meddwl a fy serch i gyd.

Bu'n cystadlu llawer mewn eisteddfodau, megis rhai y Cymreigyddion, un tro ar 'Lajod Kossuth' o Hwngari, neu destunau crefyddol fel 'Paul o flaen Agrippa'. Ond digon cyffredin oedd ei waith, medd Gwenallt a beirniaid eraill.

Cafodd Cymru gyfan ysgytwad ym 1847 wrth i dri o archwilwyr y Llywodraeth – di-Gymraeg a dibrofiad – ddwyn allan adroddiad am gyflwr addysg yng Nghymru. Cafwyd rhai pethau o bwys yn eu gwaith, ond cythruddwyd y wlad wrth iddynt fwrw sen ar grefydd y capeli, ac ar iaith a moesau'r werin bobl. Ymhen amser, ac o dan fygythiad cyfraith, cyhoeddodd Derfel ei 'Brâd y Llyfrau Gleision'.

Os teflir gwarth ac enllib ar ein gwlad,
Cyfodwn lef o blaid ei henw mad.

'Math o Ddrama' ydoedd, meddai Derfel, ond tebyg i anterliwt neu arwrgerdd, medd eraill. Ymestyn bron at ddau gant o dudalennau, ffraeth, ond deifiol, a chafodd gryn sylw. Enllib ffals cyd-Gymry oedd wedi ei ddigio, ynghyd â'r rhai roddodd ddarlun anghywir i'r ymchwilwyr. Hyd heddiw, wrth gwrs, nid gelyn allanol, ond mewnol, sy'n gallu bradychu.

Yn ei ryddiaith, yn gyfrolau, ysgrifau a phamffledi Cymraeg a Saesneg, y gwelir cyfraniad arbennig Derfel. Ef oedd William Cobbett Cymru, medd un adolygydd. Gwelir hyn ar ei orau, ac yn broffwydol, yn ei gasgliad *Traethodau ac Areithiau* a gyhoeddwyd ym 1864. Dwy ar hugain o ysgrifau sy'n galw am Brifysgol i Gymru, am Lyfrgell Genedlaethol ac Amgueddfà, am bapur newydd dyddiol Cymreig, am ddiwygio a Chymreigio'r eisteddfodau ac am anrhydedd deilwng i enwogion y genedl, a thrwy'r cyfan am ddysgu ac amddiffyn yr iaith Gymraeg. A hyn oll, ymhell cyn rhai fel Emrys ap Iwan ac arweinyddion cyfnod diweddarach. Ceir yma gyfrol eithriadol o werthfawr a heriol hyd heddiw. Cyfrifoldeb y Cymry eu hunain sydd ganddo'n gyson.

Ond, daeth iddo, ymhen amser hefyd, gyfnod hir o frwydr, nid yn unig i gynnal ei deulu, ond gwewyr meddwl costus a blin, a hynny, meddai, heb ei ewyllysio na'i groesawu. Trodd o fyd y capel i faes gwleidyddiaeth a chanodd yn awr emynau seciwlar – *Hymns for the Church of Man.*

Mighty Spirit of Creation,
Soul of nature hear my prayer;
Source of every aspiration,
Let me be thy constant care.

Cyhuddir ef weithiau o gefnu ar ei wlad enedigol a'i chrefydd a'i hiaith wrth iddo droi at Sosialaeth a diddordebau rhyngwladol. 'Na', meddai, 'y mae gwir wladgarwch yn cynnwys byd-garwch hefyd'. Nid oedd yn llai o Gymro. Ac er iddo gefnu ar y capeli a'i ffraeo enwadol, blin, a'u ceidwadaeth wleidyddol, dywed nad oedd wedi cefnu ar grefydd bur; 'yr wyf o'r farn hefyd mai yr unig grefydd gwerth son amdani ydyw crefydd gwaith a gwasanaeth'. Dyma'r adeg y daeth ffrwd newydd o gerddi, llythyrau ac ysgrifau mewn Saesneg clir a chyhyrog – yn eu plith nifer o bamffledi pwysig. Ymdaflodd i fywyd nifer o fudiadau gwleidyddol Sosialaidd. Dylanwadodd gwaith Robert Owen y Drenewydd arno, ond nid i'r graddau yr honnir gan rai. Bu'n aelod, ac areithiwr, ar ran y *Social Democratic Federation* ond nid oedd yn hapus â'u hysbryd chwerw, terfysglyd, ac ymhen amser trodd at y *Fabian Society*, a bu'n amlwg yn eu plith. Pan sefydlwyd cangen o'r Ffabiaid yn y ddinas, Derfel draddododd eu darlith agoriadol ym mis Chwefror 1891; '*On the Importance of Right Methods in Teaching Socialism*'. Cyhoeddodd nifer o bamffledi sylweddol eu maint a cheir casgliad gwerthfawr ohonynt, gan gynnwys ei ysgrif olaf – '*Poverty; The Problem of Problems*', yn llyfrgell Prifysgol Bangor.

Nid meddyliwr gwleidyddol gwreiddiol mohono, ond gwnaeth waith mawr i ledaenu'r cysyniadau sosialaidd cynnar yn y ddinas a thu hwnt. Ef, meddir, oedd y cyntaf – ac o'i wasg ef ei hun – i gyhoeddi ar faterion sosialaidd yn yr iaith Gymraeg.

Teg yw cyfaddef fy niddordeb personol ynddo. Un o Landderfel oedd fy nhad a gwn yn iawn am gylch cartref Derfel yn Nhan-y–ffordd yno. Symudodd fy nhad yntau'n ifanc i Fanceinion, a Salford a chapel Pendleton oedd fy nghartref innau. Bûm innau hefyd – yn ddiweddarach! – yn aelod o gangen y Ffabiaid yn y ddinas; ond eu bod hwy, megis llawer yng Nghymru, wedi hen anghofio R. J. Derfel. Rhoddais sgwrs, un tro, am Ysgol Haf y Ffabiaid, a gynhaliwyd ger Paris yn Ffrainc, mewn cyfarfod yn yr hen Glwb Cymraeg, Oxford Road.

Hyd y diwedd, yn gyson a chywir, ceisiodd Derfel gymodi ei ffydd ymchwilgar, ei gariad at ei wlad enedigol ynghyd â'i argyhoeddiadau sosialaidd – iddo ef, unig obaith cyfiawnder a heddwch. A phe na bai dim ond oherwydd hynny, fe haedda'n sylw – a'n parch.

33 BWRDD YR IAITH

gan D. Ben Rees

Ar 6 Rhagfyr 1993 cyhoeddodd Bwrdd yr Iaith Gymraeg ganllawiau drafft o dan Ddeddf yr Iaith Gymraeg 1993 yn nodi sut y dylai cyrff cyhoeddus ddarparu ar gyfer anghenion siaradwyr Cymraeg a Saesneg ar sail gyfartal. Gwahoddir dros 3,000 o gyrff y Goron a chyrff cyhoeddus i gyflwyno'u sylwadau ar y drafft, cyn y daw'r cyfnod ymgynghori i ben ar 28 Chwefror. I ni ar Lannau Mersi y mae'r canllawiau ag arwyddocâd arbennig, yn yr ystyr y bydd yn rhaid i sefydliadau a leolir y tu allan i Gymru, er enghraifft Ysbytai'r Glannau a'r carchar yn Walton, weithredu yn unol â'r Ddeddf pan fyddant yn darparu gwasanaethau i'r cyhoedd a ddaw atynt o Gymru neu pan fyddant hwy yn darparu ar gyfer y Cymry hynny sy'n gwsmeriaid iddynt yng Nghymru. Mawr obeithiwn y caiff yr awgrymiadau a welir yn y ddogfen a ddaeth i Swyddfa'r *Angor* sêl bendith a dyma dri ohonynt :

1) Dylai sefydliadau sicrhau y bydd gohebiaeth a dderbynnir yn Gymraeg yn cael ateb yn Gymraeg wedi ei lofnodi – ac na fydd gohebiaeth drwy gyfrwng y Gymraeg ynddo'i hun yn arwain at oedi.

2) Dylai sefydliadau sicrhau bod pob gweithle sydd â chyswllt gyda'r cyhoedd yng Nghymru yn ceisio cael digon o siardwyr Cymraeg gyda'r sgiliau priodol er mwyn galluogi i'r gweithleoedd hynny ddarparu gwasanaeth cyflawn drwy gyfrwng y Gymraeg.

3) Dylai arwyddion priffyrdd ac arwyddion gwybodaeth cyhoeddus fod yn gwbl ddwy-ieithog.

Croesawn y ddogfen a bwriadwn ymateb iddi, gan gofio geiriau Syr Wyn Roberts, A.S. Conwy yn Nhŷ'r Cyffredin (13.7.93) – '... y mae'r Gymraeg yn iaith swyddogol y wlad hon. Nid oes rhaid datgan hynny mewn cyfraith.' Mae'r wlad yn cynnwys Lloegr a Chymru, Lerpwl a Llandudno. Diolchwn i Nia Morgan o Swyddfa Bwrdd yr Iaith Gymraeg yn Heol Eglwys Fair, Caerdydd, am anfon allan dros dair mil o gopïau i'r Cyrff Cyhoeddus a'r papurau cenedlaethol, rhanbarthol a bro, o'r ddogfen *Canllawiau.* Bu'n brysur a gelwir yn awr am ymateb buan i'r cynigion.

34 CANT OED, DYNA GAMP JANE PARRY

gan Dafydd Hughes Parry

Blwyddyn gofiadwy oedd 1945 i mi – crwtyn ysgol, newydd allan o'i glytiau yn dod, am y tro cyntaf i Lerpwl am wyliau – a buddugoliaeth ysgubol Clement Attlee. Beth sydd a wnelo hyn â Mrs Parry Uxbridge? Wel yn Uxbridge, ar aelwyd Jane a Robert Parry, roeddwn yn aros, a chyda hi a'i gŵr y bûm yn cydorfoleddu ym muddugoliaeth Llafur.

Fel i lawer, 'Mrs Parry Uxbridge Street' ydy hi i mi. Bu ei haelwyd yn gartref i ugeiniau o Gymry pan oedden nhw'n ymweld â Lerpwl.

Dyna groeso – dyna ofal a dyna fwynhad. Chwarae cardiau hyd oriau mân y bore – cydlawenhau yng ngorchestion Everton, ymweld â phictiwrs Tunnel Road a'r Rialto a gofalu mynd i oedfa fore Sul i blesio Mrs. Parry!

Yn y chwedegau, pan ddaethum yma i fyw, derbyniais drachefn gyfeillgarwch Mrs. Parry. Bellach Robert Parry wedi mynd a neb i ganu clodydd Aneurin Bevan. Uxbridge Street wedi ei chwalu, ond Mrs Parry, Craighurst, yn awr yn aros yn frenhines y Glannau.

Ie, fflat yn Craighurst oedd yr aelwyd bellach, ond doedd dim byd yn fflat am y croeso. Mynnai ein bod fel teulu yn galw yn rheolaidd am bryd o fwyd. Rhaid oedd iddi fynd i Marks and Spencer i gael y cyw iâr gorau a siopio yn yr hen gynefin yn Wavertree Road.

'Wnaeth y blynyddoedd effeithio dim ar fin ei meddwl na chyflymder ei cherddediad. Nos Sadwrn teithiai i'r Eifl i chwarae cardiau – fore Sul codai'n gynnar i gael bws i Heathfield. Wiw cynnig mynd i'w chludo, roedd yr annibyniaeth yn gryf.

Melys gwrando ar ei hatgofion – Llundain ym mlynyddoedd cynnar y ganrif – a hithau yn *housekeeper* i'r Athro Garvey yn King's College. Yno byddai'n aml yn paratoi bwyd i enwogion y byd gan gynnwys Arlywydd yr Unol Daleithiau Er ei sosialaeth gref, edmygai'r teulu brenhinol a byddai allan yn gynnar ar y stryd i wylio *coronation* a phriodasau brenhinol. Gall sôn am Lloyd George yn pregethu yn Llundain a phriodas ei ferch Lady Olwen.

Mae wedi gwrando yn rheolaidd ar y radio a chlywais i erioed well sylwebydd ar faterion cyfoes. Gall ddyfynnu anerchiadau diweddaraf Neil Kinnock a Maggie Thatcher.

Braint ym mis Mai oedd i Nia a finnau gael mynd i'w pharti pen blwydd yn 100 oed. Bellach mae'n ôl yn ei bwthyn yn Morfa Nefyn, ond mae ei chalon a'i hatgofion yn dal yn Lerpwl.

Ar ddydd ei phen blwydd roedd mor chwim ei symudiadau, mor huawdl ei llefaru a'i chof yn parhau mor glir ag erioed. Er i bron gant o bobl alw i'w gweld mewn un diwrnod roedd ganddi amser i bawb. Cafodd dros 140 o gardiau a thelegram gan y frenhines, Nicholas Edwards, Norman Fowler, Dafydd Iwan a Dafydd Elis-Thomas. Piti nad oedd Aneurin Bevan a Clem Attlee o fewn cyrraedd llythyrdy.

Yr wythnos hon cawsom fel teulu lythyr ganddi. Dyfynnaf ohono i danlinellu nodweddion amlwg ei chymeriad:

Mae chwith mawr gennyf ar ôl Lerpwl. Ddaru mi erioed feddwl fod cymaint yn fy adnabod. Roedd yn fraint cael gweld y bobl yma i gyd. Teimlo oeddwn nad oeddwn wedi gwneud dim byd, yn haeddu cael dim byd mewn can mlynedd, ond wedi derbyn ar hyd fy oes.

Llongyfarchiadau Mrs Jane Parry – a diolch am eich adnabod.

35 CLOD I'R ATHRO HUW REES

gan D. Ben Rees

Pan ddeuthum i Lerpwl yn 1968, un o'r ychydig bobl y gwyddwn yn dda amdano oedd y Dr Huw Hefin Rees, darlithydd ifanc yn y Brifysgol. Roeddwn yn ei gofio'n fyfyriwr yng Ngholeg y Brifysgol Aberystwyth, lle y bu ef yn astudio Biocemeg cyn mynd ymlaen i ennill ei ddoethuriaeth. Symudodd i Lerpwl yn 1966 a bu yma fyth oddi ar hynny yn gefnogydd di-ail i'r bywyd Cymraeg.

Daw yr Athro Huw Rees yn enedigol o Fwlch-y-groes, Sir Benfro, lle'r oedd yr ysgol gynradd a gysylltir â'r amryddawn brifathro W. R. Evans, arweinydd parti noson lawen Bois y Frenni. Fe ddaw felly o'r ardal sydd ar y ffin rhwng Ceredigion a Phenfro, ond yn bendant nid yw yn cyfrif ei hun yn Gardi, ond yn un o fechgyn y Preselau a Gogledd Penfro, er mai yn Ysgol Ramadeg Aberteifi y cafodd ei addysg uwchradd ac yn Aberystwyth y coronwyd ei astudiaethau academaidd gyda gradd B.Sc. ddisglair.

Ond cyflawnodd ei waith proffesiynol clodwiw ym Mhrifysgol Lerpwl, a chafodd gyfle i ddod yn ffigur pwysig yn ei faes, ac yn aelod o gymdeithasau gwyddonol fel y Gymdeithas Biocemegol Brydeinig. Bu'n aelod o'i Chyngor a chadeirydd rhai o'r pwyllgorau. Cymaint oedd meddwl y Brifysgol ohono, fel yr estynwyd Cadair Bersonol mewn Biocemeg i Dr. H. H. Rees yn ôl yn y nawdegau cynnar, os cofiaf yn iawn, a'r hydref diwethaf cafodd ei wahodd i Gadair yr Adran, ac felly yn dilyn Cymro Cymraeg arall, sef yr Athro R. Alan Morton, y meddyliai yn uchel ohono.

Mae'r Athro Huw Rees yn hoff o gerddoriaeth a phriodol felly oedd iddo ddilyn y Barnwr J. E. Jones yn Llywydd Undeb Corawl Cymry Lerpwl, a bu yn fawr ei gefnogaeth i'r gyfrol a gyhoeddwyd ar hanes yr Undeb. Ym mis Gorffennaf 2009 bydd yn ymddeol ar ôl 43 mlynedd ar staff y Brifysgol a bwriada ddychwelyd i ogledd Penfro at ei deulu, er ei fod am gadw cartref yn Ne Lerpwl fel y bydd yn dod yn ei dro i Gapel Bethel, i gyngherddau yr Undeb Corawl a gynhelir yn ninas Lerpwl. Caiff gyfle i wylio mwy ar rygbi, darllen barddoniaeth ei hoff fardd Waldo Williams, a dod yn ôl ambell ben wythnos i'n gweld yn y ddinas yr uniaethodd ef ei hun â hi. Dymuniadau gorau iddo.

36 Colli un o Hoelion Wyth yr Annibynwyr Cymraeg

DAFYDD AP-THOMAS 1912-2011

Yn 98 oed bu farw Dafydd ap-Thomas, Llywydd Undeb yr Annibynwyr ym 1979. Roedd yn ysgolhaig ysgrythurol sylweddol, gan gadeirio Panel Hen Destament Y Beibl Cymraeg Newydd hyd at 1988. Bu hefyd yn gofalu am nifer o eglwysi bychain Môn ac Arfon fel gweinidog lleyg. Dyma deyrnged y Parchg. Euros Wyn Jones iddo:

Ganwyd Dafydd Rhys Ap-Thomas ar 29 Mai, 1912 yn fab i'r Parchg a Mrs W. Keinion Thomas. Yn ugain oed codwyd ef i bregethu yn eglwys Seion Biwmares a'i dderbyn gan Gwrdd Chwarter Môn fel Pregethwr Cydnabyddedig ym 1932, blwyddyn marw ei dad. Graddiodd mewn Hebraeg ym Mangor ym 1934 cyn mynd i Goleg Mansfield, Rhydychen i wneud Gradd Uwch.

Maes astudiaethau Semitaidd oedd ei ddiddordeb ac aeth i astudio ymhellach ym Mhrifysgol Berlin ym 1937. Nid lle rhwydd oedd yr Almaen bryd hynny ac fe ddychwelodd i ddarlithio mewn Hebraeg yng Ngholeg Prifysgol Gogledd Cymru ym 1938. Bu ar staff y Coleg hyd nes ymddeol ym 1976, yn fawr ei barch ymhlith ei gydaelodau staff a'r myfyrwyr. Bu'n Ysgrifennydd y *Society for Old Testament Study* (1961-1972) ac yn Llywydd ami ym 1973-4. Cyhoeddodd doreth o ysgrifau ysgolheigaidd a bu'n gyfrifol am gyfieithu cyfrolau pwysig i Saesneg, fel cyfrolau Sigmund Mowinckel o'r Norwyeg, *The Psalms in Israel's Worship 2* gyfrol 1962. Bu'n gadeirydd Panel yr Hen Destament *Y Beibl Cymraeg Newydd* hyd 1988; gwaith y llafuriodd yn ddiflino wrtho am ran helaeth ei oes.

Gofalodd am eglwys Salem, Hirael, 1944-51 fel Gweinidog Lleyg ac fel ei dad bu'n fawr ei ofal o eglwysi bychain Môn ac Arfon. Pan ddisgynnodd haen go drwchus o eira rhyw benwythnos cafodd trigolion Llanfachraeth, Môn, sioc eu bywyd o weld rhywun yn dod dros y bryn yn sgïo i'w cyfarfod! Y pregethwr wedi dod i'w gyhoeddiad ydoedd. Gwasanaethodd fel ysgrifennydd Coleg Bala-Bangor (gwaith a gyflawnodd ei dad 1913-32) o 1947-78 a bu'n fawr ei ofal o'r Coleg trwy gydol ei fywyd a loes calon iddo oedd gweld yr adeilad yn cael ei werthu ym 1989 pan oedd ef yn Gadeirydd Pwyllgor y Coleg. Bu'n Llywydd Undeb yr Annibynwyr Cymraeg ym 1979 a thestun ei anerchiad oedd "Yr Hen Destament Newydd". Anaml iawn y byddai ef a'i briod hawddgar, Menna, yn colli cyfarfodydd yr Undeb. Er gwaetha'r ergyd o golli ei briod ym 2004 daliodd ati i wasanaethu'r eglwysi lleol ac yntau ymhell yn ei nawdegau. Roedd ganddo feddwl chwim a dawn ymadrodd gafaelgar. Droeon profasom ei hiwmor buan. Fel y tro hwnnw pan gafodd gwpanaid o goffi pan oedd y peiriant 'expresso' yn weddol newydd. Daeth y coffi ac arno haen dew o ffroth ar ei wyneb – "*Thank you, but I wanted to drink it not shave in it.*" Yr oedd yn gymeriad hawddgar a chyfaill da a ffyddlon i weinidogion, fel y tystiodd ei weinidog y Parchg Ronald Williams ar ddydd ei angladd yn y Tabernacl, Porthaethwy, ddydd Gwener, 27 Ma 2011i, lle daeth tyrfa dda ynghyd i gofio'n annwyl ac i ddiolch am ei wasanaeth. Cydymdeimlwn gyda'i fab a'i ferch, y mab Keinion sydd yn byw yn Lerpwl a Marian a'r wyrion.

Euros Wyn Jones

37 Cofio y Parch Ddr. J. D. Vernon Lewis (1879-1970).

gan W. J. Griffiths

Gŵyr y cyfarwydd am fy mharch a'm hedmygedd o Dr. Vernon Fawr. Yr oedd yn un o arwyr fy ieuenctid â pharhaodd felly hyd diwedd ei oes. Ychydig a feddyliais, y pryd hwnnw y cawn yr uchelfraint o eistedd wrth ei draed fel myfyriwr a derbyn mor helaeth o'r ddysg a'i ddawn. Brodor ydoedd o Bentre Estyll Abertawe, â graddiodd ym Mhrifysgolion Cymru a Rhydychen a bu'n fyfyriwr yn Leipzig. Bu'n Weinidog yng Nghapel Park Road Lerpwl, Salisbury Park Wrecsam a Gibea Brynaman. Ef a'm cyflwynodd pan yn ifanc iawn i Egwlysi Cymraeg Lerpwl a Manceinion ac i Mr. a Mrs. W. B. Marks a'r teulu athrylithgar â chroesawus hwnnw yn Sefton Drive. Gwyddai pawb am Vernon fel pregethwr nerthol ac fel ysgolor a chyfieithydd emynau o'r Lladin a'r Almaeneg i'r Gymraeg. Bu'n ddarlithydd mewn Hebraeg yng ngholeg y Brifysgol Abertawe ac yn ddiweddarach yn Brifathro yng Ngholeg Coffa Aberhonddu. Cyfieithiad o emyn Saesneg yw dau bennill cyntaf o'r emyn "Gwawr wedi hirnos". Yn yr Atodiad i Lyfr Emynau y Methodistiaid Calfinaidd â Wesleaidd (1985), priodolir gwreiddiol i Frances Ridley Havergal 1836-79, ond mewn nodyn yn ei gasgliad ef ei hun o Emynau "Mawl i'r Goruchaf" (1962) ysgrifenna Vernon Lewis "Clywed canu eneiniedig ar emyn J. S. B. Monsell 1811-75 "Rest of the weary, joy of the sad" ar y dôn 'Theodora' yn fy eglwys yn Salisbury Park Wrecsam a'm hysbrydolodd i lunio emyn Cymraeg o gyffelyb naws yn ddefnydd cysur â diddanwch. Gwaith Cymraeg gwreiddiol yw'r tri phennill arall. Mae'r Emyn trwyddo yn adleisio Rhufeiniaid 8, 28-30. Heb os nac onibai daeth yn un o ffefrynnau ein cynulleidfaoedd Cymreig a chenir y geiriau mawreddog yn aml iawn mewn angladdau. Clywais ei ganu gydag arddeliad yn angladdau fy rhieni a'm priod. Mae llais Vernon yn darllen yr emyn yn dal i seinio yn fy nghlustiau, fel y gwna llawer o'i bregethau grymus, ac yn enwedig ei anerchiad o Gadair Undeb yr Annibynwyr â gynhaliwyd yn Treforus rhai blynyddoedd yn ôl ar "Grist ar Greadigaeth". Teimlwyd fod y Greadigaeth yn hysgwyd â bod nerthoedd byd arall yn real iawn dan ei ddylanwad pwerus. Pan oedd yn weinidog ifanc yn Lerpwl daeth yn drwm o dan ddylanwad Dr. David Adams a oedd yn weinidog yn Grove Street, â gwnaeth gyfaill mawr o'r cerddor Harry Evans arweinydd Côr Cymreig Lerpwl. Disgrifiad Syr Granville Bantock o Harry Evans oedd "The greatest choral conductor in Europe". Mae englyn Pedrog yn dweud y cwbl sydd ar garreg fedd Harry Evans yng "Nghornel y Cerddorion" ym mynwent Smithdown Road, Lerpwl.

Ceriwb fu'n llywio corau – gwefreiddiol
Gyfareddwr tannau
Creai gerdd, ac er ei gân
Isod, rhoes gân i'r oesau.

Wedi iddo symud i Salisbury Park (S) Wrecsam daeth i gysylltiad agos ar Dr. C. H. Dodd y gŵr a fu ar y llaw flaenaf yng nghyfieithu y "New English Bible" yn 1960. Pan ddaeth i Gibea Brynaman yn 1921 daeth i ganol y diwylliant Cymreig, lle oedd yn enwog am eu addoldai, ei Eisteddfodau a'i ganu cynulleidfaol. Un o drigolion Brynaman oedd fy niweddar briod ac er mai Methodistiaid Calfinaidd ronc oeddynt hwy, byddai hi a'i rhieni yn mynd yn gyson bob nos Wener i Ddosbarth Beiblaidd Vernon yn Gibea. Nid rhyfedd ei bod yn hyddysg yn ei Beibl a'i Llyfr Emynau ac mewn Cerddoriaeth. Yr oedd gan Vernon glust cerddorol a chlywais ef yn dweud iddo ddarllen a deall Nodiant y Solffa, am iddo fod yn ddisgybl yn nosbarth W. T. Samuel pan oedd yn fyfyriwr yng Nghaerdydd, a manteisiodd ar bob cyfle a gafodd pan oedd yn fyfyriwr yn Leipzig a mynychu'r cyngherddau hynny yn Eglwys Gadeiriol St. Thomas lle bu Bach yn gorfeistr am flynyddoedd lawer. Cafodd gyfnod llewyrchus a ffrwythlon fel Gweinidog yn Gibea a phan ddarllenwyd llythyr oddi wrth y Prifathro Thomas Lewis ar fore Sul yn y capel yn gofyn i Eglwys Gibea ganiatau ei ryddhau am ddau neu dri diwrnod bob wythnos i ddarlithio i'r myfyrwyr yn y Coleg Coffa, Aberhonddu, ni chododd neb ei lais yn erbyn hyn, ond y teimlad cyffredinol oedd mai "thin end of the wedge" oedd hi ac mai athro llawn amser fyddai cyn bo hir a dyna wrth gwrs ddigwyddodd. Yr oedd rhai o'm teulu yn yr oedfa yn Gibea pan bregethodd ei bregeth olaf cyn ymadael. Pregeth yn llawn cysur ydoedd yn ymhwedd arnynt i wynebu'r dyfodol yn wrol am fod Duw meddai "yn gofalu fod ei blan a'i bwrpas yn y byd hwn yn mynd i ddod i ben". Pryd? Does neb a wyr, ond fe ddaw yn ei amser doeth ei hun. Chwith oedd iddo ymadael â llu o gyfeillion yn y Gwter Fawr yn enwedig a'r seraff bregethwr y Parch. J. Lee Davies Siloam (B) a'r Parch Alfa Richards, Hermon. Yr oedd yn gyfaill agos i minnau a'm teulu i'r diwedd.

38 Cyflwyno KATE ROBERTS (1891-1985)

gan Patricia Williams

Ni fyddai'r un gyfres o bortreadau ar lenorion pwysicaf Cymru yn gyflawn heb gynnwys Kate Roberts, 'brenhines ein llên'. Mae hi'n arbennig, nid am ei bod yn ferch o'r dosbarth gwaith a lwyddodd i ennill gradd prifysgol mewn cyfnod pan oedd merched yn gyffredinol yn cael eu hamddifadu o'r cyfle i gael addysg uwch, ond oherwydd ei dawn naturiol i adrodd stori ac ymdrin â phrofiadau sydd yn cyffwrdd â chalonnau ei darllenwyr. ar ôl gadael y coleg yn 1913 cafodd swydd am ryw ddeunaw mis mewn ysgol gynradd yn Llanberis, cyn symud i ddysgu mewn ysgolion uwchradd yn ne Cymru. Yn 1917 bu farw un o'i brodyr o sgil effeithiau ei anafiadau yn y rhyfel Mawr, bu hyn yn ergyd drom i Kate ac i leddfu ei phoen a rhoi mynegiant i'w theimladau am dristwch ac anghyfiawnder bywyd. Dechreuodd ysgrifennu storïau byrion, a chyhoeddi ei chyfrol gyntaf, *O Gors y Bryniau*, yn 1925. Yna yn 1928 priododd â Morris T. Williams, (1900-1946) a oedd, fel hithau, yn frodor o sir Gaernarfon. Gan mai argraffydd oedd Morris Williams, penderfynodd y ddau yn 1935 brynu Gwasg Gee yn Ninbych, lle y buont yn byw am weddill eu hoes. Daliai Kate i lenydda ac yn 1936 cyhoeddodd nofel fer *Traed mewn Cyffion*, a oedd yn portreadu caledi bywyd a'r newidiadau a fu yn ngogledd orllewin Cymru yn y blynyddoedd rhwng 1880 a 1917. Y flwyddyn wedyn ymddangosodd cyfrol o storïau byrion, *Ffair Gaeaf*, ond ar ôl hynny, ni chyhoeddodd lyfr arall am flynyddoedd; yn hytrach ysgrifennai'n gyson ar bynciau llosg y dydd ar gyfer cylchgronau a phapurau newydd. Ar ôl i'w gŵr farw'n ddisymwth yn 1946,er iddi fyw yn y de am dros ugain mlynedd, ardal ei magwraeth yn Rhosgadfan, ger Caernarfon yng ngogledd Cymru yw cefndir y rhan fwyaf o'i storïau ac ynddynt i gyd mae hi'n dangos craffter anarferol wrth bortreadu cymeriadau, yn enwedig merched a phlant. Yn ei nofel fer *Tywyll Heno* mae hi'n dangos ei dawn i ddeall ac i ddisgrifio salwch meddwl gwraig oedd yn ymddangosiadol gyfforddus ei byd.Yn ei chyfrol hunangofiannol *Y Lôn Wen* mae hi'n disgrifio adwaith plentyn i'r amgylchiadau o'i chwmpas, gan ddisgrifio'i braw wrth weld chwarelwr oedd wedi mynd i'w waith yn holliach ac yn dychwelyd adref ar elor. Mae'n debyg mai Winni Ffini Hadog yn *Te yn y Grug*, merch oedd yn cael ei chamdrin gartref ac yn gwrthryfela yn erbyn y drefn, yw ei phortread mwyaf adnabyddus o blentyndod difreintiedig. Er ei bod yn ysgrifennu am fywyd pob dydd mewn pentrefi anenwog yn y Gymru Gymraeg, fe'u gwnaeth yn *microcosm* o gymdeithas ehangach. Mae'r profiadau a ddylunir ganddi yn gyffredin i bawb - y berthynas (ac weithiau yr anghydfod neu ddiffyg dealltwriaeth) rhwng gŵr a gwraig a rhwng plant a'u rhieni, rhwystredigaeth heneiddio a lle'r ferch mewn cymdeithas.Roedd hi hefyd yn feistres ar dechneg y stori fer ond yn bennaf oll, creodd ryddiaith o safon arbennig gan ddefnyddio amrywiaeth o iaith ffurfiol a thafodiaeth, sydd yn gwneud ei gwaith yn ddarllenadwy iawn.

39 Coffâd John Thomas Bain, (1935-2013), Allerton, Lerpwl.

Yn frawychus o ddisymwth yn ei gartref Gwynfa, Mather Avenue, Lerpwl ar nos Fawrth, 7 Mai 2013 bu farw John T. Bain ar ôl cystudd hir o saith mlynedd. Yr oedd un o ragorolion y gymuned Gymraeg yn Lerpwl ers 1947 pan y symudodd o Cefnbrith i Allerton. Mab ydoedd i David ac Alice Bain (née Thomas) ei dad yn dod o Rutherglen, yr Alban a'i fam o Uwchaled. Cafodd ei dad David Bain (1900-1966) yrfa nodedig fel pêldroediwr proffesiynol. Dechreuodd ei yrfa gyda'r tîm lleol, Rutherglen Glencairn, cyn symud i Manchester United yn 1922. Talodd tîm enwog Everton fil o bunnoedd amdano yn 1924 a chwaraeodd ei gêm gyntaf dros y Clwb yn erbyn Sunderland ar 11 Hydref 1924. Daeth yn bennaf ffrindiau gyda Dixie Dean. Cyfarfu gyda Alice Thomas (Sandhurst, Aigburth) a phriodwyd hwy yn Bootle yn 1927. Yn 1928 ganwyd y mab hynaf Donald Walter Bain a ddaeth yn gefnogwr brwd i'r clwb er iddo fyw am ran helaethaf o'i oes yn Auckland, Seland Newydd. Yno y bu farw ar 20 Gorffennaf 2008. Ni chollodd ei Gymraeg chwaith. Byddai John ag ef yn cynnal sgyrsiau dros y ffôn yn iaith hyfrytaf dynol-ryw. Symudodd ei dad o Everton i Bristol City, oddiyno i Halifax a gorffen ei yrfa yn Rochdale.

Ganwyd John yn Ninbych ar 15 Medi 1935 a threuliodd blynyddoedd ei febyd yn Cefnbrith. Addysgwyd ef yn Ysgol Gynradd Cerrig-y-Drudion a symud yn ddeuddeg oed i Ysgol Morrison (lle saif siop helaeth Tesco y dyddiau hyn) ryw pum can llath o'i gartref. Daeth ar draws bechgyn Cymry Lerpwl yn yr Ysgol, a daeth un o ffrindiau'r Ysgol i'w gyfarfod mewn arwyl tua deg mlynedd yn ôl, Arthur Hughes, Aigburth, a bu yn gefn ardderchog i John yn ei waeledd.

Ar ôl gadael yr Ysgol prentisiwyd John Bain ym myd peirianneg. Torrwyd ar draws yr hyfforddiant gan wasanaeth milwrol. Bu gyda'r Heddlu Milwrol yn Tripoli, Gogledd Affrig, a byddai'n dra hoff o adrodd ei atgofion am y cyfnod hwnnw. Daeth yn ôl i gwblhau ei brentisiaeth a chafodd yrfa amlochrog. Bu am gyfnod yng ngweithdy creu peiriannau meddygol yn Speke, yna cwmni British Aerospace cyn cael swydd ym myd llongau ym mhorthladd Lerpwl. Cynigiwyd swydd iddo gan Wasanaeth Tân, ac yna bu'n gwasanaethu Gorsafoedd Pwer. Swydd oedd yn golygu cryn lawer o deithio ar hyd a lled y wlad, yn arbennig i Swydd Efrog a'r Gogledd Orllewin. Collodd ei swydd fel cymaint o rai eraill gyda'r dirwasgiad economaidd, profiad gwbl anymunol iddo, ond trwy drugaredd llwyddodd i gael swydd i warchod adeiladau yn Mount Pleasant yn perthyn i Bolytechnig Lerpwl, a ddaeth yn Brifysgol John Moores. Yno y bu, yn fawr ei boblogrwydd, hyd ei ymddeoliad.

Er fod ei dad yn celebriti pêl-droed, wedi chwarae dros yr Alban, ni fu John erioed, fel ei frawd Donald, yn dilyn y tîm, ac yn gwisgo y sgarff ac yn gosod sticeri o blaid Everton ar ei gar modur. Ei ddileit mawr oedd Cymru, y wlad a Chymry'r bobl, ardal bro ei febyb yn Llangwn, Rhydlydan, Cefnbrith a Glasfryn. Hiraethai am Sir Ddinbych ar iard yr ysgol yn Rose Lane. Gwelodd yn Tripoli rhyddid yr A5. Teithiai yn ˆwr ifanc o Lerpwl yn gyson i weld ei gefnderwyr, Tegwyn, Gerallt a Gwilym ac eraill o annwyl goffadwriaeth.

Ar ei ymweliad â'r hen wlad yn 1959, mynychodd Eisteddfod Clwb y Ffermwyr Ifainc a chyfarfod merch fferm o'r Prion, Gwenfyl Evans. Ni fu bywyd byth yr un fath iddo. Dyna ddechrau cyfnod o fynd a dod o Lerpwl i Ddyffryn Clwyd, ac yn 1965 bu'r briodas, a daeth Gwenfyl i fyw i Allerton. Blwyddyn yn ddiweddarach bu farw David Bain o glefyd yr ysgyfaint ond bu'r fam Mrs Alice Bain fyw gyda hwy hyd ei marwolaeth yn 1983. Daeth llawenydd mawr i'r aelwyd pan anwyd Heather yn 1972. Daeth Heather a phleser di-ddiwedd iddynt, gan ei bod mor weithgar ym myd Ysgol, capel, eisteddfod y Glannau a chyfarfyddiad Llefaru a Drama Lerpwl. Daeth yn adroddwraig penigamp, a derbyniai hyfforddiant gan fy mhriod, Meinwen Rees. Enillodd lu o wobrau. Felly hefyd ym myd cerddoriaeth, offerynnau cerdd a'r piano. Cofiwn am ei phriodas gyda David Harrison ar 2 Awst 1997, am ei gyrfa ym Mhrifysgol Durham, a genedigaeth dwy ferch, Anna a Lucy, a olygai y cyfan i John, cannwyll ei lygaid.

John Bain

Yr oedd Durham yn affaeliad iddo gan fod ei gefnder Ken a Mona Morris yn byw yn Scotch Corner ar y ffordd. Edrychai ymlaen i'w cwmni a threuliodd aml ddiwrnod i'r brenin yn eu cartref gydag eraill o'i deulu yn y blynyddedd diwethaf hyn.

Mae un testun pwysig ar ôl sy'n haeddu cofnod gennyf, sef ei berthynas a'i deyrngarwch hael i gymuned Bresbyteraidd Cymraeg Heathfield Road, Lerpwl. Y capel oedd ei ail gartref. Yr oedd yn un o'r selogion. I John yr oedd moliannu Duw yn ei gysegr yn gwbl hanfodol. Meddai ar lais swynol. Gwyddai'r emynau ar ei gof a byddai wrth ei fodd yn gwrando ar *Caniadaeth y Cysegr*, Radio Cymru ar bnawn Sul. Yn y capel bu'n aelod o Bwyllgor y Meddiannau, etholwyd ef yn flaenor ond ar ol hir fyfyrio bu'n rhaid ymwrthod a'r cyfrifoldeb, Bu yn gefnogydd i'r weledigaeth o gapel newydd, ac wrth ei fodd yn dod yno, er nad oedd hi un hawdd ymlwybro ar ôl iddo golli ei goes.

Dioddefodd y blynyddedd diwethaf hyn o ganlyniad i glefyd y siwgwr. Ond ni chwynai o gwbl na chwerwi yn ei gaethiwed. Yr oedd hi'n fraint ymweld ag ef a rhannu sgwrs am hynt a helynt Cymry Lerpwl, yn bennaf, ond crwydrem yn aml i ucheldiroedd Cymru. Bu Gwenfyl yn bopeth iddo, yn ofalus, ac yn cadw golwg ar ei anghenion a'i alwadau mynych i glinigau'r Ysbytai. Cafodd nerth yn ôl y dydd i gyflawni y cyfan, a bu yn ffodus yn ei chyfeillion yn Ne Lerpwl.

Credaf fod John Bain yn esiampl i bob un ohonom. Yr oedd e'n wradawr da o Air Duw. Yn naturiol yr oedd ganddo ei ffefrynnau fel cenhadon ac yr oedd gweinidogaethu yn Uwchaled yn un ffordd o ennill ei glust. Gwn am ei ffydd gref. Crediniwr yr Efengyl ydoedd. Peth personol yw Ffydd. Ni allwch ei fenthyg, na chwaith ei ennill trwy ein hymdrechion. Rhodd yr Ysbryd Glân ydyw, ac y mae wedi ei wreiddio yn yr Ysgrythurau Sanctaidd. Rhaid gwybod am Iesu, ei weithredoedd o gariad a daioni, i brofi ffydd anorchfygol fel ag oedd ym meddiant John. Braint oedd cael ei gyfrif yn ffrind ers ein cyfarfyddiad cyntaf 45 mlynedd yn ôl. Diolch John am y gefnogaeth i dy Weinidog sy'n galaru fel eraill o'r praidd.Bu'r angladd ar bnawn Gwener, 17 Mai 2013 yn ei hoff gysegr, Bethel o dan fy arweiniad, ac yn dilyn yn Amlosgfa Springwood. Daeth y tyrfaoedd ynghyd i dalu'r gymwynas olaf i un o blant y Goruchaf. Cofiwn am ei anwyliaid yn ein meddwlgarwch a'n gweddiau.

D.Ben Rees

40 COFFÂD WILLIAM GRATTON THOMAS

gan Cledwyn Griffith

Ym marwolaeth William Gratton Thonas, Teilio, Woolton Road, ar 30 Medi 1985, daeth pennod arall i'w therfyn yn hanes hen Eglwys enwog Anfield Road gynt. Ef oedd yr olaf o'i blaenoriaid a anwyd yn niwedd y ganrif ddiwethaf ac a welodd yr Eglwys yn anterth ei nerth a'i dylanwad cyn y Rhyfel Byd Cyntaf.

Unig fab gofalwyr adeiladau'r Eglwys ydoedd a gartefai yn y Tŷ Capel, ac felly cafodd ei hun o'i blentyndod cynnar yng nghanol bwrlwm bywyd yr Eglwys. Tyfodd o fewn cynteddau'r Tŷ ac yn naturiol gadawodd y cyfnod hwn ei ddylanwad yn drwm arno.
Bu raid iddo yntau fel ei gyfoedion ymuno â'r fyddin yn ystod y Rhyfel Byd Cyntaf, ond daeth o'r heldrin fawr yn ddianaf gan ailafael yn ei waith a'i ddiddordebau. Effeithiodd y rhyfel ar rai o'r milwyr, ac wedi dychwelyd o'r gad nis gwelwyd hwynt mor ffyddlon gydag achos crefydd fel cynt, ond ni ddigwyddodd hynny yn hanes ein cyfaill. Ymdaflodd i fywyd a thystiolaeth yr Eglwys o'r newydd, ac er bod galwadau ei swydd ym myd busnes yn trymhau, gofalodd na châi hynny amharu ar ei berthynas â'r Eglwys. Etholwyd ef yn flaenor yn 1934 ac yna yn Ysgrifennydd yr Eglwys, swydd a lanwodd am dros ddeng mlynedd ar hugain. Galwyd ef i gadair Henaduriaeth Lerpwl yn 1957.
Ni bu ball ar ei ffyddlondeb a'i wasanaeth i'r Eglwys trwy'r blynyddoedd, ac ni chafodd gweinidogion Anfield Road gyfaill mwy teyrngar. Gosodai bwyslais yn wastad ar gadw urddas a threfn mewn gwasanaeth crefyddol. Weithiau byddai hyn yn ymddangos fel gorofal am fanylion, ond credai ef mai wrth roi syw i'r manylion y diogelid urddas pob oedfa. Hoffai weld y gweinigodion a esgynnai i'r pulpud wedi eu gwisgo yn addas i'w swydd. Rhoddai ei gyfraniad gyda graen yng nghyfarfodydd wythnosol yr Eglwys, y seiat a'r cyfarfod gweddi, a phan arweiniai, gwnâi hynny gydag ysbryd cwrtais a llednais. Loes i'w galon oedd gweld y gynulleidfa yn teneuo o flwyddyn i flwyddyn a dyrnod drom iddo ef a'i annwyl briod oedd gweld cau'r drws am y tro olaf. Câi lawer o bleser yn ystod y blynyddoedd diwethaf yn sôn am ei hen Eglwys annwyl pan oedd yn ei bri ac am y pregethwyr, enwog yn eu dydd, a fu yn ei gwasanaethu.
Bu W. Gratton Thomas yn ffodus yn ei briodas oherwydd yn Mrs. Thomas cafodd un gyda'r un diddordebau ag yntau ac un a roddodd bob cefnogaeth iddo fel blaenor. Bu eu cartref yn gynnes ei groeso i weinidogion yr enwad a chenhadon am flynyddoedd maith. Anfonwn ein cofion tyner ati hi a Barbara, eu hunig ferch, ac at y teulu oll a fu mor dyner a gofalus o'n cyfaill yn ystod y misoedd olaf hyn, a'n cydymdeimlad â hwy yn eu hiraeth o golli un mor gywir. Nawdd y nef a fo trostynt.
Bu'r angladd yn Amlosgfa Springwood. Gwasanaethwyd gan ei weinidog, y Parch. Ddr. D. Ben Rees a'r Parch. Cledwyn Griffith, Y Fflint, cyn-weinidog Eglwys Anfield Road. Daeth nifer dda o gyn-aelodau ei hen Eglwys i'r gwasanaeth i dalu'r gymwynas olaf ac yn eu plith y ddau gyn-flaenor o'r Eglwys sydd yn dal ar dir y byw sy'n agos sef y Mri. W. Elwyn Hughes a Gwilym M. Jones. Cynrychiolwyd Eglwys Heathfield Road gan dri o'i blaenoriaid, sef y Dr. R. Arthur Hughes, y Barnwr John Edward Jones, a Mrs D. Bronwen Rogers.

'Da, was da a ffyddlon'

41 COFFÂD MATHEW ARMOR

gan Ralph Jones

Ar 19 Mawrth 1985 collodd Eglwys Dewi Sant ei darllenwr lleyg, Mr. Hughie Edmunds, a blwyddyn union i'r diwrnod, daeth y gynulleidfa ynghyd i angladd gŵr arall, Mathew Armor, a wasanaethodd yr Eglwys yr un mor ffyddlon yn ei ffordd arbennig ei hun. Magwyd ef yn ardal Llanfrothen ac ar ôl gwasanaeth milwrol yn y Rhyfel Byd Cyntaf daeth i Lerpwl i weithio gyda busnes gwerthu llefrith. Ymhen ychydig aeth i weithio ar y dociau lle bu'n ddiweddarach mewn swydd gyfrifol. Treuliodd ddeugain mlynedd yn y diwydiant hwn a difyr iawn oedd gwrando arno'n adrodd hanes y llwythwyr llongau, a chyda balchder arbennig yn ei lais wrth gyfeirio at eu gwrhydri yn wyneb erchylldra *blitz* yr Ail Ryfel Byd. Trist oedd ganddo weld dirywiad y dociau yn y blynyddoedd i ddilyn. Yr oedd ei dristwch yr un mor ddwfn wrth weld cynulleidfa Dewi Sant yn lleihau a chau eglwysi St. Asaph yn Kirkdale a St. Deiniol yn Upper Parliament Street. Ond mynnodd fod Eglwys Dewi Sant yn parhau yn agored. Rhoes dros hanner canrif o wasanaeth di-dor i'r eglwys yn Hampstead Road gan sicrhau ei bodolaeth yn Sheil Road heddiw. Bu'n Warden yr eglwys am dros ddeng mlynedd ar hugain ac yn drysorydd y gynulleidfa am flynyddoedd maith. Hebddo ni fuasai Eglwys Dewi Sant wedi parhau'n fyw.

Mae ein dyled yn enfawr i'r gŵr diwyd hwn a roes ei oes i sicrhau bod drysau Dewi Sant yn agored o Sul i Sul. Ond er cymaint ei bryder i sicrhau adeilad diddos, estynnai ei ofalaeth tu hwnt i frics a morter a chofiwn gyda diolch ei ymweliadau â'r cleifion, y methedig a'r oedrannus.

Yn sicr adlewyrchodd ei fywyd eiriau Nicander yn ei hoff emyn "Hoffi'r wyf dy lân breswylfa."

42 COFFÂD GLYN T. PRYTHERCH

gan Clifford Owen

Collodd eglwysi Ellesmere Port aelod arbennig iawn ym marwolaeth ddisymwth Mr Glyn Prytherch. Roedd y capel yn orlawn ddydd ei angladd a thystia hyn i gyfeillgarwch y gŵr annwyl hwn o Felin-y-wig.

Daeth Mr Prytherch i Ellesmere Port yn niwedd y tridegau, a chan ei fod wedi ei fagu ar aelwyd grefyddol yr oedd tynfa naturiol iddo i'r capel Cymraeg yn y dref. Buan iawn yr enillodd barch yr aelodau gan ymdaflu i weithgareddau'r Achos.

Wedi treulio blynyddoedd y rhyfel yn y Llu Awyr, cafodd Mr Prytherch swydd gyfrifol gyda chwmni olew Shell yn Stanlow. Er cymaint prysurdeb ei waith beunyddiol, nid anghofiodd ei gyfrifoldeb fel aelod eglwysig. Cymerodd ran flaenllaw yn holl weithrediadau'r Achos, ac yn 1946 etholwyd ef yn flaenor. Gwasanaethodd hefyd fel pregethwr lleyg am flynyddoedd lawer ac yr oedd yn fawr ei barch gan holl eglwysi'r cylch.

Yr oedd ei gariad at ei Waredwr a'i gyd-ddyn yn sylfaen i'w gymeriad hoffus, diffuant. Yn wir, hyn a'i symbylodd i fod yn gynghorydd Sosialaidd, am gyfnod wedi'r rhyfel, a gwasanaethodd yn ddoeth ar amryw bwyllgorau, yn arbennig ym myd addysg ac iechyd y dref.

Yn gymharol ddiweddar cafodd Mr Prytherch swydd gyfrifol gan gwmni Shell pan oedd y bibell olew yn cael ei chynllunio o Amlwch i Stanlow. Mr Prytherch oedd yn gyfrifol am gymodi gyda'r ffermwyr yr oedd y bibell i fynd drwy eu tir, a phwy well na bachgen o Felin- y-wig i ddal pen rheswm gyda ffermwyr glew Môn, Gwynedd a Chlwyd?

Gweithiodd yn ddiflino ar y fenter hon ond nid esgeulusodd waith yr Achos. Yn rhinwedd ei swydd fel blaenor bu'n Ysgrifennydd neu Drysorydd yr Eglwys ar hyd y blynyddoedd. Ysgwyddai bob dyletswydd yn ddirwgnach, ac y mae cyflwr llyfrau'r eglwys yn dystiolaeth i'w allu ac yn batrwm o drefn.

Er na chafodd Mr Prytherch y fraint o ddilyn cwrs addysg uwch, buan y daethpwyd i'r casgliad fod gan y gŵr hwn allu eithriadol. Nid rhyfedd iddo gael ei ethol yn Llywydd Pwyllgor Bugeiliol yr Ofalaeth, ac yna ym mis Ionawr eleni etholwyd ef yn Llywydd Henaduriaeth Lerpwl. Dyma ddyfyniad o'i araith o Gadair yr Henaduriaeth:

> Ein rhesymol wasanaeth yw gweithio tra gelwir hi'n ddydd, fel rhai sy'n hollol sicr fod yr eglwys yn Gorff ein Harglwydd Iesu Grist ar y ddaear, yn fyw ac i fyw. Gobaith yw'r cyweirnod wrth i ni edrych ymlaen, gobaith i'n codi ar ein traed i ailgychwyn ac i'n calonogi i frwydro ymlaen. Ond rhaid gochel rhag i'n gobaith droi'n freuddwydion rhyfyg. Mentrwn, er pob gwrthgiliad a dirywiad, gyhoeddi nad yw'r ffydd yn Nuw wedi ei dileu o'r tir, ac felly mae pob peth yn bosib. Duw yw ein gobaith, a mentrwn arno.

Bu Mr Prytherch a'i briod yn hynod groesawgar i lu o weinidogion y Gair ar hyd y blynyddoedd yn Ellesmere Port, ac y mae'n sicr fod gan lawer o'r cyfeillion hyn atgofion melys o'r croeso cynnes ar eu haelwyd.

Diolch i'r Hwn biau'r gwaith am Glyn Prytherch ac am gael y fraint o gael cydweithio gydag un a oedd bob amser yn barod i wasanaethu ei Dduw a'i gyd-ddyn. Bydded i drugaredd y Tad, trwy ei blant, gynnal Lyn, ei briod, yn ei thrallod.

43 COFFÂD PIERCE SAMUEL ROBERTS

gan J.J.

Yn fore ddydd Mercher, 4 Mai 1994 , bu farw Pierce Samuel Roberts, a fu am gyfnod maith yn un o golofnau cadarnaf bywyd cymdeithasol a chrefyddol Glannau Merswy. Ganwyd Pyrs ym Mlaenau Ffestiniog a daeth i Lerpwl yn ddeuddeng mlwydd oed. Ymaelododd gyda'i rieni, a'i chwaer Bet a'i frawd Owen, yn Eglwys Belvidere Road. Roeddynt yn deulu dedwydd iawn yn eu cartref yn Aigburth. Croesawyd llawer iawn o ieuenctid Cymru ar ymweliad â'r ddinas i'w haelwyd gynnes, i rannu eu dedwyddwch.

Bu Pyrs yn aelod ffyddlon a gweithgar yn Ysgol Sul Milner Road, Aigburth (un o ganghennau Belvidere Road) yn y blynyddoedd cyn y Rhyfel. Fe'i hetholwyd yn flaenor yng nghapel Belvidere Road ym 1946, y blaenor ieuengaf yn Henaduriaeth Lerpwl ar y pryd.

Priododd ym 1945 ag Eileen (née Hughes) o Gricieth, a fu yn gefn a chymorth iddo ar hyd y blynyddoedd. Ym 1947 ganwyd eu mab William Hughes sydd heddiw yn feddyg yng Nghaergybi ynghyd â'i briod Diana a'u plant a fu'n gysur mawr i Pyrs ac Eileen yn ystod eu dyddiau yn Sir Fôn. Ym mlynyddoedd y Rhyfel gwasanaethodd yn y *Ministry of Supply* a buan y dyrchafwyd ef i'r swydd gyfrifol o *Executive Officer*. Wedi'r Rhyfel mentrodd ar yrfa newydd, ac aeth i goleg hyfforddi athrawon. Wedi cwblhau'r cwrs, derbyniodd swydd athro ysgol yn Lerpwl ac mewn byr amser fe'i codwyd yn brifathro. Ei ysgol olaf oedd ysgol newydd Otterspool lle treuliodd lawer blwyddyn hapus.

Ar hyd y blynyddoedd hyn roedd yn parhau yn ffyddlon a gweithgar yn ei swydd o flaenor yn ei Gapel ac yn gefn bob amser i'w Weinidog y Parch. Ivor Oswy Davies ac wedi hynny y Parch. Ddr. D. Ben Rees. Gwnaeth waith amlwg iawn gyda phlant ac ieuenctid y Capel a bu llawer mab a merch yn ddiolchgar iddo am ei gymorth i sicrhau swydd dan awdurdodau addysg.

Cymerodd ran amlwg yn uniad Eglwysi Belvidere Road, Chatham Street a Princes Road i ffurfio Eglwys y Drindod Princes Road, ac roedd y wybodaeth a'r profiad yn werthfawr iawn pan unwyd Eglwys y Drindod ag Eglwys Heathfield Road. Bu Pyrs hefyd yn aelod gwerthfawr o bwyllgor Cymdeithas Cymru Fydd a arferai gyfarfod yn Upper Parliament Street. Bu'n flaenllaw iawn yng nghweithgareddau Clwb Rotari Toxteth am gyfnod hir. Fe'i etholwyd yn Ynad Heddwch ac roedd yn awyddus i weithredu cyfiawnder a thegwch bob amser. Cymerodd ymddeoliad cynnar ac aeth i fyw i Dôl-wen ac wedyn i Hen Golwyn lle bu'n aelod ffyddlon gydag Eileen yn Hebron. Daeth yn gyfaill agos i'r gweinidog y diweddar Barch. John Wynn Williams. Gwelwyd y ddau yn Anfield ar ambell bnawn Sadwrn yn mwynhau gwylio eu hoff dîm pêl-droed. Penderfynodd Eileen ac yntau symud i fyw yn nes at William a'r teulu i Bont-rhyd-y-bont. Daethant yn aelodau yn Eglwys Tabor, Dyffryn. Bu Pyrs yn ffyddlon iawn i'r Achos hyd y diwedd, er nad oedd ei iechyd yn caniatáu iddo gymryd rhan amlwg a gweithgar fel yn y dyddiau cynt.

Cafwyd gwasanaeth ddydd Llun, 9 Mai [1994] yn ei gartref Cae Clyd dan ofal ei Weinidog y Parch. Huw Pritchard B.A. Dilynwyd gyda gwasanaeth cyhoeddus yn Amlosgfa Bangor dan ofal y Gweinidog, gyda'r Parch Trefor Lewis B.D., Bae Colwyn, yn cymryd rhan. Traddodwyd teyrnged iddo yn y gwasanaeth gan ei gyfaill ers ei fachgendod, sef y Cynghorydd Hywel Heulyn Roberts, Synod Inn, Dyfed. Roedd y nifer lluosog a ddaeth o bell i'r gwasanaeth yn dystiolaeth gref o'u parch a'u serch annwyl tuag at Pyrs a'r teulu. Diolchwn am gael cydoesi ac adnabod gwas da a ffyddlon i'w Arglwydd, Pierce Samuel Roberts. Ar fore Iau, 26 Mai, ym mynwent Allerton o dan ofal y Parch. Huw Pritchard a'r Parch. D. Ben Rees, gosodwyd ei weddillion i orffwys ym medd y teulu gyferbyn â bedd ei dad a'i fam.

44 COFFÂD LEAH CLEMENT-EVANS

gan D. Ben Rees

Pan fu farw Mrs. Leah Kenrick Clement-Evans ar fore Sadwrn, 6 Rhagfyr 1997, yn Woolton Grange yn 93 mlwydd oed, collasom o'n plith un o gynheiliaid ffyddlon tystiolaeth Fethodistaidd Galfinaidd Gymraeg y Ddinas.

Ganwyd hi yn freiniol. Ei thad E. R. Jones a'i mam yn eithriadol o haelionus i bob agwedd o'r bywyd crefyddol Cymraeg. Cynnyrch Capel Chatham Street oedd ei thad, gŵr gwresog ei ysbryd, a fu'n gynhaliaeth i achos cenhadol Cymraeg Kent Square. Roedd tad ei mam, John Thomas, Myrtle Street, yn flaenor yn Chatham Street. Etholwyd ef yn 1881. Cyn hynny bu'n flaenor yn Nhrelawnyd yn Sir y Fflint. Symudodd yn 1891 i gapel David Street gan gael ei ethol eto yn flaenor, a hynny yn 1894. Bu yn ddylanwad ar ei wyres hyd ei farwolaeth yn 1923. Cafodd ei mam Mrs E. R. Jones ei hethol yn flaenor yn 1929, y gyntaf o'r merched yn ninas Lerpwl i dderbyn y cyfle.

Priododd Mrs. Leah Kenrick Jones â mab y mans, John Richard Clement-Evans. Bu ei dad, J. D. Evans, yn weinidog yn Garston am 42 mlynedd, a ganwyd iddynt dri o fechgyn, Edward, sy'n byw yn Woolton (erbyn hyn Aigburth), John sy'n byw yng Nghilcain, a Basil sy'n byw yng Nghilgwri. Etholwyd Mrs Leah Clement Evans a'i phriod yn flaenoriaid yn Eglwys y Drindod, Princes Road, lle buont fel teulu yn hynod o weithgar. Yn 1975 daeth Mrs. Evans i Bethel lle y gwnaeth ddiwrnod cymeradwy iawn fel ymwelydd y cleifion a'r henoed. Bu'n hynod o ffyddlon i Mrs Alun Garner, Cleveley Road a Miss Laura M. Jones, Calderstones, ac eraill o'r ddiadell. Roedd hi'n garedig iawn ei hysbryd ac yn credu yn y gwaith bugeiliol. Byddai'n ymweld neu yn ffonio llu o aelodau, yn cadw mewn cysylltiad, ac yn gwneud ei gorau glas i hyrwyddo'r dystiolaeth.

Gwraig annibynnol ei hysbryd ydoedd, a medrai ddweud ambell i ymadrodd gyda brathiad, ac yr oedd yn rhaid cymryd amser i ddod i'w hadnabod. Roedd ganddi ei blaenoriaethau: cynorthwyo mudiadau cenhadol, efengylaidd eu hosgo fel Cymdeithas Dydd yr Arglwydd yng Nghymru. Bu'n gefn mawr i'r cenhadon. Bu cenhadon yn aros ar ei haelwyd yn gyson, rhai am wythnosau lawer, a gwnaeth hynny yn ewyllysgar. Deuai criw o'r Drindod i'w chartref yn Briarley ar nos Sul i swpera a chanu emynau.

Bu colli ei phriod yn 1964 yn ergyd fawr iddi, ond ailgydiodd yn yr awenau. Gwelsom hi ar ei gorau yn y blynyddoedd olaf yn y Drindod, ac ym Methel, hyd i'r iechyd ddirywio. Chwe blynedd yn ôl bu'n rhaid iddi fynd i gartref henoed ac ni fu hynny'n brofiad braf o gwbl. Derbyniodd gysuron yn ymweliad nifer ohonom o Bethel ar hyd y blynyddoedd, a gwerthfawrogai hynny.

Bu'r arwyl ar bnawn Iau, 11 Rhagfyr 1997, yn Amlosgfa Springwood a bwriedir gosod ei gweddillion ym medd y teulu ym mynwent Allerton.

45 COFFÂD GLYN EINION PETERS

gan D. Ben Rees

Symudodd Mr a Mrs Glyn Peters i Lerpwl yn 1941 o Goed-poeth a chafodd Capel Heathfield Road a bywyd Cymraeg y Ddinas deulu cefnogol a charedig. Ymserchodd Mr Glyn E. Peters mewn canu a bu'n aelod defnyddiol iawn o Undeb Corawl Lerpwl. Anrhydeddwyd ef am ei bresenoldeb a'i ddawn a'i gefnogaeth pan wnaed ef rai blynyddoedd yn ôl yn Is-lywydd.

Pleser di-gymysg oedd gwrando ar Glyn Peters yn y gynulleidfa a'i lais cyfoethog yn clodfori a moliannu yr Arglwydd . Bu yn selog ar bob achlysur, yn werinwr a'i groeso i ni yn ei gartref yn Avondale Road yn hyfrydwch i gyd . Gweithiai ef a'i briod annwyl Morfudd yn ddiwyd o blaid y da a'r gwerthfawr . Roedd Morfudd yn un o dair chwaer a drigai ymhlith Cymry Lerpwl. Trigai Mrs Arthur Roberts yn Allerton a Mrs Pritchard yn Seaforth , un o gefnogwyr pennaf Capel Cymraeg Waterloo, Crosby Road South, Waterloo. Gallai hi a'i phriod gerdded yn hawdd i'r cysegr.

Llafuriodd fel glöwr ym maes glo ardal Wrecsam cyn dod i Lerpwl i weithio mewn swyddi amrywiol, ond yr oedd Glyn E. Peters yn ymgorfforiad o'r glöwr Cymraeg diwylliedig ar hyd ei oes. Cydymdeimlir â'i briod Mrs Morfudd Peters, a'r mab Gwynfor, a'r teulu oll yn y brofedigaeth lem, a gwelir ei le yn wag ym mywyd crefyddol a diwylliannol Cymry Lerpwl. Cofiwn gyda diolchgarwch am ei fywyd, ei bersonoliaeth ddeniadol, a'i ffydd orchfygol.

Morfudd Peters

Cydnabod Cydymdeimlad a Charedigrwydd

Dymuna Mrs Morfudd Peters, 42 Avondale Road, Lerpwl 15, a Mr Gwynfor Peters, Cricieth a'r teulu, ddiolch yn garedig iawn am yr holl garedigrwydd a dderbyniwyd o golli priod a thad a thaid. Gwerthfawrogwn hefyd yr haelioni mawr a ddangoswyd yn y Gronfa Goffa ac am y gwasanaethau o ddiolch yn Eglwys Bethel ac Amlosgfa Springwood.

Cronfa Goffa Glyn Peters

Fe ddymuna Undeb Corawl Cymraeg Lerpwl – y *Welsh Choral* – ddatgan eu gwerthfawrogiad o'r swm o £413 a dderbyniwyd er cof am y diweddar Mr Glyn Peters. Bydd y trysorydd, Mrs Megan Billinge, yn cydnabod y rhoddion.

46 COFFÂD ALUN ROBERTS, WOOLTON

gan D. Ben Rees

Ganwyd Alun Roberts yn Lerpwl ar 13 Mai 1929 i Mr a Mrs Owen Roberts, a deunaw mis yn ddiweddarach ganwyd ei frawd Emrys (Ynys Môn), a bu'r ddau yn agos iawn at ei gilydd ar hyd y blynyddoedd. Yr oedd gwreiddiau'r teulu yng ngwlad Llŷn ac yn ystod yr Ail Ryfel Byd cafodd y bechgyn brofiad o fyw yn y fro Gymraeg. Daeth Edern ac Abersoch yn noddfa a lloches iddynt, a chyfle i fwynhau bywyd Ysgol Botwnnog. Derbyniwyd ef i'r Brifysgol ym Mangor i astudio Amaethyddiaeth ond penderfynodd ddychwelyd i Lerpwl i weithio ym musnes ei dad yn Walton, sef gwerthu paent a phapur wal a daeth yn gryn awdurdod yn y maes. Roedd ganddo ddiddordeb creadigol a bu yn y busnes ar hyd y blynyddoedd. Yr oedd yn hoff o athronyddu a thrafod a bu'n barod iawn i gynorthwyo cymdeithasau Cymraeg. Daeth yn un o arweinwyr Capel Cymraeg Garston, yn Ysgrifennydd yr Eglwys, ac yno y cefais ei adnabod, yn arbennig pan ddeuthum yn Weinidog yno yn Hydref 1978 hyd yr uniad yn 1992. Ond yr oedd ei briod Ceri (a fu farw yn 2000) yn gaffaeliad mawr i'r Ysgol Sul a'r Gorlan ym Methel, a'r plant dawnus, Elizabeth, Siân, Gareth a Marian. Cafodd hyfrydwch mawr yn eu cwmni, ac yn y nawdegau, ymunodd y teulu yn yr Eglwys Anglicanaidd, a chafodd Alun fodd i fyw yn litwrgi a gwasanaethau Eglwys Anglicanaidd Sant Pedr, Woolton.

Yno y bu ei arwyl ar bnawn Mawrth, 16 Chwefror [2016] o dan ofal y Ficer, y Parch. Kip Crooks. Yn ôl ei ddymuniad cafwyd oedfa ddwyieithog a braint oedd cael cynrychioli Cymry Lerpwl yn yr Oedfa Ddiolch am ei fywyd ymroddedig. Canwyd emyn '*I Hear your Tender Voice*' gan bedwar o'r wyrion a'r wyresau, a darllenwyd o'r Gwynfydau a'r dehongliad gwerthfawr o eiddo Alun gan ei ŵyr Matthew Davies. Ei dad oedd organydd yr oedfa a'i fam Sian a roddodd deyrnged gynhwysfawr i'w thad ar ran y teulu. O San Pedr cawsom wasanaeth yn Amlosgfa Springwood.

Yn ei waeledd olaf (bu farw 5 Chwefror 2016) yr oedd mewn hedd perffaith, yn diolch i Dduw am y bywyd a brofodd a'r cyfle a gafodd i ddrachtio o ffynhonnau'r Efengyl. Bydd colled enbyd ar ei ôl.

47 COFFÂD EUNICE THOMAS, ALLERTON

gan D. Ben Rees

Yn dawel ar 7 Ionawr 2009, bu farw un o Gymry hynaf Glannau Mersi, Miss Eunice Thomas, yng Ngartref yr Eglwys Fethodistaidd yn Fulwood Park, Lerpwl, o fewn deufis i fod yn gant oed. Treuliodd y chwe blynedd ddiwethaf mewn cartrefi henoed, yng Nghartref Bernadette yn Ysbyty Lourdes ac yna yng Nghartref yr Eglwys Fethodistaidd. Ganwyd hi yn un o dri o blant yn ninas Lerpwl i adeiladydd a'i briod. Roedd ei thad T. W. Thomas (1860-1936) yn enedigol o Bencaenewydd yn Eifionydd a daeth i Lerpwl yn saer coed yn 1877. O fewn rhai blynyddoedd dechreuodd adeiladu yn y strydoedd o amgylch Smithdown Road ac yna o amgylch Allerton, er enghraifft Wyndcote Road a Hillside Road. Oddi yno bu'n adeiladu'r tai sylweddol a welir heddiw yn ardal Calderstones, ac ef oedd yn gyfrifol am adeiladu'r tŷ a fu'n gartref iddo ef a'i ferched, 43 Allerton Road. Ar ôl symud i Lerpwl bu'n aelod o Gapel Newsham Park cyn cyfarfod â'i briod, Annie Hughes, a oedd yn aelod yng Nghapel Princes Road. Yno y'i priodwyd hwy a bu ef a hithau yn gaffaeliad mawr wrth adeiladu Capel Heathfield Road (1925-7).

Ganwyd Eunice Thomas yn 1909 yn y cartref clyd, cyfforddus o ran amgylchiadau'r byd, a chrefyddol o ran ei awyrgylch. Magwyd hi yn annwyl a chafodd fodd i fyw, hi a'i chwaer, Doris, yng nghymdeithas plant ac ieuenctid Capel Webster Road. Yn y gyfrol Gymraeg *Codi Stêm a Hwyl yn Lerpwl* y mae darlun hyfryd o'r ferch hardd Eunice yn niwedd y dauddegau pan oedd bri ar y clwb tennis ym Mharc Calderstones a'r badminton a gweithgareddau cymdeithasol eraill. Hyfforddwyd hi yn athrawes, ac ar ôl colli ei rhieni, y fam yn 1928 a'r tad yn 1936, gofalodd ei chwaer Doris am yr aelwyd ac aeth hithau allan i ddilyn ei galwedigaeth yn athrawes ymroddedig. Bu'n hynod o ddefnyddiol fel athrawes, ar sail ei gwybodaeth a'i phersonoliaeth ddengar a chadwodd yn ifanc ei hysbryd, a'i chof gafaelgar hyd y diwedd.

O'r tridegau ymlaen hyd ei marwolaeth yn 1990, bu ei chwaer Miss Doris Thomas, a Eunice yn weithgar ym mywyd Capel Heathfield Road a Bethel, Doris yn ysgrifennydd llu o bwyllgorau, ac yn gefnogol iawn i'r Genhadaeth Dramor (bu un o'u tai yn gartref i genhadon yn Wyndcote Road), Cymdeithas y Chwiorydd, a holl gyfarfodydd yr eglwys. Gellid dibynnu arnynt ar bob amgylchiad.

Pan ddaeth y Sasiynau a'r Gymanfa Gyffredinol (1930, 1932, 1950, 1962, 1970, 1975 a 1979) lletyid o leiaf ddau arweinydd am ddyddiau yn eu cartref oedd o fewn dau ganllath o'r capel. Gellid dweud amdani ei bod wedi byw bywyd da, haelionus a duwiol, wedi cydweithredu ym mhob agwedd o waith y gymuned Gristnogol, ac yn cymysgu yn dda gydag eraill, fel y cofiaf, pan ddaeth ar ein pererindodau i'r Cyfandir.

Roedd y croeso yn y cartref yn dwymgalon a'r sgwrs yn felys. Daeth i'r adwy adeg yr Ail Ryfel Byd yn athrawes yn yr Ysgol Sul, hi ac Alwena Davies, Isabel Gilbert, Gwen Griffiths (Deepfield), Arthur Roberts, a hi oedd yr olaf. Trefnwyd yr arwyl gydag un o'i disgyblion yn yr Ysgol Sul, Henry Pearson, cefnogydd da i'r *Angor ar hyd y blynyddoedd*..

Meddyliai yn fawr o bawb oedd yn ymweld â hi'n gyson yn y cartref a diolchwn i Mrs Elan Jones, Mrs Nan Hughes Parry a Miss Mair Powell am hynny, gan fod y cartref yn Fulwood Park yn anodd heb gar. Roedd ei ffydd yn yr Efengyl yn gref a hithau yn eciwmenydd o anian, yn mwynhau gweinidogaeth y Pabydd yn Lourdes, y Calfin ym Methel, a'r Methodist yn Aigburth. Bu'r arwyl o dan fy ngofal ar bnawn Llun, 19 Ionawr [2009], yn Amlosgfa Springwood a daeth nifer dda ynghyd i dalu'r gymwynas olaf. Trosglwyddir rhoddion er cof amdani i'w chapel ym Methel a olygai gymaint iddi.

48 COFFÂD RUTH GWENFRON DAVIES, AIGBURTH

gan D. Ben Rees

Ar nos Fawrth, 3 Mawrth 1997, bu farw un o Gymry twymgalon dinas Lerpwl, Mrs Ruth G. Davies yn 88 mlwydd oed. Ganwyd hi ar 18 Mai 1909 yn Clydach-ar-Dawe, trydydd plentyn o wyth o blant a anwyd i'r Parch. J. Oldfield Davies a'i briod, Mary. Bu tri o'r plant farw yn eu plentyndod a soniai yn aml am ei magwraeth yn ferch y mans yng Nghwm Rhondda, Yr Wyddgrug ac, o 1924 ymlaen, yn Wallasey. Symudodd ei thad y flwyddyn honno yn weinidog Capel Martins Lane, blwyddyn anodd, gan y bu farw'r mab, Richard, ac yntau yn ddim ond ugain mlwydd oed.

Cafodd fywyd cyfoethog yn grefyddol a chymdeithasol. Hyfforddwyd hi ar gyfer gwaith ysgrifennydd, ond clywodd alwad i weini fel nyrs. Cychwynnodd ar hynny yn 1931 yn Ysbyty Frenhinol Lerpwl a chafodd Fedal Aur y Flwyddyn am ei gwaith yno yn 1934. Collodd ei chwaer, Mairona, yn 1933 a hithau yn ddim ond pedair ar bymtheg mlwydd oed. Bu'n gweini yn Ysbyty Gobaith, Manceinion, a dyrchafwyd hi yn *Sister* y *Barrier Ward* yn Ysbyty Fazarkaley yn 1936. Bu yno hyd 1939. Priododd y flwyddyn honno, ar 16 Medi, gyda David Emlyn Davies, banciwr, ac un o Gymry Wallasey. Meddai ar ddawn fawr fel organydd – ef a'i ffrind Albert Williams, a daeth y ddwy wraig yn ffrindiau mawr, Ruth a Glenys Williams (yr adeg honno). Ganwyd mab iddynt, John Richard yn 1941, ond bu farw yn bedwar mis oed mewn *bombshelter* yn Lerpwl. Ganwyd merch iddynt, Janet Elizabeth, yn Chwefror 1944, ac mae hi bellach yn athrawes gerdd yn Rhydychen.

Bu marwolaeth ei phriod ym mis Medi 1954 yn ergyd fawr, ond ymwrolodd ac ailgydio yn ei ffydd mewn bywyd. Ymwelodd â'r Amerig yn 1955 i weld Glenys, a chyfarfu yno â Miss Nansi Cynolwyn Pugh, a daeth y ddwy yn gymorth mawr i'w gilydd, ac yn ei gwaeledd bu'n gwbl ddibynnol arni. Cafodd ofal hyd y diwedd yn y cartref. Er mwyn hwyluso gyrfa ei merch, symudodd yn 1962 i Wimbledon yn Llundain. Bu farw ei rhieni yn 1957 a 1960. Yn Llundain bu Mrs Ruth G. Davies yn weithgar yn y Mudiad W.E.A. a mudiadau gwirfoddol eraill. Erbyn 1962 yr oedd Miss Nansi Pugh yn byw yn Wimbledon hefyd, ac aeth y ddwy i'r Unol Daleithiau yn 1968, gan fyw yn Ardmore, heb fod yn bell o Bryn Mawr, lle y bu hi'n gweithio ar staff un o eglwysi mawr y Presbyteriaid gydag aelodaeth o dros dair mil o unigolion. Bu'n byw yn Wimbledon eto o 1971 hyd 1981 yn llawn gweithgarwch, ac ar ôl marwolaeth y Parch. Ddr. H. Islwyn Davies, penderfynodd y ddwy i ddod i Lerpwl, gan fod ei ffrind da, Mrs Glenys Davies, yn byw yn agos yn Abergate Road. Symudwyd yn 1982, ond yn 1985 cafodd ei tharo gan afiechyd a'i chaethiwo bron yn gyfan gwbl i'w chartref clyd yn y Maendy, Alma Road. Llwyddodd i wneud llawer yn yr ardd a'r tŷ a dilyn ei diddordebau.

Bu'r cynhebrwng yn gwbl breifat ar bnawn Gwener, 13 Mawrth 1997, o dan fy ngofal. Cafwyd gwasanaeth i'r teulu yn y tŷ ac yna yn yr amlosgfa cynhaliwyd gwasanaeth a drefnwyd ganddi. Rhoddodd gryn lawr o feddwl iddo ac yr oedd gwaith Gerald Manley Hopkins, Thomas Hardy, ei chyfieithiad Cymraeg hi o gerdd o eiddo Robert Louis Stephenson, ynghyd â'r Ysgrythurau yn liwtwrgi'r gwasanaeth. Cynorthwywyd yno gan ddau eraill o'i chyfeillion, y Canon Bob Evans a'r Parch. R. J. Môn Hughes, Penbedw, a fu'n cydweithio â'i thad.

Cofir amdani fel:

(i) Gwraig hynod o ddiwylliedig. Dysgodd ddarnau hyfrytaf barddoniaeth Gymraeg a Saesneg ar ei chof. Roedd yn hoff o fiwsig, o waith llaw a pheintio, a chyfieithu barddoniaeth. Gwelir darn o'i gwaith yn y rhifyn cyfredol o *Reconciliation Quarterly*, sef cyfieithiad o gerdd enwog Cynan, 'Aberdaron'.

(ii) Gwraig o ffydd fawr. Roedd yn barod i'r bererindod fawr. Bu drwy brofedigaethau mawr fel y nodais. Roedd marwolaeth ei brawd adnabyddus, Alun Oldfield-Davies, yn y blynyddoedd diwethaf yn golled anfesuradwy. Bu ei gyfraniad ef i BBC Cymru yn anhraethol bwysig;

(iii) Gwraig haelionus ryfeddol i lu o fudiadau ac elusennau. Yr oedd y tlawd, y difreintiedig yn gonsárn beunyddiol, a gweithredodd yn rasol tuag atynt.

Bydd hi'n dlotach yn Lerpwl hebddi, a chydymdeimlir â'i merch, ei chwaer Bet, ei nithod, a hefyd gyda Miss Nansi Pugh a fu mor ofalus ohoni.

49 COFFÂD JOHN ROBERT TUDWAL DAVIES

gan John P. Lyons

Dydd Gwener, 12 Medi 2014, aeth deg o Gymry'r Glannau i angladd Mr John R. T. Davies yng nghapel y Tabernacl, Rhuthun. Roedd yr arwyl yng ngofal ei weinidog y Parchedig Morris Pugh Morris a chymerwyd rhan gan y Parchedigion John Owen, Rhuthun, David Williams, Lerpwl, a minnau. Aethom i gyd i'r angladd oherwydd ein hedmygedd a'n cysylltiad â'r teulu arbennig oedd â'i gwreiddiau yng nghapel enwog Stanley Road, Bootle. Er iddynt symud i Rhuthun yn 1981 daliasant eu cysylltiad agos â ni hyd y diwedd. Mae ymadawiad John fel pe bai yn ddiwedd cyfnod arbennig iawn yn hanes y teuluoedd Cymraeg a oedd wedi eu geni a'u magu ar y Glannau ac yn mabwysiadu'r diwylliant Cristionogol Cymraeg.

Ganwyd John yn Nolwyddelan ar 17 Mawrth 1922 – ei fam wedi teithio yno o'i chartref yn Wallasey yn unswydd iddo gael ei eni'n Gymro! Hoffai sôn am fwrlwm y bywyd Cymraeg yn nyddiau ei ieuenctid - yn gymdeithasol a Christionogol. Y capeli a'r *mission halls* yn niferus a chryfion ac yn ganolfannau i'r bywyd Cymraeg; Yr Aelwydydd; '*Young Wales*'; eisteddfodau ac amryw o gymdeithasau eraill yn denu'r hen a'r ifainc ac yn dal y gymdeithas mewn cysylltiad clos â'i gilydd. Ymddengys mai yn y cyfarfodydd hynny y cyfarfu ef â'i wraig annwyl, y ddiweddar Gwyneth (Ephraim) a fu farw yn 2004.

Wedi'r briodas, daeth John i fyw at y teulu am fod Gwyneth yn gofalu am ei mam a gollodd ei golwg yn y bomio a ddinistriodd eu cartref a hefyd gapel hardd Stanley Road adeg yr Ail Ryfel Byd. Roeddynt yn deulu amlwg iawn yng ngweithgareddau'r capel a'r bywyd cymdeithasol Cymraeg, John yn arwain mewn llawer o ffyrdd a Gwyneth yn ddiwyd yn y cefndir ac yn un o'r arweinyddion yn adran y merched. Coleddent newydd-ddyfodiaid i'r ardal a hwy oedd ymysg y rhai cyntaf i'n croesawu ni pan ddaethom o Gaernarfon yn 1966. Cofiaf yn dda i dri llongwr daro i mewn i gapel Stanley Road ar fore Sul heb fod ganddynt air o Gymraeg na Saesneg ac i John a Gwyneth eu croesawu a mynd â nhw adref am ginio. Roeddynt yn Gristionogion gweithredol.

Ganwyd iddynt dri o blant, Glyn, Gareth a Beryl, yn berlau yn ôl patrwm gofalus y teulu ac yn dod â bodlonrwydd llwyr iddynt. Ond daeth ergydion llym pan fu farw Glyn a Gareth yn ddynion ifanc, ac ar gefn hynny collwyd gwraig Gareth, gan adael tri o fechgyn yn amddifad. Ergyd digon i blygu unrhyw un, ond daeth y teulu i'r adwy a chyda chefnogaeth, John a Gwyneth mabwysiadwyd y bechgyn gan eu modryb Beryl a Ken Knowles, ei gŵr.

Roedd John a Gwyneth yn aelodau gweithgar yn Rhuthun ac yng Nghapel y Tabernacl ac wedi toddi'n hawdd i'r gymuned, er eu bod bob amser yn dweud mai 'Cymry Lerpwl' oeddynt. John yn Evertonian brwd – testun pryfocio diniwed – a chofiaf amdano yn sefyll gyda'r diweddar Hughie Williams ar y terasau yn Goodison Park. Aethom i ddathliad pen blwydd John yn naw deg oed yn ddiarwybod iddo, ac ymuno gydag ef a chriw o gyfeillion o gwmpas y bwrdd yng nghaffi J. M. Jones, ac yna yn ei gartref lle roedd Beryl wedi trefnu gwledd ar ein cyfer. Roedd y cyfeillion yn cynwys y Parch. John Owen, a arferai ei gyfarfod yn y caffi bron yn ddyddiol i ddal pen rheswm doeth. Cyfansoddodd John Owen ddau englyn ar gyfer yr achlysur – un yn ei wawdio fel Evertonian ar llall yn anrhydeddu John y gŵr arbennig ac yn dweud cyfrolau.

Byddwn fel cymuned y Glannau a Rhuthun yn colli John a'r amryw gysylltiadau a oedd rhyngom. Yng Nghapel Stanley Road cawsom ein hethol a'n hordeinio'n flaenoriaid yn 1973. Aethom i'r cyfarfod ym Mangor pan wobrwyd John gyda'r Fedal Gee ar 18 Fai 2004, ychydig ddiwrnodau cyn marwolaeth Gwyneth. Roeddem yn gyd-aelodau o nifer o gymdeithasau ac yn llenwi nifer o swyddi yn y ddinas. Dyn y bobl a'r teulu oedd John ac holi am hynt a helynt pawb, heb sôn am ei brofiadau ei hun. Daliodd ei ffydd ac mae'n amlwg fod ei ffydd wedi ei gynnal drwy ei holl anawsterau.

Estynnwn ein cydymdeimlad llwyraf â Beryl a'r teulu i gyd yn eu profedigaeth.

50 Coffad Mavis Wynne Evans

Gan D.Ben Rees

Cynnyrch bywyd Cymraeg Lerpwl oedd Mrs Mavis Wynne Evans, yn y ddinas y ganwyd hi, a threuliodd ei holl ddyddiau yn y cartref dedwydd, Dulas, Oakfield, Anfield. Merch ydoedd i Mrs Beth Lewis a Mr. D. R. Lewis. Gwasanaethais yn arwyl ei thad yn 1975 a'i mam ar drothwy ei chanmlwydd oed yn 2001. Bu ei chartref yn hynod o groesawgar i lu ohonom a groesodd y trothwy. Credem ein bod wedi cyrraedd Ynys Môn neu Geredigion gan mai Cymraeg oedd iaith y cyfeillachu.

Soniai Mavis gryn lawer am ei chefndir yn Anfield mewn dyddiau pan oedd tri capel Cymraeg gan y Presbyteriaid, ac un gan yr Annibynwyr Cymraeg. Chwech o gymunedau Ymneilltuol Cymraeg o fewn milltir i'w chartref. Yr oedd Capel (M.C.) Douglas Road o fewn canllath i'w chartref, a daeth yn drwm o dan ddylanwad Weinidog yr Eglwys, Parchedig Llewellyn Jones o 1932 i 1951. Gwyddai am bob aelod ac arweinydd. Cofiaf ofyn iddi am y Dr. Thomas Edward Jones (1866-1947) a darganfod mai ef oedd meddyg teulu, yn byw yn ymyl, yn rhif 17 Oakfield, ac yn Athro Ysgol Sul delfrydol. Galwyd arni i gynorthwyo fel pianydd medrus, yn wir enillodd fywiolaeth yn ei dyddiau cynnar, fel athrawes y piano. Meddai ar gylch eang o ddisgyblion. Llwyddai i atgyfnerthu ei Chymraeg trwy ei hymweliadau a'i theulu ym Môn. Ac ar un o'r ymweliadau hynny cyfarfu a Chymro glân gloyw o ardal Llangwyryfon yng Ngheredigion, William Evans. Priodwyd hwy yng nghapel Bethlehem, Douglas Road yn 1962. Gofynnodd y Gweinidog, y Parchedig G. Tudor Owen iddi: 'A wnei di adduned iddo, gerbron Duw, a'r tystion hyn, i'w garu a'i barchu, i ofalu amdano an glaf ac yn iach, a'th gadw dy hun yn unig iddo ef tra byddwch fyw eich dau?'

Atebodd: 'Gwnaf', a chyflawnodd bron i hanner can mlynedd o ofal ardderchog. Ychydig dros saith mlynedd yn ôl trawyd ei phriod, William Evans gyda gwaedlif ar yr ymennydd a bu yn Ysbytai Lerpwl, yr Ysbyty Frenhinol a Broadgreen cyn cael mynediad i Gartref Nyrsio a Henoed Rowan Garth yn Anfield. Teimla'r mab David y dylwn danlinellu y gefnogaeth a gafodd ei rieni gan lawer ohonom, o gapeli Bethel a Bethania, aelodau o Bwyllgor Gwaith *Yr Angor*, i'r teulu, cymdogion Oakfield a theulu William o ardal Aberystwyth, teulu yr wyf yn eu hadnabod ers 55 mlynedd. Gwerthfawrogai y gefnogaeth a gofalai na chai neb ohonom adael yr ystafell heb baned o de a danteithion. Yr oedd yn ymgorfforiad o garedigrwydd. Meddai ar gylch eang o ffrindiau a gwyddai am ddyddiadau pwysig yn hanes llawer un.

Bu yn haelionus i'r *Angor* gan gofio fel y byddwn yn dod a'r parseli o'r Bala, weithiau yn hwyr y nos, er mwyn iddynt ddosbarthu ef ar hyd y Glannau ac i eraill oedd yn danysgrifwyr.

Ar ôl datgorffori Douglas Road yn 1974 daeth y teulu oll yn aelodau o gapel Bethel, Heathfield Road gan gefnogi hyd eithaf ei gallu mewn presenoldeb, gweithredoedd a haelioni. Daeth genedigaeth yr ŵyr, William a chryn gysur iddi, ac yn arbennig ei allu fel pêl-droediwr. Bu yn derbyn am ddwy flynedd hyfforddiant gyda thîm pêl-droed Wrecsam. Soniai yn gyson am Anita, ei merch yng nghyfraith, a fu trwy afiechyd blin ond bellach wedi derbyn adferiad.

Yr oedd yn benderfynol ei ffordd, yn arbennig mynnodd aros yn yr hen gartref hyd y diwedd. Diwrnod ar ôl ei phen-blwydd yn 81 mlwydd oed syrthiodd y tu allan i ddrws y tŷ ac ysigo pont ei ysgwydd a niweidio ei braich. Bu'r chwech wythnos dilynol yn boenus, a daeth ymwared iddi ar bnawn Llun, 31 Hydref 2011. Bu'r arwyl yn Amlosgfa Anfield ar bnawn Iau, 10 Tachwedd o dan fy ngofal a daeth cynulleidfa gref i dalu'r gymwynas. Rhoddodd teyrnged hefyd iddi gan Mr. Alun Roberts, Woolton un a fu'n ffrind cywir i'r teulu.

51 COFFÂD ROBERT (BOB) JONES, PENBEDW *gan D. Ben Rees*

Bylchwyd Cymry Glannau Mersi ym marwolaeth Bob Jones ar Sul, 26 Ebrill 2015 ac yntau wedi cyrraedd yr oedran teg o 88 mlynedd. Meddai ar ddoniau a rhinweddau arbennig, gŵr caredig, agos atoch, ymarferol, ac yn barod i arwain a gwarchod ein hetifeddiaeth Gymraeg. Cynnyrch pentref Cerrigydrudion ydoedd, a'i rieni yn bobl garedig, ei fam Alice Ann a'i dad John yn weithgar, diwyd a chefnogol. Etifeddodd ei garedigrwydd oddi wrthynt, a'i ymlyniad at grefydd trwy gyfrwng Eglwys Mair Magdalen a olygai cymaint iddo ef a'i deulu. Yr oedd gan ei dad enw da fel pen garddwr yn ennill yn sioeau Uwchaled. Etifeddodd Bob y reddf i werthfawrogi y cain a'r prydferth. Gallai amenio John Keats: '*a thing of beauty is a joy for ever*'.

Yn Cerrig adnabyddid ef fel Bob 'Fron-lwyd', yno yn ei ei gartref dedwydd. Addysgwyd ef yn yr ysgol leol a llwyddodd yn Arholiad 11+ i gael mynediad i Ysgol Ramadeg Dinas Brân yn Llangollen, yr un ysgol y bu Islwyn Ffowc Elis, y nofelydd, yn ddisgybl ynddi. Gan fod tipyn o ffordd o Gerrigydrudion i Langollen, golygai ei fod yn lletya yn y dref ar hyd yr wythnos, a mynd adref y penwythnosau. Yn un ar bymtheg oed gadawodd am Benbedw i weithio yng nghwmni mawr Cammell Lairds yn brentis. Gweithiodd yn ddiwyd a thros y blynyddoedd cafodd un dyrchafiad ar ôl y llall ar sail ei allu a'i bersonoliaeth ddengar gan ddod i Adran Weinyddiaeth y cwmni. Ymddeolodd yn 1989 ar ôl 47 mlynedd o wasanaeth clodwiw. Yr oedd yn boblogaidd iawn ac adnabyddid ef gan laweroedd o'r gweithlu.

Ar ymweliad â Dyffryn Clwyd yn 1953 cyfarfu â Glenys ar sgwâr Rhuthun, ac o'r cyfarfyddiad hwnnw, o fewn dwy flynedd, priodwyd hwy. Ychydig wythnosau yn ôl dathlodd y ddau 60 mlynedd o fywyd priodasol. Ganwyd mab a merch iddynt, Bryn a Shân, y ddau yn byw yng Nghilgwri, a chafodd taid gysur mawr gan ei wyresau, Gema, Ceri a Lauren.

Yr oedd Bob yn boff iawn o bobl. Cafodd hyfrydwch mawr mewn dosbarth arlunio yn Heswall, ar bwyllgor amddiffyn Cammell Lairds, a Grŵp Cerdded Concourse West Kirby, ond yn bennaf gyda Chymdeithas Gymraeg Penbedw. Yr oedd yn aelod o'r cychwyn a bu'n Llywydd ar fwy nag un achlysur. Gwn hynny gan iddo fy ngwahodd bob tro yr oedd ef yn Llywydd i draddodi darlith. Yr oedd ganddo ddawn siarad eneiniedig, yn llawn hiwmor ac yn eich gwneud yn gysurus.

Pan gyrhaeddodd Benbedw yn 16 mlwydd oed, mynychodd Eglwys Anglicanaidd Gymraeg ym Mhenbedw lle y bu'n ffyddlon a gweithgar. Mynychodd y gwasanaethau am 66 o flynyddoedd nes y bu'n rhaid dod â'r dystioliaeth i ben. Yr oedd wedi ymgysegru i Eglwys St. Winifred a phan fu farw y Parchedig David Evans, cymerodd Bob y cyfrifoldeb am estyn einioes y gymuned hyd y medrai.

Troai ei law at bob diben. Galwyd ef yn ŵr brwdfrydig DIY, a gwelir ei gynnyrch yn ei gartref a chartrefi ei anwyliaid. Bu'n haelionus yn ei ddydd a bu fyw bywyd llawn. Yn ei waeledd olaf yr oedd yn aeddfed i'r byd tragwyddol. Lluniodd ei gefnder, Dr Robin Gwyndaf, Llandaf, Caerdydd, y cwpled hwn:

Buost fyw er mwyn eraill, heb fynd yn hen
A byw i rannu dy gariad a'th wên.

Cwpled yn ffitio Bob Jones i'r dim.

Daeth cannoedd o alarwyr ynghyd i Eglwys y Plwyf, St. Stephen, Prenton, lle y gwasanaethwyd gan y Ficer, y Parch Wayne Lautenbach a minnau. Darllenwyd cerdd gan yr wyres, Ceri Jones, teyrnged teulu gan Mrs Jenny Jones, West Kirby (merch yng nghyfraith) a minnau ar ran y gymuned, y gweithle a'r Cymry. Dilynwyd yn Amlosgfa Landican a bu'r cyfeillachu yng Ngwesty River Hill, yn Talbot Street, Penbedw. Cyflawnodd ddiwrnod da ymhlith ei gyd-genedl.

Robert Jones

52 COFFÂD DILYS GRIFFITHS

gan D. Ben Rees

Ar 10 Hydref 2013 bu farw Dilys Griffiths o fewn ychydig wythnosau i fod yn 102 mlwydd oed, a theimlai llu ohonom ein bod wedi colli dolen a'n clymai â'r gorffennol yn Ne Lerpwl. Yr oedd yn rhan annatod o'n bywydau yn arbennig yng nghapel Heathfield, a Bethel, a'r Gymdeithas Gymraeg. Ganwyd hi yn Lerpwl yn ferch i Mr a Mrs William Griffiths, 5 Patterdale Road, Wavertree, ac yno y bu hi fyw ar hyd ei hoes, nes gorfod symud i Gartref Henoed yn Llandrillo-yn-Rhos rhyw wyth mlynedd yn ôl. Hi oedd yr hynaf o dri o blant, gyda'i chwaer Eunice a'i brawd Gwilym Henry. Soniai gryn lawer am ei thad ac am ei magwraeth, yr ysgolion, a Chapel Webster Road, ac yn ddiweddarach Heathfield Road.

Pan oedd hi'n ifanc yr oedd llu o ieuenctid eraill yn y gymuned Gymraeg, a bu'n rhan o'r gweithgarwch hwnnw. Mynnai siarad yn Saesneg os medrai, ond meddai ar ddigon o eirfa i sgwrsio yn rhugl yn y Gymraeg. Y mae lluniau da ohoni yn y gyfrol *Codi Stêm a Hwyl yn Lerpwl* ar dudalen 281. Yn y llun cyntaf y mae hi ymysg llu o ferched ifanc y capel yn y tridegau cynnar, sef Mair Webb, Mair Griffiths, Dilys Griffiths, Helena Jones, Dilys Wyn Jones a Nellie Williams. Cefais y fraint o gyfarfod â phob un ohonynt. Yn y llun arall gwelir Eunice Thomas, Allerton Road, (a fu fyw i fod yn 99 mlwydd oed), Nellie Williams (Herondale Road), Dilys Griffiths a Gwyneth Roberts. Tynnwyd y llun hwn yn 1930, 83 mlynedd yn ôl, pan oedd hi yn ddim ond yn 19 mlwydd oed.

Daeth pryder mawr i'w rhan hi a'i theulu yn 1943 pan ddaeth y newydd fod ei brawd, y Rhingyll Gwilym H. Griffiths wedi'i gymryd yn garcharor gan yr Eidalwyr yn Sicily, ond o drugaredd cafodd ddychwelyd, a bu fyw am gyfnod hir yn Sir Gaer. Symudodd ei chwaer Eunice a'i phriod (y ddau ohonynt yn byw yn Patterdale Road) i Amlwch yn nechrau'r saithdegau a chafodd hi, fel canlyniad, aml gyfnod o wyliau a threulio'r Nadolig gyda'r teulu ym Môn. Ond edrychai ymlaen am gael dychwelyd ac ail gydio yn y gweithgareddau y bu mor gefnogol iddynt. Ni chawsom neb ffyddlonach i gyfarfodydd y Sul na noson waith. Byddai ran amlaf yn cerdded o'i chartref i'r Capel heibio Parc Wavertree, a Chapel y Bedyddwyr Cymraeg, ac i Penny Lane a'r Capel. Bu'n hynod o ffodus yn ei chyfeillion yn y capel, yn arbenng y to iau a feddyliai gymaint ohoni. Bu'n ffodus iawn yn ei chymdogion a oedd wrth law bob amser, ac yn cadw golwg arni pan welwyd arwyddion o anghofrwydd. Bu'n chwithdod i ni pan fu'n rhaid iddi roi'r cartref i fyny ar ôl yr holl flynyddoedd y bu'n byw yn y stryd, yn wir gelwid hi yn 'Dilys Patterdale Road'.

Gofynnwyd imi bob blwyddyn i ddarlithio i Gymdeithas y Townswomen Guild yn Childwall, a braf oedd cael mynd yno, gan mai hi oedd y ffyddlonaf yno hefyd. Yr un Dilys yn ei hyfrydwch fel cymeriad. Daliodd i sgwrsio gydag arddeliad yng nghartref y Methodistiaid yn Llandrillo-yn-Rhos a bu Marian Prys Davies yn cadw llygad arni yno ar ein rhan. Nis anghofiaf y tro diwethaf y bûm yn ei gweld. Adnabu fi'n syth a daeth un cwestiwn ar ôl y llall nes synnu'r staff. Yr oedd hi yn 101 yr adeg honno, ond yr oedd hi'n cofio enwau pob un ohonom fel teulu, ein hoffterau a'n diddordebau. Egwyl nodweddiadol o'r Dilys y cefais y cyfle i dreulio adegau hyfrytaf bywyd yn ei chwmni. Bu'n deyrngar y tu hwnt, a gwyn ei byd bellach. Aeth i mewn i gynteddoedd yr Arglwydd a wasanaethodd mor egnïol.

Bu'r arwyl yn Amlosgfa Bae Colwyn ar fore Llun, 21 Hydref [2013] a chynrychiolwyd Capel Bethel gan Mrs Nan Hughes-Parry, Miss Mair Powell a Miss Carys Jones, tair a fu'n ofalus iawn ohoni. Cydymdeimlir â'r teulu ym Môn yn y brofedigaeth.

53 COFFÂD EMRYS PATRICK OWEN, ALLERTON

gan D. Ben Rees

Bob tro y gwelwn Emrys ar Allerton Road, neu yn ei gartref yn Wembley Road, deuai cerdd Cynan i'm cof am Gapel Nanhoron:

Y mae capel bach gwyngalchog
Ym mhellafoedd hen wlad Llŷn
Dim ond un cwrdd chwarter eto
Ac fe'i caeir, – dim ond un.
Y mae llwydni ar bob pared,
Dim ond pridd sydd heb ei lawr
Ond bu engyl yn ei gerdded
Adeg y Dywygiad Mawr.

Un o Nanhoron oedd Emrys Owen. Yno y ganwyd ef ar 26 Gorffennaf 1943 yn fab i Margaret a Tomos Owen, Gweithiai ei dad fel gyrrwr ar stad Nanhoron a'i fam yn gogyddes i'r teulu. Trigai'r teulu mewn fflat ar y stad 'ym mhellafoedd hen wlad Llŷn'. Deuthum i adnabod ei frawd Richard (Dic) Owen yn y Coleg Diwinyddol, Aberystwyth, 56 o flynyddoedd yn ôl. Yr oedd yn un o griw mawr o Lŷn a oedd yn paratoi am y Weinidogaeth, yn cynnwys Harri G. Parri; Richard J. Evans, Abersoch; R. Wyn Griffith, Uwchmynydd; ac Emlyn Richards, Rhyd-bach, Botwnnog. Meddai Richard Owen ar gryn ddiwylliant, fel ag y meddai Emrys, a'r ddau ohonynt yn byw gyda'i gilydd yn Hampstead Road am rai blynyddoedd. Trwythwyd Emrys yn niwylliant cyhyrog y Gymraeg a bu'n cystadlu ar lwyfannau eisteddfodol gwlad Llŷn. Addysgwyd ef yn Ysgol Gynradd Mynytho ac yna i Ysgol enwog Botwnnog lle y ceid athrawon ardderchog fel Gruffydd Parry, yr athro Saesneg. Ef a luniodd y pennill dipyn yn ymffrostgar, fel y dywedai Emrys:

O'r Sarn ac Aberdaron,
Tudweiliog, Abersoch
O'r Rhiw neu o Lanengan,
O ba le bynnag boch –
Yr ysgol orau welwyd,
Fe wyddom ni bob un
Yw Ysgol Sir Botwnnog,
Hen Ysgol Hogia Llŷn.

O Botwnnog cafodd fynediad i Goleg Hyfforddi'r Normal, Bangor lle y llwyddodd i ennill ei dystysgrif dysgu, a dod i Lerpwl yn 1964 lle y bu ar hyd ei oes, 49 o flynyddoedd. Bu'n dysgu mewn dwy ysgol, o 1964 hyd 1972, yn Ysgol y Bechgyn, Clint Road, ac oddi yno i Ysgol Cilwell Road, lle y bu hyd ei ymddeoliad yn 1994, sef gwasanaeth o 22 o flynyddoedd.

Yr oedd yn athro penigamp, a'r athrawon a'r plant yn meddwl y byd ohono, ar sail ei bersonoliaeth lednais, hyfryd, gyda'r anwyldeb hwnnw oedd yn denu'r hen a'r ifanc ato. Meddyliai'r ddau brifathro, Norman Bell, a'r Cymro Cymraeg, David Pritchard, y byd ohono. Teithiodd David Pritchard yr holl ffordd o ymyl Whitby Bay i'r arwyl, a bu mewn cysylltiad dyddiol bron gyda'i anwyliaid pan oedd Emrys yn yr Ysbyty eleni. Ar ôl ymddeol, byddai Emrys yn cadw cysylltiad, ac yn dychwelyd am rai blynyddoedd i ddarllen gyda'r plant.

Yr oedd yn ddarllenwr mawr. Y llyfrau oedd ei ddiddanwch. Ar ôl symud o Newsham Park i Allerton yn 2001 bu Llyfrgell Allerton yn ailgartref iddo. Hoffai rychwant eang o lyfrau – barddoniaeth Cymraeg a Saesneg, ac yn arbennig waith beirdd Eingl-Gymraeg fel Dylan Thomas ac R. S. Thomas, bywgraffiadau, cyfrolau hanes, gwleidyddiaeth a hiwmor. Meddai ar lawer o ddiddordebau. Yr oedd cerddoriaeth glasurol a chyfoes yn uchel ar ei raglen. Gyda'r clasuron gwrandawai ar Mozart, ar ganu gwerin, canu pop y pumdegau a'r chwedegau, corau meibion Cymru, caneuon cyfoes John ac Alun, Bryn Fôn a'r bytholwyrdd Bob Dylan. Bu'n cefnogi tîm pêl-droed Lerpwl o'i blentyndod, ac ar un adeg yr oedd yn meddu ar docyn blynyddol, ond yn y blynyddoedd diwethaf edrychai arnynt o'i gadair freichiau. Yr oedd criced yn apelio ato hefyd, a weithiau byddai'n gwylio'r gêm ar y teledu, ond yn ddi-ffael gwell ganddo wrando ar y sylwebaeth dros wifrau'r radio.

Cerddai'n gyson, a diolchai iddo fyw yn Lerpwl yn ymyl dau barc hwylus, fel Parc Newsham a Pharc Calderstones. Neilltuai amser i lenwi croeseiriau ac nid oedd ei well am ateb a gosod cwestiynau cwis. Ef a Davida Broadbent, yn ddieithriad, fyddai'n gofalu'n flynyddol am Gwis Cymdeithas Cymry Lerpwl. Gwerthfawrogai ei ardd, ac yr oedd yn ofalus iawn o'r tasgau yr ymgymerai â hwy. Bu'n gaffaeliad mawr i Gymdeithas Cymry Lerpwl, a galwai Roderick Owen yn gyson amdano pan gyfarfyddai'r Cymry ynghanol y ddinas. Oherwydd cyflwr ei iechyd ychydig o gyfle a gafodd i ddod i'r Ganolfan newydd yn Auckland Road.

Dioddefodd am ddeugain mlynedd gyda chlefyd y siwgr, a bu hi'n galed iawn arno lawer gwaith. Yna tair blynedd yn ôl, clywodd ei fod yn dioddef o gancr lymphoma, a derbyniodd driniaethau dro ar ôl tro, a fu weithiau'n llwyddiannus, dro arall yn siomedig gan fod y gelyn wedi dychwelyd i'w gaethiwo. Bu'n rhaid dioddef yn enbyd o ganlyniad i'r drygiau a gymerai, ond daliai trwy'r cyfan yn serchog o hyd, yn optimistaidd, ac yn falch o'n gweld.Derbyniodd ymgeledd mawr gan ei bartner Sue James (Cymraes a chyn-athrawes) a fu'n ofalus yn ei warchod am 26 mlynedd. Ni allai fod wedi cael gwell gofal gan neb a diolchai amdani wrthyf yn barhaus. Bu'n glaf yn Ysbyty Frenhinol Lerpwl am bum mis a chafodd ymweliadau mynych gan aelodau'r gymuned Gymraeg. Balch ydoedd fod Cymro o feddyg yn yr Ysbyty, Dr Gethin Pritchard (Llanberis) yn cadw llygad arno. Bu farw'n dawel ar 3 Awst [2013], ychydig dros wythnos ers ei benblwydd yn 70 mlwydd oed. Cynhaliwyd y cynhebrwng rynhawn Mawrth, 13 Awst, yn Eglwys Bethel, Heathfield Road, o dan fy ngofal i a'r Parch. W. Bryn Williams, Pwllheli, a daeth tyrfa gref ynghyd. Darllenodd y Dr John G. Williams, a fu o gymorth mawr i'r teulu, gerdd Syr T. H. Parry-Williams 'Hon' yn Gymraeg, ac yn yr Amlosgfa darllenodd John eto gerdd o eiddo R. S. Thomas.

Cydymdeimlir â'i frodyr Richard a'i briod Olwen, Griffith Owen (blaenor yng Nghapel y Drindod, Pwllheli) a theulu ei bartner, Sue James, Margaret ac Allan (Wallasey), Robert a Tracy (Casnewydd), Eleanor (myfyrwraig ym Mhifysgol Manceinion) ac Emyr (myfyriwr ym Mhrifysgol Caerdydd). Gwahoddwyd ni gan y teulu i gymdeithasu ar ôl yr oedfaon yng Ngwesty Alisia ym Mharc Sefton. Cyflwynwyd rhoddion er cof amdano i ddwy elusen, Diabetes UK a Chronfa Cancr trwy law Pearson-Collinson.

54 COFFÂD EMRYS WILLIAMS, ELLESMERE PORT

gan D. Ben Rees

Cysylltir enw Emrys Williams yn annatod gydag Ellesmere Port lle y cyflawnodd waith mawr ei fywyd, ond fe'i ganwyd yn Froncysyllte. Symudodd ei rieni Mr a Mrs Watkin Williams i Ellesmere Port oherwydd y sefyllfa economaidd yn Sir Ddinbych, ond bu dyfodiad y teulu yn gaffaeliad anghyffredin i fywyd Cymraeg y dref yn niwedd y dauddegau a chapel y Methodistiaid Cymraeg yn benodol.

Etholwyd Watkin Williams yn flaenor yn 1943 ac yr oedd Emrys yn llawn prysurdeb o 1937 ymlaen, felly hefyd ei chwaer Bessie Frimstone. Ni fu pall ar gyfraniad Emrys Williams fel arweinydd doeth. Erbyn y chwedegau yr oedd yn arweinydd Côr Meibion Great Sutton, ac yr oedd graen eithriadol ar y perfformiadau o dan ei ofal. Ym mis Gorffennaf 1969, ef a gipiodd y wobr gyntaf yn Eisteddfod Ryngwladol Llangollen ar y gân werin. Edmygid ei ymroddiad erbyn hynny gan gylch eang. Cofiaf yn dda ei weld ar faes Eisteddfod Genedlaethol y Fflint yn 1969 ac yntau wedi cipio gwobr yng nghystadleuaeth canu Lieder a Chôr Meibion Sutton wedi cael gwobr yng nghystadleuaeth Parti Meibion dan ddeugain o leisiau. Yr un flwyddyn llwyddodd ei fab, Trefor, i ennill gradd Ph.D. o Brifysgol Bryste.

Yr oedd Emrys Williams yn gyfrifol am lwyddiant Côr Eglwys Gymraeg Ellesmere Port mewn gwyliau cerddorol, ac yn arbennig yng ngŵyl gerddorol ei dref fabwysiedig. Anrhegwyd ef fel arweinydd y Côr fwy nag unwaith, ac yr oedd yn haeddu pob teyrnged. Cafwyd yn aml ddarlithiau ganddo, yn arbennig ar ei ymweliadau â'r Unol Daleithiau, a byddai'n mynd yno'n gyson am fod ganddo deulu yn nhalaith Efrog Newydd. Bu mewn aml i Gymanfa Ganu yn Canada a'r Unol Daleithiau gan ei fod mor gerddorol, o ran dawn canu, cyfansoddi tonau, chwarae'r organ, ac yn arweinydd o'r radd flaenaf ar gorau meibion a chorau cymysg.

Erbyn canol yr wythdegau, daeth nifer fawr ohonom yn ymwybodol o'i ddawn fel artist ar gynfas. Medrai hyfforddi pobl i arlunio a chychwynnodd ddosbarth yn y capel gan roi taliadau'r disgyblion yn gyfan gwbl tuag at yr achos. Y mae un peth yn eglur am y deng mlynedd ar hugain olaf yn hanes Capel Cymraeg Ellesmere Port, sef mai ef oedd yn bennaf gyfrifol am godi'r arian angenrheidiol i gynnal y dystiolaeth heb ddibynnu ar unrhyw gymorth o unman. Deuai dosbarth arlunio ag elw da, o leiaf £1,200 y flwyddyn. Gwnâi hynny trwy ei ddoniau, ac yn arbennig trwy gynhyrchu calendrau dwyieithog a chardiau Nadolig defnyddiol a luniwyd ganddo.

Ym mis Mai 1994, llongyfarchwyd Emrys Williams fel organydd y capel cenhadol am 60 mlynedd a gofalais fod yr Henaduriaeth yn cofio am ei gamp anhygoel. Nid rhyfedd iddo gael ei ddewis yn y flwyddyn 2000 yn Ŵr y Flwyddyn gan yr wythnosolyn *Chester Chronicle* a Chlwb Rotari De Cilgwri.

Trwy ei gyfeillgarwch gyda'r Cynghorydd Fred Venables, arweinydd y Blaid Lafur yn Ellesmere Port a chynghorydd yr ardal lle y lleolid y capel, derbyniodd yr achos bob cymorth yn erbyn plant a ieuenctid oedd yn amharchu y capel. Yn wir daeth Fred Venables i fynychu'r oedfaon hyd at ei farwolaeth yn 2005. Bu'n rhaid yn fuan wedyn ildio a threfnais oedfa dathlu canmlwyddiant yr achos ar 4 Mehefin 2007 a chael bws o gyfeillion Lerpwl i'r cyfarfod.

Plesiodd hyn ein cyfaill yn fawr iawn a gweld ei gyd-weithwyr, Mrs Olwen Dodd, Joe Williams, y Parchedigion Rhys Ogwen Jones, T. R. Wright, John P. Lyons ac eraill yn rhan o'r cyfan. Cafwyd braslun o hanes Cristnogaeth Gymraeg y dref gan ddau a fu'n gynheiliaid pennaf yr achos, Clifford Owen ac Emrys Williams. Gofynwyd imi, cyfaill arall iddo, draddodi'r neges. Daliodd yr achos i rygnu ymlaen am ddeunaw mis arall cyn trefnu uniad gydag eglwys St. John Street, Caer, lle y derbyniodd llond dwrn o'r praidd groeso tywysogaidd, a gweinidog newydd y Capel, y Parch. Robert Parry, oedd yng ngofal ei arwyl ar brynhawn Llun, 5 Ionawr 2015, yn Amlosgfa Caer. Meddyliai Emrys yn fawr o Gymry Caer a fu mor deyrngar i'w arddangosfa flynyddol o'i gynfasau arlunio. Ym Mehefin 2012 cyflwynais y gyfrol ddwyieithog *Cysegr Sancteiddiolaf Capel Westminster Road, Ellesmere Port (1907-2007)* (Cyhoeddiadau Modern) iddo: 'Cyflwynwyd i Emrys Williams, MBE, sydd wedi bod yn gefn mawr ym mywyd Presbyteriaeth Gymraeg yn Ellesmere Port ers ei ieuenctid'.

Dywed y cyflwyniad a'r gyfrol y cyfan am ei fywyd dawnus, defnyddiol a da.

55 COFFÂD HENRY RICHARD WILLIAMS, ALLERTON

gan D. Ben Rees

Siom fawr i gylch eang oedd clywed am farwolaeth y gŵr gostyngedig annwyl, Mr H. Richard Williams, Menlove Gardens North, Lerpwl, yn Ysbyty Lourdes ar nos Sadwrn, 7 Chwefror 1987, ar ôl cystudd caled. Daeth i Lerpwl yn fyfyriwr o Wrecsam yn y pumdegau cynnar ac ar wahân i gyfnod yng Ngorllewin yr Almaen, treuliodd ei yrfa a'r blynyddoedd yn ein plith. Penodwyd ef yn ddarlithydd yn 1962 yn Adran Deintyddiaeth Prifysgol Lerpwl ac yno y bu am chwarter canrif yn ofalus ryfeddol o'r cyhoedd a ddeuai am driniaeth, ac o'r myfyrwyr a fyddai'n derbyn hyfforddiant. Bu'n arloesydd yn y ffordd o drosglwyddo addysg ddeintyddol a mabwysiadodd ddulliau clyweled i drosglwyddo'r wybodaeth. Ysgwyddodd gyfrifoldeb am agweddau o'r gwaith a bu'n ysgrifennydd i adran leol o'r deintyddion.

Meddai Richard Williams ar ddoniau amrywiol. Roedd yn ieithydd penigamp. Siaradai Gymraeg, Saesneg, Ffrangeg ac Almaeneg yn rhugl. Meddai ar ddiddordeb mawr iawn yn niwylliant Ffrainc a theithiai ef a'i deulu yno'n gyson yn ystod gwyliau'r haf. Ymserchai mewn llenyddiaeth Gymraeg a darllenai'n ofalus yr holl gylchgronau wythnosol a misol a gyhoeddid. Medrai droi ei law at lu o bethau, a bu'n garedig a chymwynagar yn hyn o beth wrth ei gymdogion. Medrai drwsio car a gofalu ar ôl llu o ddyfeisiadau cyfoes heb orfod galw ar yr arbenigwyr.

Gofalodd yn garedig ar ôl ei gartref ac yr oedd y ddwy ferch, Lowri a Carys, yn gannwyll ei lygad. Bu ei briod, Mrs Pat Williams, a'i unig chwaer, Mrs Elisabeth Hughes a'r teulu, yn hynod o ofalus ohono yn ei waeledd olaf. Gwelsom y ffydd Gristnogol yn ffrwytho yn ei ddioddefaint di-gŵyn, a chafodd ei ryddhau yn wyrthiol mewn awyrgylch gweddi, a minnau fel ei weninidog a'i anwyliaid o'i amgylch. Bu farw fel y bu fyw yn dangnefeddus a gadawodd ar ei ôl air da a thystiolaeth ei gyd-ddarlithwyr, a'i gyfeillion yn hiraethu, fel ei deulu, am un o dangnefeddwyr ein dyddiau. Gosodwyd ei weddillion ym mynwent y Rhewl, ger Rhuthun nid nepell o fedd y gwladgarwr o weinidog Emrys ap Iwan, ac o fewn tafliad carreg i'r tŷ lle y'i ganwyd a lle y treuliodd flynyddoedd cyntaf ei fachgendod.

Gwasanaethwyd ar ddydd ei arwyl ddydd Iau, 12 Chwefror [1987], yn Eglwys Bethel, Heathfield Road gan y Parch Ddr. D. Ben Rees yn cael ei gynorthwyo gan gyfaill mawr y teulu, y Parch. Ddr Gwilym H. Jones o Brifysgol Bangor. Yn y gwasanaeth yng Nghapel (M.C.) Rhewl gwasanaethwyd gan y Parch. D. Ben Rees a'r Parch. Elwyn Hughes, Wrecsam ac ar lan y bedd cafwyd cymorth y Parch. Pryderi Llwyd Jones, Wrecsam.

Penderfynodd y teulu gyflwyno'r gronfa goffa, trwy gyfrwng *Yr Angor,* i Gronfa Leukaemia Lewis Edwards, a chafwyd ymateb haelionus i goffáu un o ragorolion y ddaear.

56 COFFÂD GLENYS DANIELS, GATEACRE

gan D. Ben Rees

Cofiaf fy ymweliad cyntaf yn 1968 â chartref Glenys yn Centreville Road, Allerton, stryd a oedd, yn niwedd y chwedegau ag o leiaf wyth teulu Cymraeg yno. Un o Eifionydd oedd ei thad, Emrys Williams, crefftwr ardderchog ac yn hynod o annwyl, a'i mam yn hannu o Rosesmor yn Sir y Fflint, Hannah Williams, a fu yn nyrs odidog yn Ysbytai Sefton a Mossley Hill. Yr oedd y teulu yn ffyddlon i Gapel Heathfield Road a meithrinwyd Glenys yng nghyfnod y Parchedig E. Watkin Jones ym mywyd yr Ysgol Sul, y Gorlan a'r oedfaon. Merch yn y chweched dosbarth yn Ysgol Uwchradd Aigburth Vale oedd hi pan ddeuthum i'w hadnabod gyntaf. Roedd yn annwyl dros ben a gwên gyfareddol ganddi, gwên a fu yn rhan o'i phersonoliaeth ar hyd y blynyddoedd. O Ysgol Aigburth Vale fe'i derbyniwyd hi yn fyfyrwraig i Goleg Sant Martin yn Lancaster ac yno y gwnaeth ragor o ffrindiau. Byddent yn cyfarfod bob blwyddyn mewn aduniad, a gwnaethpwyd hynny am y 30 mlynedd diwethaf yn ddi-fwlch. Yr oedd ganddi ffrindiau oes o Ysgol Gynradd Mosspits ac Aiburth Vale. Meddai ar ddawn i wneud ffrindiau a'u cadw. Daeth yn ôl i Lerpwl i ddysgu, i ddechrau yn Ysgol Banks Road yn Garston, symudodd oddi yno i Ysgol Millwood yn Speke, bu am gyfnod byr yn Stonebridge, cyn ei hapwyntio yn brifathrawes Ysgol Gynradd Wellbourne yn Norris Green yn 1991.

Arhosodd yno hyd ei hymddeoliad yn 2010, cyfnod o 19 mlynedd a gadawodd ei marc yn fawr ar y disgyblion, ac yn wir ar awyrgylch yr ysgol. Nid yw Norris Green yn faestref hawdd llwyddo ynddi fel addysgydd, ond ymhell cyn iddi ymddeol yr oedd hi wedi gwneud Wellbourne yn ysgol hapus a llwyddiannus, gydag enw da yn yr holl gymdogaeth.

Ar ôl marwolaeth ei thad yng nghanol y saithegau, cyfarfu Glenys gydag athro o'r gymuned Iddewig, Phil Daniels, a chefais y cyfle i fendithio'r briodas yn 1980. Bu'r bartneriaeth yn un ardderchog, ac y mae Phil Daniels wedi cyfrannu'n helaeth iawn i'r byd addysgol, ac yn brifathro Ysgol Gynradd Springwood ers blynyddoedd. Ganwyd iddynt fab, Peter W. Daniel yn 1985, a chefais y cyfle i'w fedyddio ef yng nghapel Bethel. Gwnaeth ei fam ei gorau i'w feithrin ar lwybrau'r Ysgol Sul ac y mae gennyf atgofion amdanynt yng ngweithgareddau'r Ysgol Sul. Y mae Peter wedi etifeddu gwên hudolus ei fam, a hawdd ei adnabod, a chydymdeimlir yn fawr ag ef a'i ddyweddi Leslie sy'n bwriadu cartrefu yn Allerton yn y dyfodol agos.

Cafodd Glenys a Phil eu cartref cyntaf yn Childwall cyn symud yn 1988 i Gateacre, a rhoddi'r enw Bodwyn ar ei chartref, hynny'n ei hatgoffa o'i phlentyndod pan fyddai, yn y pumdegau, yn aros gyda theulu ei thad yn Chwilog. Pontiodd yn hawdd y ddwy gymuned deuluol yn hawdd a chafodd ei derbyn gan deulu niferus ei phriod. Cofiaf ei fam, ac am y pymtheg mlynedd diwethaf byddent yn cyfarfod yn nhŷ un o'r teulu bob mis. Gwerthfawrogai Glenys hynny'n fawr iawn. Edrychai ymlaen i'w gwyliau blynyddol, a byddent yn teithio flwyddyn ar ôl blwyddyn i Majorca i ymlacio cyn wynebu ar alwadau a gofynion eu galwedigaeth.

Blwyddyn o ymddeoliad a gafodd Glenys cyn gorfod brwydro â chlefyd blin, didostur cancr, a gwnaeth hynny'n ddewr gan ddal ati i fyw bywyd mor normal ag y medrai. Gwaethygodd yn nechrau'r flwyddyn a threuliodd ei phenblwydd ar 17 Chwefror yn Ysbyty Brenhinol Lerpwl.

Symudwyd hi ar 25 Chwefror i Hosbis Marie Curie, yn agos i'w chartref, yn Woolton ond dau ddiwrnod y bu yno cyn yr alwad olaf. Llwyddodd Dr John G. Williams i'w harwain ar lwybr gweddi yn Gymraeg, gweithred a olygai gymaint iddi, a chynhaliwyd yr arwyl ar fore Gwener, 7 Mawrth [2014] yng Nghapel Bethel ac yn dilyn yn Amlosgfa Springwood, a daeth cynulleidfa fawr ynghyd i'r gwasanaeth dwyieithog o dan fy ngofal gyda Mrs M. Anwyl Williams wrth yr offeryn. Cofiaf gyda diolch am ei bywyd cyfoethog.

Glenys Daniel

57 COFFÂD HYWEL WYN JONES, CILGWRI

gan Eirwen Sergeant

Wedi llawenhau wrth ei weld yn cryfhau a gwella wedi triniaeth, brawychwyd ni oll ar y Glannau 2015 Cydymdeimlwn yn ddwys gyda'i wraig, Alice, ei ferched Ceri a Bethan a'r teuluoedd yma ac yng Nghymru. Bu angladd Hywel yn Landican, Penbedw, ar 4 Ionawr 2016 mewn capel gorlawn–ffarwel teilwng i ŵr arbennig iawn.

Ganwyd Hywel, yr ieuengaf o chwech o blant, mewn tyddyn ar ochr Craig y Garn, yng Ngarndolbenmaen. Arwyddwr yng ngorsaf Bryncir oedd ei dad ond o ganlyniad i anafiadau yn y Rhyfel Byd Cyntaf, nid oedd mewn iechyd da. Penderfynodd y teulu symud i bentref Bryncir er mwyn hwyluso ei ddiwrnod gwaith. Yn anffodus, bu farw ei dad, yn 38 oed, wedi llawdriniaeth yn Lerpwl cyn iddo fedru symud i'r cartref newydd. Ychydig o gof a oedd gan Hywel o'i dad, ond edmygodd gryfder a dewrder ei fam yn arw wrth iddi fagu'r teulu. Cawsant blentyndod hapus a sefydlog, diolch i ymroddiad a chariad mam arbennig iawn, a fu fyw hyd nes ei bod yn 93 oed.

Fel amryw o deuluoedd gwledig yn ystod yr Ail Ryfel Byd, roedd ganddynt ddarn o dir i gadw buwch, ieir, a gwyddau, ac er gwaethaf cyfyngiadau y cyfnod, llwyddodd y fam i gadw'r teulu yn iach a chysurus. Cerddodd Hywel dros y caeau ym mhob tywydd i Ysgol Garn, cyn symud i Ysgol Ramadeg Pen-y-groes, lle y cafodd yrfa ddisglair a lle yr amlygwyd ei lais cryf a'i dalent cerddorol. Daeth yn enillydd poblogaidd mewn eisteddfodau lleol, a bu galw amdano fel unawdydd.

Wedi cwblhau cwrs yn y Coleg Normal, daeth Hywel, fel llawer o ieuenctid Cymru, i ddysgu yn Lerpwl yn Ysgol Stockton Wood Road, Speke. Ar ei Sadwrn cyntaf yn Lerpwl cyfarfu ag Alice mewn caffi, ac wedi hynny mewn cyfarfod o *Young Wales*. Ym mhen dwy flynedd, yn 1956, Hywel ac Alice oedd y cwpl cyntaf i briodi yng nghapel newydd M.C. Stanley Road, Bootle.

Treuliodd Hywel ddeuddeng mlynedd yn dysgu mewn ysgolion eilradd modern mewn ardaloedd digon anodd yn Lerpwl, cyn newid ei gwrs i ddysgu mewn ysgolion cynradd, ac yno daeth i feddwl y byd o blant ifanc Lerpwl a chael effaith cofiadwy arnynt. Yn 1969 aeth yn ddirprwy brifathro i St. Saviour's am bum mlynedd ac oddi yno yn brifathro yn ysgol Pleasant Street, lle treuliodd un flwyddyn ar bymtheg cyn ymddeol yn 1990. Dyma ddyfyniad o deyrnged Dafydd Sheldon Roberts, cynghorwr gydag ysgolion cynradd awdurdod addysg Lerpwl, i Hywel fel athro a phrifathro. Sonia am gyfarfod i drafod ad-drefnu ysgolion y ddinas:

> Aeth y cyfarfod yn swnllyd a llawer o'r rhieni yn flin a chas gydag un fam yn cega mewn iaith anweddus dros ben. O'r llwyfan daeth llais Cymraeg dwfn a chlir, 'that's enough Mary'. Adnabu'r llais ar unwaith, ac o'r distrawrwydd a ganlynodd ei dicter, clywsant, '*Sorry Mr Jones, I got a bit carried away there*' – ac eisteddodd Mary yn dawel.

Ymhyfrydai yn ei gefndir a'i Gymreictod a daliodd y cysylltiad rhyngddo a'i deulu yno'n gryf. Hoffai gyfarfod â nhw wrth ymweld â'i chwaer, Dora, sydd mewn cartref yn yr ardal, a hel straeon ac atgofion. Drwy ymdrech ei nai, Dewi, mae tapiau o Hywel yn canu bellach ar gof a chadw ar CD. Cofion am Hywel gydag atgofion annwyl iawn – am ei wên barod, ei hiwmor caredig, a'i sgwrs rhwydd, gartrefol. Bydd bwlch tywyll yn ein Cymdeithas lle y bu'n seren ddisglair.

58 COFFÂD HUW THOMAS GWILYM KENYON

gan D. Ben Rees

Braint i mi ar ran y teulu a minnau yw paratoi teyrnged i goffadwriaeth y brawd ieuanc, Huw Kenyon, yn Eglwys All Saints, Childwall ar fore Llun, 16 Medi 2013 ac yntau yn ddim ond ugain oed. Mab ieuengaf Sioned a David Kenyon oedd Huw, ei fam yn Gymraes a'i dad o Lerpwl. Cefais y fraint o'i fedyddio yng nghapel Bethel ugain mlynedd yn ôl ac yn ein litwrgi fel Presbyteriaid sylweddolwn fod Duw yn cymryd y plentyn a gyflwynwn yn blentyn iddo'i hun. Cafodd fagwraeth Gristnogol, ef a'i frodyr Glyn a Gareth, mynychu Ysgol Anglicanaidd Childwall, a mynychu mudiadau ac Ysgol Sul yn gysylltiedig â'r eglwys lle y cynhaliwyd ei wasanaeth angladdol.

O Childwall aeth i Ysgol Gyfun Gateacre lle y bu'n hynod o boblogaidd, gan ddangos addewid nas gwireddwyd. Yr oedd Cerddoriaeth yn un o'i hoffterau. Chwaraeai y gitâr. Llwyddodd yn arholiadau TGAU yn y pynciau canlynol: Cerddoriaeth, Bioleg, Astudiaethau Busnes, Addysg Gorfforol, Astudiaethau Crefyddol, Saesneg, Gwyddoniaeth a Mathemateg.

Ei uchelgais gyntaf oedd ymuno â'r Llu Awyr i fod yn beilot, ac yn ail am ei fod e'n hoff o dechnoleg, i fod yn ddatblygwr gêmau cyfrifiadur.

Ond dryllwyd y breuddwydion yn gandryll pan gafodd y newydd, yn nechrau Ionawr 2011, yn dilyn arbrofion oddi ar fis Tachwedd 2010, ei fod yn dioddef o gancr ymosodol. Golygai hyn na allai gario ymlaen â'i astudiaethau yn y Chweched Dosbarth mewn Bioleg, Seicoleg a Cherddoriaeth. Ceisiodd yr ysgol drefnu ar ei gyfer, safodd yntau arholiad y diwrnod y derbyniodd y newydd drwg, ond ni allai ganolbwyntio ar ei lyfrau a'i astudiaethau gan fod yn rhaid iddo dderbyn triniaethau cemotherapi a radiotherapi yn Ysbyty Clatterbridge o Ionawr ymlaen hyd ganol y flwyddyn.

Ond yr oedd yr ysfa i fyw yn gryf ynddo. Yr oedd yn ddewr ac yn benderfynol o fwynhau pob munud posibl. Prynodd gar Ford Focus gwyn a phasiodd yr holl brofion ar 1 Awst 2012. Bu'r car bach yn gymorth iddo gael blas ar fyw gan y medrai ei gyfeillion ddod gydag ef o un lle i'r llall. Gallai ddreifio i Ysbyty Clatterbrige a phan drefnodd ei ewythr iddo gael menthyg ei fflat yn Noc Albert, gallai gael ei gyfeillion draw i ganol y ddinas.

Cysegrodd ei fam, Sioned, ei bywyd i ofalu amdano. Yr oedd ganddi swydd gyfrifol ym myd nyrsio, ac oni bai amdani hi a'r holl ddarpariaeth sydd ar gael, ni fyddai Huw wedi llwyddo i aros yn ei gartref hyd y diwedd. Treuliai ei holl amser y misoedd diwethaf yn ei wely fwy neu lai, ond o'i amgylch derbyniai gysur gan y gwasanaeth meddygol ac arbenigrwydd yr Athro Mari Lloyd Williams o Brifysgol Lerpwl a fu'n eithriadol iawn. Cadwai Dr. John Williams a minnau gysylltiad â Sioned, a bu aelodau o'i theulu, brodyr a chwiorydd yng Nghymru, yn gryn gefn iddi yn y misoedd anodd.

Derbyniai Huw hyfrydwch mawr yng nghwmni ei gyfoedion. Er ei fod yn aml yn teimlo'n fregus, byddai ymweliad ei ffrindiau yn codi ei galon. Byddai yntau yn defnyddio cryn lawer ar *Facebook* i wybod eu hynt a'u helynt hwythau.

Yr oedd golygfa dda o'i wely dros yr ardd, ac yno yr oedd Titan, y crwban, a brynodd iddo'i hun ar un o'i deithiau yn y car i Southport. Ni allai ofalu amdano ond bodlonodd Glyn ei warchod o ddydd i ddydd. Bu'r ddau frawd, Glyn a Gareth yn eithriadol o ofalus ohono, yn eistedd gydag ef, ymweld ag ef yn yr ysbyty, ac yn ei gysuro yn ei gartref. Ac anodd fu arnynt yng nghyfnod y galaru.

Bu farw ar Sul, 8 Medi 2013, yn ei gartref ar ôl cystudd caled. Derbyniodd ofal eithriadol yn Ward Sulby a'r *Teenage and Young Adult Unit* a chyda'r meddygon a'i feddyg ei hun, Dr. Moya Duffy o Ganolfan Iechyd Oakvale. Bu'n ffefryn ei ffrindiau a phrofiad arbennig oedd darllen eu teyrngedau iddo. Diwrnod cyn ei farwolaeth bu angladd ei daid, John Llewellyn Evans yn Morfa Nefyn yn 87 mlwydd oed. Wynebodd Mrs Sioned Kenyon y profedigaethau o golli ei thad a'i mab o fewn wythnos i'w gilydd. Cofir am Huw T. G. Kenyon fel gŵr ifanc meddylgar, dewr a fu'n esiampl i'w genhedlaeth, a chwith fydd hi ar ei anwyliaid heb ei bresenoldeb corfforol. Ond y mae ef yn ddiogel yn ein cof ac ymhlith y cwmwl tystion.

Huw Thomas Gwilym Kenyon

59 C0FFÂD CATHERINE (KITTY) ROBERTS, ANFIELD

gan D. Ben Rees

Yr oedd y blaenor hoff John P. Lyons wedi fy hysbysu ar Sadwrn Gŵyl David Roberts fod y chwaer annwyl, Miss Kitty Roberts, yn bur wael yng Nghartref Henoed Abbey Lawns, 3 Anfield Road, canllath o fangre Capel Cymraeg y Presbyteriaid yn Anfield. Cawsai John sgwrs â hi y prynhawn Sadwrn, a gweddi yn Gymraeg, ac yr oedd yn gwbl fodlon yn ôl ei harfer. Yr oeddwn ar fy ffordd i'w gweld fore Sul, 12 Mehefin [2016] pan ddaeth y newydd o'r cartref ei bod hi wedi ymadael â'r fuchedd hon am dŷ ei Thad nefol.

Un o Gymry Lerpwl oedd hi o ran ei magwraeth a chafodd hi a'i brawd eu magu ymhlith Cymry Walton a Bootle. Gwybu amgylchiadau anodd yn ystod ei phlentyndod, ac ni ddiflanodd yr ofn a'r cynildeb y bu'n rhaid iddi fyw drwyddo ar hyd y blynyddoedd. Hyhi yw'r olaf o blant Ysgoldy Genhadol Bankhall, ac yn yr Ysgol Sul honno y trwythwyd hi yn yr Ysgrythurau. Yr oedd yn hynod o olau yn ei Beibl ac yn ymfalchïo yn yr hyn a ddysgodd yn Bankhall. Un arall a fu o dan ddylanwad y ganolfan honno oedd R. D. Lewis, Litherland. Daeth y ganolfan i ben yn 1937 a dywedodd E. Meirion Evans, blaenor yn Stanley Road, am y cau hwnnw y geiriau hyn:

> Roedd nifer y Cymry esgeulus a drigai yn y cylch wedi mynd yn ychydig, a phlant y genhedlaeth a godwyd eisioes wedi eu dwyn i fyny yn Saeson uniaith.

Ond roedd eithriadau. Ac y mae o leiaf ddau y gwyddwn i amdanynt, sef y diweddar annwyl Bob Lewis a Kitty Roberts. Trosglwyddodd y ddau eu hunain i ofal Eglwys weithgar Stanley Road, a hynny yn niwedd gweinidogaeth y Parch. William Davies, gŵr caredig a phregethwr dawnus, yn frwdfrydig dros y Genhadaeth Dramor. Ac ni fu neb o'n plith yn fwy parod i gefnogi gweithgarwch y Genhadaeth Dramor na'n chwaer. Yr oedd wrth ei bodd yn y cyfarfodydd a gynhelid gan Gyfeisteddfod Cenhadol y Chwiorydd, ac yn mynychu'r Pwyllgor Gwaith yn selog. Byddai'n teithio ar hyd a lled y ddinas i'r cyfarfodydd hyn, ac yn wir i gyfarfodydd arbennig. Deuai'n gyson o Walton i Gapel Bethel, Heathfield Road, a phob amser yn siriol a gwerthfawrogol. Meddyliai y byd o'r bechgyn a aeth i'r gwaith cenhadol a'r Weinidogaeth o'i chyfnod hi yn Stanley Road, sef y Parchedigion Herbert Jones Griffiths (ordeiniwyd yn 1936), Trebor Mai Thomas (ordeiniwyd yn 1941), Glyn Meirion Williams (ordeiniwyd yn 1947), ac Aelwyn Hughes (ordeiniwyd yn 1961). Soniai bob tro y cawn sgwrs â hi am ogoniant Capel Stanley Road o 1930 ymlaen, a phan ddaeth hi'n fater o uno yn y nawdegau ni laesodd ei ffyddlondeb am eiliad. Cadwodd yn weithgar a chefnogol a braf gweld llun ohoni yn y *Bootle Times* yn ystod dathlu canmlwyddiant sefydlu Eglwys Stanley Road, 6 Mai 1961.

Y mae ei gweld ymysg y chwiorydd annwyl Nan Lewis (a wyddai gymaint o'i chefndir), Mrs Betty Williams, Mrs Peggy Jones a'i chwaer Eirian Roberts, Mrs Arthur Ephrain a Mrs Idris Lloyd Jones yn dwyn llu o atgofion.

Yr oedd hi'n ferch o gryn allu a chafodd swyddi da. Bu'n Arolygydd Swyddfa'r Llythyrdy ac yn ofalus o'i brawd. Cymerais ei arwyl ef ar ei dymuniad. Gwelwyd arwyddion ei bod hi ag angen gofal, a hynny yn 2007; a rhyw flwyddyn yn ddiweddarach cafodd fynediad i Gartref Henoed

Abbey Lawns lle y bu am yr wyth mlynedd diwethaf. Cafodd ofal arbennig iawn. Yr oedd yn werth ei gweld yn y cartref, a byddai bob amser yn mynegi ei diolch am y staff a'r gofal ohoni. Iddi hi, gwaith Duw oedd y cyfan. Ei chyffes ffydd oedd: 'Ond gwaith Duw yw'r cyfan – Duw, yr hwn sydd wedi ein cymodi ni ag ef ei hun trwy Grist a rhoi i ni weinidogaeth y cymod'. Yn ei hewyllys gadawodd swm o £168, 000 i Gapel Bethel, Heathfield Road, a bwriedir cadw'n fyw yr haelioni unigryw hwn.

Bu'r arwyl yn Amlosgfa Anfield o dan fy ngofal a chefais gyfle i fynegi gwerthfawrogiad o'r wraig annwyl, dawel, yn olau yn ei Beibl, ac yn grediniwr yn y gwirionedd fel y mynegwyd ef yn Iesu Grist. Cafodd oes dda a defnyddiol.

60 COFFÂD MARY ALICE WILLIAMS, CALDERSTONES

gan D. Ben Rees

Daeth yr alwad i Mari Alice fel y'i gelwid hi gan ei ffrindiau ar nos Fercher, 4 Mawrth [2015] yn Ward 8B (HD) Ysbyty Frenhinol Lerpwl a hynny yng nghwmni ei mab, Gareth, ei wyresau, Non a Siân a'i Gweinidog. Yr oedd hi'n un o aelodau hynaf Bethel o ran nifer y blynyddoedd y bu hi ar lyfrau'r capel. Un o ferched gwlad Llŷn oedd hi ac ysgrifennodd aml i erthygl dros y blynyddoedd diwethaf i'r *Angor* yn croniclo y tridegau anodd, ei magwraeth, ei rhieni a chofiwn am ei gofal am ei mam, Mrs Jane Owen a ddaeth i fyw i ddinas Lerpwl, a bu'n ofalus ohoni.

Sonia un o'i chyfoeswyr, y Parch. Emlyn Richards, Cemaes, yn ei hunangofiant *O'r Lôn i Fôn* (Caernarfon, 2006) amdani yn Ysgol Sul y Methodistiaid Calfinaidd yn Rhyd-bach. Byddai holl blant y pentre yn mynychu'r Ysgol Sul a'r *Band of Hope* ar nos Wener i ddysgu canu ac adrodd ac actio. Ceid cyfle i bawb. Mae ef yn enwi llu o'r merched a oedd yn mynychu'r *Band of Hope*, a dyma genhedlaeth Mary. Dywed Emlyn: 'Fe ddaw hiraeth am eich nabod chi bob un – Mary Alice, Pari Pentra, Tudwen Pont y Gof, Sera Eirwen ac Elenor.' O'r Ysgol Gynradd aeth Mary i'r Cownti Sgŵl, i ysgol enwog Hen Hogia a Genod Gwlad Llŷn, Ysgol Botwnnog. Un o athrawon penna'r ysgol oedd Gruffydd Parry, yr athro Saesneg, a diolchai yn gysons am ei hyfforddiant ef . Cofiai Mary y prifathro D. R. Griffith, gŵr byrdew a chanddo fawr o ddisgyblaeth. Un o'r athrawon y soniai Mari amdano oedd Waldo Williams o Sir Benfro, sydd bellach yn un o feirdd mawr y genedl Gymraeg. O Fotwnnog cafodd gyfle i baratoi ar gyfer bywyd athrawes yng Ngholeg. Normal, Bangor a gwnaeth yn fawr o'r cyfle. Daeth i Lerpwl fel cannoedd eraill yn y pumdegau a dyma a fu ei dinas barhaus fyth oddiar hynny.

Pan ddeuthum i'w hadnabod yn Henley Road, Allerton, yn 1968 yr oedd hi'n wraig ac yn fam, gwraig fferyllydd, yr annwyl ryfeddol Griff Williams a mam i Glenys a Gareth. O fewn dwy flynedd symudodd i gysgod Eglwys Mossley Hill yn Kylemore Road, ond yr oedd yn amlwg iawn fel athrawes yn Ysgol Sul y Plant. Rwy'n cofio y tîm yr adeg honno: Alwena Davies, Louie Jones, Cathy Jones, Nan Hughes Parry, Ceri Roberts a Mary Williams. Y mae gennym lawer i ddiolch iddi hi a'i chyd-weithwyr glew a gweithgar. Yr oedd y saithdegau yn flynyddoedd gweithgar a hithau ynghanol y bwrlwm. Daeth newid sydyn a phrofedigaethus i'w hanes gyda marwolaeth ei phriod ac yntau yn ei bumdegau, yn wasanaethwr na fu mo'i well i gymdeithas. Cafodd drawiad ar y galon, ac o fewn tair blynedd symudodd Mary i dŷ newydd yn

Hornby Lane, o fewn tafliad carreg i barc Calderstones. Yr oedd yn hoff o ganu a bu yn aelod teyrngar o Undeb Corawl Cymry Lerpwl. A bu hi'n ddiwrnod anodd iddi pan fu'n rhaid iddi roi'r gorau i ganu. Nid rhyfedd iddi nodi ei bod am i ddau a fu, fel hithau, yn rhan annatod o'r Côr gymryd rhan yn ei hangladd, sef Anne M. Jones ac R. Ifor Griffith.

Wynebodd groes fawr ym marwolaeth ei merch, Glenys, yn 41 mlwydd oed yn 1998, a bu ei hun mewn damwain fawr, ond goresgynodd y cyfan gyda'i ffydd a'i chymeriad. Daeth yn ffrindiau gyda Chymro o Sir y Fflint, Glyn, o 1991 i 1998, a chawsom aml i seiat ddiddorol yn ei gwmni ef. Nodwedd fawr ei chymeriad oedd ei llawenydd a'i balchter o'i theulu. Gwraig ofalus, ddi-droi'n-ôl, beirniadol iawn ar brydiau, a chwbl annibynnol. Bu'n ffodus o'i theulu, ei chymdogion a'i ffrindiau o'r Capel. Mynnodd aros yn ei chartref gan ddibynnu ar help y gofalwyr, ac ymddiddorodd yn y mab a'i briod a'r plant, gan ddotio at yrfa Dawn ar y llwyfan, a bu'n ei gwylio'n perfformio yn Lerpwl a Manceinion.

Bu'r arwyl ar fore Llun, 16 Mawrth [2015], ym Methel o dan fy ngofal ac yn dilyn yn Amlosgfa Springwood. Roedd mor drefnus fel ei bod wedi paratoi ei gwasanaeth angladdol, y darlleniadau, yr emynau a'r Gweinidog. Bydd hi'n chwith hebddi, dioddefodd yn ddewr, a chadwodd ei ffydd yn lân loyw.

61 COFFÂD SAMUEL (SAM) MORTON PROWTING

gan D. Ben Rees

Yn blygeiniol fore Sul, 5 Mehefin 2016, bu farw Sam Prowting yn ei gartref yn Beckenham Avenue ar ôl cystudd byr. Yr oedd mewn oedfa fore Sul yn nechrau Mai ac yn ffyddiog a diolchgar.

Cafodd ofal mawr gan ei briod a'r teulu, y gwasanaeth iechyd a'r feddygfa, a ffrindiau capel a chymuned. Ganwyd ef yn Lerpwl ar 26 Mai 1928 gan fod ei dad yn forwr, ond symudodd y teulu yn ôl i Fôn yn 1930, ac fe'i magwyd yn nhref Amlwch. Yr oedd ganddo atgofion am y dref a'i chymeriadau a byddai'n dychwelyd yn achlysurol i'w gynefin cynnar.

Ei uchelgais mawr oedd bywyd y môr, ac ni fanteisiodd ar gyfleusterau addysgol gan ei fod yn bendant ei feddwl mai'r môr fyddai'n mynd â'i fryd. Yn 1944, yn llencyn ifanc, cafodd swydd gyda thygiau y dyfroedd dyfnion (*deep sea tugs*) yn perthyn i'r Llynges Fasnach (*Merchant Navy*) a oedd mewn cysylltiad â'r Llynges Frenhinol (*Royal Navy*). Gwasanaethodd ar y tygiau yng nghonfoi'r Iwerydd. Yn 2015 fe gafodd ei anrhydeddu am ei arwriaeth, a derbyniodd fathodyn am ei wasanaeth clodwiw ym Môr Iwerydd. Ar ddiwedd y Rhyfel bu'n gweithio i gwmni Alfred Holt, y *Blue Tunnel*. Mwynhaodd y deng mlynedd y bu yn hwylio'r moroedd i bedwar ban y byd.

Gadawodd y gwaith hwnnw gan iddo gyfarfod â merch annwyl o Amlwch, Blodwen Menai Ruth Jones. I'r Cymry, Blodwen yw hi, ond i'r gymuned Saesneg, Ruth yw ei henw. Bu hi'n bartneriaeth ddelfrydol. Ymunodd Sam Prowting gyda Heddlu Lerpwl gan fod Heddlu Gogledd Cymru yn ei wrthod am fod ei daldra hanner modfedd yn rhy fyr. Gwelodd newid yn ei dalgylch, o Lerpwl a Bootle, ac yna Heddlu Glannau Mersi. Gwasanaethodd am gyfnod o 31 mlynedd, cyfran hir yn Adran y Traffig, swydd a oedd wrth ei fodd, ond nid yn rhy boblogaidd gyda'r gyrwyr a oedd yn methu cadw rheolau! Yr oedd yn hynod o boblogaidd ymhlith yr heddgeidwaid ac ar ôl ymddeol cafodd waith diogelwch gyda chwmni Liverpool Pools.

Ganwyd iddo ef a'i briod ddwy ferch, Lynne a Jacklyn, a bu'n fawr ei ofal am yr wyrion a'r wyres: Paul, Helen ac Ian, a chael yr hyfrydwch i fynd allan at deulu Jacklyn yn Seland Newydd, a'i phlant hithau, Kiaran a Rhiannon.

Symudodd y teulu i Beckenham Avenue yn 1983, ychydig cyn ei ymddeoliad o'r heddlu, i fan canolog, yn agos i Barc Sefton a Penny Lane. Mwynhaodd ei ymddeoliad. Yr oedd ef a'i briod, Blodwen, gyda'i gilydd ym mhobman. Un o'i ddiddordebau mawr oedd yr un a elwir yn *target shooting*. Meddai ar drwydded i saethu at dargedu a daeth yn arbenigwr yn y maes.

Ei ail gartref fel petai oedd Clwb Saethu Appleton a byddai'n mwynhau ei ymweliadau blynyddol yn y twrnament yn Risley. Yr oedd aelodau'r Clwb yn dra hoff o Sam Prowting, gan ofalu amdano wrth i'r blynyddoedd basio ac yntau heb fod mewn ffordd i yrru y pellteroedd mawr, i ganolfannau lle y cynhelid y cystadlaethau. Cynrychiolodd Gymru nifer o weithiau a chyfrifid ef yn un o'r goreuon fel saethwr cywir.

Llawenydd mawr i Eglwys Bethel oedd pan ddaeth y ddau atom, a gwneud eu hunain yn rhan mor annatod o'n cymdeithas. Yn y blynyddoedd ar ôl i'n gofalwr adael am Wrecsam daeth y ddau i gymryd ei le yn wirfoddol, fel rhan o'i cyfraniad i'n cymuned. Gellid dibynnu arno a byddai'n gorfod agor weithiau bedair neu bum gwaith y dydd, ac yn y cyfnod o ddymchwel yr adeiladau, ac adeiladu Bethel Newydd yr oedd ef yn rhan hanfodol o'n tîm. Cafodd aflwydd gyda'i glyw a dibynnai gymaint ar ei briod er mwyn deall y neges yn gywir. Dyn da, cydwybodol, cadarn a bonheddig oedd ef a gwelwn ei le yn wag ar Sul, gŵyl a gwaith.

Samuel Morton Prowting (1928- 2016)

62 COFFÂD WILLIAM LLOYD JONES, ALLTAMI

gan D. Ben Rees

Bu perthynas dda iawn rhyngof a'r llawfeddyg Wil Lloyd Jones am dros ddeugian mlynedd a mwy, a chefnogodd Gapel Heathfield Road am hanner can mlynedd. Roedd yn fab i Mr a Mrs Evan R. Jones, Deri Fawr, Llandyfrydog, Ynys Môn. Yr oeddwn yn adnabod ei rieni hefyd, dau annwyl iawn, ac Evan Jones yn ŵr ffraeth ac yn ymadroddwr unigryw. Capel y Parc, lle magwyd Dr John Williams (Brynsiencyn), oedd capel teulu Deri Fawr, ac yn 1950 etholwyd ei dad yn flaenor yno. Yn wir, etholwyd tri yr adeg honno, sef R. E. Owen, Siop Ty'n-y-pwll, a W. J. Thomas, Parc Chwarel. Tri gŵr cadarn a blaengar. Onid oedd R. E. Owen yn bregethwr rheolaidd yn yr enwad a gwyddai Evan Jones beth oedd blaenori, gan mai John Alaw Jones, Deri Fawr, oedd un o arweinwyr pennaf yr eglwys hyd ei farwolaeth yn 1937. Dyna waddol William Lloyd Jones. Yn y Parc y ceid eisteddfod fwyaf poblogaidd Ynys Môn ar Ddydd Gŵyl Dewi a chefnogid hi gan deulu'r Parc. Nid rhyfedd i'r mab gefnogi'r Eisteddfod Genedlaethol mewn llawer modd.

Ar ôl cyrraedd Lerpwl yn 1968 cofiaf yn dda mynd gyda Griffith R. Jones, Allangate Road, i weld William Lloyd Jones a'i briod yn eu cartref yn Childwall a chael croeso mawr yno. A dyna ddechrau ein cyfeillgarwch.

Ceisiwn bob blwyddyn, o leiaf uwaith, gael sesiwn yn ei gwmni, yn arbennig yn Ysbyty Lourdes. Arferai ddweud mai fi oedd yr unig un oedd yn dod i'w weld, yn derbyn archwiliad ganddo, ac yn mynd allan gyda chyfraniad haelionus at y Weinidogaeth a Chapel Bethel. Yn y blynyddoedd cynnar byddwn yn dod ar ei draws, nawr ac yn y man, ar goridor Ysbyty Broadgreen, ond ran amlaf, yr oedd yn rhaid gwneud trefniant er mwyn ei weld trwy ei ysgrifenyddes. Soniwn fel Calfiniaid am ethig gwaith Protestannaidd. Os bu neb erioed yn ymwybodol o hynny, yr oedd William Lloyd Jones yn y traddodiad hwnnw.

Gweithiai yn ddiarbed o fore gwyn tan nos. Gwn o brofiad personol ei fod yn cyflawni triniaethau llawfeddygol am wyth y nos yn Ysbyty Lourdes. Fore trannoeth am wyth o'r gloch y bore byddai wrth erchwyn eich gwely. Anwylid ef yn fawr gan drigolion Lerpwl a fu o dan ei oruchwyliaeth. Meddai ar holl sgiliau a nodweddion meddyg o'r radd flaenaf. Yr oedd ei wyneb crwn, cyfeillgar yn byrlymu gyda charedigrwydd a meddai ar ddawn amlwg fel llawfeddyg. Cyflawnai ei dasg mor effeithiol.

Yr oedd yn Gymro i'r carn, ac yn meddwl y byd o Ynys Môn, lle y cafodd ei eni a'i fagu a'i addysg nes iddo ddod i Brifysgol Lerpwl i ddilyn cwrs mewn Meddygaeth. Bu'n darlithio yn Adran Feddygaeth y Brifysgol am flynyddoedd yn ychwanegol at ei waith clinigol. Ond hiraethai lawer am Gymru a dyna'r rheswm iddo brynu tŷ o'r enw Llwyn Offa yn Alltami gan ei fod yn sefyll dros y ffin yng Nghymru. Nid oedd y lleoliad yn ddelfrydol, ond yr oedd yn nes at Fôn nag oedd Woolton! Un o'r troeon olaf y gwelsom ef mewn cyngerdd yn Lerpwl oedd pan ddaeth y pianydd Llŷr Williams atom i Eglwys Sant Nicholas. Archebodd ddwsin o docynnau ar gyfer clywed y pianydd yr oedd ef mor hoff o'i weld wrth ei waith.

Ar ôl iddo orfod wynebu triniaeth lawfeddygol ar y galon ei hun, ni laciodd ei afael ar ei waith ac yn fuan iawn yr oedd yn ôl gyda'i gyfrifoldebau. Edrychai ymlaen yn fawr i fod gyda'i anwyliaid am wyliau, a meddyliai'r byd o'r ddwy ferch, Angharad a Teleri. Trefnodd imi eu bedyddio yng nghapel Ysbyty Lourdes. Yr adeg honno gofelid am yr ysbyty gan y lleianod, a meddylient y byd ohono, o ran cymeriad ac fel llawfeddyg poblogaidd ryfeddol.

Bu farw yn dawel yn Ysbyty Walton, a hynny ar 3 Medi 2013, a bu'r angladd ar Ynys Môn yn gwbl breifat, i'r teulu yn unig. Bwriedir cynnal Cyfarfod Coffa am ei fywyd a'i waith rywdro yn y dyfodol agos, a hynny yn Lerpwl. Derbyniwyd rhoddion er cof amdano tuag at Gymdeithas Brydeinig y Galon ac Eisteddfod Genedlaethol Cymru.

Coffa da am un o feddygon galluocaf Cymry Lerpwl.

64 CYFLWYNO 'Y CROCHON'

gan J. Trefor Williams

Perfformiwyd *Y Crochon* gan Gymdeithas Ddrama Rhuthun a'r Cylch ddiwedd Ionawr a dechrau Chwefror eleni. Y mae'n rhaid canmol y cwmni gweithgar a galluog hwn am gyflwyno dramâu safonol ers 1980 wedi eu cyfarwyddo gan y Parchedig John Owen, gweinidog Capel y Tabernacl yn y dref.

(Dim ond un gŵyn fach sydd gen i am eu gwaith y tro hwn, sef ffurf y gair Cymraeg sy'n deitl i'r ddrama a berfformiwyd eleni, cyfiethiad y diweddar John Gwilym Jones o ddrama Arthur Miller, *The Crucible*, ond *Y Crochan* oedd y teil a roddodd ef i'w gyfieithiad, gair a geir yn y Beibl, yn yr hen gyfieithiad a'r cyfieithiad newydd. Rhys Prichard, Hen Ficer Llanymddyfri, yw'r unig un y gwn i amdano a fu'n defnyddio'r gair *'crochon'* nes i ni weld perfformiad cwmni Rhuthun eleni).

Bu o leiaf ddau berfformiad arall o'r ddrama hon yn Gymraeg; yn Stiwt y Rhos yn 1961 ac yn Ysgol Ramadeg Hwlffordd, yn 1972. Ysgrifenwyd y ddrama hon, yn Saesneg, yn 1953.

Y mae arwyddocâd arbennig i'r flwyddyn 1953 yn hanes yr awdur a cheisiodd gyfleu ei brofiad yn y ddrama hon fel dameg, oherwydd canfu ddigwyddiadau yn Massachusetts yn 1692 yn debyg i'w brofiad ef yn 1953. Yn ei nodiadau ar y rhaglen, dywed y Parch. John Owen fod America yn 1692 ac yn 1953 yng ngafael *hysteria* gan yr awdurdodau. Yn 1692 cyhuddwyd pobl ddiniwed o fod yn wrachod, ac yn 1953 cyhuddwyd pobl ddiniwed o fod yn Gomiwnyddion. Ni bu Miller erioed yn fradwr nac yn elyn i'w wlad, ond dioddefodd gerydd gan bwyllgor seneddol am ddirmygu'r aelodau trwy beidio ag enwi aelodau eraill o'r blaid Gomiwnyddol gynt.

Apeliodd yn llwyddiannus yn erbyn y ddedfryd o gerydd gan y pwyllgor seneddol.

Y cymeriad yn *Y Crochan* sy'n cynrychioli'r awdur yw John Proctor, ffarmwr onest, cyfeillgar ond braidd yn wrth-eglwysig. (Petai'n byw heddiw ac wedi cael addysg prifysgol, byddai'n Anghrediniwr ond nid cwbl anfoesol). Pechodd yn erbyn ei wraig ei hun unwaith. Collwyd rhamant eu serch o ganlyniad ond, yn eironig efallai, datblygodd eu cariad tuag at ei gilydd gymaint nes iddyn nhw farw gyda'i gilydd ac er mwyn ei gilydd. Yn wir, ceir yr eironi dramatig gorau yn y ddrama hon mewn golygfa yn yr ail act pan yw'r gweinidog yn holi John Proctor am ei wybodaeth o'r Deg Gorchymyn, yntau'n cofio naw yn unig a'i wraig yn ei atgoffa'n garedig mai 'Na wna odineb' oedd yr un a anghofiodd.

'Rydych chi'n gweld,' meddai wrth y gweinidog, 'rhwng y ddau ohonon ni, rydyn ni'n eu gwybod nhw i gyd!'

Yn eironig eto, nid oherwydd godineb y caiff ei grogi, ond am fod y gweinidogion sy'n llywodraethu talaith Massachusetts, mewn byd ac eglwys, yn credu mai gwrachod yw ef a'i wraig a nifer o bobl eraill.

Ofergoeledd yw credu mewn gwrachod, i ni sy'n byw yn yr ugeinfed ganrif. Nid felly tri chan mlynedd yn ôl. (Peryglon ofergoeledd, yn fy marn i, yw prif bwnc y ddrama hon).

Y mae'r holl gymeriadau'n bobl ofergoelus, ond gellir eu rhannu nhw i ddau ddosbarth oherwydd gwrthdaro rhwng y naill a'r llall yw hanfod y ddrama. Ar y naill law, ceir y gweinidogion – yr offeiriaid eglwysig – ac ar y llaw arall, ceir y bobl gyffredin. Dylanwad yr offeiriaid, i raddau, yw achos ofergoeledd y bobl gyffredin, er bod y ddau ddosbarth hyn mewn gwirionedd yn etifeddion hen ofergoelion paganaidd y cyfnodau cyn-Gristnogol. Beth bynnag oedd diffygion yr hen ofergoelion paganaidd, gellir dweud eu bod o leiaf yn naturiol i'r natur ddynol. Bywyd annaturiol oedd y bywyd a ddisgwylid gan ddeddfau eglwysig llym Massachusetts yn 1692. Er enghraifft, trosedd a phechod oedd gweithred mor ddiniwed a naturiol â dawnsio. Ofn cael eu dal a'u cosbi'n greulon a wnaeth rhai o ferched ifainc y dalaith i gyhuddo gwragedd hŷn na hwy – eu meistresi a'u cyflogwragedd – o fod yn wrachod.

Y mae credu mewn gwrachod mor rhesymegol â chredu mewn Duw, er nad yw'r gair 'gwrach' i'w gael yn y Beibl Cymraeg. Yn y Beibl Saesneg ceir enghraifft o'r gair 'witch', ond y gair Cymraeg cyfatebol yw 'dewines', gair sy'n tarddu o'r un gair Lladin â'r gair 'diwinyddiaeth'. Gwelir felly pam fod offeiriaid ofergoelus Lloegr Newydd, dri chan mlynedd yn ôl, yn ofni gwrachod. Rhyw fath o genfigen proffesiynol oedd eu hagwedd at wrachod.

Gall agwedd broffesiynol fod yn gadarnhaol ac yn greadigol, neu'n negyddol ac yn ddinistriol.

Yn ôl Francis Bacon (1561-1626) mae pob dyn (a phob dynes heddiw!) yn ddyledus i'w broffesiwn (neu i'w phroffesiwn). Ystyr hyn i mi yw dyletswydd pawb i wasanaethu cymdeithas yn ôl eu galluoedd personol.

I George Bernard Shaw (1856-1950), y mae pob proffesiwn yn gynllwyn yn erbyn pawb nad ydynt yn aelodau o'r proffesiwn hwnnw. (Credaf fod Shaw yn meddwl am y meddygon, mewn cyfnod cyn sefydlu'r Gwasanaeth Iechyd Gwladol).

65 CWRS BYR

EGLWYS PRESBYTERAIDD CYMRU
HENADURIAETH LERPWL

CWRS BYR, HAF 1991

1. NOS LUN, 3 MEHEFIN
yn Ysgoldy Bethel, Heathfield Road, Lerpwl, o 7.30 i 9 o'r gloch
Cyfrifoldeb am y Byd, dadansoddiad o Ddiwinyddiaeth Hans Küng
Agoriad gan y Parch. Ddr D. Ben Rees.

2. NOS LUN, 10 MEHEFIN
yn Ysgoldy Bethel, Heathfield Road, Lerpwl, o 7.30 i 9 o'r gloch
Cyfrifoldeb am Gymdeithas ac am ein Gilydd
Syniadau Edward de Bono
Agoriad gan y Parch. Ddr D. Ben Rees.

3. NOS IAU, 17 MEHEFIN
yn Ysgoldy Bethel, Heathfield Road, Lerpwl, o 7.30 i 9 o'r gloch
Canrif o Grefydda yn Lerpwl a'r Cyffiniau (1891-1991)
Agoriad gan y Parch. Ddr D. Ben Rees.

4. NOS IAU, 27 MEHEFIN
yn Eglwys Salem, Laird Street, Penbedw o 7.30 i 9 o'r gloch.
Pantycelyn ac Addoliad Cyhoeddus
Agoriad gan y Parch. D. Hughes Jones, Y Rhyl.

5. DYDD MAWRTH, 2 GORFFENNAF
yn Ysgoldy Bethel, Heathfield Road, Lerpwl, o 9.30 i 11 o'r gloch
YSGOL UNDYDD
Y Testament Newydd/New Testament Studies and Theology
gan y Parch. Athro Ralph Martin, Ph.D., Prifysgol Sheffield

6. PRYNHAWN MAWRTH, 2 GORFFENNAF
o 2 o'r gloch i 5 o'r gloch
Ethig Gristnogol/Christian Ethics
gan y Parch. Ddr Richard Kidd, Prifysgol Manceinion

7. NOS LUN, 22 GORFFENNAF
yn Ysgoldy Bethel, Heathfield Road, Lerpwl o 7.30 i 9 o'r gloch
Rhagor am y Perganiedydd William Williams (1717-1791)
gan y Parch. Ddr D. Ben Rees

* Mae'r ysgol Undydd yn cael ei rheoli gan Adran Ddiwinyddol Prifysgol Greenwich, U.D.A. ac felly fe fydd yn rhaid cyfrannu'n ariannol tuag at y ddarpariaeth hon. Ond fe fwriada'r Henaduriaeth gydweithio yn hyn o beth ac fe gewch y manylion.

66 COFIO PANTYCELYN

gan J. E. Jones

Mae cryn baratoi ar Lannau'r Ferswy i nodi dauganmlwyddiant marw'r Perganiedydd, William Williams, Pantycelyn. Cynhelir nifer o gyfarfodydd a bydd pererindod i Bantycelyn a mannau eraill cysylltiedig â'r emynydd ym mis Mai. Agorwyd y gyfres ar Ddydd Gŵyl Sant Padrig, 17 Mawrth 1991, gyda chyfarfodydd yng Nghapel Bethel, Heathfield Road, Lerpwl, dan nawdd yr Henaduriaeth a Chyngor Eglwysi Cymraeg Lerpwl a'r Cyffiniau (CECLAC). Cafwyd braslun effeithiol iawn o hanes Pantycelyn yn y pnawn gan blant Bethel. Mân iawn yw'r plant ond, heb gynhorthwy oedolion, bu iddynt gymryd y cyfarfod yn gyfan gwbl, a hynny mewn iath goeth fel petaent wedi dod o gefn gwlad Cymru. Mae hyn yn fwy o syndod pan ddeellir mai un yn unig o rieni'r mwyafrif o'r plant sy'n Gymry Cymraeg. Rhoddwyd gair byr i'r plant gan T. G. Jones.

Yna, mwynhawyd te wrth y byrddau yn yr Ysgoldy Fawr wedi ei baratoi gan chwiorydd caredig y Capel.

Cymanfa ganu gafwyd yn yr hwyr dan arweiniad Mr. T. Gwynn Jones, Porthaethwy, a Mrs. Margaret Anwyl Williams wrth yr organ. Miss Iris Hughes-Jones, Wallasey a gymerodd y rhannau arweiniol. Yr oedd llawr y capel yn llawn a chafwyd oedfa a hir gofir a rhyw wefr arbennig yn y canu. 'Fuasai'r adroddiad ddim yn gyflawn heb gofnod o anerchiad y Gweinidog, y Parch. Ddr. D. Ben Rees, yn dadansoddi cymhellion y Perganiedydd a dyma fo:

'Nid oes neb yn hanes cenedl y Cymry yn cael ei adnabod mor hawdd gan bobl o bob oedran na'r gŵr hwn o ogledd Sir Gaerfyrddin. Gelwir ef ar ôl y fferm y bu fyw rhan helaeth o'i oes ynddi. Fferm y bu ef a Mary Francis o Lansawel, ei wraig, a'r wyth o blant yn ddigon cysurus eu byd yn rhan olaf y ddeunawfed ganrif. Y fferm y bu ef farw ynddi ar 11 Ionawr 1791. Ie, Pantycelyn. A bellach ceir Gwasg yng Nghaernarfon gyda'r un enw ac Ysgol Gyfun yn Llanymddyfri a Neuadd Breswyl ym Mhrifysgol Cymru yn Aberystwyth – pob un ohonynt yn symbolau o ddylanwad William Williams (1717-91).

Ond fe'i hadnabyddir hefyd fel y Pêr Ganiedydd, y prif lenor a welodd y Diwygiad Methodistaidd yng Nghymru, a'r emynydd sy'n sefyll ar ei ben ei hun ymhlith ei gyfoeswyr. Ac i ni sy'n bodio *Llyfr Emynau y Methodistiaid Calfinaidd* o Sul i Sul, fe'i hadnabyddir gydag un llythyren – W. Dyna ein hadnabyddiaeth o'r emynydd, ac fe gawn heno wefr arall, cymanfa unigryw, na fu erioed ei bath yn ninas Lerpwl, cymanfa lle yr ydyn ni'n canu emynau un emynydd yn unig. Mae gennym 17 emyn ar y rhaglen, ond beth yw hynny gan fod 230 yn y llyfr emynau ei hun!

Gan mai emynydd unigryw yw Pantycelyn, beth tybed oedd ei safonau a'i ddelfrydau. Yn ffodus mae gennym yr ateb. Trowch i ragymadrodd ei gasgliad o'i emynau *Ffarwel Wledig* a gyhoeddwyd yn 1766, rhagymadrodd pwysig ym myd emynyddiaeth. Iddo ef fe ddylid cadw pum peth mewn golwg.

Yn gyntaf GALWAD. Credwn y dylai pregethwr gael galwad Duw i'r gwaith o gyhoeddi'r Efengyl. Nid gyrfa yw pregethu ond comisiwn. Felly hefyd llenydda'n Gristionogol.

Yn ail PROFIAD. Heb brofiad o Dduw yn Iesu Grist, pa obaith sydd gan yr egin-bregethwr a'r egin-emynydd?

Yn drydydd DIWYLLIANT EANG. Credai Pantycelyn y dylid darllen yn eang yn Saesneg ac mewn ieithoedd eraill er mwyn cael cefndir cymwys i fwydo'r awen a'r dychymyg. Yn bedwerydd GWYBODAETH o'r YSGRYTHURAU. Dyna'r Maes Llafur, sef Llyfrau'r Proffwydi a'r Salmau., Caniadau Solomon, Job a'r Datguddiad. Yno y ceir yr ymadroddion sy'n cydio, y dychymyg byw, cyffelybiaethau a'r iaith esmwyth, chwedl yr emynydd. Ac yn olaf YSBRYDOLIAETH. Peidiwch llunio emyn heb fod yn agos i'r 'Nef dan awelon yr Ysbryd Glân' Dyna'r amodau y gwyddai Pantycelyn amdano. Ac o'r brentisiaeth a'r ddisgyblaeth honno fe gawsom gyfoeth ysblennydd fel Cymry Cymraeg, mêr yr Efengyl a ysbrydolwyd i'n bwydo fel credinwyr. Tynnaf sylw at y themau hyn:

(1) *Hiraeth am Dduw sy'n concro calon y pechadur.* Gwrandewch: 'Anweledig! rwyn dy garu/Rhyfedd ydyw nerth dy ras'.

Pam fod rhyfeddod yno? Am fod y Creawdwr yn ennill y dydd trwy berswadio'r unigolyn i ildio i Ras y Cynhaliwr.

Gwnaethost fwy mewn un munudyn
Nag y gwnaethai'r byd o'r bron -
Ennill it eisteddfa dawel
Yn y galon garreg hon.

(2) *Diolchgarwch am Waredwr i'r Byd.* Iesu yw canolbwynt diwinyddiaeth y Pêr Ganiedydd. Fy hoff emyn ar hyn yw: 'Iesu, Iesu, rwyt Ti'n ddigon'. Meddyliwch am y llinell gyforiog o ystyr o'i eiddo: 'Iesu, nid oes *terfyn* arnat.' Un o linellau mawr y Gymraeg.

(3) *Rhyfeddod at Waredigaeth y Groes.* 'Chafodd neb yn Gymraeg na Saesneg well dirnadaeth ar ystyr y Groes a'r waredigaeth a ddaw i bechaduriaid o fuddugoliaeth y Crist. Cymerer un pennill nas cenir yn ddigon aml gennym, a sylwch ar yr hyn a ddywed Williams:

Dyma'r *tlawd* a *gyfoethogwyd*
A'r *carcharor* wnaed yn *rhydd*.

Dyma'r gyffelybiaeth – tlawd – wedi ei gyfoethogi – a'r carcharor – wedi ei ryddhau. Ond sylwch ymhellach:

Ddoe – ie ddoe oedd yn y *pydew* obry,
Heddiw yma'n *canu* sydd.

Mae e yn y Gymanfa, yn ei morio hi am y waredigaeth a ddaeth o Fryn Calfaria. A beth fedrwn ni ei wneud yn well na dweud yn glywadwy gyda Williams:

Nid oes gennyf
Ddim ond diolch tra fwyf byw!

Diolch amdano, ei gyfraniad, a'r Gymanfa hon a'n cynorthwya i gofio'n deilwng y Pêr Ganiedydd o Bantycelyn'.

67 CADEIRYDD NEWYDD *YR ANGOR* 1982

Dienw

Yn y Cyfarfod Blynyddol ar 6 Gorffennaf 1982 , etholwyd Mr Alun Roberts yn Gadeirydd Pwyllgor *Yr Angor* am y ddwy flynedd nesaf, gan ddilyn yr arweiniad a roddwyd gan y Parch. Ddr D. Ben Rees, Cadeirydd cyntaf y papur, o fis Mai 1979. Deil ef yn y swydd o Olygydd.

Masnachwr, fel ei ddiweddar dad, yw Mr Alun Roberts a bellach daeth enw'r cwmni Owen Roberts yn adnabyddus ym myd papur wal trwy Ogledd Lloegr, a Gogledd a Deheubarth Cymru. Cyfrifa ein Cadeirydd ei hun yn un o blant Lerpwl er bod ei wreiddiau yn ddwfn iawn ym Mhen Llŷn. Rhoddodd ef a'i deulu wasanaeth gwerthfawr (ac y mae mam Mr Roberts, Mrs Owen Roberts, Yr Eifl, Aigburth, yn un o'r ffyddloniaid) yn eglwys Bresbyteraidd Garston. Mae'n briod â Mrs Ceri Roberts a chanddynt bedwar o blant. Derbyniodd Elizabeth swydd mewn ysgol yn Bradford, tra bod Siân yn dilyn cwrs gradd ym Mhrifysgol Cymru yn Aberystwyth, derbyniodd y mab, Gareth, ysgoloriaeth i Goleg Iesu, Rhydychen, ac y mae'r ieuengaf o'r teulu, Marian, yn cadw pawb ohonom yn ddiddan. Trosglwyddwyd yr iaith Gymraeg a thrysorau'n cenedl i bob un ohonynt.

68 CYFRANIAD Y TRYSORYDD, MEHEFIN 1986.

Mis Mehefin eto: y rhoddion i law o bob cyfeiriad. Prin fod unrhyw gyfarfod ar Y Glannau lle nad oes arian at *Yr Angor* yn dod i ddwylo'r Trysorydd. Dyna'r rheswm meddai (wrth ei briod Menna) pam nad yw ef byth gartref. Llawer o ddiolch.
Dyma'r rhestr:

Mrs Catherine Jones, Llên Cybi, Caergybi	£10
Gwyneth ac Alun Roberts, Waterloo	£10
Miss Hannah Jones, Eglwys Bethel	£5
Miss Ann Roberts, eto	£10
Cylch 25 Lerpwl	£25
Mr Hefin Hughes, Anfield	£5
Gwenllian a Dafydd: er cof annwyl am eu tad – Y Parch. R. Emrys Evans BA'	£10
Mrs Ann Williams, Llangefni	£5
Mr D. C. Williams, Waterloo	£5
Mrs E. Roberts, Eglwys Garston	£10
Miss Mairwen Hughes, Eglwys Bethel	£10
'Teulu o Gymry, Childwall'	£10
Mr a Mrs Tom Owen, Abertawe	£10
Mr a Mrs G. M. Rogers, Eglwys Bethel	£15
Mrs Nesta Rushton, Llandudno	£2
Mr Gwynfor F. Jones, Y Drenewydd	£5
Mr John Alun Hughes, er cof am ei annwyl briod, Helen	£5
Mr Trevor Rees, Orrell Park a Bethel	£5

Alun Edwards, Trysorydd
30 Mehefin 1986

69 CYMDEITHAS CYMRU-ARIANNIN 1939-2014 *gan Lois Dafydd*

Elvey MacDonald, *Cymdeithas Cymru-Ariannin 1939-2014* (Cymdeithas Cymru-Ariannin, 2014). 56tt. £5

Eleni mae Cymdeithas Cymru-Ariannin yn dathlu ei phen blwydd yn 75 oed, ac i gyd-fynd â'r garreg filltir hon, mae'r gymdeithas wedi cyhoeddi cyfrol arbennig sy'n bwrw golwg yn ôl dros dri chwarter canrif o'i gweithgarwch. Ceir yn *Cymdeithas Cymru-Ariannin 1939-2014* ddetholiad o ysgrifau a gyhoeddwyd yn 1989 yn wreiddiol, yn ogystal ag ambell gyfraniad ychwanegol. Cofiwn fod Mrs Elan Jones, Mossley Hill wedi rhoi oes i'r Gymdeithas

Diddorol dros ben oedd darllen am brofiadau'r unigolion hyn o Gymru a'r Wladfa – Ivonne Owen, y Parch. Eirian Wyn Lewis, Cathrin Williams, Mari Emlyn ac Elvey MacDonald – a dysgais dipyn am hanes y gymdeithas ei hun hefyd, megis y ffaith mai ei henw gwreiddiol oedd 'Cymdeithas Cymry Ariannin'. Ond buaswn wedi gwerthfawrogi pennod agoriadol i'r gyfrol ar hanes y gymdeithas er mwyn cael gwell dealltwriaeth o'r hanesion personol hyn, a theimlwn y byddai cynnwys rhywfaint o luniau yn cryfhau'r ysgrifau gan gynnig darlun mwy byw a chyflawn i ni o brofiadau'r awduron.

Felly pleser oedd cyrraedd y bennod 'Hanes Sefydlu'r Gymdeithas' gan Eiddwen Humphreys, sy'n olrhain cychwyniadau'r gymdeithas yn Eisteddfod Genedlaethol Dinbych 1939 a'i gweithgarwch dros y degawdau dilynol. Dyma gofnod hanesyddol gwerthfawr, ac mae'n drueni nad oes dilyniant iddo sy'n ymdrin â gwaith Cymdeithas Cymru-Ariannin ers hynny. Fodd bynnag, sonnir mewn penodau eraill am rai agweddau ar ei gweithgarwch diweddar, megis Cynllun Dysgu Cymraeg Chubut, anfon pregethwyr a chystadlaethau'r Eisteddfod Genedlaethol i Wladfawyr, gan adlewyrchu diwydrwydd y gymdeithas dros yr hanner canrif diwethaf.

Wrth i ni nesáu at ganmlwyddiant a hanner ers sefydlu'r Wladfa Gymreig ym Mhatagonia, diddorol iawn oedd darllen adroddiad Valmai Jones ar ddathliadau'r canmlwyddiant yn 1965 mewn nifer o leoliadau ar hyd a lled Cymru a'r Wladfa – a Llundain – trwy gyfrwng amryw ddigwyddiadau a gweithgareddau cyffrous. Dyma hwb ar gyfer dathliadau'r 150 y flwyddyn nesaf, ac mae crynodeb Elvey MacDonald o'r hyn y gellir ei ddisgwyl yng Nghymru yn 2015 yn sicr o ennyn diddordeb a chyffro!

Y mae Lerpwl yn rhan o'r dathlu hefyd.

Trwy gyfres o ysgrifau gafaelgar ac adran luniau fywiog, dyma gyflwyniad gwerthfawr i'r berthynas dra phwysig honno sy'n parhau rhwng Cymru a'r Wladfa. Mae'n rhaid ystyried a fyddai'r berthynas honno cyn gryfed ag y mae hi heddiw oni bai am waith parod a diflino'r gymdeithas hon. Boed iddi barhau felly, fel y gallwn ymhen 25 mlynedd ddarllen am lwyddiannau pellach Cymdeithas Cymru-Ariannin. -

70 CYNGERDD BUDDIOL CYMRY MANCEINION

gan Elwyn Evans

Ar nos Sadwrn, 28 Chwefror [2009], cafodd dinas Manceinion y cyfle i werthfawrogi un o gorau meibion amlycaf Gwlad y Gân, sef Côr Meibion Trelawnyd. Cafwyd y profiad i wrando arnynt, y tro hwn, o dan arweiniad yr is-arweinydd, Iwan Davies, gan fod yr Arweinydd ers 30 blynedd, Geraint Roberts, Prestatyn, wedi derbyn gwahoddiad i arwain Cymanfa Ganu Gŵyl Ddewi yn ninas Melbourne, Awstralia, fel aelod blaenllaw o'r Eglwys Fethodistaidd.

Gweithred hardd o eiddo'r Gymdeithas Gymraeg yw trefnu Ysgoloriaeth i Gymro neu Gymraes ddawnus sy'n astudio yng Ngholeg Cerdd Manceinion. Penderfynodd y beirniaid yn 2008 wobrwyo Cymro o ddinas Caerdydd, Timothy Hill, a llongyfarchwn ef yn fawr.

Bu yr artistiaid yn hynod o brysur a gwelsom yn yr Angor hanes dau o'r artistiaid ifanc o Gymru yn ymarfer yn y Coleg Cerdd ar gyfer Cyngerdd Cymdeithas Cymry Manceinion. Gwelsom Timothy Hill, enillydd yr ysgoloriaeth, a hefyd Daniel Brian Hughes, Gresffordd, perfformiwr o fri ar y clarinet a mab i'r cyfansoddwr dawnus Brian Hughes, genedigol o bentref cerddorol Rhosllannerchrugog. Gwyddom am ei allu fel arweinydd medrus, cyfeilydd penigamp ac arbenigwr fel hyfforddwr cantorion. Ef oedd yn cyfeilio i'w fab a Timothy Hill yn y Cyngerdd a hir gofir. Mae gennym lawer i fod yn ddiolchgar amdano.

71 CYNHEILIAD Y TRADDODIAD CYMREIG YN LERPWL

gan Humphrey Wyn Jones

Yn frodor o'r Betws, ger Rhydaman – ardal y glo caled, rygbi (a chwaraeir yr un mor galed, ond yn fedrus a mentrus hefyd), cerddoriaeth gorawl, capeli llawn a seindorf – daeth W. Hywel Davies i ddinas Lerpwl yn ŵr ifanc ugain oed yn 1934.

Fel cymaint o'i gyfoedion, dyfod i brifddinas Gogledd Cymru i 'mofyn' gwaith wnâi'r gŵr ifanc, tal, cyhyrog, a hynny yng Ngwasanaeth Heddlu'r ddinas.

Os mai mewn lifrau nefi blw y treuliai ei oriau gwaith, mewn siwt o'r un lliw y treuliai ei Suliau a sawl noson waith, a hynny yng nghapel yr Hen Gorff yn Douglas Road. Bu ef a'i deulu yn aelodau ffyddlon yno gydol y blynyddoedd hyd at ddatgorffori'r capel yn 1974, ac i nifer fawr o'r gynulleidfa ymuno â chapel Bethel, Heathfield Road.

Buan y dechreuodd wneud enw iddo ei hun yn y *Force*, dyrchafiad ar ôl dyrchafiad fu ei hanes – o heddwas cyffredin i ringyll, o Arolygwr i Brif Arolygwr. Mae'n debyg mai Hywel Davies yw'r Cymro cyntaf i ddal y swydd bwysig o Bennaeth Adran C.I.D. (adran dditectif) Heddlu Dinas Lerpwl, swydd a lenwodd gydag anrhydedd am flynyddoedd, hyd nes i'r gwasanaeth ymledu i gynnwys Bootle a Glannau Mersi yn gyffredinol. Daeth i amlygrwydd fel ditectif gydag amryw o lofruddiaethau, yn eu mysg rhai yng Ngogledd Cymru. Cydnabyddwyd ei wasanaeth yn yr heddlu pan urddwyd ef â Medal Heddlu'r Frenhines am Wasanaeth o Fri.

Os bu iddo gyrraedd y pinacl yn swyddog gyda'r heddlu, mae hefyd yn dal record go sylweddol mewn cyfeiriad arall. Am ddeng mlynedd ar hugain, bu'n eistedd yn yr un sedd yng nghyngherddau y *Welsh Choral*; a pha syndod o ddeall bod ei wraig, Agnes – un o ferched teg Rhydaman – yn aelod o'r côr. Ond peidied neb â meddwl mai dim ond cefnogi'r wraig a wnâi, mae'n gerddor ei hun ac wedi mwynhau cerddoriaeth a'r 'pethe' erioed. A pha ryfedd, onid oedd ei dad yn ysgrifennydd Capel Newydd, Eglwys Bresbyteraidd Cymru, yn y Betws, a'r fam yn aelod ffyddlon o'r un capel gydol ei hoes hyd oedran o wyth deg chwech, ac yn fodryb i'r diweddar anfarwol Ryan Davies, y digrifwr dawnus.

Wedi ymddeol o'r heddlu, bu Hywel yn llenwi swydd gyfrifol arall, yn archwiliwr gyda chwmni yswirin. Bellach, ac yntau wedi ymddeol yn llwyr o'r byd proffesiynol, gall dreulio llawer mwy o amser yn dilyn un o'i brif ddiddordebau – sef garddio a gwrando ar raglenni Cymraeg ar S4C a Radio Cymru. Fe'i ceir y dyddiau hyn yn tendio a siarad â'r blodau a'r bresych yn y tŷ gwydr a'r rhandir. .

A'r plant a'u teuluoedd ar wasgar – Ann yn Sri Lanka, Trefor yn Nyfnaint, a Rhys (a ddilynodd ôl troed ei dad i fyd y gyfraith, ond fel bar-gyfreithiwr) yn y wlad fawr ar draws yr Iwerydd, Canada – syndod nad aeth y Cymry pybyr hyn yn ôl i'w hen gynefin. Pam tybed?

O ! wel – mae eu gwreiddiau, erbyn hyn, yn llawer rhy ddyfn ymysg Cymry Lerpwl i freuddwydio am symud oddi yma!

72 CREFYDD Y MEDDYG

gan John G. Williams

Beth yw crefydd? Dyna yw'r cwestiwn mawr. Nid casgliad o ddefodau yn unig yw crefydd, oherwydd ffurfiau allanol yn unig yw hynny. Nid un credo arbennig, oblegid mae ein crefydd yn cynnwys llawer o gredoau. Wedi'r cyfan 'tuag at beth bynnag a gyfrif yn uwch, yn well, yn gryfach ac yn sancteiddiach nag ef ei hun', ac ar ddim y 'dibynna arno' yw crefydd ar ei orau. Yr wyf am geisio trafod y testun yng ngoleuni'r hyn a feddyliodd cewri'r Ffydd fel Thomas Charles o'r Bala amser maith yn ôl.

Beth yw meddyg, gofynna rhywun? 'Un yn gofalu am iechyd pobl' yw'r diffiniad a welais yn y *Geiriadur Mawr*. Nid yw'r meddyg yn wyddonydd pur. Mae'r gwyddonydd yn disgwyl yr un canlyniad i ddigwydd bob tro pan gymysgir yr un elfennau. Ond gŵyr y meddyg, na ddigwydd hyn yn ddiffael ym myd meddygaeth. Er enghraifft, os rhoddir y cyffur a elwir *penisilin* i glaf yn dioddef haint yr ysgyfaint, mae'r afiechyd yn gwella fel rheol. Ar y llaw arall, fe all y cyffur gyffroi rhai cleifion a rhoi asthma iddynt, neu grach ar y croen. O ganlyniad, mae'r meddyg yn gorfod cadw meddwl agored i'r posibilrwydd y bydd pethau'n wahanol i'r hyn y mae ef yn ei ddisgwyl. Yr wyf yn tybio wrth fyfyrio ar y testun fod yr egwyddor o fedru derbyn digwyddiadau annisgwyl ac anesboniadwy yn un bwysig iawn.

Wrth gofio hyn, buasech yn disgwyl y byddai pob meddyg yn Gristion, ond nid yw'r sefyllfa honno'n bod. Y mae cyfartaledd uchel o feddygon, fel trwch y boblogaeth, yn ddifater ynglŷn â hanfodion y Ffydd. Gellir cynnig rhesymau am hyn:

(a) Y mae marwolaeth yn rhan o'n gwaith dyddiol. Nid oes dirgelwch mewn marwolaeth i ni. Mae'n anodd credu am 'y wlad sydd well i fyw' ar ôl i chwi fod yn llafurio am hanner awr i geisio cadw'r claf yn fyw.

(b) Pan ydym yn llwyddiannus ac yn medru gwella pobl sydd yn wirioneddol sal, mae pawb yn teimlo'n braf, ac mae'r cleifion hwythau yn ddiolchgar dros ben. Mae hi'n rhy hawdd i feddwl ar adegau felly ein bod yn aelodau o'r Alwedigaeth Ddewisiedig ac yn medru bod heb Dduw yn y darlun.

Hoffwn, yn gyntaf, ganolbwyntio ar rai pynciau a'm trawodd yn ystod fy hyfforddiant yn feddyg.

Ar ôl cael y Lefel A, dechreuais ym Mhrifysgol Lerpwl. 1970 oedd y flwyddyn honno. Yr oedd y cwrs arbennig hwnnw yn un pum mlynedd o hyd. Treulid y ddwy gyntaf o'r pump yn dysgu sut mae'r corff dynol yn gweithio. Dyna yr hyn mae'r awdurdodau yn ei alw yn – *Anatomy* a *Physiology*. Treulir y tair blynedd dilynol mewn ysbytai yn dysgu'r dull i ddarganfod a gwella gwahanol afiechydon. Y tair blynedd hyn yw'r cyfnod pwysicaf o ddigon yn hyfforddiant unrhyw feddyg. Methiant llwyr i ddysgu'r grefft fydd hanes pob meddyg, oni chymer boen i wrando geiriau'r claf a'i archwilio'n drwyadl. A dyna oedd un o nodweddion amlycaf yr Athro David A. Price Evans ym Mhrifysgol Lerpwl. Roedd pob myfyriwr iddo, nid yn unig yn derbyn gwybodaeth ganddo, ond hefyd yn medru gwneud yr hanfodion.

Mae'n bwysig iawn i lynu wrth yr hanfodion. Hanfod Duw, fel y dywedodd y Dr R. Arthur Hughes mewn Seiat ym Methel, yw – trugaredd ddiamod Mae'r Gair yn ein hannog: 'Câr dy gymydog fel ti dy hun.' Yn bersonol, credaf mai peth cwbl ymarferol yw Cristnogaeth yn ei hanfod. Nid gwyddor haniaethol mohoni.

Ar ôl graddio yn feddyg, teimlwn fy mod yn reit glyfar ac yn abl i ofalu am fy holl gleifion heb gymorth neb arall. Sylweddolais yn fuan iawn mor fychan oedd y cyfraniad y medrwn i ei roi mewn gwirionedd. Ie, ennill brwydrau heb ennill y rhyfel megys; gwneud daioni dros dro oedd peth fel hyn. Ac fel yr â'r blynyddoedd heibio, dôf i gytuno â'r Salmydd gynt, a chredu yr hyn a ddywedodd ef o waelod calon. Y Salmydd ddywedodd: 'Pa beth yw dyn i Ti i'w gofio?' Os yw Duw yn medru bod yn bresennol ymhob man, pwy ydym ni?

Ar ôl gorffen yn y Brifysgol y mae'r meddyg yn dechrau dysgu sut i dderbyn cyfrifoldeb a gweithredu o ddifrif. Beth sy'n gwneud meddyg da? Mae'n gwbl angenrheidiol iddo fod yn gydwybodol. Nid gwaith y gellir ei gyflawni rhwng naw a phump mohono. Nid yw'n hawdd o gwbl, yn enwedig os oes gan y meddyg deulu yn disgwyl amdano. Yn ail, rhaid iddo fod yn onest ag ef ei hun a hefyd yn onest â'r claf.

Er mwyn bod yn onest ag ef ei hun, mae'n rhaid ddo ddysgu beth all ef gyflawni ei hunan; a dysgu hefyd pa bryd i ofyn neu geisio cyngor gan ei gyfoedion parthed y cleifion sydd dan ei ofal. Yr wyf yn credu y dylem ddweud wrth y cleifion i ryw raddau beth yw'r problemau sy'n eu hwynebu; a hefyd dylem ymddiried mwy o'n cyfrinachau i deulu'r claf neu'r cleifion. Buasem yn fwy tebygol wedyn i osgoi llawer o drafferthion a helyntion blin yn nes ymlaen.

Mae Duw ei hun yn ddigon onest. Gesyd Ef y gorchymynion ar ein cyfer. 'Gwyn eich byd pan fydd dynion yn eich gwaradwyddo a'ch erlid ac yn dweud pob math o ddrygair celwyddog yn eich erbyn o'm hachos i. Llawenhewch a gorfoleddwch, canys mawr yw eich gwobr yn y Nefoedd.'

Hanfod arall meddyg yw'r ddawn i fedru rhesymu, y ddawn i ddeall. *'Intelligence is the ability to reason'*. Mae hyn yn rhan bwysig iawn o hyfforddiant meddyg – dysgu sut i resymu. Mae dros ugain o wahanol boenau'r frest yn ysbytai Lerpwl yn barhaus. Fe fydd y meddygon yn ceisio dyfalu pwy o'r bobl a yrrwyd yno gafodd drawiad ar y galon.

Hanfod y rhesymu yw:

(i) Gwybod y ffeithiau a'r damcaniaethau.

(ii) Dysgu sut i ofyn cwestiynau ac mae'n bwysig i'r meddygon fedru penderfynu.

(iii) Astudio canlyniad ein penderfyniad a dysgu oddi wrtho.

Mae'n ofynnol ein bod yn gofyn cwestiynau am ein crefydd yn yr un modd. Credaf fod Duw yn croesawu hyn. Dengys y damhegion hynny'n eglur iawn.

Gallaf ofyn i mi fy hun, a yw salwch yn suro fy agwedd at Dduw? Gwelaf lawer o bobl yn dioddef bob dydd. Ai dyma'r Duw sy'n caru'r byd? Cawn ddarlun o'r Arglwydd Iesu yn dysgu a phregethu ac iacháu.

Ond fy nghwestiwn i yw hwn: A yw Duw yn gyfrifol am afiechyd? Atebaf, nac yw, yn ôl fy meddwl i. Peirianwaith o gig a chnawd yw ein cyrff dynol. Mae salwch yn ganlyniad naturiol am fod rhywbeth wedi mynd o'i le yn y peirianwaith. Nid oes gwarant (*guarantee*) ar ein cyfer gan Dduw, nac unrhyw sicrwydd o hyd ein hoedl ar y ddaear. Fel arfer yr ydym yn byw i oedran yr addewid. Weithau mae'r 'peiriant' yn torri lawr ymhell cyn cyrraedd yr oedran hwnnw. Pan ddaw salwch difrifol i blentyn, fe fyddwn ni feddygon yn teimlo'n ddig ar achlysuron felly. Cawn ein siomi weithau gyda cherbyd yr ydym newydd ei brynu, fe dyrr i lawr.

Meddyliwch am y planhigyn sy'n oherwydd prinder dŵr, ac yntau ddim ond newydd ei blannu. Nid wyf yn credu o gwbl fod ein tynged o'r eiliad y cawn ein geni hyd ein holaf lef wedi ei benderfynu. Pe bai hynny'n wir, a dim ond yr holl wir – yna paham y gorchymynnodd yr Arglwydd ni i fyned allan i newid y byd?

Felly, nid wyf yn credu bod Duw yn penderfynu pa bryd y byddaf farw. Rhyw *off/on switch* yw peth felly.

Na, fel y dywedodd y Parch. Richard Williams, Amlwch: 'Nid sôn am rwystro marwolaeth a wna Cristnogaeth, ond gorchfygu marwolaeth.' Cofiwn yr hyn a ddarllenwn yn yr Ysgrythurau am iacháu. 'Yr oedd yr Iesu yn myned o amgylch Galilea gyfan, gan ddysgu yn eu synagogau hwy a phregethu efengyl y Deyrnas, ac iacháu pob llesgedd ymhlith y bobl.' Iddo Ef, mynegiant o Ysbryd y Deyrnas yw iacháu'r cleifion.

Anrhydedda'r meddyg â'r anrhydedd sy'n ddyledus iddo, am fod yn rhaid wrtho, oblegid yr Arglwydd a'i creodd ef.

A yw'r meddyg, felly, yn perthyn i gylch etholedig ein cymdeithas? Rhydd i bawb ei farn. A siarad yn bersonol, ni chefais alwad gyfrin gan y golomen nefol. Ond os yw hapusrwydd yn y gwaith yn arwydd fod Duw wedi dewis yr unigolyn i gyflawni'r gwaith arbennig hwnnw, wel yr wyf finnau wedi clywed yr alwad. A chofiwn mai dysgu crefft yw meddygaeth wedi'r cyfan. Nid wyf yn meddwl ein bod yn well na neb arall oherwydd ein bod yn feddygon. Ni chredaf am eiliad ein bod yn well, dyweder, na saer coed, neu weinidog. Yn yr un modd, nid yw blaenor yn well na'r gweddill o'r aelodau mewn capel. Yr ŷm i gyd wedi cael galwad i wneud gwaith i'r Arglwydd. Hwyrach fod y cyhoedd yn ein parchu'n ormodol fel meddygon.

73 COLOFN DDIGRI

gan Roderick Owen

Cas beth gan un pregethwr oedd gweld neb yn mynd i gysgu yn ystod ei bregeth, er mai digon di-fflam a diangerdd a fyddai ei bregethau yn aml iawn.

Mewn oedfa o'r fath, collodd y Parchedig ei dymer pan welodd fod un o'r gynulleidfa wedi syrthio i drwmgwsg ac yn prysur slipio i lawr ei sedd. Trodd at y pen blaenor a gorchmynnodd:

'Cerwch i'w ddeffro fo, da chi'.

'Na wnaf wir, cerwch chi', meddai'r hen flaenor yn bendant, 'chi ddaru wneud iddo fynd i gysgu yn y lle cyntaf'.

##

Y dilyw oedd testun y wers ysgrythur rhyw bnawn yn yr ysgol fach yn y wlad.

'Nawr te,' meddai'r athrawes ar ôl cwblhau'r stori, 'allith un ohonoch chi ddweud wrtha i beth wnaeth Noa i ddifyrru ei hun pan oedd yn yr arch yn disgwyl i'r dyfroedd fynd i lawr.'

'Pysgota, Miss,' oedd ateb un hogyn bach.

Ond daeth llais arall o'r cefn dan weiddi 'Amhosibl Miss, dim ond dau bry genwair oedd ganddo fo'.

Roderick Owen , cefnogwr *Yr Angor* a'r Trysorydd o 2003.

74 CANMLWYDDIANT EGLWYS WATERLOO

gan R. Maurice Williams

Honnai Edward Peters gynt, a ddaeth i Ogledd Lerpwl o'r Mynydd Isa yn 1858, mai ef oedd y Cymro cyntaf i fyw yn ardal Waterloo. Dechreuodd y lle ddod i sylw yn bennaf fel ymdrochle, yn ôl J. Hughes Morris, oddeutu'r flwyddyn 1815, a galwyd y lle er cof am y fuddugoliaeth filwrol dybiedig honno. Gyda'r cynnydd mawr yn y boblogaeth tua chwarter olaf y ganrif, daeth unigolion a theuluoedd o Gymry i fyw yn y fro, a'r merched ifanc, y 'gennod gweini', yr ydym mor ddyledus iddynt, a fu'n gymaint o gefn a symbyliad i'r bywyd Cymraeg drwy'r Eglwysi gynt, ac y mae eu dylanwad yn parhau hyd heddiw.

Yn yr Ysgol Sul y ganed Eglwys Waterloo, fel y rhelyw o'r eglwysi Cymraeg, a bu'n troi a throsi rhwng Church Road ac East Street am ddeuddeng mlynedd cyn sefydlu'r eglwys yn yr oruwch ystafell yn Neuadd Genhadol Dean Street, nos Fercher, 26 Tachwedd 1879. Agorwyd y Capel ar gornel Sandringham Road, nos Lun, 30 Hydref 1882. Costiodd £2,500! Gwasanaethwyd yr eglwys gan bedwar gweinidog:Y Parch. William Henry o Bontypridd a fugeiliodd â'i holl egni, gan symud i Bort Talbot yn 1919. Yn ystod ei gyfnod ef, helaethwyd y Capel ac adeiladwyd ysgoldai.

Yn 1921 galwyd y Parchedig Howell Harris Hughes o'r Tabernacl, Bangor. Mewn pedair blynedd aeth yn ddwfn iawn i serch yr eglwys a bu'n eithriadol o lwyddiannus gyda'r bobl ifainc. Ymadawodd i Seilo, Llandudno, yn 1925, ac ef oedd tad y cenhadwr Dr R. Arthur Hughes.
Yn 1927 galwyd y Parchedig D. Stephen Davies o Aberaeron a fu, gyda'i briod, yn genhadwr yn yr India hyd oni phallodd ei nerth, ac a ddyfalbarhâodd yn genhadwr ewyllysgar hyd ddiwedd ei oes ymroddedig yn 1950. Mae rhai o'i sylwadau yn yr adroddiadau blynyddol yn allwedd i'w gymeriad: 'Nid ymffrostiwn am ddim a wnaed gennym, ond ymostyngwn gan gofio mai derbyn a wnaethom. Y sawl a wnaeth fwyaf a fendithiwyd fwyaf.'

Dechreuais innau fy ngweinidogaeth yma yn 1952 yn bryderus-hyderus ar fy nyfodiad o Gemaes, Sir Fôn. Yng nghwrs y saithmlynedd ar hugain gwelais newid mawr yn y gymdeithas Gymraeg yn yr eglwys ac oddi allan iddi ar lannau Mersi. Calonogwyd fi'n ddirfawr gan y cydweithio a'r teyrngarwch mewn ysbryd rhagorol sydd mor nodweddiadol o Waterloo. Gwaetha'r modd, nid oes dim ond ychydig iawn o Gymry Cymraeg yn dod atom bellach ac nid yw'r rhagolygon yn olau, ond y mae eglwys gadarn, addolgar a gwasanaethgar sy'n feithrinfa ffydd, gobaith a chariad yn aros yn ein plith i dystio i'w Harglwydd mewn byd sy'n trengi o angen ei ymgeledd.

Treuliwn y Sul olaf o Fedi gan amcanu i'r addoliad fod yn gyfle inni ymgydnabod â'r gorffennol ac ystyried neges y dathlu hwn i ni heddiw.

Derbyniodd Llywydd y Gymanfa Gyffredinol, y Parch. R. Gwilym Hughes, M.A., B.D., Pwllheli, ein gwahoddiad i ddod atom ar y Sul, 7 Hydref [1979], ac yng Ngwasanaeth y Bore cawn gyfranogi o'r Ordinhad o Swper yr Arglwydd, ac yng Ngwasanaeth yr Hwyr pregethir gan y Parch. R. Gwilym Hughes.

75 CATHOD A PHYSGOD

gan Enfys Hughes

Dywedodd rhywun wrth Lloyd Goerge nad oedd yn bosib iddo alw ei hun yn Gymro am nad oedd wedi cael ei eni yng Nghymru. Atebodd yntau trwy ofyn y cwestiwn – 'Os aiff cath i mewn i siop bysgod i eni ei rhai bach, beth ydi'r rhai bach yna – cathod ynteu pysgod?'

Aeth fy nhaid a nain o wahanol rannau o Gymru i Loegr o gwmpas troad y ganrif. Priododd y ddau a sefydlodd y ddwy gath eu cartref yn Bebington ar Gilgwri. Aeth nain at ei mam i Gaergybi i eni fy mam, felly cath fach Gymreig oedd mam yn dod i'r siop bysgod i fyw yn saith wythnos oed.

Yn 1937, gadawodd fy nhad ei gartref ym Mhen Llŷn a throi yn bysgodyn go iawn, am wn i, wrth grwydro gwledydd y byd fel morwr.

Yn yr ysbyty ym Mhenbedw y ganwyd fy mrodyr a minnau, ac yng nghartref y teulu yn Bebington y cawsom ein magu. Saeson go iawn felly, meddwch chi. Ia, mae'n siwr, ond Cymraeg oedd iaith ein haelwyd ni, felly nid oedd yn bosib i ni fod yn gathod nac yn bysgod. Beth oeddem ni felly?

Pan ddechreuais fynd i'r ysgol, roedd yna un Gymraes arall yn fy nosbarth a phump o Gymry yn yr ysgol i gyd. Mae'n chwith meddwl, mai dyna ydi'r sefyllfa heddiw mewn rhai mannau cefn gwlad yng Ngwynedd. Wrth gwrs, nid oedd modd i ni siarad Cymraeg gyda'n gilydd mewn ysgol yn Lloegr a buan iawn, er mawr siom i'r teulu, daeth Saesneg yn iaith chwarae i ni yn hytrach na'r Gymraeg. Yn fy arddegau cefnais ar y capel Cymraeg a dechreuais fynychu Eglwys Loegr gyda'm ffrindiau. Roedd y gath fach Gymraeg wedi troi yn bysgodyn Saesneg go iawn. Ond oedd y fath beth yn bosibl?

Bob blwyddyn, byddem yn mynd fel teulu ar ein gwyliau i rywle yng ngogledd Cymru. Er ein bod yn fodlon fod yn Saeson yn Lloegr, nid oeddem mor fodlon cael ein cyfri yn Saeson yng Nghymru. Un bore, pan oeddem yn aros yn Sling, gofynnodd mam i mi beth oedd arnaf eisiau i ginio a dewisais fy hoff fwyd ar y pryd sef *kidney* ar dost. Rhoddodd arian i fy mrawd a minnau a cherddasom i lawr yr allt am siop y cigydd yn Nhre-garth. Wrth gerdded i lawr y lôn ac anadlu awyr iach cefn gwlad Cymru, edrychwn ymlaen at eistedd yng nghegin gefn y bwthyn gan edrych allan dros fynyddoedd Eryri tra'n bwyta pryd blasus.

Ar ôl cyrraedd y pentref, sylweddolodd fy mrawd a minnau nad oedd gennym syniad beth oedd y gair Cymraeg am 'kidney'. Yn hytrach na chyfaddef hyn a gadael i bawb feddwl ein bod yn ymwelwyr Saesneg aeth fy mrawrd i mewn i siop y cigydd a gofyn am iau. Nid oeddwn yn gallu dioddef iau. A dweud y gwir roedd ei oglau tra'n coginio yn troi fy stumog. Er hynny, roedd yn well gan fy mrawd a minnau ddioddef stumog wag na gadael i bawb feddwl ein bod yn Saeson.

Pan oeddwn bron yn ugain oed, ymunodd y teulu efo'r llu o fewnfudwyr i Gymru. Gadewais Goleg ger Llundain a dechrau yr ail flwyddyn yn y Coleg Normal. Nid oedd problem gyda'r prif bynciau fel Cerddoriaeth a Hanes ond cododd fel hen broblem ei ben pan ddewisais y Gymraeg fel pwnc atodol.

Cynigiai'r Normal ddau gwrs atodol Cymraeg, un i ddysgwyr ac un i Gymry oedd wedi dilyn cwrs lefel A. Nid oedd yn bosibl fy nghyfrif yn ddysgwraig gan fy mod yn siarad Cymraeg yn rhy dda, ond nid oeddwn wedi derbyn gwers Gymraeg yn fy mywyd, heb sôn am ddilyn cwrs lefel A.

Wedi hir betruso dros y broblem o beth a phwy oeddwn i unwaith eto, penderfynodd y Coleg mai dilyn cwrs i'r Cymry fuasai'r gorau i mi. Mater o foddi cath neu nofio fel pysgodyn oedd hi wedyn. Credaf mai rhywbeth rhwng y ddau wnes i yn y diwedd.

Erbyn hyn rwyf wedi priodi Cymro, a Chymry go iawn ydi'r plant am mai yng Nghymru y ganwyd hwy a Chymraeg yw eu hiaith. Eto, gwelaf o'm cwmpas deuluoedd sydd wedi cael eu geni yng Nghymru ac wedi cael y fraint o dyfu i fyny mewn pentrefi Cymraeg, yn magu eu plant i fod yn uniaith Saesneg. Beth ydi'r plant yma – Cymry ynteu Saeson – cathod ynteu bysgod? Beth ydw i?

Gair i gyflwyno Enfys Hughes, Bryn-teg, Môn

Athrawes ran-amser, gwraig tŷ a mam i dri o blant yw hi. Ganwyd Enfys ym Mhenbedw, yn ferch i Mr Bob a Mrs Dilys Griffith a fu'n aelodau yng Nghapel y Bedyddwyr, Yr Woodland, Penbedw am flynyddoedd maith. Maent yn awr yn byw (yn 1991) ym Menllech, Môn.

Cydnabyddir yn llwyr y caniatâd a gafwyd oddi wrth Gwasg Gee, Dinbych a Radio Cymru (BBC) i atgynhyrchu'r sgwrs yma yn *Yr Angor*, ac am gymorth un o'r Panel Golygyddol , Ken Williams, yn hyn o beth. – Gol.

76 COFIO PEDROG

gan Elfed Williams

Mae fy nyled a'm diolch i Miss Mair Davies, ysgrifennydd Eglwys y Tabernacl, Woolton Road am gopi (amgaeedig) o'r Anerchiad cyflwynedig i'r Parch. J. O. WILLIAMS, M.A., (Pedrog) gan weinidogion Cymraeg Lerpwl a'r Cylch a chyfeillion – mae'r cyfan yn adlewyrchu'r parch a'r edmygedd, y graen a'r urddas oedd mor nodweddiadol yn mhersonoliaeth yr annwyl Bedrog. Rhan arall o'i fawredd oedd ei gampau eisteddfodol – Cadeiriau Eisteddfodau Porthmadog 1887, Abertawe 1891, Llanelli 1895 a lle arall ond yn Lerpwl yn 1900, ac i goroni'r cyfan ei ddyrchafu i Gadair Undeb yr Annibynwyr Cymraeg yn 1928-9 a'i ddewis yn Archdderwydd Cymru yn 1928.

'Daeth i ben deithio byd' y Sadwrn 9 Gorffennaf 1932. Wedi'r angladd mawr a pharchus rhoddwyd ei weddillion i orffwys yn 'Noeth weriniaeth yr anial' (un o amryw linellau mawr Pedrog ei hun) ym mynwent West Derby ar gyrrau'r ddinas.

Yn ddiweddglo i'r ychydig sylwadau hyn, ni fedraf feddwl am well disgrifiad o Pedrog nag eiddo Wil Ifan:

'Mawredd yn ymguddio dan fantell gostyngeiddrwydd.'

Yn ychwanegol, rhaid dweud hyn am Pedrog: ni chlywais i erioed mo Pedrog yn codi ei lais yn y pulpud; traddodai ei ymadroddion bachog yn dawel ac effeithiol, a hynny mewn Cymraeg syml ddealladwy, er, yn ddi-os, roedd geiriau coethach yn ei feddiant, ie, pregethu yn ôl ei natur a wnaeth Pedrog.

Yr Atodiad

Anerchiad Cyflwynedig i'r Parch J. O. Williams, M.A. (Pedrog)

gan

Gyfarfod Gweinidogion Cymraeg Lerpwl a'r Cylch a chyfeillion

Mai 1928

Ar fin esgyn i Gadair Undeb yr Annibynwyr Cymraeg.

Ystyriwn hi'n fraint gael datgan teimlad calon at un sydd yn eilun ei genedl ac a anwylir gan bob dosbarth ynddi yn wreng a bonedd.

Arwyddwyd:

Y Parch D. Eiddig Jones

Y Parch. T. Price Davies *John Owen*

Y Parch. D. J. Bassett *J. Maeolor Hughes*

Y Parch. Evan Williams

J. H. Jones (Y Brython)

Cyflwynedig i'n Hannwyl Weinidog
Y Parch J. O. Williams, M.A.

Nid ar fyr eiriau y gallwn ni yma drosom ein hunain a'r Eglwys a gynrychiolir gennym dalu'r wrogaeth sydd yn ddyledus i chwi am y 46 mlynedd o wasanaeth i ni fel Gweinidog. Y mae yn syn feddwl i chwi roddi mwy na hanner eich dyddiau i weini arnom ni. Mawr iawn a fu ein braint o dan eich gofal a theimlwyd gennym lawer gwaith i chwi fod megis cysgod craig fawr i ni.

Cawsom glywed eich holl bregethau coeth, a bu holl ddylanwad eich personoliaeth, eich golygiadau eang a chyfoeth eich meddwl yn wastad ac yn arbennig arnom ni.

Er i chwi fod yn eilun calon cenedl gyfan a'r galwadau arnoch yn fawr ac yn fynych, ni bu ball ar eich gofal a'ch myfyr amdanom a chawsom gyfranogi o bob anrhydedd a roddwyd arnoch.

Galluogwyd chwi trwy nerth corff a meddwl i gyflawni gwaith mwy na'r cyffredin a thrwy eich llafur aethoch yn gyfoethog o feddwl a phrofiad, ond cysegrwyd y cyfan gennych ar allor gwasanaeth Duw yn ein plith ni. Mewn gair, bu ein bwrdd yn faes a'n meddwl yn ddibryder. `.

Ni buoch erioed yn gyfoethocach o ran adnoddau eich meddwl a'ch profiad nag yn awr, na chwaith yn fwy eich parch yn syniad ein Cyfundeb a'n Gwlad, a dyry hyn i ni sail i obeithio a dymuno ar i chwi allu medi yn hir o'r ffrwyth a hauasoch mor ffyddlon ar hyd tymor mor faith.

Yr eiddoch yn annwyl iawn dros Eglwys Kensington.

Marg. Jones (Myfanwy Meirion), Dirwestwraig i'r carn; John Rhydwen Jones, (blaenor); John Evans (blaenor); Thos. Nutall (blaenor); W. G. Jones (ysg.) (blaenor); Lydia Jones; Richard Jones; John Williams; Richard Griffiths; John Evans (trysorydd) (blaenor).

77 CYNHEILIAD Y TRADDODIAD

gan John G. Williams

Mae dylanwad y Cymry ar ddatblygiad y gwasanaethau iechyd yn Lerpwl yn wybyddus i bawb. Pan gafodd yr Athro Richard Edwards ei benodi i brif Gadair Adran Feddygaeth Prifysgol Lerpwl ym 1984, dilynodd un Cymro arall, sef y Dr David A. Price Evans sy'n awr yn pori porfeydd sychedig Saudi Arabia.

Yr Athro R. H. T. Edwards a'i briod Eleri

Ganwyd Richard Edwards a'i fagu yn Llangollen ac ers iddo adael Ysgol Ramadeg Llangollen ym 1957 i ddechrau ar ei yrfa yn ysgol Feddygol Middlesex, cafodd lwyddiant arbennig. Enillodd raddau M.B.Bs., M.R.C.S ac L.C.R.P. ym 1964, ac M.R.C.P. ym 1966. Yna yn 1969, cafodd radd doethur (PhD) gan Brifysgol Llundain. Derbyniodd nifer o ysgoloriaethau a gwobrau am ei astudiaethau ar weithrediadau'r corff a'r cyhyrau mewn iechyd, ymarfer ac afiechyd. Ym 1976 fe'i hapwyntiwyd yn Athro mewn Metabolaeth Ddynol (yn dilyn y gŵr nodedig Charles Dent) yn Ysgol Feddygol, Coleg Prifysgol Llundain.

Enillodd nifer o anrhydeddau oherwydd ei allu a'i egni, gan gynnwys Llywyddiaeth y Gymdeithas Ewropeaidd i Ymchwiliadau Clinigol, ac fe'i hetholwyd yn Ddarlithydd Watson Smith, Coleg Ffisegwyr Llundain ym 1979.

Er pan ddaeth i Lerpwl, gwnaeth argraff annileadwy. Mae'r athro newydd wedi bod yn brysur yn trefnu bod peiriant arbennig sy'n medru tynnu lluniau anhygoel o'r corff yn cael ei leoli yn Lerpwl. Bydd y peiriant, sydd yn defnyddio magneteg, yn gymorth i R. H. T. Edwards a'i gyfoedion i ddal ymlaen gyda'u hastudiaethau o afiechydon y cyhyrau, yn arbennig Distroffi'r Cyhyrau *(Muscular Dystrophy)*.

Penderfynodd ef a'i wraig, Eleri Edwards, fyw yn West Kirby yn ystod yr wythnos ac wedyn dianc i gadernid mynyddoedd Meirionnydd am y penwythnos! Yno caiff ymlacio o'r bywyd prysur, cerdded a mynydda, yn awrygylch ddigon Cymreigaidd Brithdir, ger Dolgellau. Yr ydym i gyd yn falch iawn i gael croesawu Richard Edwards a'i deulu i'r Glannau fel un sy'n cadw traddodiad meddygol yn y llinach Gymraeg ar ei orau. Dyma ddechrau ar bennod ddisglair newydd yn hanes ei yrfa a hanes meddygaeth yn ninas Lerpwl.

78 CYMRO O BENBEDW, WALTER REES JONES

gan D. Ben Rees

Yn ystafell blaenoriaid Capel Salem, Laird Street, ar fore Mercher, 11 Ebrill 2001, gofynnodd y gweinidog a lywyddai'r arwyl, y Parch. T. R. Wright i mi lunio teyrnged i goffadwriaeth Walter Rees Jones, a hynny ar sail fy adnabyddiaeth ohono am bron i 33 mlynedd. Ar wahân i'w deulu ac ychydig eraill fel J. Tudur Owen, cefais lawer i'w wneud gyda Walter Rees Jones, a hynny oherwydd ei Gymreictod gwirioneddol werthfawr a'i ddoniau amlwg, a hefyd ei barodrwydd i deipio ugeiniau lawer o'm hysgrifau.

Un o Benbedw ydoedd o'i enedigaeth, er ei fod ef ei hun yn mynnu defnyddio'r gair Saesneg Birkenhead, wrth lunio'r adroddiad misol i'r *Angor* am y Gymdeithas Gymraeg y bu ef yn gymaint o gefn iddi. Rhoddodd o'i orau iddi, a gwerthfawrogai bawb a fyddai'n cyfrannu i fywyd y Gymdeithas. Adnabyddid ei dad, Rees Jones, fel eisteddfodwr pybyr ac ysgrifennydd effeithiol iawn i Eisteddfod y Glomen Wen. Addysgwyd Walter Rees Jones yn lleol a bu fyw ym Mhenbedw ar hyd ei oes. Ni adawodd y dref, ond fe fu yn addurn iddi. Cofir am ei gyfraniad i'r mesysydd canlynol:

Yn gyntaf i fyd y Ddrama. Roedd yn deall y ddrama ac yn actiwr penigamp ei hun, ac yn gynhyrchydd o'r radd flaenaf. Daliodd ati hyd y saithdegau i ddiddori cynulleidfaoedd ar hyd a lled y Glannau. Nid yw Cymry'r Glannau mor hoff o gefnogi drama heddiw ag y buont, a dyna pam y bu i'r partïon drama i gyd ddiflannu. Ei gwmni ef oedd un o'r olaf. Yn y dauddegau ceid o leiaf ddeg ar hugain o gwmnïau drama ymhlith Cymry Glannau Merswy.

Yn ail i fyd yr Eisteddfod. Magwyd ef yn awyrgylch yr eisteddfodau a bu'n hynod o ffyddlon i fyd Eisteddfod Gadeiriol y Glannau yn ystod y deg mlynedd ar hugain ddiwethaf. Edmygid ef yn fawr am ei lafur ac am fynd ati i ddysgu ar ei gof awdlau, pryddestau, cywyddau a sonedau. Roedd yn afaelgar iawn pan fyddai'n cystadlu ar yr adroddiad digri; ef a Bryn Parry oedd dau o'r adroddwyr peryclaf eu doniau a welsom ar lwyfannau ein heisteddfodau. Cystadlai ar gystadlaethau eraill, yn arbennig ar gyfieithu o'r Saesneg i'r Gymraeg.

Yn drydydd i fyd crefydd y Capeli Presbyteraidd. Magwyd ef yng Nghapel M.C. Parkfield ac ar yr uniad, symudodd i Gapel Salem, Laird Street, lle'r etholwyd ef yn flaenor yn 1977. Bu'n arweinydd cydwybodol, yn ofalus ac yn adnabod y cenhadon ac yn deall yn dda yr holl ofynion a ddisgwylir y dyddiau hyn oddi wrth flaenor diwylliedig. Paratoai yn ofalus. Darllenai yn eang. Yr oedd yn meddu ar lyfrgell dda a gwerthfawrogai ddiwinyddiaeth gyfoes. Gwyddai'r gwahaniaeth rhwng y cennad sy'n ddysgedig yn ei faes a'r un sy'n gorffwys ar ei rwyfau. Llanwodd holl swydd y blaenor ymroddedig i'r ymylon a gwelir ei sedd yn wag yn sêt fawr Salem.

Yr oedd ganddo lu o ddiddordebau eraill, ond dylid crybwyll ei gymwynasau enfawr am flynyddoedd fel teipydd gwych iawn. Rhoddais waith enfawr iddo ac ni'm gadawodd i lawr unwaith. Roedd yn barod i baratoi adroddiadau'r eglwysi, gan fod yn garedig iawn o ran tâl ei lafur. Teipiai gofnodion yr Henaduriaeth am flynyddoedd a siom iddo ef a minnau oedd iddo fethu. Talodd y diweddar Dr Emyr Wyn Jones, deyrngedau iddo am ei deipio graenus. Gallaf innau wneud hynny hefyd.

Bu'n hynod o ffodus yn ei briod, Mair, a fu'n ofalus ohono ac yn gefn iddo trwy bob storm a siom a phoen a blinder. Dioddefodd fel milwr da i Grist. Gwingai weithiau yn ei sedd gan boen ond ni pheidiai â dod atom, ac fel aelod o Bwyllgor Gwaith *Yr Angor*, rhaid diolch i Mr Hywel Jones, Barnston, am ofalu dod ag ef yn ei fodur i Bethel i'r cyfarfodydd. Roedd wrth ei fodd ymhlith pobl o'r un anianawd ag ef ei hun, a da oedd gweld E. Goronwy Owen, Ron Gilford, Hywel Jones ac Anne Jones yn cynrychioli'r *Angor* yn yr arwyl yn Salem.

Cafodd wasanaeth angladdol eneiniedig a da oedd cael gair gyda'i blant, cannwyll ei lygaid, a gweddill y teulu ar ddiwrnod trist yn hanes Cymry Penbedw. Ni welir ei debyg ef eto yn ein plith. Y mae'r Cymry da a fegir ym Mhenbedw yn gadael y fro ac fe'u clywir y dyddiau hyn ym mywyd Cymru. Gwarchododd Walter Rees Jones etifeddiaeth Eisteddfod Cadair Ddu 1917 ar hyd ei oes, a thrist meddwl na welodd yr uniad a ddaw rhwng Capeli Rake Lane, Wallasey, a Chapel Salem, Penbedw, i greu Eglwys Seion. Ar fore Sul, 8 Ebrill [2001], pleidleisiodd y ddwy gynulleidfa yn unfrydol i uno. Roedd Walter Rees Jones yn yr eglwys fuddugoliaethus erbyn hynny ac yn gorfoleddu am y newydd da, a diolch iddo am ei holl gymwynasau i ni Gymry'r Glannau ers yr Ail Ryfel Byd. Coffa da amdano.

79 CYMRO O BENBEDW, CYFAILL CYWIR

gan Huw John Hughes

Y tro olaf i mi siarad â Walter oedd ym mis Mai llynedd a ninnau'n trafod ers faint yr oeddem yn adnabod ein gilydd, a sylweddoli bod dwy flynedd ar hugain wedi mynd heibio ers y noson honno a minnau'n annerch Cymdeithas Gymraeg Birkenhead am y tro cyntaf. Dod allan o festri'r capel a hithau wedi bwrw eira a meddwl am y daith yn ôl i Ddyffryn Ogwen lle roeddwn yn byw y pryd hwnnw. Er nad wyf yn cofio siarad efo Walter y noson honno, mae'n sôn o hyd am y sgwrs a'r sleidiau. Ac meddai 'Dydw i ddim yn rhy hoff o noson efo sleidiau, ond fe wnes fwynhau'r noson honno'n arw iawn'. Droeon wedyn, dros bymtheg i fod yn fanwl gywir, rwyf wedi bod yn y Gymdeithas a Walter bob amser yn werthfawrogol, ond yn ei ddweud mewn byr eiriau bachog gan ysgwyd llaw o ddifri.

Gwerthfawrogai bopeth oedd yn ymwneud â Chymru a Cymreictod, fel y cyfeiriodd ei weinidog, y Parch. Tom Wright yn ei deyrnged loyw iddo ddydd ei angladd. Er mai Cymro wedi'i eni a'i fagu dros Glawdd Offa ydoedd, roedd ei galon a'i holl ymarweddiad yn troi o gwmpas barddoniaeth, llenyddiaeth a chrefydd Cymru. Roedd yn wladgarwr i'r carn. Ymhyfrydai yn ei Gymreictod. Adlewyrchai'r gorau yng Nghymru trwy gynnal y gweithgareddau ymhlith y Cymry ar y Glannau – y capel, y gymdeithas a'r ddrama Gymraeg.

Trysorai hefyd sgwrs ac ymgom a byddai'n ddi-feth yn sicr o drin a thrafod manylion. Byddai rhyw un gair wedi'i gyfareddu, neu ddarn o lythyr neu erthygl wedi ei oglais neu godi gwrychyn a byddai eisiau trafod hyn yn fanwl rhag ofn ei fod yn gwneud cam â rhywun 'Be ydi'ch barn chi am y peth yma a'r peth arall?' Roedd yn feddyliwr praff, darllenai'n eang ac roedd materion crefyddol yn agos iawn at ei galon. Pa bregethwr nad anghofia'i wrandawiad astud yn y sêt fawr yn Salem ac yn ystod y blynyddoedd olaf, ac yntau mewn poen arteithiol ar brydiau, fe fyddai wedi gwrando ar y genadwri a chyn cinio ar yr aelwyd yn Nelannedd y byddai ganddo air cynnil o ganmoliaeth.

Ond efallai yr hyn a erys fwy yn y cof, wrth gofio am Walter, ydi ei hiwmor a'i ddireidi iach. Byddai wrth ei fodd yn tynnu coes Mair, a hithau wedi bod wrthi'n llafurio i baratoi gwledd o ginio, a'i sylw yn aml oedd, 'Dim ond hyn yda ni'n mynd i'w gael heddiw?' Ac mi roedd yn fwytwr rhadlon!

Trist meddwl, pan ddôf i Salem, ac os caf wahoddiad i'r Gymdeithas eto, na fydd Walter yn y gadair ar y dde i'r pulpud bach yn y sêt fawr. Bydd chwithdod mawr ar ei ôl a cholled enbyd.

Hoffwn ar ddiwedd y deyrnged hon roi her i Gymry'r Glannau sy'n darllen y geiriau hyn. Brwydrwch ymlaen, gwnewch eich gorau glas dros y capel a'r Gymraeg, oherwydd dyna fyddai dymuniad Walter.

Cydymdeimlwn yn ddwys iawn â Mair, y plant a'r teulu i gyd a chydymdeimlwn â theulu Duw yn Salem a hefyd aelodau o Gymdeithas Gymraeg Birkenhead.

Braint oedd cael adnabod cyfaill a ffrind cywir iawn.

80 COFIO GWRAIG DDA O LERPWL

gan Gwilym Dafydd

Ddydd Gwener, 3 Gorffennaf [1997] aeth Eirian a fi lan i Lerpwl am y dydd i dalu'r gymwynas olaf yn angladd Ewythr John (y Barnwr John Edward Jones) yng Nghapel Bethel, Heathfield Road ac yn Amlosgfa Springwood.

Wedi dychwelyd o'r amlosgfa fe gawsom de yn neuadd Bethel ac fe dderbyniais i gopi mis Mai o'r *Angor* oddi wrth y Golygydd, y Parch. Ddr. Ben Rees.

Er fy mod wedi blino ar ôl cyrraedd adref tua 11.40 ac wedi teithio dros 400 milltir, am ryw reswm fe agorais i'r *Angor* a gweld coffâd Ruth Gwenfron Davies, Aigburth, ar dudalen dau. Wedi darllen ychydig frawddegau, sylweddolais yn sydyn pwy oedd y wraig arbennig hon, sef cymwynaswr mwyaf hael y Cyngor Alcohol yn ystod blynyddoedd y nawdegau. Gwir iawn y dywedodd Ben Rees amdani fel 'gwraig haelionus ryfeddol i lu o fudiadau ac elsusennau.'

Tua chwech neu saith mlynedd yn ôl, darllenodd Mrs Ruth Davies am waith y Cyngor Alcohol yn *Y Tyst* ac fe anfonodd rodd anrhydeddus yn syth. Yn ddiweddarach fe'i cyflwynodd fel cyfamod wedi ei flaendalu. Llynedd ysgrifennais ati i'w hysbysu bod ei chyfamod wedi dirwyn i ben ar ôl pedair blynedd. Ymhen wythnos neu ddwy, daeth swm haelionus iawn i law oddi wrthi – er cof am ei rhieni, y Parch. J. Oldfield Davies a Mrs. Mary Davies.

Yn anffodus, ond wrth gwrs yn anorfod, mae nifer o ffyddloniaid presenol Cyngor Cymru ar Alcohol wedi marw yn ystod y blynyddoedd diwethaf. Nid gwaith hawdd yw cael cyfranwyr personol i gymryd lle yr hen ffyddloniaid. Pwy tybeb ddaw i'r adwy yn lle cymwynaswyr hael megis Ruth Davies? Nid pawb sy'n medru fforddio bod yn anrhydeddus, ond y mae pob cyfraniad yn dderbyniol i hyrwyddo gwaith y Cyngor yn arbennig yn ysgolion ein gwlad.

81 COFIO SIAN PARI HUWS

gan ei brodyr

Yn Llanelwy y cafodd Sian ei geni, ar yr 2 Medi 1960, yn ail blentyn i Eira a'r diweddar Gapten Gwyn Pari Huws o Hen Golwyn. Yn 1960, roedd Gwyn i ffwrdd ar y môr yn gyson yn Brif Swyddog efo cwmni llongau Elder Dempster. Ychydig fisoedd yn ddiweddarach symudodd y teulu – Sian a'i rhieni, a'i brawd hŷn, Alun – i Gilgwri, fel y basa cyflwynwyr radio yn ei ddeud – y Wirral i bawb arall! A hyn wedi i'w thad dderbyn swydd efo'r cwmni yn Lerpwl.

Buan y daeth y teulu'n rhan o gymdeithas Gymraeg yr ardal – yn aelodau o Gapel Annibynwyr Clifton Road, lle roedd Eira yn canu'r organ yn rheolaidd a Gwyn yn dod yn drysorydd y capel. Roedd y ddau yn weithgar efo Cymdeithas Gymraeg Penbedw, a phwy a ŵyr nad oedd gwaith Eira yn rhan o'r pwyllgor wnaeth sefydlu papur bro Glannau Mersi, *Yr Angor*, yn arwydd cynnar o'r llwybr y byddai Sian yn ei ddilyn yn ystod ei gyrfa.

Aeth Sian i Ysgol Ramadeg y Merched yng Nghilgwri –, rydan ni'n sôn am ddyddia'r 11+ cofiwch! Ac yn yr ysgol y datblygodd ei diddordeb mewn chwaraeon a cherddoriaeth – oedd ddim yn syndod o gofio cefndir cerddorol y teulu. Ac yn sicr mi fyddai'r diddordeb mewn cerddoriaeth yn amlygu ei hun yn ei gwaith mewn blynyddoedd i ddod.

Ac o ran y chwaraeon, roedd gweld hen ffon *lacrosse* Sian o'i phlentyndod yn cael lle amlwg o hyd yn y *porch* yn ei chartre yn codi gwên ar wynebau'i brodyr.

Yn y cyfnod hwn, mi fyddai'r teulu'n treulio'r rhan fwyaf o'u gwylie yng Ngogledd Cymru, ac am sawl blwyddyn, yn benodol yng Nghemaes, yma ar Ynys Môn, lle roedd 'na ddigon o gyfle i chware mewn cychod, nofio, cerdded a gneud ffrindiau - y cyfan yn Gymraeg. Mi fyddai'r teulu'n cael croeso mawr gan y trigolion lleol gan fod cael teulu o Gymry Cymraeg yn dod i Gemaes ar wyliau yn beth eitha anarferol!

A fiw i mi anghofio deud fan hyn hefyd – *just for the record*, fel ma newyddiadurwyr, a phlismyn, yn hoff o ddeud! – fod Sian yn falch iawn o'r penfras – ne'r *cod* – pum pwys y gnath hi ei ddal o gwch Llew Jones – capten llong wedi ymddeol oedd yn ffrind i'w rhieni.

Roedd gan Sian wastad ddiddordeb mawr yn hanes ei theulu. Roedd Gwilym, ei thaid ar ochr ei thad, yn feddyg teulu uchel ei barch yn Hen Golwyn ac yn gyfranwr achlysurol ar y radio ar faterion y dydd a byd natur – awgrym arall efallai bod darlledu yn y gwaed.

Roedd ei hen daid, William Pari Huws, yn weinidog amlwg gyda'r Annibynwyr yn Nolgellau am ddeng mlynedd ar hugain. Roedd o'n emynydd a fo sgwenodd yr emyn cynta a ganwyd yn yr yr arwyl sef 'Arglwydd Iesu'.

(Bu farw Sian ar 29 Tachwedd 2015 a bu'r oedfa i ddiolch amdani yng nghapel Presbyteraidd Moreia, Llangefni. Cydymdeimlwn yn fawr â'r teulu, ei phartner Geraint Anwyl, ei mam Eira , y ddau frawd a'u teuluoedd. (Diolchwn am gael defnyddio y rhan gyntaf o'r gwerthfawrogiad a fynegwyd amdani - Gol.).

Sian Pari Huws (1960- 2015)

,

82 CREU CERDD – DILYNIANT BUDDUGOL GŴYL Y GADAIR DDU

gan Martin Huws

Yn gynta, diolch yn fawr i Dr. D. Ben Rees am y gwahoddiad i sgrifennu erthygl am y wobr enillais i yng Ngŵyl y Gadair Ddu ym Mhenbedw 2017. Rwy wedi penderfynu sôn yn fras am y broses cyn, ac wrth greu cerddi'r dilyniant buddugol, gan obeithio y gallai'r sylwadau helpu beirdd fel fi sy'n bwrw eu prentisiaeth.

Rwy'n cofio sylwi ar y gystadleuaeth yng nghylchgrawn *Eisteddfodau Cymru* ym Mehefin ac yn meddwl: bydd hon yn dipyn o her. Wedyn darllenais i am yr ŵyl ar wefan *Cymru Fyw* a *Wales Online*, hynny yw gwefan y *Western Mail*. Wrth i'r dyddiad cau agosáu, 19 Gorffennaf, fe gynyddodd fy niddordeb i ac, yn y diwedd, fe benderfynais i fentro.

Y testun oedd 'cerdd neu gerddi am fywyd a gwaith Hedd Wyn'. Y nod oedd barddoni am y dyn ei hun, y dyn o gig a gwaed nid y myth sy wedi glynu ato fe mor hir, hynny yw peidio â gogoneddu na mawrygu Hedd Wyn, ond darlunio dyn cyffredin mewn amgylchiadau erchyll. Anelu at gyfleu'r cyfeillgarwch a'r hiwmor, ond hefyd hunllef bywyd milwr. Yn hyn o beth, roedd lluniau Paul Nash yn ysbrydoliaeth. Gyda llaw, fe ges i sgwrs yn ddiweddar ag athro prifysgol am fyth Hedd Wyn a'i ymateb oedd hyn: os yw'r myth yn llwyddo, gad lonydd iddo fe.

Martin Huws, Ffynnon Taf

Wrth ymchwilio a phori yng ngwefan *Papurau Newydd* y LlyfrgellGenedlaethol fe ddes i ar draws erthygl yn y *Llanelly Star* ar 12 Awst 1916 yn cyfeirio at farwolaeth y Preifat D. T. Hughes, milwr oedd wedi ei ladd ym Mrwydr y Somme. Roedd yn aelod o'r Gatrawd Gymreig ac wedi gweithio yng Ngwaith Dur Bynea, Llanelli, cyn y rhyfel. Hwn oedd brawd fy nhad-cu, Phil Hughes y teiliwr. Ges i dipyn o ysgytwad, a'r dirgelwch i fi oedd nad oedd neb yn y teulu wedi sôn amdano. Tybed wrth sgrifennu'r cerddi fy mod i, yn anymwybodol, yn ceisio coffáu perthynas nad oedd wedi cael coffadwriaeth deilwng? Mae hyn yn awgrymu y gall sawl ffactor ddylanwadu ar greu cerddi.
Y broblem cyn sgrifennu oedd bod cymaint o sylw i Hedd Wyn wedi bod ar y radio, teledu, ar-lein, ac mewn erthyglau, llyfrau ac arddangosfeydd. Yr her felly oedd dod o hyd i 'ongl' ffresh, ffordd newydd o gyfleu ei gymeriad a'i stori.

'Rôl pendroni, penderfynais y byddai deialog rhwng y milwr a'i gariad yn cyfleu'r agwedd ddynol ac yn rhoi undod i'r dilyniant. Roeddwn wedi darllen rhai o ymsonau dramatig y bardd o'r Alban a'r Bardd Llawryfol, Carol Ann Duffy, ac yn cofio bod y bardd o America, Robin Behn, wedi dweud bod esgus bod yn gymeriad yn nes at y gwir, yn fwy effeithiol na sgrifennu cerdd gofiannol. 'Mae defnyddio masg rhywun arall yn help mawr i ryddhau'r bardd rhag cyfyngiadau'r "hunan",' meddai. Fe benderfynais roi cynnig ar hynny.

Gwaith arall a ddylanwadodd arnaf oedd *In Parenthesis* David Jones a rhaglen radio Bardd Cymru, Ifor ap Glyn, oedd yn cyfeirio at lythyrau dirdynnol ac ysgafn milwyr. Drwy ddarllen, gwylio a gwrando ar ddeunydd am y Rhyfel Byd Cyntaf, fe geisiais amsugno awyrgylch y ffosydd cyn dechrau sgrifennu. Gyda llaw, dyma ychydig o sylwadau a nodais ar ymyl y ddalen wrth sgrifennu'r cerddi a gobeithio y byddan nhw'n taflu golau ar y broses:

Anelu at gyferbyniad, ffosydd/Trawsfynydd, creu cerddi/distryw, caru/lladd.

Meddwl am y diwedd cyn sgrifennu'r cyfan. Eiddo Hedd Wyn yn dod nôl. Ymateb y fam a'r cariad.

Fframwaith: y milwr a'i gariad bob yn ail. Dim angen defnyddio enwau priod.

Cymeriad Hedd Wyn. Yn dawedog, yn dipyn o freuddwydiwr.

Cyfleu islif neu isdestun o dan y cerddi, gwastraff rhyfel, dryllio rhamantiaeth.

Angen cynildeb ac osgoi bod yn dywyll. Ffin denau rhwng y ddau.

Anelu at iaith naturiol nid chwyddedig.
Yn benodol, wrth sgrifennu pob cerdd, fe ofynnais i'r cwestiwn canlynol: pa deimlad sy o dan wyneb y gerdd a pha emosiwn fydd y darllenydd yn ei brofi? Hefyd, roedd y canlynol yn procio'r dychymyg: Pa liw yw'r teimlad? Pa fath o anifail? Pa fath o dywydd? Pa fath o gelficyn? Roedd cyngor y bardd Pascale Petit yn fuddiol, hynny yw anelu at ddefnyddio dau synnwyr gwahanol ymhob pennill.

Beth am y diwrnod gwobrwyo? Doedd gyrrwr y bws ddim yn siwr ble oedd yr ysgol ac fe gawsom ein gollwng ger y parc heb sylweddoli pa mor fawr oedd e. Roeddwn i bron â gofyn am gyfarwyddyd mewn siop gornel cyn taro sgwrs â Mair a'i gŵr o Lerpwl oedd ar y ffordd i'r seremoni. Rwy'n cofio trafod pa mor bwysig oedd y seremoni.

Gan fy mod i wedi anghofio'r tocynnau, bu raid sgrifennu neges ar ddarn o bapur cyn cael fy hebrwng i stafell fach lle roedd y trefnydd a'r Archdderwydd. Tipyn o fraint. Roeddwn i'n nerfus cyn y seremoni ac rwy'n cofio dyn o Ben Llŷn yn fy nghanmol am deithio'r holl ffordd o Ffynnon Taf. Roeddwn i o dan deimlad wrth godi ond fe fydda i'n trysori'r atgofion, gan gynnwys yr Archdderwydd yn llywio'r seremoni'n ddeheuig, y cerddi cyfarch, y côr yn canu, cwrdd â'r cyfeillion o Fflandrys a chytuno i gyfieithu'r dilyniant fel bod modd ei gynnwys yn arddangosfa'r ysgol. Y mae y Gadair yn fy nghartref yn un o drysorau'r aelwyd.

83 CYMORTH I DDYSGWYR

gan Hugh Begley

RYDW i'n 'ddysgwr Cymraeg' ers wyth mlynedd. Does dim dwywaith amdani ychwaith mi fydda i'n dysgu Cymraeg ar hyd fy oes.

Mi ofynwyd imi unwaith, 'Pam rydych chi'n dysgu Cymraeg?'
'Wel,' meddwn i, 'Iaith y Nefoedd ydy hi, ynte?"
'Ond efallai ewch chi i'r Tân Mawr,' mi ofynnodd yr holwr.
'Efallai,' mi atebais i, 'ond 'dwi'n gwybod Saesneg!'
Dwn i ddim, mewn gwirionedd, pam y dechreuais i ddysgu Cymraeg, ond 'dwi'n mynd o dan gyfaredd y Cymry oedd mor garedig i ddysgwr fel fi.

Yr un peth a phob dysgwr arall mi brofais i anawsterau mawr wrth geisio llefaru'r iaith; anawsterau efo'r acenion gwahanol, a thafodiaith a'r anawsterau mwyaf wrth dreio troi 'meddyliau Saesneg' yn eiriau Cymraeg. Doedd dim digon o amser i feddwl.

Doedd 'na ond yr un ateb. Rhaid imi gael ymarfer. Ond ble? Nid ar lannau'r Afon Prysor sy'n canu yn y cwm yr oeddwn i ond ar Lannau Mersi a heb adnabod yr un Cymro Cymraeg ar wahân i'm hathro ymroddedig. Cwestiwn anodd. Ond dros y blynyddoedd rydw i wedi sylweddoli imi gael help mawr mewn tair ffordd; yn gyntaf, ymunais â Chymdeithas Cymry Birkenhead efo nifer o ddysgwyr eraill wedi inni gael gwahoddiad caredig oddi wrth Mrs Eira Pari-Huws a oedd yn Llywydd y flwyddyn honno. O fynd i gyfarfodydd y Gymdeithas, mi ges i ddigon o hyder i siarad efo'r aelodau – er gwaethaf y camgymeriadau: a dyna ddau beth hanfodol i ddysgwr, hyder a help. Mi ges i ddigon o'r ddau a charedigrwydd hynod o gynnes. Cefais gyfle yn y Gymdeithas, i wrando ar rai o enwogion Cymru hefyd.

Wedyn yr eisteddfota. Drwy awgrym y Parch. R. Môn Hughes, fy athro ar y pryd, mi ddechreuais i weithio fel stiward yn yr Eisteddfod Genedlaethol. Dyna brofiad ichi. Ar y maes neu yn y Pafiliwn mae'n rhaid ymdopi, a defnyddio'r Gymraeg ar bob achlysur – ymarfer rhyfeddol o dda i ddysgwr.

Ychydig flynyddoedd yn ddiweddarach, roeddwn i mor haerllug â chystadlu yn Eisteddfod y Glannau. Ar y tro cyntaf roeddwn i'n ddiolchgar tu hwnt am y rheol sy'n diogelu enwau'r cystadleuwyr yn gyfrinachol. Y flwyddyn nesa ond un, mi enillais wobr. 'Dwn i ddim sut – diffyg cystadleuwyr mae'n debyg.

Wedyn fe'm penodwyd i Bwyllgor Gwaith Eisteddfod Gadeiriol y Glannau. Ac rwan rydw i'n gallu gwrando ar rai o enwogion Cymry Lerpwl yn trafod byd yr eisteddfod – peth diddorol yw hynny hefyd.

Y drydedd ffordd? Mae nifer o Gymry Cymraeg yn y Politechnig ac rydw i'n gallu siarad Cymraeg bron bob dydd am bethau'r Politechnig ac am faterion eraill.

Ie, efallai y bydda i'n 'ddysgwr Cymraeg' ar hyd fy oes. Ond fyddai'r dysgu ddim hanner mor ddiddorol heb y tair ffordd a nodais yn gefn i wersi'r dosbarth nos, sef Cymdeithas Cymry Birkenhead, eisteddfota yn y Genedlaethol ac ar y Glannau a siarad â Chymry'r Politechnig. Efallai y byddai'r ddwy ffordd gyntaf yn gymorth i ddysgwyr eraill petaen nhw ddim ond yn mentro.

84 CYFAILL

gan G. Tudor Owen

Dyna eglwys ddymunol oedd yr un a gartrefai ym Methlehem, Douglas Road, gynt. Bûm yn weinidog iddi am bum mlynedd, o fis Hydref 1958 tan fis Hydref 1963. Drwodd a thro, blynyddoedd braf yn fy hanes oedd y rhain, blynyddoedd y dewiswn eu byw drachefn petai modd, yn wir, ar ambell orig dawel mae'n hawdd gennyf ddychmygu fy hun yn ôl yn Douglas Road, yng nghwmni'r rhai a'm galwodd i'w plith ac a 'ddigiodd' wrthyf, chwarae teg iddynt, pan y'u gadewais am faes newydd, er nad oedd hwnnw ymhell oddi wrthynt.

Un a fuasai wedi fy nwrdio'n fwy na'r rhelyw am gefnu ar Douglas Road oedd W. O. Richards, ond bu ef farw cyn bod sôn am i mi symud i Birkenhead: marw'n sydyn iawn hefyd. Fore ddydd Gwener roedd o yn y tŷ efo 'ngwraig a minnau, a'r genethod, yn cellwair yn ôl ei arfer ac yn siarad pymtheg i'r dwsin. '*See you Sunday*,' meddai'n dalog, wrth ymadael, ond rhwng te a swper ddydd Sadwrn, bu farw; a'i angladd ef ydyw'r angladd mwyaf y bûm i â gofal amdano hyd yn hyn. Ddydd ei arwyl roedd amlosgfa Anfield dan ei sang, a'r tu allan roedd y lle o'i gwmpas yn ddu gan alarwyr, canys ar wahân i fod yn aelod yn Douglas Road roedd W. O. Richards hefyd yn un gymeriadau mwyaf hynod Lerpwl.

Ond pwy oedd o, y W. O. Richards hwn? Wel, i'w ffrindiau a'i gydnabod agosaf, 'Bill' Richards, erbyn diwedd y pumdegau y ditectif cyflogedig hynaf yn y ddinas. Syniai'n uchel am ei swydd a buaswn yn rhyfeddu clywed fod arno ofn yr un dihiryn ar y dociau, ei libart arbennig am flynyddoedd. Yr oedd yn ddyn mawr, yn fwy allbyg na'r cyffredin. Mewn cwmni byddai ei ben moel, ei lais gogoneddus a'i byliau mynych o besychu, ynghyd â'r olwg drwsiadus a fyddai arno bob amser, yn ei farcio allan ac yn peri fod pobl yn dal sylw arno ac yn ei gofio.

Felly hefyd y gwnâi ei het a'i briff-cês: roedd y rhain – heb sôn am y sigarets y tynnai arnynt o fore tan nos – megis estyniadau o'r dyn. Nid *Trilby* fach ddigymeriad, megis yr un a ffafriai Maigret ers stalwm, a wisgai ond *Homburg* ddu, y math o het a wisgid gynt gan Dr Thomas Charles Williams a'i debyg, het pregethwr. A'r briff-cês wedyn, sut un oedd hwnnw? Cas a gafael ynddo, un lledr, ac ôl traul mawr arno: cas, pe medrai siarad, a chanddo stôr o'r hanesion rhyfeddaf i'w hadrodd, rwy'n siŵr. Yn gyffredin, arferai Bill Richards a minnau gyfarfod ein gilydd yn y 'dref' bob wythnos am sgwrs uwchben cwpanaid o goffi *Mecca*; a dyna lle y byddai, yn aros amdanaf ar gornel Dale Street ac Exchange Street East, y briff-cês yn siglo'n ei law chwith a sigarét yn llosgi'n ei law dde, a'r *Homburg* ddu yn 'eistedd' yn ôl ar ei gorun yn y modd mwyaf amhregethwrol.

Nid oedd Bill Richards yn flaenor, canys nid coffi oedd yr unig ddiod a hoffai, ac ni cheisiodd gelu hynny rhag neb chwaith: yr oedd mor onest â'r dydd ynghylch ei arferion ac roedd yn gas ganddo ragrith, ni waeth ym mha le'r amlygai ei hun. Eithr oni freuddwydiodd neb am ei roi'n y sêt fawr yr oedd, serch hynny'n amgenach Cyfundebwr na sawl blaenor y deuthum ar ei draws yng ngwrs y blynyddoedd. Derbyniai'r *Goleuad* bob wythnos a darllenai ef o'i ddechrau i'w ddiwedd, er nad oedd o'n Gymro rhy rugl. Gwyddai pwy oedd pwy yn yr Enwad ac roedd ambell bregethwr, yn arbennig, yn arwr mawr ganddo. Pan ddeuai'r Gymanfa Gyffredinol a'r Sasiwn i Lerpwl yn eu tro ceisiai fynychu'r cyfarfodydd cyhoeddus i gyd; wel, i gyd ond un...

Meddai wrth yr Ap (Dafydd ap Dafydd Jones) gynt, trannoeth y Sasiwn a gyfarfu yn Stanley Road ym mis Hydref 1958, '*I didn't see you in the* seiat *yesterday morning*, Ap.' '*No, Bill,*' atebodd yntau, '*and I didn't see you in the temperance meeting on Wednesday night.*' A dyna'r unig dro i mi glywed neb yn cael y gair olaf mewn 'dadl' efo Bill Richards.

Un o 'blant' hen eglwys Fitzclarence Street oedd o: ar ôl i '*Clarence* gael ei fomio y daeth ef a'i deulu i Douglas Road. Cartrefodd yn burion yn yr eglwys newydd ac yn ei ffordd ei hun bu'n ffyddlon iddi o'r dydd yr ymunodd â hi; ond o'r ddwy eglwys *Clarence* oedd ei ffefryn tan y diwedd, er bod y bonclust a gafodd yno gan ei dad am gambyhafio yn yr oedfa un nos Sul yn dal i frifo! Disgrifiodd yr hen gapel i mi droeon, yn enwedig y pulpud, a sêt y pulpud: am honno, meddai yn ei ddull digymar ei hun, '*It could seat six of the best.*' Am bregethwyr y meddyliai ef, wrth gwrs, ond i mi dyna oedd Bill Richards ei hun, un o'r ffrindiau gorau a gefais erioed, er ei fod flynyddoedd lawer yn hŷn na mi.

Pan fu farw, meddyliais am anfon teyrnged iddo i'r *Goleuad*, ond nid oedd yn flaenor ac felly rhoddais y bwriad heibio. Cam ag ef oedd hynny. Bellach, daeth cyfle i unioni'r cam – ugain mlynedd a mwy yn ddiwedarach, mae'n wir, ond gwell hwyr na hwyrach.

85 COLOFN YR IFANC

Fy ymweliad cyntaf ag Anfield

gan Gwenan Wyn Jones

Noson oer, aeafol ym mis Chwefror oedd hi pan ymwelais â maes chwarae Anfield Road am y waith gyntaf. Yr oedd y gêm yr euthum i'w gwylio yn un arbennig a phwysig. Ymwelai Burnley â Lerpwl y noson honno i chwarae yng nghystadleuaeth y 'Cwpan Llefrith' fel y'i gelwir.

Euthum yno yng nghwmni Mr Meirion Evans fel gwestai Cwmni'r *Crown Paints*. Cyfrifir maes chwarae Anfield gan lawer yn 'Eglwys Gadeiriol' iddynt hwy, ceir tair Eglwys Gadeiriol yn Lerpwl, eiddo'r Anglicaniaid ac eiddo'r Pabyddion yn Hope Street, ac yna un arall yn Anfield Road.

Wedi cyrraedd, aethom trwodd i'r *Crown Lounge*, sef yr ystafell fwyta. Cawsom ein gwobrwyo â llawer anrheg. Yna, cymerwyd ni o amgylch y maes chwarae cyn cinio. Aethom drwy'r un fynedfa a ddefnyddir gan y chwaraewyr eu hunain, a chawsom gipolwg ar yr ystafelloedd newid. Yr oedd y stadiwm yn wag, a distawrwydd yn teyrnasu ymhobman. Mor wahanol oedd pethau o hanner awr wedi saith ymlaen y noson honno.

Aethom yn ôl i'r ystafell fwyta a chawsom bryd o fwyd blasus iawn. Nid oedd prinder o ddanteithion o bob math; a chredaf i mi wneud cyfiawnder â mi fy hun trwy fwyta fy nigon a'm gwala.

Yr oedd yn amser i'r ornest ddechrau erbyn hynny, a thywyswyd fi i'm sedd. Yr oedd y sŵn bron yn fyddarol. Gwyddwn mai canlynwyr a chefnogwyr tîm Lerpwl oedd yn gyfrifol am y sŵn mwyaf, ac mai o gyfeiriad y 'Kop' y deuai. Yr oedd yr holl awyrgylch yn drydanol. Rhaid oedd bod yno i'w gredu. Nid oes gennyf y nesaf peth i ddim o fanylion y gêm. Cyfaddefaf na wn i fawr am y gêm ffwtbol. Yr unig beth a wn i sicrwydd yw, i Lerpwl ennill o dri phwynt i ddim. Ni wn pwy sgoriodd y pwyntiau, ond yr oedd y gefnogaeth a gawsant yn anhygoel.

Wedi i'r gêm orffen, aethom yn ôl i'r gwesty i gyfarfod â rhai o'r chwaraewyr, ac yn eu plith yr oedd Paul Thomson, Ian Rush a Sammy Lee. Cefais fy llun wedi ei dynnu yn sefyll gyda'r tri hyn. Cawsom ychwaneg o anrhegion, yn wir nid oedd diwedd i'r moethusrwydd.

Buan y daeth yr amser i ddychwelyd adref. Cefais noson a erys yn hir yn fy nghof. Braint fawr oedd cael bod yn bresennol yn un o feysydd chwarae enwocaf y byd.

Ymweld ag Anfield

gan Bethan Wyn Jones

Y tro cyntaf erioed i mi ymweld â maes chwarae Anfield oedd Sadwrn y 19 Mawrth, 1984. Euthum yno gyda'm tad a'm hewyrth Alun a hefyd Meirion Evans i wylio Lerpwl yn chwarae Everton.

Wedi i ni gyrraedd, cawsom ein harwain i oruwch-ystafell eang. Yn gyntaf oll cawsom rhyw ffuflenni i'w llenwi. Ffuflenni cystadleuaeth oeddent. Cynigid ffwtbol yn wobr, ffwtbol wedi ei llofnodi gan holl chwaraewyr Lerpwl, i'r sawl fedrai amcangyfrif orau y nifer oedd yn bresennol ar y maes y diwrnod hwnnw.

Cawsom ein harwain wedyn o amgylch y stadiwm, ac i gael golwg ar yr ystafelloedd newid, ystafell y tlysau a'r cwpanau, ac i'r maes chwarae ei hun. Yng nghanol y cae, safai tun o baent enfawr yn perthyn i Gwmni *Crown Paints*. Mae'r cwmni hwnnw yn un o noddwyr tîm ffwtbol Lerpwl gyda llaw. Rhoddwyd y tun yno fel arwydd o groeso i'r holl ymwelwyr ddeuai i'r cae. Synnais mor ddistaw oedd yr holl amgylchfyd, a meddyliais mor wahanol fuasai popeth ymhen rhyw ddwy awr neu dair wedyn.

Cawsom bryd o fwyd yn yr ystafell dlysau, a phryd blasus iawn oedd e hefyd. Yn sicr ddigon, cefais lawn gwerth fy arian. Yr hyn a ddaliodd fy sylw fwyaf oedd yr eog enfawr oedd wedi ei addurno ar drei. Profiad ardderchog oedd cael mwynhau y fath wledd a ddarparwyd ar ein cyfer, a chael cyfle i syllu mewn rhyfeddod ar y tlysau oedd o'n hamgylch ymhob man.

Daeth yr awr fawr y buom yn disgwyl amdani, ac arweiniwyd ni i'n seddau. Yr oeddwn yn sefyll ar y grisiau ac yn medru gweld y cyfan yn glir. Methwn â chredu fy llygaid pan welais y dorf enfawr oedd yno. Ni welais dorf debyg iddi erioed o'r blaen. Bu'r fath brofiad yn gryn ysgytwad i mi, a chredaf i mi dreulio'r awr a hanner mewn llesmair. Nid wyf yn siŵr o ddim a ddigwyddodd. Ni chredaf i'r un ochr sgorio pwyntiau, ac mai gêm gyfartal fu hi.

Ar ôl i'r ornest orffen, aethom yn ôl i'r oruwch-ystafell. Yn anffodus i mi ar y pryd, fe gâi'r gwesteion eu cyflwyno i'r chwaraewyr yn yr ystafell oddi tanom, ac nid oedd gennyf docyn i gael mynediad i'r ystafell honno. Ond, ta waeth, fe drefnodd Meirion – 'Mr Fix-it', nad oeddwn i gael fy ngadael allan.

Cefais fy llun wedi ei dynnu yn sefyll yng nghwmni Allan Hansen, Craig Johnson, Philip Thomson a Sammy Lee. Llwyddais hefyd i gael llofnodion Kenny Dalgleish, Jock Stein a John Watson.

Troesom tua thre tua hanner awr wedi chwech wedi cael diwrnod wrth fodd fy nghalon.

86 CERDD Y BARDD

gan Elfed Williams

FFYDD

Yng ngolau mwyn y gannwyll frwyn
Yn ddwys a diwyd iawn
Bu Nain yn trosi dail y Llyfr
Sy'n cynnig cysur llawn.

Yr Arglwydd yw ei Bugail mwyn,
Mae'n cofio gweddw dlawd,
Rhydd orffwys clyd i eiddil gwan
Ar derfyn bydol rawd.

Efe a'i tywys at y lan
Ymhell o greigiau'r byd
I dawel hedd Ei wynfyd Ef
Yn siriol iawn ei phryd.

Fe baratoa ger ei bron
Ei chroeso mwya rioed
Yng ngŵydd y tystion aeth o'i blaen
Am ddilyn ôl Ei droed.

Mae llyfr ei bywyd wedi ei gau
A hithau 'mysg y rhain
Sy'n gorfoleddu yn y ffydd
Fu'n foddion gras i Nain.

87 **CODI ARIAN AT ELUSENNAU AC ACHOSION DA.**

Bu Cymry Lerpwl yn weithgar iawn yn codi arian dros elusennau yn ystod misoedd Ebrill, Mai a Mehefin. 2010.

* **Cyfraniad Alun Roberts, Allerton** – Cododd Alun a'i ffrindiau dros £800 i Amnest Rhyngwladol.

* **Cyfraniad Mrs Beryl Williams, Calderstones** – Cododd Mrs Beryl Wiliams dros £650 tuag at yr elusen *British Lung Foundation* trwy gynnal bore coffi yn ei chartref yn Gwydrin Road. Braf oedd cael cymdeithasu gyda'r cymdogion a fu'n cefnogi'r ymgyrch.

* **Cyfraniad Dr Bethan Wyn Rees, Harpenden (a gynt o Wheatcroft Road, Allerton)** – Cododd Dr Bethan Rees y swm o £1,035 tuag at anghenion gwlad Uganda trwy redeg ras chwe milltir yn Wheathampstead yn niwedd Mai. Cafodd gefnogaeth gan rai o arweinwyr Bethel fel y gellid disgwyl a chyflwynwyd y rhoddion i elusen *Harpenden on Africa* gan ei bod hi yn un o'r ymddiriedolwyr.

* **Eglwys Bethel yn cefnogi Apêl Haiti** – Bu Eglwys Bethel ar flaen y gad a chasglwyd, i'w drosglwyddo ym mis Mai i elusen Cymorth Cristnogol tuag at anghenion Ynys Haiti, y swm o £855. Bydd yn help i laesu poen a blinder trigolion Ynys Haiti.

D

88 DAU O GYNGHORWYR Cyngor Dinesig LERPWL

ANNE a JOE CLITHEROW, Kensington.

AR Mai 1af 1980 etholwyd gŵr a gwraig yn aelodau o Gyngor Dinas Lerpwl dros Ward Smithdown. Dyma'r canlyniadau: -

J. Atherton (Ceidwadwr) 285
A. Clitherow (Rhyddfrydwr) 2130
J. Clitherow (Rhyddfrydwr) 2046
P. Devaney (Llafur) 1391
P. Gray (Llafur) 1250
J. McDermott (Ceidwadwr) 234
J. Stanton (Llafur) 1239
E. Stephenson (Rhyddfrydwr) 1949
R. Zollner (Ceidwadwr) 129

Etholwyd Anne Clitherow am gyfnod o bedair blynedd a'i gŵr am dair blynedd.

Cynghorydd Anne Clitherow

Ganwyd Anne Clitherow ar Ynys Môn ond ers pan oedd hi yn fis oed bu'n byw yn Lerpwl. Bu'r teulu yn gysylltiedig â'r achos yn Edge Lane ac yno fe'i priodwyd ar Ddydd Gŵyl Ddewi 1962. Nith ydyw i'r Parchedig D. Lloyd Williams, Bangor. Mae'n wraig brysur – yn fam i dri o blant, yn aelod o reolwyr Ysgol Gynradd Rathbone a Thrysorydd Cymdeithas Rhieni y **Liverpool Institute**. Ar y Cyngor fe'i dewiswyd yn Ddirprwy Gadeirydd y Pwyllgor Addysg ac yn aelod o Bwyllgor Gwasanaethau Cymdeithas. Y mae hi a'i phriod yn aelodau yn Eglwys Bethel, Heathfield Road.

Cynghorydd Joe Clitherow

Daw Mr Joe Clitherow o deulu adnabyddus yn Lerpwl – bu ei dad, Mr J. Clitherow, C.B.E., yn Brif Swyddog y Brigâd Dân, a'i ewythr, Richard Clitherow, yn Aelod Seneddol Llafur Edge Hill hyd ei farwolaeth yn 1947. Mr J. Clitherow yw Cadeirydd Pwyllgor **General Purposes** a Dirprwy Gadeirydd **Allocations and Services Committee**. Y mae hefyd yn aelod o reolwyr Ysgol Gynradd Roscommon a Chadeirydd Cymdeithas Rhieni y **Liverpool Institute**.

89 DIWYLLIANT ARDAL Y GLO CARREG

gan Arthur Thomas

Mae'n hen bryd troi at ddiwylliant yr ardal. Y mae'r gair diwylliant yn tarddu o ddi-wylltio, troi y tir gwyllt yn dir ffrwythlon, yr amaethwr.Wedyn daeth i gwmpasu y meddwl a'r deall, hyfforddiant ac addysg, ac effaith hynny ar ansawdd bywyd. Fe ellir dehongli diwylliant ardal yn gul ac edrych ar gampau meddyliol yr ychydig a'r pleser a ddaeth i garfan fechan, freintiedig o gymdeithas, megis y beirdd clasurol a'u noddwyr. Ond yr wyf am bwyso ar yr ystyr wreiddiol, diwylltio'r tir i gyd, hynny yw diwylliant y gymdeithas gyfan a ddaeth ynghyd mewn cyfnod byr iawn ar ddiwedd y bedwaredd ganrif ar bymtheg a'r ganrif ddiwethaf. Yr wyf am daflu'r rhwyd dros nifer o weithgareddau.

Er mwyn cael trefn ar bethau, rwyf am edrych ar gyfraniad rhai o'r eneidiau unigol, creadigol yn yr ardal (ond detholiad yn unig) ac wedyn troi at y diwyllio a ddaeth yn ffurf gweithgarwch llawer mwy niferus, un cymunedol ei natur, un a oedd yn greadigiol mewn ffordd arall i'r hyn a wnaed gan unigolion. Dywedodd rhywun am *peasant culture* mai'r cyfan fedre nhw ei wneud oedd dynwared, neu efelychu, diwylliant yr *elite*. Ond rhyw olwg geidwadol, fonheddig ac aruchel yw honno. Yr oedd yna weithgarwch creadigol mawr ar draws y cymoedd hyn, ac eraill hefyd, yn ystod oes aur y glo carreg (os gall glo fod yn euraid!). I'r unigolyn a'r lluoedd mawr o bobl yr oedd 'diwylliant' yn ei ystyr eang yn cynnig dihangfa oddi wrth galedu a gorthrymderau dyddiol, ac yr oedd ymroddiad a brwdfrydedd y gymdeithas yn dystiolaeth amlwg o'r rhyddhad a'r pleser a ddaeth o'r holl weithgarwch hwn.

Fe ddechreuwn gydag un o'r unigolion a ddihangodd trwy lwybrau llenyddol a'r pulpud, gan fod y ddau bron ynghlwm yn yr oes honno. Gall Cwm Tawe ymfalchïo mewn sawl bardd o bwys, ond yn yr ysgrif hon bydd rhaid aros gydag un ohonynt sef, Ben Davies, gweinidog Capel Pant-teg, Ystalfera. Fe awn dan ddaear gyda Ben Davies, Ystalyfera. Wedi ychydig ysgol aeth i weithio dan ddaear nes ei fod yn un ar hugain oed. Yno yr oedd am oriau unig, yn y twllwch, yn cau ac agor drysau, ac yn cyfansoddi penillion ac englynion. Fe gydiodd y dwymyn gystadlu ynddo ac aeth ati i gystadlu ymhob eisteddfod leol, ac yr oedd digon ohonynt yn y Cwm, a hefyd fe ddechreuodd bregethu. Fel llawer un arall, cafodd ddihangfa o'r pwll glo. Gyda chymorth capel a chyfeillion aeth y 'bachan addawol' yma i Goleg Caerfyrddin ac wedyn i'r Bala, ac o 1891 tan 1926 bu'n weinidog ym Mhant-teg, Ystalyfera. Ar ddechrau'r ganrif roedd yn cael ei gyfrif yn un o'r 'beirdd newydd', ac fe enillodd brif wobr y Genedlaethol, ond ni chafodd le ym *Mlodeugerdd Gymraeg* W. J. Gruffydd nac yn yr *Oxford Book of Welsh Verse*, Tom Parry. Ond yr oedd Pant-teg yn hapus: roedd ganddyn nhw un o bregethwyr mawr eu henwad, a gweinidog oedd yn fardd coronog! Fe gyfansoddodd lawer emyn (rhyw ddwsin yn *Y Caniedydd*) a'r mwyaf cofiadwy yn sicr yw'r cyfieithiad 'Mi godaf f'egwan lef/at Iesu yn y nef'.

90 DARN ANADDAS YN EISTEDDFOD LERPWL (1982)

gan Margaret Quayle

Annwyl Dr Rees,

Ysgrifennaf i ddatgan fy mhryder ynglŷn â thestun a chynnwys yr adroddiad i blant dan 12 oed yn Eisteddfod Gadeiriol Lerpwl, 1982.

Tybed nad yw'r adroddiad yn rhoi'r argraff – 1. Bod damweiniau efo *fireworks* yn bethau doniol – ac yn bethau y mae'n werth sôn amdanynt mewn adroddiad ysgafn fel hwn.

2. Mae PLANT sy'n cynnau'r fatsien ac nid oeddynt felly'n gyfrifol am y digwyddiad. Mi wn efallai y bydd rhywrai yn rhybuddio'r sawl a fydd yn dysgu'r darn i beidio â gwneud yr un peth â Jac, ond ofnaf y bydd y ffaith fod pwyllgor yr Eisteddfod wedi gweld yn dda anrhydeddu'r darn trwy ei osod yn rhestr testunau'r Eisteddfod yn awgrymu eu bod yn cyd-fynd â'r syniad anghyfrifol sydd ynddo.

Mi wn na fedrwch newid y peth rwan heb lawer o anghyfleustra, ond efallai y bydd y pwyllgor gwaith a'r pwyllgor llên yn ystyried effaith eu dewis o ddarnau ar blant y flwyddyn nesaf. (Rwy'n rhyfeddu at y bardd – y Parch. J. Eirian Davies hefyd yn trio cael hwyl allan o sefyllfa a all fod mor drychinebus!)

Yn gywir,

Peggy Quayle

Gair y Golygydd: Dyma'r darn a ddaeth o dan feirniadaeth Miss Peggy Quayle. Yn ei llythyr diddorol ac sy'n gosod y mater mor glir.

Dan 12 oed – 'Tân Gwyllt' (J. Eirian Davies).

Gwobr 80c 60c 40c

91 DATHLIAD DINESIG ŴYL DDEWI YN LERPWL YN 1982

gan Aerwyn Jones

BREINTIWYD Cymry De Lerpwl â chwmni'r Arglwydd Faer (y Cynghorydd James Ross) gyda chynghorwyr a swyddogion Dinas Lerpwl mewn gwasanaeth dinesig yn Eglwys Bethel (M.C.), Heathfield Road, i ddathlu gŵyl ein Nawddsant. Roedd Meiri cynghorau eraill y Glannau yn bresennol, ynghyd â Barnwyr, Aelodau Tŷ'r Cyffredin, swyddogion o blith mudiadau'r gymdeithas Iddewig a chynrychiolwyr cymdeithasau a sefydliadau megis Llywydd y Twrneiaid, Llywydd yr *Inner Wheel* a swyddogion y gwasanaeth prawf (*Probation Service*) a'r Groes Goch. Cynrychiolwyd yr Eglwys Babyddol gan y Canon Malone, yr Eglwys Anglicanaidd gan y Canon George Exley-Stiegler, a'r Eglwysi Rhyddion gan eu Llywydd, y Parch. Ddr T. Backhouse. Galwyd y gynulleidfa hardd i ysbryd yr oedfa mewn gweddi gan y Dr R. Arthur Hughes. Darllenwyd y llithoedd gan yr Arglwydd Faer a chynghorydd o'n plith fel eglwys, Mrs Anne Clitherow. Cafwyd pregeth a neges bwrpasol iawn gan y Parch. Ddr D. Ben Rees, a chyfraniad gwefreiddiol gan Barti Maesgrug.

Dilynwyd yr oedfa gyda choffi yn yr ysgoldy wedi ei baratoi gan wragedd ifainc yr Eglwys, a diddanwyd ni'n hyfryd iawn gan nifer o'n cerddorion a'n cantorion ifainc. Rhoddwyd braslun diddorol o gyfraniad Cymry'r Glannau gan y Barnwr J. E. Jones a fu'n llywyddu y Cyfarfod Croeso. I gloi cafwyd gair o ddiolch gan yr Arglwydd Faer. Mynegwyd canmoliaeth diffuant gan bawb, ac yn arbennig o gyfeiriad y Saeson oedd wedi eu swyno'n lân gyda'r canu, y bregeth, a'r gwasanaeth cofiadwy. Arweinydd y Gân oedd Mr Gwynfryn Evans a gwasanaethwyd wrth yr organ gan Mrs Megan Davies a Mr Ifan Jones. Rhaid cyfeirio hefyd at y modd yr harddwyd y cysegr gan bwyllgor y blodau, a'r delyn hardd a wnaethpwyd o gennin Pedr yn y cyntedd. Gweithiodd pob adran o'r eglwys i ofalu am ddiwrnod bythgofiadwy.

93 UN O DARLLENWYR *YR ANGOR*

gan Elin Bryn Boyd

Ganwyd fi yn Lerpwl ym mis Mawrth 1965, unig blentyn John a Margaret (Peggy) Bryn Jones. Roedd y cartref teuluol yn Aughton, Sir Gaerhirfryn, lle y magwyd fi a lle rwyn dal i fyw.

Yr wyf yn drydedd genhedlaeth o Gymry Glannau Mersi ac yn hynod o falch o'r ffaith honno. Ganwyd fy mam yn Lerpwl ond roedd ei theulu yn tarddu o Fethesda. Cafodd fy nhad ei eni a'i fagu ym Mhenrhyndeudraeth. Sicrhaodd fy rhieni fy mod i'n siarad Cymraeg yn gyntaf ar yr aelwyd, gan y byddwn yn mynd i'r ysgol yn Ormskirk, lle byddai fy ffrindiau i gyd yn siarad Saesneg.

Ond cedwais fy Nghymraeg yn rhugl trwy fy rhieni, a'm neiniau, Nain Bootle a Nain Penrhyn, a fy annwyl Auntie Eirian yn y cartref yn Radnor Drive, Bootle, a hefyd trwy weithgareddau amrywiol y Capel ar y Sul ac yn yr wythnos. Dan ofal Mrs Meinwen Rees, Allerton, llwyddais yn yr arholiad TGAU yn Gymraeg. Yr oedd hynny'n ddigwyddiad cwbl anarferol yn hanes Ysgol Ramadeg Ormskirk lle roeddwn yn ddisgybl.

Fy atgofion cynharaf o'r capel oedd yn Stanley Road, Bootle, lle y cawsom gymdeithas glòs o ffrindiau, a nifer fawr o bobl ifainc yn mynychu'r Ysgol Sul, a oedd yn sylfaen wych mewn bywyd nes ymlaen.

Ar ôl gadael yr ysgol yn 1983, mynychais Goleg Prifysgol Cymru Bangor, a phlesiodd hynny fy hen fodryb, yr awdur, Dr Kate Roberts, a oedd wedi astudio'r Gymraeg yno o dan Syr John Morris-Jones. Elin Bryn Boyd .

Ym 1986, cefais swydd yn adran sifil Heddlu Glannau Mersi yn Lerpwl. Bûm yn ffodus i weithio mewn sawl adran wahanol, gan gynnwys Personnél, *Professional Standards* a *Force Intelligence*. Yn y diwedd, dilynais gwrs yn Archwilydd Risg a bûm yn rhan o dîm arbennig a oedd yn gyfrifol i'r Dirprwy Brif Gwnstabl. Cyfnod hapus iawn yn fy mywyd ac rwyf wedi gwneud llawer o ffrindiau drwy fy ngwaith, a byddwn yn cwrdd yn gyson o hyd.

Trwy weithio yn y *Professional Standards Department* y cyfarfûm â fy ngŵr, Jim Boyd. Priodwyd ni ym mis Medi, 2003, gan y Parch. D. Ben Rees yn Nghapel Presbyteraidd Cymraeg Waterloo, sydd bellach yn cael ei weddnewid yn fflatiau cyfforddus.. Roedd yn achlysur arbennig iawn i mi gan mai yno y priododd Nain Bootle hefyd. Er nad yw Jim yn siarad Cymraeg, mae bellach yn aelod o Gapel Cymraeg Bethania, yn gwerthfawrogi'r gweinidogion a ddaw i gyhoeddi'r Efengyl ac yn gefnogol iawn i'r achos.

Ers inni ymddeol yn 2008, rydym yn mwynhau teithio i'r Unol Daleithiau, Hong Kong, Singapore, Seland Newydd ac Awstralia. Fi, yn dilyn y diweddar E. Goronwy Owen, ydi Trysorydd Capel Bethania, a hefyd yn gwirfoddoli efo'r Gymdeithas Alzheimer ac Age UK. Yr wyf yn aelod a thrysorydd y côr cymuned, 'Resound', sy'n canu ar gyfer cefnogi a chyfoethogi'r gymuned. yn Sir Gaerhifryn. Braint arall y tair blynedd ddiwethaf yw cael bod yn aelod o Bwyllgor Gwaith Cymdeithas Etifeddiaeth Cymry Glannau Mersi.Yr oedd dathliadau Gŵyl Mimosa ym mis Mai 2015 yn fythgofiadwy.

Rwyf wedi darllen *Yr Angor* ers iddo ymddangos yn 1979. Deuai i'n cartref trwy gapel Stanley Road, Bootle. Yr wyf yn ei gyfrif yn gylchgrawn arbennig iawn, papur bro sy'n cadw cymuned Gymraeg y Glannau yn fyw ac yn ymwybodol o'i threftadaeth.

94 DATHLIADAU GŴYL DDEWI (1981) AR Y GLANNAU

gan Ieuan A. Jenkins

Cymdeithas Gymraeg Penbedw:
Nos Sadwrn, 28 Chwefror – Cinio yng Ngwesty'r Woodside Hotel, Penbedw. Dilynir gan noson o adloniant gan Barti'r Gymdeithas o dan arweiniad Mrs Eira Parri-Huws.

Cymdeithas Gymraeg Wallasey:
Nos Sadwrn, 21 Chwefror – Cyngerdd Dathlu Gŵyl Ddewi yng nghwmni Parti'r Brenig yn ysgoldy Rake Lane.

Cymdeithas Gymraeg Waterloo:
Nos Fawrth, 24 Chwefror – Lluniaeth ysgafn yn cael ei ddilyn gan adloniant yng ngofal Parti Cymdeithas Gymraeg Penbedw o dan ofal Mrs Eira Parri-Huws. Gŵr Gwadd: - Mr T. M. Bassett, Bangor.

Cymdeithas Gymraeg Barnston:
Lluniaeth ysgafn yn Neuadd yr Eglwys, 28 Chwefror. Disgwylir Telynores Dwyryd i ddifyrru'r Gymdeithas.

Ellesmere Port heb drefnu dim.

Southport – methu cael unrhyw wybodaeth hyd yma ond yn gobeithio trefnu.

Eglwysi (M.C.) Bethel, Heathfield Road a Garston:
Swper Gŵyl Ddewi yn Ysgoldy Fawr Bethel. Artistiaid: Mrs Arfona Heycock a Dr Hywel Morris a'r bobl ieuainc. Gŵr Gwadd: y Parch. Ddr R. Tudur Jones, D.D., Bangor.

Egwlysi Cymraeg Lerpwl:
Bore Sul, 1 Mawrth am 10.30 ym Methel. Oedfa Undebol Gŵyl Ddewi. Pregethwr gwadd: Dr R. Tudur Jones.

Cymdeithas Gymraeg Runcorn:
Nos Fawrth, 3 Mawrth yn y Capel Cymraeg – Cyngerdd o dan ofal Teulu Mans Bethel – y Parch. D. B. Rees (Gŵr Gwadd). Mrs Meinwen Rees (adrodd), Hefin Rees (canu) a Dafydd Rees (wrth y delyn).

Clwb y Cymry Lerpwl:
Cinio yn y Dovedale Towers ar nos Fercher, 4 Mawrth 1981.

95 DESIDERATA

trosiad gan Humphrey Wyn Jones

Dos yn hynaws ymysg y trwst a'r hast gan gofio'r hedd a all fod mewn tawelwch. Os yn bosibl, heb ildio, bydd ar delerau da â phawb. Mynega dy farn yn dawel ac yn glir, gan wrando ar eraill, hyd yn oed y diddeall a'r anwybodus; mae ganddynt hwythau hefyd eu stori. Gochel bersonau croch a gormesol, maent yn ofidus i'r ysbryd. Os bydd iti gymharu dy hun ag eraill mae perygl iti fynd yn ymffrostgar a chwerw, yn wastad y mae pobl rhagorach a llai na thydi.

Humphrey Wyn Jones

Ymfalchïa yn dy lwyddiannau yn ogystal â'th gynllwynion. Dal ddiddordeb yn dy yrfa, pa ostyngedig bynnag y bo hi; mae yn feddiant real iawn yn wyneb anghysonderau amser. Ymarfer bwyll mewn materion busnes gan fod y byd yn llawn dichell. Ond na âd i hyn dy ddallu i'r rhinweddau sydd; ymdrecha llawer i gyrraedd y delfrydau uchaf, ac ym mhobman mae bywyd yn llawn gwrhydri. Bydd yn chdi dy hun, yn enwedig paid â ffugio hoffter. Paid chwaith â bod yn sinicaidd ynglŷn â chariad, oherwydd yn wyneb pob diffyg diddordeb a dadrithiad y mae mor barhaol â'r glaswellt dan ein traed. Tâl sylw i gyngor y blynyddoedd, gan roi heibio yn raslon bethau llencyndod.

Boed iti feithrin y grymuster ysbryd fydd yn warchodaeth iti mewn trallod annisgwyl. Ond paid â blino dy hun â phryderon dychmygol, mae cymaint o ofnau yn tarddu o flinder ac unigrwydd. Ar wahân i ddisgyblaeth fuddiol, bydd yn dyner gyda thi dy hun. Fel y coed a'r sêr, plentyn y bydysawd wyt tithau: mae gennyt hawl i fod yma. Yn sicr, boed hynny'n glir iti ai pheidio, mae'r bydysawd yn datblygu'n union fel ag y bwriedir iddo.

Felly, bydd mewn tangnefedd â Duw, pa beth bynnag yw'th ddirnadaeth o honno Ef; a pha beth bynnag dy orchwylion a'th ddyheadau, yng nghanol cymhlethdodau swnllyd bywyd, bydd mewn cytgord â'th enaid. Er ei holl siomedigaethau, ei haniaethau a'i galedi mae'r byd yn lle hynod o brydferth. Bydd ofalus. Ymegnïa i fod yn hapus.

96 DWY DAITH YN Y SAITHDEGAU I'R UNOL DALEITHIAU

gan C. Brinley Lettsome

Yn ystod yr Ail Ryfel Byd, gwasanaethais fel *Wireless Operator* gyda Chatrawd Brydeinig yn yr Eidal. Fe'm penodwyd i gydweithredu â chatrawd o'r America a bûm gyda hwy am bedwar mis. Deuthum yn ffrindiau mawr â Chynorthwywr y Caplan, Roy Evans wrth yr enw, a'i wreiddiau yn ardal Ffestiniog. Bûm mewn cysylltiad ag ef byth wedyn, ac yn Awst 1978 cawsom wahoddiad i ymweld â'r teulu yn Houston, Texas. Gan nad oeddwn wedi trefnu egwyl dyma ni'n derbyn.

Yr oedd fy nghyfaill yn Gyfarwyddwr Cerddoriaeth (*Director of Music*) yn yr Eglwys Fethodistaidd Unedig yn Houston lle yr oedd Gweinidog (Dr. Kelly Williams), tri yn cynorthwyo, un Cenhadwr, a thros ugain ar y staff i arolygu pedair mil o aelodau. Yr oedd y trefniadau yn anhygoel. Golygai waith enfawr – cyfarfodydd i bob oed, digon o gyfle i ymarfer corff – a hynny mewn adeilad hwylus a safai ar wyth erw o dir. Roeddwn yno ar Sul Diolchgarwch a gwledd i'r llygaid oedd gweld y sêt fawr wedi ei llwytho â thuniau bwyd o bob math. Cefais y fraint o ganu gyda'r côr (*Chapelwood United Methodist Church*), sy'n enwog trwy wlad fawr yr America trwy gyfrwng y radio.

Teimlodd fy ngwraig a minnau yn gartrefol iawn yn yr holl gyfarfodydd ac yr oedd y croeso a'r lletygarwch yn ddi-ball. Buom yn yr *Opera Astradome* a hefyd yn N.A.S.A. Fe'm syfrdanwyd o wybod bod yr holl weithgarwch o osod dyn ar y lleuad wedi ei selio ar *Greenwich Mean Time.*

Teimlais mai'r cyweirnod i'r cyfan hyn oedd gwasanaeth. Ar y daith hon cefais air â pherthynas i mi oedd yn byw yn Florida. Fy nhaid a'i gyn-daid yntau yn ddau frawd, a dyma wahoddiad i ymweld â'r teulu adeg y Pasg. Felly dyma fy mhriod a minnau a fy merch yn hedfan dros fôr Iwerydd unwaith eto. Oherwydd streic staff y *Pan-American* yn Heathrow fe'n trosglwyddwyd i AirIndia. Profiad gwahanol – y *stewardesses* yn eu saris lliwgar a marciau'r *caste* ar eu talcennau. Eisteddai Betty wrth ochr Sikh a'i fwstash prydferth a'i farf wedi ei hamgylchynu â rhwyd gwallt. Cyrraedd Miami a chanfod y teulu yno'n disgwyl a phoster mawr ganddynt – *Lettsome, Stop!* Y croeso eto yn anhygoel a'r lletygarwch y tu hwnt i eiriau. Yn grefyddol yr oedd yr awyrgylch yn wahanol – oherwydd yr oedd fy nheulu yn aelodau o enwad y Bedyddwyr. A chofiwch – Bedyddwyr caeth oeddynt. Ym mhob cyfarfod yr oedd gwahoddiad i dystiolaethu, a nifer fawr yn ymateb. Yr oedd nifer ohonynt yn cael eu bedyddio ymhob cyfarfod. Ffwndamentalwyr rhonc oeddynt a'r gair allweddol bob tro oedd 'Achub'. *Are you Saved?* oedd y gri. Nid oedd ganddynt amser o gwbl i ddaliadau eraill.

Yr oedd aelodaeth yr Eglwys hon – *First Baptist Church of West Hollywood, Florida* – dros bum mil. Gwasanaethid yr Eglwys gan bump o weinidogion, deugain ar y staff, ac yn cynorthwyo (gydag eraill) deugain o genhadon. Deallaf fod dau, os nad tri, yn y wlad hon. Yr oeddynt yn agor Canolfan Hamdden fwyaf y wlad yn niwedd Ebrill 1979 fel rhan o'u gweithgarwch. Cynhelid hefyd Ysgol Ddyddiol Gristnogol i blant rhwng 5 a 17 oed. Nid oes amheuaeth nad yw'r Americanwyr yn angerddol yn eu crefydd.

Cawsom gyfle i wneud llu o bethau – pysgota yn yr Atlantig am baracwdau a'r tymheredd rhwng 80°F a 90°F bob dydd. Er hyn i gyd, y mae'n well gennym fyw ym Mhrydain er ei holl ffaeleddau. Magwyd fy nghyfaill a'm cefnder yn Annibynwyr, ond ni fu fy mhrofiad yn eu plith yn rheswm o gwbl i mi newid fy safbwynt na'm henwad! Ymhyfrydaf fy mod yn medru addoli yn Gymraeg yn y Tabernacl, Woolton Road, Lerpwl.

97 DYDD Y CYMRY

gan DAFYDD HUGHES PARRY

Wrth weld y ddraig goch yn chwifio dros Otterspool, gofynnodd un Sais pryderus, '*What's this, Welsh U.D.I.?*'

Bydd Dydd y Cymry 7 Gorffennaf 1979 y pedwerydd achlysur ar bymtheg i mi fod yn bresennol, ond mae'r dydd arbennig hwn yn hŷn o lawer na hynny.

Bu llawer newid ar y dydd, newid cartref, newid noddwyr, newid cystadlaethau, newid trefnwyr, ond nid byth newid iaith.

Cystadlu go iawn rhwng yr Aelwydydd oedd Dydd y Cymry yn y pumdegau a'r chwedegau – yr *Olympics* Cymraeg. Roedd paratoi brwd am wythnosau cynt a chwpan arian i'r Aelwyd fuddugol. Ond er yr holl redeg a neidio yn y pnawn, nid dyna o bell ffordd oedd diwedd y dydd. Cystadleuaeth Noson Lawen gyda'r nos, adrodd, canu a dawnsio.

Yn 1968 bu newid mawr yn null cynnal Dydd y Cymry. Erbyn hyn roedd yr Aelwydydd yn gwanhau a llai a llai o gystadlu yn y mabolgampau.

Cymerodd Undeb Ysgolion Sul Glannau Mersi y cyfrifoldeb drosodd. Ys gwn i ai dyma'r tro cyntaf i Undeb Ysgolion Sul Cymraeg drefnu ymarferiadau corfforol yn ogystal ag ymarferiadau ysbrydol?

Yn 1969, symudwyd o Reynolds Park i Jericho Lane, Otterspool, a daeth yn fwy o ddydd y teulu gyda chystadlaethau i blant, ieuenctid, mamau a thadau. Y flwyddyn honno cychwynwyd ar y cystadlu pêl-droed pump bob ochr. Nid ceisio am y dwbl ond am y trebl y bu'r eglwysi er mwyn ennill y tri chwpan – dan 12 oed, dan 17 oed a Chwpan yr Her Agored. Ni welwyd y fath fedr a rheolaeth ar bêl ar feysydd Anfield a Goodison! Pwy all anghofio'r flwyddyn y profodd y Parch. R. M. Williams mai ef ddylai fod yn gwisgo crys Dai Davies – neu daclo Norman Huntaidd blaenoriaid Stanley Road, neu weiddi cefnogaeth i'r tîm gan Trefor CLOUGH Edwards, Penbedw.

Beth am y taflu pwysau a'r cystadlu ffyrnig bob blwyddyn rhwng y Prif Arolygydd John Lyons a'r Parch. D. Ben Rees? Hyd yn hyn bu'r GYFRAITH yn drech na GRAS.

By cystadlu brwd y deng mlynedd ddiwethaf yng nghystadleuaeth y Wisg Ffansi. Anghofir byth y Dalek Cymraeg, 'Y *Floating Pound*', 'Y Twnel Newydd', '*Diddy Man*', ac '*Atishoo*'.

Yn wir mae elfen broffwydol yn y cystadlu – y llynedd perswadiodd y trefnydd i David Williams gystadlu yn y ras i dadau. Mis Tachwedd eleni mae David yn gobeithio bod yn dad!

Gwelwyd datblygiad newydd y llynedd. Clwb y Cymry yn paratoi te parti i bawb. Wedi rhedeg a neidio, cicio a chwarae roedd blas ar y teisennau, y *crisps*, y bisgedi &c. Bydd y Clwb yn paratoi yr un math o wledd eleni – dyma reswm arall dros ddod.

Ar y ffordd i Jericho y cafodd Bartimeus ei olwg – efallai mai yn Jericho Lane y mae modd i'n heglwysi weld y ffordd ymlaen i'r dyfodol gyda phlant ac ieuenctid. Yn Jericho y cafodd Iesu Grist baned yn nhŷ Sacheus. 'Fedra i ddim peidio â meddwl na fyddai Iesu Grist yn gartrefol yn Jericho Lane ar Sadwrn, 7 Gorffennaf.

Beth am y dyfodol? Digalon oedd y stori ryw dair blynedd yn ôl, ond gwelwyd adfywiad oddi ar hynny. Credaf fod lle i wella eto. Mae o leiaf 5,000 o oedolion a 250 o blant Cymraeg ar y Glannau. Ni fyddaf fodlon hyd nes y bydd pob un ohonynt yn mynychu Dydd y Cymry. Anghofiwch yr ardd a'r teledu a dowch am ras, sgwrs a phaned i Jericho Lane eleni am 2 p.m., 7 Gorffennaf.

Mae partïon gerddi Plas Buckingham yn ddibwys o'u cymharu â pharti Jericho Lane. Efallai na fydd y frenhines Elisabeth yno, ond bydd cyfle i ysgwyd llaw â Brenin Cymry Lerpwl – Sgt William Jones!

98 DYLEDWR YDWYF I W. AMBROSE BEBB

gan Ieuan Lloyd

Y mae'r cyfrolau 'Bro a Bywyd' bellach wedi dod yn gyfres ddiddorol iawn, a chroesawn y gyfrol ddiweddaraf i gofio am un o feibion Maldwyn, sef Iorwerth Peate. Un arall o wŷr amlwg Cymru, a gwreiddiau ei deulu yn Llanbryn-mair, oedd y diweddar W. Ambrose Bebb. Ceir ei hanes cynnar yntau yng nghyfres 'Bro a Bywyd' wedi ei lleoli yn ardal Llanbryn-mair. Oherwydd oddi yno yr ymfudodd ei hynafiaid i'r America. O gofio ei fod yntau, fel Iorwerth Peate, yn haeddu ei gynnwys ymhlith ein cymwynaswyr, braint imi yn ystod fy nyddiau cynnar oedd cael y cyfle i'w adnabod o fewn bryniau Maldwyn.

Prin y buasai'r 'teithiwr talog' yn ymdroi llawer yn ardal Melinbyrhedyn ger Machynlleth, ac ychydig o ymwelwyr a ddeuai i'r gymdogaeth yn y cyfnod hwnnw. Ond yr oedd yna un eithriad, sef ymweliad Ambrose Bebb, ac yr oedd hwnnw yn ddigwyddiad o bwys i rai ohonom. Deuai i aros yn ystod gwyliau'r Coleg at ddau gefnder a chyfnither i'w dad sef, Edward Bebb Hughes ac Ann Hughes Cilywinllan a William Bebb Hughes, Llwynygronfa. Yr oedd y ddwy fferm yn yr un gymdogaeth ac yn weddol agos i'w gilydd, a golygfa gyffredin oedd gweld y gŵr tal o Fangor yn brasgamu rhwng y ddwy fferm a rhai o'i blant yn ei ddilyn. Roedd y teithiau hynny'n sicr yn ymarferiad da i Dewi Bebb cyn iddo gyrraedd y cae rygbi! Yr oedd aros yn y gymdogaeth yn hyfrydwch pur i Ambrose ac yn falm i'w ysbryd. Cyfeirir yn fanwl at yr ymweliadau hyn yn ei ddyddiaduron 1940 a 1941 – dyddiaduron sy'n enghraifft arbennig o'i ddawn fel llenor, fel y gwelwn yn ei sylwadau am 16 Mehefin 16, 1941.

Yn ystod y cyfnod hwnnw, roedd fy ngwybodaeth am hanes Cymru yn ddigon bylchog, a'r gyfundrefn addysg yn rhannol gyfrifol am y diffyg hwnnw. Bu ymweliadau Ambrose Bebb yn gyfrwng i lenwi'r bwlch. Gwn erbyn hyn mai ef oedd un o'r rhai a'm symbylodd i ymddiddori yn ein hetifeddiaeth. Roedd y llyfrau Cymraeg ar hanes Cymru yn brin iawn rhwng y ddau Ryfel Byd ac yr ydym yn ddyledus iawn i Ambrose Bebb am ei gymwynas yn llenwi'r bwlch hwnnw. Yr oedd cenedlaetholdeb iddo ef yn fwy na brogarwch. Oherwydd mae ei lyfrau yn profi bod ganddo ddiddordeb byw yn hanes Ffrainc a Llydaw yn ogystal â Chymru. Yr oedd yn perthyn i draddodiad Ewropeaidd Emrys ap Iwan.

Mae'n amlwg fod cadw dyddiadur yn rhan o'i fywyd beunyddiol a chafwyd detholiad o'i ddyddiaduron am y cyfnod 1920-52 o dan olygyddiaeth Robin Humphreys ym 1996. Cyhoeddwyd cofiant iddo gan T. Robin Chapman yn y gyfres 'Dawn Dweud' ac y mae'r gyfrol hon hefyd a ddaeth allan ym 1997 yn fwynglawdd o wybodaeth.

Deuthum i wybod yn fuan wrth fod yng nghwmni W. Ambrose Bebb fod ei grefydd yn ganolbwynt ei fywyd. Rhoddodd wasanaeth gwerthfawr fel athro Ysgol Sul yng nghapel Tŵr-gwyn, Bangor, am flynyddoedd, a gŵyr cenedlaethau o fyfyrwyr am ei gyfraniad unigryw.

Credai ef fod yr Ysgol Sul yn un o sefydliadau pwysicaf ein cenedl. Erys ei lyfr ar gyfraniad yr Ysgol Sul a gyhoeddwyd ym 1944 yn ddogfen sy'n tanlinellu pwysigrwydd ffrwyth yr Ysgol Sul i fywyd Cymru. Ei brif bwyslais ar ddiwedd ei lyfr yw'r angen am athrawon ymroddedig. Cyflwynodd Ambrose ei lyfr er cof am wyth o athrawon a fu'n ei hyfforddi ef yn Ysgol Sul Capel Bwlch-gwynt, Tregaron. Ond nid yr Ysgol Sul yn unig oedd maes diddordeb Ambrose Bebb. Yr oedd cyflwr crefydd yng Nghymru yn pwyso yn drwm ar ei feddwl. Erys ei lyfr *Yr Argyfwng* yn enghraifft o hynny – llyfr a gyhoeddwyd ym 1956, flwyddyn wedi ei farwolaeth sydyn. Y mae'r llyfr hwn yn cynnwys ei ddadansoddiad gonest o wendidau'r gyfundrefn grefyddol. Ceryddodd ei gyd-grefyddwyr am ei fod yn eu caru.

Roedd y capel y cefais i fy magu a'm meithrin o fewn ei furiau yn fangre arbennig iddo ef. Yr oedd hynny'n naturiol, oherwydd cafodd ei hynafiaid ran amlwg yn y gwaith o'i adeiladu ym 1854. Ac yno i Beerseba, Melinbyrhedyn a'r fro, y deuai yntau i addoli yn ystod ei ymweliadau. Yn ystod y cyfnod hwnnw, roeddwn yn dechrau paratoi fy hun ar gyfer y Weinidogaeth. Ac wrth imi fwrw trem yn ôl eleni, a minnau wedi cael y fraint o fod yn Weinidog yr Efengyl am yr holl flynyddoedd, yr wyf yn ymwybodol iawn o'r cymorth a gefais gan amryw ffrindiau. Un o'r rheiny oedd y gŵr talsyth o Goleg Normal, Bangor. Cefais aml gyngor buddiol ganddo, o dro i dro, ar yr hyn fyddai'n fanteisiol imi i'w ddarllen i ehangu fy ngwybodaeth. Yr oedd ef yn gyfuniad o'r llenor, y dyddiadurwr, yr hanesydd, yr addysgwr, y cenedlaetholwr a'r Cristion. Bûm innau'n ddigon ffodus mewn cwmwd diarffodd ym Maldwyn i fwynhau ei gyfeillgarwch, ac i elwa yn helaeth ar ei gefnogaeth a'i arweiniad. Dyledwr ydwyf.

99 DOES DIM BYD YN NEWID

gan Eluned Jones.

Gyda Gŵyl y Pasg newydd fynd heibio, yr ŵyl bwysicaf yn y Calender Eglwysig, naturiol oedd i mi ddwyn i gof yr adeg fer a dreuliais yn Israel ddeng mlynedd yn ôl. Yn yr ysgrif hon, bwriadaf ganolbwyntio ar yr un diwrnod a dreuliais yn Masada. Cyn mynd yno, a bod yn onest, doedd yr enw yn cyfri' dim i mi. Fel Cymraes, wrth dyfu i fyny yn Llanelli, credais taw geiriau Cymraeg oedd Moreia a Seion, Bethlehem a Chalfaria, Jeriwsalem a Jericho, Siloa a Soar; a dim ond fel yr euthum yn hŷn y deallais, mai cysegr leoedd yn Israel oedd yr enwau hyn, a'n bod ni wedi mabwysiadu'r enwau, a'u rhoi ar rai o'n pentrefi, ein capeli, a'n heglwysi fel teyrnged i'r mannau hyn, sydd wedi bod yn sylfaen i'n hetifeddiaeth Gristnogol a llenyddol. Doeddwn i ddim yn adnabyddus â'r gair Masada, er bod, mae'n debyg, ffilm wedi ei chynhyrchu ar y testun. Ond ni welais i mo'r ffilm honno.

Felly, pan awgrymwyd i ni ar ddydd Sadwrn, y pedwerydd ar hugain o Fawrth, fod gyda ni ddewis, naill ai ymlacio am y diwrnod a gwneud dim, neu gymryd taith mewn bws i gyrion y Môr Marw i ymweld â'r gaer a adeiladwyd gan Herod Fawr yn niffeithwch Judah rhwng Sodom ac Ein Ghedi, roeddwn yn awyddus i brynu'r amser, ac felly roedd yn rhaid mynd.

Roedd y daith yn y bws yn bleserus, a rhyfeddod oedd gweld yr hyn a fu'n anialwch yn ffrwythlon ir, oherwydd roedd yr Israeliaid wedi gweithio'n ddygn i greu rhwydwaith o ddyfrleoedd gan ddefnyddio'r Afon Iorddonen i ddyfrhau'r anialwch. Felly, wrth deithio, gwelsom sawl *Kibbutz* a dywedwyd wrthym fod trigolion y pentrefi newydd yn medru cynaeafu, ddwy a thair gwaith y flwyddyn.

Ond doedd y ffrwythlondeb a welsom ar ein taith, ddim yn ein paratoi am yr hyn a wynebwn wrth gyrraedd top Masada. Wedi cyrraedd, cawsom sioc aruthrol. Dyna lle roeddem ynghanol gweddillion adeiladau anferth, dwst a thywod o dan ein traed, ac uwch ein pennau, yr haul crasboeth yn disgleirio'n ddi drugaredd. Dim sbecyn o dyfiant o unrhyw fath i'w ganfod yn un man. Dim cwmwl yn torri ar lesni'r nen. Wrth edrych o'm cwmpas, meddyliais fy mod wedi cael fy nhrawsblannu i'r gofod, ac roeddem ni'r teithwyr, wrth ddilyn ein harweinydd, yn edrych fel smotiau bychain, ynghanol y gaer.

Dilynasom ein harweinydd Yoseff i mewn i'r Synagog. Yn ôl ei arfer, gorchmynnodd ein bod yn eistedd i lawr. Roeddem yn fwy na pharod i ufuddhau iddo. Dechreuodd Yoseff adrodd yr hanes, sut yr oedd trigolion y gaer hon wedi gwrthsefyll y Rhufeiniaid am dair blynedd.

Wn i ddim ai syrthio i drwmgwsg a wneuthum a dechrau breuddwydio, ond gwyddwn ymlaen llaw beth yr oedd yn mynd i ddigwydd, a beth y byddai Yoseff yn ei ddweud. Byddai'n sôn am ddogni bwyd o fewn y gaer, ac yr oedd poen yn fy nghylla wrth gofio am y dogni hwnnw. Cofiwn am y diwrnod hwnnw pan ddywedwyd wrthym fod y dŵr a oedd yn y stordy olaf bron â gorffen. Ie, yn y Synagog yr oeddwn y diwrnod hwnnw, pan ddywedodd y Rabi, 'Fe fydd yn rhaid i chi ymdrochi yn y dŵr sydd gennym, a'i yfed ef heb gynilo – fel y twyllwn yr ysbïwyr, sydd heb os nac oni bai yn ein gwylio o'r pellter draw, ac efallai y credant y gallwn wrthsefyll eu hymdrechion am fisoedd eto.' Roedd y dŵr yn glir fel y grisial. Blaswn bob diferyn fel y disgynnai i lawr fy llwnc crasboeth – ond byr fu'r pleser. Clywais lais afrosgo yn gweiddi, 'Mae'r Rhufeiniaid yn cludo coed a cherrig, maen nhw'n mynd i adeiladu gwrthglawdd,' a gwelais â'm llygaid fy hunan y Rhufeiniaid yn parhau i adeiladu ac yn gweithio fel haid o wenyn.

Roedd ein Henuriaid yn mynd a dod i'r Synagog. Roedd rhai am i ni ymladd i'r eithaf. Eraill yn gwrthwynebu, ac yn dweud, 'Does dim gobaith i ni ennill, ac mi fyddwn yn cael ein llusgo mewn cadwynau drwy'r dinasoedd. Fedri di wynebu gweld dy deulu yn cael ei sarhau? Dim ond un ffordd sydd yn agored i ni.'

'Beth yw hynny?'
'Cyflawni hunanladdiad.'
Ie, roedd rhaid i ni gadw ein hunan-barch. Neidiodd rhai o'r bechgyn nwydwyllt dros y clogwyn i gyfarfod â'u trallod. Cymerodd y gweddill ohonom wenwyn, a'i lyncu mewn cawg bychan o win. Pan ddaeth y Rhufeiniaid i mewn i'r gaer, dim ond dwy wraig a thri phlentyn oedd yno i'w derbyn.

Clywais lais Yoseff yn dweud, 'A nawr, bydd pob milwr Iddewig yn tyngu llw, yma yn Masada, na chaniateir i Masada arall drechu ein cenedl ni. Dewch dilynwch fi i'r ffynnon, ac yfwch ddŵr Masada.

Do, drachtiais y dŵr, roedd yn blasu'n union fel y dŵr a ddrachtiais ddwy fil o flynyddoedd yn ôl. A sylweddolais, fel y deuthum allan o'm breuddwyd neu hunllef – wn i ddim beth i'w alw, fy mod wedi ail-fyw y puro ethnig a ddigwyddodd 2,000 o flynyddoedd yn ôl.

Ond mae'r blynyddoedd hyn wedi darfod, ac yr ydym ar fin wynebu mileniwm newydd. Amser o lawenydd, amser i ddathlu a chanu gyda symbal a dawns. Ond na, beth sydd wedi digwydd yn ystod Pasg olaf y mileniwm hwn? Unwaith eto mae'r byd wedi gwallgofi, ac yn ôl rhai o arbenigwyr NATO cynlluniwyd y distryw yma fisoedd yn ôl, - ymhell cyn i'r cyfarfodydd trafod heddwch ddechrau yn Ffrainc ym mis Chwefror, a phenderfynwyd sut y gellid cael gwared ar ddwy filiwn o Albaniaid ethnig. Roedd y cynllun mor drylwyr, fel roedd yr hyn a ddigwyddodd hanner canrif yn ôl yn yr Almaen Natsïaidd yn ymddangos fel gweithred amaturiaid. Lladdwyd yr ysgolheigion, poenydiwyd a lladdwyd y dynion a'r bechgyn rhwng 16-35 oed. Llosgwyd ugain trên, a phedair mil o bobl ymhob trên, ac mewn llai nag wythnos, symudwyd dros filiwn o bobl, gan ddwyn popeth oddi wrthynt, eiddo, cartrefi, gobaith, ac rydym ni'n edrych ar y lluniau echrydus ar ein setiau teledu, ac yn methu dirnad sut mae hyn wedi digwydd mewn gwledydd gwâr? Yn ddiau, roedd problemau Kosovo ac ati wedi bod yn macsu dros lawer, llawer blwyddyn, a ninnau yn y Gorllewin yn anwybyddu'r problemau dibwys o'n safbwynt ni. Yn awr, penderfynodd Clinton a Blair fod yn rhaid gwneud rhywbeth ar fyrder, ac mai bomio Kosovo yn ddidrugaredd oedd yr ateb. Ond yn ôl yr hyn a welwn, dim ond llwyddo i ynfydu Milosevic, a wnaeth y cynllun hwn. Ac rydym ni, a fu byw trwy'r Ail Ryfel Byd yn sylweddoli bod ein harweinwyr presennol ni, megis Blair, Cook, Robertson, Mandelson, heb brofi erchylltra'r un rhyfel.

Iddyn nhw, problem fathemategol, wyddonol sy'n ein hwynebu. Credant mai mwy a mwy o fomio yw'r ateb. Fe fydd y cymdeithasau dyngarol yn llafurio ddydd a nos i helpu'r trueiniaid, ond ni ellir dileu'r drasiedi hon.

Pan ddaw hi'n amser i gofnodi hanes ein mileniwm, fe anghofir y pethau da a ddigwyddodd yn ystod ein cyfnod. Y staen, a'r enw Kosovo a erys i'r dyfodol, fel y gwnaeth ffieidd-dra'r Rhufeiniaid, ddwy fil o flynyddoedd yn ôl yn Masada. Does dim byd wedi newid.

100 DAU BRIFATHRO GOLEUEDIG

gan Marian Prys Davies

Bu cyfraniad Cymry Cymraeg i fyd addysg dinas Lerpwl yn un sylweddol ac anrhydeddus dros y blynyddoedd. Yr haf eleni 2000 mae dau o'r goreuon yn ymddeol o'r gwaith yn brifathrawon, sef Mr G. Euryn Roberts, prifathro St. Michael-in-the-Hamlet, blaenor yr Eglwys Fethodistaidd sydd yn cydaddoli yn Eglwys Bresbyteraidd, Bethel a Mr R. Ifor Griffith, prifathro Rudston Road, Childwall – un sydd wedi cyfrannu'n helaeth mewn presenoldeb ac yn arbennig o'i allu cerddorol yn Eglwys Bethel ac i Undeb Corawl Cymraeg Lerpwl.

Gan bod Mrs Mair Jones a minnau o bwyllgor *Yr Angor* yn byw yn ardal Ysgol Rudston Road, gwyddom am enw da Mr. Griffith yn y cylch. Cadarnhawyd hyn yn rhifyn Gorffennaf o gylchlythyr yr eglwys leol, sef St. David's, Childwall, yn dwyn y teitl 'Arwr Lleol'. Diolch y mae'r erthygl am wasanaeth Mr Griffith a'r cydweithrediad cynnes fu rhwng yr eglwys a'r ysgol dan ei arweiniad, ac am wasanaeth côr Rudston ar nosweithiau carolau. Mae'r erthygl yn cyfarch prifathro gyda gwerthoedd traddodiadol, disgyblaeth gadarn, ond un hefyd yr oedd y plant (ac yr wyf yn dyfynnu cyfieithiad) 'yn caru ei esgyrn'. Cyfrannodd werthoedd caredigwrydd a boneddigrwydd i genedlaethau o blant yn ogystal â rhagoriaeth addysgiadol a disgleirdeb cerddorol.

R.Ifor Griffith yn arwain Cymanfa Ganu.

. Ei brif amcan, yn ôl yr erthygl, oedd dylanwadu a meithrin bywydau ifanc, yn hytrach na hybu ei yrfa a phwyllgora. Teyrnged uchel ar adeg anodd ym myd addysg, ond un y medrwn oll sydd yn ei adnabod ei thanlinellu. Gan imi adnabod Mr. Euryn Roberts a'i wraig Morfudd, a chyd-addoli gyda hwynt yn ystod y deugain mlynedd y buont yn Lerpwl, gwn mai yr un safonau a'r un gwerthoedd oedd yn bodoli yn St. Michael-in-the-Hamlet, yr ysgol Eglwys Loegr lle y bu Mr Roberts yn brifathro am ddwy flynedd ar bymtheg. Yn ystod ei dymor yno, bu'n drefnydd Gŵyl Gerddorol Ysgolion Toxteth yn ogystal â'i waith arferol fel prifathro. Yn ddiamau, byddai Mr Roberts yn anelu am yr un cyfle i bob un o'i ddisgyblion ag a ddiogelodd i'w blant ei hun, sef Gwenan Ellis Roberts, sydd heddiw yn gyfrifol am ysgrifennu sgriptiau ar gyfer newyddion chwech ar y BBC yn Llundain ac Owain Ellis Roberts sydd yn ohebydd blaenllaw ar S4C a Radio Cymru yng Nghaerdydd. Bydd y ddwy wyres fach Gwenan a Swyn yn rhan o'r etifeddiaeth hon. Da oedd clywed bod y teulu oll yn dathlu yn y cyfarfod ffarwél.

Felly talwn deyrnged a diolch i'r ddau sydd yn glod i Gymru, Mr Ifor Griffith o'r Bont-ddu a Mr Euryn Roberts o Lysfaen, ger Bae Colwyn, gan ddymuno iechyd a mwynhad iddynt wedi ymddeol.

101 DWY OCHR I AFON IORDDONEN

gan O. E. Roberts

Wedi aros dros nos yn Amman, rhaid oedd croesi'r ffin drafferthus rhwng Iorddonen (*Jordan*) ac Israel yn nyffryn Iorddonen. Ymweld â Qumran a'r Môr Marw a Jericho hen a newydd, yna cyfle i dreulio peth amser ym Methania a Bethlehem. I Nasareth a Chapernaum drannoeth, pryd o fwyd bendigedig yn *Kibbutz* Nof Ginosar ar lan Môr Tiberias a chyfrannu o'r cymun ar Fynydd y Gwynfydau ar Sadwrn y Pasg. Yna, gweld cymhlethdod dinas Jeriwsalem a darganfyddiadau archaeolegol diweddar, cyn esgyn Ffordd y Groes ac i'r eglwys ar ben Calfaria, heb anghofio dyddiau Dafydd a Solomon.

Uchafbwynt y dyddiau yn Israel oedd y gwasanaeth yng Ngardd y Bedd Gwag fore Sul yr Atgyfodiad, 1,500 o gynulleidfa yn yr awyr agored am 6.30 y bore!

Yn ôl i Wlad yr Iorddonen. Sefyll ar gopa Mynydd Nebo, 'i olwg ardaloedd sydd well' chwedl Thomas Williams, er na welodd o y dyffryn oddi tanom fel y canfu Moses ef gynt. Dilyn Priffordd y Brenin i'r de, ffordd dda iawn a phrysur.

Er yn blentyn, yn blasu barddoniaeth Saesneg am y tro cyntaf, un llinell sydd wedi cyniweirio yn fy meddwl ar hyd y blynyddoedd, honno gan Burgon, bardd ddigon di-nod, '*A rose-red city half as old as Time.*' A dyna gyfle i weld Petra, dinas o demlau a phlastai , ogofâu i fyw ynddynt ac i gladdu'r meirw, a gerfiwyd, yn hytrach na'u hadeiladu, o'r creigiau coch gan grefftwyr Nabateaidd 300 C.C. Daeth y Rhufeiniaid yno'n ddiweddarach i gerfio theatr o'r graig a chodi teml a heol o golofnau. Diflannodd ei gogoniant ymhen amser a bu ar goll am 500 mlynedd nes i ŵr o'r Swistir ei hailddarganfod ym 1812. Nid oes modd mynd i Betra ond trwy farchogaeth ceffylau ar hyd milltir neu ragor o hafn ddogn yn y creigiau, er y gall y rhai llai abl wneud y siwrnai mewn steil mewn *land-rover*. Wrth ddringo o gwmpas, gwelir nid yn unig greigiau coch uchel, ond haenau hefyd o wyn a glas, pinc a llwyd. Mae'r daith yno yn werth ei gwneud, i weld un o ryfeddodau'r byd.

Aros yn Kerak dro arall i weld un o gadarnleoedd y Croesgadwyr. Yna ymlaen i Amman, prifddinas gwlad Iorddonen a adeiladwyd ar saith bryn, adeiladau gwyn, newydd, yn dangos dinas brysur a dyfodd mewn hanner can mlynedd ar sail pentref yn yr anialwch.

Prif atyniad y diwrnod olaf oedd Jerash, olion eang a thrawiadol o ogoniannau colofnaidd Groeg a Rhufain gynt. Yna ffarwelio â gwlad Ammon a Moab ac Edom yr Hen Destament, wedi synnu at y diwygiad modern yn *Jordan* Arabaidd yn fwy na thwf amaethyddiaeth a diwydiannau Iddewon Israel, ffrwythlonder dyffryn Iorddonen yn amlwg, gydag erwau o dai gwydr a chnydau o bob math.

Cafwyd cwmni hwyliog i'r daith hon, llawer o sbort a chanu, gwestyau diguro a thrafaelio didrafferth. Rwy'n sicr fy mod yn datgan diolch y teithwyr i gyd am drefniadaeth y Parch. Ddr. D. Ben Rees a Chwmni Richards, Llanelli, a roddodd i ni bererindod i'w chofio yn hir.

E

102 EISTEDDFOD MANCEINION

gan Cassie Williams a Dilys Williams

EMYN GWLADGAROL

Gwawriodd canrif arall arnom,
Llwybr newydd welwn draw.
Deil yr Iesu eto i'n harwain,
Deil i afael yn ein llaw.

Diolch wnawn am inni eto
Deimlo'r Cariad, Cariad Tad
Sy'n goleuo a bendithio
Cymru fach, ein h'annwyl wlad.

Ni raid ofni na phryderu.
Iesu sy'n ein caru ni.
O am gymorth i'w foliannu
A rhoi iddo'r parch a'r bri.

Cofio heddiw wnawn am Ddewi
Ddysgodd neges fawr i'n plant.
'Gwnewch y pethau bychain', meddai,
Nac anghofiwch Ddewi Sant.

CASSIE WILLIAMS,
Noddfa,
Cheetham

EMYN GWLADGAROL

Erglyw ein llef, o Dduw ein tadau,
Ar ran ein cenedl annwyl ni,
Maddau'n difaterwch dybryd,
Maddau in d'anghofio Di.
Ti wrandewaist weddi'n tadau,
Gwrando eto gri Dy blant,
Anfon D'Ysbryd Glân i'n tywys
Ar hyd llwybrau Dewi Sant.

Diolch am ein heniaith firain,
Iaith bereiddia'r Beibl glân.
Geiriau dwys y weddi ddistaw,
Iaith y cymanfaoedd cân.

Diolch am y Pêr Ganiedydd,
Am emynau'r santes Ann.
'Rhosyn Saron', 'Ffrind pechadur',
'Ydyw'r Hwn a'n cwyd i'r lan'.

Llifed neges yr Efengyl
I bob cwr o'n hannwyl wlad,
Gyda'th gariad mawr anfeidrol,
Gwna ni'n deulu Duw y Tad.

Anfon D'Ysbryd i oleuo
Lamp y Gair uwch bryn a phant,
Caru Duw a charu Cymru,
Dyna neges Dewi Sant.

DILYS WILLIAMS
Noddfa, Cheetham

103 EISTEDDFOD LERPWL A'R CYFFINIAU (1995)

gan Hugh Begley

Braint a phleser o'r mwyaf ydy sefyll o'ch blaen i lywyddu yr eisteddfod hon eleni.

Ryw dair blynedd yn ôl awgrymwyd y byddai'n beth da diddymu Eisteddfod Glannau Merswy a chynhaliwyd cyfarfod i drafod y peth. Serch hynny yn y cyfarfod hwnnw, awgrymwyd y dylem ni dreio ei hadfywio hi'n eisteddfod lai, mwy lleol ei hanian. Rhaid cyfaddef nad oedd llawer o gefnogaeth i'r syniad ymhlith y rhai a oedd yn bresennol. Ond yn bennaf, drwy ddyfalbarhad ac egni un dyn, cafodd yr Eisteddfod ei hadfer llynedd. Y Parch. Ddr Ben Rees ydy'r dyn hwnnw a heb ei ymdrechion ef ni fuasem yma heddiw i fwynhau Eisteddfod Lerpwl a'i Chyffiniau. Nid ydy hyn i leihau gwaith caled ac effeithiol Rachel Gooding a Meirion Evans a'r Pwyllgor Gwaith. Ond heb Ben, heb Eisteddfod.

Yn y ddeunawfed ganrif, pwrpas yr Eisteddfod oedd i feirdd a cherddorion gystadlu yn erbyn ei gilydd ar gyfer gwobrau, cadair, coron ac ati, ac i brentisiaid o feirdd gael eu trwyddedu fel beirdd. Yn y dyddiau hynny, a hyd yn oed tan flynyddoedd cynnar y ganrif hon, pan oedd yr eisteddfod ar ei hanterth yng Nghymru, chwerthinllyd o syniad fuasai bod yr iaith Gymraeg mewn perygl. Ond heddiw gyda'r iaith mewn perygl, er bod y cystadlu yn hanfodol i'r eisteddfod, y mae pwrpasau eraill iddi; a'r prif bwrpas yn eu plith yn achos yr Eisteddfod hon ydy chwarae rhan bwysig yn niogelu dyfodol a safonau'r Gymraeg ar y Glannau. Fel arfer yn y gorffennol ceid eisteddfod plant ac oedolion. Ond yn ddiweddar, yr ydym ni wedi gweld adran i ddysgwyr yn datblygu a heddiw cawn eisteddfod plant, oedolion a dysgwyr.

Yn y rhan gyntaf heno daeth plant y Cymry Cymraeg i'r llwyfan, ambell un yn swil ac ambell un ar gefn ei geffyl gwyn. Ond wrth edrych a gwrando arnyn nhw i gyd, cronnai y dagrau yn ein llygaid oherwydd hyfrydwch yr olygfa a'r seiniau – dagrau pleser a dagrau balchder. Ymwelais â'r Arddangosfa Gelf a Chrefft ac yr oeddwn i'n synnu wrth weld safonau'r ceisiadau, yn enwedig ceisiadau'r plant. Nid oes dwywaith amdani fod plant Cymraeg Lerpwl yn llawn talentau o bob math. Ac mae'n amlwg y medrwn ni weld rhyw addewid am y dyfodol yn eu Cymreictod. Llongyfarchiadau mawr i rieni'r plant hyn a'r bobl eraill sydd wedi eu hyfforddi nhw mor dda.

Yn yr ail ran, gwelwn a chlywed y Cymry Cymraeg yn mynd ati i gystadlu ac rwyf i'n sicr y bydd hi'n noson hyfryd a'r safonau o'r uchaf. Byddwn ni'n ddiolchgar i bob cystadleuydd am ei gyfraniad heno. Ond, er gwaethaf eu hymdrechion eithafol o galed, ni ellir ddibynnu ar oedolion Cymraeg y Glannau am ddyfodol a diogelwch iaith Gymraeg yr ardal. Gyda'r ewyllys gorau yn y byd, y mae eu nifer yn mynd i lawr un ai trwy achosion naturiol neu drwy'r awydd naturiol i fynd yn ôl i Gymru.

Ac mae 'na fwlch rhwng y plant bach a'r oedolion yma: ble mae'r bobl ifanc, y bobl rhwng, dyweder, ugain a deg ar hugain? Yn nhermau'r iaith a'i dyfodol yma, a oes gennym genhedlaeth golledig, a ddon' nhw'n ôl i adfer eu hiaith yn nes ymlaen ar ôl canu ffarwél i'w harddegau a setlo i lawr? Dwn i ddim am gymdeithasau Cymraeg Lerpwl ond ar y Wirral yn llwyr bron, pobl mewn oed ydy aelodaeth Cymdeithas y Cymry. Unwaith eto, lle mae'r bobl ifanc Cymraeg? Siomedig iawn, hefyd ydy prinder cefnogaeth gan fyfyrwyr prifysgolion Lerpwl a cholegau'r Glannau. A ddylem ni ofyn iddyn nhw beth y maen nhw am ei weld yn yr Eisteddfod hon?

Yr wyf i'n gwybod bod Urdd Gobaith Cymru yn ffactor mawr yn adfer yr iaith yng Nghymru a bod pawb yma, y mae ganddyn nhw blant, yn awyddus iawn i'w gweld nhw'n cadw trysor yr iaith. Ond ar wahân i'w nifer yn mynd i lawr, pan fydd plant, o bob cefndir, yn cyrraedd eu harddegau, maen nhw'n tueddu i ddilyn llwybrau yn ôl eu dewis eu hunain. Rhan o dyfu i fyny ymhob cymdeithas ydy i blant hedfan y nyth a dewis eu gyrfaoedd drostynt eu hunain.

Yn yr ail ran, hefyd, y daw'r dysgwyr, rhai ohonyn nhw yn fwy swil na'r plant y prynhawn yma. Ond ni fydd angen iddyn nhw boeni: byddan nhw ymhlith ffrindiau. Ac yma, yr wyf i'n gorfod dweud, er imi ddysgu Cymraeg dros ugain mlynedd (a 'dwi'n dal i ddysgu) – trwy gydol yr amser hwnnw, ni chefais i yr un iot o anghwrteisi lleia' gan Gymro na Chymraes: yn wir, ni chefais i ddim ond y caredigrwydd mwyaf a chwrteisi traddodiadol y Cymry. Diolch i bob un o'm ffrindau Cymraeg. Fel dysgwr o Sais, ga'i ddweud mod i wedi cael Adran y Dysgwyr yn arbennig o dda ac yn addas iawn.

Yn yr ail ran, hefyd, y daw dysgwyr i'r llwyfan efallai fel unigolion eleni; wedi'r cwbl profi'r dŵr wnaethon nhw llynedd. Ac yma bydd yn rhaid inni dalu teyrnged i waith Mrs Pat Williams ynglŷn â'r rhestr testunau ar gyfer dysgwyr. Gobeithio y bydd y cystadleuwyr a'r cystadlaethau yn cyfiawnhau ei gwaith hi. Dyna ichi dair rhan o'r eisteddfod ac efallai eich bod chi i gyd yn meddwl bod diogelwch y 'pethe' Cymraeg wedi ei sicrhau am y dyfodol ar y Glannau.

Ond aros mae'r perygl. Wedi'r cyfan, fel y dywedais i, y mae nifer y Cymry Cymraeg ar y Glannau yn mynd i lawr ac i lawr. Mae'n wir eu bod nhw'n gwneud ymdrechion mawr i drosglwyddo cariad at eu hiaith a'u diwylliant i'w plant. Ond ar yr un pryd, mae nifer y plant yn disgyn hefyd.

Wrth droi at y drydedd ran – sef Adran y Dysgwyr, yr wyf i'n gwybod fel ffaith fod tua hanner cant o ddysgwyr ar y Wirral a chael ar ddeall bod nifer tebyg yr ochr hon i'r afon. 'Wn i ddim am bethau yn y ddinas hon, ond ar y Wirral nid oedd cyd-drefniant (*co-ordination*) rhwng yr amryw ddosbarthiadau. Er bod aelodaeth Cymdeithas Cymry Birkenhead, wedi bod ar agor i ddysgwyr am flynyddoedd, ac yr wyf i'n siwr bod yr un drefn mewn bodolaeth yn Lerpwl, nid oedd neb fel petai yn ymateb.

Ar y Wirral yr ydyn ni wedi cynnal dwy noson ar gyfer y dysgwyr o bob dosbarth a chael cefnogaeth dda, a chafodd y dysgwyr nosweithiau pleserus ac addysgol. Rwy'n ymwybodol iawn na ddaeth neb o ddysgwyr Cilgwri i gymryd rhan heno ac un o nodau ein cyd-weithrediant fydd rhoi digon o hyder i'r dysgwyr hyn i sefyll o flaen cynulleidfa garedig fel chi i gyd a chymryd rhan yn y cystadlaethau sydd wedi eu trefnu ar eu cyfer nhw. Felly, watsiwch ddysgwyr Lerpwl mi ddaw y *'wooli backs'* drosodd y flwyddyn nesaf.

Rwy'n gwybod i sicrwydd fod dosbarth Dr Rees wedi cystadlu yng Nghwis CYD ond, hyd y gwn i, nid oedd cangen CYD ar y Glannau, y dwthwn hwnnw. Yr ydym ni wedi cymryd y camau cyntaf i'r cyfeiriad hwn ar y Wirral ac efallai y byddai'n bosibl ffurfio cangen CYD Wirral neu gynnwys dwy gangen CYD, un yn Lerpwl a'r llall ym Mhenbedw . Efallai mai ar y dysgwyr y bydd dyfodol y Gymraeg ar y Glannau yn dibynnu. Ond, fel hen ddysgwr, efallai mai fi sy'n rhagfarnllyd yn hyn o beth. Ond y peth pwysicaf heno ydi i'r cystadleuwyr wneud eu gorau glas ac i'r gynulleidfa werthfawrogi eu hymdrechion ac i bawb fwynhau'r noson.

104 ENNILL GRADD

Sioned Wyn Davies (nee Jones) ,
Wyddgrug (gynt
o Lerpwl)

Llongyferchir Sioned Wyn Jones, merch Mr Humphrey Wyn Jones a Mrs Louie Jones, Allerton, ar ennill ei gradd ym mhrifysgol Birmingham.

Treuliodd Sioned flwyddyn ym Mhrifysgol Limoges yn Ffrainc sef 1982/83. Mae Sioned yn ffyddlon i Eglwys Bethel ac yn rhugl yn y Gymraeg. Bwriada ymaflyd ym myd y Gyfraith a dymunir yn dda iddi i'r dyfodol.

Yn y llun gwreiddiol yn *Yr Angor* safai Sioned Wyn Jones o flaen Prifysgol Limoges, ond yn y llun diweddar hwn gwelir Mrs Sioned Davies mewn dyddiau diweddarach. Mae hi'n fam i fab a merch, ac y mae hi a'i phriod David Davies yn byw yn nhref yr Wyddgrug.

105 EGLWYS SALEM (M.C.) PENBEDW YN 1981

gan Walter Rees Jones

Croesawu Gweinidog Newydd. Y mae Salem a'r ofalaeth yn llawenhau bod y Parch. Idwal Jones, Llwyngwril, yn barod i ddod i'n plith fel Gweinidog. Derbyniodd yr alwad a bydd yn dechrau ar ei ddyletswyddau y Sul cyntaf o Hydref. Croesawn ef a'i briod yn gynnes iawn i'r Mans yn Palm Grove.

Cyflwyno Cloc Hardd. Trefnodd y chwiorydd, o dan arweiniad Mrs R. Emrys Evans, B.A., gyfarfod bendithiol iawn ym mis Gorffennaf pryd y cyflwynwyd cloc yn rhodd i'r eglwys gan deulu'r diweddar Mr R. O. Roberts, Grasville Road, er cof amdano. Roedd y defosiwn yng ngofal y Parch. R. Emrys Evans, B.A., a chyflwynwyd y cloc ar ran y teulu gan Mr J. Tudor Owen, Y.H. Rhoddodd anerchiad cofiadwy a chafwyd gair hefyd gan ddau arall o'r blaenoriaid, Mri William Thomas a Walter Rees Jones (ac yr oedd ef wedi cyfansoddi penillion addas i'r amgylchiad). Hyfryd oedd croesawu Mrs Roberts ac eraill o'r teulu i'r cyfarfod.

Llongyfarchiadau. Mae gennym restr hir y tro hwn – i Mr a Mrs Edwin O. Williams, Speedwell Road ar ddathlu eu priodas emrallt, ac i Mr a Mrs R. R. Roberts, Manor Hill ar ddathlu eu priodas aur. Y mae Mr E. O. Williams a Mr R. R. Roberts yn ddau o'n blaenoriaid gweithgar. Ym myd addysg llongyfarchwn Nicholas Emrys Evans, ŵyr y Parch. a Mrs R. Emrys Evans, ar lwyddo yn ei arholiad mynediad i Ysgol Fonedd Amwythig, hefyd Bryn Roberts, mab Mr a Mrs Trefor Roberts, Bebington ar ei waith da yn arholiadau Lefel A, i Gareth Jones, Rhostryfan (ŵyr Mr a Mrs Hugh Jones, Fairfield Road) ar gwblhau ei gwrs fel meddyg ym Mhrifysgol Lerpwl. Debyniodd Dr Gareth Jones swydd yn Ysbyty Victoria, Wallasey. Llongyfarchiadau hefyd i Mr a Mrs David Harvey ar enedigaeth mab iddynt – ac ŵyr i Mr a Mrs Walter Rees Jones, Ashburton Avenue.

106 EGLWYS GYMRAEG Y PRESBYTERIAID YN GARSTON

gan Alun Roberts

Braint ac anrhydedd i mi ydyw cael cyflwyno ychydig o sylwadau ar yr achos yn Garston; achos sydd wedi bod yn gartref ysbrydol ers dros ganrif a chwarter i Gymry'r ardal.

Yn nechrau 1863, drwy ymdrechion John Davies, fferm Allerton, ac ymholiadau William Jones y Siop, fe sicrhawyd ystafell fechan yng nghefn gwesty'r Wellington yn fan addoliad i Gymry'r ardal – daeth 35 i'r cyfarfod gweddi agoriadol. Buan iawn y gwelwyd yr ystafell yn orlawn ac ar ddiwedd 1863 gyda chaniatâd y Cyfarfod Misol a chefnogaeth Eglwys Bedford Street yn ogystal, fe sefydlwyd Eglwys Garston. Gweinyddwyd y sacrament cyntaf gan y Parch. Henry Rees, gweinidog Capel Chatham Street.

Dyna ddechrau'r Eglwys – y tân wedi cael ei gynnau. Yn 1865 i ymateb i'r angen am ystafell fwy, fe ardrethwyd ysgoldy y Wesleaid Woodger Street, a phan nad oedd yr adeilad hwnnw ar gael cynhelid cyfarfod mewn ysgoldy arall yn Wellington Street. Yr eglwys Gymraeg felly yn sefydlu yn yr ardal gyda chymorth eglwysi eraill y cylch.

Dros dro y bu'r trefniant hwn ac yn yr un flwyddyn fe brynwyd darn o dir yn Chapel Road i adeiladu eglwys. Gosodwyd y garreg sylfaen yn yr Hydref gan y Parch. Henry Rees ac yr oedd yr adeilad yn barod i gynulleidfa o 350 ddiwedd 1866 wedi cost o £1,750.

Y Parch. John Evans, Tregeiriog, oedd y gweinidog cyntaf ac fe'i sefydlwyd ef yn 1874 pan oedd nifer y cymunwyr yn 80. Yr oedd y gweinidog cymharol ifanc yn cael ei drethu gan afiechyd a bu'n orfodol iddo symud i fyw i Groesoswallt lle bu farw yn 38 oed yn y flwyddyn 1882.

Erbyn 1883 yr oedd yr aelodaeth wedi cynyddu i 102 ac yn y flwyddyn honno fe adeiladwyd yr ysgoldy presennol.

Datblygiad arbennig o bwysig yn hanes yr achos oedd adeiladu ystafell genhadol yn Canterbury Street yn y flwyddyn 1888 ac fe agorwyd yr gangen hon o'r eglwys yn 1889. Yr oedd Ysgol Sul eisoes wedi ei chynnal yn y rhan hon o Garston, uwchben stabl yn Window Lane a'r draul yn £1,400. Gofalaeth gyntaf y Parch. E. O. Davies B.Sc., oedd Eglwys Garston. Daeth yma yn ŵr ifanc 28 oed yn 1892. Treuliodd bum mlynedd llwyddianus iawn yn Garston a chyda gofid i'r aelodau y gwelwyd ef yn symud yn athro i Goleg y Bala. Priododd yn ystod ei gyfnod yn Garston â merch o deulu Cymraeg, a daeth ef yn ei ddydd yn un o arweinwyr pwysicaf yr enwad.

Ym Medi 1899 dechreuodd y Parch. John Daniel Evans ar ei fugeiliaeth – bugeiliaeth oedd i bara am 42 o flynyddoedd. Yr oedd, meddid, yn batrwm o fugail, yn ofalus a ffyddlon, ac fe'i gelwid yn esgob anghydffurfiol Garston (gwisgai het galed ddu am ei ben). Cynyddodd nifer y cymunwyr ar lyfrau'r Eglwys i'w uchafswm yn 1929, sef 233. Yn y flwyddyn 1927 anrhegwyd y Parch. J. D. Evans am ei ffyddlondeb i'r Eglwys dros 28 o flynyddoedd gyda siec o dros £123, cadair, ac oriawr aur. Ymddiswyddodd yn 1941 a bu farw ym Menllech yn 1944. Claddwyd ei weddillion ym mynwent Allerton.

Rhwng 1941 a 1943, gofalwyd am yr Eglwys gan y Parch. Enoch Roberts – gweinidog annwyl Chatham Street. Daeth y Parch. A. Tudno Williams yn weinidog yn 1944 ac ymaflodd yn y gwaith o sefydlogi'r Eglwys yn ei gwahanol weithgareddau wedi'r rhyfel. Yr oedd ei briod yn chwaer i Syr David Hughes Parry a ganwyd iddynt fab a merch, John Tudno Williams a Mair Tudno Williams. Dan gymhelliad y Parch. Arthur Tudno Williams gwelwyd graen ar y gwasanaethau, yr Ysgol Sul, y gymdeithas Lên a Chân a'r cyfarfodydd gweddi ar seiat. Yr oedd yn un o arweinwyr cryfaf mudiad yr Aelwydydd ar y Glannau ac yn enwedig ym myd diwylliant a chwaraeon ieuenctid. Ef oedd un o'r chwarewyr tennis gorau a welodd Cymry Lerpwl ar ôl yr Ail Ryfel Byd. Yn ystod gweinidogaeth y Parch. A. Tudno Williams y gwerthwyd yr ystafell genhadol yn Canterbury Street yn 1949. Bu ef hefyd yn gofalu ar ôl Capel Cymraeg Widnes. Fe ymadawodd Mr. Williams yng nghanol dymuniadau da yr Eglwys i fugeilio Eglwys Lewisham yn Llundain yn 1952. Galwyd y Parch. R. J. Powell B.A. Baladeulyn yn 1952 i fugeilio'r Eglwys – gŵr bonheddig oedd ef ac yn barod i helpu eraill bob amser. Roedd yn llenor ac yn fardd ond y weinidogaeth a gafodd ei orau bob amser. Bu farw yn hynod o ddisymwth ym mis Mawrth 1954 gan adael priod a merch, Miss Mair Powell, i hiraethu ar ei ôl.

Parchedig J.D . Evans a fu yn weinidog yn Garston am 42 mlynedd.

Daeth y Parch. Gwynfryn Evans Trelogan yn weinidog yn 1955 a chafwyd gweinidogaeth drylwyr a gofalus am wyth mlynedd. Ymadawodd i fugeilio yn Henaduriaeth Môn yn 1963 wedi profi bugeiliaeth hapus iawn. Dros benwythnos ddiwedd 1963 trefnwyd cyfarfodydd arbennig i ddathlu canmlwyddiant yr Eglwys. Pregethwyd ar y nos Sul gan y Parch. Gwynfryn Evans. Am ddeng mlynedd o 1964 hyd at 1974 bu Eglwys Garston yn rhan o ofalaeth y Parch. W. D. Jones B.A. B.D., gweinidog Capel Edge Lane. Derbyniodd yr Eglwys arweiniad cywir a bendithiol yn ystod y blynyddoedd hyn, a llawenydd mawr oedd ei weld yn esgyn i Lywyddiaeth y Gymanfa Gyffredinol pan ddaeth hi ar ymweliad â'r ddinas a'i chynnal yng nghapel Heathfield Road.

O'r flwyddyn 1975 hyd at yr amser presennol (1991), y mae'r Eglwys wedi bod yn wir ddyledus i'r Parch. Ddr. D. Ben Rees am ei arweiniad doeth a'i barodrwydd bob amser i wasanaethu hyd eithaf ei allu. Daeth yr Eglwys yn rhan o'i ofalaeth yn 1978 ac y mae wedi gofalu bod yna bregethu grymus o'r pulpud dros y blynyddoedd a bugeilio cyson. Mawr yw ein diolch iddo. Y mae'r Eglwys wedi cael gweinidogaeth gref dros y blynyddoedd ac y mae hefyd wedi ei breintio ag arweinwyr ymroddedig fel y rhai a ganlyn, ac enwi dim ond ychydig iawn ohonynt. Gwnaf hynny yn fyr.

Humphrey Ellis, athro'r plant am dros 40 mlynedd a fu farw yn 1910 yw'r cyntaf i'w anrhydeddu; yna W. M. Humphries, arweinydd y gân am oddeutu 40 mlynedd a fu farw yn 1926. Wedi'r Ail Ryfel Byd cafodd yr Eglwys wasanaeth y cerddor ar llenor Mr Tudor Edwards. Bu John Hughes yn drysorydd yr Eglwys am dros 40 mlynedd. Bu farw yn 1940. Y mae ŵyr ac wyres iddo yn bresennol heddiw (29-12-91) yn ein cyfarfod o ddiolch. Bu Owen Owens – ie Mr Owen Owens Garston fel yr oedd pawb yn ei adnabod – yn ysgrifennydd yr Eglwys am dros 25 mlynedd a bu farw yn 1980. Gŵr dawnus ac egnïol iawn oedd ef. Rhoddodd wasanaeth arbennig i'r Eglwys, i Gymry Lerpwl, ac i Addysg fel Prifathro Ysgol Gynradd Northway.

Rhaid cyfeirio at Edmund Clarke a ddysgodd y Gymraeg mor rhugl, ie y cyfaill annwyl a fu mor ymroddgar i'r achos yn Garston. Croeso oedd yr hyn a nodweddai'r Eglwys yn Garston ar hyd y blynyddoedd. Oedd, yr oedd croeso cynnes yn yr Eglwys i bwy bynnag a ddeuai – rwyf wedi cael llawer un yn cyfeirio at hyn yn ddiweddar – yn arbennig rhai sy'n methu bod yma heddiw. Mi gredaf fod yr awyrgylch gartrefol oddi mewn iddi wedi bod yn nodyn pwysig a gwerthfawr iawn yn ei hanes ar hyd y cenedlaethau.

Capel Garston

Ar ddiwedd y dudalen yma yn hanes Eglwys Bresbyteraidd Cymru a Henaduriaeth Lerpwl, lle i ddiolch a llawenhau sydd gennym wrth edrych i'r dyfodol yng nghwmni'r atgofion o'r gorffennol gyda'r geiriau 'Mi af ymlaen yn nerth y Nef'.

F

107 Fy Nhad oedd David Lloyd George

gan Olwen Carey-Evans

Bron i ddeugain mlynedd ar ôl ei farw, mae'r gwleidydd lliwgar o Gymro, David Lloyd George, yn parhau i ennyn diddordeb a dychymyg awduron.

Ac un a oedd ei adnabod yn well na neb arall yw ei ferch, Lady Olwen Carey-Evans – yr olaf o'i blant sy'n dal yn fyw.

Yn y rhaglen *Memories of a Lifetime – Father was Lloyd George* ar Deledu Harlech clywsom Lady Olwen yn rhannu rhai atgofion personol am ei bywyd diddorol a lliwgar – oes aeth â hi o Gricieth i Downing Street, o'r Almaen i'r India.

Bellach y mae y Fonesig Olwen Carey-Evans wedi dathlu ei phenblwydd yn 89 oed, ac yn y sgwrs ddiddorol gydag Elinor Jones a recordiwyd yn ei chartref ym Mhentrefelin, clywsom ferch Lloyd George yn ail-fyw unwaith eto rai o ddigwyddiadau mwyaf cyffrous ei bywyd.

Addysgwyd Lady Olwen yn Roedean, a phan oedd hi'n ddisgybl yno roedd ei thad yn amhoblogaidd iawn gan ei fod yn cyflwyno trethi nad oedd yn apelio ryw lawer at y cyfoethogion.

'Teimlwn biti drostyn nhw gan nad oeddynt yn deall y sefyllfa,' meddai Lady Olwen Carey-Evans.

Yna, bu'n rhaid iddi dreulio blwyddyn yn Dresden yn yr Almaen. 'Mae'n rhaid iti aros yno, Llwydyn,' meddai ei thad wrthi – mae'n debyg mai dyna y galwai Lloyd George hi. 'Doedd o byth yn fy ngalw i wrth fy enw Olwen, dim ond pan oeddwn i wedi gwneud rhyw ddrwg!'

Wedi cyfnod yn yr Almaen, ymlaen wedyn i Baris, a mwynhau bywyd yn llawn yno, a chael cryn hwyl.

Yn ystod y Rhyfel Byd Cyntaf priododd Lady Olwen, a hynny pan oedd ei thad yn Brifweinidog. Ei gŵr oedd Thomas Carey-Evans, ac yn ôl Lady Olwen cyfarfu'r ddau dros baned o de. 'Roeddwn i wedi bod allan yn rhywle,' meddai, 'a phan ddeuthum yn ôl roedd o yn y tŷ yn cael te gyda'r teulu.'

Wedi priodi, aeth Lady Olwen i'r India gyda'i gŵr a oedd ar y pryd yn feddyg i Viceroy y cyfnod, Arglwydd Reading. 'Yn ystod y flwyddyn gynta' roeddem ni'n byw yn Bangalore, ac roedd petha' yno braidd yn anniddorol – 'dyw merched ddim yn gwneud rhyw lawer nac yn cymysgu â phobl y wlad. Ond wrth gwrs, roeddwn i yn cael mwy o gyfle i gyfarfod â rhai ohonyn nhw gan fod Tom yn feddyg a byddai'n dod â rhai o'r cleifion i mewn a byddwn inna' yn cyfarfod â'r gwragedd.'

Roedd llawer o gymdeithasu i'w wneud yn yr India, a byddai Lady Olwen yn mynd i lawer o bartïon yn ystod y p'nawniau a min nos. Tra oedd hi yn yr India cafodd gyfle i ddawnsio gyda Thywysog Cymru, Brenin Edward yr Wythfed yn ddiweddarach – 'Rwy'n dweud hyn wrth bawb,' meddai, 'dyna uchafbwynt fy amser yn yr India.'

Yn ei ddydd roedd Lloyd George yn sôn yn aml am ryddid i Gymru – 'Pe bai o byw heddiw, byddai wedi cael ei siomi yn arw yng nghanlyniad y refferendwm ar ddatganoli. [1979] Fe bleidleisiais i dros ddatganoli, ac mae gen i gywilydd dros fy nghyd-Gymry am iddynt fod mor llwfr a di-asgwrn-cefn. Mae'n rhaid cael ffydd i gyrraedd y nod.'

Cynhyrchwyd y rhaglen flasus hon gan Dorothy Williams ac fe'i cyfarwyddwyd gan Gareth Jones, a gobeithiwn y cawn ragor o raglenni tebyg maes o law gan Deledu Harlech.

108 FY NYLED I FAIRFIELD AC EDGE LANE

gan Gwen Owen

Yr oedd bywyd y Capel yn bwysig ryfeddol inni fel Cymry yn Fairfield. Roedd tyrfaoedd i'w gweld ar Sheil Road ar nos Sul yn dod adref o'r gwahanol gapeli a sgwrsio mawr. O'r adeg yr oeddwn yn bedair oed, yr oedd hi'n arferiad i fynd yn gyson. Ac ar noson y *Band of Hope* tyrrai o leiaf ugain ohonom o Fairfield i Edge Lane a'n mamau yn ogystal. Roedd ymarfer dygn am Eisteddfodau Blodau'r Oes a'r Golomen Wen a dysgu'r Sol-ffa.

Fy nhad oedd yn mynd â ni i'r oedfa ar fore Sul ac i'r Ysgol Sul yn y pnawn, ac yn yr hwyr fe âi pawb ohonom gyda'n gilydd. Roedd y Capel yn bwysig i'r dynion ac ar aml i fore Sul fe fyddem yn hwyr yn cyrraedd adref gan fod fy nhad wedi hebrwng un o'i gyfeillion adref er mwyn cael rhagor o gyfle i sgwrsio. Cofiaf yn dda am Gyfarfodydd Pregethu'r Sulgwyn a'm bod yn amharod i golli nhad ar nos Sadwrn. Ychydig a welem arno yn yr wythnos. Byddai wedi mynd i'w waith cyn inni godi, a byddem yn y gwely yn y gaeaf cyn iddo ef ddod adref o'i waith. Byddai'n gweithio fore Sadwrn. Ac yr oedd pnawn Sadwrn a'r Sul yn bwysig gan y caem ei gwmni.

Yr oeddem fel yr Iddewon yn cefnogi ein gilydd yn y cylch. Glanhawr ein ffenestri oedd Mr. Downs (tad Mrs R. D. Jones, Tremadog wedyn) a deuai Mr Jones, Hall Lane (tad Mr W. J. Jones, Queensdale Road), ar ei feic bob nos Wener i werthu te. Dyn y glo oedd Mr Mathias Jones (brawd Mrs S. Griffiths, Tŷ Capel, Edge Lane) a phrynem ein bara oddi wrth Siop Fara Jones yn Holt Road. Y barbwr oedd Trefor Roberts yn Prescott Road a'r teiliwr oedd Mr Ellis yn Holt Road, ac ef oedd codwr canu Capel Edge Lane.

Medrem fynd i'r sinema ar bnawn Sadwrn yn achlysurol, ond roedd ein bywyd cymdeithasol yn troi o amgylch Capel Edge Lane.

Yn nyddiau fy mebyd yr oedd y rhan fwyaf o bobl y Capel yn byw o fewn taith gerdded. Dyna pam y gwelid y capeli'n agos i'w gilydd – nid oedd gan bobl arian i wario ar deithio gyda thram – yr oedd hi'n ofynnol i'r capeli fod yn weddol agos i'r cymdogaethau fel Fairfield. Yr oedd aelodau a oedd yn byw y tu allan i Kensington, Fairfield ac Edge Lane yn cael eu cyfrif yn bobl fawr. Cyn y Rhyfel yr unig un oedd yn meddu ar gar modur oedd Dr Bennett Jones, ond fe newidiodd yr Ail Ryfel Byd holl batrwm ein byw. Pan ddeuthum yn ôl fel ifaciwi go iawn o Gonwy yr oedd y stryd wedi colli'r Cymry. Rhai wedi symud allan am ardal Broadgreen eraill yn ôl i'r hen wlad. Dau deulu ohonom oedd ar ôl. Gwelwyd newid mawr.

Y mae gennyf atgofion hyfryd am fro fy mebyd – rwy'n cofio'r Parchedig David Jones yn Edge Lane ac yntau bron ag ymddeol, cofiaf Eddie Evans yn dysgu Sol-ffa i ni a'i fam oedd yng ngofal dosbarth y babanod yn yr Ysgol Sul; cofiaf Emrys Roberts, y bardd, yn ein dosbarth Ysgol Sul ac yn rhyfeddu iddo ddweud ar y teledu mai ef oedd yr unig Gymro yn Ysgol Clint Road! Yr oedd plant eraill i Gymry yno. Yn Ysgol Boaler Street yr oeddem ni fel plant. Dyddiau braf, dedwydd, diogel a digon o chwaraeon a chyfarfodydd ar ein cyfer. Dyledus wyf i fro fy mebyd.

109 FY NYLED I GYMRY'R GLANNAU

gan Erastus Jones

Y Cymry cyntaf i mi i'w nabod, y tu allan i'r teulu bach, oedd Taid a Nain ar y ddwy ochr, oedd fel ninnau'n byw yn Lerpwl. Roedd fy mrodyr Glyn a Pearce a minnau, felly, yn cael siarad Cymraeg yn gyson mewn cylch ehangach na'n tŷ ni.

Wesleaid oedd rhieni Mam. Buom yn rhannu aelwyd â hwy nes oeddwn i'n chwech oed, ac wedyn ar ôl imi droi'n bedair ar ddeg. Doedd Tegla a Tecwyn a John Roger Jones ddim yn ddieithr ar ein haelwyd. Spellow Lane oedd eu heglwys, ac roedd Taid yn ddiacon yno. Roedd Spellow'n ail gartref ysbrydol a diwylliannol inni: yno roedd ewyrth Arthur yn godwr canu, yncl Jac yn drysorydd, Anti Kit ac Anti Claudia'n aelodau, a Penuel a Cheridwen yn blant. Oddi yno y cododd fy ewyrth Erastus Evans i'r weinidogaeth. Cerdiwen (Mrs Tecwyn Jones sy'n dal i'n cynrychioli yng nghymdeithas Wesleaid Cymraeg Lerpwl.

Sefydlwyd un o adrannau cynharaf Urdd Gobaith Cymru yn Spellow, dan arweiniad y diweddar annwyl ac eiddgar Glyn Edwards, B.Sc., a daeth criw o fechgyn 'ein capel ni' yn aelodau ohono yn ei sgîl.

Annibynwyr oedd rhieni 'Nhad, a Great Mersey Street oedd eu heglwys hwy a ninnau. Yno y dysgasom yr ABC, ac adrodd a chanu ac ysgrifennu Cymraeg a gwerthfawrogi llenyddiaeth ein cenedl. Yno y cawsom Iesu Grist a'i efengyl, nid lleiaf trwy gyfrwng argyhoeddedig a chydwybodol y diweddar Barchedig Irfon Gwyn Jones. Great Mersey, a ddanfonodd y tri ohonom i'r weinidogaeth.

Fe'n cyflwynodd i fywyd cyfoethog Annibynwyr y Glannau: Cymanfa Ganu'r Plant a'i gyfarfod cystadleuol blynyddol, achlysur ymgasglu'r Gobeithluoedd – yn Grove Street ganolog gan amlaf; yr arholiadau ysgrythurol a hanesiol gyda'u meysydd llafar amrywiol; y cyfarfod gwobrwyo blynyddol, a rhai fel Mrs Eiddig Jones, hynod o ddawnus gyda phlant, yn annerch; y Gymanfa Ganu fawr; a'r anturio blynyddol i fyd yr Annibynwyr Saesneg yng nghyfarfod Cymdeithas Genhadol Llundain yn Great George's Street. Byddai gweinidogion Annibynnol yr eglwysi eraill gyda ni ar fore Sul. Coffa diolchgar am Edwyn Jones ac Eiddig Jones a W. O. Jones, a Phedrog, a Price Davies; ac yn ddiweddarach Oldfield Davies a Richard Willilams, Euryn Hopkins, Eurof Walters a Brynmor Evans, ac wrth gwrs yr annwyl Hugheson Jones (bûm yn ei angladd yn Nhy'n-y-coed gan fod yn ymwybodol mai'r wraig a finnau oedd yn cynrychioli Lerpwl), W. A. Lewis, ysgrifennydd diwyd Cyfundeb Lerpwl a'r Cylch a'n cadwai i gyd mewn trefn.

Roedd yr eisteddfodau yn eu bri – y Ddraig Goch, y Golomen Wen, Had y Cymry, Blodau'r Oes ac eraill. Adrodd fyddem ni'r bechgyn, a Gwyneth Roberts, Bootle, fyddai'n ein hyfforddi. Daeth eisteddfodau'r Urdd i'w bri yn eu tro, a llawenydd oedd cael Pearce yn gydradd gyntaf ar adrodd 'Yr Oen Bach Du' dan wyth oed yn Eisteddfod Genedlaethol gyntaf yr Urdd yng

Nghorwen. Roeddwn i'n ddeuddeg oed, rwy'n credu, pan dderbyniwyd eglwys Great Mersey, a oedd yn Kirkdale, i mewn i gylch plant Bootle, gyda'i eisteddfod a'i gyngerdd Gŵyl Ddewi blynyddol. O fod yn wylwyr selog yn y rhain, daethom yn etifeddion un o wythiennau cyfoethocaf y diwylliant Cymraeg.

Yn bobl ifanc, dyma estyn ein cortynnau, gan fynychu cyngherddau Cymraeg safonol nos Sadwrn, a dilyn cyfarfodydd pregethu a chymanfaoedd eglwysi ac enwadau eraill. Gwyddem am Philip Jones yn osgystal â Peter Price.

Robert Jones, Merton Road, gwrthwynebwr cydwybodol yn y Rhyfel Mawr, oedd canolbwynt Heddychwyr Cymry yn Lerpwl i mi, ac yn ysbrydiaeth pan ddaeth fy nhro innau i fod yn wrthwynebwr yn yr Ail Ryfel Byd. Yn y gymdeithas honno y cyfarfûm â Luned, fy mhriod, gan etifeddu trwyddi hi holl gyfoeth Douglas Road, a gweinidogaeth Llewelyn Jones, a bywyd Methodistiaid Calfinaidd Lerpwl.

Yng nghanol berw bywyd dinas boblog, Seisnig, roeddem ni'n 'perthyn' – yn perthyn i Gymru a'i gwahanrwydd. Ein heglwysi oedd ein pentrefi Cymreig, a chymdeithas Cymry'r Glannau oedd ein bro. Ond ymhell cyn i Gymry Cymru, at ei gilydd, ymwybod â'r bygwth i'w bodolaeth, fe wyddem ni ein bod dan warchae. Fe'n codwyd i ymfalchïo'n ymosodol yn ein tras, ac i sefyll ynddo.

Caewyd Spellow, bomiwyd Great Mersey, llyncwyd Grove Street gan y Brifysgol, daeth cyfnod y gweinidogion niferus i ben. Ond yn nhymor Ha' Bach Mihangel Cymry Lerpwl y'm magwyd i. Anodd gennyf ddychmygu magwraeth well, a diolchaf fyth amdano.

110 FY NYLED I GYMRY'R GLANNAU

gan Iorwerth Jones

Yn fuan wedi imi ddechrau mynd i Ysgol Fonthill Road, gwysiwyd Mam i bresenoldeb Miss Jacobsen, Prifathrawes Adran y Babanod. Gan Mam y cefais yr hanes ymhen blynyddoedd. Holwyd hi ai yn Gymraeg y siaradai â mi gartref.

'*Your child's English is poor. You should stop talking with him in Welsh.*'

Yr oedd cryn dipyn o 'Gadernid Gwynedd' yn fy Mam, er na chymerasai mo'r byd am ymddangos ar lwyfan cyhoeddus. '*It's your job to teach him English,*' meddai'n ôl. '*I'm going to keep on talking with him in Welsh.*'

Oni bai i Mam lwyddo i wneud yr hyn na wnaeth miloedd lawer o famau yng Nghymru yn y ganrif hon, sef rhoi caead ar biser system addysg imperialaidd, o'r braidd y byddwn yn sgrifennu i'r *Angor* dros drigain mlynedd yn ddiweddarach.

Fy nyled fwyaf i Gymry'r Glannau, felly, yw fy nyled i'm rhieni. Gwnewch bopeth yn Gymraeg oedd rheol gyson yr aelwyd ym Melrose Road. 'Pa iaith yw honna?' gofynnai Mam pan ddeuwn o'r ysgol yn prebliach Saesneg. 'Dydw i ddim yn dy ddallt ti.' Dim ond pan ddeuai ambell ffrind o Sais neu Saesnes i'r tŷ y byddai'r llacio lleiaf ar y drefn.

Cymerai fy Nhad lawer mwy o ddiddordeb mewn cerddoriaeth nag mewn llenyddiaeth ond (fel Mam) yn Gymraeg y sgrifennai ataf bob amser wedi imi adael y nyth, Cymraeg fel y siaredid hi yn Llanfihangel-yng-Ngwynfa.

Er mai yn Kirkdale y cefais fy ngeni a'm magu, i gyfeiriad Bootle gerllaw y gogwyddai ein bywyd cymdeithasol i gyd. I gapel bach yr Annibynwyr yn Trinity Road yr aem yn deulu. O fewn rhyw chwarter milltir i'w gilydd, ychydig yn nes at yr afon, ceid achosion Cymraeg llewyrchus gan yr Hen Gorff, y Wesleaid, a'r Bedyddwyr. Yr oedd fel pentref yng Nghymru.

Cynhelid Eisteddfod Plant Bootle bob Ionawr, a llenwid Neuadd y Dref gerllaw i ddwy sesiwn. Byddai pwyso ar blant y capeli – nid lleiaf gan eu rhieni – i gymryd rhyw ran yn yr Eisteddfod. Dwy law chwith sydd gen i, a chofiaf gyda chryn gywilydd ymgais echrydus a wneuthum i beintio Gweddi'r Arglwydd yn Gymraeg ar bapur du mewn llythrennau aur ac arian. Er i Mam hongian y canlyniad yn un o'r llofftydd, gwyddai'n iawn nad peintiwr mohonof. Wedyn am ryw dair blynedd bu gofyn imi fentro i fyd yr adrodd. Byddai cystadlu brwd, yn enwedig o du'r merched, ac un ohonynt hwy a enillai *rosette* y wobr gyntaf gan amlaf.

Blodeuodd fy mrawd Maldwyn fel trebl. 'Cymry Fach' oedd ei gân fawr, a chanai hi'n swynol anghyffredin. Bu hyn yn sail, mae'n siwr, i'w ddatblygiad diweddarach yn organydd.

Soniodd rhai haneswyr am werthoedd bwrdais Cymry amlwg Lerpwl ar ddechrau'r ganrif. Wyddwn i'n bersonol fawr ddim am y dosbarth canol pan oeddwn yn ifanc.

Caewyd capel bach Trinity Road yn 1928. Aethom fel teulu i addoli yng nghapel ehangach Great Mersey Street yn Kirkdale, a oedd o fewn llai na milltir i'r afon. Yr un oedd natur werinol y gynulleidfa: gweithwyr ar y dociau ac mewn stordai, gyrwyr lorïau a threnau, seiri, clarcod ac ati oedd mwyafrif y dynion. Nid 'mursendod; (gair ffôl Penri Jones yn *Capeli Cymru*) a barai iddynt wario o'u harian prin ar raglen steddfod neu docyn cyngerdd yn hytrach nag yn y dafarn neu gyda'r bwci.

Bedyddiwyd strydoedd rhan ddeheuol Bootle gan ryw athrylith neu'i gilydd, ac enwau clasurol dros ben: cymeriadau o Shakespeare ger y ffin â Lerpwl, a cholegau Oxbridge wedyn. Yn Viola Street yr oedd cartref y John Rowlands (o Dremadog) a'n dysgodd yn blant bach i ganu'r ABC (yn Gymraeg) ar dôn Rhyfelgyrch Gwŷr Harlech. I Rosalind Street yr awn am wersi adrodd at Drebor Lleifiad, sef Robert Hughes (o Gaergybi).

Yr oeddwn yn gyfarwydd yn gynnar â theuluoedd Cymraeg yn Wadham Road a Downing Road, strydoedd dipyn bach yn llai cyffredin yr olwg. Enfawr yw fy nyled i deuluoedd dirodes yr oedd y capeli yn ganolbwynt eu bywyd – a'r holl weithgareddau defosiynol a diwylliannol ac adloniadol a oedd ynghlwm wrth y capeli.

Yn ôl newyddiadurwyr Caerdydd y mae '*chapel vestry culture*' yn perthyn bellach i oes a fu. Nid yw safonau pobl gyffredin Cymru yn uwch o'r herwydd.

Cyn imi erioed fynd i'r Playhouse yn Williamson Street yr oeddwn wedi gweld llu o ddramâu bychain Cymraeg (ac ambell un dair-act) mewn festrïoedd capeli. Deuai gwerthoedd y dosbarth canol i'r golwg yn gynnar mewn drama gyda'r dwster anochel y byddai'r forwyn neu'r feistres yn ei orweithio ar y dresel. Sori, seidbord. Ond yr elfen werinol oedd yn ben: câi'r potsiar fwy o gydymdeimlad na'r sgweiar bob amser.

Wedi'r cwbwl, Liberals oeddem, nid Toris. At ei gilydd, mewn etholaethau fel Kirkdale a Bootle, Ceidwadwyr oedd y Protestaniaid, a Llafurwyr oedd y Pabyddion. Rhodiai'r Cymry ffordd ganol at ei gilydd. Mi dyngaf mai pleidlais Cymry Bootle a anfonai Major Birney, y Rhyddfrydwr, i'r Senedd dro ar ôl tro, gymaint ag unrhyw ffactor arall. Lloyd George oedd arwr gwleidyddol mawr y Cymry o hyd yn y dauddegau. Ond stori arall yw honno.

111 FY ATEB

gan David Williams

Rwy'n mynd i geisio ateb yr her a roesoch i ddarllenwyr *Yr Angor* wrth ofyn 'pam', sef yn eich Golygyddol yn rhifyn Mawrth 2016 o'r *Angor*.

Yn wir 'pam, o pam yw hi o hyd yn rhywle,' ac felly y mae hi wedi bod ers dyddiau Adda yn yr ardd, am a wn ni. Nid wyf yn mynd i geisio esbonio pam fod yr enghreifftiau yr ydych yn eu cynnwys fel ag y maent.Yr unig beth rwyf yn ymfalchïo ynddo yw bod 'na bobl yn y byd sy'n gofyn pam yn enwedig gan fod y cwestiwn yn un anodd ac yn mynd yn erbyn y rhai sy'n gweld ei hunain yn fwy pwerus. Mae gen i ddiddordeb mewn barddoniaeth a chaneuon Cymraeg ac rwyf am gynnig ychydig mwy o 'pams' syn tarddu o'r diddordeb hwnnw.

Mae'r cwestiwn yn cael ei ofyn er mwyn sicrhau cyfiawnder, neu i sicrhau bod y ffordd gywir neu fwy synhwyrol yn cael ei dilyn, ac fel cynrychiolydd ar ran yr Undeb Llafur rwyf wastad yn gorfod gofyn y cwestiwn.

Mae cân adnabyddus Dafydd Iwan yn crynhoi llawer o fy nghredoau, yn enwedig yn y pennill olaf, a mae'r cytgan yn ein hatgoffa i beidio â gofyn cwestiynau gwirion a dibwys.

PAM FOD EIRA'N WYN?

Pan welaf waith y glöwr, a'i waed ar y garreg las,
Pan welaf lle bu'r tyddynnwr yn cribo gwair i'w das,
Pan welaf bren y gorthrwm am wddf y bachgen tlawd,
Rwy'n gwybod bod rhaid i minnau sefyll dros fy mrawd.

Rwy'n gwybod beth yw rhyddid, rwy'n gwybod beth yw'r gwir
Rwy'n gwybod beth yw cariad, at bobol ac at dir.
Felly peidiwch â gofyn eich cwestiynau dwl,
Peidiwch edrych arna'i mor syn,
Dim ond ffŵl sydd yn gofyn pam fod eira'n wyn.

Mae 'na hefyd adegau pan mae'n ymddangos nad oes unrhyw ateb i'r cwestiwn fel y gwelir yng nghân Tony ac Aloma.

WEDI COLLI RHYWUN SY'N ANNWYL

Wedi colli rhywun sy'n annwyl,
Y cwestiwn gan bawb ydyw pam,
Ond cyn gweld gwerth mae'n rhaid colli,

Ar gost o gael ateb yw cam.

Ar nodyn ychydig yn ysgafnach, mae'n rhaid i mi gynnwys un o fy hoff ganeuon gan Joseph Parry.

MYFANWY
Paham mae dicter, O Myfanwy,
Yn llenwi'th lygaid duon di?
A'th ruddiau tirion, O Myfanwy,
Heb wrido wrth fy ngweled i?
Pa le mae'r wên oedd ar dy wefus
Fu'n cynnau 'nghariad ffyddlon ffôl?
Pa le mae sain dy eiriau melys,
Fu'n denu 'nghalon ar dy ôl?

Yr olaf o'm henghreifftiau yw'r gerdd hon gan T. Llew Jones, ac fel yr awdur, efallai bod angen i ni ofyn y cwestiwn i ni ein hunain weithiau.

PAM?

Pam y mae'r lleuad weithiau'n llawn,
Ac weithiau fel cryman tenau iawn?

Pam y mae'r wylan sy'n hedfan fry
Mor rhyfeddol o wyn – a'r frân mor ddu?

Pam mae sgyfarnog y rhos mor chwim,
A'r crwban bron methu â symud dim?

Pam mae dŵr y nant mor glir â'r gwydr,
A dŵr yr afon fawr mor fudr?

Pam y mae dail y gwanwyn mor wyrdd,
A dail yr hydre'n frown hyd y ffyrdd?

A pham y mae cynffon gan ambell gi,
A dim gan un arall, dwedwch i mi?

Mae 'na gymaint o bethau od yn y byd –
Maen nhw'n gwneud i ni holi – holi o hyd.

Ond dyma'r cwestiwn olaf yn awr,
Ac yn wir i chi – mae e'n gwestiwn mawr . . .

Pam rwyf fi weithiau'n dda a charedig,
Ac weithiau'n ddrwg ac yn felltigedig?

112 FY HOFF DÎM PÊL-DROED

gan Gareth Roberts

Mae'r rhan fwyaf o bobl yn cefnogi timau fel Lerpwl, Everton a Manchester United, ond nid y fi, achos fy hoff dîm pêl-droed yw BRYN-COCH!

Mae Sir Gaernarfon yn falch iawn o Bryn-coch. Bryn-coch ydi'r tîm gorau a'r enwocaf yng Nghymru. Mr Picton, neu Arthur i rai, ydi'r rheolwr, a Mr Picton, Wali a Tecwyn ydi'r pwyllgor. Mae Arthur yn dipyn o gymeriad efo'i ddywediadau fel 'Asiffeta!', 'Twmffat!' a 'Na, nefar, byth bythoedd Amen!', ond yr un y mae rhywun yn ei glywed yn gweiddi yn ystod y gêm yw 'C'mon Midfield!'

Mae tîm Bryn-coch yn colli pob gêm bron iawn, ond mae Arthur yn trio ei orau. Wel mae o'n gallu gwneud esgusodion ardderchog, pan mae nhw'n colli!

Mae'r chwaraewyr yn rhai reit dda. George Hughes ydi'r chwaraewr gorau gyda'i beniad am y bêl a'r gic siswrn. Mae'n gadael y gwrthwynebwyr yn sefyll yn llonydd. Roedd o am chwarae i'r Rhyl ond doedd Arthur ddim eisiau iddo fo adael. Ar ôl ychydig o helbul arhosodd George yn Bryn-coch. Ond dwi'n meddwl bod Bryn-coch yn llawer gwell na'r Rhyl.

Yr unig chwaraewr arall sy'n haeddu sôn amdano ydy Tecwyn Parry. Does na neb yn gwybod hyn, ond roedd Tecwyn neu Tecs yn mynd i'r un ysgol â Neville Southall, ie Neville Southall! A da chi'n gwybod pwy oedd golwr tîm yr ysgol – Tecwyn Parry! Mae pawb yn gwybod bod Neville Southall wedi cael gyrfa lwyddiannus iawn – bron cystal â Tecwyn! Un broblem sydd gan Tecwyn ydy ei wraig Jean sydd ddim yn hoffi iddo chwarae pêl-droed ar ddydd Sadwrn. Mae hi isio i Tecwyn gario'r bagiau siopa.

Cyn imi orffen yr ysgrif am dîm llwyddiannus Bryn-coch, rhaid i mi sôn am Wali Thomas a Sandra merch Mr Picton. Mae Sandra wedi priodi George (y chwaraewr gorau yn nhîm Bryn-coch). Doedd Mr Picton ddim isio i Sandra briodi George ac fe driodd ei stopio. Mae ganddyn nhw ddau o blant. Mae Sandra'n gweithio yn y Bwl. Hi sy'n clywed yr esgusodion pan fod Bryn-coch yn colli, ac mae'n rhoi ei barn am y clwb.

Arwr Cymru ydi Wali. Fo sy'n rhedeg y lein gyda'i fflag wen. Mae o'n byw efo'i fam ac yn gwisgo beret a spectol. Mae Wali'n cael ei gymryd yn ysgafn iawn ac mae'n dweud pethau doniol ac yn rhoi ei droed ynddi yn aml iawn. Mae'n helpu Mr Picton i siarad gyda'r tîm cyn dechrau pob gêm. Mr Picton yn siarad am '*Tactics*' a Wali am '*Tictacs*'. Mae Wali'n gweithio'n galed dros y tîm ac yn cadw pawb yn hapus!

Ond cofiwch bawb 'C'mon Midfield!'

(Da croesawu gŵr ifanc arall i golofnau'r *Angor,* sef Gareth Roberts, disgybl yn ysgol Gyfun Calderstones, a chynnyrch Capel Bethel, Heathfield Road. Cafodd yr ysgrif hon ganmoliaeth arbennig yn Eisteddfod Lerpwl a'r Cyffiniau 1996. – Gol.)

G

113 GAIR O BROFIAD

gan Rachel Gooding

Fe'm ganed yn Audenshaw, chwe milltir o Fanceinion, ac fe'm magwyd yn yr un dref ac yn Stalybridge, tre fach arall yn ardal Manceinion. Rwyf yn ferch i nyrs ac athro,. ac un o dri phlentyn – mae fy chwaer hŷn yn gweithio i esgobaeth Southwell, ac mae fy mrawd iau yn fyfyriwr cerddoriaeth.

Fe'm haddysgwyd yn Fairfield High School, Droylsden ac yn Hyde Sixth Form College. Ar ôl cymryd Astudiaethau Crefyddol hyd at lefel 'A', fe benderfynais fynd ymlen i wneud gradd mewn Diwinyddiaeth yng Ngholeg yr Annibynwyr Cymraeg yn Aberystwyth. Yn ystod fy amser yn Aberystwyth, bûm yn drysorydd Undeb y Myfyrwyr am flwyddyn, a chefais gyfle hefyd i gynrychioli'r undeb mewn cyfarfodydd lleol a chenedlaethol. Ar ôl treulio tair blynedd yno, euthum ymlaen i Brifysgol Leeds i astudio Diwinyddiaeth Wleidyddol am flwyddyn (yn cynnwys ychydig o waith ar yr Eglwys a'r sefyllfa wleidyddol yng Nghymru).

Rwyf yn aelod o Eglwys Loegr/Yr Eglwys yng Nghymru. Fe'm magwyd yn aelod o deulu Cristnogol; yn ystod fy mhlentyndod a'm harddegau roeddwn yn aelod o Eglwys ac Ysgol Sul St. Stephen's, Audenshaw, ac i'r Eglwys honno y dychwelais pan ddes i'n ôl i Loegr. Fe'm conffyrmiwyd yno yn 1982.

Rwyf yn aelod o Gymdeithas Genhadol yr Eglwys (C.M.S.) ac yn ymddiddori'n arbennig yng ngwaith y gymdeithas gyda phlant a phobl ifanc ym Mhrydain. Rwyf hefyd yn cefnogi gwaith Cymdeithas y Plant.

Yn ystod y blynyddoedd diwethaf rwyf wedi cael cyfle i wneud gwaith gwirfoddol gyda'r henoed, rhai ohonynt yn eithaf gwael eu hiechyd, a chyda phobl anabl mewn canolfan marchogaeth i blant ac oedolion dan anfanteision corfforol a meddyliol. Rwyf hefyd wedi treulio amser mewn ysgol yn ninas Leeds, yn helpu plant Urdu eu hiaith gyntaf i wella eu Saesneg a'u sgiliau darllen trwy ddarllen llyfrau Saesneg, yn ogystal â gwneud ychydig o waith gyda phlant o bob cefndir ethnig a oedd ag anghenion arbennig. Rwyf yn teimlo y bydd y profiadau hyn o gyfarfod â phobl o gefndiroedd gwahanol o gymorth i mi wrth weithio fel caplan ar Lannau Mersi.

Fe ddysgais Gymraeg ar y cwrs 'WLPAN' yn Llanbedr Pont Steffan yn 1989, ac yna yn Aberystwyth yn Adran Efrydiau Allanol y Brifysgol, a chefais lawer o gymorth wrth ddysgu gan fy nghyd-fyfyrwyr yng Ngholeg yr Annibynwyr Cymraeg a'r Coleg Diwinyddol Unedig. Rwyf yn edrych ymlaen yn fawr at weithio ymhlith y Cymry yn ysbytai a cholegau Glannau Mersi.

(Diolchwn i Rachel am ysgrif raenus a chroesawn hi i'n plith ar y Glannau. Edrychwn ymlaen i'w chyfraniad cyson i'r gymuned ac i'n bywyd ysbrydol fel Cymry'r Glannau – **Gol.**)

114 GWEINIDOG GOFALAETH Y GLANNAU

gan Marged Jones

Estynnodd eglwysi Presbyteraidd Salem, Birkenhead, Rake Lane, Wallasey, Stanley Road, Bootle a Waterloo alwad i'r Parch. R. E. Hughes o Gaerwen, Môn, i'w bugeilio yn yr Efengyl. Ordeiniwyd y Parch. R. E. Hughes yn 1963 a bu'n gweinidogaethu yng ngofalaethau Blaen-plwyf, ger Aberystwyth; Bethel, ger Caernarfon, Nefyn, a Gaerwen. Adnabyddir ef fel pregethwr cymeradwy a bugail cydwybodol. Bydd y Parch. R. E. Hughes yn cartrefu ym Mhenbedw a threfnwyd y Cyfarfod Croeso a'r Sefydlu ar bnawn Sadwrn, 9 Tachwedd 1985 yn Salem, Laird Street, Penbedw. Ceir cyfle i'w groesawu ar ran yr Ofalaeth a'r Henaduriaeth, a mawr yw'r disgwyl am ei gefnogaeth i'n hetifeddiaeth Gristnogol Gymraeg. Diolchir i Bwyllgor Bugeiliol yr Ofalaeth o dan arweiniad y Prif Arolygydd John Lyons (Llywydd) a'r Ysgrifennydd, Mr Walter Rees Jones a'r holl aelodau am y penderfyniad di-ildio i wahodd gweinidog arall i'r Glannau. Bu'r taerineb yn batrwm i'w efelychu ymhob cylch.

Llun o'r Parch. R. E. Hughes, Nefyn, mewn Sasiwn o Gymdeithasfa'r Gogledd a gynhaliwyd yn Hydref 2016 yng Nghricieth lle y bu ef yn Weinidog cyn ei ymddeoliad.

115 Gwerthfawrogi T H Parry-Williams

gan Patricia Williams

Mae'n debyg mai ystwythder a symlrwydd ymddangosiadol ei iaith i ddisgrifio profiadau pob dydd, ac i fynegi sylwadau treiddgar sydd yn bennaf gyfrifol am boblogrwydd T H Parry-Williams. Yn wir, mae rhai o'i ymadroddion wedi mynd mor gyfarwydd i'r cyhoedd â diarhebion, adnodau o'r Beibl neu linellau o waith Shakespeare, e.e. 'Nid yw pawb yn gwirioni'r un fath' neu 'Beth ydwyt ti a minnau, frawd / Ond swp o esgyrn mewn gwisg o gnawd?'

Ef oedd y bardd cyntaf i ennill y gadair a'r goron yn yr un eisteddfod, a hynny ddwywaith (Wrecsam, 1912 a Bangor, 1915). Fe gredir mai cerdd fodernaidd gyntaf yr iaith Gymraeg yw ei bryddest, 'Y Ddinas' a enillodd iddo y goron yn Eisteddfod Bangor, er gwaethaf anghymeradwyaeth Eifion Wyn, ar y sail ei bod yn ymwneud ag anfoesoldeb a bryntni. Er i Parry-Williams gyhoeddi nifer o gerddi unigol mewn gwahanol gylchgronau, ni ymddangosodd ei gyfrol gyntaf o farddoniaeth tan 1931, ac yntau'n 44 oed, ond drwy hunan-sensoriaeth lem, ni chynhwysodd ynddi nifer o'i gyfansoddiadau cynnar. Yn soned agoriadol y gyfrol mae'n ymddiheuro am ddiarddel y cerddi hyn, ei "wrthodedigion llwyd", fel y'u gelwir. Erbyn hyn roedd wedi dewis y rhigwm a'r soned fel ei hoff fesurau; a'r soned gyda'r tro gofynedig yn yr ail hanner yn arbennig o effeithiol i fynegi'r ddeuoliaeth yn ei agwedd at nifer o bynciau.

Y dylanwad mwyaf arno oedd ei fagwraeth yn Eryri. Roedd ei gartref yn golygu llawer i Parry-Williams, ac yn ei soned, 'Tŷ'r Ysgol', mae'n dweud bod y teulu wedi cadw'r lle hyd yn oed ar ôl i'w rieni farw, er mawr syndod i rai. Mae'n cyfiawnhau'r penderfyniad drwy ddweud, 'Onid rhag ofn i'r ddau sydd yn y gro / synhwyro rywsut fod y drws ynghlo?' Yn wir, mae hyd yn oed y profiadau a gawsai ym mhen draw'r byd yn annigonol o'u cymharu â'r hyn a gofiai am fro ei febyd. Yn ei gerdd 'Ym Mwlch Mecsico' dywed, 'Ni ddysgodd y truan eto mai hud / Enwau a phellter yw gweld y byd'. Eto yng nghanol storm a ddisgrifiodd yn ei gerdd 'Pasiffig', fe'i arweinir yn ôl at ei blentyndod a dywed, 'Ond gwn i mi ddysgu nad oes brad / Yn ystyr d'enw yn ysgol fy nhad'. Mae'r brogarwch hwn yn y pen draw yn ei arwain i amgyffred Cymru gyfan, fel y gwelir yn 'Hon', efallai y fwyaf adnabyddus o'i gerddi i gyd. Ar ddechrau'r gerdd mae'n mynegi ei anniddigrwydd â Chymru, sydd ar y llwyfan rhyngwladol yn wlad rhy ddibwys i neb boeni amdani, ond yn y diwedd mae'n datgan na allai ei gwadu.

Er mai fel bardd yr adnabyddir T H Parry-Williams yn bennaf, roedd testunau ei draethodau doethurol yn ymwneud ag iaith, a chyhoeddodd nifer helaeth o ysgrifau darllenadwy iawn yn mynegi ei sylwadau ar fywyd. Er iddo ddod i amlygrwydd ym mlynyddoedd cyntaf yr 20fed ganrif, mae ei waith yr un mor berthnasol heddiw, ac mae ei ddylanwad i'w weld ar nifer fawr o feirdd a ddaeth ar ei ôl.

116 GWAGEDD *gan Cyril P. Cule*

Tua dau gant o flynyddoedd cyn Crist, fe ysgrifennodd rhyw Hebrëwr lyfr bach llawn o ddoethinebau sy'n rhyfedd o berthnasol i'r oes hon. Ni ŵyr neb pwy oedd yr awdur a ddefnyddiodd y ffugenw 'Pregethwr'. Meddyliai llawer mai'r Brenin Solomon ydoedd, ond ni chredaf fi hynny o gwbl. Ni fyddai'r gormeswr boliog hwnnw a'i harem yn dal mil o ferched fyth yn medru cynhyrchu'r fath lyfr.

'Yr oeddwn i, y Pregethwr', meddai, 'yn frenin ar Israel yn Jerusalem.' Yn ei ddychymyg yr oedd hynny, bid siŵr. Yr ystyr yw 'Beth pe bawn i yn frenin fel Solomon, ac yn byw mewn ysblander a gogoniant, a miloedd o weision at fy ngalwad? A fuaswn i'n hapus? Na fuaswn. Gwagedd yw'r cwbl ac erlid gwynt.'

'Gwagedd o wagedd'. meddai'r hen fersiwn, ond mae'n well gennyf fi'r cyfieithiad newydd 'Gwagedd ac erlid gwynt.' Mae'r gymhariaeth yn dda iawn - oferedd dyn fel pe bai'n rhedeg ar ôl y gwynt ac yn ceisio ei ddal.

'Y mae'r holl nentydd yn rhedeg i'r môr, ond nid yw'r môr byth yn llenwi'. Nac yw, ond heddiw mae'r môr yn cynnwys elfennau gwenwynig sy'n lladd y morloi. Dyna wagedd mwy nag y breuddwydiodd y Pregethwr amdano.

Mae'n pwysleisio'r gwirionedd mawr fod popeth yn gylchol. 'Y mae'r haul yn codi ac yn machlud, ac yn brysio'n ôl i'r lle y cododd.' Hawdd y gallwn faddau iddo am ei dweud hi felly, gan ei fod yn byw rhyw ddeunaw canrif cyn amser Galileo. Mae'r ffaith yn aros fod popeth yn troi mewn cylch. 'Yr hyn a fu a fydd, a'r hyn a wnaed a wneir; nid oes dim newydd dan yr haul.'

Byrdwn y llyfr yw cymedroldeb a synnwyr cyffredin. 'Y mae tymor i bob peth ac amser i bob gorchwyl dan y nef.' Mae rhai o'i sylwadau am ffolineb a chrachddoethineb dynion braidd yn gryptig ac yn ddigyswllt. Er hynny, mae'n siŵr gen i y buasai'r Pregethwr yn llawdrwm iawn ar y rhai sy'n rhuthro ar hyd ein heolydd heddiw mewn ceir ac ar feiciau modur gan anwybyddu'r rheolau am gyflymder.

Ni fyddai ganddo fawr o amynedd gyda'r gwrywgydwyr a'r lesbiaid, a'r rhai sy'n cymryd addunedau priodas yn ysgafn: 'Mwynha dy fywyd gyda'r wraig yr wyt ti yn ei charu, a hynny yn ystod holl ddyddiau dy fywyd gwag a roddodd ef i ti dan yr haul.'

Ac wele ei farn am y rhai sy'n mynd i hwyl mewn cyfarfodydd politicaidd: 'Y mae geiriau tawel y doethion yn well na bloedd llywodraethwyr ymysg ffyliaid!'

Daw y llyfr i ben gyda'r geiriau 'Cofia dy greawdwr yn nyddiau dy ieuenctid...' a'r disgrifiad barddonol o ddirywiad y corff mewn henaint, ac yna yr ymddatod terfynol pan fo'r llwch yn mynd yn ôl i'r ddaear, a'r ysbryd yn dychwelyd at Dduw. Dyna'r cylch yn llawn.

Yn dilyn, ceir ychydig o adnodau fel atodiad yn ein rhybuddio rhag ceisio ychwanegu at nifer y llyfrau doethineb. 'Y mae cyfansoddi llyfrau yn waith diddiwedd, ac y mae astudio dyfal yn flinder i'r corff.' Teimlaf fod y geiriau hyn yn amserol iawn pan ddigwydd i mi roi cipolwg ar y silffoedd mewn siop lyfrau a gweld y torerth o nofelau Saesneg ysgafn, a'r cylchgronau o bob math. Byddai'n well i ni wastraffu llai o amser ar y rhain, ac yn lle hynny astudio'r clasuron.

117 GOLYGYDDOL AR DERFYSG TOXTETH TACHWEDD 1981

gan D. Ben Rees

Mae'n amlwg fod yr hyn a ysgrifennais am drasiedi Toxteth wedi cyffroi rhai ac wedi plesio eraill. Nid oes monopoli gan neb ohonom wrth drafod yr hyn a ddigwyddodd, ac ni ddylid ceisio gosod mwgwd dros enau neb ohonom! Erbyn hyn ysgrifenwyd rhai cannoedd o eiriau gan rai ohonom a bûm yn arwain mwy nag un seminar a thrafodaeth. Rhaid wynebu ar y sefyllfa yn realistig, a gorau po fwyaf ohonom sy'n ymboeni am ein cymdeithas, boed honno yn un ddifreintiedig, neu uwchben ei digon! Aeth parch yn brin yn ein cymdeithas ac aeth dealltwriaeth yn air dieithr. Alltudiwyd rheswm am emosiwn. Gwelsom y bwystfil yn rhuo ac ni allwn orffwys heb ei wareiddio. Nid ei garcharu yw'r ateb fel y mynn rhai, ond ei wareiddio yn y ddinas. Ydych chi'n cytuno?

118 GOLYGYDDOL: GWEDDI NADOLIG Y BARDD O GEREDIGION

gan D. Ben Rees

Chwith oedd clywed am ymadawiad y bardd John Roderick Rees, Pen-uwch, ger Tregaron yn 2009 ac yntau'n 89 mlwydd oed, ar ôl oes dda yn y filltir sgwâr, fel athro yn yr Ysgol Sir ac amaethwr ym Merth-lwyd, Cross Inn, Llan-non, am un mlynedd ar ddeg, a'r gweddill yn Bear's Hill. Pen-uwch, Ceredigion. Ei ddiddordebau mawr oedd barddoni (enillydd y Goron ddwywaith yn yr Eisteddfod Genedlaethol) gofalu am ei anifeiliaid, mawr a bach, y cob a'r merlyn Cymreig yn arbennig. Roedd y teulu yn arbenigwyr ar y Cob Cymreig. Lluniodd erthygl wych ar fy nghais i *Dyrnaid o Awduron Cyfoes* (Lerpwl 1975) a gwelir aml i erthygl yn Saesneg yn y *Welsh Pony and Cob Society Newsletter*. Ond i mi, ei gerddi Nadolig a dechrau'r flwyddyn fydd yn cadw ei enw yn fyw yn ein plith. A ninnau ar drothwy Nadolig 2009, hoffwn gyflwyno ei gerdd sef 'Gweddi Nadolig'.

Tri phennill sydd yn y gerdd. Egyr y gerdd gan ofyn i Dduw i ni gael golwg unwaith eto ar yr hanes syml sy'n ein gwefreiddio bob blwyddyn.

> Dangos i ni bod i fywyd ei ddiben
> Wrth nesu o'r newydd at sicrwydd y crud.

Dyna a wna Gŵyl y Geni. Rhoddi i ni sicrwydd fod bywyd yn werth ei fyw, bod iddo ddiben a phwrpas, a fod Duw wrth law o hyd i wrando o'r newydd ar ein stori ac i roi sicrwydd o'i arweiniad dros yr Ŵyl a'r Flwyddyn Newydd yn ein calonnau.

Y mae'r bardd am i ni brofi unwaith eto gynhesrwydd a charedigrwydd yr Ŵyl. Meddai:

> Gad i ni deimlo y cynnar gynhesrwydd
> A brofwyd ers talwm mewn gwely o wair,
> Rho ofal ysbrydoedd yn wyneb pob aflwydd
> I'r dwylo dihalog ar liniau Mair.

Y mae am i'r Mab bychan ein cyfareddu a'n cyflwyno ni oll i'w ddwylo 'dihalog'. Syniad gwefreiddiol a dweud y lleiaf. A'i bennill olaf yw hwn:

> Boed i ni ddwyn y drindod anrhegion,
> Gobaith a chariad a ffiol ein ffydd,
> A'u rhoi nhw yn wylaidd i faban yr hoelion
> Am gynnal plant dynion dan feichiau eu dydd.

Gwych o bennill i gloi. Nid oes angen esbonio arno. Mae'n dweud y cyfan yn glir a chofiadwy. Felly Nadolig bendithiol i bawb ohonoch ddarllenwyr y papur bro.

119 GŴYL Y DDAU FRAWD

gan D. Ben Rees a lluniau gan John G. Williams

Teimlaf yn hapus iawn wedi'r Ŵyl a drefnwyd gan Bwyllgor Gwaith Cymdeithas Etifeddiaeth Cymry Glannau Mersi o nos Wener, 8 Tachwedd i bnawn Sul, 10 Tachwedd 2002. Yr oedd 8 Tachwedd yn ddaucanmlwyddiant geni'r Parch. William Rees, D.D. (Gwilym Hiraethog). Fe'i ganwyd yn Chwibren Isaf, Llansannan yn 1802 yn fab i Dafydd ac Ann Rees, a chan ei fod y cyntaf i dderbyn Medal y Cymmrodorion, roedd hi'n addas iawn i ni gael y ddarlith agoriadol o dan nawdd Anrhydeddus Gymdeithas y Cymmrodorion, a hynny mewn ystafell gysurus ym Mhrifysgol Gobaith yn Childwall.

Cafwyd cydweithrediad perffaith rhwng Cylch Pump ar Hugain, Lerpwl (sy'n dathlu 70 mlynedd eu bodolaeth eleni) a'r Cymmrodorion a ddaeth am y tro cyntaf erioed i ddinas Lerpwl. Gwahoddwyd Dr Aled Gruffydd Jones, Athro Hanes Cymru Prifysgol Cymru, Aberystwyth i ddarlithio ar 'Gwilym Hiraethog y Newyddiadurwr'. Croesawyd ni gan Mr Brian Thomas, trefnydd y Cylch, a chefais innau'r fraint o lywyddu'r ddarlith a chyflwyno'r ysgolhaig disglair, a chroesawu cynulleidfa gref o dros drigain, a hynny ar ddiwrnod mor stormus. Teithiodd Ysgrifennydd y Gymdeithas, John Samuel a'i briod o Gaint, a daeth eraill o Ddyffryn Clwyd a Newcastle Under Lyme. Ni fu'n edifar ganddynt.

Cawsom ddarlun diddorol o ŵr a welodd newyddiaduraeth yn gyfle i wasanaethu Duw ac yn arf y werin bobl rhag rhaib y cyfalafwyr trachwantus. Pwysleisiodd Dr Aled Jones fod Lerpwl yn gyfrifol iawn am agweddau o newyddiaduraeth Gwilym Hiraethog, ac yn ei ddiolchiadau, dywedodd Mr Humphrey Wyn Jones fod y weledigaeth o gynnal yr Ŵyl eisoes wedi ei wireddu. Yn wir, y gair a ddefnyddiwyd drwy'r Ŵyl i gyd oedd graen. Bu graen ar bob rhan o'r Ŵyl.

Ar y Sadwrn cafwyd dau gyfarfod. Y cyntaf yn adeiladau labordai Robert Robinson Prifysgol Lerpwl lle safai adeilad hardd Capel Salem, yr Annibynwyr, Grove Street, ar un adeg. Daeth Gwilym Hiraethog o Ddinbych i'r Tabernacl, Great Cross Hall Street, Lerpwl yn olynydd i William Williams o'r Wern, ger Rhosllannerchrugog. Llafuriodd yn y Tabernacl hyd fis Mai 1853 a'r adeg honno canmolodd chwiorydd Salem yn fwy na chwiorydd ei gapel ei hun. Gofynnodd y diaconiaid iddo ystyried ymddeol.

Derbyniodd yn yr argyfwng hwnnw alwad gan yr Eglwys oedd y pryd hwnnw yn addoli yn Salem, Brownlow Hill. Symudodd y capel hwnnw i gapel helaethach yn Grove Street yn 1867 lle y llafuriodd Hiraethog hyd ddiwedd y flwyddyn 1874. Dyna'r adeg y symudodd ar ei ymddeoliad i ddinas Caer i fyw. Bu farw am ddau o'r gloch ddydd Iau, 8 Tachwedd 1883 (ar ei benblwydd yn 81 mlwydd oed) a chladdwyd ef ym mynwent Smithdown Road, Lerpwl, ddydd Mawrth, 13 Tachwedd.

Daeth nifer dda ynghyd erbyn 1.30 a chawsom gyfarfod graenus. Darllenwyd 'Pennod Cariad' (1 Corinthiaid, pennod 13) gan y Parch. Eleri Edwards a chafwyd gair pwrpasol yn Gymraeg gan y cyfreithiwr, David Mawdsley, a fagwyd yn y capel, ac sy'n ymddiriedolwr Capel yr Annibynwyr Woolton Road. Hwy oedd yn gyfrifol am roddi'r plac i'w goffáu. Nid oedd modd i ddiacon hynaf yr Eglwys, Mr Brinley Lettsome, fod yn bresennol y diwrnod hwnnw, er y cawsom ei gwmni ar y nos Wener a'r pnawn Sul. Ar nos Wener gwelsom gadair fawr Gwilym Hiraethog sydd ym meddiant y Capel; diolch am ei gludo i'n plith. Mynegwyd y diolch gan Mr Roderick Owen, a bu ei eriau ef (fel geiriau Humphrey Wyn Jones) o werthfawrogiad o'm hymdrechion i baratoi rhaglen swmpus yr Ŵyl, a dau lyfryn, un yn Gymraeg a'r llall yn Saesneg, yn gryn galondid. Bu gwerthu da ar y llyfrynnau, a dyma'r manylion:

The Polymath: Reverend William Rees, Gwilym Hiraethog 1802-1883. Pris £3. ISBN 0901332623.

Y Polymathiad o Gymro: Parchedig William Rees (Gwilym Hiraethog). Pris £3. ISBN 0901332 631.

Cerddwyd o labordy'r Adran Gemeg ar draws y ffordd, heibio Adran Gweinyddiaeth Prifysgol Lerpwl, i ymyl capel hardd a berthynai i'r Presbyteriaid Cymraeg, Chatham Street, ac yr oeddem yno mewn da bryd i gael seremoni arall. Cyflwynais y tro hwn ei frawd, Henry Rees (1798-1869), gweinidog cyntaf y capel pan agorwyd ef yn 1861. Darllenwyd eto gan y Parch. Eleri Edwards a soniais am gefndir ei frawd hŷn, brawd y meddyliai Hiraethog y byd ohono. Dadorchuddiwyd y plac y tro hwn gan Mrs Gwen Jones, Allerton, a fu'n blentyn yno yn y gymdeithas, ynghyd â gorwyres Gwilym Hiraethog a gor-nith Henry Rees, Mrs Efrys Angharad Hughes o'r Fali, Môn. Daeth ei dwy ferch, Gwen ac Angharad yn gwmni iddi, ac aelodau eraill o'r teulu, ac ni fu neb ffyddlonach i'r holl gyfarfodydd. Talwyd teyrnged gan y Dr Arthur Thomas sy'n gweithio bellach yn yr adeilad yn ddarlithydd Economeg.

Ar Sul, 10 Tachwedd, cawsom ddiwrnod nas anghofir. Oedfa cofio'r ddau frawd yn y bore yng nghapel helaeth Bethel, Heathfield Road (ger Penny Lane), a chawsom gwmni a chyfraniad Côr Meibion Bro Aled o dan ofal Mrs Mair Selway gyda Mrs Ann Evans a Miss Annwen Mai yn cyfeilio'n gelfydd. Cymerwyd rhan gan y Parchedigion Eleri Edwards, J. R. Môn Hughes ynghyd â Mrs Rhiannon Taylor a John P. Lyons, a minnau yn traethu ar ddwy adnod (15 a 17) o'r ddegfed bennod o'r Epistol at y Rhufeiniaid. Gwasanaethodd Mrs Rhiannon Liddell wrth yr organ.

Yna am 2 o'r gloch yng nghwmni'r Côr Meibion a'u cefnogwyr (deuddeg ohonynt o Lansannan), teulu'r Reesiaid a Chymry Lerpwl, daeth bron i bedwar ugain i ymyl ei fedd ym mynwent Toxteth i ganu dau o'i emynau, i gydadrodd Salm y Bugail (addas iawn gan iddo ef, Gwilym, gychwyn fel bugail ar lethrau Hiraethog), i weddïo. Cafwyd cyfle wedyn i'r teulu osod blodau ar y bedd lle y gorwedd y gwron, ei briod Anne a dwy o'i ferched hoff. Rhaid oedd cyfarch y dyrfa a dylwn fod wedi adrodd englyn Hwfa Môn iddo:

Doniau Rees, dyma'r oesoedd – i weled
Cyfrolau'i alluoedd,
Yng nghysegr nef y nefoedd
Nerthadwy un Hiraethog oedd!

Roedd hi'n godiad calon i weld Capel Bethel, Heathfield Road, yn llawn am dri o'r gloch i'r Gymanfa Ganu ac yn y rhannau arweiniol cawsom Air y Bywyd (Salm 84), gweddi o'r galon, a thair cân gan Gôr Meibion Bro Aled. Yr oeddynt yn anfarwol. Ac yna i'r Gymanfa Ganu, i drysori emynau Gwilym Hiraethog o dan arweiniad gŵr o gymwysterau arbennig iawn, Mr R. Ifor Griffiths, Bont-ddu a Lerpwl, cyn brifathro Ysgol Gynradd Rudston Road, Childwall, ac un o ddisgyblion medrusaf y diweddar John Hughes, Dolgellau, a chanwyd ei dôn ef 'Arwelfa'. Cawsom ddwy awr o Gymanfa eneiniedig ac fe aeth yr amser fel awel g'langaeaf. Ar ôl cyflwyno Mrs Efrys Angharad Hughes a diolch iddi am fod mor deyrngar, cawsom glywed eto Gôr Meibion Bro Aled yn cyflwyno cerddi Seion yn raenus. Roeddent hwy wedi cael eu bodloni'n fawr a'u bwydo yn Ysgoldy Bethel mewn cinio hyfryd o dan ofal Mrs Beryl Williams a Dr Pat Williams ac wyth o wragedd eraill yn gweini ar y byrddau. Tîm na fu ei well.

Mewn oes digon digefnogaeth cawsom gefnogaeth gref, ac mewn oes sy'n dryllio cyfraniad cewri, cawsom oriau i gydnabod mawredd dau frawd prin eu manteision ond mawr eu gweledigaeth a'u gweithredoedd. Yr oeddwn wedi hiraethu droeon am y cyfle i gofio daucanmlyddiant geni Dr William Rees a chefais fy nymuniad, a hynny yn y dref lle llafuriodd am 32 o flynyddoedd. Braf ydyw cael llwyddiant a chlywed Gwilym Hiraethog, yn 2002, yn ein galw i gydnabod buddugoliaeth Crist Iesu at Galfaria:

Am waith ei gariad ar y Groes,
Moliennir Ef o oes i oes,
Tra byddo cyfrif oesau'n bod:
Digrifwch pur y nef, a'i gwaith
Hyd eithaf tragwyddoldeb maith,
Fydd edrych arno a chanu'i glod.

Canwch hi ar y dôn Nashville. Yn y lluniau gwelir Capel hardd Chatham Street lle bu'r Parchedig Henry Rees yn Weinidog o 1860 i 1898, gwelir y plac a osodwyd i'w gofio a'i frawd William Rees (Gwilym Hiraethog) ar fur labordai Robert Robinson yn y Brifysgol lle y bu Capel Grove Street. Gwelwn fedd Gwilym Hiraethog ym mynwent Toxteth, Côr Bro Aled a ddaeth atom, a disgynnydd y dyn dawnus, sef Efrys Angharad Hughes.

Capel Chatham Street lle y bu Henry Rees yn gweinidogaethu o 1860 i 1869

Cor Bro Aled yn cadw cyngerdd yn ystod y dathlu.

Plac i gofio Henry Rees

Wrth fedd Hiraethog yn Toxteth

Plac i gofio William Rees

Efrys Angharad Hughes

120 GŴYL PEDROG

(o dan nawdd Cymdeihtas Etifeddiaeth Cymry Glannau Mersi)

SADWRN, 20 MAWRTH 2010
A'R SUL, 21 MAWRTH 2010

Bore Sadwrn, 20 Mawrth yn Neuadd y Ddinas, Lerpwl am 10.30 o'r gloch

GOLWG AR PEDROG A'I GADAIR EISTEDDFODOL
Llywydd: Mrs Beryl Williams
I annerch ar Pedrog: Dr R. Arthur Thomas, Dr Pat Williams, Dr Ben Rees a Mrs Rhiannon Liddell

Nos Sadwrn, 20 Mawrth am 7.30 yng Nghapel Bethel, Heathfield Road, Lerpwl

Cyngerdd Gŵyl Pedrog
yng nghwmni
CÔR MEIBION Y BRYTHONIAID
Arweinydd: John Eifion
Cyfeilyddes: Elizabeth Ellis, Dolgellau
Unawdwyr: John Eifion – Enillydd y Rhuban Glas, Jon Murray (Tenor) a Goronwy Hughes (Bas)

Pris y Tocyn: £10

Bore Sul, 21 Mawrth yng Nghapel Bethel

OEDFA I GOFIO PEDROG
(1853 – 1932)
o dan ofal Pwyllgor Gwaith Cymdeithas Etifeddiaeth Cymry Glannau Mersi

H

121 HEL ACHAU

gan Gareth James

Mae'n siwr mai rhyw bethau digon amhersonol yw tystysgrifau geni, priodas a marwolaeth. Ceisiadau ofer i grynhoi tair anturiaeth fawr bywyd mewn papur ac inc!

Er hynny, wedi casglu pob gronyn o wybodaeth oddi wrth y teulu, dyma un o'r ffynhonellau ffurfiol i droi atynt wrth hel achau. Bu'n rhaid cofrestru pob genedigaeth, priodas a marwolaeth yng Nghymru a Lloegr er 1837. Mae'r cofrestru yn bur gywir, ond am y blynyddoedd cyntaf, ac felly maent o gymorth mawr i gadarnhau manylion sydd gennym ac i agor drysau i wybodaeth bellach.

Gan fod swyddfeydd cofrestru ym mhob sir, gellir cael copïau o dystysgrifau yn lleol os ydych yn sicr o ardal breswyl eich cyndadau. Os nad ydych, yna rhaid cysylltu â'r Swyddfa Gofrestru Cyffredinol yn St. Catherine's House, 10 Kingsway, Llundain, lle cedwir y cwbl.

Gellir archebu copi o unrhyw dystysgrif oddi yno drwy'r post, ond maent yn £10 yr un a mynnir manylion clir wrth archebu. Byddant braidd yn amharod i chwilio am enedigaeth 'John Jones, rhywle yn Sir Aberteifi tua chanol y ganrif ddiwethaf,' er enghraifft.

Does dim amdani yn yr amgylchiadau hynny ond gwibdaith i Lundain i chwilio'n bersonol yn St. Catherine's House. Dyma, wrth gwrs, sut mae ymchwil yn mynd yn ddrud, ond, os yw o unrhyw gysur, mae'r tystysgrifau yn rhatach i'w harchebu yn y fan a'r lle. Ond byddwch yn barod am ddiwrnod egnïol iawn yno, gan nad oes yno le i eistedd!

Cedwir y mynegai ar silffoedd mewn cyfrolau mawr, a'r rheini sy'n rhaid eu chwilio. Fe'u trefnir yn ôl dyddiadau, mewn chwarteri: Mawrth, Mehefin, Medi a Rhagfyr – chwarteri'r cofrestru, nid yn angenrheidiol chwarteri'r digwyddiadau.

Felly, os chwiliwch am enedigaeth yn Ebrill rhaid archwilio cyfrol Mehefin. Os am enedigaeth ym Mehefin, bydd rhaid yn aml edrych yng nghyfrol Medi, gan na chofrestrwyd y geni hwyrach hyd ddechrau'r mis nesaf. Mae'r priodasau'n haws, gan y cofrestrir priodas ar yr un diwrnod fel arfer. Gan nad oes digon o le yn yr adeilad, cedwir mynegai'r marwolaethau ar wahân mewn adeilad ychydig lathenni i fyny Kingsway a thros y ffordd, ond yr un yw'r gyfundrefn yno.

O dystysgrif genedigaeth ceir enwau llawn y rhieni, enw morwynol y fam, man a dyddiad y geni, gwaith y tad ac enw a chyfeiriad yr hysbysydd – fel arfer, un o'r rhieni – oll o werth amhrisiadwy wrth hel achau.

Ar dystysgrif priodas mae dyddiad a man y briodas, enwau'r ddau ac os ydynt wedi priodi o'r blaen, eu hoed, eu gwaith, eu cyfeiriadau ac enwau a gwaith eu tadau. Y cwbl eto'n arwain yr ymchwil i feysydd newydd.

Mae llai o wybodaeth ar dystysgrif marwolaeth. Enw, oed a gwaith yr ymadawedig, dyddiad, man ac achos ei farwolaeth, ac enw a chyfeiriad yr hysbysydd. Sut bynnag, fe all ychwanegu rhywbeth newydd i'r ymchwil, er enghraifft, os bydd wedi marw yn nghartref perthynas na chlywyd amdano o'r blaen, hwyrach.

Er ei bod yn wir mai pethau digon amhersonol yw'r tystysgrifau yma, rhaid cyfaddef eu bod o fudd eithriadol i'r hanesydd teuluol

122 HEL ACHAU ETO

gan Gareth James

EWYLLYSIAU

Mae cloc mawr a thegell copr yn y tŷ yma, a ddaeth, yn ôl y teulu, o dyddyn Pant y Caem uwchben Arthog, cartref John Davies, hen daid fy mam. Traddodiad teuluol yn unig oedd hyn hyd yn ddiweddar pan ddaeth ewyllys John Davies i'm dwylo.

> Dyma yr wllus Dyweddaraf i mi John Davies o Bany y cae yn Plwyf Dolgelley yn swydd Merioneth yw gadel ar ol i mi John Davies farw y gwelu a phob peth perthynol i orwedd ac i gyscu ynddo ar awrlais y clock ar cas ar Bwrdd Mawr ar bwrdd coch ar gist Dderw ar cader dderw ar fort ar stol gader ar Radell ar crochanau yr efal dan ar tecalle ar llestri tea ar gist fawydd sydd yn dal dillad ar droill wlan i fy ngwraig Gwen Davies ar oll Erill y gwartheg ar Defaid ar cefyla allan ac yn ty iw Rhanu Rhwng Gwen Davies A fy Mab John Davies Rhwif fi John Davies yn fy wllus yn Rhoi fy llaw am calon wrth hyn yr eilfed ar rhigan o Hydref y flwyddyn un fil wyth Cant a deigan a saith
>
> John Davies
>
> Y Tysdion ydiw y ddau yma
>
> John Jones Tyn y coed
> Evan Evans Gefndir Fawr"

A dyna nhw mewn du a gwyn! Daeth y 'clock a'r cas' a'r 'tecalle' i olygu llawer mwy i mi ers hynny.

Mae i bawb ei reswm dros hel achau – chwilfrydedd gan amlaf, greda i – ond chwilfrydedd ddaw o ryw reddf sy'n galw am fod yn rhan o sefydliad parhaol yn yr oes chwimchwam hon.

Dyma, hwyrach, pam y mae hen ewyllysiau teuluol yn rhoi cymaint o foddhad: dolennau yn ein cysylltu'n union â'n cyndadau. Hwy'n syllu ymlaen tuag atom ni yn y dyfodol anweledig, a ninnau'n ymestyn yn ôl atynt hwythau dros y blynyddoedd.

Cawn well adlewyrchiad o fywyd ein hynafiaid o ewyllysiau nag o unrhyw ddogfennau ffurfiol eraill – eu teulu – eu cartrefi – eu meddiannau – eu gwaith – a'u cyfeillion a chymdogion a ddewiswyd yn dystion.

Mae rhai yn ddigrif, rhai yn druenus, a rhai yn wir yn bur filain. Dirgelwch hollol yw rhai cymynroddion ond maent weithiau'n arwain i ganghennau newydd anhysbys o'r teulu.

Gweddol hawdd yw darganfod ewyllys sydd wedi ei phrofi er 1858, gan y bydd wedi ei chofrestru yn y *Principal Probate Registry'*yn Somerset House, Llundain. Gellir cael copi ffotograffig yno yn rhad. Ond cyn 1858, mae'n llawer mwy cymhleth gan mai'r Eglwys oedd yn trafod ewyllysiau'r adeg honno.

Wrth lwc, mae'r mwyafrif o rai Cymreig cyn 1858 yng ngofal y Llyfrgell Genedlaethol yn Aberystwyth. Mae rhai Lloegr, ar y llaw arall, wedi eu rhannu rhwng taleithiau Caergaint a Chaerefrog. Aeth ewyllys pawb i'r de o swyddi Amwythig a Lincoln i'w profi yn Llys Rhagorfaint Caergaint – *Prerogative Count of Canterbury* fel arfer, a'r gweddill i Lys Rhagorfaint Caerefrog – *Prerogative Court of York*. Heddiw mae'r mwyafrif o rai Caergaint yng ngofal y *Public Record Office* yn Llundain a rhai Caerefrog yn y *Borthwick Institute of Historical Research* yng Nghaerefrog.

Weithiau bydd dogfennau eraill ynghyd â'r ewyllys. Er enghraifft, rhestr yr ysgutorion o eiddo'r ymadawedig – rhai ohonynt yn fanwl dros ben. Bydd hefyd yn aml ddatganiad gwely angau o flaen tystion – pan nad oedd amser i wneud ewyllys iawn, neu hwyrach *letters of administration* – llythyr gweinyddu oedd yn rhoi caniatâd i'r teulu rannu'r eiddo.

Fe all yr ymchwil ymysg ewyllysiau fod yn rhan gyffrous eithriadol o waith hel achau a rhoi goleuni newydd hollol ar hanes y teulu.

123 HANNER CAN MLYNEDD YN ÔL – FFEITHIAU O 1947

gan Beryl Williams

Yn 1947, penderfynodd y Llywodraeth Lafur newid y ddeddf oedd yn gwahardd carcharorion o'r Almaen rhag cael unrhyw gysylltiad a chyfathrach â merched o Brydain. O hynny ymlaen yr oedd hi'n bosibl iddynt briodi â'i gilydd, ond wedi'r briodas byddai'r ferch yn colli ei statws Brydeinig, ac os byddai'r Almaenwr yn cael ei ailwladoli (*repatriated*) yna nid oedd sicrwydd y câi ddychwelyd i Brydain.

Pasiwyd Mesur Seneddol yn ymwneud â phenisilin neu unrhyw gyffur tebyg iddo, pryd y rhoddwyd gwaharddiad ar ei werthiant i'r cyhoedd. O hyn ymlaen byddai'n rhaid i'r cyffuriau hyn gael eu rhagnodi gan feddyg teulu.

Eira mawr 1947

Ym myd chwaraeon fe enillwyd pencampwriaeth Golff Prydain gan ŵr o Belfast, F. Daly, a chipiodd y wobr ar lawntiau hardd Clwb Golff Hoylake ar benrhyn Cilgwri. Ym myd tennis yn Wimbledon pencampwr y dynion oedd Jack Kramer o'r Unol Daleithiau a phencampwraig y merched oedd Miss M. E. Osborne o'r Amerig. Ar gae pêl-droed, gwnaeth Lerpwl yn dda: enillwyd pencampwriaeth y Gynghrair gyntaf yn nhymor 1946-7. Manceinion Unedig oedd yn ail, ac Everton (hoff dîm y Cymry yr adeg honno) yn y degfed safle. Enillwyd Cwpan y Gynghrair Bêl-droed gan Charlton Athletic a gurodd Burnley wedi amser ychwanegol. Aeth W. P. Oden o amgylch y byd yn ei awryren – sef Reynolds Bombshell Aircraft – taith o ugain mil o filltiroedd mewn 73 awr a phum munud.

Ar gyfartaledd roedd taldra oedolion yn bum troedfedd Roedd cyfartaledd pwysau yn 11 stôn ac un pwys – heddiw y cyfartaledd yw 12 stôn. Gallech anfon llythyr i Gaerdydd am geiniog a dimau, a cherdyn post i Gaergybi am geiniog. Dim ond unwaith yr oedd llythyron yn cael eu dosbarthu ar ddydd Nadolig! Sefydlwyd Gŵyl Gaeredin ac eleni fydd y flwyddyn ddathlu ym mis Awst. Cychwynodd y Kon Tiki ar daith hanesyddol ar 28 Ebrill a rhoddwyd cyfrifoldeb am bolisïau tramor yr Undeb Sofietaidd ar ysgwyddau Andrei Gromyko.

Gwnaethpwyd y llawdriniaeth gyntaf ar y cornea (*corneal graft operation*) gan yr Athro Filantov ym Moscow. Ar 28 Mehefin, gosodwyd y cerflun o Eros yn ei le priodol yng nghanol Piccadilly Circus yn Llundain. Symudwyd ef rhag ei ddistrywio yn y bomio yn ystod yr Ail Ryfel Byd. Plediodd y Llywodraeth ar ferched Prydain i gwtogi eu sgertiau, er mwyn cynilo ar ddefnydd. Ai dyma oedd dechrau'r sgert mini a ddaeth mor boblogaidd yn y chwedegau?

Darganfuwyd Sgroliau'r Môr Marw a da deall y ceir cyfarfod ar hyn ym Methel ar 10 Mawrth 1997. Cyhoeddwyd drama enwog Tennessee Williams, *A Streetcar named Desire* ac ar lwyfan y theatrau yr oedd *Oaklahoma* ac *Annie Get your Gun* yn hynod o boblogaidd. Dywedir bod y ffilmiau *Nicholas Nickleby* a *Great Expectations* heb fod mor boblogaidd.

Ganwyd y nofelydd Salman Rushdie ar 19 Mehefin, David Essex, y canwr pop ar 23 Gorffennaf, ac Emlyn Hughes, y pêl-droediwr ar 28 Awst. Bu farw'r cynllunydd moduron enwog Henry Ford, Al Capone (bu farw yn Florida yn wallgof ar 25 Ionawr), a Stanley Baldwin a fu'n brif weinidog dair gwaith, heb anghofio Roy Chadwick, cynllunydd y *Lancaster Bomber*.

124 HOFFECH CHWI WYBOD?

gan Dei Jones

1. Ymhle bu dechrau'r daith? 14 Alderley Avenue, Claughton, Penbedw.

2. Yn eich blynyddoedd cynnar (cyn 6 oed) beth a gofiwch yn glir? Y Gweinidog yn cyrraedd un noson a Bet (fy chwaer) a minnau ar fin mynd i'r gwely ond yn mwynhau *treacle butty* ar liain *Liverpool Echo* ac yntau yn ymuno gyda ni, a ninnau yn cael hwyl garw!

3. Ar wahân i'ch rhieni, pwy neu beth a fu'n ddylanwad mawr arnoch yn eich plentyndod? Mr. Llew Jenkins, fy athro Ysgol Sul, yng nghapel Heathfield Road pan oeddwn yn fy arddegau. Gosododd safonau trwy ei esiampl heb bregethu.

4. Beth sy'n peri gofid i chwi yn y gymdeithas heddiw? Y toriad amlwg yn ysbryd clos y teulu estynedig nid jyst y teulu agosaf. Yr oedd yr agosatrwydd yn golygu y teimlad o berthyn a'r dyhead i fyw i fyny i'r safonau a pheidio gadael y grŵp i lawr. Os oedd 'dafad ddu' yn ein plith, fe'n dysgid i beidio bod yn debyg, ond hefyd i weld bod ganddo ef neu hi rai rhinweddau.

5. Pa un yw eich hoff ddarn o farddoniaeth Gymraeg? Anodd iawn dewis, ond os oes raid yna cerdd Eifion Wyn i Gwm Pennant. Cwm a wn yn dda ers i mi ymddeol. Ffefryn agos iawn yw cerdd Cynan, 'Gweddi Pysgotwr', er na fûm erioed yn bysgotwr.

6. Pwy yw'r person yr ydych yn ei edmygu fwyaf? Nelson Mandela a'r Fam Teresa sy'n gwibio i'r meddwl, W. Ambrose Bebb yw un arall, ond ar ôl meddwl o ddifrif, heb amheuaeth fy Mam a osododd i ni esiampl o fyw y ffydd Gristnogol trwy eu bywyd. Yr oedd yno bob amser i arwain a chysuro.

7. Beth sydd wedi rhoi mwyaf o bleser i chwi fel unigolyn? Y ffaith fod fy ngwraig a minnau wedi cael gweld ein dau blentyn, David a Mary, yn tyfu i fyny yn aelodau â chonsárn ganddynt am eraill. Erbyn hyn maent yn ganol oed, ond yn meddu ar rwymau cryf teuluol, ac yn arbennig am ei gilydd.

8. Beth sy'n eich gwylltio fwyaf? Rhagfarn lliw. Bûm yn y Llynges (*Merchant Navy*) am flynyddoedd lawer ac yr oeddwn yn gwrido o weld dynion gwyn digon sâl yn trin dynion du ardderchog fel pe baent yn israddol iddynt.

9. Pa wlad (ar wahân i Gymru neu Loegr) y byddech yn hoffi treulio blwyddyn neu ddwy o'i mewn? Patagonia. Byth oddi ar i fy mrawd Tom ddod adref i Parkhurst Road, Prenton, yn y dauddegau gyda'r gŵr addfwyn Trebor Mai Thoma (y Parchedig yn ddiweddarach) bûm yn meddwl llawer am stori'r Wladfa. Ailgyneuwyd hyn yn ddiweddar wrth ddarllen y gyfrol *Y Wladfa* gan Catherine Williams. Dyma'r llyfr taith gorau a ddarllenais erioed.

10. Oes 'na ddarn o lenyddiaeth o unrhyw iaith y byddech yn falch o deimlo mai chi a'i gyfansoddodd? Dwy linell olaf o gerdd Cynan 'Cymrawd': 'O Dduw, na bawn deilwng, yn deilwng o'r hyn sydd yn llygaid fy nghi'. Cefais fy magu a'm dwyn i fyny i barchu anifeiliaid. Bu cŵn yn ffefrynnau gennyf.

11. Pa bregethwr neu areithydd neu ddigrifwr byddech yn hoffi ei wahodd i'ch cymuned? Fy newis i fyddai'r athrylith, yr Athro Stephen W. Hawkins. Darllenais *A Brief History of Time* erbyn hyn lawer gwaith a phob tro yr wyf yn dysgu ychydig mwy. Rwy'n siŵr y byddai'n goleuo fy neall fwy fyth.

12. A oes gennych hoff raglen radio? Nag oes.

13. A oes gennych hoff raglen deledu? Canu emynau, yn arbennig os oes tonau Cymraeg. Ni allaf dderbyn rhaglenni Cymraeg. Hefyd rhaglenni sy'n delio â'r gofod.

14. A oes gennych hoff awdur? Nag oes, ond mae gennyf fy hoff lyfrau a dyma bedwar: *Moby Dick, Treasure Island, Christmas Carol* a *The Old Man and the Sea.*

15. Pa lyfr o'r Beibl y carech ei ddysgu ar y cof a pham? Llyfr y Salmau. Dyma adroddiad cyflawn o brofiadau pesonol, ofnau, amheuon, gofidiau, poen, problemau, gobaith, llawenhau, mewn ffaith, help wrth law ar gyfer problemau bywyd. Mae'n farddoniaeth oludog a'u ffurf yn apelio'n fawr ataf.

16. Pa fath o wyliau y byddwch yn ei fwynhau fwyaf? Gwyliau yng ngwlad Llŷn, a'i dangnefedd a'i dawelwch, hyd yn oed heddiw. Mae'n ganolfan ardderchog i deithio a gweld prydferthwch gogledd Cymru a heb orfodaeth i deithio'n bell. Ganwyd Cynan ym Mhwllheli a chafodd ef gyfle i gostrelu Llŷn mewn llu o'u gerddi.

17. Oes yna ddywediad neu ddihareb yn Gymraeg neu Saesneg yr hoffwch yn fwy na'r un arall? '*There but for the grace of God go I*'. Mae'n rhaid i ni gofio ein dyled i'r rhai a'n magodd a chofio na fu pob un mor ffodus, ac felly mae'n rhaid ceisio bod o help iddynt yn hytrach na bod yn feirniadol.

18. A oes gennych eich hoff adeilad? Oes, ffermdy mawr yn Rhydyclafdy o'r enw Gallt Beren. Fel canlyniad i fy rhieni yn llogi ystafelloedd yno adeg yr Ail Ryfel Byd, fe arferwn ddychwelyd o'r môr a ffeindio heddwch yn ystod y seibiant. Rwyn'n dal i garu'r adeilad a'r fangre.

19. Pa baech mewn ffordd i roddi £1,000 i'r *Angor* a fyddai gennych ddymuniad wrth ei roi? I gario ymlaen ar yr un llinellau ag y buoch. Cefais fy nghyflwyno i'r *Angor* trwy fy chwiorydd, Nid a Bet, flynyddoedd yn ôl. Caf fwyniant mawr wrth ei ddarllen er i mi fyw yn Norfolk am 54 o flynyddoedd. Felly, mae'n amlwg eich bod chi'n gwneud y gwaith yn iawn fel Golygydd. A bendith fawr arnoch.

20. Beth yn y byd hwn yn 2001 sydd yn rhoddi boddhad llwyr i chwi? Fy mod yn medru siarad a darllen yr iaith Gymraeg er na fûm fyw erioed yng Nghymru, ar wahân i'r ddwy flynedd yn fyfyriwr yng Ngholeg Normal, Bangor. Rhaid i mi ddiolch am hyn i fy Mam a fy Nhad a siaradai Gymraeg yn unig yn y tŷ, i Gapel Heathfield Road, Lerpwl a fy athrawon Ysgol Sul a Mr. William Owen, Tŷ Capel, a ddysgodd imi'r grefft o adrodd fel aelod o'r Côr Adrodd a fyddai'n cystadlu bob blwyddyn yn erbyn capeli eraill yn eisteddfodau Lerpwl.

Mae'r Iaith Gymraeg yn iaith brydferth.

125 HIRAETH AM RYFERTHWY – HYWEL TEIFI WEDI MYND

gan Dylan Iorwerth

Mae wedi bod yn gyfnod trist i'r Eisteddfod Genedlaethol. O fewn misoedd, mae wedi colli ei phrif ffigwr seremonïol ac un o'i harweinwyr – Dic Jones a Dafydd Whittall. Yn awr, mae wedi colli ei chefnogwr mwya'. Ond, wrth gwrs, mae colli'r rhyferthwy o ddyn, Hywel Teifi Edwards, yn golygu llawer mwy na hynny. Roedd hefyd wedi cyflawni tasg allweddol o ran y diwylliant Cymraeg – trwy wneud i ni wynebu ein seicoleg ein hunain. Digwyddiad mwya' hanes diweddar Cymru i Hywel Teifi oedd Brad y Llyfrau Gleision ac roedd yn sicr fod mân donnau'r *tsunami* diwylliannol a moesol hwnnw yn dal i dorri troson ni. Roedd hi'n nodweddiadol fod yr hanesydd-feirniad o Langennech yn gweld bod digwyddiad 150 o flynyddoedd yn ôl yn ganolog i'n stori ni heddiw. Nid bwlch oedd amser iddo fo, ond pont.

Mi fyddai wedi bod yn gwbl gartrefol yn y cyfnod yr oedd yn arbenigwr mawr arno, y bedwaredd ganrif ar bymtheg. Gyda'i lais, ei osgo, ei danbeidrwydd, ei frwdfrydedd a'i hoffter o ddadl dda, roedd yn debyg i rai o'i arwyr. Roedd hefyd, fel rhai ohonyn nhw, yn rhyfeddol o amlochrog. Roedd y canwr, Eos Morlais, mor amlwg yn ei bantheon â'r beirdd, a Walley Barnes o Arsenal yn sefyll ochr yn ochr â Llew Llwyfo. Ei gymwynas fawr oedd dod â'r pethau hyn yn fyw mewn ffordd a oedd yn eu gwneud yn berthnasol i'n bywydau ninnau a gwneud hynny gyda hwyl, ond heb wawd, gyda balchder, nid cywilydd. Efallai ei fod yn well dadleuwr na thrafodwr; yn ei ddyddiau'n gynghorydd a gwleidydd, roedd ei osgo ymladdgar yn digio rhai, a gwrthwynebwyr weithiau'n dweud mai bombast a bytheirio, yn hytrach nag awdurdod, oedd yn ei rethreg feistrolgar.

Ond, i'w bobol ei hun, dyna oedd ei gryfder anferth a'i gyfraniad angenrheidiol. Ac roedd ei frwdfrydedd – naturiol a bwriadol – yn gallu bod yn hudolus. Fe wyddai pryd i dynnu'r tannau yn ogystal â tharo'r drwm. Mewn cyfarfod yng Ngwbert unwaith, fe wefreiddiodd gynulleidfa o wybodusion wrth ail-greu Llanddewi Aber-arth ei blentyndod. Nid mewn ffordd feddal, ramantus ond er mwyn dangos mawredd – ac ehangder meddwl – cymdeithas Gymraeg o'r fath.

Fydd neb arall a wrandawodd arno yn ei hwyl yn anghofio'r profiad, ei feistrolaeth ar ffaith ac iaith – o'r coeth i'r coch – yn syfrdanol. A'r tu ôl i'r perfformio, roedd craffter a hoffter mawr o gryfderau a ffaeleddau pobl.

Mi fyddai wedi bod yn gartrefol yn Oes Fictoria, ond fyddai dyn fel Hywel Teifi ddim wedi dewis byw mewn unrhyw gyfnod ond ei oes ei hun. A ninnau'n diolch am hynny.

(Cyhoeddwyd gyda chaniatâd *Golwg*)

126 HOMILI

gan J. D. Williams Richards

Pan oeddwn yn Gaplan yn Ysbyty Newsham, ymadrodd a glywais yn fynych oedd 'Gobeithio'r gore'. Ar wahanol achlysuron dywedwyd hynny wrthyf fi fy hunan, a synhwyrais mai ymadrodd hwylus a pharod oedd hwn i gloi sgwrs ar adeg gyfleus. Dug y cwbl hyn i'm cof am farbwr penfoel tebyg i Kojak a oedd yn cymeradwyo i'w gwsmeriaid ryw hylif gwyrthiol oedd yn gallu peri i'w gwallt aildyfu ond y ffaith amlwg i bawb oedd na ddefnyddiai yr hylif gwyrthiol ei hunan.

Y ffaith yw fod llawer ohonom yn camddefnyddio y gair 'gobaith'; un enghraifft amlwg yn ninas Lerpwl, ydyw y sonnir yn aml yn y wasg ac yn y cyfryngau fod y ddwy Gadeirlan, y Gadeirlan Anglicanaidd a'r Gadeirlan Babyddol wedi eu cysylltu â'r stryd Gobaith. Gair prydferth yw 'Gobaith', sy'n golygu dim i filoedd o bobl, ond ei gyfrif yn gyffur sy'n peri trwmgwsg meddyliol a chorfforol.

Cofiwn fod Micawber yn obeithiwr penigamp, roedd gobeithio yn fwyd beunyddiol ganddo, roedd yn gobeithio'n barhaus y deuai rhywbeth i'w fywyd i beri diwedd i'w dlodi parhaus, ond ni chododd na llaw na throed i geisio'r stad ddymunol honno.

Mae gobeithio'r gore yn beth da, weithiau, ond mae gweithio i sicrhau y daw, yn well o'r hanner; y gobaith sy'n ddeinamig ac yn ymarferol weithredol yw'r un sy'n gafael yn nychymyg y byd. Er enghraifft, gobeithiaf y bydd fy ngardd o gwmpas fy nghartref yn llonder i'm llygaid eleni, am fy mod wedi plannu Clychau'r Gog a saffrwn a blodau Mam-gu (*Wallflower*). *Hope that is passive is more a vice than a virtue,* meddai un gŵr craff.

Oes, mae gennyf achos da i obeithio, er mor anwadal yw amgylchiadu'r bydysawd ar hyn o bryd. Goleuni'r byd yw gobaith tra mai gwaith yw ei sylfaen. Rhoddaf y gair terfynol i'r rhigymwr Saesneg:

It isn't easy from the fire
The gold of life to bring;
To climb rough tracks and never tire,
In dangerous dark to sing;
But he along whose hopes abide
Of his own life is King.

Neu, yng ngeiriau cyfieithad yr emynydd Cymraeg: 'Cred yn Nuw a gwna dy waith.'

127 HWNT AC YMA

gan Clustfeiniwr

Gwnaeth tîm *Yr Angor* enw da iddynt eu hunain yng Ngholeg y Bala ar nos Lun, 14 Tachwedd 1982 yn erbyn y tîm parhaol yng Nghwis Radio BBC Cymru a gynhyrchwyd gan R. Alun Evans. Tîm *Yr Angor* oedd Gareth James, D. Ben Rees (capten), J. Gwyndaf Richards, tra cynrychiolid y tîm parhaol gan Ann Ffrancon, yr Athro Geraint H. Jenkins (capten), ac R. Maldwyn Thomas, Bangor, gydag R. Gerallt Jons, Gregynog yn holwr.

Cafodd *Yr Angor* 35 o farciau a'r tîm parhaol 31 o farciau. Pe bai *Yr Angor* wedi ateb y cwestiwn am y dôn Liverpool o waith Ieuan Gwyllt mi fyddent wedi mynd i'r rownd derfynol. Trwy ymdrechion Gareth, Ben a Gwyndaf daeth £50 i gyllid *Yr Angor* a phenderfynodd y tri ohonynt gyflwyno swm penodol ei hunain am yr anrhydedd o gynrychioli'r dalgylch. Diolch iddynt.

128 HIRAETH IAN RUSH

gan D. Ben Rees

Deellir fod Ian Rush yn hiraethu am y Fflint a Lerpwl, a bod palmentydd aur Juventus yn ddigon llithrig. Peth garw yw hynny. Yr oedd yn eilun Anfield. Gwron y bêl. Ac er ei holl ddawn a'i fedr llwyddodd tîm pêl-droed Lerwpl y tymor hwn fel pe bai Ian Rush erioed wedi cicio pêl yn Anfield. Cyfrinach Lerpwl ddywedwn i yw cyfrinach y tîm. Ni adewir i un dyn, pa mor dalentog bynnag y bo, i dra arglwyddiaethu ar weddill y tîm. Onid oes gwers yn y fan honno i bob cymdeithas yn y ddinas? Er hynny i gyd hiraethwn am weld Ian Rush yn chwarae eto ym Mhrydain; a dyna ddymuniad y Prifardd Einion Evans mewn dau englyn sy'n taro deuddeg yn y cylchgrawn *Barddas*:

I gywrain draed y gwron – ym mri'r gêm
Mae'r gôl mewn tir estron,
Ond gôl sy'n hudo'i galon
O'r wlad dwym ydyw'r wlad hon.

Doed yn ôl, yn ôl i Walia – yn awr,
Neu hiraeth a'i lloria.
Yn y dwys ddwfn nid oes dda
I alarwr mewn lira.

Y testun yw 'Ian Rush a Chymru', ac y mae Einion wedi gosod y peth yn dwt a chryno. Nid oes pwynt ymhelaethu, ond dweud gyda'r bobl mwyaf dysgedig – 'peth creulon ydy hiraeth'.

Ian Rush ar ôl sgorio yn Anfield

129 HUGHIE EDMUNDS

Gan W. Kyffin Pritchard

Ganwyd Hughie Edwards yn Amlwch, Ynys Môn, a bu fyw am gyfnod yn Llannerch-y-medd cyn setlo yn ninas Lerpwl. Rhoddodd gyfraniad amhrisiadwy i fywyd yr eglwysi Anglicanaidd Cymraeg yn ystod y deg mlynedd ar hugain diwethaf. Bu ei frawd y Parch. J. H. Edmunds yn Ficer Eglwys Sant Thomas, Wavertree, ac yn 1952 perswadiwyd H. Edmunds, aelod o Eglwys Sant Asaph (Eglwys Anglicanaidd Gymraeg Walton) i gynorthwyo yr achosion Anglicanaidd.

Derbyniodd dystysgrif Darllenydd Lleyg ac ar ôl cau Eglwys St Asaph gwasanaethodd Eglwys Dewi Sant yn Hampstead Road ac Eglwys Sant Deiniol yn Upper Parliament Street – bore a nos Sul. Dyna bedair oedfa. Teithiai i'r eglwysi hyn ar gefn ei feic trwy bob tywydd, haf a gaeaf, gwanwyn a hydref, o'i gartref yn Bootle. Weithiau byddai wedi gwlychu at ei groen. Gwnaeth y cyfan fel rhan o lafur cariad a mawr yw ein dyled iddo. Daliodd i ofalu am Eglwys Gymraeg Dewi Sant, Sheil Road, hyd y diwedd a chydymdeimlir â'i briod annwyl, Menai, a'r ferch, Glenys, a'r mab, Trevor, a'u teuluoedd. Braint oedd adnabod Hughie Edmunds.

130 HENADUR DAVID JOHN LEWIS

gan J. E. Jones

Ar 6 Mai 1982, bu farw'r gŵr amlochrog hwn yn ei gartref yn Ivyhurst Road, Aigburth, yn 89 oed. Cardi ydoedd o ran ei eni yn 1893 a mawr ei feddwl o ardal ei febyd. Tasg anodd fu i'w gael i dorri ei gysylltiad â Chapel Tabernacl, Aberystwyth, a gwnaeth hyn yn gymharol ddiweddar, er iddo fynychu a chefnogi eglwys Heathfield Road yn deilwng iawn dros y blynyddoedd. Pensaer ydoedd a ddaeth i amlygrwydd fel cynllunydd sinemâu ac weithiau ambell gapel ac adeiladau cyffelyb. Ef a gynlluniodd y 'Rialto' a welwyd ei ddinistrio yn helynt Toxteth. Mae'r adeiladau y bu'n gyfrifol amdanynt i'w gweld ledled y Deyrnas Unedig a hefyd mewn dinasoedd ar y Cyfandir, er enghraifft Paris.

Ychydig iawn o Gymry sydd wedi cymryd rhyw lawer o ddiddordeb mewn gwleidyddiaeth leol yn Lerpwl. Dyma eithriad nodedig. Bu'r Henadur ar Gyngor y Dref am yn agos i ddeugain mlynedd. Ar sail ei gyfraniad mawr gwnaed ef yn Arglwydd Faer yn 1962. Yn ystod ei flwyddyn yn y swydd y cafwyd y Gwasanaeth Dinesig cyntaf yn eglwys Heathfield Road.

Ymhyfrydai mewn cerddoriaeth a bu'n Llywydd Côr y Philharmonic a Chymdeithas Gorawl y Cymry am flynyddoedd. Cefnogai fudiadau Cymraeg a bu'n barod ei gyngor fel y gŵyr capeli Cymraeg y ddinas yn dda. Dangoswyd ehangder ei ddiddordebau a'i ddylanwad yn ei arwyl yng Nghapel Bethel pryd y talwyd teyrnged arbennig o haeddiannol iddo gan ei weinidog, y Parch. Ddr. D. Ben Rees yng ngŵydd yr Arglwydd Faer (Y Cynghorwr James Ross), nifer o gyn-Feiri a swyddogion ac aelodau'r Cyngor a chynrychiolwyr nifer o fudiadau eraill.

Bu'n briod am yn agos i 60 mlynedd a mawr ei ddyled i'w gymar, Mrs Lewis, fel yr oedd yn barod i gydnabod hynny ar bob amgylchiad. Bu ei cholli yn ergyd drom iawn iddo ac ni bu llawer o lewyrch arno wedyn, ond derbyniodd nodded gan ei deulu a daeth ei nith, Miss Joan Williams i fyw ato. Daearwyd ei weddillion ym medd y teulu ym mynwent Aberystwyth ar bnawn Mawrth, 1 Mehefin o fewn ychydig lathenni i fedd y bardd Gwenallt.

131 HEL ATGOFION AM BREGETHWYR CYMRAEG *gan D. Ben Rees*

Diolchaf ar y dechrau am gyfle i hel atgofion am bregethwyr a gofiaf, a minnau bellach wedi cyrraedd 'oed yr addewid'. Fe'm magwyd ar fferm rhwng Llanddewibrefi a Thregaron, a'r gŵr pwysig yn fy mywyd cynnar oedd fy nhad-cu, David Benjamin, darn o biwritaniaeth y bedwaredd ganrif ar bymtheg. Iddo ef y capel oedd canolbwynt ei fywyd a chydnabyddid ef yn un o weddïwyr cyhoeddus pennaf y fro ym Methesda, Llanddewi. Gan fod ganddo broblem darllen, disgwylid imi ddarllen iddo bob nos Iau, yn bedair oed, ddarnau o'r *Welsh Gazette*, unrhyw gyfeiriad at bregethwyr a phregethu. Dyna'r cefndir.

Yr oedd gennym Weinidog gwych, amryddawn o'r enw y Parch. John Ellis Williams, yng nghanol ei nerth a'i ddylanwad. Pregethai'n dda, ac yr oedd ar ei ben ei hun yn ei ymdriniaeth â'r Hen Destament. Deuai cymeriadau fel Abraham a Moses yn fyw inni. Medrai addasu'r hanesion i fywyd yr ugeinfed ganrif. Nid oedd huodledd mawr yn perthyn iddo, ond gwisgai ei bregethau yn brydferth a chlywid tinc y bardd-bregethwr yn aml ynddo. Ei gyfraniad mawr oedd swcro doniau a magu pobl ieuainc i ystyried galwad y Weinidogaeth. Yn ystod ei gyfnod ef yr aeth y Parch. D. James Jones, Treforys, R. E. Lloyd, Caerfyrddin (a Llundain yn ddiweddarach), Eben Ebeneser, Llan-non, Lewis Dewi Richards, Cwmafon, a minnau i'r Weinidogaeth gyda'r Methodistiaid Calfninaidd, a bu'n ddylanwad mawr ar eraill fel y Parch. Ddr. R. Leonard Hugh a fu'n gweinidogaethu ymysg yr Annibynwyr Cymraeg. Ni châi neb lonydd ganddo rhag cymryd rhan ar noson waith, ac ni fu neb gwell nag ef yn arwain y Dosbarth Beiblaidd ar nos Wener. Yr oedd gennym gymaint o barch iddo fel y byddem yn tyrru fel llanciau i'r Seiat i ddweud ein hadnodau ar nos Iau yn ein dillad chwarae pêl-droed ac yn chwys diferu. Yr oedd pawb ohonom, blant pentref Llanddewibrefi yn cyrchu i'r Seiat yn y pedwardegau. Ni fyddai neb yn gwneud hynny heddiw, yn wir nid oes cyfle i ymateb ar hyd llinellau o'r fath.

Ar nos Sadwrn, byddai fy rhieni, Mam yn arbennig, yn portreadu pregethwr y Sul os nad ein Gweindog oedd yn gwasanaethu. Gweinidogion De Aberteifi oedd y mwyafrif a ddeuai i bulpud Bethesda a'r pencampwr, yn fy nhŷb i, oedd y Parch. C. Currie Hughes, Aberteifi. Un o gymeriadau mawr y pulpud ddwedwn i. Dawn Môn ydoedd, ond bu yn Salonica yn ystod y Rhyfel Byd Cyntaf, yna yng nghapel Peel Road, Bootle, Lerpwl cyn symud i Gapel Tabernacl, Aberteifi lle y bu ar hyd ei oes yn rymus fel cennad y Gair.

Deuai yn gyson i Fethesda a mawr y disgwyl am ei weld yn dod yn ei gar, Morris wyth. Cofiaf ef yn sôn yn ei bregeth am brofiad a gafodd ryw nos Sul oerllyd ym mis Chwefror ar y ffordd yn ôl o Dregaron i Aberteifi ar y rhiwiau serth rhwng Llannarth a Synod Inn. Stopiodd y Morris wyth yn stond. Ni allai'r Gweinidog wneud dim. Ond mewn pum munud fe ddaeth cerbyd heibio, swyddog yn y Llu Awyr yn Aber-porth, a gweld yr 'offeiriad' (canys gwisgai Currie Hughes y goler gron bob amser) ac yr oedd hynny yn plesio fy Mam a'i chenhedlaeth yn fawr. Ni ddeallai'r swyddog cwrtais natur helbul y Morris wyth, ond cynigiodd i'r cennad: '*I can give you a tow, Father. Where do you wan' to go Father?*'

'*Cardigan,*' meddai'r pregethwr.

'*O! Well, I am not going as far myself, but what should a good Catholic do but take you to Cardigan.*' Felly y bu. Cafodd Currie ei ddymuniad.

132 HUNANGOFIANT UN O BLANT LERPWL

gan Barbara Evans

Fe'm ganed yn Ysbyty Oxford Street yn Lerpwl ym mis Ebrill 1941 – dair wythnos cyn yr enwog '*May Blitz*' – un o'r cyrchoedd mwyaf dinistriol o'r cwbl i ni ei ddioddef yn y ddinas, yn ôl pob sôn. Tri pheth sy'n dod i'r meddwl am yr adeg honno. Nid wyf yn cofio dim, wrth reswm, ond roedd y ffeithiau hyn yn rhan o'm hanes a'm mytholeg.

Yn gyntaf, bu raid gosod basgedi'r babanod a aned yn ystod y Rhyfel dan welyau eu mamau er diogelwch, ac ni chafwyd ymweliadau gan y tadau o gwbl oherwydd y perygl. Yn ail, pan oeddwn yn ddim ond tair wythnos oed, bu raid i mam a minnau ffoi o'r ddinas lle roedd y sefyllfa'n gwaethygu, i Amwythig i fyw gyda chwaer fy nhad a'r teulu. Posteri gyda'r geiriau *'Is your journey really necessary'* oedd i'w gweld yng ngorsaf Lime Street a'r lle yn llawn milwyr, ond llwyddodd mam i gyrraedd drws y trên gyda'r pram, ac mae'n debyg i mi gael fy nghodi dros bennau'r milwyr a'm pasio o'r naill i'r llall nes cyrraedd diogelwch y tren.. Bu raid i nhad aros yn Lerpwl i godi Llochesau Cyrchoedd Awyr (*Air Raid Shelters*) a thai brys (*prefabs*) i bobl ddigartref. Nid oedd yn fodlon i mam a fi orfod wynebu erchyllterau'r bomio – Eglwys hardd Mossley Hill (ein hardal ni), y rheilffordd gyfagos, gwraig un o flaenoriaid capel Heathfield Road yn cael ei lladd yn ei thŷ, a llawer enghraifft arall. Diolch bod fy nhad a'n teulu ni wedi goroesi.

Yn drydydd. Mor agos oedd bywydau pawb ar ôl y Rhyfel hefyd, wedi dyrchwelyd i Lerpwl. Roedd bwyd yn parhau i fod yn brin, parseli bwyd o ogledd Cymru, Llyfrau Dogni (*Ration Books*) yn orfodol, *War damange* yn araf yn cael ei drwsio – ffenestri a thoeau, er enghraifft. Roedd hwyl i'w gael hefyd yn chwarae fel plant ar y safleoedd bomio (*Bomb Sites*) wrth ymyl yr ysgol (heb yn wybod i mam wrth gwrs!).

Parodd yr ymwybyddiaeth o ryfel a'i effaith trwy gydol fy mhlentyndod, mae'n debyg, ond yn raddol gollyngodd ei afael wrth i'r sefyllfa wella – y Llyfrau Dogni'n dod i ben a'r enwog brif Weinidog, Mr Harold MacMillan, yn cyhoeddi *'You've never had it so good'* yn y pumdegau.

Gwaith ddaeth â 'nhad a'm mam i Lerpwl yn nawdegau'r ganrif ddiwethaf – mam o bentref Tudweiliog ym Mhenrhyn Llŷn (dihangfa hyfryd i'm chwaer a minnau am wyliau gyda'r teulu yn ddiweddarach), a 'nhad o ardal Bwlch-y-cibau, bedair milltir o Lanfyllin, sir Drefaldwyn, ardal wahanol iawn, ond yr un mor ddeniadol i ni frodorion y ddinas. Fferm fynydd oedd cartre 'nhad, ac yntau'n un o ddeuddeg o blant, bu raid iddo adael ei gartref a bwrw'i brentisiaeth yn saer coed gyda chwmni o adeiladwyr Cymreig, J. W. Jones, lle bu'n gweithio am flynyddoedd lawer.

Fel miloedd tebyg iddo ddaeth i Lerpwl rhwng y ddau Ryfel Byd o ogledd Cymru. Roedd digon o waith i'w gael a bywyd cymdeithasol hefyd, a bu i'r ddau gyfarfod yng nghapel enfawr Princes Road oedd, yn ôl y sôn, dan ei sang bob nos Sul. Symudodd y ddau i gapel Heathfield Road gan iddynt briodi yno ym 1935 a byw o fewn gwaith cerdded i'r capel ac yn agos i Penny Lane a ddaeth yn enwog yn ddiweddarach gyda phoblogrwydd y *Beatles*. Yno hefyd y priododd Aled a minnau ym 1968, ond trist heddiw ydi gweld yr adeilad hardd yn dirywio'n gyflym ac ar fin cael ei ddymchwel. Y bwriad, fodd bynnag, ydi codi capel llai ar yr un safle.

Sut le oedd Lerpwl i gael eich magu ynddo? Lle mawr iawn y pryd hwnnw, gyda phoblogaeth o dua miliwn o bobl, mae'n debyg, ac yn ddinas aml-hiliol. Roedd llawer iawn o Tseinïaid, Gwyddelod, pobl Affro-Caribïaidd a Chymry ynghyd â'r Saeson brodorol. Roedd yno fwrlwm arbennig, prysurdeb gwaith, porthladd masnachol gyda'r dociau a llongau enfawr y '*White Star'* a'r '*Cunard Line'* i'w gweld yn hwylio o'r Pier Head i America.

Cofiwn hefyd am y Mimosa yn hwylio o'r un lle i Batagonia ym 1865, a'r achlysur sy'n aros yn fy nghof ydi 1965 pan ddathlwyd canmlwyddiant y fordaith trwy gamu ar fwrdd llong y *Royal Daffodil* mewn gwisgoedd y cyfnod a hwylio i lawr Afon Merswy! Noson i'w chofio oedd honno.

Mae gan bobl Lerpwl obsesiwn gyda phêl-droed – Lerpwl ynteu Everton ydi'r cwestiwn cyntaf maent yn gofyn i'w gilydd. Mae'r acen yn annealladwy i rai, ac mae'r synnwyr digrifwch unigryw ymhobman. Maent yn bobl gyfeillgar ac yn anad dim yn meddu ar falchder anghyffredin am ddinas Lerpwl, sy'n ymylu ar ymffrost ar adegau, yn enwedig wrth darfod dinas gyfagos Manceinion!

Cofiwch fod pensaernïaeth Lerpwl yn hynod iawn. Mae yno strydoedd hardd o dai Sioraidd megis Upper Parliament Street, Huskisson Street, Mornington Terrace, Gambier Terrace, St George's Hall (a barodd i'r Frenhines Fictoria ddweud amdano '*worthy of ancient Greece'*), hefyd 'The Three Graces', sef adeiladau morwrol hardd ar lan yr afon, ac ar ben y cyfan dwy Eglwys Gadeiriol a godwyd yn ystod y ganrif ddiwethaf wedi'u cysylltu gan Hope Street! Mae'r Eglwys Anglicanaidd yn haeddu pennod ar ei phen ei hun.

Ydi, mae Lerpwl yn lle unigryw gyda thlodi a phroblemau cymdeithasol, fel llawer dinas fawr arall, ac erbyn hyn, gan i'r dociau leihau a'r boblogaeth bron wedi'u haneru, mae rheswm am fodolaeth y ddinas wedi crebachu. Yn unol â chymeriad y lle, mae adfywiad yn digwydd diolch i'r flwyddyn 'Dinas Diwylliant Ewropeaidd' a gynhaliwyd y llynedd.

Ynghanol hyn i gyd, beth am y Cymry? I'r gymdeithas Gymraeg roeddem yn perthyn fel teulu yn naturiol – capel Cymraeg, Ysgol Sul, Aelwydydd yr Urdd, Cymdeithas Cymru Fydd, y *Welsh Choral Union* ac yn y blaen, ond ein haddysg yn gyfan gwbl drwy'r Saesneg.

Bûm yn ddisgybl yn Ysgol Dovedale Road ar ddechrau fy ngyrfa, ac yn ffodus o gael athrawes o ogledd Cymru, gan nad oedd llawer o Saesneg gen i bryd hynny. Yn yr un dosbarth roedd John Lennon, Peter Sissons a Jimmy Tarbuck. (Yn ddiweddarach, gyda llaw, bu Cynthia – gwraig gyntaf John Lennon – yn fyfyriwr Ymarfer Dysgu yn yr ysgol gyntaf i mi ddysgu ynddi!) Cefais fy addysg uwchradd yn Aigburth Vale High School for Girls. Awyrgylch tra gwahanol – elitaidd ac uchelgeisiol a braidd yn ffurfiol a gafwyd yno – ond mwynheais y profiad yn fawr iawn.

Felly, roedd yna ddeuoliaeth yn ein byw bob dydd; teimlo fel Cymraes, ac yn rhan o fywyd cymdeithasol Cymraeg ar y naill law ond, ar y llaw arall, ar wahân i ambell ffrind ac aelod o'r capel, wedi ein boddi mewn Seisnigrwydd yn yr ysgol ac ar y stryd. Ble roeddwn yn perthyn mewn gwirionedd? Mae'r ffaith fod bywyd Cymraeg a Chymreig Lerpwl, er yn llawer llai, yn dal i ffynnu, yn brawf fod egni a brwdfrydedd pobl, megis y Parch. Ddr. D. Ben Rees ac eraill tebyg iddo, wedi sicrhau mai Cymry ydym o hyd.

Ers codi'r dociau gyda meini wedi'u cloddio yng ngogledd Cymru yn y bedwaredd ganrif ar bymtheg, bu'r Cymry'n llifo i'r ddinas – dynion ifainc i'r diwydiant cotwm, i'r diwydiant adeiladu neu'n hwylio'n ôl a blaen o borthladd Lerpwl. Gwarchod plant a gweini mewn tai bonedd a nyrsio oedd hanes y merched ifainc. Yn ddiweddarach, daeth athrawon o Brifysgol Bangor, y Coleg Normal a Choleg y Santes Fair yn eu cannoedd i addysgu cenedlaethau o blant y ddinas.

Ar hyd y blynyddoedd codwyd degau o gapeli o bob enwad – naw ar hugain ohonynt ar un adeg – a'r cwbl ar gof a chadw yng nghyfrolau'r Barnwr J. E. Jones a'r Parch. Ddr. D. Ben Rees.

Bu dylanwad y Cymry ar fywyd masnachol y ddinas hefyd. Agorwyd siopau gan Owen Owens, T. J. Hughes a Lewis's, a chodwyd yn llythrennol filoedd o dai gan gwmnïau adeiladu o Gymru. A beth am y *Bone Setters of Crosshall Street*? Disgynyddion Meddygon Esgyrn Môn oedd yn gyfrifol am agor y syrjeri unigryw hon a Robert Jones, un arall o'r teulu a roddodd ei enw i'r sefydliad orthopedig yng Ngobowen yn ddiweddarach. Felly, i grynhoi, dinas ag awyrgylch arbennig iddi oedd 'bro fy mebyd', ac er gwaetha'r ffaith i mi deimlo'n wahanol i'm cyfoedion yn yr ysgol ar adegau, roeddwn hefyd yn falch iawn o'm gwreiddiau yng ngogledd a chanolbarth Cymru, a rhywsut, yn cael y gorau o ddau fyd.

I

133 Irwedd Vaughan

gan Ieuan A. Jenkins

Fe'i ganwyd yn ffermdy Melai ym mhlwyf Llanfair Talhaearn ar ddydd Llun 12 Ebrill 1920. Ef oedd y cyntafanedig i William a Susannah Vaughan. Y mae yna hen draddodiad yn dweud fod y teulu yma yn hannu o Fychaniaid, Caer Gai yn yr hen sir Feirionnydd. Cofiwn mai un o'r teulu hwnnw oedd Rowland Vaughan (1590-1667), a gyfieithodd o'r Lladin yr emyn – 'Tyrd, Ysbryd Glan i'n c'lonnau ni'.

Yr oedd William Vaughan, tad ein gwrthrych, yn un o gantorion pennaf ein cenedl, heb os nac oni bai. Pan oedd yn llanc ifanc, clywodd yr Arglwydd Clwyd ef yn canu mewn rhyw eisteddfod leol, a thrwy ddylanwad y bonheddwr hwnnw, fe gafodd gynigion hael gan rai o feistri cerdd mawr Lloegr, ond ni dderbyniodd mohonynt.

Yr oedd mam Irwedd hithau yn ferch i'r englynwr medrus a chywrain – Elias Jones, (Irwedd Elwy) o Fetws-yn-Rhos, gŵr a oedd yn gyfaill mynwesol i John Jones, Talhaiarn (1810– 70). Nid gormod yw dweud i'n gwrthrych etifeddu dawn ac athrylith ei hynafiaid yn helaeth iawn.

Cafodd ei addysg gynnar yn ysgol elfennol Llangernyw. Ysgol o dan nawdd yr Eglwys Sefydledig oedd hon. Saesneg oedd yr unig iaith a omeddid ynddi. Câi y neb a siaradai Gymraeg y tu mewn i'w muriau gansen, hyd yn oed yn nauddegau'r ganrif hon. Oddi yno enillodd ysgoloriaeth i Ysgol Sirol Abergele. Mr Jeremiah Williams oedd pennaeth yr Ysgol honno y flwyddyn gyntaf y bu ef yno'n ddisgybl. Fe'i dilynwyd fel pennaeth gan Mr D. B. Jones o hyfryd goffadwriaeth.

Wedi gorffen ei dymor ysgolia, daeth i Benbedw'n llanc un ar bymtheg oed i weithio gyda Chwmni Cammel Lairds; ac arhosodd i wasanaethu'r Cwmni hwnnw am bum mlynedd a deugain. Uniaethodd ei hun â'r bywyd Cymreig ar Lannau Mersi cyn gynted ag y cyrhaeddodd Benbedw. Cysegrodd ei ddawn a'i athrylith ddisglair i wasanaethu ei gyd-genedl, a hynny mewn modd cwbl ddiymhongar. Fe welodd eglwys yr Woodlands ei werth yn gynnar, ac etholwyd ef yn Arweinydd y Gân yn 1946, ac yn ddiacon yn yr eglwys honno yn 1953. Ni chyfyngodd ei weithgarwch i'w eglwys ei hun yn unig, rhoes wasanaeth amhrisiadwy i Gyngor yr Eglwys Rhyddion. Ef oedd llywydd y Cyngor hwnnw yn 1958/9. Yn ystod blwyddyn ei lywyddiaeth, awgrymodd y priodoldeb o gynnal Ysgol Sul ym Mhenbedw. Derbyniwyd ei awgrym a bu'r Ysgol Sul Undebol honno yn llwyddiant digymar o 1959 ymlaen tan 1976.

Y mae'n werth galw i gof ei fod ef yn un o'r pedwar a fu'n fuddugoliaethus yng nghystadleuaeth y pedwarawd yn Eisteddfod Genedlaethol Dolgellau yn 1949. Ers hynny, bu mynych alw am ei wasanaeth yn arweinydd Cymanfaoedd Canu ac yn feirniad Cerdd mewn eisteddfodau.

Yn *Seren Gomer* (Cylchgrawn Chwarterol y Bedyddwyr – rhifyn Hydref 1963), cyfeiriodd y Golygydd (y Parch. Ddr. Lewis E. Valentine, 1893–1986), at ei dad fel hyn: 'Yr oedd William Vaughan yn un o'r boneddigion Cristnogol mwyaf a gyfarfûm ar fy rhawd, ac yn haeddu ei osod gyda phendefigion ei bobl'.

Braint fawr yw medru tystio bod y mab yntau yn llawn deilyngu'r deyrnged dalodd Mr Valentine i'w dad. Hyfrydwch pur bob amser yw treulio awr neu ddwy ar aelwyd Irwedd a Megan, ei wreigdda fwyn. Gellir yn hawdd ddigon ddywedyd amdani hithau ei bod yn 'orau o'r gwragedd'.

Y mae'r tri phlentyn, Glyn, Olwen a Sian hefyd yn anrhydedd i'w rhieni.

134 Islwyn y Bardd

gan . Glyn Tegai Hughes

EI GEFNDIR yn Nyffryn Sirhywi.

'Y methiant mwyaf ysblennydd yn hanes ein llên', meddai R. Williams Parry am Islwyn. Awgrymaf ffordd arall o edrych ar y mater: sef Os oedd gan Gymru fardd mawr o gwbl yn y bedwaredd ganrif ar bymtheg, William Thomas (1832-1878), Islwyn oedd hwnnw, neu, o leiaf Islwyn yn bump ar hugain oed. Pentref newydd oedd yr Ynys-ddu yn Nyffryn Sirhywi pan anwyd Islwyn yno ar 3 Ebrill 1832. Nid oedd diwydiant wedi cyrraedd; hyd yn oed yn 1896 fe allai Daniel Davies, Ton, (Rhondda) ysgrifennu:

Y mae y dyffryn yng nghymdogaeth yr Ynysddu yn dra chul, ond y mae yn brydferth iawn, ac yn llawn coed, ... Hyd yn hyn, y mae y rhan yma o'r dyffryn wedi ei esgeuluso agos yn hollol gan ymchwilwyr am fwnau – a gellid cerdded llawer o ffordd yma heb weled neb, na chlywed dim ond seiniau perorol yr adar sydd mor lluosog yn y coedwigoedd yma.

Ym Mehefin 1897, sef y flwyddyn y cyhoeddodd O.M. Edwards *Gwaith Barddonol Islwyn*, ymwelodd bardd pedair ar bymtheg oed â'r Babell [sef y capel lle mae bedd Islwyn], eisteddodd yng nghadeiriau Islwyn, a chafodd lyfr yn rhodd gan chwaer Islwyn. 'Collodd ddeigryn ar ei fedd, a gwaedodd ei galon yn y pentref pan welodd na allai y plant siarad iaith prif-fardd Cymru'. Y llanc, wrth gwrs, oedd Ben Bowen o Dreorci. Cafwyd adroddiad ar gyflwr torcalonnus Capel y Babell yn 1967 a sylwadau beirniadol iawn ar benderfyniad Henaduriaeth Seisnig (Eglwys Bresbyteraidd Cymru) Mynwy yn 1964 i gau'r Babell, yn groes i ddymuniad y pymtheg aelod, gan Ben arall mewn ysgrif i'r *Cymro* yn 1967, Gweinidog ifanc yn Abercynon oedd y Ben hwnnw, Y Parchedig D. Ben Rees. Y mae'n dyfynnu blaenor o Grumlin yn dweud yn yr Henaduriaeth, "Pwy yw'r Islwyn yma dych chi'n son amdano o hyd. Clywais i ddim amdano erioed". O leiaf y mae gwell siâp ar yr adeilad erbyn hyn; y mae'n sefyll bellach yn unig a syber ar lecyn gwyrdd ynghanol erwau o dai di-lun. Ond y mae'r ardal wedi ei seisnigeiddio fwyfwy.

Mab i arolygwr tramffordd oedd Wililam Thomas (Islwyn), yr olaf o naw o blant, pedwar o'r lleill yn fyw adeg ei enedigaeth. Fel hyn y dywed Matthews Ewenni: "Yr oedd amryw o'r plant [plant eraill] wedi tyfu i fyny, a chwedi dechreu masnachu, pan oedd efe yn un bach gyda ei dad a'i fam gartref; felly, yr oedd yn fab eu henaint {Morgan yn 55, Mary yn 43}, ac efallai nad oes eisiau cymeryd trafferth i ddyweyd, 'annwyl gan ei fam'; ie, a llawn mor annwyl gan ei dad hefyd ... Ni allent wrthod dim a ddymunai ac a geisiau. Byddai digon o felusion, o wahanol liwiau a ffurfiau, wrth law iddo bob amser." A'r *clincher* oedd ei fod yn cael siwgr ar ei fara menyn.

Cafodd yntau lawer gwell addysg na bechgyn eraill Dyffryn Sirhywi, mewn nifer o ysgolion gan gynnwys, yn ôl pob tebyg, yn enwog Eagle Academy yn y Bontfaen ac yna Academi Dr Evan Davies (cerddor adnabyddus, a Rhyddfrydwr tanbaid) yn Abertawe. Roedd y doctor am iddo fynd ymlaen i Brifysgol Glasgow. "Ond", meddai ei chwaer Mary Jenkyns, "daeth rhwystrau ar ei ffordd i fyned yno, ac yn Abertawe y gorffennodd ei addysg." Efallai mai rhwystrau o ochr ei dad oeddynt, gan fod hwnnw'n benderfynol i William fynd yn dir-fesurydd. Ond roedd William wedi dod yn drwm dan ddylanwad ei frawd-yng-nghyfraith, y Parch. Daniel Jenkyns, a oedd wedi priodi Mary yn 1840 pan oedd William yn wyth oed. Ac i'r weinidogaeth yr oedd Jenkyns am iddo fynd, ac felly fu.

J

135 JWDEA – LLU O ATGOFION O DDWY DAITH

gan D. Ben Rees

Mae'n siŵr gennyf mai'r enwau lleoedd yng ngwlad Jwdea oedd y rhai cyntaf i mi eu clywed yn gyhoeddus. Yr oedd dwy filltir dda gennym fel teulu i gerdded i Bethesda, Llanddewi Brefi, ac ar fore Sul fe gawn fy nghludo yno ar feic y gwas ifanc, John. Dyna oedd gwledd, a phrofiad i'w sawru yn aml dros y blynyddoedd. Ar ôl cyrraedd y capel ysguboraidd mi fyddem yn ddi-feth yn clywed am Jerusalem a Bethlehem a lleoedd eraill yng ngwlad y Beibl. Yr oeddwn yn laslanc cyn dod yn gyfarwydd â Llangefni a Phwllheli a Dinbych a Phen-y-bont ar Ogwr! Fe'm magwyd yn llythrennol ac yn gwbl anedifar ar ddaearyddiaeth Palestina.

Pan ddaeth y cyfle i mi dreulio gwyliau yno am y tro cyntaf ym mis Mai 1973, a'r ail dro yn Awst/Medi 1981, roedd hynny'n agor dorau fy nghof ac yn fy nghlymu gydag enwau pentrefi a threfi Jwdea. Ni'm siomwyd, a byddaf yn troi'n ôl yno eto'n fuan. Dyma diriogaeth na all heneiddio yn fy nychymyg, na pheidio â'm cyfareddu hyd yn oed pe bawn yn byw yn nyffryn Ajalon neu ddyffryn Sorec i'r tu deau o Ajalon.

Cysylltiadau sy'n gwneud pentref a thref yn ddiddorol, a dyna a wna Jwdea yn wlad gwbl unigryw ym mhrofiad pob disgybl i Grist Iesu. Ei gamre Ef sy'n argraffedig ar lwybrau Jwdea. Dim rhyfedd i Malcolm Muggeridge deimlo ei fod ar dir sanctaidd pan oedd yn ffilmio rhaglen deledu yn Jwdea rai blynyddoedd yn ôl. Ond eto, mae'n rhaid bod yn sensitif, yn y lle cyntaf; ac yn ail, rhaid bod yn feddyliol agored a pharod i dderbyn yr argraffiadau o'r adeiladau a'r eglwysi a godwyd yn gofgolofnau huawdl i'w allu a'i awdurdod fel Mab y Dyn a Mab Duw.

Nid Iesu biau'r cwbl yn Jwdea chwaith; glynodd yr Iddew uniongred wrth ei ddefodau a mynnodd y Moslem fod ei fosg yn Jerwsalem yn un o'r rhai harddaf. Y mae Jerwsalem, yn wir, yn un o ryfeddodau pennaf gwareiddiad. Ni ellir ei hanwybyddu, ac ni lwyddodd unrhyw genedl ddiwylliedig osgoi ei chyfaredd. Bu'n gyrchfan teithwyr di-rif, gan gynnwys Cymry, ac ysgrifennwyd llawer am y lle. O blith y Cymry, daw enw Dyfed i'r meddwl. Roedd ganddo ef lygad bardd, a dylai pob Cymro â'i olwg ar wlad Iesu ddarllen ei gyfrol. *Gwlad yr Addewid a Iesu o Nasareth* a gyhoeddwyd ym 1894.

I'r un math o fyd y perthyn cynhyrchion artistig David Roberts a fu ar daith trwy'r Aifft, Sinai, Palestina a Syria ym 1838.

Tynnodd luniau o'r golygfeydd yn Jwdea yn ddigon cywir ond heb ymddihatru oddi wrth ddychymyg afreolus ar brydiau. Yr un math o deithiwr cyffyrddus a sensitif oedd W. H. Bartlett a ymwelodd â Jerwsalem ym 1842: artist â phrydferthwch bendigedig yn perthyn i'w ddarluniau o'r ddinas sanctaidd. Dylanwadodd syniadau a chynhyrchion Roberts a Bartlett a Dyfed ar lawer pererin a droediodd yr hen ddinas yn y cenedlaethau ar ôl hynny. Teimlwn yn hiraethus yn Jerwsalem, ac wrth ei gadael. Yr oedd cymaint wedi ei weld a chymaint i'w weld. Deuthum yn gyfeillgar â rhai o'r marsiandwyr llygadog am fusnes. Nid anghofiaf un ohonynt. Yr oedd ef a'i deulu yn Gristnogion brwd, a soniodd wrthyf un bore am yr anawsterau a osodid ar lwybr gŵr a garai ac a ddilynai Fab y Saer. Dyna ddagrau pethau yn Jerwsalem: mae'r lle'n perthyn i bawb, fel petai – yr Iddew a'r Moslem a'r Cristion, ac y mae i bob un ei gylch ei hun. Rhennir y ddinas fwy neu lai yn ôl crefydd: yn y rhan ddwyreiniol ceir cylch y Moslem; cyfran o'r rhan orllewinol ynghyd â chanol y ddinas yw cartre'r Iddew; ac yn y gweddill o'r rhan orllewinol ceir y garfan Gristnogol, a honno wedi ei rhannu rhwng yr Armeniaid a'r Groegwyr a'r Catholigion. Y mae yno eglwysi'n perthyn i bob adran o'r Eglwys bron, does yr un yno lle'r addolir yn Gymraeg. Serch hynny, ar y plac enwog yn Eglwys yr Holl Genhedloedd fe welir Gweddi'r Arglwydd yn yr iaith Gymraeg. Y mae hynny'n addas, ac addas hefyd oedd i ninnau ganu ambell emyn Cymraeg, fel y gwnaethom ar lethrau Mynydd yr Olewydd ac yng Ngardd Gethsemane.

Wrth gwrs, mae i Jerwsalem ran newydd sbon lle y ymae'r brifysgol a'r adeiladau cyhoeddus, a lle y ceir fflatiau uchel a thai cyffyrddus a drud yr olwg. I Gymro ychydig o ramant sy'n pethyn i'r rhan newydd, ond i'r Iddew y mae'n symbol o'i genedligrwydd ac o'r ymdrech a wnaed ers ennill annibyniaeth ym 1948 i greu gwlad newydd.

Ond i'r hen ddinas yr af fi y tro nesaf hefyd, i weld yr un pethau a'r un adeiladau, i gerdded eto ar y Via Doloroso ac i loetran yn yr eglwysi a saif ar y mannau cysegredig. Ac i ryfeddu hefyd at ddoniau yr archaeolegwyr, yn enwedig gallu anghyffredin Kathleen M. Kenyon, merch Syr Frederic Kenyon, a Chyfarwyddwr yr Ysgol Brydeinig Archaeolegol yn Jerwsalem o 1951 hyd 1966. Cyflawnodd hi a'i chyd-weithwyr waith eithriadol. Ond pan ddarllenir ei llyfrau diddorol, gwelir ei bod hithau'n ddigon gostyngedig i gydnabod ei dyled i eraill a fu'n arloeswyr yn y maes. Un o'r rheini oedd Ffrancwr o'r enw Père L. H. Vincent, mynach o Urdd y Dominiciaid, ac un o'r arloeswyr archaeolegol yn Jerwsalem. Dyn bychan o gorff ydoedd ond yn fwynaidd a boneddigaidd, yn ôl tystiolaeth Kathleen Kenyon, ac yn sefyll ar ei ben ei hun yn nhrylwyredd ei wybodaeth am y ddinas dros y cenedlaethau. Ef a ailgynlluniodd dwnnel Siloam – y cawsom gyfle i sefyll uwch ei ben. Ac yr oedd gweithgarwch y Ffrancwr, Père L. H. Vincent, a'r ferch o Lundain, Kathleen M. Kenyon yn fy meddwl wrth i mi grwydro'r safleoedd yn Jerwsalem ac yn Jericho hefyd.

Da y cofiaf am Jericho. Mae'r lle ar safle anghyffredin – un o'r safleoedd pwysicaf o'r cyfnod Neolithig. Ond roedd yr haul uwchben mor danbaid y diwrnod hwnnw yn 1973 nes bod yn rhaid i mi swatio am ddiogelwch a chysgod neu losgi'n ddidrugaredd. Er bod Jerwsalem mor agos at Jericho (pymtheg milltir, fwy neu lai) eto, mae byd o wahaniaeth rhwng y ddwy ddinas. Nid rhyfedd fod Iddewon cyfoethog ar hyd y canrifoedd yn dewis gadael oerni Jerwsalem yn y gaeaf a chilio i waered i Jericho gynnes ei thymheredd. Fflachiai'r Ysgrythur ar gompiwter fy nghof pan deithiem o Jerwsalem i Jericho, ac i lawr wedyn am y Môr Marw, a Qumran, cartref cynhyrchwyr y Sgroliau enwog. Mae'n ddiamau fod llawer un, fel y gŵr y sioniodd yr Arglwydd Iesu amdano, wedi syrthio'n ysglyfaeth i ysbeilwyr diegwyddor ar y ffordd rhwng Jerwsalem a Jericho.

Rhyfedd yn wir oedd y Môr Marw. Do, aethom i'w ddyfroedd er bod y saim du ar y lan yn fudr i'r traed. Buom yn rhwbio hwnnw i mewn i'r croen am fod hynny, meddir, yn beth da – er na wyddem, ac na wn eto, da at beth.

Pen draw ein taith y diwrnod hwnnw oedd Masada, lle brwydrodd yr Iddewon eu brwydr olaf yn erbyn y Rhufeiniaid yn y flwyddyn O.C. 70. Y mae Masada yn symbol o ddewrder anghyffredin yr Iddewon . Sylweddolodd pob un ohonom hynny wedi inni gyrraedd copa'r graig enfawr sy'n ymgodi o lawr diffeithwch Jwdea. Yno roedd merch ifanc yn adrodd am y gwrhydri gynt wrth griw o fechgyn ifainc mewn dillad milwrol. Yr oeddynt yn cael cawod o bropaganda i'w hatgoffa bod yn rhaid amddiffyn y famwlad hyd angau petai galw am hynny. Gwrandawai pob un ohonynt fel petai'n fater o fywyd a marwolaeth, a gallai fod felly pe bai'r Arabiaid, ar ryw foment fwy eneiniedig na'i gilydd, yn medru uno'n un fyddin i drechu'r Iddew a'i yrru, fel y bygythiodd un, dros fryniau isel y Shepelah a thrwy wastadedd y Philistiaid i ganol y Môr Canoldir. Ond ni ddigwyddodd hynny eto, ac ni ddaw i hynny chwaith tra bydd pobl yn cofia am frwydr Masada ac am Josua a'i filwyr yn gorchfygu pump o frenhinoedd. Y mae hynny'n swnio'n rhy ddof a diramant ochr yn ochr â thystiolaeth yr Ysgrythur: 'yr haul a arhosodd a'r lleuad a safodd nes i'r genedl ddial ar eu gelynion'. Nid peth pell yw hynny chwaith, ond peth digon cyfoes i'r rhai hynny ohonom sy'n dilyn helyntion gwladol a pholiticaidd y Dwyrain Canol.

Y mae dau le ar ôl y byddai'n anfaddeuol eu hanghofio. Un yw Bethlehem, cyrchfan naturiol pob Cristion, mangre geni Crist a ffocws y byd cyfan ar ei ben blwydd. Yr oedd eglwys hardd uwchben man ei eni – a busnes cysurus gan y gwerthwyr cardiau a theganau. Y peth mwyaf awthentig i mi o'r miri Bethlehemaidd oedd y maes gerllaw; yno roedd bugail go iawn yn ei glogyn llaes yn gwylio'r defaid ddydd a nos.. Dychmygwn mai Boas oedd ei enw; oni fu gŵr o'r enw hwnnw'n byw yno gynt, ac oni syrthiodd mewn cariad â'r ferch Ruth a oedd yn lloffa adeg cynhaeaf yr heiddiau? Y llall oedd Hebron. Aethom yno ar ein ffordd i Bethsheba. Hebron oedd prifddinas Israel cyn i'r brenin Dafydd godi ei balas yn Jerwsalem. Yno y cafodd y bugail o Fethlehem ei eneinio, ac yno y cawsom ninnau ein hamgylchu gan fegeriaid ifainc o Arabiaid troednoeth. Mae arnaf angen 'sgidiau' oedd byrdwn y bardd, Eirian Davies. Wel, yn llythrennol, dyna oedd angen y criw swnllyd hwnnw yn Hebron. Nid oedd dianc rhagddynt, ac ar ôl prynu un peth nid oedd llonydd chwaith. Yr oedd tlodi yn eu gyrru i ysu a thrachwantu ac nid oedd dihangfa inni fel pererinion. 'Gadewch i blant bychain ddod ataf Fi', meddai Iesu wrth ei ddisgyblion. Tybed ai plant tebyg i rai Hebron a ddaeth gyda'u rhieni at yr Iesu? Os felly, mae'n rhaid cyfaddef nad wy'n beio'r disgyblion am geisio eu gyrru ymaith!

L

136 LERPWL A'R CYFFINIAU YN Y TRIDEGAU

gan William Hughes

Wrth weld llun 1949/50 o flaenoriaid Chatham Street yn *Yr Angor* am fis Ebrill, daeth llawer o atgofion yn ôl imi am y dyddiau dedwydd a dreuliais yn Lerpwl yn nechrau'r tridegau. Cofiaf yn dda am ddau o'r blaenoriaid sydd yn y llun, Mr J. Morgan Parry a Mr O. R. Hughes. Yr oedd tad yr olaf, sef Mr Hugh Hughes, ynghyd â Mr J. J. Bebb, yn flaenoriaid yr adeg honno. Yr oeddwn yn adnabod Mr Leslie Thomas a'i briod (Miss Eileen Roberts, gynt, a'i thad hithau, 'Ap Heli'). Wedi iddo ddod i Hyfrydle, Caergybi, y deuthum yn gyfeillgar â Mr Evan Ellis (y diweddar erbyn hyn).

Nid oedd gan John, fy mrawd, a minnau fawr o ffordd i gerdded o Upper Parliament i Chatham, lle roeddym yn aelodau (ar bapur, rwyn ofni) gan mai i Edge Lane yr oedd y dynfa bob nos Sul bron.

Yno y deuthum i adnabod y blaenor Mr Ceredig Jones, nad oedd mo'i well am gyfeillachu â phobl ifainc, ac a wnaeth gyfraniad amhrisiadwy fel blaenor ar hyd ei oes. Yn Edge Lane, hefyd, y gwneuthum gyfeillion o blith yr hogia', Wil Jones (Wil Kensington), Ellis Wyn Roberts, mab gweinidog Llanllechid ar y pryd, a dau neu dri arall. Byddem yn cyfarfod bob nos yng Nghaffi Reece's, i drin a thrafod y byd a'i betha a chael cwmni a chymdeithas hogia a gennod eraill o'n cyd-Gymry ar nos Sadyrnau.

Gan fod siop llyfrau Cymraeg Wyn Edwards a Morris yn Renshaw Street, yno yr aem am *Y Brython* a phrynu ambell lyfr a chylchgrawn yn awr ac eilwaith. Galw weithiau yn siop Hugh Evans yn Hackings Hey ar fy ffordd i stesion yr Exchange. Wedi i mi ymuno â dosbarth o dan nawdd Cymdeithas Addysg y Gweithwyr yn y Brifysgol, deuthum i gysylltiad â Gwilym Deudraeth, Collwyn, Monallt, Harri Williams, Miss Elsie Parry, a nifer eraill o'r un dueddfryd, gyda'r hyfwyn Mr J. J. Williams, Dirprwy Gyfarwyddwr Addysg, Birkenhead, yn athro arnom. Braint oedd cael bod yng nghwmni'r cyfeillion hyn, yn ceisio dadansoddi *Yr Haf a cherddi eraill*, R. Williams Parry, dysgu'r cynganeddion, neu geisio, o leiaf, yn fy hanes i. Cawsom lawer iawn o hwyl a mwynhad gyda'n gilydd yn y dosbarth, a diweddu'r tymor gyda swper ac adloniant.

Dyddiau oedd y rheiny pan oedd 'mynd' ar bethau Cymreig – onid oedd gweinidog ar bob eglwys yn y ddinas a thros yr afon, a chymdeithasau llenyddol yn perthyn iddynt, ar wahân i weithgareddau oddi allan i gylch yr eglwysi.

Bûm yn aelod o ddau gôr cymysg, un W. Albert Williams a chôr D. R. Jones, Birkenhead. Cystadlu yn y Blackpool Music Festival un tro gyda chôr Bill Albert, ac yn Eisteddfod Llanfair Talhaearn a Llanrwst gyda chôr D. R., ac er i'r Arweinydd ddewis y dôn 'Brwynog' ac 'Ystorm' Roland Rogers yn Llanrwst, côr Llangefni oedd y buddugol. Rhaid cydnabod fod D. R. yn arweinydd tan gamp, er yn ddigon pigog a ffraeth ei dafod hefyd, yn yr ymarferiadau – un a fynnai gael perffeithrwydd os oedd modd. Yr oedd ganddo gyfeilydd gwych hefyd yr adeg honno, Miss Edith Darbyshire.

Os byddai un o'r hoelion wyth o Gymru yn pregethu yng nghapel Princes Road, yno y cyrchem, a chlywais lawer o bregethau yr hybarch Philip Jones yno. Yr oedd bri ar y Cymanfaoedd Canu gan y gwahanol enwadau hefyd. Yn y Sun Hall, yn Kensington y cynhelid Cymanfa Ganu y M.C. – nid oedd gennym gapel digon mawr i ddal y gynulleidfa. Yr Arweinydd, fel rheol oedd T. Hopkin Evans, ac yr oedd yn ffefryn gyda'r cantorion hefyd. Fe ddaeth E. T. Davies un waith, ond yn y flwyddyn 1934 bu raid ei chynnal yn y Central Hall yn Renshaw Street, a bu W. Matthews Williams yn arwain sawl gwaith yn y lle hwnnw.

Yn y Central Hall y cynhelid cyngherddau y *Welsh Choral*, fel ei gelwid yr adeg honno. Gwledd i'r glust yn ogystal ag i'r llygad oedd bod yn rhan o'r gynulleidfa a fynychai'r Central Hall, a chlywed unawdwyr o fri fel Isobel Baillie, Harold Williams ac ati.

Cynhelid Cymanfa Ganu'r Annibynwyr yng nghapel Grove Street gyda'r Dr Caradog Roberts yn arwain ran amlaf. Yn Everton Village y byddai'r Bedyddwyr yn cynnal eu Cymanfa hwy gyda Mr J. T. Jones (Arweinydd Côr Meibion y Cymric) yn arwain. Gwledd ysbrydol arall.

Coffa da am Mr William Parry, Seaforth, a'i gyfraniad fel ysgrifennydd Pwyllgor y Cymanfaoedd yn ddihareb. Yr un modd Mr Venmore fel Trysordd ymroddgar.

Un o'r atyniadau yr adeg honno oedd yr Eisteddfod Gadeiriol a gynhelid yn 'Siop Lewis'. Tua mis Ebrill am bum niwrnod y cynhelid yr eisteddfod hon, a mawr oedd y cyrchu tuag ati. Gwelais Cynan a Chaerwyn, Dr Caradog Roberts, Osborne Roberts, T. T. Powell, Pwllheli a Mr Owen Williams, Eglwys-bach yn feirniaid yn eu tro, nes y darfu'r arfer o'i chynnal. Yr un modd, ym mis Chwefror, aem i'r Brifysgol i Eisteddfod y Myfyrwyr, i ganol miri'r hogia. Da gweld fod Cymry Lerpwl yn dal i eisteddfota.

Dyna Gymanfa'r Sulgwyn wedyn – achlysur arbennig i ni, cael clywed goreuon pregethwyr yr Hen Wlad, ond nid bob tro y byddai rhai ohonynt yn taro deuddeg!

Trwy fy mrawd y deuthum i adnabod rhai o bobl ifanc Douglas Road, cofiaf yn awr am y cyfaill John David Jones a roes lyfr i mi i gofio amdano, Louie Morris a rhai o'r teulu, heb anghofio'r cyfaill hynaws hwnnw, y diweddar Arthur Roberts, oedd yn Arweinydd y Gân yn Heathfield Road, ac yn arwain y Gymanfa Blant yng nghapel Fitzclarence ym 1937. Wedi i mi symud o Crosby i Ainsdale, ymaelodais yng nghapel Southport o dan weinidogaeth y diweddar Barch. J. T. Jones.

Cofiaf yn dda am nifer o'r aelodau oedd yn byw yn Ainsdale – dau flaenor yn eu plith, sef Mr O. C. Roberts a Mr E. J. Owen. Bûm yng nghartre'r ddau a chael croeso twymgalon. Digwyddwn fod yn aelod o ddosbarth Ysgol Sul Mr Roberts pan ddaeth fy nghyfaill Harri Williams ar brawf yn ymgeisydd am y Weinidogaeth, a chawsom ein dau fynd i dŷ Mr Roberts am de y prynhawn hwnnw.

Carwn trwy gyfrwng *Yr Angor* anfon fy nghofion a'm dymuniadau da i Mr E. J. Owen sy'n byw gyda'r ferch, ac yn symud yn awr i Lanbryn-mair. Tymor difyr a gwerthfawr oedd cael bod yng nghwmni pobl mor driw i'r pethe, â'r cyfeillion yn Ainsdale.

Daliwn i gadw cysylltiad â'm ffrindiau yn Lerpwl drwy y mynych ymweliadau â chaffi Reece, a thrwy'r ymgynnull nosweithiol y deuthum i nabod y ferch ddengar o Lanbryn-mair – dyna'r tro cyntaf i mi brofi 'mwynder Maldwyn'.

Er yr holl newid (ac y mae wedi bod y aruthrol) yn ystod y blynyddoedd, mae gennyf o hyd le cynnes yn fy nghalon i Lerpwl, a diolchaf am gyfle i wneud cymaint o ffrindiau yno. Erbyn heddiw, ysywaeth, mae cwpled Goronwy Owen yn addas iawn yn fy hanes innau:

Cyfaill neu ddau a'm cofiant
Prin ddau, lle'r oedd gynnau gant.

LL

137 LLONGYFARCH YR ATHRO GARETH ROBERTS

gan D. Ben Rees

Dymuna Cymry Lerpwl longyfarch yr Athro Gareth Roberts, pennaeth Adran Ystadegau a Chyfarwyddwr Canolfan Ymchwil a Methodoleg Ystadegau, Prifysgol Warwick, ar gael ei wahodd yn Gymrawd o'r Gymdeithas Frenhinol, *FRS.*

Ganwyd Gareth yn 1964, y fab i Alun Roberts a'r ddiweddar Ceri Roberts, Woolton. Yr oedd yn aelod yng ngweithgareddau Capel Bethel, Heathfield Road o'i blentyndod, gan gymryd rhan yn y Gorlan, Cylch yr Ifanc, a'r Ysgol Sul. Cafodd lwyddiant yn ysgolion Lerpwl, cyn ei dderbyn i Goleg Iesu, Rhydychen, lle y graddiodd mewn Mathemateg a mynd ymlaen i wneud ymchwil am y radd Doethur, o dan gyfarwyddyd Saul Jacka. Cwblhaodd ei draethawd ymchwil yn 1988 ar y testun *Some Aspects of stochastic control problems and boundary hitting problems for diffusion processes.*

Apwyntiwyd ef yn ddarlithydd ym Mhrifysgol Nottingham ar ôl gorffen ei ymchwil yn llwyddiannus. Oddi yno fe'i hapwyntiwyd i Brifysgol Caergrawnt a Phrifysgol Lancaster, cyn dychwelyd yn Athro ym Mhrifysgol Warwick.

Yn ystod y cyfnod hwn gwnaeth enw iddo'i hun fel ymchwilydd i fethodoleg ystadegau, a bu'n hynod o ddylanwadol, a chydnabyddiaeth am y cyfraniad hwn oedd ei anrhydedd ar 1 Mai 2013 trwy ei wneud yn Gymrawd o'r Gymdeithas Frenhinol.

Derbyniodd anrhydeddau lawer cyn 2013, fel Gwobr Rollo Davidson Prifysgol Caergrawnt yn 1999 a Medal Guy, Cymdeithas Frenhinol Ystadegau yn 1997. Yn 2010 gwahoddwyd ef yn Olygydd Cylchgrawn Cymdeithas Frenhinol Ystadegau *(Journal of the Royal Statistical Society).*

Yn ôl y datganiad a wnaed yn ddiweddar apwyntiwyd Dr Gareth Roberts hefyd i arwain rhaglen uchelgeisiol ar bwnc ystadegau, ac fe drosglwyddwyd y swm o dros ddwy filiwn o bunnoedd tuag at y gwaith arbennig hwn. Caiff yr Athro Gareth Roberts gymorth pedwar arbenigwr arall, sef Christopher Andrieu (Prifysgol Bryste), Paul Fearnhead (Prifysgol Lancaster), David Firth (Prifysgol Warwick) a Chris Holmes (Prifysgol Rhydychen) ar y prosiect arbennig hwn.

Deil Gareth yr un mor ostyngedig a naturiol ag yr oedd yn ei ddyddiau cynnar yn Lerpwl, ac nid anghofiodd y 'graig y naddwyd ef ohoni'. Cawsom sgwrs yn y Gymraeg ar ôl cynhebrwng Mrs Mavis Evans ac arwyl Mr William Evans yn Anfield. Deil Gareth a David Evans (Frodsham) yn bennaf ffrindiau o ddyddiau bore oes yn Lerpwl. Y mae Dr Gareth yn briod a theulu ganddo, a dymunir yn dda iawn iddo yn yr holl waith arloesol a gyflawna i'r dyfodol. Llongyfarchiadau Gareth.

138 LLOFFION O GOFNODION PWYLLGOR *YR ANGOR*

gan Ieuan A. Jenkins

Mewn cyfarfod cyhoeddus o Gymry'r Glannau a gynhaliwyd ganol Mawrth 1979 i ystyried y posibilrwydd o gyhoeddi papur bro, mynegwyd cryn bryder ynglŷn â'r fenter. Cofiai'r mwyafrif oedd yn bresennol dynged *Y Bont* a'i rhagflaenydd – *Y Glannau*. Er hynny, edmygai pawb ffydd a gweledigaeth y Parch. D. Ben Rees, yn anad neb ohonom, ac un neu ddau arall o'r cefnogwyr selog. Etholwyd pwyllgor y noson honno i ystyried pob agwedd o'r fenter neu'r freuddwyd.

Cyfarfu'r pwyllgor am y waith gyntaf yn y Central Hall ar nos Fawrth y 15 Mai 1979. Yr oedd wyth aelod yn bresennol, sef y Parchedigion D. Ben Rees, B. Ifor Williams ac Ieuan Jenkins; y Mri T. M. Owens, Meirion Evans, Rowland Pritchard, John Lyons a'r chwaer Mrs Eira Pari Huws. Etholwyd y Parch. Ddr D. Ben Rees yn Gadeirydd yn unfrydol a hefyd yn Olygydd y papur. Dewiswyd Mr T. M. Owens yn drysorydd a syrthiodd yr ysgrifenyddiaeth ar fy ysgwyddau i.

Cytunodd y pwyllgor cyntaf hwnnw y dylid ceisio sylweddoli'r freuddwyd o gyhoeddi'r papur bro a gwneud ymdrech bosibl i gyhoeddi'r rhifyn cyntaf ym mis Mehefin y flwyddyn honno [1979]. Cytunwyd hefyd ei bod yn bwysig i'w wisgo mewn diwyg a fuasai'n apelio i'r cyhoedd; a'i bod yn ddyletswydd hefyd i ddiogelu safon uchel fel y byddai'n ddrych cywir o'r hyn a ddigwyddai ar Lannau Mersi.

Treuliwyd cryn amser yn ceisio penderfynu pa enw i'w roi i'r papur newydd. Wedi cryn drafodaeth, cytunwyd ar yr enw (awgrym eneidiedig B. Ifor Williams), sef *Yr Angor*. Ymddiriedwyd y dasg o lunio'r teitl ar y dudalen flaen i Mr Edmund Clarke, Garston. Dewiswyd Gwasg o Ben-y-groes yn Arfon (Cyhoeddiadau Mei) i'w argraffu.

Ymddangososdd y rhifyn cyntaf yn brydlon fis Mehefin 1979. Cafwyd canmoliaeth rwydd a pharod gan bob didwyll rai i'r cysodi a'r argraffu, ac yr oedd pawb yn fodlon iawn ar ei gynnwys.

Erbyn i'r pwyllgor gyfarfod y waith gyntaf wedyn, sef nos Fawrth 11 Medi 1979, yr oedd y trysorydd yn medru cyhoeddi fod y derbyniadau £384.53 yn fwy na'r taliadau. Bu hyn yn galondid mawr ac yn ysbardun i barhau gyda'r gwaith. Er hynny, digon anodd a digalon ar brydiau fu'r wedd ariannol ar y gwaith o'r cychwyn cyntaf.

Yn y cyfarfod blynyddol cyntaf a gynhaliwyd nos Fawrth, 24 Mehefin 1980, gwelwyd fod y taliadau bedair punt ar ddeg yn fwy na'r derbyniadau, eithr yr oedd y rhoddion a dderbyniwyd yn fwy na gwneud i fyny am y diffyg. Felly, yr oedd y sefyllfa yn galonogol ond doedd dim lle i laesu dwylo. Rhywbeth yn debyg fu'r stori a ddadlennodd y Fantolen Ariannol ymhob cyfarfod blynyddol a gynhaliwyd o'r cychwyn cyntaf. I ddefnyddio ymadrodd a glywir yn aml ar wefus y trysorydd presennol – Mr J. Alun Edwards, 'Byw trwy ffydd y mae'r *Angor* yn ei wneud'.

Bu'r pwyllgor yn ddyfal a diwyd y blynyddoedd cyntaf yn ceisio darganfod pob ffordd posibl o godi arian i chwyddo'r cyllid. Argraffwyd almanaciau Cymraeg a chardiau Nadolig Cymraeg y blynyddoedd cynnar hynny. Mr Emrys Williams o Ellesmere Port a'u cynlluniodd. Y mae clod yn ddyledus hefyd i'r chwaer Eira Pari Huws (Caernarfon erbyn hyn) am ei sêl ddiflino gyda gwerthu'r rhain.

Trwy ddycnwch y Golygydd a'r trysorydd yn bennaf, llwyddwyd i gael cymorth sylweddol iawn gan fudiadau a chymdeithasau o'r tu allan. Cafwyd rhodd o ddau gan punt gan Bwyllgor y Lleiafrifoedd yn ystod blwyddyn gyntaf einioes *Yr Angor*. Cafwyd rhodd gyffelyb oddi wrth bwyllgor yr *Inner Cities* ym 1981. A'r flwyddyn honno, daeth Cyngor Celfyddydau Glannau Mersi i'r adwy, a bu eu cymorth hwy yn amhrisiadwy. Gofid mawr i'r pwyllgor fu clywed ym 1984 fod y ffrwd garedig honno wedi sychu; ac er pob cais a wnaed i geisio cael ganddynt ailystyriedeu hagwedd tuag atom, ni thyciodd dim.

Cyfarfu'r pwyllgor yn rheolaidd bob rhyw ddeufis i ystyried y sefyllfa ariannol yn ogystal ag adolygu'r rhifynnau blaenorol, a cheisio trefnu cynnwys rhifynnau'r dyfodol. Ceisiwyd, hyd oedd bosibl, rannu'r gwaith a sicrhau bod pob aelod o'r pwyllgor yn mynd yn gyfrifol am golofn arbennig. Bu colofn 'Gwraig y tŷ' a Cholofn y Dysgwyr (Pat Williams) yn hynod boblogaidd yn ogystal â'r 'holiadur' neu'r 'cwis' a ymddangosodd yn rheolaidd. Gofalodd y Golygydd hefyd fod ei nodiadau golygyddol ef yn ymddangos ymhob rhifyn, ac afraid dweud fod y nodiadau hynny wedi bod yn gyfoes a pherthnasol ac o safon tra uchel.

Angenrhaid o'r cychwyn cyntaf fu gosod seiliau a chanllawiau diogel i drefniadau busnes *Yr Angor*. Rhaid oedd ceisio cael hysbysebion yn gyson a rheolaidd. Yr oedd yn ofynnol hefyd fod rhywun yn gyfrifol am ddosbarthu'r papur fel ei fod yn nwylo'r darllenwyr yn brydlon. Ni ellir fyth ganmol gormod ar y gwaith rhagorol a gyflawnodd y brodyr Meirion Evans a Rowland Pritchard gyda'r wedd hon o'r gwaith. Y dyddiau hynny roedd yn rhaid mynd i Bootle i gyfarfod â'r cerbyd a gludai'r papur o Ben-y-groes. Rhyfeddod nid bychan oedd pwysau'r parseli a synasom lawer gwaith at ynni Rowland Pritchard yn trafod y pwysau anferth. Colled fawr i ni fu ei farw disyfyd ef fis Mawrth 1981.

Bu'n achos gofid i'r pwyllgor lawer gwaith i ddeall fod y Wasg ym Mhen-y-groes yn codi pris yr argraffu yn ddirybudd. Digwyddai hyn weithiau gynifer â thair gwaith y flwyddyn. Yn wyneb y codiadau mynych hyn bu'n rhaid codi pris *Yr Angor* o ddeg ceiniog i bymtheg ceiniog ym mis Gorffennaf 1981. Penderfynwyd trosglwyddo'r gwaith o gysodi ac argraffu o Ben-y-groes i'r Bala ym 1984. Bu'n rhaid codi'r pris drachefn i ugain ceiniog y rhifyn ym 1984, a dyna'r pris ym 1987.

Blinder i'r Golygydd, a'r pwyllgor hefyd, o'r cychwyn cyntaf fu prinder gofod. Ni fu prinder deunydd a hwnnw o safon uchel, ond fe fu'n rhaid cadw deunydd yn ôl weithiau am fisoedd oherwydd nad oedd gofod iddo. Pedair tudalen oedd cynnwys yr *Angor* am y ddwy flynedd gyntaf o'i fodolaeth; eithr fe gynyddodd i chwe thudalen ym 1981, ac ymhen y rhawg i wyth tudalen, a'r tro hwn i ddeuddeg tudalen!

Wedi marw Mr Rowland Pritchard, etholwyd Mr John Alun Hughes yn drefnydd busnes; ac yn nes ymlaen etholwyd y Mri Trevor Roberts a Hugh John Jones i'w gynorthwyo gydag agweddau o'r gwaith.

Hwyrach y bydd yn achos syndod i rai o'r darllenwyr ddeall na luniwyd cyfansoddiad ffurfiol tan ddiwedd y flwyddyn 1981. Yn yr ail gyfarfod blynyddol a gynhaliwyd nos Fawrth, 30 Mehefin 1981, etholwyd is-bwyllgor o chwech i lunio'r Cyfansoddiad. Dyma enwau'r chwech: Y Mri John Williams, Roderick Owen, Gwilym M. Jones, Hugh Thomas, ynghyd â'r Golygydd a'r Ysgrifennydd. Cyflwynwyd y Cyfansoddiad i'r pwyllgor llawn ym mis Tachwedd y flwyddyn honno ac fe'i derbyniwyd. Rhoes y cyfarfod blynyddol a gyfarfu ar 6 Gorffennaf 1982 sêl eu bendith arno.

Yn y cyfarfod hwnnw, dewisiwyd Mr Alun Roberts Y.H., Garston, yn Gadeirydd am ddwy flynedd yn olynydd i Dr. D. Ben Rees, ac ym 1984 dewisiwyd Mr Humphrey Wyn Jones yn Gadeirydd dawnus arall. Profodd y ddau eu bod yn cefnogi'r papur bro hyd eithaf eu gallu a bod gennym dîm ardderchog i wynebu'r dyfodol.

139 LLYTHYRON MAIR DAVIES A MYFANWY DIGGORY

Lerpwl 15

Capel yr Annibynwyr Grove Street

Annwyl Olygydd,

Nid yw'r Parchg. J. D. Williams Richards yn gywir pan ddywed mai'r eglwys lle y cynhelir arholiadau'r Brifysgol yw hen eglwys Annibynnol Grove Street.

Eglwys Saesneg oedd yr eglwys y sonia amdano. Pan gynhaliwyd Cymanfa Ganu'r Plant yn Grove Street, yr oeddem yn mynd i'r eglwys Saesneg honno i gael Prelims neu yn Eglwys Chatham Street tu cefn i Grove Street, a thro arall yn yr Eglwys Saesneg gyfagos. Yr wyf wedi bod ynddi lawer gwaith pan oeddwn yn blentyn, lawer blwyddyn yn ôl!

Fe werthwyd Capel Grove Street i'r Brifysgol pan gymerwyd yr ardal drosodd ganddynt. Ar ôl i'r Brifysgol ei brynu fe'i tynwyd i lawr. Nid aelodau Grove Street oedd yn gyfrifol am ei ddinistrio.

Yn gywir,

MAIR DAVIES

Lerpwl 15

Fy Hen Gapel yn Grove Street

Annwyl Olygydd,

Hoffwn ymateb i lythyr y Parchedig J. D. Williams Richards yn rhifyn mis Mai [1991] o'r *Angor*, sy'n cyfeirio at y 'dryswch' ynglŷn â lleoliad addoldy yr Annibynwyr yn Grove Street.

Fel un o blant yr Eglwys a fynychodd ddwy oedfa'n gyson – a hefyd Ysgol Sul hyd fis Medi 1939 – bob Sul o'm plentyndod hyd at gau'r Capel ym mis Rhagfyr 1953, nid oes gennyf ddim amheuaeth ynghylch ei leoliad. Gorfu i'r Eglwys werthu'r adeilad i awdurdodau'r Brifysgol er mwyn iddynt (yr awdurdodau) gael ymestyn campws y Brifysgol. Felly chwalwyd y Capel ac ar y tir lle y bu'n sefyll fe adeiladwyd y labordai a welir yno heddiw.

Capel Saesneg (efallai Methodistaidd) oedd yr adeilad sydd heddiw yn *Examination Hall and Gymnasium* i'r Brifysgol. Nid hwn oedd fy hen gapel i.

Yr eiddoch yn gywir

MYFANWY DIGGORY

140 LLYTHYR AGORED AT Y PRIF WEINIDOG AR DDYDD GŴYL DEWI 2003

gan D. Ben Rees

Annwyl Brif Weinidog,

Maddeuwch fy mod yn defnyddio Golygyddol *Yr Angor* i'ch cyfarch ond nid dyma'r tro cyntaf i enw Tony Blair ymddangos yn y papur bro hwn. Bûm yn eich canmol yng nghanol y nawdegau ac y mae lle gennym o hyd i'ch canmol am fod yn un o arweinwyr grymusaf ein byd. Y mae gennych ddoniau lawer o'ch plaid – yn dal yn ŵr ifanc hanner cant oed, yn meddu ar ddigon o ymrwymiad i gadw yr Arlywydd George W. Bush rhag mynd dros ben llestri, yn barod i sefyll heb wyro ar faterion pwysig, a llu o rinweddau eraill. Ond ar ôl dweud hyn i gyd byddwn yn ddiolchgar iawn pe baech yn ystod yr wythnosau nesaf yn ystyried y canlynol:

(i) *Plant Bach Irac*

Mae gennych fab tair oed o'r enw Leo ac y mae ef yn cael pob gofal ac fe gaiff dyfu i fyny heb drafferthion. Ond y mae miloedd o blant o'r un oedran â Leo yn Irac sydd mewn perygl o'r bomiau a ddaw o'r awyrennau i'w cymunedau tlawd. Y mae meddwl am hynny yn ddigon o reswm i oedi, ac oedi, ac oedi, yn hytrach na lladd, lladd, lladd y plant diniwed.

(ii) *Gwragedd a Mamau Irac* – Daw eich gwraig Cherie o Lerpwl, a gŵyr hi'n dda am draddodiad mamau Lerpwl o gynnal yr uned deuluol mewn dyddiau digon anodd a llwm. Hyn yw dyhead pob mam ym mhob gwlad, ac yn nhraddodiad Cherie, rhoddwyd sylw mawr i'r Fam berffaith, Mair. Englynodd Bodfan amdani:

Mair wâr ei gwedd, Mair wyry gu – Mair wen,
Mair annwyl, Mair fwyngu,
Mair y fam orau a fu,
Mair rasol, mam yr Iesu.

Yr oedd Herod, gŵr tebyg i Saddam Hussain, yn barod iawn i ladd mab Mair. Ond ni ddylech chi a minnau beryglu einioes mamau Baghdad yn y flwyddyn 2003.

(iii) *Strwythur Irac* – Y mae'n hawdd dinistrio. Soniwch am eich rhyfela yn Afghanistan, ond nid yw'r wlad honno heb ei phroblemau o hyd, ac ni chawsom, hyd yn hyn, y gwir nifer a hyrddiwyd i ebargofiant gan ein bomiau dinistriol. Ond ar ôl dinistrio Irac pwy sy'n mynd i lywodraethu'r wlad a sut drefn fydd yno? Gwyddom nad oes gan weinyddiaeth yr Unol Daleithiau unrhyw gynllun ar waith i ddemocrateiddio'r wlad fawr yr ydym yn eu bygwth.

Yr ydwyf gant y cant tu ôl i chwi ynglŷn â dal y treiswyr a'u gosod gerbron y llysoedd i'w dedfrydu, ond nid wyf yn cytuno o gwbl â'ch bwriad i gyflawni anfadwaith yn Irac yn fy enw i. Credaf y dylech wrando'n astud ar y lleisiau sy'n ddigon dewr i'ch rhybuddio, am ba beth y bu'r golled hon. Mae esgobion eich Eglwys (ar wahân i un) yn gytûn ar y cwestiwn, esgobion a arferai gefnogi grym, fel Esgob Rhydychen. Ond mae'r byd wedi newid. Soniwch am 1938 a

1939. Tony bach, mae'r byd wedi newid ers hynny, ac yr ydym wedi cael llond bol o ryfela ers inni drechu Hitler. Roedd Fietnam a Rhyfel y Gwlff yn ddigon i'n hargyhoeddi mai ffolineb yw ffordd y tanciau a'r lladd diderfyn. Methodd Israel, a methu a wna pawb sy'n credu y gall setlo ein gwahaniaethau trwy rym y gwn.

Parhaed brawdgarwch, ac edrychwn ymlaen i'ch atebiad.

Yr eiddoch heb ddigio,
Tangnefedd a Shalom

D. Ben Rees
Golygydd *Yr Angor*

141 LLONGYFARCHIADAU ARWEL WILLIAMS

gan Clustfeiniwr

Gŵr annwyl a charedig o ysbryd ydyw Arwel Williams, ac aelod o eglwys Bethel, Heathfield Road, ers pan ddaeth i weithio i Heddlu Lerpwl ddwy flynedd ar hugain yn ôl. Erbyn hyn, fe'i dyrchafwyd yn Brif Ringyll ac fe'i llongyfarchwn ef yn fawr iawn am y dyrchafiad i rengoedd uchaf yr heddlu.

Y mae yn wreiddiol o ardal Tanygrisiau, lle roedd ei ddiweddar dad yn brifathro. Sefydlodd Uned Gofal Plant a Dreisiwyd yn St. Helens chwe blynedd yn ôl, ac y mae'n arbenigwr ar y pwnc. Yn y llun gwelir ef yn mwynhau ei hun mewn priodas ond y mae ar gael luniau ohono yn cyflwyno ei fater gydag awdurdod wrth gynulleidfa'r Gymdeithas Lenyddol yn Ysgoldy Bethel, Heathfield Road, Lerpwl. Y mae Arwel a'i briod a'r tri phlentyn yn byw yn Roby.

142 LLONGYFARCH MRS GWEN ROBERTS, CROSBY, YN 2010

gan D. Ben Rees

Ychydig o Gymry Cymraeg yn ystod y deugain mlynedd diwethaf a gyrhaeddodd y garreg filltir arbennig o gan mlwydd oed yn nalgylch Glannau Merswy. Cofiaf am dair chwaer ac un brawd cyn 12 Ebrill 2010 pan ymunodd Mrs Gwen Roberts, Crosby, â hwy. Cynnyrch bywyd Cymraeg Lerpwl yw Mrs Gwen Roberts ac yn ymhyfrydu yn ei chefndir a'i magwraeth yn ardal Anfield. Yr oedd ei rhieni a'i theulu yn aelodau ffyddlon yng nghapel Douglas Road. Gweinidog ei phlentyndod oedd y Parchedig Griffith Wynne Griffith (1883-1967) a fu'n weinidog eglwys Bethlehem, Douglas Road o 1913 i 1923, pregethwr coeth a grymus, a llenor ardderchog.

Yr oedd ei thad yn un o adeiladwyr y ddinas a maes o law symudwyd i fyw i Ogledd Lerpwl ac ymaelodi yng nghapel Waterloo, lle y daliodd ei gafael ar yr addewidion ar hyd y blynyddoedd. Collodd ei phriod, Mr A. W. Roberts, yn yr wythdegau, a bu'n hynod o ffodus o'i chwaer, Miss Dorothy Williams, sydd mor ofalus ohoni.

Gwraig rinweddol, garedig ei hysbryd, a llawn croeso yw Mrs Gwen Roberts, a derbyniodd ofal cariadus yng nghartref y Seiri Rhyddion, Tithebarn, yn Crosby, yn ystod y blynyddoedd diwethaf hyn. Trefnodd y Cartref barti ar ei chyfer, ar ddiwrnod ei phen blwydd, ac yr oedd fel brenhines yn agor yr holl gardiau yng nghwmni ei merch o Bwllheli, ei chwaer, a gweddill y teulu. Bu'n wraig ddoeth a duwiol, yn ofalus ac yn barchus o bawb. Edmygwn hi a dymunwn yn dda iddi i'r dyddiau a ddaw.

143 LLONGYFARCH HEFIN EDNYFED REES AR EI DDYRCHAFIAD I'R FAINC

gan Pat Williams

Estynnwn longyfarchiadau cywir i Hefin E. Rees, Harpenden, ar ei ddewis i gyflawni gwaith Barnwr yng Nghylchdaith Gorllewin Canolbarth Lloegr (sef Birmingham a'r cyffiniau) a bydd yn dechrau ar ei waith yn yr haf eleni [2009]. Ganwyd Hefin E. Rees yn Lerpwl, mab i Mrs Meinwen Rees a'r Parch. Ddr D. Ben Rees' Cafodd ei addysg yn Ysgol y Brenin Dafydd (Ysgol Iddewig) cyn mynd ymlaen i Brifysgol Durham a'r Inner Temple yn Llundain. Bu'n llwyddiannus iawn fel bargyfreithiwr a galw mawr o hyd am ei wasanaeth. Daw ei briod, Dr Bethan Wyn Rees, hefyd o Lerpwl, merch ieuengaf Louie ac H. Wyn Jones, Allerton, a chafodd y ddau eu magu yn y gymuned Gymraeg a leolir yng nghapel Bethel, Heathfield Road, Lerpwl. Yno y bedyddiwyd y ddau, a'u derbyn yn gyflawn aelodau, a phriodi, ac yn y capel hwnnw y bedyddiwyd eu plant, Tomos a Joshua.

Y Barnwr Hefin E. Rees

Y mae'r teulu'n weithgar iawn yn nhref Harpenden, ger St. Albans. Sefydlodd Hefin elusen gyda'i dad (ar ôl treulio cyfnod yn Cenia) o'r enw 'Gobaith mewn Gweithrediad', ac yn awr mae'n cefnogi elusen arall hefyd.

Rhoddodd o'i orau i'r elusen, ar Affrig, drwy godi arian i sefydlu ysgolion a chanolfannau iechyd yng ngwlad fawr Uganda. Bu'r ddau allan Chwefror eleni yn braenaru'r tir, a phenderfynodd y ddwy elusen wneud ymdrech i godi arian at yr angen mawr. Y mae'r teulu'n weithgar iawn yn Eglwys Crist, Harpenden, lle ceir cynulleidfa o 350 i 400 ar fore Sul, a chymer Hefin E. Rees ddosbarth nos bob nos Fawrth yn ei gartref ar gyfer aelodau'r capel sydd o fewn y filltir sgwâr.

Llawenhawn yn fawr fel Cymry Lerpwl, ein bod wedi gweld Barnwr arall yn ymddangos, yn olynydd teilwng i'r diweddar Farnwr John Edward Jones (1913-98) a wnaeth gymaint o ddaioni yn ei oes.

144 LLONGYFARCH UNDEB CORAWL CYMRY LERPWL

gan D. Ben Rees

Yr oedd hi'n anrhydedd i fod ymhlith aelodau Côr Undeb Corawl Cymry Lerpwl ar nos Fawrth, 29 Hydref 2013, yn dathlu'r digwyddiad nodedig a estynwyd iddynt o dderbyn Rhyddfraint Dinas Lerpwl o ddwylo yr Arglwydd Faer.

Cydnabyddiaeth oedd hyn o gyfraniad y Côr i'r ddinas a'r Glannau am gant a deg o flynyddoedd, o dan arweinyddion cwbl arbennig, o Harry Evans i Keith Orrell. Pob un a'i ddawn a'i allu arbennig.

Rhaid cydnabod hefyd y gefnogaeth a chyfraniad Llywyddion y Pwyllgor Gwaith, ac yn hyn o beth cafwyd Cymry da wrth y llyw. Y mae gennyf gof am bedwar ohonynt, sef yr Henadur David J. Lewis, Y.H. (un o Aberystwyth); Dr. Emyr Wyn Jones, y ffisigwr annwyl a mab y mans yn Arfon; y Barnwr John Edward Jones, cynnyrch bywyd Lerpwl, a'r Athro Huw Hefin Rees, Prifysgol Lerpwl ac un o fechgyn Sir Benfro. Ef a gafodd y cyfle i siarad yn y Cyfarfod Cyflwyno Rhyddfraint y Ddinas a gwnaeth hynny'n hynod o ddeheuig.

Ond dibynna'r Côr ar y cantorion, ac er bod nifer y Cymry Cymraeg yn naturiol wedi lleihau dros y blynyddoedd, deil cnewyllyn da o hyd i berthyn i'r Undeb, a diolchwn am hynny. Yn ystod fy adnabyddiaeth i o'r Côr y mae dynion a merched dawnus wedi bod yn rhan annatod o'r canu, a diolchaf i'r Côr am iddynt gefnogi aml i gynllun o'm heiddo dros y blynyddoedd, o gymryd rhan yn y rhaglen *Dechrau Canu, Dechrau Canmol* i hybu'r gyfrol *Cymry Lerpwl a'u Crefydd*, a gyhoeddwyd yn 1984, a bod cnewyllyn o'r Côr wedi cymryd rhan y blynyddoedd diwethaf hyn ar fore Dydd Gŵyl Dewi yn Neuadd y Ddinas. Gwn yn bersonol fod presenoldeb rhan o'r Côr (dim mwy na 30 ohonynt, os hynny) wedi gwneud argraff fawr ar awdurdodau'r ddinas. Byddai'n dda gweld mwy o gantorion y Côr yn bresennol yn nathliad Gŵyl Ddewi 2014.

Yr wyf yn meddwl mai Dafydd ap Dafydd Jones oedd y swyddog cyntaf a berthynai i Undeb Corawl Cymry Lerpwl imi ei adnabod yn ôl yn niwedd chwedegau'r ganrif ddiwethaf. Cofiaf yn dda fod yn y Neuadd Philharmonig ar nos Sadwrn, 11 Tachwedd 1972 cyn i'r Undeb Corawl Cymreig gyflwyno *Elijah* o waith Mendelssohn, i glywed Llywydd y Pwyllgor Gwaith, yr Henadur D. J. Lewis yn talu teyrnged wych i deyrngarwch a gwasanaeth diflino y diweddar Dafydd ap Dafydd Jones, 55 Faraday Street, Lerpwl 5 a blaenor ymroddedig yng nghapel Cymraeg y Presbyteriaid yn Douglas Road, Anfield. Yr oedd Dafydd ap Dafydd Jones wedi bod y aelod o'r Côr er 1930, sef 42 mlynedd, ac yn Ysgrifennydd Cynorthwyol o 1954 hyd 1963, pryd yr apwyntiwyd ef yn Ysgrifennydd.

Ar derfyn y deyrnged i un o enwau pwysicaf y Côr cododd y gynulleidfa hardd i ganu emyn gorfoleddus Emrys 'Arglwydd, gad im dawel orffwys' ar y dôn 'Arwelfa', gydag arddeliad. Cofir bod Emrys wedi bod yn brentis yn un o siopau Lerpwl cyn mynd i'r Weinidogaeth. Nid wyf yn hapus gyda'r duedd i ganu yr emyn pwysig hwn yng Nghymanfa Ganu yr Eisteddfod

Genedlaethol neu Gymanfaoedd Canu eraill, o bell ffordd. Emyn ydyw i oedfa ddiolch am fywyd a gwaith un o weithredwyr y gwirionedd a'r gair. Ar noson yr *Elijah,* gyda Kenneth Bowen a Sybil Michelow ar lwyfan y Philharmonig, yr oedd yn gwbl addas i ganu emyn William Ambrose ('Emrys', 1813-73).

Eleni, ar bnawn Sul, 15 Rhagfyr 2013, byddwn fel cymunedau Cymraeg Lerpwl, dalgylch *Yr Angor,* yn croesawu Huw Edwards, y darlledwr enwog ond hoffus, i ddod atom i Neuadd y Philharmonig, i gyflwyno Cyngerdd Carolau Undeb Corawl Cymry Lerpwl, a hynny am 2.30 o'r gloch. Gelwir y cyngerdd yn *Family Christmas with Huw Edwards*. Disgwylir Band Arian Llaneurgain a Chôr o Lerpwl gyda Stephen Hargreaves wrth yr organ. Bydd Thomas Wyss yng ngofal y Band Arian a Keith Orrell yn arwain y Côr a gaiff sylw'r Golygydd y tro hwn. Ein llongyfarchiadau cynhesaf iddynt oddi wrth Olygydd, Pwyllgor Gwaith a holl ddarllenwyr *Yr Angor*.

Alun Jones a D. Ben Rees

Llongyfarchiadau i Wena Evans ar gael ei phenodi yn Gadeirydd y Côr am y tair blynedd nesaf. Mae hon yn swydd bwysig a phrysur, a dymunwn yn dda iddi yn y gwaith.

M

145 'MUNUD I FEDDWL'

gan Harri Parri

Mae yna wyntoedd croesion, enbyd, yn chwythu trwy goridorau yr Eglwys Babyddol y dyddiau hyn a lleygwyr a chlerigwyr, fel ei gilydd, yn cael eu dal yn y corwyntoedd. Yn ystod yr wythdegau a'r nawdegau yma mae yna, nid cannoedd ond miloedd o offeiriaid wedi troi cefn ar eu llw o ffyddlondeb i'r Offeiriadaeth, a hynny er mwyn caru a phriodi gwraig. Ond sgandal bwysig y degawd, os nad un y ganrif, oedd ymddiswyddiad gorfodol Esgob Galway, wedi i un, Annie Murphy, o Connecticut bell, honni mai ef oedd tad 'biolegol' ei mab, dwy ar bymtheg – Peter Eammon. (Gyda llaw, 'does gen i fawr feddwl o ddadandoddiad y wraig hon o be ydi cariad. Medda' hi, ar Radio Eireann: 'yn ystod y naw mis y bûm efo Eammon roeddwn i fel pe bawn i ar adenydd gwawn.' Cyn pen deunaw mlynedd roedd hi'n fodlon i werthu'r carmon sbesial hwnnw am doffi a chonffetti ffair).

Wel, wedi peth oedi, fe syrthiodd yr Esgob ar ei fai a chydnabod, yn wyneb haul, llygaid goleuni, mai ef a fu yn hau yr efrau gwylltion. 'Mi a bechais yn fawr', ebe'r truan (yn ôl fel mae'r stori yn y papurau bore 'ma), 'mi a bechais yn fawr, yn erbyn Duw ac yn erbyn yr Eglwys, ac mi rydw i mewn dygn angen am faddeuant.'

Lle mae Duw yn bod, y Duw a ddatguddiodd ei hunan i ni yn Iesu Grist, mae maddeuant, ac adferiad, yn fendigedig o bosibl. 'Dwi'n siwr, braidd, y caiff yr Esgob fwy o drafferth i faddau i'w ffolineb ei hun. Ond cael maddeuant oddi ar law ei gyd-ddynion fydd yr anoddaf peth iddo fo.

Hwyrach y clywsoch chi'r hanes, fel y bu i'r John Profumo hwnnw, yn ôl yn nechrau'r chwedegau, gwympo i freichiau agored Christine Keeler a dymchwel Llywodraeth y dydd yr un pryd. Mae'r byd yn dal i lafoeri uwchben y saga honno, ond yn brin iawn o gydnabod yr holl waith dyngarol, da, mae Profumo wedi ei gyflawni wedi yr un cam gwag hwnnw yn ei hanes. Mae o yng ngoriad bogail y natur ddynol i gicio'r ddelw a syrthiodd ...

Ond arall ydi safon y Testament Newydd. Hwyrach y cofiwch chi fel y daeth y Phariseaid â gwraig a ddaliwyd mewn godineb at Iesu, a gofyn iddo fo: 'Mae'r gyfraith yn gorchymyn i ni labyddio (hynny ydi lladd â cherrig) wragedd o'r fath.' Ond a gofiwch chi ei ateb o? 'Pwy bynnag ohonoch sy'n ddibechod, gadewch i hwnnw fod yn gyntaf i daflu carreg ati ... A dechreuodd y rhai oedd wedi clywed fynd allan, un ar ôl y llall, y rhai hynaf yn gyntaf ...'

Mi fydda' Mam yn dweud 'stalwm, bod taw yn agos at bawb ohonom ni. Ydi, mae o. Ac mae isio pig glân i ganu! Bore da i chi.

146 MARW CERDDOR 'PANTYFEDWEN'

gan Goronwy Evans

Dydd Mercher, 30 Mai [1984] mewn yYsbyty yn Sir Gaerhirfyn bu farw M. Eddie Evans, awdur yr emyn-dôn enwog 'Pantyfedwen'. Roedd Mr Evans yn naw deg tri oed. Cyfansoddodd dros ddau gant o emyn-donau ond, yn sicr, yr enwocaf ohonynt i gyd yw 'Pantyfedwen'.

Brodor o Dal-y-sarn, Dyffryn Nantlle, oedd Eddie Evans, ond symudodd y tad i Lerpwl i chwilio am waith, ac yn 1904 dilynwyd ef gan Eddie a'i fam. Ymaelododd y teulu yng Nghapel y Methodistiaid Edge Lane a chyn pen fawr o dro roedd y bachgen Eddie yn chwarae'r organ yn yr Ysgol Sul. Ymhen ychydig flynyddoedd roedd yn organydd swyddogol y Capel a mynych y gwelid yn *Y Brython*, papur Lerpwl, gyfeiriad at 'chwarae eneiniedig' organydd Edge Lane.

Tra oedd yn Lerpwl, bu'n arwain dau gôr, Côr Cymysg Gwalia a Chôr Meibion yr A.T.M. Bu am chwe blynedd yn organydd Eglwys yr Annibynwyr Saesneg, Patrick Croft, ac am dair blynedd yn organydd a chôr-feistr Charles Street. Yn ystod y cyfnod hwnnw, daeth Eddie Evans i gysylltiad â J. H. Roberts, Pencerdd Gwynedd, a chafodd hyfforddiant ar gyfansoddi tonau ganddo ef; yn sicr talodd y gwersi hynny ar eu canfed iddo.

Ar gais ei fam, danfonodd Eddie emyn-dôn i Eisteddfod Genedlaethol Machynlleth yn 1937 ac er i 87 o donau ddod i law, 'Llangernyw', ei dôn ef, a ddaeth i'r brig. Fe'i galwodd wrth yr enw hwn am mai Cernyw oedd awdur y geiriau. Mae'n debyg iddo gyfansoddi'r dôn ar brynhawn Sul yn lle mynd i'r Ysgol Sul – wel mae'n rhaid ufuddhau i'r awen!

Yn Eisteddfod Llambed yn 1967 enillodd y Parch. Rhys Nicholas £300 am eiriau'r emyn 'Tydi a wnaeth y wyrth …', a'r flwyddyn ddilynol, 1968, enillodd Eddie Evans yr un swm o arian am ei dôn i'r geiriau.

> Tydi a wnaeth y wyrth, O! Grist, Fab Duw,
> Tydi a roddaist imi flas ar fyw:
> Fe gydiaist ynof trwy Dy Ysbryd Glân;
> Ni allaf, tra bwyf byw, ond canu'r gân;

Roedd Eddie Evans yn enghraifft o ŵr wnaeth ddefnydd o'i dalent a'i ddawn arbennig.

Yn Eisteddfod Genedlaethol Wrecsam 1977, gofynwyd am dôn ar emyn o waith y Parch. Gwilym R. Tilsey, sydd â'r pennill cyntaf yn darllen fel a ganlyn:

> O! Arglwydd Dduw, sy'n dal colofnau'r cread
> A thynged nef a daear yn dy law,
> Rho inni ras i dderbyn trefn dy gariad
> Heb ryfyg ffôl nac ofnau am y ddaw;
> Cans er pob dysg a dawn a roed i ni
> Nid oes i'n bywyd ystryr hebot Ti.

O dan feirniadaeth Dr Llifon Hughes-Jones, Llundain, dyfarnwyd y wobr i Morris Eddie Evans am y dôn 'Elwyn'.

Ond o'i holl emynau i gyd 'does yr un fel 'Pantyfedwen'. Gellid ystyried hon yn emyn-dôn y ganrif; mae'n ffefryn mewn eisteddfod a chymanfa, cyrddau mawr a chyrddau wythnosol, angladdau a phriodasau, a ffeindiodd ei ffordd i Gymanfa Ganu'r Cymry yn yr Unol Daleithiau a Chymanfa Ganu'r Bedyddwyr Seland Newydd ,

a phwy a ŵyr ryw dydd nas clywir y dorf yn ei morio hi ochr yn ochr a 'Chwm Rhondda' a 'Chalon Lân' yn Stadiwm y Principality

147 Gwyl Mimosa 2015----- Lluniau --Ray Farley

Dadorchuddio y Gofeb i'r Mimosa ar bnawn Sadwrn Mai 30 2015 yn adeilad Peel Holdings a ger Doc Princes.

Dr Arthur Thomas yn cyflwyno llun y llong fel anrheg i Gwmni Peel Holdings

Siaradwyr y cyfarfod yn neuadd Peel Holdings

Llysgenhad Gwlad Ariannin o'r llysgenhadaeth yn Llundain

Elan Jones, Mossley Hill, brodor o'r Wladfa , yn dadorchuddio'r gofeb

Yr Athro D.Ben Rees, cyllunydd y dathlu a Chadeirydd y Pwyllgor lleol

Christine James, Caerdydd Archdderwydd Yr Eisteddfod Genedlaethol

Carwyn Jones, Prif Weinidog Cymru, yn mwynhau y seremon y dadorchuddio

Ieuectid y Wladfa yn yr Wyl

Rhan o dyrfa a ddaeth I ymyl yr afon Merswy

Yr Arglwydd Dafydd Wigley , cymwynaswr I Gymry'r Wladfa.

Dr Huw Edwards a fu'n llywio y Cyfarfod a'r Dadorchuddio

Rhan o'r ddirprwyaeth a ddaeth o'r Wladfa

Disgwyl am ddechrau'r cyfarfod

Dr Huw Edwards yn cymdeithasu gyda 'r Cymry ifanc o'r Wladfa.

Arglwydd Faer a'r Arglwyddes a'r gwahoddedigion cyn y cyfarfod

Ieuectid Trelew a'r Dyffryn Chubut ar ei gorau ger y Gofeb yn canu yn swynol.

N

148 NADOLIGAU LERPWL

gan D. Ben Rees

Yn y cyfnod 1870 i 1940, adeg penllanw'r Cymry Cymraeg yn Lerpwl, bu'r Nadolig yn Ŵyl hynod o bwysig. Bu'n Ŵyl y gweithgareddau mawr, diwylliant Cymraeg ar ei orau, cychwyniad y cardiau Cymraeg a bwrlwm y croesawu a'r anrhegu. Gofalai siopau mawr y Cymry, fel T. J. Hughes yn London Road a Siop Owen Owen yn Clayton Square, ddarparu'n helaeth, heb anghofio Siop Lewis a gaeodd eu drysau rai blynyddoedd yn ôl bellach. Siop yr Iddewon oedd Siop Lewis, ond penderfynodd sylfaenydd y siop David Levy newid ei enw i David Lewis er mwyn rhoi hwb i'r gymuned Gymraeg i feddwl mai un o'u siopau nhw oedd hi! Haedda'r stori honno ymdriniaeth ar wahân ar dudalennau *Yr Angor*.

Byddai tymor y Nadolig yn Lerpwl yn dechrau ar ôl Gŵyl Ddiolchgarwch yr Hydref, yn arbennig ym myd llyfrau Cymraeg. Wedi'r cyfan yn oes Fictoria bu gwasg Isaac Foulkes (Llyfrbryf, 1836-1904) yn darparu llyfrau hardd ar gyfer y Nadolig ac yn hysbysebu yn y papur wythnosol, *Y Cymro*, a gyhoeddid yn Paradise Street. Ar ôl Gwasg Foulkes daeth Gwasg fentrus arall, Gwasg y Brython. Dwy wasg a fu'n flaengar am dros gan mlynedd i baratoi llyfrau i'r Cymry adeg y Nadolig.

Yn Lerpwl yr ymddangosodd y cardiau Nadolig Cymraeg cyntaf erioed, a hynny ar gyfer Nadolig 1909. Gelwid hwy yn gyfres y Cambrian a chynlluniwyd hwy'n arbennig ar gyfer y Cymry Cymraeg gan roi sylw neilltuol i'r arwyddluniau cenedlaethol – y Ddraig Goch, Cennin Pedr a'r Cennin. Penderfynodd Hugh Evans, pennaeth Gwasg y Brython ac awdur y clasur *Cwm Eithin*, yn 1912, gyhoeddi ar raddfa helaethach fyth gardiau Nadolig Cymraeg gyda gwell diwyg na chynt a phob un cerdyn yn hardd.

Penderfynwyd hefyd fentro paratoi cardiau preifat Nadolig am brisiau derbyniol i'r teuluoedd cyfoethog, sef rhwng 1/9 a chwe swllt y dwsin. Roedd dosbarth canol y gymuned Gymraeg a phlant y dosbarth hwnnw wrth eu bodd. Argraffwyd y cyfarchion yn ddwyieithog gan fod y drydedd genhedlaeth o blant yr adeiladwyr yn graddol golli eu gafael ar yr iaith a oedd yn ffynnu yn y capeli a'r cymdeithasau. Byddai cerdyn dwyieithog yn addas iawn i'w anfon at eu ffrindiau a'u cyd-weithwyr yn y siopau a'r swyddfeydd. Darparwyd gan Wasg y Brython nifer fawr o flychau swllt yr un ac ynddynt gyfarchion Nadolig Cymraeg ar bapur arbennig wedi ei greu ym melin bapur enwog Afon-wen, a saif ar y ffin rhwng Sir Ddinbych a Sir y Fflint.

Teimlai Hugh Evans a'i feibion nad oedd gan unrhyw Gymro na Chymraes esgus o gwbl dros beidio ag anfon cardiau Nadolig i unrhyw ran o'r byd. Yn wir, darparai'r wasg *fountain pen* o'r gwneuthuriad gorau am dri swllt a chwpon o'r papur wythnosol, *Y Brython*, dyfais y *Daily Mail* ein dyddiau ni, er mwyn denu cwsmeriaid i'r cardiau.

Lluniodd y bardd telynegol R. H. Jones, Wallasey (a brodor o Uwchaled), bennill ar weithred newydd a phwysig Gwasg y Brython i werin Cymru:

Dydd da, lythyr gludydd,
Mi dy welais o draw
Oes cardiau Nadolig
I mi yn dy law?
Wel, Saesneg yw'r rhain,
Cyn amled â'r gwlith,
O na, dyma gerdyn
Cymraeg yn eu plith.

Ac yr oedd y diolch am hynny i'r tad a'r meibion a hysbysai ar hyd y degawdau yn niwedd Tachwedd gyda'r pennawd mewn llythrennau bras, 'Prynwch Lyfr Cymraeg yn Anrheg Eleni'. Roedd ganddynt ddwy siop yn gwerthu llyfrau a chardiau Nadolig. Un yn Commerce Court (ger Lord Street) yng nghanol y ddinas a'r llall ger yr argraffty yn 350-360 Stanley Road, Bootle.

Yn y ffenestri hyn ceid cyflenwad o galendrau Cymraeg (dyfais arall o'u heiddo), cardiau a llyfrau o bob math, yn arbennig nofelau Daniel Owen (oedd yn gwerthu'n dda fel anrheg Nadolig), i lyfrau Meuryn, E. G. Breeze a John Pierce ar gyfer y to ifanc oedd yn dal i siarad Cymraeg, y rhai a oedd yn llythrennol berthyn i ddau fyd. Yr oeddynt hwy wedi eu magu yn y bwrlwm Cymraeg a phenllanw'r flwyddyn iddynt, fel plant, oedd parti Nadolig y capeli a dyfodiad Siôn Corn. Diflannodd y disgwyliadau hyn o'n plith ers deng mlynedd bellach, trist yw cofnodi hynny.

Ond rhoddid bri mawr hefyd ar gerddoriaeth yn yr wythnosau o flaen yr Ŵyl. Deil Undeb Corawl Cymry Lerpwl i gynnal Noson o Garolau a fyddai'n llenwi Neuadd y Philharmonig (sy'n dal dwy fil o bobl) ar drothwy Nadolig 2017. Ond yn gynharach yn yr ugeinfed ganrif, ceid llu o gyngherddau (o leiaf ugain ohonynt ar gyfartaledd) a pherfformiadau gan y corau a fodolai ar y Glannau, gyda'r uchafbwynt ar nos Nadolig yn un o neuaddau neu gapeli helaethaf Cymry Lerpwl.

Ceid cyfle i wrando ar yr anfarwol denor o Gwm Tawe, Ben Davies; Annie Davies-Wynne, y gontralto o Benrhyndeudraeth; Evan Lewis, y tenor, a'i wraig, Josephine, contralto, o Fangor; Mary King Sarah, soprano o Lanrug; Harri Lewis, tenor; a David Chubb, bas; a llawer o gantorion gwych eraill y gwelais eu henwau yn yr hysbysebion. Hwy oedd yn cynnal y Nadolig i Gymry Lerpwl a'r adeilad a ddaliai gannoedd yn orlawn. Y bore hwnnw, sef bore'r Ŵyl, byddai oedfaon wedi eu cynnal yn y mwyafrif o'r capeli a'r eglwysi (o leiaf 90 o ganolfannau ar y Glannau) a'r mân drefi o amgylch, fel Runcorn ac Ellesmere Port.

Ond i lawer, un uchafbwynt y Nadolig oedd Eisteddfod trannoeth y Nadolig yng Nghapel (M.C.), Woodchurch Road, Penbedw. Deuai'r tyrfaoedd o bob ochr i afon Merswy nes gorlenwi'r capeli â'r cystadleuwyr o Fôn i Faldwyn. Gorlenwid yr adeilad nes bod y muriau yn llifo o afonydd chwys y gynulleidfa!

Eisteddfod oedd hon a oedd yn parhau am bump i chwe awr solet, a phlant yr alltudion, yn rhyfeddu bob blwyddyn at leisiau cyfoethog y cantorion a chof anhygoel yr adroddwyr o'r 'hen wlad'. Sonia Jennie Thomas, a wnaeth gymwynas fawr â phlant Cymru, amdani hi a'i chwaer, Megan, yn rhyfeddu at y wledd. Dyma'i geiriau:

> Dyna i chi ddoniau a ddeuai yno i gystadlu. Griff Owen, y tenor, yn canu'r 'Hen Gerddor' nes gwefreiddio'r dyrfa, a D. R. Jones, y bariton, yn herio pobl Môn yn 'Yr Ornest', a'r mymryn papur hwnnw rhwng ei fysedd, a'r ddau wedyn yn sgubo popeth o'u blaenau, gyda'r ddeuawd.

Atyniad mawr yr Eisteddfod i bawb oedd yr arweinydd 'Creigfab', sef y Parch. T. J. Williams, Rock Ferry. Adroddodd Trevor Jones (ewythr Marion Eames) lawer stori wrthyf amdano, ac yn arbennig pan ofynnodd unawdydd am ganiatâd i ganu ynghynt am ei fod eisiau mynd adref efo'r '*mail*'. Wrth gyflwyno ei achos i'r gynulleidfa, dyma Creigfab yn gwneud y sylw gwreiddiol: 'Felly y mae o hyd: rhai eisiau mynd adre, efo'r '*mail*' ac eraill efo'r "*fe-male*"!' Banllefau o gymeradwyaeth haeddiannol iddo gan ei edmygwyr. Dyma'r hiwmor oedd yn plesio yn y dyddiau hynny ynghanol miri a diniweidrwydd Cymry glân gloyw mewn oes llawer mwy hamddenol na'n hoes ni!

Ysgrifennodd un a fu ynghanol miri'r Nadolig yn Lerpwl bennill sy'n costrelu llawenydd yr Ŵyl i bob plentyn, ddoe a heddiw:

> Ar ganol bwrdd y parlwr
> Fe dyf y goeden hardd,
> Ac arni ffrwyth nas gwelwyd
> Ar un o brennau'r ardd;
> Mae yno farch a modur,
> A chi, a llong, a thrên,
> A doli fawr las-lygad,
> Balŵn ac eroplên.

149 NAIN

gan Dewi Tomos

Mi fedrais afael yn ei llaw. Dyna i gyd. Ond fe roddodd y weithred yna fodlonrwydd rhyfeddol i mi. Euthum yno i wneud tân a pharatoi brecwast iddi, Mair wnâi fel arfer, ond roedd hi a'r gennod i ffwrdd am y penwythnos. 'Doedd na ddim byd i'w weld o'i le pan gyrhaeddais, cawsom sgwrs am ychydig funudau ac yna gadewais hi ac euthum drwodd i'r ystafell fyw i gynnau'r tân. Pan ddychwelais ati ni fedrai yngan gair, ond gafaelai fel gefail yn fy llaw ac edrychai'n ymbilgar arnaf. Geiriau bob dydd oedd ei geiriau olaf â mi:

'Sut 'dach chi bora 'ma?'
'Iawn diolch.
'Sut dywydd ydi hi?'
'Methu gwybod beth i'w wneud, am wn i, ryw fora penddu.'
'Be 'dach chi am wneud efo chi'ch hun heddiw?'
'Dim byd o bwys, mi a' i i redag 'munud mae'n debyg.'

Wydda hitha mwy na minna pwy oedd wrth y drws. Ond wedi ystyried, 'doedd yna ddim heb ei ddweud na'i wneud. 'Does dim angen geiriau i ddeall ein gilydd am y pethau o dragwyddol bwys.

Beth sy'n rhyfeddol yw mai nid â mi y siaradodd hi olaf, ond gyda Mair ei merch dros y ffôn, pan geisiwn i gael fflamau'r tân i ddeffro. Rhyfeddol? Naci ychwaith, felly yr oedd pethau i fod. Mair fu'n gofalu amdani cyhyd, os na châi hi fod yno, o leiaf fe haeddai ei chlywed am y tro olaf. Mae pethau'n digwydd sydd y tu hwnt i'n dirnadaeth ni. Pa gwlwm rhwng mam a merch wnaeth iddi ffonio yr union adeg yna o'r bore? Mi ddigwyddodd pethau'n sydyn ac annisgwyl ar un wedd ond nid felly chwaith. Y mae amser i bopeth.

Cymysgedd o haul a chymylau fu'r dyddiau nesaf. Diwrnod blin, di-liw oedd y Sul pan y'n gadawodd, yr awyr a'r môr yn toddi i'w gilydd yn llen llwyd, diorwel. Y coed yn llonydd a phŵl a'u nodd wedi peidio llifo. 'Ddistawodd yr adar ddim yn llwyr, ond chlywais i mohonynt a 'doedd gen i ddim awydd gweld yr haul yn gwenu. Un o oruchwylion anoddaf fy mywyd oedd yr aros. Aros i Mair a'r gennod ddod adref. Aros i ddweud. Sut mae dweud bod mam a nain, oedd yno'n dymuno'n dda iddynt ddeuddydd ynghynt, wedi eu gadael? Deellais lawn ystyr gweld pob munud yn awr.

Fe deimlodd Rhiannon i'r byw. Wedi bod ar ben ei digon dros y penwythnos yn cystadlu gyda sgwad cyfeiriannu Cymru ac wedi cael ei phen blwydd yn bymtheg oed ar ben hynny. Y peth naturiol i'w wneud, gynted y byddai gartref, fyddai rhedeg i weld Nain, mynd â thamaid o'r deisen ben blwydd iddi, a byrlymu hanes y penwythnos cofiadwy. Dyna i chi wacter. Mor unig ydym yn ein trallod. Fel mae rhywun yn gallu plymio o'r copa i'r dyfnderoedd mewn dim o dro.

Y diwrnod canlynol rhaid oedd mynd â Gwydion i ysbyty Gobowen, ond 'doedd ei broblemau yntau efo'i gefn ddim hanner cynddrwg ers ddoe. Roedd hi'n rhyddid cael mynd a dweud y gwir, cael canolbwyntio ar yrru'r car am sbel. Cael rhywbeth i'w wneud yn hytrach na sefyllian a hel meddylia. Yn union wedi i ni gyrraedd torrodd andros o gawod, pwysodd yr awyr arnom yn fygythiol a chwipiai'r glaw yn bileri solet rhwng nef a daear. Disgleiriai tarmac y maes parcio fel llyn du. Roedd ffenestr flaen y car yn un llifeiriant dagreuol. Y cread yn wylo yn hidl.

Ac yna ymddangosodd yr haul rhwng cymylau, pelydrau yn trywannu y mwrllwch. Ei oleuni yn cynnau tân yn y coed, fel bo lliwiau llachar yn dawnsio ar gynfas ddulas. Roedd yn rhaid aros – rhyfeddu – a cheisio amgyffred. Daeth geiriau mam i'm cof, ei gwanwyn olaf yn nhawelwch Eifionydd:

'Tydi o'n biti bod rhaid i ni adael byd mor brydferth.' Fe wyddai hithau.

Bnawn Mawrth wrth ddanfon Gwenllïan i'r ysgol ddrama ym Mhorthaethwy daeth y cawodydd unwaith eto. Ac yna ymrithiodd enfys yn blwmp o'n blaenau, y berffeithiaf welais i yn fy myw, ei bwa yn ddi-fwlch a'r lliwiau yn glir fel pe baent o fewn hyd braich, a'r awyr tu draw o'r glas dyfnaf, puraf. Roedd mor hardd nes ei fod yn brifo, ac yn ddigon i yrru ias i lawr fy nghefn.

Tydi a roddaist liw i'r wawr
A hud i'r machlud mwyn ...

Roedd Nain wastad wrth law drwy gydol eu plentyndod.

Clust i wrando ar helyntion yr ysgol feithrin.

'Ges i fynd ar y ceffyl pren bora 'ma.'
'Dyna braf!'
'Ylwch, 'dwi 'di bod yn peintio efo mysadd.'
'Hawyr bach!'

Dangos dillad newydd ar gyfer yr eisteddfod neu'r ysgol bach, rhusio i fyny a'r pris yn dal arnynt.

Cario adroddiad yr ysgol yn falch, byddai Nain wedi ei gweld o fy mlaen yn aml.

'O'n i'n chwara yn nhîm yr ysgol heddiw a mi neuthon ni ennill.' 'Go dda 'ngwas i.'

Picio yno ar ôl yr ysgol bach i gael tro ar y piano.

Cael pres poced am negeseua neu ddod â glo a phricia i'r tŷ. Dwylo fu'n gweu'r dillad babi ymhen dim yn gweu atgofion am ei phlentyndod hithau ym Mhen Llŷn wrthynt, wrth fodio drwy'r albwm luniau.

Breichiau i fagu, llonyddach na breichiau mam, a breichiau i gysuro pan gaent gam.

Hamdden y prydau bwyd, mae eisiau amser i wneud pethau'n iawn 'toes, estyn y llestri, defod y bara menyn, chwilio am y tun ffrwythau, sawl math o gacen, a jeli yn hanfodol. Os na chawsoch chi de dydd Sul yn nhŷ nain, wel, druan ohonoch.

Taro i mewn oddi ar fws Ysgol Dre, dim byd neilltuol, dim ond am ei bod hi yna, yn disgwyl.

Mae'n debyg bod 'na gyfrinachau na chlywodd neb ond Nain mohonynt....

Bellach mae'r cwlwm wedi ei ddatod a chenhedlaeth wedi mynd. Efallai nad oedd hi'n neb arbennig i bobl eraill, ond i ni fel teulu... Mi fyddaf yn ei gweld hi'n braf ar bobl sydd â ffydd gadarn, ac yr oedd Nain yn un o'r rheini yn bendifaddau. Roedd ei sirioldeb, ei phenderfyniad tawel a'i dycnwch yn dyst o'i ffydd. Collodd ei gŵr wedi chwe blynedd fer o briodas, magodd ddau o blant, gweithiodd fel nyrs yn Lerpwl, a thrwy gydol yr amser yn dioddef o anhwylder ar ei chalon. O ystyried y cyfyngiadau a osodai ei hiechyd arni, mae'n wyrthiol beth a gyflawnodd, a dylem ninnau ddiolch am ei chael yn gwmni cyhyd. Dyma'r math o fywyd sy'n dangos gwir ddewrder i mi, cymryd pob dydd yn rhodd, a gwybod pwy i ddiolch amdano.

Un dda ei llaw oedd hi, digon o amynedd ganddi wrth weu a brodio fel y tystiai'r ddau ditw ar gangen a'r tusw o flodau wedi eu fframio ar y wal. Mae nhw acw bellach.

Llewyrchai pob planhigyn dan ei gofal ac yr oedd digon ohonynt o gwmpas y tŷ yn rhoi lliw a dedwyddwch. Pan gâi Mair drafferth i gadw rhyw blanhigyn eiddil ar ei draed, picio ag o at Nain am ofal a bwyd llwy, ac wedi'r cyfnod o '*gonvalscence*' deuai ag o yn ôl yn llawn asbri blodeuog.

Llyfrau o'r llyfrgell ar y gadair a'r bwrdd bach.

Y radio ymlaen am oriau bwygilydd bob dydd, dyna gysur ydi geiriau a chân lle bo cadeiriau gwag.

Cyfrolau'r meddyg, Emyr Wyn Jones, a hanes Tom Nefyn yn amlwg yn y cwpwrdd llyfrau, dau yr oedd ganddi feddwl y byd ohonynt. Acw mae nhwtha bellach.

Lluniau o'r teulu, yn fedydd a phriodas, a'r plant i gyd yn cael lle amlwg ar ben y piano, cwmpeini yn ei hunigrwydd.

Nodweddiadol o dy nain? Ie, ac o unrhyw un yn byw ei hunan ac yn gorfod llenwi'r oriau yn ofalus.

Mor falch fyddai hi o gael rhoi rhywbeth o'r neilltu, gwneud paned, eistedd, a chael sgwrs am y byd a'i betha. Nodweddiadol o'i sgwrs oedd na fyddai byth yn rhedag ar bobl. 'Ddylai neb ohonom fod yn rhy brysur i alw heibio am sgwrs, 'does ots yn y byd am be', dim ond cadw cwmpeini. Medrwch chwalu cartref, gwagio ystafelloedd a llenwi bagiau bin, ond yn wahanol i'r cyfrifiadur, ni ellwch ddileu'r cof. Rois i erioed fawr o bris ar bethau tŷ nac ar gerrig a mortar, nid petheuach sy'n gwneud cartref, er bod gafael ar rai ohonynt, fedrwch chi ddim mynd â nhw efo chi i bob man. Pam ddylem ni boeni amdanynt felly?

Fel tân coed yn llosgi yn eirias.
Fel cannwyll yn y gwynt.

Dydd Gwener a ddaeth, yr anoddaf i'w wynebu, dydd ei daearu. Ond medraf ddweud â'm llaw ar fy nghalon i mi gael mwynhad o'r diwrnod; daeth â thawelwch meddwl a rhyw ddealltwriaeth amgen i mi. Roedd y gwasanaeth yn ei chartref yn fodd i'm cryfhau, dim chwara ar deimlada, yn ddirodres ond yn ffyddiog, yn union fel y dymunai hi rwy'n sicr o hynny. Diolch, Jim Clarke. 'Doeddwn i ddim wedi edrych ymlaen at y siwrna i Lerpwl, ond rhaid oedd parchu ei dymuniad i orffwys gyda'i chymar. Wedi cyrraedd, cawsom gwrdd â'r teulu ddaeth o wahanol rannau o

Loegr, mor falch o'u gweld, ac yn teimlo'r clymau teuluol yn tynhau. Dyna braf, hefyd, oedd cyfarfod rhai o'i hen ffrindiau o Lerpwl, rhai yr oedd gen inna gryn feddwl ohonynt ers fy nyddiau yn y ddinas. Wyneb cyfarwydd, rhadlon, Ben Rees wedyn, 'doedd ond ddoe er pan wasanaethodd yn ein priodas, ugain mlynedd o ddoe. A Robin, cyfaill triw iddi ers blynyddoedd, gŵr bonheddig, addfwyn, ac un y teimlaf hi'n fraint o gael ei adnabod.

Yr un yw talu'r gymwynas ola' mewn dinas enfawr neu mewn pentref mynyddig, yr un gynhaliaeth mewn cwmpeini cyfarwydd, yr un yw teimladau ffrindiau oes. Mae'n anodd egluro'r bodlonrwydd a'r tawelwch a brofais wrth eu cyfarfod, er tristed yr achlysur, ond wedyn nid oes raid i angladd fod yn achlysur rhy drist. Roedd hi'n berffaith fodlon wynebu beth a ddaw. Aethom i gyd am baned i westy wedi'r gwasanaeth a chawsom gyfle i ymlacio a sgwrsio, ac yr oedd peth wmbreth mwy o'r llon na'r lledf yno.

Beth mae'r gair 'nain' yn ei olygu i chi? Mae gennym i gyd ein darlun ein hunain, mae'n debyg. Mae gen i ddarlun lliwgar, prydferth, beth bynnag. Golwg hamddenol ar fywyd. Cysur er iddi brofi digon o gur. Gofal am eraill a goddefgarwch. Y dewrder i wynebu yfory. Mi fyddai hi wrth ei bodd yn darllen y geiriau sy'n dilyn, fe wnâi, a chytuno:

Rwy'n sefyll ar lan y môr.
Dacw long yn y bae yn codi angor,
yn agor ei hwyliau gwynion i awel y bore
ac yn cychwyn yn dawel allan i'r cefnfor.
Mae hi'n destun prydferthwch a nerth.
Safaf a'i gwylio nes ei bod fel smotyn o gwmwl,
yn hongian lle cyferfydd yr awyr a'r môr.
Yna dywed rhywun wrth f'ochr,
'Dyna hi, mae hi wedi mynd.'
Mynd i ble?
Mynd o'n golwg, dyna'i gyd.
Yr un foment mae llygaid eraill yn gwylio ei dyfodiad,
ac eneidiau eraill yn galw'n llawen,
Dyma hi, mae'n dod.'

'Dyw marwolaeth yn ddim byd o gwbl.
Dim ond llithro i'r ystafell nesaf wnes i.
Myfi yw fi, a thi yw ti,
Beth bynnag oeddem i'n gilydd, dyna ydym o hyd.

Galwa arnaf wrth fy hen enw cyfarwydd,
siarada' â mi fel y gwnaethost erioed.
Paid newid tôn dy lais,
paid â gwisgo mwgwd o ddifrifoldeb neu alar.
Chwardd fel yr arferem chwerthin
am yr hwyl diniwed a gaem gyda'n gilydd.

Chwaraea, gwena, meddwl amdanaf,
gweddïa drosof.

Gad i'm henw barhau'n enw'r aelwyd fel y bu bob amser.
Gad iddo gael ei lefaru heb ymdrech,
heb arlliw o gysgod arno.
Golyga bywyd bopeth a wnaeth erioed,
mae yr un ag y bu erioed.

Mae yna barhad perffaith.
Beth yw marwolaeth, ond rhyw ddamwain ddinod?
Paham y dyliwn fod allan o gof am fy mod o'r golwg?
Dim ond aros amdanat yr wyf,
am ysbaid, rywle gerllaw.
Mae popeth yn iawn.'

150 NADOLIG

gan D. Ben Rees

Bendithion y Beirdd i Bawb

Duw mewn Cariad yw'r neges sylfaenol. Hyn a ysgogodd Twynog (T. Twynog Jeffreys,; 1844-1911) i lunio englyn ar y testun 'Y Gair a wnaethpwyd yn Gnawd':

Duw mewn cnawd yn dlawd ei lun – ac o Iôr
Yn gywiraf ddarlun,
A gwarth eneidiau gwrthun
yn rhoi ei nod arno'i hun.

Gellwch ddod o hyd i'r englyn yn y gyfrol a olygwyd gan Evan Rees ('Dyfed', *Cyfrol Goffa Twynog*, Wrecsam, 1912). Y mae eraill wedi llunio englynion tebyg, fel Derwyn Jones, Mochdre, pengampwr ar y grefft. Trysorwn ei englyn ar y testun 'Duw mewn Cnawd':

Duw mewn cnawd yn dlawd ei lun; - rhin y Gair
Yn y gwellt yn blentyn,
Trefn ffraeth iachawdwriaeth dyn
Yn y Mab mwy na mebyn.

Sut tybed y cafodd Derwyn yr union linell ag a gafodd Twynog? Hyn yw'r grefft ar ei gorau, ysbrydoliaeth a meddyliau yn treiddio o un bardd i'r llall dros y cenedlaethau.

Treiddia'r Nadolig a'i neges o hyd i'n bywydau ni; a daw ein hanwyliaid i'n gweld, a derbyniwn gysuron dros yr Ŵyl. I bawb sy'n methu dod adref anfonwn ein dymuniadau da, ac i bawb a ddaw i Lerpwl, Manceinion, Penbedw, Wallasey, Warrington, a phob tref arall boed i chwi gofio amdanom a mynychu'r cyfarfodydd a drefnwyd.

Sylwais ar eiriau y cenhadwr D. G. Merfyn Jones (Tywyn, Sir Feirionnydd, yn ddiweddarach) am Nadolig 1943: n]

'Derbyniais wahoddiad o Sylhet i fynd yno i dreulio'r Nadolig. Caf gwmni llawen dros y Gwyliau. Af yno yfory' – [21 Rhagfyr 1943]. Mae'n siŵr fod nifer dda ohonoch yn medru sgrifennu bron yn union eiriau am 1996, ond yn lle Sylhet, Southport! neu ryw fan arall. Dyna agwedd arall ar yr Ŵyl. Mae croeso yn perthyn iddi, a hefyd mae dymuniadau i weld y byd yn debycach i'r hyn a ddeisyfwn ei weld.

Oes â'i hiraeth am Seren – a'i llewych
yn llywio ffurfafen
Byd diddig, digenfigen,
Byd yn bod â Mab Duw'n ben.

Ac i gael byd felly, mae'n rhaid byw y Nadolig ar hyd y Flwyddyn Newydd:

Cofiwch – cysegrwch a chofleidiwch y golud o Geidwad.

151 NEWYDDION O'R GLANNAU

gan E. Gwyn Hughes a Mona Bowen

Eglwys Fethodistaidd Central Hall, Lerpwl

Bore Sul, 13 Ionawr 1991, cynhaliwyd oedfa Adnewyddu'r Cyfamod o dan arweiniad y Parch. E. Gwyn Hughes a diolchwn iddo am oedfa effeithiol a bendithiol. Nos Lun, 21 Ionawr, cynhaliwyd cyfarfod gweddi undebol yn Eglwys Bethel, Heathfield Road, a chymerwyd rhan gan Mr Euryn Roberts. Yn y Gymdeithas Gymraeg a gynhaliwyd yn y Central Hall nos Wener, 11 Ionawr, cafwyd anerchiad gan Dr Goronwy Wynne ar y testun *'Greenland'*. Drwg gennym glywed am farwolaeth Miss Olive Evans, Y Rhyl. Bu Miss Evans yn aelod ffyddlon a gweithgar yn Eglwys Spellow Lane gynt.

Trist yw cofnodi marwolaeth ein chwaer annwyl Miss Ann Pierce yn 89 oed mewn cartref henoed. Bu'n aelod ffyddlon a gweithgar yn eglwysi Knowsley Road a Trinity Road gynt ac yna yn y Central Hall. Cydymdeimlwn â'r teulu yn eu colled.

Brynhawn dydd Iau, 7 Chwefror, yn y Gymdeithas, cafwyd hanes y graig Masada, amddiffynfa Herod, gan y Parch. E. Gwyn Hughes. Cynhaliwyd Cyngor yr Eglwys ar ôl oedfa bore Sul, 17 Chwefor, dan lywyddiaeth y Parch. E. Gwyn Hughes. Cafwyd cofnodion gan yr ysgrifennydd, Mr. John Williams. Pasiwyd pleidlais o gydymdeimlad â theulu'r diweddar Barch. William Parry, Y Fflint. Bu Mr Parry yn weinidog yn eglwys Claughton Road, Penbedw, ar un adeg. Cydymdeimlwyd hefyd â Miss Morfudd Pritchard sydd wedi cael damwain yn y stryd ac yn gaeth i'w chartref. Llongyfarchwn ein hysgrifennydd gweithgar ar gyrraedd yr oedran teg o 80 mlwydd oed, gan ddiolch iddo am ei wasanaeth gwerthfawr ar hyd y blynyddoedd.

Cynhelir ein Cyfarfod Pregethu ddydd Sul, 5 Mai 1991, oedfa Saesneg am 3.00 ac oedfa Gymraeg am 5.30. Pregethir gan y Parch. Philip Barnett yn y ddwy oedfa.

Clwb y Cymry

Ar 4 Rhagfyr 1991, cafwyd noson gerddorol yng nghwmni tair o ferched ifainc o ysgol St. Hilda's – Verity Jones, Emma Davies a Helen Bach. Cafwyd eitemau offerynnol a lleisiol gan y tair ferch dalentog hyn. I ddiweddu'r noson canwyd carolau dan arweiniad Roderick Owen. Yn ystod y noson clywsom y newydd trist am farw Mr John Alun Hughes, un o aelodau ffyddlonaf y clwb. Bydd chwithdod a cholled ar ei ôl.

Mwynhawyd y Parti Nadolig yng ngwesty'r Shaftesbury yng nghwmni Parti Llwyndyrys, tair o ferched hwyliog a thalentog o Ben Llŷn. Edrychwn ymlaen at ein hymweliad nesaf â'r Shaftesbury i ddathlu Gŵyl Ddewi ar 1 Mawrth.

Cyfarfyddiad cyntaf y flwyddyn newydd oedd yng nghwmni y Prif Arolygydd William Owen. Cafwyd darlith arbennig iawn ganddo ar y testun 'Maesyfed, Kilvert a'i amserau', ardal a phwnc a oedd yn ddieithr i lawer ohonom.

25 Ionawr oedd dydd Santes Dwynwen ac i'n hatgoffa o hyn cafwyd rhaglen hwyliog a chartrefol o ganu, barddoniaeth a darlleniadau gan Nan Hughes Parry, Ann Roberts, Enid ac Ifan Jones.

Ers iddo ymddeol mae Mr Gwilym Jones wedi rhoi llawer o'i amser i gynorthwyo anffodusion y ddinas, a'i hanes yn 'Galw Heibio' am y rhai hyn oedd byrdwn ei ddarlith i ni ar 20 Ionawr 1992.

152 NEWYDDION O FANCEINION

gan Eleri Edwards ac Anne S. Hunt

Gyda'r Eisteddfod Ryngwladol yn Llangollen a'r Eisteddfod Genedlaethol yn Ninbych drosodd, mae'r haf wedi mynd heibio yn sydyn iawn. Eflyn ac Elwyn Evans yn dathlu.

Roedd yn bleser mawr inni ddathlu priodas aur Elwyn ac Eflyn Evans ar y dydd cyntaf o Awst. Roedd y teulu o America wedi dod atynt felly hefyd 'criw Upper Mill' a theulu'r capeli Cymraeg ar ddiwrnod braf o haf i ymuno yn yr achlysur. Cafwyd parti hyfryd gyda llawer o hwyl a sgwrsio - heb sôn am y bwyd! Roedd pawb yn gwirioni ar Sam a'r plant eraill, talentog a siriol, yn clebran ymysg yr oedolion!

Capel Oaker Avenue , Eglwys Bresbyteraidd Cymraeg , yn Didsbury, Manceinion.

Trefnwyd cyfarfodydd cyffredinol blynyddol ein capeli yn ystod yr wythnosau diwethaf. Mae rhain yn gyfle i bawb roi eu syniadau a rhannu gweledigaeth. Na, nid hel mwg i sach ychwaith ond orig ddiddorol gyda phobl yn rhoi eu barn ac yn gwrando ar ei gilydd. Mae Cymry

Manceinion i gyd yn awyddus i gadw'r 'pethe' a'u mwynhau cyhyd ag sy'n bosib. Roedd problemau amlwg, ond rydym yn dal i ddyfalbarhau ac i geisio'u datrys.

Gwyddom fod gwyliau'r haf yn adeg i'n pobl ifainc gael canlyniadau. Eleni llongyfarchwn Bethan, merch Arfon ac Elaine Owen, Marple Bridge, am gael gradd dosbarth cyntaf. Dymunwn yn dda iddi yn y dyfodol. Mae Megan Smithson wedi cael ysgoloriaeth yn ei maes arbennig hi i fynd i'r Unol Daleithiau am flwyddyn ac rydym yn falch iawn ohoni - pob bendith iddi hi.

Yn ddiweddar cawsom golledion wrth i ddau o'n cewri ddiflannu, dau mewn gwth o oedran ac yn rhan o fywyd capeli'r ardal, Mr Evan Pritchard o gapel Altrincham a Mrs Mona Williams o gapel Warrington.

Roedd arwyl Mr Evan Pritchard ar 4 Mehefin yng nghapel Altrincham ac yna yn yr Amlosgfa. Claddwyd ei lwch ychydig o ddyddiau wedyn ym mynwent Brooklands heb fod ymhell o'i gartref yn Marford Crescent. Roedd Evan yn cofio hanner canmlwyddiant Capel Willow Tree Road ym 1953 ac wedi bod yno yn y dathliadau. Meddai yn ein llyfryn *Henaduriaeth Manceinion Ddoe a Heddiw:*

> 'Roedd y capel yn orlawn ar y nos Sul a thua chant yn y gynulleidfa a'r drydedd ran yn bobl ifainc. Roedd llawer o'r rhain yn brentisiaid, yn athrawesau, yn nyrsys neu yn gweini. Cawsant gwpaned o de yn y festri cyn rhedeg am y trên i London Road er mwyn mynd i'r Clwb Cymraeg yno' meddai.

Roedd ganddo feddwl craff a hiwmor sych ac yn ddyn galluog ei waith. Ar ôl graddio mewn ffiseg ym Mhrifysgol Bangor, dechreuodd Evan ei yrfa yn 1951 yn wyddonydd ymchwil yn Stockport ac yna yn Trafford Park. Roedd ei ymchwil yn ymwneud â *High Voltage Insulators*. Am flynyddoedd, bu'n ffyddlon i Eisteddfod yr Ofalaeth ac yn hen law ar gystadlu ar y llinell goll a'r cyfieithu ac yn aml yn dod i'r brig. Roedd yn hoff o'r Gymdeithas Gymraeg ac yn gefnogol i'r Achos yn gyffredinol. Rydym yn cydymdeimlo â Catherine a'r merched, Anwen a Gwen a'u teuluoedd, yn eu colled ac yn diolch i Dduw amdano.

153 NODDFA

gan Anne Stanley Hunt

Ar brynhawn Sul braf, yr olaf ym mis Mai, daeth cynulliad da ynghyd i wasanaeth arbennig yng Nghapel Gas Street, Bolton – capel bach clyd, “agos atoch” gyda sêt fawr go iawn a phulpud yn y canol. Golygfa adnabyddus i’r mwyafrif ohonom ac un a dry’n meddyliau’n ôl i’r capeli y’n magwyd ynddynt yng Nghymru. Braf oedd gweld “y tŷ yn llawn” o flaenoriaid ac aelodau’r chwaer eglwysi yn Henaduriaeth Manceinion ynghyd â nifer o gyn-aelodau a chyfeillion Eglwys Bolton.

A beth oedd yr achlysur arbennig hwn? Ar un ochr i’r geiniog achlysur trist, o feddwl mai dyma’r tro olaf i ni fynychu y capel bach a fu’n hafan a chartref ysbrydol i lawer Cymro dros y blynyddoedd. Ond ar yr ochr arall y neges oedd inni fod yn bositif ac yn obeithiol gan mai cau adeilad yn unig ydoedd. Mae drws arall yn agor i aelodau Bolton a hynny o dan enw newydd – Eglwys Noddfa, Cheetham – wedi iddynt benderfynu uno’r ddwy eglwys – Cheetham a Bolton. A dyna “hafan gobaith” y ddwy eglwys i’r dyfodol. Boed bendith Duw arnynt yn eu cartref newydd. Cafwyd gwasanaeth hyfryd gydag aelodau Cheetham a Bolton a chynrychiolwyr o’r Henaduriaeth, yn cymryd rhan. Mrs. Neli Hudson, unig flaenor y capel, estynnodd y croeso a rhoddodd atgofion o’r Achos yn Bolton – y capel cyntaf yn Duke’s Alley a’r ail yn Gas Street, dau enw digon rhyfedd i gapeli Presbyteraidd ac nid yw ceisio’u cyfieithu i’r Gymraeg yn gwneud pethau’n well ychwaith! Yn 1963 agorwyd y capel yn Gas Street – tipyn o fenter, a chofio mai ychydig o aelodau oedd yno ond yn amlwg yn fawr eu brwdfrydedd.

Pleser o’r mwyaf oedd cael croesawu dau gyn-flaenor wedi dod i dalu’r deyrnged olaf i’w hen gapel – Mr Rheinallt Thomas o Fangor a Mr Arlan Thomas a’i wraig, Dr Carys, o Rydaman, de Cymru. Y ddau wedi dod i’r cyffiniau i weithio yn y chwedegau cynnar. Etholwyd hwy yn flaenoriaid yn adeg gweinidogaeth y Parch. R. J. Evans, yn bresennol o Lanfairpwll, mewn eglwys fywiog, ac er mai dim ond ugain o aelodau oedd yno, roedd bwrlwm plant, gwaed ifanc a chymdeithasu brwd ar yr adeg arbennig honno.

Y Parchedig RICHARD J. EVANS, B.A.

Ond dros dreigl y blynyddoedd, lleihau wnaeth nifer yr aelodau a gwaetha’r modd, heneiddio. Capeli Cymraeg Bolton a Cheetham oedd y cysylltiad olaf â Gofalaeth Ogleddol Henaduriaeth Manceinion. Eisioes gwelsom golli capeli Tyldesley, Rochdale ac Ashton-under-Lyne. Capel Noddfa yw’r gwrthglawdd olaf.

Derbyniwyd cyfarchion oddi wrth y ddau gyn-weinidog, y Parchedigion R. J. Evans, Llanfairpwll a Geraint Roberts, Cerrigydrudion, a'u dymuniadau am fendith ar yr uniad. Yn dilyn yr atgofion a darlleniad hyfryd o 'Gwarchod y Pethe' gan Mrs. Dilys Williams, cafwyd gweinyddiad o'r Cymun yn ddwys iawn o dan arweiniad y Parch. Victor Watson sy'n cyfeirio ato'i hun yn aml fel 'gŵr Gwenda'. Sais yw ef, gweinidog ordeiniedig gyda'r Methodistiaid a fu'n cenhadu ym Mhanama, Tahiti a Jamaica ar hyd ei oes, ac wedi ymddeol i Fanceinion, ac yn gymorth mawr i ni fel Henaduriaeth. Cymraes lân loyw yw Gwenda, ei wraig, sydd â'i gwreiddiau ar Ynys Enlli ac sydd bellach yn 'un ohonom ni' a balch ydym o'u cael ill dau. Addas iawn oedd gorffen y gwasanaeth drwy gydgymryd o'r bara a chydyfed o'r gwin o dan ei arweiniad urddasol a thawel.

Gwelsom golli un o'r 'ffyddloniaid', Mrs. Cassie Williams, blaenor ffyddlon Eglwys Cheetham a fu'n gyfrwng yn y trafod a'r trefnu i uno'r ddwy eglwys. Er iddi fod yn yr ysbyty yn dilyn damwain, yn sicr roedd hi gyda ni yn yr ysbryd.

Do, cawsom gyfarfod teimladwy a meddylgar ac wrth gwrs deimladau cymysg – hapus a thrist.

154 NODDFA YN ORLAWN AR DDECHRAU CANRIF

gan Marged Jones

Pnawn Sul, 16 Ionawr 2000, cafwyd oedfa arbennig iawn yn Eglwys Fethodistaidd Noddfa, Trefebin. Oedfa Undebol i holl eglwysi Cymraeg o bob enwad ar lannau Mersi wrth groesawu'r Trydydd Mileniwn. Llywyddwyd gan y Parch. R. J. Môn Hughes, Penbedw, Llywydd Cyngor Eglwysi Cymraeg Lerpwl a'r Cyffiniau, gan mai hwy a drefnodd yr oedfa. Yr organydd oedd J. H. Thomas, Heswall. Cymerwyd rhan gan holl weinidogion Cymraeg y Glannau. Nid oedd neb yn absennol a braf oedd gweld bws llawn (51 ohonynt) o Bethania a Bethel, Heathfield Road. Darllenwyd o'r ysgrythurau gan y Parchedigion D. Glanville Rees, Southport, a Jennifer Hurd, Noddfa. Arweiniwyd ni ar lwybrau gweddi gan y Parch. Geoffrey Davies o Eglwys Anglicanaidd Dewi Sant, Sheil Road a'r Parch. Eleri Edwards, Caplan Cymry'r Glannau.

Y pregethwr gwadd oedd y Parch. Harri Parri, M.A., B.D., Caernarfon (Llywydd Cymdeithasfa'r Gogledd o Eglwys Bresbyteraidd Cymru). Cafwyd homili gofiadwy ganddo, un fer ond bwrpasol iawn yn seiliedig ar adnod o'r bennod gyntaf o Lyfr Josua. Digon inni feddwl amdano a galwad i agor y Beibl, i warchod yr Arch, ac i gladdu esgyrn Joseff, sef peidio gadael i'n trefniadau eglwysig ein llesteirio i symud ymlaen mewn cyfnod newydd.

Roedd gweld yr adeilad o dan ei sang a'r canu gwefreiddiol a'r cyfan mor raenus, yn codi hiraeth am hyn o Sul i Sul. Os gwnawn fyfyrio ar hyn ni fydd rhaid pryderu am y dyfodol. Gwrandawn ar eiriau'r Iesu yn ein gwahodd o'r newydd. 'Dewch ar fy ôl i ac mi a'ch gwnaf yn bysgotwyr dynion'.

Offrymwyd gweddi ddwys iawn am Un Eglwys ar y Glannau a Blwyddyn y Milflwyddiant gan y Parch. Ddr. D. Ben Rees, Ysgrifennydd a sylfaenydd CECLAC o'r cychwyn yn 1984. Cyhoeddwyd y fendith gan y Parch. Tom Wright, gweinidog rhan amser Caer ac Ellesmere Port. Croesawyd Dr Rees a'r Parch. T. R. Wright gan y Llywydd, yn llawenhau eu bod yn cryfhau ar ôl cyfnod yn yr Ysbytai.

Gwnaed Casgliad o £134 a drosglwyddir tuag at waith pwysig Pwyllgor Mileniwn Glannau Mersi. Braint oedd bod yno.

[Diolch i Mrs Marged Jones, Penbedw, a llongyferchir hi ar ei dewis yn Llywydd Henaduriaeth Lerpwl am y flwyddyn 2000, ond oherwydd cyflwr ei hiechyd bydd yn rhaid iddi wrthod yr anrhydedd – Gol.]

O

155 O'R YSGWRN I LWYN Y MAGNELAU

gan Gareth James

Mae twrf rhyfeloedd blin ar ffo
A'r dewr yn huno yn y fro...

Hedd Wyn

Pentref bach distaw gwledig yw Trawsfynydd. Ychydig sy'n digwydd yno wedi i'r plant fynd i'r ysgol yn y bore nes iddynt ddychwelyd yn y prynhawn a phrin yw'r traffig trwyddo gan fod y briffordd yn ei osgoi. Pentref bach distaw gwledig yw Boezinge hefyd. 'Does dim llawer yn digwydd yno yn ystod y dydd chwaith ac mae'r briffordd yn ei osgoi yntau. Ond mae ffordd yn cysylltu'r ddau bentref, y naill un ucheldir gogledd Cymru a'r llall rhyw dair milltir i'r gogledd o ddinas Ypres neu 'Wipers' yn iseldir gwlad Belg. Yn hytrach yn Fflandrys, ardal na ŵyr ffin, gan orwedd ar draws de gwlad Belg a gogledd Ffrainc. Y ffordd erchyll honno a gariodd bardd cadair ddu Penbedw ar daith o'i gynefin i'w weryd ger y ffos ddu dros ddeng mlynedd a thrigain yn ôl.

Taith, fel mae'n digwydd bod, ddaeth â Hedd Wyn yn gyntaf i Litherland, lle y bu ef a'i gymdeithion yn y Royal Welch Fusiliers yn aros am orchymyn i gychwyn am Ffrainc yn 1917. Dywedai mai yn Litherland, maesdref yn Lerpwl , y bu iddo orffen awdl fuddugol Penbedw.

Profiad cofiadwy oedd dilyn rhan o'i daith ar y ffordd drist honno yr Hydref hwn, trwy Armentières ac Ypres i Passchendaele, Pilkem a'r fynwent yn Boezinge. Heibio'r dwsinau o fynwentydd milwrol eraill gyda'r rhesi taclus o gerrig gwynion sydd, nid yn unig yn gofebion i genhedlaeth goll, ond hefyd yn dystiolaeth glir i ynfrydrwydd dyn. Ychydig iawn o greithiau eraill y brwydro sydd i'w gweld yn yr ardal yn awr. Ailadeiladwyd y trefi a'r pentrefi yn fedrus a chywrain a thai fferm newydd sydd yng nghefn gwlad. Mae Armentières yn dref ddiwydiannol lewyrchus unwaith eto ac erbyn hyn yn un o faestrefi dinas Lille. Mae'r afon Lys yn dal i dreiglo'n araf trwyddi fel y treiglodd pan ddewisodd Hedd Wyn y ffugenw *Fleur de Lys* cyn anfon awdl 'Yr Arwr' i Benbedw.

Roedd dinistr Ypres – ychydig ymhellach ar y ffordd – yn y Rhyfel Byd Cyntaf mor llwyr â dinistr Hiroshima yn yr Ail Ryfel Byd. Yn Neuadd y Brethynnau – adeilad hardd yng nghanol y ddinas – atgoffir ymwelwyr o'r dioddef a'r chwalu mewn arddangosfa barhaol sydd hefyd yn olrhain atgyfodiad.l. Dinistriwyd y ddau adeilad sef Neuadd y Brethynnau a'r eglwys Gadeiriol yn llwyr yn y Rhyfel Byd Cyntaf ac ailadeiladwyd y ddau yn fedrus.

Mwy cofiadwy, er hynny, yw Porth Menen – y fynedfa fawr a godwyd yn 1927 ar ochr ddwyreiniol y ddinas. Arni mae enwau rhyw 60,000 o filwyr Prydain a'r Gymanwlad a gollodd eu bywydau'n amddiffyn Ypres ac ni wyddys lle y gorweddant. Yn eu mysg mae nifer fawr o enwau Cymreig. Hyd heddiw, am wyth o'r gloch bob nos atelir y traffig trwy'r porth am ychydig funudau o barch iddynt a chenir y '*Last Post*' gan aelodau o Frigâd Dân y ddinas ar gyrn a gyflwynwyd iddynt gan y Lleng Brydeinig.

Mae enwau pentrefi Passchendaele a Pilkem, fel enw Ypres, bellach yn gyfystyr â rhyfela ar ei waethaf. Rhed crib isel mewn hanner cylch rhwng y ddau bentref, rhyw bedair milltir o Ypres. I fachgen o Drawsfynydd a wyddai beth oedd mynydd, mae'n debyg nad oedd ond poncen. Ond i amddiffynwyr Ypres yn 1917, roedd y grib yn allweddol ar y tir isel lleidiog, a chwerw a drud fu'r ymladd i'w meddiannu.

Ymlaen i'r grib yr aeth y ffordd. Dewiswyd pymthegfed bataliwn y *Royal Welch Fusiliers* – bataliwn Hedd Wyn – i gymryd rhan yn nhrydedd brwydr Ypres ym mis Gorffennaf. Eu nod oedd croesi'r corsydd islaw'r grib ac yna dringo i oresgyn Pilkem.

Agorodd y frwydr am ddeng munud i bedwar ar fore 31 Gorffennaf – un o'r diwrnodau gwlypaf mewn haf gwlyb. Roedd y bechgyn at au ceseiliau yn y mwd ar adegau, ond ymlaen yr aethant yn nannedd y tywydd a'r gelyn, ac erbyn diwedd y prynhawn roedd Pilkem a phen orllewinol y grib yn eu dwylo. Collodd llawer o Gymry eu bywydau'r diwrnod hwnnw, ac yn eu mysg y Preifat Ellis Humphrey Evans, Hedd Wyn.

'Dyw Pilkem heddiw yn ddim ond prin ddwsin o dai bychain a hwyrach ddwsin arall o ffermydd gwasgaredig. Mae'r mwd yn awr yn dir ffrwythlon a'r grib a fynnodd bris mor ddrud i'w meddiannu yn ddim ond poncen isel. Gwelsom rth Menen, Ypres, a godwyd yn 1927. Arni mae enwau rhyw 60,000 o filwyr Prydain a'r Gymanwlad a gollodd eu bywydau'n amddiffyn Ypres ac ni wyddys lle y gorweddant.

A Paschendaele? Dim ond pris y betys siwgr a chwotâu llaeth y Farchnad Gyffredin sy'n cyffroi'r pentref heddiw. Anfonir y plant i'r ysgol heibio'r gofgolofn ar y sgwâr mor ddidaro â phlant unrhyw bentref arall yn y byd. Mae gan yr hen bobl eu hatgofion o'r dyddiau erchyll, ond gwell ganddynt eu cadw iddynt eu hunain.

Mae pen y daith yn Boezinge, o fewn tri lled cae o grib Pilkem. Mae'r ffordd yn awr yn arwain i fynwent filwrol fawr Llwyn y Magnelau – *Artillery Wood* – tua'r un pellter allan o bentref Boezinge ag yw'r Ysgwrn, lle y ganwyd y bardd, o Drawsfynydd. Ychydig iawn o lwyni sydd o gwmpas heddiw a lle bu'r magnelau mae'r tractor yn teyrnasu.

Arysgrifen syml sydd ar garreg ei fedd:

61117 Private
E. H. Evans
Royal Welch Fusiliers
31st July 1917. Age 30

ac ar y gwaelod:

Y Prifardd Hedd Wyn

O flaen y garreg mae rhosyn bach coch. Blodyn bach coch ar ben y ffordd a droellodd mor bell o Drawsfynydd.

Dymunwn fod yn flodyn – a'r awel
    Garuaidd yn disgyn
  Arnaf i yn genlli gwyn
  Oddi ar foelydd eurfelyn.

Hedd Wyn

Mynwent Llwyn y Magnelau (*Artillery Wood*), Boezinge, ger Ypres.

156 O GADAIR YR HENADURIAETH

gan W. Meirion Evans

Wrth daro trem yn ôl ar weithgareddau ein henaduriaeth am y flwyddyn sydd wedi ein gadael [1995], y gair a ddaw yn flaenllaw i'm meddwl yw y gair 'Diolch'. Diolch yn gyntaf am i'r Anfeidrol Dduw ein cynnal, ac am ein harwain yn yr holl weithgareddau, yn ail diolch am y cydweithio effeithiol a charedig sydd wedi bodoli ym mhob cyfarfod, a diolch i'n hysgrifennydd diwyd, y Parch. Ddr. D. Ben Rees am ei holl lafur eto eleni, fel y mae wedi ei wneud yn Ysgrifennydd er 1972.

Gyda thristwch y derbyniasom y newydd am farwolaeth un o flaenoriaid Bethania, Waterloo, a chyn-Lywydd yr Henaduriaeth, sef y diweddar Dewi Garmon Roberts, Maghull; diolch am y cyfle o adnabod y gŵr hawddgar hwn, braint yn wir oedd gwrando arno yn gweddïo ac arwain ein meddyliau at Dduw. Yr ydym yn cydymdeimlo â'i briod Bet, y plant, Nia, Nerys a John, a'r teulu i gyd, o golli un oedd yn annwyl iawn yn ein golwg. Coffa da amdano a hefyd am Idris Lloyd Jones a fu'n flaenor yn Stanley Road.

Llwyddasom i gynnal ein cyfarfodydd daufisol, Cymanfa'r Plant a Chymanfa Ganu flynyddol, a chefais y cyfle i'n cynrychioli yng Nghymanfa Ganu Runcorn a'r Cylch ym mis Mai yn y capel Cymraeg.

Diolch am y cyfle newydd a ddaeth i'm rhan, sef eich cynrychioli yng Nghymdeithasfa'r Gwanwyn a gynhaliwyd yn eglwys St. John Street, Caer, ar 15-18 Mai. Yn wir, yr oedd yn agoriad llygaid imi wrth weld a gwrando ar yr holl weithgareddau sy'n mynd ymlaen o dan lywyddiaeth ein hysgrifennydd, a chofiaf tra fwyf byw ei araith ymadawol o'r gadair, a'r capel dan ei sang ar y thema: (i) Galwad i fywhau ein tystiolaeth bersonol; (ii) Perthynas rhwng ysbrydolrwydd a chyfiawnder; (iii) Ymgyrch yw stiwardiaeth Gristnogol i'r dyfodol. Da oedd bod yno.

Gwahoddwyd Cymdeithasfa'r Hydref gan Henaduriaeth Manceinion a Lerpwl ar y cyd, a chynhaliwyd yr holl weithgareddau yng nghapel Bethel, Heathfield Road, ar 18-20 Medi. Diolch am y cydweithio hapus a aeth ymlaen o dan arweiniad y Parchedigion Geraint Roberts a D. Ben Rees, yr oedd sglein ar yr holl weithgareddau ac yn enwedig felly gyda'r prydau bwyd a oedd dan ofal chwiorydd y ddwy Henaduriaeth.

Agorwyd holl weithgareddau'r Gymdeithasfa gydag Oedfa Bregethu o dan arweiniad y Parch. Iorwerth Jones-Owen, Caernarfon, ar y testun o Lyfr y Barnwyr, pennod 2, adnod 10: 'a chododd arall ar eu hôl, nad oedd yn adnabod yr Arglwydd'. Tybed oni ddylai pob Sasiwn gychwyn ei gweithgareddau gyda chyhoeddiad o Air Duw?

Hyfryd oedd bod yn bresennol ar bnawn Mercher i wrando ar Mr H. Wyn Jones, Bethel, yn cyflwyno hanes yr achos, a charwn ddiolch iddo am ei waith clodwiw a thrylwyr, dyma lyfryn sydd yn werth ei gadw i'r dyfodol.

Cafwyd cyfle hefyd i longyfarch Mr W. Rees Jones o eglwys Runcorn, ar ddathlu deugain mlynedd yn flaenor, a hyfryd oedd ei weld a'i glywed yn rhoi gair o brofiad yng nghyfarfod y blaenoriaid.

Clowyd y Gymdeithasfa gyda gwasanaeth cenhadol ar y thema 'Yn ôl traed yr Arglwydd Iesu'. Roedd y cyfarfod hwn, eto, wedi ei gynllunio a'i drefnu gan ein Hysgrifennydd, ac aelodau o'r ddwy Henaduriaeth yn cymryd rhan, a gwerthfawrogwn feddylgarwch y Parch. Tom Wright yn trefnu bws o Gaer i'r oedfa hon. Heb amheuaeth, fe ddaeth y Gymdeithasfa a'r ddwy Henaduriaeth yn nes at ei gilydd, a daliwn ati i gydweithio.

Ar Sul, 29 Hydref, cynhaliwyd cymanfaoedd i ddathlu *Grawnsyppiau Canaan*. Cymanfa Ganu fodern i'r plant a'r ifanc yn y prynhawn ac yna yn yr hwyr Cymanfa Ganu o dan arweiniad Gwynn Jones, B.A., Porthaethwy, a'r cyfan yn cael ei recordio gan y cwmni teledu Intrada, a bellach sydd wedi ei ddarlledu ar S4C. Unwaith eto carwn ddiolch o galon i'r Parch. Ddr D. Ben Rees am ei waith ymchwil trwyadl yn trefnu'r holl weithgareddau ac am ei ragymadrodd a'r *Detholiad* a gynhyrchodd, sydd o werth a budd inni oll yn ein heglwysi ac mewn llawer eglwys yng Nghymru gobeithio. Hebddo ef, mae'n siŵr gen i, y buasai'r achlysur pwysig hwn wedi mynd i ddifancoll, heb inni sylweddoli mai yn Lerpwl y cyhoeddwyd y llyfr emynau Cymraeg cyntaf erioed, a hynny yn 1795. Dyledus ydym iddo ac i'r gorffennol.

Hoffwn longyfarch tri arall o'n plith: ein Trysorydd, J. Tudor Owen, F.C.A., am ei ethol yn aelod o Bwyllgor Gwaith Cymdeithasfa'r Gogledd am y tair blynedd nesaf; i Ms Rachel Gooding, B.D., M.A., ar gwblhau ei thymor yn Gaplan y Glannau, ac am fodloni i aros ymlaen am chwe mis arall, ac i'm cyd-flaenor, Dr John G. Williams am ei ethol yn Llywydd yr Henaduriaeth am 1996. Dymunwn yn dda iddo a phob rhwyddineb yng ngwaith ein Harglwydd.

157 OS HOFFECH WYBOD

Holi Hywel Jones

1. Ymhle bu dechrau'r daith? Fe'm ganwyd yng Ngarndolbenmaen yn yr hen Sir Gaernarfon. Pan yn dair oed, fe symudodd y teulu i bentref bach Bryncir, rhyw ddwy neu dair i ffwrdd.

2. Yn eich blynyddoedd cynnar (cyn chwech oed) beth a gofiwch chi'n glir? Beichio crïo ar y bws yr holl ffordd i'r Garn bob dydd am fy mhythefnos cyntaf yn yr ysgol – a'r *conductor* yn gorfod fy nghario o'r bws i'r ysgol. Does ryfedd i mi fynd yn athro!

3. Ar wahân i'ch rhieni, pwy neu beth a fu'n ddylanwad mawr arnoch yn eich plentyndod? Fel yr ieuengaf o deulu mawr, bu fy mrodyr a fy chwaer yn ddylanwad mawr arnaf.

4. Beth sy'n peri gofid i chwi yn y gymdeithas heddiw? Gweld a chlywed plant 'dim-iws-dweud' wrthynt.

5. Pa un yw eich hoff ddarn o farddoniaeth Gymraeg? (gall fod yn emyn, englyn, telyneg neu driban) Os caf newid 'hoff ddarn' i'r 'darn a edmygaf fwyaf' Galargan Robert ap Gwilym Ddu ar ôl marwolaeth ei ferch, sy'n cynnwys, o bosib, yr englyn gorau yn yr iaith Gymraeg –

Ymholais, crwydrais mewn cri, och alar
Hir chwyliais amdani.
Chwilio'r celloedd oedd eiddi
A chwilio heb ei chael hi.

6. Pwy yw'r person rydych chi'n ei edmygu fwyaf? Heb os, fy mam. Cafodd ei gadael yn weddw yn 1936 gyda 6 o blant ysgol (minnau, yr ieuengaf, yn ddim ond tair oed). Chafodd neb erioed hapusach na gwell cartref. Hedd i'w llwch.

7. Beth sydd wedi rhoi fwyaf o bleser i chi fel unigolyn? Wn i ddim a oes pleser mwy na bod yn daid.

8. Beth sy'n eich gwylltio fwyaf? Gweler yr ateb i ymholiad 4.

9. Pa wlad (ar wahân i Gymru neu Loegr) y byddech yn hoffi treulio blwyddyn neu ddwy o'i mewn? Yr Unol Daleithiau neu Canada.

10. Oes yna ddarn o lenyddiaeth o unrhyw iaith y byddech yn falch o deimlo mai chi a'i cyfansoddodd? Unrhyw englyn o safon, neu hyd yn oed *unrhyw* englyn.

11. Pa bregethwr neu areithydd neu ddigrifwr y byddech yn hoffi ei wahodd i'ch cymuned? Er gwaethaf yr arian yn yr atig, does neb tebyg i Ken Dodd.

12. A oes gennych hoff raglen radio? Nac oes.

13. A oes gennych hoff raglen deledu? *Cefn Gwlad* gyda Dai Jones yn Gymraeg a *West Wing* yn Saesneg.

14. A oes gennych hoff awdur? Islwyn Ffowc Elis, hoff iawn o'i ysgrifau cyn iddo ddod yn nofelydd.

15. Pa lyfr o'r Beibl y carech ei ddysgu ar y cof a pham? Dim un. Ddim yn gweld gwerth na phwrpas i'r gorchwyl. Beth sydd yn y galon sy'n bwysig, nid yn y cof.

16. Pa fath o wyliau y byddwch yn ei fwynhau fwyaf? Gwyliau mewn gwlad lle mae'r tywydd yn hyfryd, y bobl yn gyfeillgar, a digon o gyfle i ymlacio – a hefyd cyfle i ymgymryd â gweithgareddau anghyffredin fel hedfan mewn *hot-air balloon*.

17. Oes yna ddywediad neu ddihareb yn Gymraeg neu Saesneg yr hoffwch yn fwy na'r un arall? Rhy hwyr galw am y Doctor a'r gŵr yn myned ar ei elor. Doethineb gorau yn y byd yw derbyn cyngor da mewn pryd.

18. A oes gennych eich hoff adeilad? Oes yn bendant – fy nghartref, ond os am ateb mwy gwreiddiol, Castell Caernarfon.

19. Pe baech mewn ffordd i roddi £1,000 i'r *Angor* a fyddai gennych ddymuniad wrth ei roi? Sicrhau fod pob rhifyn o'r *Angor* yn ddeuddeg tudalen o leiaf.

20. Beth yn y byd hwn yn 2003 sy'n rhoi boddhad llwyr i chwi? Mynd i neuadd foethus i wrando ar gôr meibion ac unawdwyr o'r radd flaenaf (yn enwedig os bydd rhai ohonynt yn Gymry) yn canu caneuon traddodiadol ac operatig sy'n gyfarwydd i mi, ac nid sothach modern di-diwn.

P

158 PATAGONIA YN 1988

gan Elizabeth Emrys-Evans

Yn rhifyn Tachwedd o'r *Angor*, crybwyllir ymweliad 'parti' T. Gwynn Jones, Llanfairfechan â'r Wladfa, ac y byddai pedwar ohonom o'r Glannau yn ymuno â'r parti – y Dr. D. Ben Rees, Mr a Mrs J. Trefor Williams, Moreton a minnau. Sonnir am ddisgwyliad am 'adroddiad cynhwysfawr', ac 'argraffiadau'. Y tro hwn, argraffiadau yn unig a geir, ond gellid ysgrifennu llawer mwy, pe byddai gofod yn *Yr Angor*.

Yr oedd saith ar hugain ohonom yn y 'parti' – (y 'criw' i ni– 'y fintai' i Gymry'r Wladfa); deunaw o'r Gogledd, ac un ar ddeg o'r De.

Erbyn hyn y mae cryn dipyn o ymweld â'r Wladfa o Gymru, a'r Cymry yno yn fawr eu croeso bob tro. Yr oedd yn amheuthun clywed eu Cymraeg rhugl, er mai rhieni yn unig a siaradai Gymraeg â ni, a hwythau wedi eu geni a'u magu yn y Wladfa. Sbaeneg yw eu hiaith gyntaf ac nid oes Saesneg i'w glywed yn unman.

Yr oedd bws wedi ei logi i gario'r parti i Lundain, a ninnau ein tri yn cael ein codi am tua wyth o'r gloch. Dr. Ben Rees oedd yn gyfrifol am godi'r cyfeillion o'r De. Taith hwylus yn yr awyren o Heathrow i Fadrid, a chyrraedd am hanner awr wedi chwech gyda'r nos. Aros yn Madrid am tua pedair awr, a threulio trwy'r nos yn ceisio cysgu ar yr awyren nes cyrraedd Buenos Aires fore Mercher a chael brecwast ar yr awyren, a'n cludo i Westy Regente (*Regente Palace*) – gwesty hwylus a hardd; a'n cyfarfod yno gan wraig a'n tywysodd ar daith trwy Buenos Aires yn y prynhawn. Synnais weld bod y brifddinas mor odidog, gydag adeiladau hardd, llawer o gofgolofnau yn cofio dynion mawr y ddinas, Ymweld â'r Eglwys Gadeiriol, a gweld cwmnïau bach o filwyr 'y Band' yn dod i ganu eu 'cyrn' – defod ddyddiol. Yna i'r fynwent – prin y gwelwyd yn y byd i gyd gymaint o gofgolofnau mor hardd a mor fawr, gan gynnwys un i Eva Peron.

Ar ôl noson yn y gwesty, teithio wedyn i Dre-lew, a chyrraedd yno am saith o'r gloch gyda'r nos. Synnu gweld cymaint o Gymry yno, yn aros i'n croesawu, ac yn falch i'n gweld yn cyrraedd yn ddiogel. Y noson honno cafwyd cwrdd croeso yn Neuadd Dewi Sant i ni ac i 'fintai' oedd yno o Orllewin Cymru (hwy yn aros am fis mewn tai annedd). Y mae'r Neuadd dros siop lyfrau Gristnogol sydd yng ngofal y genhades, Miss Mair Davies, a chyflenwad o Feiblau a llyfrau Cristnogol yno. Ein gwesty cyfforddus oedd y *Rayentray*. Dydd Sadwrn cyhaliwyd yr Eisteddfod flynyddol mewn ystafell fawr (y Gymnasiwm) yn edrych yr un fath â phabell yr Eisteddfod Genedlaethol, a'r lle yn orlawn – tua thair mil o bobl, yn cynrychioli pob rhanbarth o Chubut. Sbaeneg oedd iaith y cyfarchion. Cafwyd coroni, cadeirio, a dawnsio – yn union fel yr Eisteddfod yng Nghymru. Y cyn-archdderwydd Geraint Bowen yn annerch yn Gymraeg, a chroeso i Eisteddfod Genedlaethol Llanrwst 1989 gan y Parch. Harold Rhys Hughes, ac yn cyflwyno copi o'r Testunau am 1989. Y Dr. D. Ben Rees a Mr T. Gwynn Jones yn beirniadu'r llefaru a'r canu gan wneud y cyfan yn ddidrafferth.

Y Sul, cawsom wasanaeth crefyddol yng nghapel y Tabernacl, Tre-lew, a'r Parch. Ddr. D. Ben Rees yn pregethu yn ei ddull nodweddiadol ef ei hun. Yna am 7 o'r gloch, Cymanfa Ganu yng ngapel y Gaiman; y capel yn orlawn, a T. Gwynn Jones yn arwain. Cawsom ginio '*Asado*' yn y Gaiman a chefais i ymweld â chwaer y diweddar Barch. Trebor Mai Thomas a'i theulu.

Wedyn, ddydd Llun, ymweld â *Punta Tombo* lle mae'r *Penguins* yn byw – tua dwy fil ohonynt, a rheiny'n cerdded yn dalog rhwng y miloedd tyllod, sef eu nythod.

Dydd pwysig iawn oedd y dydd Mawrth pan aethom i dref Rawson ar lan y môr, a chael cannoedd o blant ysgol wedi ymgynnull a band – nid i'n croesawu ni, ond i ddathlu penblwydd yr ysgol yn 25 oed. Yr oedd y 'mawrion' i gyd yna a chawsom gyfarfod â Rhaglaw'r dalaith a gwrando ar yr areithiau – yn Sbaeneg. 'Ysgol R. J. Berwyn' i gofio un o'r arloeswyr yw'r ysgol. Yn agos at lan y môr, mae ysgol breswyl i 150 o blant y Paith na allant fynd i ysgolion eraill, oherwydd pellter ffordd.

Yr oedd yn rhaid gadael Tre-lew am Esquel ddydd Mercher – y pen arall i'r Wladfa dros y Paith, tua awr yn yr awyren, ac aros am y gweddill o'n hamser mewn gwesty o'r enw *Tehuelche.*

Ar y ffordd yno, daethom heibio Capel Moriah, lle y bu'r Parch. Abraham Matthews, un o arloeswyr y Wladfa, yn weinidog o 1865 i 1899. Y mae yno gofgolofn hardd iddo y tu allan i'r Capel, wedi ei hanfon yno o Fangor, a'r arysgrif arni yn mynegi hynny.

Efallai mai uchafwynt y 'daith' i mi oedd ymweld â Phorth Madryn – y lle y glaniodd y Mimosa yn 1865. Taith o ddeugain milltir dros y Paith, cyrraedd glan y môr, ac edmygu'r gofgolofn uchel o'r Indiad yn syllu dros y môr, ac un arall o'r fam Gymraeg a fu farw ar y daith ar enedigaeth plentyn.

Cawsom weld hefyd y morfilod ar lan y môr. Uchafbwynt arall oedd yr amgueddfa yn y Gaiman, wedi ei chodi ar hen orsaf stesion a adeiladwyd gan Gymry. Yno gwelsom luniau llawer o'r Cymry cyntaf a thaclau ffermydd cyntaf. Gwelsom hefyd amgueddfa arall yn Nhrefelin wedi ei hadeiladu ar safle hen felin, a llawer o drysorau yno. Wedyn ymweld â bedd Malacara – ceffyl a achubodd fywyd John Daniel Evans pan laddwyd ei dri chyfaill o Gymry yn Nyffryn y Merthyron yn 1884.

Rhaid sôn am y Cwm Hyfryd a'r dref yng nghesail yr Andes, lle mae pigyn uchaf yr Andes, sef 'Gorsedd y Cwmwl'. Dywedir mai Trefelin oedd y lle cyntaf i'r Cymry wneud 'gwladfa' (*settlement*) yn yr Andes. Y mae llawer o Indiaid yn byw yma mewn tai pren bach a phentre Indiaid wrth lyn Rosario, ac yno yr oedd arddangosfa o waith yr Indiaid a rheiny ar werth. Yn Nhrefelin ar Sul olaf y daith, yng nghapel Bethel, cafwyd gwasanaeth dan ofal Dr. D. Ben Rees, a chafwyd pregeth a fu'n fendith fawr.

Un amgylchiad arall y mae'n rhaid ei nodi – ar y dydd Gwener olaf yr oeddym i deithio o Esquel i'r llynnoedd yn y Parc Cenedlaethol, lle y gwelsom lawr o anifeiliaid ac estrys. Y cynllun oedd cyrraedd y llyn mwyaf, a'i groesi ar *launch*, a cherdded yr ochr arall at gyffiniau Chile. Ond nid felly y bu. Er gofid i'r ffermwyr, ni fu glaw am fisoedd. Ond fe ddaeth y noson cyn ein hymweliad â'r llynnoedd, a bu i'r bws lithro ar y mwd mawr nes i'r 'brodyr' ar ôl awr a hanner lwyddo i'w wthio ymlaen, ar ôl bod ar y dibyn. Yn ffodus cawsom daith gwbl lwyddiannus a fythgofiadwy a chyraedd adref yn ddiolchgar am y Wladfa.

159 PETHAU DA – BYD Y TŶ A THELYNEG

gan Menna Evans ac O. Trevor Roberts (Llanowain).

Byd y Tŷ
Rysáit o waith gan Menna Evans

BARA BRITH

3 phwys o flawd codi
14 owns o siwgr brown
6 owns o fargarîn
6 owns o fraster
12 owns o gyrens
8 owns o syltanas
2 owns o bîl
8 owns o raisins
1 llond llwy de o halen, speis, soda pobi, finegr
12 owns o driog du
dŵr

1. Irwch dri thun bara – pwys yr un.
2. Gogrwch y blawd a'r halen.
3. Rhwbiwch y marjarîn a'r braster i mewn.
4. Cymysgwch y siwgr, ffrwythau a sbeis i mewn.
5. Toddwch y triog mewn jwg mewn dŵr poeth ar wres isel.
6. Ychwanegwch ddŵr i'w wneud i fyny i beint. Peidiwch â berwi – dim ond cynhesu a chyn ei dywallt i'r cymysgedd ychwanegwch y soda pobi a'r finegr i'r triog a'r dŵr.
7. Daliwch ef uwchben y cymysgedd, ac yna ei ychwanegu at y nwyddau sych.
8. Cymysgwch y cwbwl yn dda – nes ei fod yn gymysgedd meddal.
9. Rhowch yn y tri thun mewn popty cymhedrol* am tua 2 awr.

*Popty cymhedrol: Trydan 325-360°F, Nwy 3-5.

Colofn y Beirdd

GWYCHDER A GWAE

O weled lliwiau'r asur
Yn taenu dros y lli
Llaw'r hyfedr gudd arlunydd
A ddaw i'm cyffwrdd i.

Ymgollaf mewn prydferthwch
Pan ddelo hud ar dro,
A sŵn y don ddiewyn
Yn llepian ar y gro.

Er profi pur dawelwch
Ar wyneb môr di-stŵr,
Yn fyw, daw'r cof am ffrindiau
A hunant dan y dŵr.

O. Trevor Roberts
(Llanowain)

160 PINACLAU'R EISTEDDFOD (1983)

gan Dafydd Ll. Rees

BEIRNIADAETHAU'R BEIRNIAID

Roedd y tri – Y Parch. John Gwilym Jones, Bangor, T. Gwynn Jones, Llanfairfechan a Tom Gilbert, Allerton – yn adeiladol ac yn help i'r cystadleuwyr a'r gynulleidfa hardd a ddaeth i Eisteddfod Gadeiriol Glannau Merswy ar Sadwrn, 12 Mawrth 1983.

BRWDFRYDEDD Y PLANT A'R IFANC

Gwreidddiodd yr Eisteddfod ym mywydau plant a ninnau bobl ieuainc De a Chanol Lerpwl. Y mae'r peth yn heintus. Ond ble mae plant gweddill y Glannau? Mae plant yn byw yn ardaloedd Bootle, Crosby, Aughton, Wallasey, Cilgwri, Caer, Glannau'r Ddyfrdwy. Brysied atom.

TREFNIADAETH DEILWNG

Ysgwyddodd y Pwyllgor Gwaith yr holl drefniadau yn dda ac nid oes lle ond llongyfarch y Swyddogion –

Cadeirydd: Y Parch. D. Ben Rees, Ph.D., M.A., M.Sc., B.A., B.D.

Trefnwyr Cyffredinol: Mr Glyn Roberts, M.Sc., a'r Meddyg Hywel Morris

Trysorydd: Mr Hugh Begley, D.M.A., F.C.I.S.

Trefnwyr yr Arddangosfa Gelf a Chrefft:
Mrs Jean Arwel Davies, Mr G. Euryn Roberts.

Swyddog Cyhoeddusrwydd: Mr Huw Thomas, LL.B.

Golygydd *Llên y Glannau*: Mrs Pat Williams, Y.H., M.A.

a'r Pwyllgor Gwaith:
Mr H. J. Jones, Mrs Eirlys Richards, Y Parch. B. Ifor Williams, Dr John Williams, Mrs Dotwen Jones, Miss Margaret Quayle, Mr Robin Jones, Mr William Roberts, Miss Olwen Evans a Dr. R.G. Williams.

161 PLEIDLEISIWCH I AROS YN YR UNDEB EWROPEAIDD (2016)

gan D. Ben Rees

Ni wn i am neb sydd am ddod allan o'r Undeb Ewropeaidd sy'n perthyn i Gymry Lerpwl na Chymry Manceinion, ond gwn am filoedd o Saeson sydd yn mynychu cyfarfodydd a drefnir gan y teledu sydd yn arddel UKIP a'r Ceidwadwyr eithafol, fel Boris Johnson, Michael Gove, Liam Fox ac ambell i ecsentrig o Lafurwyr fel Frank Field a Kate Hoey. Yn 1975 pleidleisiais yn erbyn ymuno â'r Farchnad Gyffredin ond newidiais fy meddwl erbyn hyn. Efallai pe bai arweinwyr Brexit yn fwy cymedrol, yn llai celwyddog, yn fwy synhwyrol a doeth y cawn fy nhemtio drachefn. Ond mae clywed eu hymateb i bob adroddiad sydd yn ein rhybuddio i fod yn ofalus gan fod ein safon byw yn y fantol yn dweud y cwbl. Y gwir yw mai Llundain yw canolbwynt ariannol yr Undeb Ewropeaidd. Fel y dywedodd José Manuel Barroso, cyn Gomisiynydd Ewropeaidd fis yn ôl ar y *scenario* o dynnu allan o'r Undeb "London could no longer be the finanical capital of Europe".

Meddyliwch o ddifrif. I ddechrau y mae dwy filiwn a chwarter yn gweithio yn y diwydiant, a'r adrannau eraill, fel y gyfraith, fel cyfrifyddion, a dwy rhan o'r rheiny yn Lerpwl, Manceinion a gweddill y Deyrnas Unedig. Cynhyrcha hyn gyfoeth aruthrol trwy drethi a masnachu, rhywle oddeutu 75 biliwn o bunnau. Gwelir 250 o fanciau tramor yn Llundain yn ogystal â thros 200 o gwmniau cyfreithiol sydd a'u swyddfeydd ar hyd a lled Prydain. Amcangyfrifir gan y cyfrifwyr, The City UK, y byddai hynny yn golygu can mil o swyddi yn diflannu erbyn 2020. Y mae Michael Gove ac eraill yn medru anwybyddu y ffeithiau celyd hyn. Ond yn ôl yr arbenigwr Gerard Lyons, nid Paris neu Frankfurt fydd yn cymryd lle Llundain fel canolfan ariannol Ewrop, ond Efrog Newydd, neu Singapore neu Hong Kong.

Nid oes un banc o'r 200 sydd yn Llundain o bob rhan o'r byd am adael yr Undeb Ewropeaidd. Mae'n wir fod rhai cyfalafwyr sy'n dibynnu ar greu cyfalaf, fel Crispin Odey a Paul Marshall, yn rhoddi llawer o arian ar gyfer bws Boris Johnson sydd yn dal i bedlera celwydd, ein bod yn cyflwyno £350 miliwn bob wythnos i'r Undeb, ond hanner gwir yw hynny; y swm cywir yw £117 miliwn, a daw llawer o arian yn ôl i Brydain. Ni fyddai Lerpwl wedi gwella y tu hwnt i bob dirnadaeth, o ran amgylchedd a masnach oni bai am Ewrop. Daeth hi'n hen bryd gwella Smithdown Road a Picton Road sydd yn edrych yn druenus o drist.

Meddylicr am yr arian a dderbyniodd Cymru o'r Undeb, yn arbennig cymoedd y De a Gorllewin Cymru. Ond deil Cymru yn druenus o dlawd a mawr obeithiwn y bydd y Llywodraeth Lafur gyda chydweithrediad Plaid Cymru yn mynd i'r afael ag anghenion gwlad y 'menig gwynion'. Ond ni all Cymru fforddio dod allan o'r Undeb Ewropeaidd mwy na'r Alban. Ac os down allan, fe gollir yr Alban, gan y byddant hwy yn trefnu refferendwm arall ar gyfer annibyniaeth.

Yr ofn arall yw y bydd cwmnïau a ffatrioedd yn symud o Brydain i Gyfandir Ewrop, ac nid yn unig Cymru fydd yn dlawd, ond fe fydd pob rhan o Brydain gan gynnwys Llundain a'r De-ddwyrain.

Rheswm arall dros berthyn i'r Undeb Ewropeaidd yw i gadw heddwch rhwng 28 o wledydd. Llwyddodd Ewrop, drwy undeb rhwng y gwledydd, i gadw cymod yn y tir o 1948 hyd heddiw. Nid yn 2016 gyda bygwth ISIS a Putin yn Rwsia yw'r adeg i ddatgymalu.

Oherwydd drygioni Mussolini, Franco a Hitler bu hi yn amser anodd arnom yn Ewrop ac onibai am ddewrder bechgyn a merched Prydain, mi fyddem heddiw o dan fawd y Natsïaid. Daliodd Prydain yn ddewr. Hi oedd yn arwain. Bu pwyso mawr ar yr UDA i ddod i'n helpu. Hir y bu'r aros. Yr wyf am weld Prydain nid yn cilio yn ôl i'r cysgodion ond yn mynd i Brwsel a Strasbourg gyda phenderfyniad i fod yn fwy o arweinwyr Ewop na'r hen elynion, yr Almaen a'r Eidal a llawer o wledydd Dwyrain Ewrop. Melltith o blaid yw UKIP fel y gwelir yn y Cynulliad yng Nghaerdydd. Nid ydym am i Brydain gefnogi 'gwenwyn' UKIP ond am ddathlu yr amrywiaeth. Undeb sydd a'i angen.

Ie, undeb mewn amrywiaeth o wledydd diddorol, hanesyddol, gwahanol, lle y gall Ewrop fod yn esiampl i bob cyfandir arall, a ninnau yn falch o gael perthyn iddi.

162 PORTREAD O'R TRYSORYDD NEWYDD—Ron Gilford

gan D. Ben Rees

Bu Pwyllgor Gwaith *Yr Angor* yn ffodus dros ben o gael olynydd mor abl i'r Parch. Geraint Roberts yn Ron Gilford, Manceinion. Un o Sir Fôn ydyw'n wreiddiol, ac fel llawer un o'r ynys honno y mae'n barablwr di-ail, tynnwr coes, ac yn gyscát. Ganwyd ef ym mhentref bach Dwyran ar lannau'r Fenai a chafodd ei addysg yn Ysgol Ramadeg Biwmaris.

Symudodd i Fanceinion bron i hanner can mlynedd yn ôl yn 1949 a bu'n gweithio gyda'r Bwrdd Nwy am ddeugain mlynedd namyn dwy. Cwblhaodd ei yrfa yn Bennaeth Gweinyddol. Ymddeolodd (yn gynnar!) yn 1986 a bu'n hynod o weithgar mewn amrywiol gylchoedd yn cyflawni gwaith gwirfoddol, ond erbyn hyn mae'n bensiynwr chwim ei gerddediad a'i barabl. Bu'n aelod gweithgar yn Eglwys Bresbyteraidd Cymry Oaker Avenue, Didsbury, am bron i ugain mlynedd ac yn dderbyniol iawn yn eglwysi'r cylch fel cennad ar y Sul ac yn medru ar ddawn Môn, meddai aml un.

Chwaraeodd ran amlwg yn Ysgrifennydd Undeb Ysgolion Sul yr Henaduriaeth am ddeng mlynedd ac ef, hefyd, yw Trysorydd y gymdeithas Lên a Chân yng Nghapel Oaker Avenue.

Gwelwch ei fod yn brysur gyda'r 'pethe' a bydd yn fwy prysur fyth os ydym am groesawu Côr Meibion Llanelli ym mis Gorffennaf. Bu trafod mawr ar hynny yn y Pwyllgor Gwaith ar bnawn Llun, 26 Ionawr. Codwyd is-bwyllgor i drafod y cyfan ymhellach, (sef Ysgrifennydd, Cadeirydd, Golygydd a dau gerddor, Alan Morris a Hywel Jones o'r Bwrdd).

Hen lanc ydi o! 'Pres yn y Banc', medda nhw, ond gwn ei fod e'n hael, ac y mae wedi ein sicrhau ni eisioes mai celwydd noeth yw'r hen ddywediad! Yn ei oriau hamdden prin, mae'n ymddiddori mewn cerdded, coginio, garddio a darllen a chodi cylchrediad *Yr Angor* yn ardaloedd dalgylch Manceinion. Da ei gael.

163 PORTREAD A CHOFIO LEWIS

gan Un o'r Teulu a D.Ben Rees

Ganwyd Lewis yn Ysbyty H. M. Stanley, Llanelwy, yn fab i Menna ac Alun Edwards ac yn frawd i Jennifer, ar 11 Mehefin 1964. Bedyddiwyd ef yn Eglwys Bresbyteraidd Vale Road, Y Rhyl, gan y Parch. Emyr Roberts yn oedfa'r hwyr 6 Medi 1964. Felly, un o blant y dyffryn ydoedd. Dewiswyd yr enw 'Lewis', yr unig enw, gan mor ffyddiog oedd ei rieni o'i allu.

Yna, Ysgol Dewi Sant yn gyntaf dan ofal Mrs Bateman ac wedyn Mr Glyndwr Richards. Bu ei athrawes ddosbarth am gyfnod hefyd yn athrawes Ysgol Sul arno a hithau yn yr ysgol ddyddiol fyddai'n paratoi'r plant gogyfer yr hen draddodiad o adrodd adnodau yn oedfaon boreol y Sul.

Fel y dywed ei dystysgrif bedydd:
"Hyffordda blentyn ym mhen ei ffordd a phan heneiddia nid ymedy â hi"

Y cyfnod cynnar yn Lerpwl

Symudodd i Lerpwl yn wyth oed ar ddyrchafiad ei dad i swydd gyfrifol yn Bootle. Ni chymerodd Lewis at fywyd ar ei newydd wedd. Bu'n hiraethu am Ysgol Dewi Sant a'u gyfeillion yno am flynyddoedd, er i'w ffrindiau newydd droi allan yn ffyddlon iddo ac yn barchus ohono. Er hynny, fe wnaeth ffrindiau da yn Eglwys Waterloo; yn yr Ysgol Sul; ar y tripiau; yn y Dosbarth Derbyn dan lywyddiaeth y Parch. R. M. Williams; gyda'r bobl ifainc dros benwythnos y Cyfundeb yn y Bala, a 'Lewis Edwards' ei hunan tu faes i'r Coleg yn bwrw golwg arnynt.

A'r rhieni wedi gweld yr effaith andwyol ar eu plant gyda newid ysgolion, penderfynwyd gydag addysg uwchradd Lewis i'w osod yn Liverpool College, Mossley Hill, fel *day boy* a phetai angen symud y teulu eto, byddai modd iddo aros yn yr un ysgol fel *boarder* ond ni ddaeth hi i hynny.

Pan ymaelododd yn Liverpool College yn 11 mlwydd oed, Lewis oedd yr unig ddisgybl yn yr 'A' form honno nad oedd wedi cyrraedd y fath anrhydedd heb yn gyntaf fod wedi treulio rhai blynyddoedd yn adran y *Prep*. Bu cryn waith teithio ganddo i'r ysgol chwe diwrnod yr wythnos, gan fod ysgol fore Sadwrn ac weithiau chwaraeon yn y p'nawn, ac weithiau chwaraeon oddi cartref yn Rossall, Y Wrekin ac ati. Bu criw bach ohonynt yn teithio'n ddyddiol o Blundellsands i Mossley Hill gyda'r trên a'r bus. Plant y ddinas megis ac yn prysur ddod yn gyfarwydd â'i ffyrdd a'i phobl.

Ni chafodd Lewis drafferth academaidd yn yr ysgol, ond yn amlwg 'iaith' oedd ei brif ddiddordeb. Cymerodd yn syth at y Lladin a'r Groeg, tra oedd yn cadw fflam isel o dan y Mathemateg a Gwyddoniaeth – dim ond digon at ofynion yr arholiadau. Yn ychwanegol i'r ysgol ddyddiol, fe addysgwyd ef yn y Gymraeg gan Mrs Meinwen Rees yn ysgoldy Bethel Heathfield Road gogyfer â'r arholiad lefel O yn ei famiaith. Cafodd gyfanswm o 12 lefel O. Yna, Clasuron yn y VIed a theg cydnabod iddo, fan honno, gyflawni gwaith y flwyddyn gyntaf o gwrs gradd prifysgol.

Cyfnod Caeredin

Dylanwadodd y diweddar Barch. Dr. Islwyn Davies (Lerpwl y pryd hwnnw) iddo gynnig am ei hen goleg ef, sef Gonville & Caius, Caergrawnt, ond mynnodd yr awdurdodau yno iddo aros flwyddyn. Gwrthododd ystyried unrhyw goleg arall naill yng Nghaergrawnt neu yn Rhydychen. Gwelai ei dad ddiwylliant Presbyteraidd y Gogledd yn fwy derbyniol a llawenydd o'r mwyaf oedd iddo gael Lewis wedi ei dderbyn gan Brifysgol Caeredin am gwrs MA Anrhydedd Clasuron dros bedair blynedd. Bu farw bron ar ddiwedd ei drydedd flwyddyn.

Yn y Coleg

Roedd Caeredin wrth ei fodd: dychwelodd sirioldeb yr hen Ysgol Dewi Sant yn ôl iddo. Ychwanegodd 'Rwseg' i'w gwrs am gyfnod a bu llenyddiaeth eang y genedl honno yn agoriad llygad iddo. Eleni [1985], atgyfodwyd gan ei adran yn y brifysgol eu cwmni drama. Lewis a gymerodd ran y prif gymeriad yn eu cynhyrchiad cyntaf, sef yr Ymerawdwr yn nrama William Golding *The Brass Butterfly*. Bu'r ddrama ymlaen am ddwy noson (28 Chwefror a Mawrth 1985) yn yr Adam House Theatre, Chambers Street, Caeredin. Mynegodd rhai iddo ddangos arwydd o ddawn arbennig yn ei berfformiad – ond fe wyddai'r teulu mai dim ond cyfiawnhau hyfforddiant Mrs Thonas gynt yn Ysgol Dewi Sant, Y Rhyl, yr oedd.

Ond ei brif ddiddordeb oedd llenyddiaeth ac athroniaeth. Mi fyddai ar frys ac yn hwyr y nos yn llenydda'n ddwfn: yn gosod syniadau tu hwnt i'r amgyffred cyffredin i lawr ar bapur; tu hwnt i'r rhai a fu hyd yma yn cyd-gerdded ag ef ar daith bywyd. Ond roedd ei egwyddorion moesol yn hollol ddealladwy a thrawsnewidiodd gryn dipyn ar rai o honiadau sefydlog, ac weithiau rhyfelgar, ei dad.

Cyrraedd Gwlad Groeg

Bu ef a'i dad yn teithio gwlad Groeg yn Ebrill – yn ystod ei wyliau Pasg. Gwelwyd yr hen wareiddiad – Athen, Corinth, Epidaurus, Olympia, Patras, Delphi, Meteora, Thermopylae. Roedd y cwbl yn ffitio patrwm y gwersi gynt. Ymadawodd ag Athen wedi gwneud trefniadau ynglŷn â'i ddychweliad i'r ddinas ymhen ychydig wythnosau. Ond daeth y cyfan i ben mewn byr amser wedi hynny. Cymerodd y brif ran mewn trasiedi Roegaidd ei hunan bach.

Ar y terfyn

Distawodd y ddysgeidiaeth fawr yn Ysbyty Sant Paul am hanner dydd ar 16 Ebrill 1985 a bu'n anymwybodol ar ei drosglwyddiad i'r Royal Liverpool yn ddiweddarach. Bu farw y p'nawn hwnnw ym mreichiau ei fam ac yng nghlyw gweddi orfoleddus y Parch. Ddr. D Ben Rees a fu'n cynorthwyo ac yn gefn i'r teulu bach yn eu hargyfwng. Mewn ystafell arbennig yn Ward 7 y bu farw'r corff, ond dihangodd enaid y bachgen Lewis at Dduw y Tad. Un o'r clefydau dan ystyriaeth, megis oriau gynt oedd *profound anaemia*. Cywir y *profound* amdano. A'i eiriau olaf? Wrth gofrestru yn Ysbyty Sant Paul, gofynwyd iddo *Religion*?, a'i ateb oedd '*I am a Christian: it's a long time since I have said that.*'

Dyna a ddywedodd Paul yn ninas Corinth gynt lle y bu Lewis ac Alun Edwards. 'Ddywedodd neb ddim byd mwy syfrdanol erioed.

Diolch am Lewis Edwards. Diolch am y teulu a'r genedl a'i magodd: am y rhai a'i dysgodd: am y rhai a'i carodd, am y rhai a fu'n gweddïo drosto. Diolch i'r Hwn a fu'n Waredwr iddo ar hyd y daith.

164 PRIF DDIGWYDDIADAU CYMRY LERPWL, MAI A MEHEFIN 1985

gan Ieuan A. Jenkins

MAI

14 Nos Fawrth - Cyfarfod blynyddol Cymdeithas Lenyddol Bethel, Heathfield Road, Lerpwl.

15 Nos Fercher – Cyfarfod daufisol Henaduriaeth Lerpwl o Eglwys Bresbyteraidd Cymru.

18 Bore Sadwrn – 10.30 tan 12 o'r gloch. Bore Coffi yn Ysgoldy Bethel tuag at benwythnos yr ieuenctid yn y Bala..

19 Pnawn Sul am 2.15 - Gŵyl yr Ysgol Sul yn Ysgoldy Waterloo.

20 Nos Lun - cyfarfod cyntaf Cwrs Byr Lleygwyr a Blaenoriaid (7–9 o'r gloch). I agor – Dr Rees.

23 Nos Iau - Cymanfa Ganu'r Henaduriaeth: Bethel 7.30.

30 Nos Iau - Cwrs Byr i bregethwyr lleyg Glannau Mersi o'r Cyfundeb. Thema 'Iachawdwriaeth yn y Testament Newydd', y Parch. Arwyn Phillips, B.A., B.D., Rhos.

MEHEFIN

11 Nos Fawrth - Cwrs Byr – 'Diwinyddiaeth ar waith'.- Parch. D. Ben Rees

19 Nos Fercher - Cwrs Byr–'Y groes a'r atgyfodiad'. I agor – Y Parch. D. Glanville Rees, M.A., B.D.

20 Nos Iau - cyfarfod agored o dan nawdd Cyngor Eglwysi Cymraeg Lerpwl a'r Cyffiniau (CECLAC) yn Stanley Road.

22 Bore Sadwrn - Bore Coffi Cymdeithas y Chwiorydd, 10.30 hyd hanner dydd yn eglwys Bethel.

22 Bore a phnawn Llun (10-12.30 a 2-3.30) Ysgol undydd 'Wythnos y Cymry' o dan

nawdd y W.E.A. yn y Royal Institution, Colquitt Street, o dan ofal Dr D. Ben Rees,'Wales – an introduction to its culture and literature'.

This one day school will be conducted in English.

25 Nos Fawrth - Noson Lawen o dan nawdd Clwb y Cymry.

26 Nos Fercher - Noson gerddorol ddwyieithog yn eglwys Grange, Penbedw.

27 Nos Iau - *Poetry Reading* yn Ysgoldy Bethel – Dannie Abse, Llundain. Tocyn - £1.

29 Dydd Sadwrn - *Welsh language workshop*, 10–4 o'r gloch yn eglwys Bethel.

165 PRIODAS A HIR GOFIR

gan Un o'r gwesteion..

Ar Sadwrn, 14 Ionawr 1995. yng nghapel Bethel, Heathfield Road, Lerpwl, priodwyd Dr Bethan Wyn Jones, merch ieuengaf Humphrey a Louie Jones, Wheatcroft Road, a Hefin Ednyfed Rees, mab ieuengaf Dr. D. Ben Rees a Mrs. Meinwen Rees, Mans Bethel a Bethania. Yr oedd hi'n briodas unigryw am fod y priodfab a'r briodferch wedi cael eu bedyddio yr un flwyddyn yn 1969 ym Methel, ac wedi cael eu derbyn yn gyflawn aelodau gyda'i gilydd, a hynny gan dad y priodfab, y Parch. Ddr. D. Ben Rees. Soniodd am hynny yn yr anerchiad a roddodd yn ystod y gwasanaeth. Roedd elfennau unigryw eraill yn y gwasanaeth, gan fod y Prifardd W. J. Gruffydd, Tregaron, wedi llunio dau emyn newydd sbon ar gyfer y gwasanaeth. Y cyntaf ar y dôn 'Hyfrydol'. Roedd W. J. Gruffydd yn ffrind i dad-cu Hefin, y diweddar Barch. Arthur Llewellyn, Abercwmboi, ger Aberdâr.

Arglwydd, dyro dy fendithion
Ar y ddeuddyn annwyl hyn,
A thywynned haul y gwynfyd
Ar brofiadau'r bore gwyn;
Hon yw'r awr ar ddydd eu dyddiau,
Awr adduned eu cyd-fyw,
Awr cyfamod glân briodas,
Awr yn uno gerbron Duw.

Gynt yng Nghana Galilea
Aeth y dŵr yn beraidd win,
Dyro yma'r pur lawenydd
A sancteiddrwydd dwyfol rin;
Boed yng nghwlwm y cyfamod
Sicrwydd serch ar hyd y daith,
Boed dy gysgod dros eu haelwyd
A'u calonnau yn dy waith.

Hen arweinydd eu teuluoedd
Arwain hwy ar hyd eu hoes,
Bydded serch y ddau ar gariad
Anorchfygol, Gŵr y Groes;
Teithiant bellach i'r dyfodol
Gyda'i gilydd law yn llaw,
Dyro iddynt orau bywyd
A gorfoledd byd a ddaw.

a'r ail emyn Cymraeg ar y dôn 'Godre'r Coed':

Bendithia Di, O! Grist Fab Duw,
Y ddau a wnaed yn un,
A boed i'r serch â'u daliodd hwy
Eu cadw yn gytûn.

Tydi, a welaist boenau'r byd
Drwy hynt canrifoedd maith,
Dy gwmni di o ddydd i ddydd
A fyddo ar eu taith.

Mewn gwaith a gwyliau bydded gras
Y Nef ar hyd eu hoes;
A goddefgarwch dau yn un
Yng ngolau mwyn y Groes.

O! boed i'w cariad fod yn bur
Fel cynnar wlith y wawr,
Wrth gofio am y Cariad mwy
A gaed yn Iesu Mawr.

I Hefin ac i Bethan Wyn
Boed oes o unfrydd hedd;
A rho dy fendith maes o law
I bawb wrth fyrddau'r wledd.

Cymerwyd rhan gan gôr bach o 38 o leisiau – o Undeb Corawl Cymry Lerpwl – a seiniwyd yr utgorn wrth ymadael â'r capel gan ffrind ysgol i Hefin, Dominic Starkey. Chwaraewyd i'r côr, ac yn y gwasanaeth, gan Mrs Margaret Anwyl Williams, Allerton.

Mynegodd nifer o'r gwahoddedigion a'r gynulleidfa ei bodlonrwydd mawr fod y gwasanaeth yn parchu'r ddwy iaith a'n bod wedi cael hyfrydwch wrth weld dilysrwydd cyfartal i'r Gymraeg a'r Saesneg. Yr oedd y Saeson a'r di-Gymraeg wedi cael agoriad llygad yn hynny o beth.

Y Gwas Priodas oedd Dafydd Ll. Rees (brawd y priodfab), a'r forwyn briodas Ms S. Emmes gyda nith a nai y briodferch, Rhian a Hywel Thomas, Yr Wyddgrug, yn osgordd iddi. Gofalwyd am y gwesteion yn y capel – i'w harwain i'r seddau – gan Mike Burns ac Ian Finney, dau o ffrindiau'r pâr ifanc.

Yn y wledd briodasol a gynhaliwyd yn Derby Lodge, Roby, torrwyd y deisen hardd, a chafwyd anerchiadau gan Dr. Bethan, Hefin, Mr H. Wyn Jones, Dr. D. Ben Rees yn darllen llythyr o ddymuniadau da oddi wrth blant a staff ysgol Hefin yn un o slymiau Nairobi, a gofalwyd am y cyfan gan Dafydd Ll. Rees. Ef hefyd a ddangosodd y fideo o fywyd y ddau yn eu blynyddoedd cynnar. Cafwyd disgo gyda'r nos a mwynhawyd y cyfan gan y gwahoddedigion a ddaeth o bob rhan o Gymru ac o Loegr – cyfeillion bore oes, cyd-feddygon a chyd-fargyfreithwyr a'r teuluoedd.

Gadawodd y ddeuddyn ifanc am eu mis mêl i Dde Affrig a Zimbabwe, a bydd y ddau yn cartrefu yn ardal Hammersmith, Llundain. Gwelwyd nain Bethan, Mrs. Kate Roberts, yn bresennol, ond methodd nain Hefin, Mrs. A. J. Rees, ddod o Geredigion (Da oedd ei gweld hi ar y teledu yn y rhaglen BBC *All our Yesteryears*). Gwnaed fideo o'r gwasanaeth ar ei chyfer hi ac eraill.

166 PORTREAD O LERPWL YN YR UGEINIAU

gan Elis Aethwy

Hanner can mlynedd yn ôl bron y gellid dweud bod Bro Gymraeg ar lannau Merswy. Bu llawer Cymro yn byw yno am flynyddoedd a defnyddio'r nesaf peth i ddim o'r iaith Saesneg. Yn y fro honno yr oedd nythaid o feirdd, ac yn eu plith Pedrog, Meuryn, Collwyn a Gwilym Deudraeth. Adwaenwn Pedrog pan oeddwn yn blentyn, a phan dyfais yn laslanc i ddechrau prydyddu treuliais oriau yn ei gwmni yn gwrando a dysgu llawer. Bu'n dra charedig yn twtio fy ngherddi amrwd cyn eu cyhoeddi yn ei golofn yn *Y Brython*. Braint hefyd oedd cael cefnogaeth y golygydd ffraeth 'Je Aitsh' i geisio llunio ambell ysgrif. Erbyn hyn yr oedd Meuryn wedi dychwelyd i Arfon.

Aeth deng mlynedd ar hugain heibio cyn i mi ddod i adnabod y beirniad craff hwn, a fu'n hynod o garedig yn derbyn cerddi llai amrwd i'w cyhoeddi yn *Y Genhinen*. Profiad rhyfedd oedd cyfarfod Collwyn a Gwilym Deudraeth; pwy na fedrai ddysgu cynganeddu yng nghwmni'r ddau. Yng ngolwg gwlad Gwilym Deudraeth oedd y cymêr. Yr oedd cynganeddu mor naturiol ag anadlu iddo.

Cynganeddai enwau'r ardal, gan ddweud ei fod yn mynd 'Efo'r tram i Wavertree', neu ei fod wedi gweld 'Poeri hallt o'r Pier Head'; neu dweud y ceid 'Het i Huw yn Knotty Ash' a 'Cyw 'fferiad yn Rock Ferry'. Gofynnodd imi ateb Moseley Hill ar gynghanedd. Ar ôl pendroni cynigiais 'Wesla wyllt ym Moseley Hill' a theimlais yn dipyn o lanc wrth glywed 'Da 'machgen i'. Dro arall dywedodd ei fod yn disgwyl cwpled cywydd yn cynnwys yr enw Waterloo, y tro nesaf y gwelai fi. Daeth y dydd, a mentrais yn ostyngedig:

Sylwais ar glamp o Swlw
Yn tario lôn Waterloo.

Fel saeth dyma ei atodiad ef:

Y llanc sy'r un lliw â'i waith,

Yn eirias am lafurwaith.

Yn Eisteddfod y Golomen Wen ym Mhenbedw un flwyddyn, testun yr englyn oedd 'Sebon'. Cofiaf Collwyn a Gwilym yn sôn am y testun. Dywedodd Collwyn fod ganddo englyn yn barod, a dyma'i adrodd:

Archdderwydd y golchyddion,– a'i Faen Llog
Yn fan llawn o fudron:
Ar ôl sgrwb o'i dwb y don'
Heblaw mewn gynau gwynion.

Meddai Gwilym 'Y mae Llusg Wyrdro yn y linell gyntaf; felly 'does obaith i hwn'. 'Gwna di un gwell' meddai Collwyn. 'Mae gen i un gwell o lawer yn barod' atebodd Gwilym, 'ac y maen rhy dda i'r Steddfod yna': a dyma glywed un o'r englynion gorau:

Wele, glân yw Wil y Glo – y Saboth
Ac ôl sebon arno;
Ac onid gwyn Ned y Go'
Yn y sêt nesa' ato?

Yn Eisteddfod Cymry Prifysgol Lerpwl, a'r neuadd yn gyforiog, daeth adeg y Cadeirio, a'r ddefod o osod llanc mewn 'Bath Chair' i'w anrhydeddu. Yr oedd yr Orsedd o fyfyrwyr ar y llwyfan, a minnau'n digwydd bod yn Archdderwydd. Gelwais ar Gwilym i ddod o'r llawr a dyma fo 'mlaen a sefyll odanaf i adrodd englyn:

Nid i wneud ei hyd yn hwy, dal awdur,
Ond i'w ledu deufwy,
Tatws llaeth i'r Ap Aethwy;
Cofied y llanc ei fwyd llwy.

Ni chymerais ei gyngor, yr wyf heddiw gyn deneuad ag erioed! Dywedodd wrthyf ei fod wedi llunio'r englyn 'Sebon' mewn pum munud, ond ei fod wedi gorfod ymlafnio am hanner canrif i'w alluogi i wneud hynny. Wel, aeth hanner canrif heibio, ac erbyn hyn yr wyf finnau ar dro wedi llunio ambell englyn mewn pum munud. Diolch i Gwilym Deudraeth a llawer un arall.

167 PROFIADAU PROFFIDIOL

gan Rhydwen Williams

MEURIG!

Mae mynd yn ôl yn anochel, ymfoddio mewn atgofion, dychwelyd i'm hugeiniau cynnar, hynny'n f'arwain i Lerpwl a Smithdown Road ac Earlsfield – a Meurig! Ond gadewch i mi ddweud y stori...

Y teulu wedi gorfod mudo o Gwm Rhondda, landio yng Nghaer, a dinas a phorthladd a chapeli Lerpwl ar stepan y drws – ni theimlodd Colwmbws fwy o ias wrth ddarganfod byd newydd!

Meddyliwch! New Brighton (Winter Gardens) i weld Emlyn yn ei ddrama newydd, *The Corn is Green* – Joe yn mynd â'i rieni, *stage-door,* i weld campwaith y brawd mawr; Wallasey (Cymanfa Bregethu) i wrando ar Robert Griffiths, fy hen weinidog; Penbedw i wrando ar tad Percy, Thomas Davies, Dre-fach; siop lyfrau, rhyfeddod y rhyfeddodau, a phrynu W. B. Yeats; Gwasg y Brython a phrynu *Cwm Eithin*, a the yn Owen Owens i gyfeiliant Johnny Rosen a'i fand.

Dechrau pregethu a'r *supplies* cyntaf o Lerpwl – Earlsfield Road (W. H. Davies), lletya gyda Mr a Mrs Roberts, stryd gyferbyn â Smithdown; Everton Village, lleyta gyda theulu Tŷ Capel; Balliol Road (W. R. Jones), lletya yn Saxonia Road; Walton; Liscard Road, lletya gyda W. R. G. Jones; Woodlands, lletya gyda Mrs Bateman...

Eisteddfod Gadeiriol Lewis's – Caerwyn yn arwain, Cynan yn beirniadu! Anfield – Billy Liddell!

Rhydwen

Braf o beth oedd bod yn ifanc yn Lerpwl y pryd hwnnw. Ac mae hyn yn f'arwain at Meurig – Meurig Hughes o'r Acrefair! Ei dad a nhad gyfeillion yn y Rhondda ers llawer dydd. Peth rhwydd oedd i'r ddau fab ddod yn ffrindiau ymhen blynyddoedd. Trafod barddoniaeth – dyfynnu T. Gwynn Jones, Williams Parry, a T. H. Parry-Williams am y gorau! Sôn am bregethwyr a phregethau hefyd – Roger Jones, Tom Nefyn, Tecwyn, W. D. Davies, Waldo Roberts, Parri Roberts, Glasnant – *nhw* oedd ein sêr ni! Dywedodd rhywun am Brecht: 'Nid dynwared a dehongli, ond cynrychioli a dehongli!' Felly'r gwŷr hyn – cynrychioli'r genedl ar ei gorau!

Cynnyrch y cyfnod cyn-ryfel hwn oedd Meurig. Gorfodwyd ef i adael Acrefair yn llanc am Lerpwl – ymaelododd yn Liscard Road a chael y gweinidog a'i wraig yn wir garedig a chroesawgar. Tyfodd y llanc yn gapelwr ffyddlon, Cymro cadarn, a heddychwr digymrodedd – y gwrthwyneb mewn llawer ffordd i'r genhedlaeth ar ôl y rhyfel – cenhedlaeth John Osborne a'r Beatles, tenantiaid y *bed-sit*, beirdd y gitâr a'r baledi '*yeh, yeh, yeh*', epil yr Ogof enwog ...

Y tro diwethaf i mi weld Meurig oedd tu allan i gapel Liscard Road – sôn am bregeth a dyfynnu englyn Hedd Wyn:

Ei aberth nid â heibio – ei wyneb
annwyl nid â'n ango
er i'r Almaen ystaenio
ei dwrn dur yn ei waed o.

Wythnos yn ddiweddarach, ar ôl cyrch-awyr, roedd Meurig Hughes yn gelain ar un o strydoedd Lerpwl.

Un o'm profiadau mwyaf proffidiol oedd ei gyfeillgarwch, a gallaf innau ddweud heddiw ar ddiwedd hanner canrif – 'ei wyneb annwyl nid â'n ango.'

168 PWYLLGOR Y MILENIWM

gan Eleri Edwards

Cyfarfu Pwyllgor y Mileniwm nos Iau, 30 Medi 1999, am 7.30 yn Ystafell y Blaenoriaid, Capel Heathfield Road, Lerpwl.

Yn bresennol: Mrs Nan Hughes Parry (llywydd dros dro), yr Athro Huw Rees, Mr Meirion Evans, Mrs Rhiannon Lidell, Mrs Lilian Coulthard, Miss Mair Powell, Mrs Mona Bowen, Eleri Edwards (Ysgrifennydd).
Ymddiheuriadau: Dr D. Ben Rees, Mrs Betty Morris, Mrs Norma Lloyd Owen.

Agoriad:

Agorwyd gan y Llywydd trwy ddarlleniad allan o lyfr Eseia a gweddi.

Cofnodion

Darllenwyd a thrafodwyd y cofnodion.
*__Gŵyl Ddewi.__ Dr R. Alun Evans (Bangor) sy'n dod i siarad yn y noson Gŵyl Ddewi ar 1 Mawrth.
*__Trip i Lundain.__ Mae Mrs Mona Bowen yn mynd i gael manylion pellach am y prisiau efo GB Tours am un noson (Sadwrn, 17 Mehefin 2000). Ar hyn o bryd, mae'r gost o gwmpas £79 am y daith, y gwely a'r brecwast a mynediad i'r dôm.
*__Enwau:__ Mae'r Athro Huw Rees a Mr Meirion Evans yn mynd i barhau i ffeindio enwau a dulliau i ni hysbysebu (e. e. mewn papurau bro) ynglŷn â'r aduniad.
*__Eisteddfod.__ Nid oedd y dosbarthu gwybodaeth yn yr Eisteddfod wedi bod llawer o lwyddiant.
*__Sul yr Aduniad.__ Bydd y Gymanfa Ganu yn defnyddio'r *Detholiad* ac emyn newydd Emrys Williams (Ellesmere Port).

Dathlu'r Mileniwm

a) **16 Ionawr.** Dyma wasanaeth Cymraeg y Glannau i ddathlu'r mileniwm. Bydd pwyllgor bach yn trafod y manylion. Lleoliad y gwasanaeth yn debygol o fod yn Noddfa Bebington. Y gweinidogion o'r enwadau eraill i gymryd rhan a Harri Parri o Gaernarfon i bregethu. Gofynwyd i bawb gadw'r dyddiad yn rhydd – y gwasanaeth i fod yn y prynhawn.

b) **Aduniad.** Cafwyd trafodaeth hir am y rhaglen a gwyddom fod gennym flwyddyn i baratoi. Y patrwm a awgrymwyd ar ddiwedd y drafodaeth oedd:

Sadwrn 14 Hydref 2000
10.30 Coffi
11.00 Darlith agoriadol
01.00 Cinio (pawb yn gwneud eu trefniadau eu hunain)
02.00-3.00 Gweithdy 'Y CYFRYNGAU'

Mrs Norma Ll. Owen yn gynullydd i gysylltu â: Mr Owain Ellis Roberts, Mr Dafydd Rees, a Ms Sian Parri Huws, er mwyn iddynt drafod y pwnc a gweld sut i drefnu'r awr.
03.00-04.00 Gweithdy 'Y GYFRAITH'
Mr Humphrey Wyn Jones i gadeirio a chysylltu â Mr. Cendrick Clement-Evans, Mr Hefin Rees, Mrs Nia Hughes Parry a'r Rhingyll Arwel Williams
04.00-05.00 Gweithdy 'DIWYLLIANT'
Mrs Nan Hughes Parry i gadeirio a chysylltu â Mr Moi Parry, Mr Emrys Roberts, Mr Robin Bowen o bosib, hefyd Miss Marion Eames a Miss Gweneth Lilly.
07.30-09.30 'CYFARFOD Y NOS'
i) Lansio'r cyfrolau
ii) Noson Lawen: Mr Robin Huw Bowen, Mr Peryn Clement Evans, Mrs Heather Harrison (née Bain), Mr Ifor Griffiths, Mrs Anne Jones; Dawnsio Gwerin Cymreig. Bwffe/*Buffet*.

Dydd Sul, 15 Hydref 2000
11.00 oedfa'r bore, y Parch. Ddr. John Tudno Williams i bregethu.
12.15-01.45 Lluniaeth efo'n gilydd.
02.00-03.00 Cymanfa Ganu. (Plant a phobl ifainc i gyfrannu i'r gwasanaeth neu gymryd rhan yn y Gymanfa). Bydd rhaid siarad eto am hyn ar ôl i ni gysylltu â'r rhai sy'n cymryd rhan.

c) **Y Cyfrolau Cymraeg a Saesneg**
*Mae Dr. D. Ben Rees yn teimlo'n hyderus y bydd y cyfrolau'n barod erbyn y dyddiad penodol i'r argraffwyr, sef 25 Ebrill. Cafwyd trafodaeth hir ar sut i gasglu'r arian. Mae cais am help o Gyngor y Ddinas o dan sylw.
*Cytunwyd bod rhaid anfon llythyrau eto i wneud y cynllun yn hysbys ac i ofyn am arian, y rhain i fynd i'r Eglwysi a'r cymdeithasau Cymraeg ac unigolion yn tanysgrifio (£12.50 y copi).
*Pawb i feddwl am ffynonellau ariannol i'n helpu a Mrs. Lilian Coulthard (Cressington) yn bwriadu trefnu gweithgaredd yn ystod y tymor yn ei chartref a sicrhawyd ein cefnogaeth i hynny.

Amrywiol
Gofynwyd i nodi cofnod arbennig sef: Diolch i'r bobl ifainc, Jenny Hartley, Rhys Williams, a Gareth Roberts am eu cyfraniad i'r pwyllgor hwn, a hefyd yr is-bwyllgor Cyhoeddi'r Cyfrolau, a dymuniadau gorau iddynt i'r dyfodol oddi wrth y pwyllgor.

Cyfarfod nesaf
Nos Iau, 2 Rhagfyr 1999, am 7.30 yng Nghapel Bethel, Heathfield Road, a hyderir y cawn gynrychiolaeth gref.

169 PWY OEDD PWY YN NALGYLCH *YR ANGOR*

gan D. Ben Rees

Syr Idris Llewelyn Foster (1911-84)

Ganwyd ef ym Methesda, Arfon, yn 1911 ac fe'i haddysgwyd yn lleol ac yng Ngholeg Prifysgol Cymru Bangor, a bu'n astudio wedyn yn Nulyn a Bonn. Fe'i penodwyd yn olynydd i John Glyn Davies yn Adran Gelteg, Prifysgol Lerpwl ym 1936, a buan y daeth yn ddylanwad ymysg Cymry llengar y ddinas, ef a J. J. Williams, Penbedw, yn athrawon dosbarthiadau nos ym Mhrifysgol Lerpwl. Bu William Morgan (Collwyn) a John Henry Roberts (Monallt), aelodau yng Nghapel Edge Lane, ac eraill o Heathfield Road a chapeli'r ddinas yn aelodau brwd o'r dosbarthiadau hyn. Mynegodd Monallt, mewn cwpled ardderchog, y deyrnged hon i Idris Foster:

Ysgolhaig di-sigl yw o,
Dyfal lenor diflino.

Er ei fod yn mynychu oedfaon yng Nghapel Heathfield Road, ni ddaeth â'i docyn aelodaeth hyd 1945, yn ystod gweinidogaeth Dr. R. Glynne Lloyd. Ym mis Mehefin y flwyddyn honno y gwelir ei enw am y tro cyntaf yn rhestr yr aelodaeth pan oedd yn byw yn Derby Hall, North Mossley Hill Road, un o hosteli'r Brifysgol, hostel lle tyrrai'r Cymry i aros. Yn ei anerchiad am 1945 dywed y gweinidog am Gylchlythyr yr Eglwys: 'Cyhoeddwyd dau rifyn o'r cylchlythyr eisioes, a mynegodd llawer o'r aelodau eu bod yn credu bod hwn yn gam i'r cyfeiriad iawn. Bellach ymgymerodd Mr Idris Foster, M.A., yn garedig â'i olygu, ac iddo ef y dylid anfon unrhyw ddeunydd sydd i'w gyhoeddi ynddo'.

Ond, yn niwedd 1946, gwnaeth Idris Foster gais am y Gadair Gelteg yng Ngholeg Iesu, Rhydychen. Cyfarfu'r Pwyllgor Dewis ar 26 Chwefror 1947 i ystyried pedwar cais heb gyfweliadau – Saunders Lewis, Idris Foster, Melville Richards a Thomas Jones – am y swydd a gynigia cyflog da o £1,000 y flwyddyn. Idris Foster a benodwyd ac yn ei anerchiad am 1947 dywed Dr. R. Glynne Lloyd: 'Collasom wasanaeth gwerthfawr y Golygydd, yr Athro Idris Foster, M.A., oherwydd iddo gael ei ethol i'r Gadair Gelteg ym Mhrifysgol Rhydychen. Teimlwn yn wir ddiolchgar iddo am ei wasanaeth tra fu'n trigo yn y cyffiniau hyn'.

Ymddeolodd yn 1978 a symudodd yn ôl i'w hen gynefin, lle y bu farw yn 1984.

Ffynonellau:
Adroddiad Eglwys M.C. Heathfield Road, 1945, tt.3 a 21
Adroddiad Eglwys M.C. Heathfield Road, 1947, t. 2
T. Robin Chapman, *Un Bywyd o Blith Nifer: Cofiant Saunders Lewis,* (Llandysul: Gwasg Gomer, 2006), t. 281
Emrys Roberts, *Monllt: Portread o Fardd-gwlad,* (Felindre: Cyhoeddiadau Barddas, 1985), t. 28

RH

170 RHYWBETH I GODI CALON DYN

gan 'Carina' (John G. Williams)

Tommy Cooper, Peter Sellers, Eric Morecambe – dyma rai o bobl adnabyddus y byd adloniant sydd wedi ein gadael oherwydd trawiad ar y galon. Mae'r afiechyd yn fwy cyffredin ymysg y Cymry nag yng ngweddill Prydain. Dyna pam y sefydlwyd 'Curiad Calon Cymru' - ymgyrch i geisio atal yr afiechyd, yn hytrach na chwilio am driniaeth newydd.

Beth sydd yn achosi trawiad? Mae'r rhydwelïau (*arteries*) yn cludo gwaed i gyhyryn y galon, y *muocardium*. Mae'r rhydwelïau'n culhau fel yr ydym yn heneiddio – mae'r tueddiad hwn yn cael ei etifeddu, felly mae'n bwysig dewis eich rhieni yn ofalus! Fe all ffactorau eraill gyflymu'r broses hon sef y troethlif melyn (*diabetes mellitus*), gorbwysedd gwaed (*high blood pressure*), swm uchel o fraster yn y gwaed neu ysmygu. Mae'r cysylltiad rhwng ysmygu a thrawiad ar y galon yn dibynnu ar y nifer o sigarennau a ysmygir.

Pan mae'r rhydwelïau wedi culhau, yna does dim cymaint o waed yn mynd i'r galon. Mae hyn yn ymddangos i'r claf fel poen ar draws y frest wrth ymarfer (*angina*). Os yw'r rhydwelïau'n cael eu cau yn gyfan gwbl gan geulod (*thrombus/clot*) mae'r *muocordium* yn marw oherwydd diffyg cylchrediad – dyma beth yw trawiad ar y galon.

Yr oriau cyntaf wedi trawiad yw'r oriau pwysicaf. Mae'r galon yn tueddu i guro yn afreolaidd. Fel canlyniad does dim cymaint o waed yn cael ei gludo allan o'r galon, felly mae'r pwysedd gwaed yn gostwng. Mae'r corff yn ymateb drwy ddosbarthu gwaed i aelodau o'r corff sydd ei wir angen – h.y. yr arennau a'r ymennydd, o'r mannau diangenrhaid e.e. y croen. Dyna paham wedi trawiad drwg, y mae'r claf yn teimlo'n oer.

Daw'r claf i'r ysbyty er mwyn hwyluso triniaeth y cymhlethdodau a achosir gan y trawiad. Mae'n bosibl osgoi y ceulod yn y rhydwelïau drwy osod gwythïen o'r goes rhwng yr Aorta y tu draw i'r ceulod, ond mae canlyniadau'r driniaeth, yn syth wedi trawiad, yn siomedig.

Hyd yn ddiweddar, doedd dim triniaeth ar gael a oedd yn chwalu'r ceulod. Ond yn ystod mis Awst 1988, yn y cylchgrawn *The Lancet*, cyhoeddwyd canlyniad gwaith ymchwil a fydd yn newid y modd y mae'r afiechyd cyffredin hwn yn cael ei drin. Gelwir yr astudiaeth *The ISIS – 2 Study (Second International Study of Infarct Survival)*. Rhoddwyd Aspirin a chyffur a enwir yn *Streptokinase* i dros 17,000 o gleifion. Yr oedd tua 30% yn llai o farwolaethau yn y grŵp o gleifion a dderbyniodd y ddau gyffur i gymharu â'r grŵp cleifion na chafodd un o'r cyffuriau.

Mae Aspirin yn adweithio yn erbyn y platennau (*platelets*) – celloedd sy'n gyfrifol am sefydlu ceulod. Cyfraniad *Streptokinase* i'r driniaeth hon yw chwalu'r ceulod. Mae hyn yn gadael y rhydwelïau heb rwystr ynddynt. Yn naturiol, mae yna bosibilrwydd i *Streptokinase* achosi gwaedlif mewn rhai aelodau o'r corff gan ein bod ni'n cynhyrchu ceulodau bob munud yn y corff. Gellir osgoi hyn drwy fesur y corff i ffurfio ceulod tra mae'r cyffur yn cael ei ddefnyddio. Os oes diffyg yma, mae'n rhaid atal y cyffur neu leihau'r dogn a ddefnyddir. 'Gorau po gyntaf' yw arwyddair triniaeth lwyddiannus – mae'r canlyniadau gorau i'w gweld yn y cleifion sy'n dechrau eu triniaith o fewn ychydig oriau o ddioddef y poenau cyntaf.

171 RHYFEDDOD Y GYNGHANEDD

gan Cyril P. Cule

I mi, un o ryfeddodau'r byd yw barddoniaeth Gymraeg, yn enwedig yn y mesurau caeth traddodiadol. Os myn rhywun ddweud mai gormodiaeth yw hyn, dyma fy ateb: a fedri di sgrifennu awdl o ryw dri chant o linellau, a'u gwneud yn deilwng o ennill y gadair mewn Eisteddfod Genedlaethol?

Mae'n rhaid imi gyfaddef nad wyf fi fy hun yn gobeithio gwneud y fath beth byth. Gallaf esbonio rheolau'r gynghanedd, ac er na fedraf greu barddoniaeth gynganeddol wych, gallaf ei gwerthfawrogi.

Y mae arnaf ddyled fawr i'r athro Saesneg a gefais yn ystod fy mlwyddyn olaf mewn ysgol ramadeg, flynyddoedd lawer yn ôl. Trwyddo ef y dysgais rywfaint am farddoniaeth yn gyffredinol, a gwelais rywfaint o ogoniant y beirdd Saesneg cyfoes. Bu athro arall yn yr un ysgol, druan ohono, wrthi'n ceisio dysgu Lladin i mi, gan esbonio gwaith Fyrsil. Rwyf yn edmygu ei ddyfalbarhad, ond ni lwyddodd i ennyn fy niddordeb. Gorchwyl anodd dros ben yw dysgu iaith farw.

Ni ddysgais ddim o gwbl am feirdd Cymraeg yn yr ysgol honno, ond ar fy liwt fy hun, cefais rywfaint o fwynhad wrth ddarllen gwaith beirdd Cymraeg poblogaidd fel Ceiriog ac Islwyn.

Ac yna, ryw ddydd, daeth y weledigaeth fawr! Digwyddais daro ar 'Awdl yr Haf' gan R. Williams Parry – campwaith cynganeddol syfrdanol. Gwelais erthygl gan Saunders Lewis yn *Y Llenor*, yn ceisio dangos bod gan Williams Parry ryw athroniaeth baganaidd a gwrth-Gristnogol. Hyd y gwelaf fi, nid athroniaeth sydd yn yr awdl anfarwol honno, ond prydferthwch. Mae'r stori sydd gan y bardd yn un ddigon seml – swyn serch, hiraeth am ei gariad, a gobaith iddi hi ddychwelyd ato – miri'r haf, tristwch y gaeaf, a gobaith am y dyfodol: 'Marw i fyw mae'r haf o hyd'.

Gallaf edmygu symffoni gan Brahms neu Beethoven, ac i mi y mae symffoni eiriol 'Awdl yr Haf' yr un mor brydferth. Yn wir, fe ymddengys i mi fod termau cerddorol yn addas i ddisgrifio effaith y farddoniaeth hon. Gwyddai Williams Parry sut i ddewis cytseiniaid ffrwydrol *g*, *d*, mewn un llinell i gael effaith *staccato*, ac yna rhai ffreiddiol a llyfn fel *f*, *m*, yn y llinell nesaf i gael effaith *legato:*

> Ac i gof y dwg y gwin (*staccato)*
> Fy haf ar ei fehefin *(legato)*

Ac yn rhyfedd iawn, mae'n gwneud yr un peth yn y ddwy linell nesaf:

> Dwg i gof y deg ei gwedd,
> Fireiniaf o rianedd.

Ni wn am neb a fedr ddisgrifio angerdd serch yn well na'r bardd hwn:

Rhoiswn wedd rhosyn iddi *(piano)*
A chariad merch roed i mi *(crescendo)*
Dwfn gariad y fun gerais *(forte)*
Yn llif yng nghryndod ei llais *(fortissimo)*

Wrth gwrs, rhamantiaeth bur yw hyn i gyd, ond gallai Williams Parry fod yn realydd hefyd. Sgrifennodd awdl arall yn gwneud sbort am ei ramantiaeth ei hun.

Soniodd lawer am ryfeddodau byd natur. Ymwelodd â rhyw eglwys yn Llydaw 'lle'r oedd allor a Christ mynor', ond teimlodd ei fod yn nes at Dduw, neu at hanfod pethau ar ochr mynydd, - ie, ar ochr y mynydd, ac nid ar ben y mynydd fel Moses!

Ni ddygymydd ochrau'r mynydd
Ar foreddydd o'r haf rhuddem
A myfyrio chwith a chofio
Y croeshoelio uwch Caersalem.

Mae'n hawdd deall fod pethau fel hyn yn peri i bobl ei alw yn bagan.

Cymeradwyaf waith R. Williams Parry fel rhagarweiniad i fyd hudolus y gynghanedd. Dyma grefft gyfyngedig i Gymru. Dechreuodd yn y chweched ganrif, neu yn gynharach, ac mae'n dal i ddatblygu hyd heddiw.

S

172 SALAAM

gan Eira Pari Huws

Wrth ddisgwyl am y lifft sy'n cario'r diniwed, fel y dysgedig, i goridorau Adran Feddygaeth Prifysgol Lerpwl y sylwais ar y poster yn hysbysebu Eisteddfod Glannau Mersi. Roedd yna bosteri eraill hefyd yn gwahodd y darllenydd i ddarlithoedd gan arbenigwyr meddygol o bob rhan o'r deyrnas – eu testunau yn gwbl annealladwy i mi, heb sôn am eu cynnwys. Ond nid felly i'r sawl yr oeddwn yn ymweld ag ef, un sy'n arbenigwr ei hun mewn meysydd meddygol – yr Athro David Alan Price Evans. Oni bai am boster yr Eisteddfod, ni fuaswn wedi camu mor dalog i'r lifft, ond fe atgoffodd hwnnw fi mai cyfarfod rhwng Cymro a Chymraes a drefnwyd, nid rhwng meddyg a chlaf, na chwaith rhwng athro a disgybl.

Bydd y rhai sy'n ei adnabod yn dda yn gwybod y bu i mi gael cyfarwyddiadau manwl, clir a phendant gan yr Athro ar sut i ddod o hyd i'w Adran. Ni fyddant yn synnu clywed, chwaith, nad oedd ei enw ar ddrws ei ystafell – yn wir doedd dim byd i'w weld yn cyhoeddi mai ef oedd yr Athro, a Phennaeth yr Adran Feddygol.

Fe adroddodd beth o'i hanes wrthyf yn ystod yr awr y bûm yn ei gwmni, ac er mai yno fel rhyw fath ar ohebydd yr oeddwn i, segur fu fy mhensil lawer o'r amser, gan i mi ymgolli yn ei sgwrsio rhwydd, a'r bywiogrwydd os nad direidi yn ei wyneb a'i lygaid.

Roedd gennyf syniad go lew eisoes am rai o gerrig milltir ei yrfa ddisglair, ond syndod o'r mwyaf i mi oedd deall ei fod wedi treulio dwy flynedd yn yr R.A.M.C., 1953-5, gan fwyaf yn y Dwyrain Pell, yn cyflawni gwasanaeth milwrol gorfodol. Syndod mwy i mi oedd i'r Athro ddweud mai dyma un o'r pethau gorau ddigwyddodd iddo ef erioed, ond deellais yn fuan iddo gael profiadau amrywiol a gwerthfawr wrth ddod i wybod am drefniadaeth y fyddin ac wrth arfer ei grefft yn feddyg yn y Dwyrain Pell. Bu'n gweini mewn ysbytai gwych a chyntefig yn Siapan, Singapore, a Chorea tua diwedd rhyfel Korea, ac yna yn Kuala Lumpur yn ystod yr argyfwng ym Malaya. Bu'n trin clefydau'r jyngl ymhlith y milwyr a'u teuluoedd, a thystiodd na fu iddo erioed weithio mor galed ag y gwnaeth yn ystod y cyfnod hwnnw.

Cyn ei wasanaeth yn y fyddin, roedd wedi treulio rhai blynyddoedd ym Mhrifysgol Lerpwl yn cael ei hyfforddi'n feddyg. Daeth yno'n fyfyriwr yn 1945 o Dreffynnon, lle roedd y teulu'n byw ar y pryd, – yn ôl i'r ddinas lle y treuliodd ei flynyddoedd cynnar iawn. Wedi cwblhau ei gwrs meddygol, a graddio, aeth i Nefyn yn feddyg teulu am gyfnod bach pleserus iawn tra 'roedd y doctor lleol ar ei wyliau, cyn bwrw iddi am flwyddyn yn feddyg ysbyty yn ôl y drefn, gan dreulio chwe mis yn ffisigwr a chwe mis yn llawfeddyg yn y 'Royal'. Soniodd wrthyf am y berthynas arbennig fu rhyngddo ef fel *houseman*, a'r Athro (y pryd hwnnw) Henry Cohen, ac am athrylith aruthrol y gŵr hwnnw. Yn nes ymlaen yn ei yrfa, bu'n gweithio yn ysbytai Broadgreen, Stanley a'r Northern yn uwch swyddog meddygol a chofrestrydd.

A thrwy'r blynyddoedd hyn, law yn llaw â'i waith yn feddyg, fe ymddiddorodd, ymchwiliodd ac arbenigodd fel gwyddonydd, a hynny ym maes ffisioleg. Treuliodd flwyddyn yn adran wyddonol y Brifysgol ar ganol ei gwrs meddygol yn astudio am radd yn y pwnc, a bu'n gymrawd ymchwil yn yr un adran rhwng ei gyfnod fel *houseman* yn y Royal, a'i wasanaeth yr yr R.A.M.C. Ac o bosib, coron ar y cwbl hyn ydoedd y flwyddyn a dreuliodd ym Mhrifysgol Johns Hopkins, Baltimore U.D.A., yn 1958-9, pryd y derbyniodd ei radd M.D. am waith ymchwil gwreiddiol ym maes etifeddeg. Synhwyrais y bu'r flwyddyn honno'n un arbennig iawn yn ei hanes, a bod trefniadaeth a chyfleusterau'r ysbyty a'r Brifysgol yn Baltimore, yn ogystal â'r gwaith ei hun, wrth fodd ei galon. O ganlyniad i'w ddarganfyddiadau, bu'n dysgu a darlithio yn ei faes arbenigol mewn deg wlad ar hugain led-led y byd. Mae'r hedyn a blanwyd yn Baltimore wedi tyfu yn ara' deg i fod yn blanhigyn cryf bellach.

Un gwlad na fu'r Athro Price Evans ynddi hyd yn ddiweddar yw Saudi Arabia, ond yno y bydd yn mynd ar 3 Mehefin i'w swydd newydd yn Gyfarwyddwr Meddygol Ysbyty Athrofaol y Lluoedd Arfog, ym mhrifddinas Riyadh, – un o ddinasoedd sydd wedi datblygu'n fwyaf cyflym yn y byd modern, – dinas a gododd mewn pymtheg mlynedd o fod yn gaer fechan mewn gwerddon ynghanol yr anialwch i fod yn ddinas goncrit, boblog, brysur a chyfoethog.

Mae'r swydd newydd hon yn gryn her a sialens, ac ynddi, mi gredaf, fe ddaw holl agweddau a phrofiadau ei yrfa yn un – ei brofiad yn feddyg ysbyty, ei waith yn y fyddin, ei brofiad o drefniadaeth ysbyty a Phrifysgol Johns Hopkins, ei bwyslais ar waith ymchwil, ac wrth gwrs, yn anad dim, y cyfnod o dros ugain mlynedd a dreuliodd yn ddarlithydd, uwch-ddarlithydd, athro a Phennaeth Adran Feddygaeth Prifysgol Lerpwl. Bu ei ddylanwad yn fawr, a'i gyfrifoldebau yn eang. Yn Riyadh bydd yn llwyr gyfrifol am ochr feddygol yr ysbyty a phwy a ŵyr felly, nad fel 'Ysbyty Price Evans' y daw honno yn fyd-enwog maes o law.Ond ym mwrlwm y ddinas, tybed na ddaw mymryn o hiraeth am dyddyn yn Llangristiolus Môn – y tyddyn hwnnw a brynodd yn 1963, ac sydd wedi cynyddu dan ei gynllunio gofalus hyd at dros hanner can erw erbyn hyn. Fe gafodd ef a'i rieni, yn enwedig ei dad, y diweddar Owen Evans, yn ei flynyddoedd olaf, gryn bleser ar eu hymweliadau cyson. Ac efallai y bydd hiraeth am bobl Môn – 'pobl hawdd gwneud â nhw' yng ngeiriau'r Athro. Ond synnwn i ddim na fydd o'n gwibio mewn awyren ar benwythnos i Asir, unig fangre gwyrddlas Saudi Arabia, gan gychwyn rhyw brosiect amaethyddol yn fan'no!

Dim ond megis cyffwrdd un neu ddwy o agweddau ei fywyd a wnaethpwyd yma, fel y sylweddola'r rhai sydd wedi ei glywed yn sgwrsio a darlithio mor feistrolgar ar bob pwnc dan haul. Da cael llun yr Athro yn yr erthygl hon.

Gobeithio y gwel yn dda i anfon ambell gyfraniad i'r *Angor* yn rhoi ei argraffiadau o'r wlad fydd yn gartref iddo dros dro – gwlad lle mae olew yn rhatach na dŵr.

Os nad wyf yn camgymryd, un o'r pethau olaf a ddywedodd David Price Evans wrthyf y diwrnod hwnnw yn ei ystafell yn y Brifysgol, wrth inni drafod perthynas cleifion y 'Royal' ag ef a'i fyfyrwyr oedd: – 'Mae pawb yn gorfod dod at y ffisigwr yn y diwedd.' Nid wyf eto wedi penderfynu ai unrhyw ffisigwr, ynteu Y FFISIGWR oedd ganddo mewn golwg.

Ni wn i am un cyfarchiad gwell
Nag a ddysgais gan feibion y Dwyrain Pell.
A'u dymuniad hwy yw 'nymuniad i
-Tangnefedd Duw a fo gyda thi.

173 STORI Y PLENTYN YN LERPWL

gan Mary Lloyd Williams

Ym 1919 cafodd fy mam, fy chwaer, a minnau wahoddiad i fynd i Lerpwl am wythnos o wyliau. Yr oedd fy nhad, Glan Rhyddallt wedi cael ei orfodi i fynd i weithio ar y dociau i Lerpwl oherwydd ei fod bum niwrnod yn rhy ifanc i gael aros gartref yn ystod y Rhyfel Byd Cyntaf, 1914-18.

Un tro anfonodd yr englyn canlynol yn ei lythyr:

Ni fyddaf yn ddifeddwl – edrychaf
Yn drachwyrn a manwl;
Y giwed hyll, gwae y dwl,
Ei larpio gaiff yn Lerpwl.

Bu bron iawn i'r llinell olaf ddod yn llythrennol wir. Yr oeddym ofn cael ein llarpio!

Wedi cyrraedd Lerpwl yr oeddym yng nghanol streic y plismyn ac wedi dychryn yn ofnadwy. Yr oedd yna anrhefn llwyr gan nad oedd neb i gadw trefn. Difethwyd, difrodwyd, a difwynwyd. Torrwyd i mewn i'r siopau a lladratawyd y nwyddau a'u lluchio yn ddiseremoni.

Gwnaeth Mr Milroy, Dirprwy Brif Gwnstabl Lerpwl, ddatganiad i gyfarfod o'r Heddlu, iddynt gofio bod y gwŷr a aeth ar streic, wedi gwneud hynny ar egwyddor, a'u bod yn gwbl onest. Roedd yr egwyddor honno, meddai, yn ddilys. Ar ôl i'r streic dawelu fe ffurfiwyd y *Police Federation.* Y canlyniad yw hyn – fod gan yr heddlu yr un hawl â phawb arall sy'n aelodau o undebau, ond nid oes ganddynt yr hawl i fynd ar streic.

174 STORI O LWYDDIANT CYMDEITHAS CYMRY PENBEDW (1960 – 2010)

gan Eirwen Sergeant

Gyda balchder a boddhad, mae Cymdeithas Cymry Birkenhead yn paratoi i ddathlu tymor arbennig yn ein hanes. Hanner canrif yn ôl fe benderfynodd dros gant a hanner o Gymry tref Penbedw ffurfio cymdeithas unedig i hyrwyddo a chefnogi pethau gorau ein diwylliant, ein iaith a'n cenedl a'r 'pethe' sy'n ein huno fel Cymry. Yn nechrau'r ugeinfed ganrif, gwelwyd nifer fawr o bobl ifainc Gogledd Cymru yn tyrru i'r Glannau i'w hyfforddi'n nyrsys a meddygon, i fod yn athrawon, i'w prentisio yn Cammell Laird's a'r dociau, ac i weini yng nghartrefi'r cyfoethog.

Fel mewnfudwyr drwy'r byd, roedd angen arnynt i hel at ei gilydd i rannu cefndir ac iaith. Y man naturiol i wneud hyn i'r Cymry oedd y capeli. Yn y dyddiau hynny, roedd wyth ohonynt ym Mhenbedw, pob un â'i weinidog, ei gynulleidfa gref, a'i Ysgol Sul lewyrchus. Yn ogystal â gwasanaethau'r Sul, roedd gan bob capel ei gymdeithas lenyddol lle y ceid darlithoedd, dadlau ac adloniant llenyddol a cherddorol. Hefyd, roedd yr Aelwyd yn fywiog iawn – mae llawer o ddarllenwyr *Yr Angor* yn tystio i'r ffaith mai yno y cafwyd hyd i bartner bywyd, yn ogystal â diwylliant a hwyl! Roedd eisteddfodau'r capeli yn boblogaidd, yn arbennig Eisteddfod dydd Sant Steffan yng nghapel Woodchurch Road, ac fe fydd gan lawer ohonoch gofion am gystadlu yn Eisteddfod y Glomen Wen a gynhelid yn Byrne Avenue, Baths, Rock Ferry, am bron i ddeugain mlynedd. Pwy a feddyliai am ŵyl ddiwylliedig yn y fath safle!

Ond, yn raddol, yn ystod y blynyddoedd wedi'r Ail Ryfel Byd, daeth newidiadau i'r ardal ac i fywyd Cymreig y Glannau. Deuai llai o bobl ifanc yma i weithio, bu dirywiad yng nghryfder y capeli hyd at y chwedegau, pan ddaeth yn amser i ystyried y sefyllfa o ddifrif.

Yn 1959 sefydlwyd yr Ysgol Sul Undebol ac yn 1962 gwelwyd dechrau ar y broses o uno capeli Cymraeg y dref pan ddaeth Parkfield a Laird Street at ei gilydd i ffurfio capel Salem (bellach Seion, wedi ymuno â chapel Wallasey). Yn 1960 daeth awgrym fod y Cymry yn y dref yn cynnal un dathliad unedig ar Ddydd Gŵyl Dewi, yn hytrach nag i bob capel gynnal ei ddathliad ei hun. Cafwyd cytundeb brwdfrydig a threfnwyd cinio i dros gant o bobl yn y Co-op Hall, Grange Road ym mis Mawrth 1961.

Yn dilyn llwyddiant y noson honno, cadeiriwyd cyfarfod ym mis Ebrill gan Mr T. O. Gregory lle y gwnaed penderfyniad i sefydlu cymdeithas undebol yn dwyn y teitl 'Cymdeithas Cymry Birkenhead'. Rhif yr aelodau yn y flwyddyn gyntaf oedd 186 a chynhaliwyd y cyfarfodydd am ddwy flynedd yn y McNaught Hall, Claughton Road, ac wedyn mewn amryw o ysgoldai – Clifton Road, Woodlands, Salem, Noddfa ac eraill.

Uchafbwynt ail flwyddyn y Gymdeithas – a mawr yw ein hedmygedd o ddewrder y pwyllgor – oedd cynnal gwasanaeth Cymraeg (i goffáu Dewi Sant) yn Lady Chapel yr Eglwys Gadeiriol ym mis Mawrth 1962.

Mor fuan â'r gwanwyn 1961, dechreuwyd gwneud ymholiadau ac asesu'r diddordeb yn y dref ac yn Lerpwl. Anfonwyd naw ar hugain o lythyrau i gapeli ac eglwysi'r Glannau, a'r Aelwydydd. Cafwyd caniatâd Deon yr Eglwys Gadeiriol, a chytunodd Esgob Bangor y Gwir Barchedig Gwilym Williams i bregethu. Cymerwyd rhan gan y Parchedigion Emrys Evans a Gwynfryn Evans, a Mr Hywel Williams; Mr Elfed Owen oedd yr organydd, a Mr Irwedd Vaughan oedd yn gyfrifol am y canu. Bu'r Noson yn llwyddiannus ac yn symbyliad i yrru ymlaen gyda brwdfrydedd.

Ar hyd yr hanner canrif, bu'r gymdeithas yn hynod o ffodus yn y Swyddogion a thalwn deyrnged iddynt oll am eu gwaith – ynghyd â'r rhai a fu'n gweithredu ar y pwyllgor o dro i dro. Y bwriad o'r dechrau oedd ceisio gwarchod a meithrin ein gwerthoedd fel Cymry. Wrth fwrw golwg dros raglenni'r Gymdeithas am gyfnod o hanner can mlynedd, credaf y medrwn ddweud ein bod wedi llwyddo yn yr amcan hwnnw. Sicrhawyd gwasanaeth rhai o ddoniau amlycaf Cymru o dro i dro, yn ddarlithwyr, yn bregethwyr, yn ddatgeiniaid a difyrwyr.

Y mae ffaith arall yn dod i'r golwg wrth astudio'r rhaglenni, sef bod nifer helaeth ohonynt wedi eu trefnu gan aelodau'r gymdeithas – nosweithiau 'Brethyn Cartref' fel yr ydym yn arfer eu galw, ac efallai mai yn y fan honno y gorwedd un o gyfrinachau llwyddiant y Gymdeithas, sef bod cymaint o ddoniau a thalentau ymysg aelodau'r Gymdeithas ei hun, a'r aelodau hynny ar hyd yr amser wedi bod yn barod i ddefnyddio eu doniau er budd a lles y Gymdeithas.

Fe gofiwn am y parti a godwyd ymhlith yr aelodau o dan arweiniad Mrs Eira Pari-Huws – parti a ddaeth â chlod ac enwogrwydd i'r gymdeithas – a hefyd am gyfraniad Cwmni Drama'r Gymdeithas dros gynifer o flynyddoedd. Mawr oedd dyled y Cwmni Drama i Mr Walter Rees Jones, y cynhyrchydd talentog ac amyneddgar. Cofiwn hefyd am barti canu'r hogiau yn nwylo medrus Irwedd Vaughan, parti'r merched o dan ofal Medwen Williams a hwyl y parti cydadrodd a hyfforddwyd gan Walter a Mair Rees Jones.

Heddiw, yr ydym yn diolch am yr hyn a gafwyd; am chwarter canrif cyntaf o gymdeithasu â'n gilydd fel Cymry'r cylch, mewn tref yn Lloegr; am ryw ynys o Gymreictod lle y cawn arddel y 'pethe' ac ymfalchïo yn y ffaith mai Cymry ydym; ond ni thâl i ni edrych yn ôl yn unig – ni chyrhaeddwyd unman wrth edrych yn ôl.

Ym 1986, wrth ddathlu chwarter canrif y gymdeithas, gofynwyd y cwestiwn 'Beth am y dyfodol? A fydd 'na Gymdeithas yma mhen hanner canrif, neu ddeg, neu bum mlynedd?' Fel mae nifer y Cymry Cymraeg yn lleihau, ein plant yn rhan o gefndir a diwylliant Saesneg ac ychydig iawn yn dod o Gymru i'r Glannau am waith, roedd gwir ofn am ddyfodol y Gymdeithas. Pleser arbennig yw gallu dweud, yn 2010, nad felly y mae hi arnom. Yn hanner cant oed, mae'r Gymdeithas yn ffynnu gyda thros 60 o aelodau, rhai ohonynt yma o'r dechrau, a rhai newydd yn dal i ymuno.

Felly mae'n destun balchder arbennig ein bod ni 'yma o hyd' ac yn parhau i groesawu wynebau newydd, yn llenwi rhaglen brysur gyda siaradwyr o safon, ac yn mwynhau cymdeithas hwyliog, gartrefol ac addysgiadol.

Rydym yn ymwybodol fod amryw o Gymry Cymraeg yng Nghilgwri na wyddant amdanom a hoffem gysylltu â nhw. Ceisiwn eu cyrraedd drwy'r *Angor* a'r wasg leol. Byddwn yn dechrau ar ein tymor arbennig ar 13 Medi [2010] am 7.30 yn festri Seion, Laird Street. Os am fwy o wybodaeth cysylltwch ag Eira ar 608 5328 neu Hywel ar 648 1407. Croeso cynnes iawn.

175 SUL Y COFIO 2011

gan Elwyn Parry

Fe fydd gyda hyn yn Sul y Cofio gyda'i holl ofid a'i hiraeth. Byddwn i gyd, yn sicr, ar brydiau yn dweud gresyn ein bod yn cofio o gwbwl. Mae cofio'r gorffennol yn felltith i rai ac yn fendith i eraill. Sut bynnag am hynny, fel yna y'n gwnaed yn fodau a chof gennym. Does ots beth rydym yn feddwl dydw i ddim yn credu am funud y dymunai unrhyw un fod heb y gallu i gofio. Dywedodd Tennyson "Y goron yw cofio dyddiau dedwyddach ond ni fuaswn heb fy atgofion boed iddynt fod yn ddedwydd neu'n ddi-flas".

Fel heneiddiwn mae bywyd yn mynd yn fater o atgofion onid yw? Cofiaf, cyn mynd i'r fyddin fy hun, Wncl Ben yn dod adref a chlwyfau drwg ofnadwy. Bu'n iawn am ychydig o flynyddoedd ond diwedd y gân iddo fod yn gaeth i'w wely. Serch hyn cefais lawer i ymgom ac roedd yn dal i fod yn hwyliog a siriol er ei glwyfau, ac Anti Sarah yn tendio arno "hand and foot". Bu farw'n dawel.

At the going down of the sun and in the morning
We shall remember them.

Safai Anti Sarah wrth y gofgolfn ar Sul y Cofio ac roedd wastad yn dweud "Y mae gennyf fy atgofion chwerw a melys ond ni fuaswn yn partio a nhw am unrhyw bris – mae fy mywyd llawer yn gyfoethocach o'u plegid". Does dim mwy cyson yn y cofio na hyn. O na fuasem yn medru anghofio yr holl ryfeloedd a gwallgofrwydd dyn ond wedi dweud hynny does dim modd anghofio'r aberth a rhoddwyd i bawb, ie, a cofiwch y cyfan er ein mwyn. Gofynnai rhai "A oedd eu bywyd a roesant yn werth yr aberth?" Y cwestiwn ddylai gael ei ofyn ydy "A ydym werth yr aberth a wnaed drosom?"

Pan yn dysgu ym Manceinion cofiaf mewn gwers roeddem wedi bod yn sôn am yr ymrafael rhwng Saul a Dafydd ac yn naturiol ddaeth yr Ail Ryfel Byd i fyny – *What if we had lost?* Byddaf yn dotio weithiau fel mae plant yn medru gofyn cwestiwn sy'n eich llorio! Gofynnais yn ostyngedig iawn os oedd modd imi ateb y cwestiwn yn y wers nesaf a chwarae teg fe gefais ganiatâd gan y dosbarth!!

I ateb credaf fod cofio yn weithred i'w feithrin gan fod unrhyw genhedlaeth heb orffennol yn sicr i fod heb wreiddiau yn y presennol. Dyma cymeryd wythien arall a dweud i'r perwyl fod hyn yn helpu i wneud synnwyr o'r ymgysegriad, y gwroldeb, yr aberth â'r ymwybyddiaeth o ddyletswydd y rhai oedd yn ymladd. Ni ellwch golli'r agwedd hyn greda i. Yn wir fe ddylai hyd yn oed y plant wybod am yr hen Ewrop ac am y rhesymau yma heblaw eraill ac mae'n iawn iddynt sefyll a chofio.

Efallai daw adeg pan na fydd rhyfel mwyach ar y ddaear ond fe ddylem dal i gofio'r aberthau a wnaed dros ryddid. Fel milwr bychan rydw i'n ymwybodol o hyn i gyd ond ar yr un pryd rydw i'n ymwybodol o'r rhyfel arall sef RHYFEL YR OEN ac am y rhyddid o bechod a marwolaeth gafwyd o Galfaria gan ei Harglwydd Iesu Grist.

176 SYDNEY BOWEN, COLLI GWEINIDOG ARALL

gan Clifford Owen

Anodd credu bod ein cyfaill wedi ein gadael ac wedi mynd at ei wobr. Fis cwta cyn ei ymadawiad, y cwrddais i ag ef ddiwethaf a hynny yn Llandudno. Yr oedd yn anarferol o hapus am ei fod wedi cael nerth i ddod am ddiwrnod i'r hen wlad ac i olwg ei bentref genedigol, sef Penmaen-mawr. Treuliwyd orig hyfryd a bendithiol yn ei gwmni a diweddu gyda gair o weddi. Dyna batrwn ein cyfarfyddiad a phawb a gafodd y fraint o adnabod Mr. Bowen – sgwrs ddifyr a gweddi daer. Yr oedd ein cyfaill yn credu'n gryf mewn grym gweddi a chredir mai ei ffydd ddi-gryn yn ein Gwaredwr a'i cynhaliodd cyhyd. Os gofynnid iddo 'Sut yr ydych yn cadw?' 'Cael fy nghadw gyfaill' oedd ei ateb parod.

Cefais y fraint o adnabod y Parch. Sydney Bowen gyntaf pan oeddwn yn fy arddegau cynnar. Daeth ef yn weinidog ar eglwysi Carmel, Llanllechid a Bethlehem, Tal-y-bont – gofalaeth yr enwog gerddor o bregethwr Edwards Stephens, 'Tanymarian'.

Nodweddid gweinidogaeth Mr Bowen gyda phregethu efengylaidd, ei gonsárn am ddatblygiad Cristionogol yr ifanc a hefyd gwendid y cystuddiol. Wedi gadael ei ofalaeth gyntaf (Carmel a Bethlehem) gwasanaethodd ei Arglwydd mewn gwahanol feysydd gyda'r un brwdfrydedd diflino a nodweddid ei weinidogaeth gyntaf – yn Llundain gyda'r Mudiad Cenedlaethol Prydeinig i Longwyr; eglwysi yn Falmouth, yna Pum Heol, Llanelli, ac eglwysi Saesneg yn Wallasey ac Irby.

Nid yn unig yr oedd ein gweinidog yn gweithio'n ddiflino yn ei ofalaethau, ond yr oedd am flynyddoedd yn cyfrannu i'r mudiad efengylaidd Radio Byd-eang. Teithiodd lawer o weithiau i Lundain i recordio neges yr efengyl i bedwar ban byd.

Wedi ymddeol, bu'r Parch. S. W. Bowen yn ffyddlon iawn fel pregethwr cymeradwy i eglwysi ymneilltuol Cymraeg a Saesneg ardaloedd Glannau Merswy a Dyfrdwy. Ymaelododd ef a Mrs Bowen yn ei eglwys gyntaf fel gweinidog sef Carmel, Llanllechid. Yng Ngharmel yr oedd yr arwyl ac yr oedd cynulleidfa gref yn tystio i gymeriad annwyl a diffuant. Rhoddwyd ef i orffwys ym mynwent Coetmor, Bethesda. Yr oedd yr angladd yng ngofal ei gyfaill ddyddiau coleg y Parch. Gwyn Jones, Llandudno, gyda'r Parchedigion Dennis Young, Ioan Davies, Gwilym Parri a Huw Iorwerth Jones yn cynorthwyo ynghyd â'r Mri R. C. Williams a D. C. Williams o eglwys Carmel.

Yr oedd y Parch. S. W. Bowen yn arlunydd dawnus ac yr oedd ganddo luniau o safon uchel iawn. Er hynny credir mai y darlun gorau oll a greodd oedd ei gymeriad ef ei hun, oblegid yr oedd yn adlewyrchu rhai o rinweddau godidocaf ein Gwaredwr – Ei raslonrwydd, Ei deyrngarwch a'i gariad tuag at ddynoliaeth. Diolch i'r Gwaredwr am Sydney W. Bowen, diolch am ei adnabod a hefyd am ei gyfraniad i waith y Deyrnas. Da was da a ffyddlon yw'r deyrnged sy'n deilwng o'i lafur.

Nawdd y nef fyddo ar Mrs. Bowen, Sally, Tomas a'r teulu yn eu hiraeth.

177 SYNFYFYRDOD - Y LIMRIG

gan H. Ll. Williams

Byr fu poblogrwydd y Limrig, ac nid oes heddiw agos cymaint o adrodd arno ag a fu. Mae'n fwy na thebyg y gellid casglu deunydd cyfrol sylweddol o'r penillion hyn petai un yn cael digon o amser at y gwaith. Er mai 'llymrigwydd' yw prif nodwedd y Limrig, perthyn i'r pennill bychan hwn lawer o swyn a digrifwch; a chryn gamp yw llunio un da. Adrodd stori yw ei swydd, a pheth anodd yw adrodd stori. Anos fyth yw adrodd stori fer yng nghwmpas pum llinell o bennill – stori ddigrif, wrth gwrs.

Tybid unwaith mai yn Limerick yn Iwerddon, yn y ddeunawfed ganrif, y canwyd y math hwn o bennill am y tro cyntaf. Ond y mae ymchwil gofalus y gwŷr llên wedi dangos nad oes digon o sail i'r dybiaeth honno. Myn Waldo a'i gyd-ysgolhaig, Twm Pensticil, y gellir olrhain y Limrig yn ôl i'r englyn a'r epigram Groeg (gweler ei ysgrif yn *Y Ford Gron*, Mehefin 1931). Ond mewn difrif, onid y stori fer yw mam y Limrig? Nid yw'r stori fer ar fydr ac odl, meddwch. Nac ydyw, heddiw. Yn y cyfnod bore, cyn-ryddieithol, pan wasanaethai barddoniaeth fel unig gyfrwng llenyddiaeth, yr oedd y stori, hithau, ar fydr ac odl. A pharhad o'r traddodiad hwnnw yw'r Limrig! Dyma, mewn gwirionedd, y ffurf gyntefig ar stori fer – y stori fer fyrraf sy'n bosibl, er imi glywed untro am stori fer a oedd yn rhy fer i'w phrintio, ond stori arall yw honno.

Fel ymhob stori dda, fe geir yn y Limrig ergyd effeithiol ar y diwedd. Yr annisgwyl, wrth gwrs, sy'n digwydd, ac os rhoddir yng nghorff y pennill ryw awgrym bach am yr hyn sy'n debyg o ddigwydd, ni bydd y digwydd yn hollol fel y tybiwn ni. Gwneir strôc anfarwol wrth roi tro ar gynffon y gerdd, a dyma'r unig enghraifft o strôc lenyddol sydd heb fod i farwolaeth. Byddai strôc o'r fath yn ergyd farwol i delyneg neu emyn neu bennill telyn. Ond bellach at y penillion:

Gwyddoch am bennill Idwal Jones i'r bachgen o Rosllannerchrugog:

Roedd bachgen yn Rhosllannerchrugog
Yn gwthio drwy'r clawdd mewn lle brigog,
  Gwnaeth ormod o frys
  A gadawodd ei grys
Yn rhecsyn ar ben weier bigog.

Dyma bennill o Geredigion – y mae swyn anghyffredin mewn enwau lleoedd ac mewn tafodiaith, onid oes?

Rhyw ddydd fe aeth dyn i Langawsa',
Ond wir, fe aeth bws ar i draws a,
  A phan aed i'w hel-o
  Fe gaed, pŵr ffelo,
Mai sgubo fe lan fase hawsa.

Gwelwn mor bwysig o effeithiol yw'r odlau. Dyma un eto o waith y diweddar W. D. Williams, Bermo (a Bala yn ddiweddarach):

Chwi glywsoch o'r blaen, mae'n ddiama',
Am y llanc oddi ar lethrau Moel Fama'
  A grwydrodd y byd
  Ar draws ac ar hyd
Mae'n awr yn *Town Clerk* Yokohama.

A dyma un addas i Letisha, druan fach:

Mynd i groesi yr hewl wnaeth Letisha
Mewn man lle roedd 'Beacon Belisha',
  Daeth motor-car mawr
  A'i tharo hi lawr,
A nawr mae Letisha yn bisha.

Awduron anhysbys sydd i lawer o'r penillion difyr hyn, a chryn gamp i'r un barnwr llenyddol fyddai profi pwy fu'n euog o'u cyfansoddi. Ond gwn i sicrwydd mai R. E. Jones, Llanrwst, biau hwn:

Roedd bachgen o ardal Blaengarw,
Am fwyta yr oedd o'n un garw,
  Aeth i'w wely min nos
  Ar ôl lam a mint sôs,
A phan ddefrodd yr oedd wedi marw.

A'r Parch. Jacob Davies, Alltyblaca, a'i frawd, Jack, biau hwn:

Ces gariad gerllaw Cincinatti;
A gwasgu a wnes yn dynn ati,
  Ond o'r fath gyflafan!
  Wrth estyn am gusan
Fe'm pigwyd gan flaen ei phin hat hi.

Yr hyn sy'n bwysig i'w gofio yw hyn, mai ffurf wreiddiol y stori yw'r Limrig. Damwain yn unig a barodd ysgrifennu'r stori fer mewn rhyddiaith. Ac y mae damweiniau llenyddol yn digwydd fel yn hanes y prydydd anffodus hwnnw o ardal y Fenni:

Roedd prydydd o ardal y Fenni
Un noson yn darllen proflenni,
  Roedd hi'n bryddest lled faith,
  Pum mlynedd o waith
Ond collodd yr inc am i phen hi.

T

178 TAFOLEN Y TRAETH

gan Meinir Wigley

Efallai nad hwn yw'r harddaf ymhlith y blodau gwylltion, ond does dim dadl mai tafolen y twyni yw un o blanhigion prinnaf Ewrop. Bellach rydym ni wedi darganfod poblogaeth newydd ohono yn Sir Benfro.

Mae tafolen y traeth yn blanhigyn Celtaidd yn wir ystyr y gair gan mai dim ond yn Nghymru, Cernyw, Llydaw a Galicia, y mae'n tyfu. A than eleni y gred oedd mai dim ond Ynys Môn a De Morgannwg oedd ei chartrefi Cymreig. Roedd Stephen Evans, un o gyn-swyddogion Cyngor Cefn Gwlad Cymru yn Sir Benfro yn sicr y dylai'r planhigyn fod yn tyfu yn Sir Benfro a thair blynedd yn ôl dechreuodd chwilota amdano. Ac wedi iddo chwilio'n drwyadl ac yn drefnus ar hyd y lan rhwng St. Ann's Head ac Ynys Gateholm, fe'i profwyd yn iawn. Gall y planhigyn browngoch blêr hwn dyfu hyd at 1 medr o uchder. Mae ganddo nifer o goesau preniog a changhennog, ac mae'n hawdd ei gamgymryd am rywogaethau mwy cyffredin megis y dafolen grych. Golyga hyn fod yn rhaid meddu ar sgiliau arbenigol i'w ddarganfod.

Mae'n tyfu ar lannau creigiog, a thywodlyd ac ar lethrau isaf clogwyni, ac mae arno angen cyflenwad cyson o ddŵr ffres i fyw. Mae'n debyg mai tafolen y traeth yw'r unig blanhigyn ym Mhrydain sy'n dipyn o forwr. Mae ei hadau'n nofio allan i'r môr ac yna'n cael eu sgubo nôl i'r traethau ymhellach ar hyd yr arfordir, er mwyn dechrau tyfu yno.

I lawer o bobl, mae dail tafol yn fwy adnabyddus fel chwyn cyffredin a chryfion ar dir amaethyddol, mewn gerddi, a thir eraill sydd wedi eu cyffwrdd gan ddyn. Mae ambell aelod o deulu'r tafol yn eithaf prin mewn termau rhyngwladol, ac mae'r darganfyddiad hwn yn dangos pa mor bwysig yw hi i edrych am y planhigion prin hyn. Unwaith ein bod ni'n gwybod am eu lleoliad, gallwn ymdrechu wedyn i'w gwarchod. Mae'r Cyngor Cefn Gwlad, ar y cyd â'r elusen Plantlife, yn dal i chwilota am boblogaethau eraill o dafolen y traeth ar hyd arfordir Sir Benfro.

179 TARO POST

[1] *T. Glyn Jones*

Annwyl Dr D. Ben Rees,

Cefais afael ar eich llyfr, *Wales: The Cultural Heritage,* yn ddiweddar. Mwynheais ei ddarllen yn fawn iawn. Gwaith campus, meistrolgar, ac nid hawdd ydyw darlunio hanes cyfnod, mor gryno ag y darfu chwi. Gwelir ynddo ôl ymchwil trylwyr gwrthrychol ond sydd wedi ei drefnu mewn modd sydd hefyd yn ddiddorol.

Fe dybiaf y caiff y sawl a'i darlleno eu synnu ein bod wedi etifeddu diwylliant sydd mor wych ac mor swmpus. Yr wyf fi wedi fy mhlesio yn fawr iawn ac yr wyf yn bwriadu prynu copi os oes modd prynu un. Rwyf hefyd am sôn am *Yr Angor* wrth Gymry Bolton a phob rhwyddineb i'r papur o dan eich golygyddiaeth.

Yn gywir iawn,

T. Glyn Jones,
354 Bridgeman Street
Bolton

[2] *Megan Roberts o Noddfa, Trefebin.*

Organydd o'r radd flaenaf – Bu Mr R. Glyn Môn Hughes, Penbedw, yn rhoi ymdeithgan ar yr organ yng nghapel Coleg Clare yng Nghaergrawnt. Yn y gynulleidfa niferus yr oedd llawer o dramorwyr, rhai o'r Unol Daleithiau, Ffrainc a China. Y mae wedi derbyn y gwahoddiad a roed iddo i roi ymdeithgan ym mis Medi 1987 yng nghapel New College, Rhydychen.

Carolau Estynwyd gwahoddiad i barti o garolwyr ymweld ag Ysbyty Frenhinol Lerpwl cyn y Nadolig. Mae'n debyg mai'r dyddiadau fydd nos Iau a nos Wener, Rhagfyr 18 a 19. Gofynnir i chi gadw'r dyddiad yn rhydd. Llynedd cafwydd cefnogaeth dda i ddwyn cysuron y carolau i'r cleifion gan aelodau o eglwys Bethel, Heathfield Road. Croeso i eraill ymuno â'r parti am 7.30 yng nghyntedd yr Ysbyty.

Cyfarfod Gweddi Diolch Undebol Cafwyd Cyfarfod Gweddi Diolchgarwch undebol bendithiol iawn yn Noddfa, Bebington, ddechrau mis Hydref. Cymerwyd rhan gan Mrs Ann Jones, Noddfa, Mr J. Tudur Owen, Salem, Mrs E. K. Emrys Evans, Salem a Miss Megan Roberts, Noddfa. Yr organydd oedd Mr E. H. Jones, Noddfa. Llywyddwyd gan y Parch. R. J. Môn Hughes a diweddwyd gan y Parch. R. E. Hughes, Salem.

Piano Gwnaed apêl am biano o safon uchel i'w lleoli yn barhaol ar gyfer gwasanaethau'r plant yn eglwys Bethel, Heathfield Road, a gwneir yr apêl ar ran Pwyllgor Gwaith yr Ysgol.

Bwrlwm Bro Bydd HTV yn recordio *Bwrlwm Bro* yng Nghaerdydd ar Nos Wener 16 Ionawr 1987, yn erbyn tîm Pontypridd. Gofynnir i bawb sy'n awyddus i fynd i Gaerdydd i gefnogi roi eu henwau i Dr D. Ben Rees. Ceir cyfle i ymweld â Chaerdydd a Sain Ffagan. Bydd y bws a'r cinio am ddim. Ond bydd yn rhaid gadael De Lerpwl am tua 8 o'r gloch y bore.

[3] *D. Glyn Williams* Gofalaeth Eglwysi Annibynnol Tabernacl yr Amwythig, Capel Cymraeg y Trallwm, Peniel, Pen-llys a Phontrobert

Lliwen,
Leighton, Y Trallwm
Powys SY21 8HL

Annwyl Gyfaill,

Ar ran aelodau'r Ofalaeth uchod, manteisiaf ar y cyfle i gydnabod yn ddiolchgar y croeso cynnes a dderbyniwyd gennym ar ein Pererindod i Ddinas Lerpwl.

Mae ein dyled i chi yn bersonol am roi o'ch amser prin i'n tywys ar ein taith trwy'r Ddinas. Gwerthfawrogwn yn fawr eich arweiniad a'r wybodaeth eang a drosglwyddwyd gennych am y Cymry a wnaeth gymaint, nid yn unig yn Lerpwl, ond trwy Gymru benbaladr a thu hwnt. 'Eraill a lafurasant, a ninnau a aeth i mewn i'w llafur hwynt'. Diolch am gael ymweld â mannau cysegredig iawn a daliwn i ryfeddu at y wybodaeth sydd ar flaenau eich bysedd.

Ar ôl pererindota, cael croeso arbennig gan chwiorydd Heathfield Road. Byddwn yn dra diolchgar pe baech yn cyflwyno ein diolch cywiraf iddynt am y ddarpariaeth a drefnwyd ganddynt. Amgaeaf siec hefyd am £25 fel nawdd i'r gyfrol *Cymry Lerpwl a'r Cyffiniau yn yr Ugeinfed Ganrif.*

Gyda llawer o ddiolch unwaith eto am sicrhau diwrnod tu hwnt o arbennig i ni fel Gofalaeth. Gan ddymuno pob bendith i chi a hefyd i'r Eglwys yn Heathfield Road.

Yn gywir iawn
D. Glyn Williams
Ysgrifennydd yr Ofalaeth

[4] *Pat Williams*

Annwyl Olygydd,

Ar nos Sadwrn, 11Gorffennaf, cynhaliwyd cyngerdd dwyieithog i ddathlu canmlwyddiant yr achos yn Webster Road, Heathfield Road a Bethel. Cafwyd noson fythgofiadwy, ond paham y bu'n rhaid i ni ganu '*God Save the Queen'*?

Gwn mai'r ddadl o blaid canu anthem genedlaethol Lloegr yw bod eisiau dangos cwrteisi tuag at y Saeson a oedd yn bresennol yn y gynulleidfa. Pe buasem yn dathlu rhyw achlysur ar y cyd â'n cyfeillion o Loegr, cytunwn y dylid canu '*God Save the Queen'*, er mwyn cadw'r ddysgl yn wastad; ond nid cyd-ddathliad mo hwn, eithr coffáu rhywbeth a oedd yn gynhenid a digymrodeddus Gymreig, a Saeson yn cael gwahoddiad i ymuno â ni yn y dathliad. O dan amgylchiadau felly, nid ydwyf yn credu y buasai'r un Sais neu Saesnes yn disgwyl clywed datganiad o unrhyw anthem heblaw 'Hen Wlad fy Nhadau'.

Wrth fynegi fy anghymeradwyaeth o glywed '*God Save the Queen*', mewn dathliad hanfodol Gymreig, yr wyf hefyd yn datgan barn nifer o bobl a oedd yn eistedd o'm cwmpas y noson honno.

Nid gelyniaeth y Saeson sy'n bennaf gyfrifol am dranc yr iaith Gymraeg ond parodrwydd y Cymry i gymrodeddu a thalu gwrogaeth i'r Saesneg a'r dull Seisnig o fyw.

Yr eiddoch yn gywir,

Pat Williams, Calderstones, Lerpwl

[5] *Hugh Begley*

6 Howbeck Drive,
Prenton
Wirral CH43 6UY

29 Mehefin1999

PLAC J. SAUNDERS LEWIS

Annwyl Olygydd,

Efo'ch caniatâd hoffwn ymateb i lythyr o eiddo Walter Rees Jones, yn rhifyn Gorffennaf o'r *Angor*.

Yr oedd yn falch gen i weld bod Walter a minnau yn cytuno ynglŷn â chyfraniad hollol arbennig SL i fywyd y genedl a bod SL ar ben rhestr H. Wyn Jones – Colofn Cewri y Mileniwm – *Yr Angor* Gorffennaf 1999. Felly nid oes dwywaith amdani nad ydy SL yn haeddu ei le yng nghof y Cymry. I ddechrau, rhai ffeithiau bach. Cyn imi gychwyn ar y prosiect hwn, cefais fy sicrhau gan Mrs Mair Saunders Jones ei bod hi o blaid y prosiect a byddai'n well ganddi hi weld plac ar 6

Wilton Street, lle treuliodd SL ei flynyddoedd lluniol (*formative years*) yn hytrach nag ar 61 Falkland Road, sef man ei eni.

Ar ôl imi gael caniatâd gan berchenogion yr adeilad, trafodais y peth gyda Chadeirydd Pwyllgor Cynllunio Cyngor Bwrdeistref Cilgwri a ddywedodd fod dyfodol tai Wilton Street yn eithaf diogel. Nid oes unrhyw fwriad i ddatblygu'r ardal. Felly mi fydd y tŷ ar ei draed i'r dyfodol, hyd y gellir gweld. Gyda llaw, ga'i atgoffa Walter mai ar y tir y tu allan i fan geni y mae'r plac er cof am Dafydd ap Gwilym ym Mrogynin , ger Penrhyn -coch , tua phum milltir o Lanbadarn -Fawr . Cododd y prosiect allan o'r newyddion ryw ddwy flynedd yn ôl, fod *English Heritage*, am y tro cyntraf erioed y tu allan i Lundain, i roi placiau ar adeiladau ar Lannau Mersi y mae ganddynt gyswllt ag enwogion Saesneg y gorffennol. Ond ceir llawer o blaciau o'r fath yn Llundain. Felly, er nad ydy Walter o blaid rhoi placiau ar adeiladau, mae digon o bobl, y mae ganddyn nhw hir brofiad, yn ystyried hyn yn weithred werth chweil iawn. Mewn geiriau eraill, yr wyf i'n awgrymu bydd yr hyn sy'n dda i Lundain yn dda ar y Glannau yma. Ni wn a ydy Walter yn gyfarwydd â'r placiau hyn yn Llundain. Yr wyf i'n gwybod bod rhan o'i wrthwynebiad yn seiliedig ar y ffaith y ceir plac ar ddau adeilad yn unig yn Lerpwl. Ond efallai petasai mwy o blaciau yma, y buasai mwy o ddiddordeb yn hanes Glannau Mersi a'u henwogion.

Wrth sôn am y gwahaniaeth rhwng rhoi plac er cof am Gymro ar dŷ yn Lloegr, yn hytrach nag yng Nghymru, mae Walter yn ymddangos yn eitha plwyfol, ond o'i hir adnabod, yr wyf i'n gwybod mai dyn â barn eang a rhyddfrydig iawn ydy o. Felly, yr wyf i'n sicr na fyddai Walter yn gwrthod i Gymry alltud y cyfle i ddathlu cof yr enwogion yn eu plith yng ngwlad eu preswyl. Yn ychwanegol, pan oeddwn i'n sôn am y prosiect hwn wrth Gynghorwyr *Liscard Ward*, ac aelodau *Wallasey Civic Society*, yr oedden nhw'n mynegi diddordeb mawr, ac yr oedden nhw'n falch iawn bod person mor enwog â SL wedi ei eni a byw yn eu hardal. Ac, wrth gwrs, yr oedd *English Heritage* yn barod iawn i helpu. Rhywbeth i bontio agendor rhwng y Cymry Cymraeg a'r Saeson fydd is-gynnyrch y prosiect.

Mae Walter Rees Jones yn mynd ymlaen i sôn, e.e., am gyfrannu at Gronfa Ysgoloriaeth SL yn hytrach na rhoi plac er cof amdano. Ond mae pobl wedi cyfrannu'n helaeth eisoes at y gronfa honno. Hyd y gwn i ni wnaethpwyd apêl bellach am fwy o gyfraniadau. A beth am noddi cystadleuaeth arbennig yn yr Eisteddfod Genedlaethol? Wel, yn gyntaf, byddai angen ei noddi dros y blynyddoedd a ddaw un ai gan ryw noddwr cyfoethog neu drwy fuddsoddi digon o gyfalaf i gynnal y peth. Ond ni fyddai cost y plac yn agos at hyn. Yn ail, peth rhyfedd ydy i neb awgrymu'r fath beth tan heddiw pan godir sôn am y prosiect plac. Mae'n hawdd awgrymu cynigion eraill i unrhyw brosiect. Ac mae'n sicr gen i y byddai croeso mawr i Walter neu rywun arall y mae ganddo fo/hi gynnig arall i'w drefnu. Nid yw'r prosiect hwn yn gwarafun y fath gyfle i neb. Yn y diwedd, dyma gyfle i'r genhedlaeth hon ddangos eu balchder yng nghampweithiau Cymro o'r gorffennol a modd i dynnu sylw Cymry Cymraeg a di-Gymraeg at un o arwyr llenyddiaeth a bywyd y genedl. Da hefyd ein bod yn medru pwysleisio i'r Saeson fod byd o lenyddiaeth Brydeinig yn cynnwys athrylith arall oedd ar wahân i lenyddiaeth Saesneg.

Yr eiddoch yn gywir
Hugh Begley
(Ysgrifennydd Cymdeithas Etifeddiaeth Glannau Mersi)

[6] *W. Edgar Roberts*

Treffynnon
Sir Fflint CH8 8RP
9/11/98

Annwyl Barch Ddr. D. Ben Rees,

Pan oeddwn yn byw yn Lerpwl yn ystod y chwedegau, arferwn fynd at opthalmydd o'r enw Mr Jones a oedd yn byw yn agos i Park Gates yn Princes Road. Yr oedd o, a'i dad o'i flaen, wedi bod yno ers peth amser, ac atynt yr arferai tad a mam fy ngwraig, Diana Williams gynt, fynd cyn i mi ddod i Lerpwl. Yr oedd dwy gadair eisteddfod hardd yng nghyntedd ei dŷ yn Princes Road, ac roedd Mr Jones yn hynod falch o ddweud mai ei dad a'u enillodd yn wythdegau'r ganrif ddiwethaf [1880au] ym Magillt a Threffynnon. Er fy niddordeb o glywed hyn ar y pryd, doedd gennyf ddim cysylltiad gyda Bagillt na Threffynnon ar y pryd, ac ychydig a feddyliais y buaswn yn treulio cymaint o fy mywyd yn y cylch.

Yn ddiweddar, darllenais gyfres o englynion a ysgrifenwyd gan Hwfa Môn pan enillodd, rwy'n credu, gadair yr eisteddfod ym Magillt yn 1889, a dechreuais feddwl tybed mai Hwfa Môn oedd taid Mr Jones, yr Opthalmydd. Efallai fod rhai o ddarllenwyr *Yr Angor* yn gwybod tipyn mwy am Mr Jones, ac y gallen nhw gadarnhau os yw fy namcaniaeth yn wir ai peidio. Gyda llaw roedd Mr Jones yn aelod brwd o Glwb Rotari Toxteth yn ystod y chwedegau o leiaf.

Buasai'n ddiddorol gwybod beth a ddigwyddodd i'r ddwy gadair eisteddfodol. Buaswn yn hynod falch pe buasai unrhyw un o ddarllenwyr *Yr Angor* yn gallu ymhelaeth ar hyn.

Yr eiddoch yn gywir
W. Edgar Roberts

Ymateb y Golygydd:

Diolch am lythyr diddorol W. Edgar Roberts, Gorsedd, ger Treffynnon. Gallaf gyfeirio at lyfryn sy'n rhoi tipyn o hanes yr opthalmydd D. Leslie Jones. Y mae ei lun ef a'i briod, Mrs Tessa Jones i'w weld yn y llyfryn a luniais ar hanes Clwb Rotari Toxteth. Dyma'r manylion yn llawn, *D. Ben Rees, Rotarians of Toxteth: A Glimpse of the Rotary Club of Toxteth from its inception in 1964 to its closure in 1998* (Modern Welsh Publications Ltd, 1998) ISBN 0 901332 54 2 Pris £1.50). Bu Leslie Jones yn Llywydd Clwb Rotari Toxteth yn 1967-8, clwb y bu nifer dda o Gymry Cymraeg yn aelodau ohono. Dyna Percy Owen Jones (Llywydd 1970-1), E. Gorowny Owen (Llywydd 1978-9), D. Ben Rees (Llywydd 1992-3) a lle y bu llu eraill yn hynod o weithgar, er enghraifft, Pierce Roberts a W. Meirion Evans (Is-lywydd 1997-8). Ni wyddwn i am y posibilrwydd fod cysylltiad rhwng Leslie Jones a Hwfa Môn, ond mae'n ddigon posibl, gan fod Keith Johnson (Llywydd y Clwb 1982-3 a 1990-1) yn or-ŵyr i'r bardd Patrobas, sef Robert Gruffydd (1832-63).

[7] *Glenys Davies*

At y Golygydd,

Cefais flas anghyffredin ar ddarllen apêl Dr. D. Ben Rees am gyfamodwyr i'r *Angor*. Teimlaf yn weddol sicr fod y nod o gan enw wedi ei chyrraedd erbyn y gwêl y llythyr hwn olau dydd. Os na fydd hynny'n wir, fe fydd rhywbeth mawr o'i le ar Gymry Glannau Mersi.

Fe wn o'r gorau am y mynych alwadau a ddaw i'n rhan i gyfrannu at achosion teilwng, achosion fel Cymorth Cristnogol a'r Genhadaeth Dramor. Er hyn i gyd, tila iawn yw'n hymateb i'r galwadau hyn o'i gymharu â'r hyn a wariwn ar bleserau munud awr er boddio'n hunain.

Mae'n syndod a rhyfeddod fod *Yr Angor* yn llwyddo i gadw'n fyw pan gofiwn fod un rhifyn ohono yn rhatach na phris stamp y cyfnod presenol. Ni fedr neb gyfrif rhodd o ddeg punt yn aberth o gofio fod un sigarét y dydd neu un llymaid o *gin and tonic* y mis yn costio mwy na hynny mewn blwyddyn. Sylweddolaf fod mwyafrif helaeth darllenwyr *Yr Angor* yn llwyrymwrthodwyr pybyr, a hwyrach mai lleiafrif ohonynt sy'n ysmygu. Gwn hefyd fod llawer iawn ohonynt yn cyfrannu'n hael ac anrhydeddus at lawer o achosion dyngarol; eto yr wyf yn llwyr argyhoeddedig fod lle i wella gan rai o'n darllenwyr.

Ymhen rhyw ddeufis eto fe fyddwn yn dathlu Gŵyl ein Nawddsant. Ni fydd pall ar areithiau huawdl a hwyliog, oll yn canmol a chlodfori'r etifeddiaeth a'r dreftadaeth fendigedig a drosglwyddwyd i ni. Eithr nid digion areithiau, hyd yn oed os ydynt yn areithiau Cymreig eu hiaith a'u hansawdd.

Cawsom ein hatgoffa yn y rhifyn diwethaf o'r *Angor* fod amcanion y papur yn rhai digon cymeradwy. Eto, rwy'n amheus ynglŷn â 'Chystadleuaeth y Mis'. Ym mha ddosbarth, dyweder, y dylid cynnwys yr her hon? Teimlaf fod gormod o arlliw neu ragfarn wleidyddol yn yr her. Yn gwbl ddiffuant a diduedd, credaf fod y to ifanc yn deilwng o well sialens. Os cynigir gwobr o werth wyth punt o lyfrau Cymraeg, haeddant well o lawer na'r gystadleuaeth a drefnwyd.

Yr eiddoch yn gywir,
Glenys Davies

9 Amergate Road,
Grassendale,
Lerpwl 19.

[Gair y Golygydd:- Daeth enwau i mewn ond ymhell o gant. Gwahoddir pawb i wneud hynny y misoedd nesaf hyn tra yr ydym yn disgwyl am ddyfarniad y Comisiwn Elusennau. Diolch am y llythyr hwn er bod gwahaniaeth barn ar y paragraff olaf!]

[8] *Lois Murphy a Ron Gilford*

Annwyl Ddr. Ben,

Wedi derbyn a darllen *Yr Angor,* y mae'n rheidrwydd ymateb i'ch tudalen olygyddol. Fel y gwyddoch mae Ron Gilford yn cael problemau â'i lygaid ac yn methu gweld yn glir i ddarllen ac felly ysgrifennaf drosom ni ill dau.

Diolch am eich geiriau caredig a'ch gwerthfawrogiad o'n cyfraniad i'r *Angor* dros nifer o flynyddoedd. Cawsom lot o bleser yn eich cwmni ac yn y pwyllgorau cyfeillgar, a chael cyfle i gadw Manceinion 'ar y map'. Gwelwn eich colli yn fawr iawn, ie, gweld eich 'isie' yn iaith y De.

Da darllen am wellhad yn eich problemau ariannol fel papur bro. Daliwch ati i'r dyfodol yw ein cân. Diolch o galon am gael rhannu yn y gwaith dros y blynyddoedd.

Cofion cynnes oddi wrth
Lois Murphy a Ron Gilford
Swann Lane,
Cheadle Hulme

[9] *David Williams*

Annwyl Ben a Darllenwyr *Yr Angor*.

Braf oedd cael gweld 'Y Bethel Newydd' a hefyd hen gyfeillion ar fy ymweliad yn ôl yn Lerpwl. Mae'r adeilad yn destament i waith caled a llafur aelodau Bethel. Mae yma nawr adeilad hardd ac addas at holl weithgareddau Bethel a Chymru'r Glannau. Mi fuasai fy Mam wedi ei bodloni efo'r adeilad newydd, rwy'n siŵr.

Rwyf wedi ceisio cyfansoddi pwt o gerdd sy'n cynnwys fy meddyliau am yr adeilad ar ôl gweld yr hen 'Ysgoldy Fach'.

Bethel
Trwy'r ffenestr wydr lliw.
Goleuni'r gorffennol ydyw,
Sy'n goleuo tŷ ein Duw.
I gadw'r ffydd a'r iaith yn fyw.

Diolch yn fawr am roi copi mis Mawrth o'r *Angor* i mi ac am anfon copi mis Ebrill, Mai a Mehefin. Roedd darllen y coffâd i Miss Olwen Roberts yn dod ag atgofion melys yn ôl. Yn ystod fy ngwyliau haf yn 2012 roeddwn yn gwrando ar gerddoriaeth Gymraeg ar fy chwaraewr MP3 pan ddaeth cân gan Aled Lloyd Davies efo'r teitl 'Dyn y Mwyar Duon' i'm clustiau. Yn syth daeth atgofion o fynd gyda mam a'm brawd a'm chwaer yn y car gydag Olwen Roberts (Yr *Health Visitor* fel y gelwid hi gan y teulu) yn gyrru. Bant â ni am drip i'r *Denbigh Moors* i dreulio prynhawn cyfan yn casglu mwyar duon. Roedd Olwen Roberts yn gefn mawr i'r teulu, fel nifer helaeth o aelodau eglwys Heathfield Road, pan gollon ni fy nhad, Huw, a fy mrawd, Trefor, ac rwyf wedi bod yn ddiolchgar iddynt i gyd ar hyd y blynyddoedd. Mae'n rhaid i mi hefyd roi diolch i Ben Rees am y geiriau caredig a ysgrifenwyd ganddo am fy mam a'r teulu yn ei gyfrol *Codi Stêm a Hwyl yn Lerpwl.*

Trist oedd clywed hefyd am farwolaeth Mr Humphrey Wyn Jones. Rwyf yn cydymdeimlo gyda'r teulu i gyd ac rwy'n siŵr y bydd colled fawr ar ei ôl ym Methel ac ar y Glannau. Mae gennyf atgofion am y gŵr hwn hefyd. Rwy'n ei gofio fel un oedd bob amser â gwên ar ei wyneb, ond beth sy'n aros mwyaf yn y cof yw cael mynd i Ysgol Sul yr oedolion am y tro cyntaf ac yn cael fy hun mewn dosbarth gyda Humphrey Wyn a 'Sarsiant' William Jones, Meldrum Road. Wel, dyna ddosbarth lle'r oedd dadlau brwd gyda'r ddau ohonynt yn amlwg iawn ac mor gryf yn eu credoau ac mor barod i'w hamddiffyn, yn enwedig pan oeddynt yn anghytuno. Fe ddysgais i lawer gan y ddau am y grefft o ymresymu, sydd wedi bod yn gynhorthwy mawr i mi yn ystod fy mywyd, yn enwedig ym myd yr undebau.

Mae'n bleser gweld bod bywyd Cristnogol a Chymraeg y Glannau yn dal yn eitha' cryf os nad yw nifer y cyfranogwyr mor helaeth ac y bu yn y gorffennol. Mae'r fuddugoliaeth yn y llys barn yn newyddion ardderchog, ac mae'n fy atgoffa o linellau mewn cân gan Huw Jones

Daw dydd y bydd mawr y rhai bychain.
Daw dydd ni fydd mwy y rhai mawr.
Cyfiawnder a ddaw gydag amser.
I chwalu teyrnasodd y llawr.

Braf yw cael gwybod bod yr Eglwys yn berchen ar y tir lle bu'r hen gapel yn sefyll, a bod hwn yn rhoi cyfle i gynulleidfa Bethel gael symud ymlaen i'r dyfodol. Mae'n rhaid i mi ddweud eich bod chi ychydig ar ôl yr amser yn meddwl am addasu Bethel yn 1989. Rwy'n cofio trafod yr un syniad yn 1969 gyda Michael Wyn Jones, mab y Barnwr John Edward Jones. Ein syniad ni ar y pryd oedd gwerthu'r safle i gwmni archfarchnadoedd fel 'Tesco' ac fel rhan o'r cytundeb, fe fyddai'r cwmni yn adeiladu capel newydd, dipyn yn llai na'r un gwreiddiol, a mannau cyfarfod uwchben y siop. Fel bechgyn ifainc roeddem o flaen ein hamser, mae'n debyg. Mae'n rhaid i mi gael Ben Rees fel asiant, rwy'n credu, am ei fod yn medru gwneud gwyrthiau, yn enwedig i mi yn fy ngyrfa fel athro. Nid wyf yn brifathro (eto) a finnau bron ag ymddeol. Rwyf yn bennaeth adran dyniaethau (daearyddiaeth, hanes ac addysg grefyddol) mewn ysgol arbennig i blant ag anawsterau dysgu canolig. Rwy'n edrych ymlaen at gael darllen mwy am Gymry'r Glannau, yn enwedig aelodau Bethel, yn y dyfodol ac efallai gwneud ambell i gyfraniad i dudalennau'r *Angor*, pwy a ŵyr.

Yr eiddoch yn gywir,
David Williams (gynt o Karslake Road, ger Penny Lane)

180 TAITH GYDA DOCTOR WHO

A) Gwenan Ellis Roberts

Codais yn sydyn tua hanner nos. Yr oedd yr awyrgylch yn yr ystafell yn drydannol. Eisteddais i fyny yn fy ngwely. Doeddwn i ddim yn gallu credu'r hyn a welwn. Yno o'm blaen yr oedd Tardis y Doctor Who! Tra roeddwn yn edrych arno agorwyd y drysau. Daeth tri allan ohono: Doctor Who, a dau greadur od. Yr oedd y ddau greadur yn wyrddlas eu lliw, ac roedd tair braich ganddynt.

'Helo!' meddai Doctor Who,
'Noswaith dda,' meddwn innau.
'Ofnaf ein bod wedi gwneud camgymeriad', meddai'r Doctor. 'Roeddwn yn bwriadu glanio yn Awstralia',
'Ga i ddod?' gofynnais yn llawen.
'Cei, am wn i,' meddai, 'neidia i mewn.'
Rhoddais fy slipars am fy nhraed ac aethom i mewn i'r Tardis.

Arweiniodd y doctor fi i mewn i ystafell lle newidiais fy nillad. Roedd ei gyfeillion Zip a Zap yn siarad Cymraeg ond ddim yn dda iawn. Ymhen deng munud roeddwn wedi glanio. O'm hamgylch yr oedd tir gwelltog, yn y pellter yr oedd dinas. Gadawyd Zip a Zap yn y Tardis ac aeth y doctor a minnau ar ein taith. Roedd cerdded yn waith caled, ond o'r diwedd cyraeddasom y ddinas (Roelt). Roedd y lle yn brysur iawn gyda lot o siopau lliwgar. Roedd Doctor Who yn siarad yn hapus gyda'r bobl, ond nid oeddwn yn deall yr iaith. Ar ôl pnawn diddorol roeddwn yn ôl yn y Tardis. Cawsom fraw pan glywsom fod Zip wedi mynd. Dywedodd Zap fod Zip wedi gweld rhywbeth yn hedfan yn yr awyr, a'i fod wedi mynd i weld beth oedd o. Pan oeddwn yn dechrau pryderu daeth Zip i mewn, yn llaid drosto. Dywedodd ei fod o'n gallu hedfan ar ei hen blaned ond roedd wedi anghofio fod disgyrchiant y ddaear mor drwm. Roedd o wedi cwympo o goeden ac roedd yn ddigalon iawn. O'r diwedd dechreuodd y Tardis fynd â mi yn ôl i'm cartref. Syrthiais i mewn i'm gwely. A'r peth olaf a welais oedd wyneb caredig Dr Who yn diflannu o'm blaen.

Dyma'r ymgais orau yn Adran Plant dan 12 oed (Llenyddiaeth) Eisteddfod Gadeiriol Glannau Mersi, 1982. Disgwylid i'r plant o dan 12 oed lunio stori ar y testun 'Taith gyda Dr Who' a chyhoeddir stori Gwenan. Diolch iddi am y stori.

Ciosg Dr Who

B]   Gwenan Ellis Roberts a Owain Ellis Roberts

Dr Who gan Owain Ellis Roberts

Arhosodd y Tardis a chamais allan. Roedd sŵn byddarol y tu allan. Gwelais amryw o ddynion yn cicio pêl. Daeth un mewn gwisg ddu ataf, y rheolwr mae'n debyg.

'Planed Machach ydi hon?' gofynnais.'Na dyma'r ddaear' meddai'r dyn yn ddirmygus. 'Dos oddi ar y cae pêl-droed. Rwyt ti ar y ddaear!' meddai gan bwysleisio ei eiriau fel pe bawn i'n gwybod dim. Roedd y dorf wedi distewi ar wahân i un neu ddau oedd yn sibrwd yn amheus.

Euthum i mewn i'r Tardis ac i ffwrdd â mi unwaith eto. Ymhen dim roeddwn wedi glanio. Edrychais ar y sgrîn a gwelais ein bod wedi glanio yng nghanol cylch o feini mawr. Cerddais allan o'r Tardis ac at garreg wastad yn y canol. Gofynnodd dyn pwysig yr olwg i mi beth oedd fy enw.

'Doctor Who', meddais.
'Croeso Who o'r Gofod' meddai. 'Rwyt ti nawr yn aelod o'r Orsedd."
Rhedais am fy mywyd tuag at y Tardis.

Dyma'r ail orau yn y gystadleuaeth lenyddol o dan 12 oed yn Eisteddfod Lerpwl 1982. Mae Owain a Gwenan Ellis Roberts yn efeilliaid a phlant i Mr Euryn Roberts a Mrs Morfudd Roberts , Childwall.

181 TEYRNGED I MONA WILLIAMS (1921-2013)

gan Emyr a Brenda Pritchard

Colled enfawr i ni yng nghapel Warrington oedd marwolaeth Mrs Meiriona Williams neu 'Mona' fel yr oeddem i gyd yn ei hadnabod. Bu yn yr ysbyty yn Warrington am rai wythnosau ac yna ar y 6 Mehefin, ar ben blwydd ei mab yn 60, cafodd ei dymuniad i symud i Hospis St Rocco. Ar ôl setlo yn ei gwely edrychodd i fyny i'r Nefoedd a diolch i Dduw am ateb ei gweddïau. Roedd yn teimlo'n saff yno, yn cael yr urddas a'r gofal arbennig a wnaeth wahaniaeth mawr yn ei dyddiau olaf.

Cawsom lawer o hwyl wrth iddi ganu i'r nyrsus, crio pan oedd mewn poen a chlywed llawer o atgofion am ei bywyd lliwgar a hapus. Ei phoen mwyaf yn 92 oed oedd na fyddai neb ar ôl i ddod i'w hangladd. Ond, roedd y capel yn llawn, a dyma dystiolaeth gref i'w chymeriad hoffus a chymwynasgar.

Daeth Mona i Warrington a'r ôl priodi Bill, Cymro o sir Fôn. Cawsant ddathlu 50 mlynedd o fywyd priodasol. Daethant yn aelodau i'r capel Cymraeg yn Crossfield Street lle roedd Mona yn aelod blaenllaw am 46 mlynedd. Roedd ei ffydd yn gryf a hithau wrth ei bodd yn mynychu'r oedfaon a chael sgwrs yn Gymraeg. Bu'n organyddes ac ar un achlysur cawsom bregeth am bron i awr ganddi. Gwir dweud na chafodd y cyfle wedyn!

Bu'n nyrsio yn Warrington am 30 mlynedd ac ar ôl ymddeol yn 65 mlwydd oed, aeth ymlaen i'w saithegau, yn ei geiriau hi ei hun: 'i edrych ar ôl yr hen bobl' fel nyrs yng nghartref nyrsio Summerville. Ei phleser mwyaf oedd ei theulu Robert a Joan, Anne a Ron a'i phedair wyres Nicola, Laura, Amy a Sophie. Roeddynt yn mwynhau cwmni ei gilydd yn fawr iawn - yn mynd i ffwrdd am wyliau, yn siopa - roedd wrth ei bodd yn gwisgo i fyny, ac edrychai'n smart bob amser. Parhaodd yn ifanc ei ffordd ac ymwelai â'r siop drin gwallt bob bore Sadwrn.

Un anrhydedd na chafodd llawer un arall oedd cael ei henw ar un o lorïau 'Eddie Stobart'. Felly, edrychwch allan am lori â'r enw 'Meiriona' yn eich pasio ar y draffordd !Mae'n chwith meddwl na welwn hi mwyach ar y bws gyda'i throli yn siopa neu'n cyfarfod â ffrindiau yn y dref. Ni chlywn mwyach yr alwad ar bnawn Sul 'oes yna gapel heno?' i'm hatgoffa fod arni eisiau lifft! Ond er hyn i gyd, daw gwên i'm hwyneb wrth sôn a meddwl amdani. Mae wedi bod yn anrhydedd i gael ei galw yn ffrind agos dros y blynyddoedd. Mae ein cydymdeimlad yn ddiffuant â'r teulu yn eu colled.

182 TEYRNGED I ROWLAND PRITCHARD

gan Ieuan A. Jenkins

Ym marwolaeth Mr Pritchard, collasom gyfaill annwyl a theimlasom rhyw wacter ofnadwy. Crewyd bwlch ac fe fydd yn anodd difrifol ei lenwi. Y mae yn anodd iawn dygymod â'r ffaith ei fod wedi ein gadael, canys i bob golwg allanol ymddangosai fel pe bai yn gwella'n ddymunol iawn.

Bu raid iddo yntau, fel miloedd o feibion a merched Sir Fôn, ymadael â'u bro enedigol a dod i fro alltud i ennill eu tamaid. Daeth Rowley i Lerpwl rhyw ddeugain mlynedd yn ôl, ac o'r diwrnod cyntaf a dreuliodd yn y ddinas hon, ymdaflodd ei hun yn llwyr i gefnogi popeth gorau a berthynai i'w genedl a'i phobl. Ymgysegrodd ei hun yn llwyr i ddiogelu traddodiadau gorau Cymru, ei hiaith a'i chrefydd a'i diwylliant. Cyfoethogodd fywyd Lerpwl trwy ddangos i drigolion y ddinas nodweddion y Cymro ar ei orau.

Cyfrannodd yn helaeth i bob agwedd o'r bywyd Cymreig ar y Glannau. Dygodd sêl fawr dros bob mudiad Cymreig ei naws a'i ysbryd. Nid arbedodd ei hyn mewn llafur a thraul i wasanaethu'r Clwb Cymreig a'r Gymdeithas Gymreig. Gwelwyd ar unwaith ei fod wedi ei ddonio yn helaeth â'r ddawn i drefnu a llwythwyd beichiau trymion ar ei ysgwyddau. Pan gychwynwyd papur bro newydd apwyntiwyd ef yn drefnydd busnes o'r cychwyn cyntaf. Nid gormod yw dweud fod llwyddiant *Yr Angor* yn ystod dwy flynedd gyntaf ei rawd i'w briodoli yn rhannol i'w ymdrechion diflino ef.

Ond heb os nac oni bai yr eglwysi Cymraeg a gafodd o'i orau. Ymaelododd i gychwyn yn hen eglwys Everton Village, a chanfuwyd yn fuan ei fod yn meddu doniau arbennig fel arweinydd. Etholwyd ef yn ddiacon, yr ieuengaf bron i gael ei ethol i'r swydd yn ystod hir hanes yr eglwys honno (1819-1954). Wedi cau'r addoldy hwnnw, trosglwyddodd ei aelodaeth i eglwys Edge Lane ac fe fu yn bob peth y gallasem ei ddymuno i'r ddiadell honno hefyd. Gwasanaethodd yr eglwys fel ei hysgrifennydd am dros chwarter canrif (nid gorchwyl hawdd y dyddiau hynny), ond ni fu pall ar ei ddiwydrwydd, ei sêl a'i deyrngarwch. Safodd yn ddewr dros lendid a moes. Bu'n drysorydd i'r Mudiad Dirwestol ar y Glannau am flynyddoedd.

Anodd iawn yw cynnwys mewn teyrnged fel hon ei holl rinweddau, eithr crefaf ar y Golygydd hynaws am ychydig ofod i nodi rhai o'r rhinweddau hynny oedd yn disgleirio fel sêr yn ei ffurfafen:

a) *Ei gymwynasgarwch* Ni fu pall erioed ar ei barodrwydd i wasanaethu eraill, a gwasanaethu heb gyfri'r gost iddo'i hun. Ni wyddai ei law dde beth a wnâi ei law aswy. Nid oedd dim yn ormod ganddo ei wneud er lles a chysur eraill. Yn wir, meddwl am gysuron eraill yr oedd y bore y daeth y wŷs iddo. Aeth i sicrhau bod y trefniadau'n iawn ar gyfer cyngerdd a gynhelid ymhen ychydig wythnosau wedyn yn Neuadd y Philharmonig – canys ni allai ddioddef meddwl am unrhyw nam yn ffordd pobl i fwynhau eu hunain i'r ymylon.

b) *Ei ysbryd cwbl ddiwenwyn*. Gwybu beth oedd cario croesau trymion yn ystod ei oes, ond rhoes ei ysgwyddau oddi tanynt heb rwngach na meithrin ysbryd sur a chwerw. Ni welsom wg ar ei wyneb o gwbl. Yr oedd bob amser yr un fath. Ni chlywsom ef erioed yn dweud gair angharedig am neb. Canmol a dweud yn dda oedd ei arferiad ef bob amser.

c) *Ei ysbryd gwylaidd a diymhongar* Ni cheisiodd wthio ei hun i'r amlwg. Ni chwenychodd y seddau blaenaf. Carwr yr encilion oedd ef wrth reddf. Gweithiodd yn dawel heb geisio clod na diolch gan ddynion.

Diolchwn am gael y fraint o'i adnabod dros ychydig ddyddiau megys, a bydd gweddill y daith yn felysach i ni wedi profi o'i gwmni ar daith bywyd. Cydymdeimlwn yn ddwys iawn â Mrs D. Pritchard, ei weddw (mae hi yn un o fil), ac â'i fab annwyl Ken, yn eu hiraeth a'u galar. Diddaned a chysured yr Arglwydd hwy yn eu profedigaeth lem. Estynnwn ein cydymdeimlad llwyraf hefyd i'r pethnasau eraill a amddifadwyd.

Bu'r gwasanaeth angladdol yng ngofal ei weinidog. Cynhaliwyd gwasanaeth byr yn y tŷ, pryd y talwyd teyrnged iddo gan y Parch. Cyril John, ei gyn-weinidog. Yna aethpwyd i Amlosgfa Anfield. Gweddïodd y Parch. J. D. Williams Richards gydag eneiniad hyfryd a thalodd ei weinidog deyrnged i'w goffadwriaeth.

183 TEYRNGED I'R PARCHEDIG R. EMRYS EVANS

Wrth feddwl am wreiddiau, rhaid cofio mai swydd rhai ohonynt yw cynnal y pren er mwyn iddo sefyll yng nghanol stormydd, a swydd eraill yw sugno elfennau o'r tir i roi'r gallu i'r pren ymateb i gylchrediad y tymhorau ac i fod yn berthnasol felly i'r amserau. Y naill fath mor angenrheidiol â'r llall.

Credodd R. Emrys Evans mai o dir a gynhyrchai arloeswyr y genhadaeth dramor, gyda'u hymwybyddiaeth byw o rymusterau y diwygiad efengylaidd yn unig, y gellir disgwyl tyfiant eglwys fyw, sensitif i anghenion heddiw, ac yn gadarn fel craig. Felly o'r adeg pan ddaeth gyntaf i'r Glannau, yr oedd yn fawr ei weithgareddau ar gyfer y gwaith cenhadol dramor. Daeth yn aelod o Bwyllgor y Genhadaeth Dramor yn Lerpwl ac ymhen llawnder amser yn gadeirydd iddi; yn aelod o'r Ymddiriedolaeth, ac mewn amser cyfyng pan oedd y Parch. Llewelyn Jones yn Ysgrifennydd Cyffredinol, ac yntau yn ddifrifol wael, am yn agos i flwyddyn yn 1959-60 fe gynorthwyodd y swyddfa i arolygu'r gwaith. Pan fu farw Mr Jones, fe'i hapwyntiwyd ef i fod yn Ysgrifennydd Cyffredinol o Ionawr 1960 hyd ddiwedd Rhagfyr 1963, pan ymddeolodd.

O'r dechreuad i'r diwedd, ei ddadl oedd mai dim ond eglwys a'i gwreiddiau yn nhir ysbryd byw y diwygiad a allai gynhyrchu symudiad cenhadol effeithiol, tramor neu gartref. Os nad yw'r gwreiddiau'n ffrwythlon ni ellir disgwyl ymateb perthnasol. Cefais aml i drafodaeth efo fo ar y pwnc o'r 'alwad' i waith cenhadol, a geiriau John Baillie a McIntyre yn crynhoi ein argyhoeddiad fod '*sufficient proof of the call in the presence and proximity of the need.'* Ai am nad oedd y gwreiddiau yn y tir iawn y methai yr eglwys yn genhadol? Yn ôl cofnodion Pwyllgor Cenhadol yr Henaduriaeth (a ddaeth i fodolaeth yn y chwedegau pan ymddeolodd o'r gadair ac wrth draethu diolch iddo am ei waith – 'fe fu yn ddoeth ei farn, er yn llym weithiau ar bob cymrodeddu ar y dystiolaeth genhadol. Diolchwn am loywder y weledigaeth genhadol ar hyd blynyddoedd ei weinidogaeth.'

Yr oedd hanes gwrhydri y gwŷr a'r gwragedd a fu'n asgwrn cefn i Bwyllgor Cenhadol Lerpwl yn wrthrych diddordeb ac ymchwil i'r Parch. Emrys a Mrs Elizabeth Evans. Mae hanes eu brwdfrydedd, eu hysbryd croesawgar, a'u cymorth, a'u parodwrydd i gysegru amser ac adnoddau i'r gwaith, yn esiampl hyd heddiw, ac mae'r eglwys ar y Glannau yn ymwybodol iawn o'u colli. Yr oedd y Swyddfa yn 16 Falkner Street yn wrthrych dychymyg i frodorion Bryniau Casia – yr unig gyfeiriad hwyrach iddynt wybod amdano ar wahân i 10 Downing Street.

Mae i bob ysgrifennydd cenhadol gwerth ei halen ei nodweddion arbennig. Y cyntaf peth, hwyrach, am amser y Parch. Emrys Evans oedd ei 'gonsárn personol' am bob un ohonom ni fel cenhadon. Yr oedd ynddo y syniad o 'Gonsárn' y tu hwnt i'r *line of duty'* A chyfeirio unwaith eto at lyfr Cofnodion Pwyllgor Cenhadol Henaduriaeth Lerpwl, gwelwn hyn: cyfrifai'r cenhadon eu hunain yn aelodau o 'dîm' Emrys Evans a gwerthfawrogid yn fawr ei ymroddiad drostynt. Nid cyfarfod ag anghenion y cenhadon yn unig, er mwyn iddynt allu cyflawni eu dyletswyddau ond, yn hytrach, yr hyn oedd yn ychwanegol i gynnal y *morale.*

Hawdd fyddai i Ysgrifennydd Cyffredinol fod yn Babaidd ac yn barod i '*bontifficatio*' oherwydd ei ymwybyddiaeth mai ef a ŵyr, yn fwy na neb arall, ac iddo ymddwyn gyda'r pwyllgor a chenhadon yn yr un modd o'r uchelderau. Ni wnaeth Emrys hyn, ond yr oedd un swydd fel 'pontiff' a gyflawnai'n dda, sef pontio'r agendor a all fodoli weithiau rhwng cenhadon blinedig, a'u problemau dyrus, a phwyllgor llai deallus a gwybodus ac yn ddiffygiol mewn dychymyg.

Rwy'n credu ei fod yn edrych ar y gwaith cenhadol tramor, a bywyd yr eglwys dramor, fel uniad synhwyrol, ychwanegiad pwysig i'r Fam Eglwys, i ehangu gororau ac amgyffred Cristnogion gartref. Yn yr un modd, gwelai'r gwaith eciwmenaidd sydd wedi bod mor hynod yn fwy llwyddiannus yn yr eglwys dramor, yn symbyliad ac yn ysbrydiaeth i'r eglwys gartref. Yr oedd ei ddiddordeb yn y gwaith eciwmenaidd yn fyw er pan oedd yn ysgrifennydd gyda Mudiad Cristnogol y Myfyrwyr, a phan adwaenai amryw o wŷr ieuainc a ddaethant yn arweinyddion yn y symudiad eciwmenaidd byd-eang. O dir byw yr argyhoeddiad efengylaidd y disgwyliai weld y mudiad eciwmenaidd yn llwyddo ac yn myned rhagor.

Tristaodd lawer tro nad oedd erioed wedi cael y cyfle i fynd i India i weld yr eglwys yno a chyfarfod ag arweinyddion ymhlith y brodorion yr oedd yn eu hadnabod wrth eu henwau yn unig. Fe fyddai'r cyfle wedi rhoi cnawd ar ei wybodaeth am yr eglwys dramor, ac wedi rhoi cyfle hwyrach i berffeithio ei wasanaeth.

Fe soniodd eraill am ei ddarllen cynhwysfawr â'i bregethau sylweddol, a'i wybodaeth am symudiadau modern. Ei gŵyn yn y dyddiau diweddaraf hyn oedd nad oedd yn gallu pregethu ar ei draed, ac ni fynnai bregethu oddi ar ei eistedd! Ac nad oedd wedi darllen llyfr sylweddol am beth amser – ond nid dyn â'i glustiau yn ogleisiol i glywed pethau newydd i'w dilyn oedd, ond gweledydd a oedd yn disgwyl gweld arwyddion y dail yn symud ar Bren y Bywyd a'i wreiddiau yn y tir da.

Gŵr felly â gwreiddiau ydoedd, a diolchwn o galon i Dduw amdano, ac am ei gymorth i'r gwaith cenhadol yn India. Wrth gofio amdano, ni allwn lai na mawrygu hefyd gydweithrediad lwyraf Mrs Elizabeth Evans yn yr holl waith hwn, a hithau, a'i gallu arbennig, yn ysbrydoliaeth i holl weithgareddau'r gwragedd, dan nawdd y symudiad cenhadol ar y Glannau.

Mawr yw ein cydymdeimlad â Mrs Elizabeth Evans yn ei cholled, a chyda Dafydd a Gwenllïan a'r wyres a'r wyrion yn eu colled o dad annwyl a thaid, a'r unig chwaer, Mrs Olwen Williams, West Kirby. Duw yn sicr a'i bendithia hwy oll heddiw, a bydd eu cof amdano yn achos llawenydd, balchder a diolch yn y dyfodol.

Cyflwynwyd y deyrnged hon i'r Parch. R. Emrys Evans yn y Cyfarfod Coffa ar nos Iau, 28 Mawrth 1985, yng nghapel Salem, Penbedw.

184 Teulu Owen Hughes, Wavertree

gan Mair Powell

Ar 17 Chwefror 2013, gwasanaethwyd ym Methel, Heathfield Road, gan Mr Euron Hughes, athro yn Ysgol y Berwyn, Y Bala. Daeth ei dad a'i fam, Mr a Mrs Ronnie Hughes o Ddeiniolen gydag ef, am eu bod am ddod i gapel lle y bu un o'i hynafiaid, Owen Hughes, yn arloesydd.

Etholwyd Owen Hughes, Carrick Street, yn flaenor yng nghapel Webster Road ym mis Medi 1894. Bu'n flaenor yn Webster Road hyd 1925, ac yna yng nghapel Presbyteraidd Heathfield Road hyd ei farwolaeth yn 1947, cyfanswm o 53 o flynyddoedd. Gydag ef y mae'r record o fod yn flaenor hiraf o bawb yn Ne Lerpwl, cyn record anhygoel E. Goronwy Owen. Nid oes dim ond un arall yn yr un categori, sef y Barnwr John Edwards Jones, a etholwyd yn flaenor yn 1947. Bu ef yn y swydd gyfrifol am 52 o flynyddoedd hyd ei farwolaeth yn 1998 un flwyddyn yn brin o record Owen Hughes. Pwy a dyr y record honno? Cafodd y fraint o fod yn Ysgrifennydd yr Eglwys am 57 o flynyddoedd, record na chaiff ei thorri fyth bythoedd! Nid rhyfedd iddo gael y fraint o osod un o'r cerrig sylfaen yn 1925 ar gyfer y Capel mawr, ef a John Jones, Mayfield, a J. W. Jones, dau adeiladydd ar raddfa fawr yn ninas Lerpwl.

Ceir cyfeiriadau mynych at Owen Hughes yn y gyfrol *Codi Stêm a Hwyl yn Lerpwl* (2008), tudalenn 46-7, 62-6, 76-8, 137, 239 a 243. Darllener y cyfeiriadau amdano, mae Owen Hughes, Salisbury Road, yn haeddu ein gwrogaeth. Bu'n ymwelydd cyson â'r cleifion, athro cymwys yn yr Ysgol Sul, a ffrind da i'r bobl ieuainc. Yr oedd ef a'i chwaer yn bresennol ymhob cyfarfod a gynhelid yn yr adeiladau. Da gwybod bod rhai tebyg iddo o hyd yn Auckland Road a Heathfield Road yn 2013.

185 TŶ MAWR, WYBRNANT

gan E. Brian Thomas

Bore braf yn nechrau haf oedd hi pan baciais fy nghes brown (wel na, i fod yn hollol gywir, roeddwn wedi gwneud hynny y noson gynt!), dweud 'Tara' wrth mam a'm brodyr a'm chwiorydd, a'i throi hi i fynd oddi cartref am y tro cyntaf yn fy mywyd. Roeddwn yn ddeg oed a'm tad wedi trefnu i mi fynd ar fy ngwyliau at Yncl Ifan ac Anti Edith, cwpwl di-blant oedd yn byw yn dawel gytûn mewn fferm fechan yn y dyffryn agosaf atom ni.

Y pryd hwnnw dim ond y meddyg, y siopwr lleol a'r gweinidog Methodist oedd yn berchen ceir, a chan mai dim ond y meddyg allai gael cyflenwad o gwpons petrol yn rheolaidd, dibynnai pawb ar y bws (oedd yn sobr o anaml) neu ar bar o draed ffyddlon. Ac felly y bu hi'r bore hwnnw, ond i ni – fy nhad a minnau – arwain ein camrau am y mynydd a chymryd llwybr mwy union, os serth, i dŷ 'modryb a'm hewythr. Trosglwyddodd fy nhad fi i'w gofal yn reit swat gyda'r gorchymyn i mi 'fyhafio fy hun!' a gwneud yn union fel ag y byddent yn dweud wrthyf.

Dwn i ddim pa amser oedd hi pan ffarweliais â 'nhad, ond rwy'n cofio'n iawn bwyta swper blasus yn nistawrwydd y tŷ gyda'r nos honno. Distawrwydd gan na fyddai i'r un o'r ddau yngan gair heb fod raid iddynt. Doedd holi, ymgomio a mân sgwrsio ddim yn rhan o'u cyfathrach! A dyna ddechrau gwyliau haf chwech wythnos o hyd yn Nhŷ Mawr, Wybrnant – cartref genedigol yr Esgob William Morgan a wnaeth, fel y gwyddom i gyd bellach, gymaint cymwynas i'w genedl trwy gyfieithu'r Beibl i'r Gymraeg a'i gyhoeddi pan oedd yn Ficer Llanrhaeadr-ym-Mochnant yn y flwyddyn 1588.

Cefais groeso brenhinol gan y ddau, a'r hyn sy'n aros yn y cof hyd heddiw yw distawrwydd y cwm hudol hwnnw, bwyd fferm maethlon a blasus, a diwrnod ar ôl diwrnod o haul poeth. Cawn fy neffro bob bore gan belydrau'r haul yn gwthio'u grym drwy'r ffenestr i gynhesu fy moch a'm dihuno yn araf braf. Treuliwn bob diwrnod yn chwarae gyda'm dwy gyfnither oedd yn byw ym Mhwll y Garth, fferm fechan gyfagos. Yn helpu gyda'r gwaith (os dyna y galwch chi o!) a dal pysgod gyda'n dwylo yn yr afonig fechan a fyrlymai drwy'r dyffryn. Ymunai hon â'r afon fawr, y Lledr – wel, roedd yn andros o afon fawr i mi y pryd hwnnw – ger y *Fish Inn* yn ymyl Pont Gethin, y bont fawreddog a gludai'r rheilffordd ar ei ffordd o Fetws-y-coed i Flaenau Ffestiniog.

Aeth, fe aeth yr haf bendigedig hwnnw heibio fel y gwynt, a hynny heb i mi sylweddoli'r fraint a gefais – cael treulio chwe wythnos o'm bywyd yn byw yng nghartref yr enwog Esgob, a phwy a ŵyr, cysgu hwyrach yn yr un ystafell wely ag y gwnaeth ef dair canrif a hanner o'm blaen. Ym mhen blynyddoedd wedyn y sylweddolais pwy oedd yr Esgob William Morgan a beth oedd ei gampwaith. Erbyn heddiw mae pawb yn gwybod cartref pwy oedd Tŷ Mawr, Wybrnant – ond i mi cartref Yncl Ifan ac Anti Edith ydyw, ac y bydd hyd byth!

186 TELYNAU CELTAIDD

gan R. R. Wigmore

Y mae'r delyn yn offeryn sydd â llinach hynafol y gall y Cymry a Cheltiaid eraill fod yn falch iawn ohoni. O blith gwerinoedd Ewrop, y Celtiaid oedd y cyntaf i chwarae'r delyn. Yn yr ieithoedd Celtaidd y mae mwy nag un enw am y delyn. Gwyddom yn Gymraeg, Llydaweg a Chernyweg mai'r enw yw 'telyn' ac yn yr iaith Wyddeleg, ac yn yr Alban defnyddir y gair '*clarsach*' ac ar y cyfandir defnyddir geiriau o wreiddiau'r iaith Almaeneg sef '*harp*'. Erbyn heddiw yn mae gennym dystiolaeth o fyd archaeoleg a hanes dros gredu fod y delyn wedi cyrraedd y Cyfandir o'r ynysoedd hyn. Yn wir, yr oedd y Gwyddelod yn enwog iawn yn gynnar yn yr Oesoedd Canol fel telynorion.

O ddechrau ein hanes fel cenedl y Cymry, ac o'n gwreiddiau mewn iaith a barddoniaeth hyd y ddeunawfed ganrif, bu ein hynafiaid yn canu'r delyn a elwir gennym yn delyn fach neu yn delyn Geltaidd. Fel y datblygai'r canrifoedd, dyfeisiodd y Cymry delyn gyda dwy res o dannau a chyn bo hir, fe gafwyd telyn gyda thair rhes. Roedd hi'n anodd meistroli'r delyn honno. Yn ddiweddarach, yn y ddeunawfed ganrif yn Awstria, gosodwyd llafnau hanner sain yn yr offeryn. Ac yn y bedwaredd ganrif ar bymtheg disodlwyd y telynau hyn gan delyn a phedal iddi a dyma'r un a arferir heddiw mewn cyngherddau. Er hyn oll daliodd y delyn fach i gael ei chanu ar gyfandir Ewrop ac yn y gwledydd Celtaidd ond gydag eithriad yng Nghymru.

Heddiw, y mae adfywiad mawr yn y defnydd o'r Delyn Geltaidd mewn cyngherddau ac yng nghartrefi'r bobl, yn arbennig yn y gwledydd Celtaidd. Un o'r arbenigwyr amlycaf ar yr offeryn ydyw Alan Stivel o Lydaw. Deil ei recordiau yn boblogaidd iawn.

Pam y bu'r dadeni hwn yn hanes y delyn Geltaidd? Mae llawer o atebion i'r cwestiwn. Yn gyntaf wrth gwrs y mae'r delyn fach yn swnio yn hyfryd iawn ac yn ein hudo ni fel yr hudwyd ein hynafiaid fil o flynyddoedd yn ôl. Un ateb arall yw maint a ffurf yr offeryn. Saif y delyn fach tua un metr o uchder a'i ffurf yn cynnig ei hun i'r telynor mewn ffordd sy'n amhosibl i delyn cyngerdd. Y mae hi'n ddeniadol hefyd, ac yn lled hawdd i ddechrau ymarfer arni. Cenir y delyn gyda thri deg neu thri deg a phedwar o dannau agored neu osod llafnau hanner sain arni i gryfhau ei thonyddiaeth a'i gwerth cerddorol. Gellir cario'r delyn gan unigolyn a'i gosod heb drafferth yng nghefn y car modur.

Dywedodd y telynor Osian Ellis mewn sgwrs ar Radio Cymru gyda Teleri Bevan, i'w dad (gweinidog gyda'r Wesleaid Cymraeg) brynu ei delyn gyntaf iddo (telyn gyngerdd) yn niwedd y tridegau am y swm o £50. Ni allem ni, yn 1981, brynu rhes o dannau am yr un pris. Ond os yw rhieni ein dyddiau ni am roi cyfle i blentyn i feistroli'r delyn, awgrymaf eu bod yn prynu telyn fach cyn gwario arian enfawr ar delyn gyngerdd. Gellir pwrcasu telyn Geltaidd ail-law am dri chant o bunnoedd neu lai. Adnabyddir y telynau hyn, nid yn unig oherwydd eu sŵn hudolus, ond hefyd am eu ffurf deniadol. Fel arfer peintiwyd hwy neu fe'i cerfiwyd mewn dull *zoomorffig* gyda phatrymau o nadroedd a ffurfiau eraill sy'n perthyn i'r traddodiad Celtaidd, er mwyn i'r offerynnau hyfryd hyn ddwyn llawenydd i lygad a chlust.

U

187 UGAIN MLYNEDD YM MANCEINION

gan Cyril P. Cule

Druain o'r athrawon Ffrangeg! Dyna'r pwnc mwyaf anodd i'w ddysgu i blant ym Mhrydain. Peth arall yw addysg ddwyieithog pan fo'r ddwy iaith yn rhan o brofiad y plant, ond o safbwynt plentyn nid yw ymhél â dirgelion iaith hollol ddieithr yn gwneud sens o gwbl.

Felly, gollyngdod mawr i mi ym 1947, oedd cael swydd mewn coleg ym Manceinion lle buasai fy ngwaith yn golygu hyfforddi pobl mewn oed a fyddai'n awyddus i ddysgu. *The Municipal High School of Commerce* oedd enw'r sefydliad hwnnw. Ymhen rhai blynyddoedd, cafodd enw mwy swanclyd sef, *Manchester College of Commerce*. Erbyn hyn mae wedi mynd yn rhan o'r Coleg Technegol.

Weithiau cawn gyfle i ddysgu Saesneg i fyfyrwyr o wledydd pell – (a chywiro Saesneg gwallus rhai o bobl ifainc Manceinion hefyd) ond fy mhrif waith oedd dysgu Ffrangeg a Sbaeneg i griw o bobl ifainc y ddinas – merched yn bennaf.

Ni wn i beth yw'r sefyllfa heddiw, ond ym 1947 roedd llawer o Gymry yn y ddinas, a chwrddais â mwy nag un Sais a oedd wedi dysgu Cymraeg yn dda wrth fynychu rhai o'r capeli Cymraeg yno. Ond nid y Cymry oedd yr unig leiafrif ethnig yno o bell ffordd. Tua dechrau mis Medi, buasai rhai o'r myfyrwyr yn siŵr o fod yn absennol am ddiwrnod neu ddau. Fe wyddwn i paham, a phan ddeuent yn ôl, byddwn i'n arfer dymuno Blwyddyn Newydd Dda iddynt – y Flwyddyn Newydd Iddewig wrth gwrs.

Seffardiaid oedd y rhan fwyaf o'r Iddewon a adwaenwn ym Manceinion, sef disgynyddion o'r rhai a yrrwyd allan o Sbaen a Phortiwgal ar adeg y Chwil-lys. Profiad rhyfedd oedd dysgu Sbaeneg i'r bobl hyn, canys weithiau nid oedd yr iaith yn hollol ddieithr iddynt – ffaith ryfedd iawn, canys nid Sbaeneg, ond Hebraeg yw cyfrwng eu haddoliad. Hyd yn oed yn eu defnydd o'r Hebraeg, mae rhywfaint o wahaniaeth rhyngddynt a'r Ascenasiaid – sef Iddewon yr Almaen, Rwsia a gwlad Pwyl.

Cwrddais ag amryw Armeniaid ym Manceinion hefyd, a dyna'r bobl fwyaf gweithgar y gwn i amdanynt. Ni chefais achos erioed i ddweud y drefn wrth fyfyriwr o Armeniad am fod yn ddiog. I'r gwrthwyneb, bu rhaid i mi rybuddio ambell un rhag gweithio yn rhy galed a niweiddio'i iechyd. Gwn fod llawer o bobl yn casáu'r Armeniaid a chas perffaith, ac mae'r rheswm yn ddigon amlwg. Ni fedrent gystadlu â nhw mewn busnes nac yn y byd academaidd. Cristnogion ydynt, ond heb fod yn Gatholigion nag yn Brotestaniaid ychwaith. Mae ganddynt eu heglwys eu hunain, ac mae honno'n dyddio o'r drydedd ganrif.

Dinas gosmopolitaidd yn wir yw Manceinion, ond rhaid dweud gair neu ddau am y brodorion sef y Saeson Lancastraidd. Cefais yr argraff eu bod yn bobl groesawgar a di-lol, ac mae ganddyn nhw fath arbennig o hiwmor sy'n dod i'r amlwg yn eu tafodiaith. Yn y dafodiaith honno, mae'r fannod '*the*' yn troi yn '*t*' neu weithiau'n diflannu'n llwyr. Un tro, pan ofynnais y ffordd i ryw le arbennig, dyma'r ateb a gefais:

'Tha goes down there, tha turns left: there's a poob ont corner.'

'Tha goes' yw'r ffurf dafodieithol o '*thou gooest,*' ac nid diffyg cwrteisi, o anghenraid yw defnyddio'r rhagenw personol unigol wrth annerch dieithryn. Pan ddaeth Voltaire i Loegr a chlywed Crynwyr yn ei annerch yn '*thou*' a '*thee*' ei sylw oedd, 'Ni welaf fi ddim allan o le yn yr arferiad. Ni welaf unrhyw reswm am i bobl siarad â mi fel pe bawn i'n fwy nag un person.'

Dyma stori a allai fod yn wir: roedd athrawes mewn ysgol gynradd yn swydd Gaerhirfryn wedi digwydd gweld bachgen yn bwyta oren ac yn taflu'r croen ar y llawr. Ceryddodd ef yn llym, gan ddweud bod yn rhaid iddo ei ddodi yn y bin sbwriel.

'Where's bin Miss?' gofynnodd y bachgen.

Cymerodd arni ei gywiro eto am beidio â dweud '*Where's* the *bin?*'

Digwyddodd i'r prifathro ddod heibio, a gofynnodd iddo ef:

'I say, where's the bin?'

'Well, if it's owt to thee lass', ebe fe, '*I've been for a pint.*'

I mi, mae cymeriadaeth y stori hon yn swynol. Dyna brifathro sy'n mynd am beint, rownd y gornel amser cinio, ac yn siarad ag un o'r staff mewn tafodiaith. Mae hithau druan yn gwneud ei gorau i ddysgu Saesneg safonol i'r plant – tasg ddigon anodd, ond nid mor anodd ag y byddai dysgu Ffrangeg iddynt.

Daeth yr amser pan fu rhaid i mi ymddeol oherwydd fy oedran. Gallwn, pe mynnwn, barhau i fyw yng nghyffiniau Manceinion, ond teimlwn mai yn Neuheudir Cymru yr oedd fy ngwreiddiau. A minnau'n briod â rhywun a deimlai'r un fath, nid oedd dim amdani ond symud i'r De. Er hynny i gyd, byddaf yn teimlo rhywfaint o hiraeth weithiau am gwmni rhai o'm hen ffrindiau ym Manceinion – y Cymry a'r Saeson.

188 UNDEB CORAWL CYMREIG LERPWL, 2009, YN EFROG NEWYDD

gan Roderick Owen

Hir fu'r disgwyl gan aelodau'r Côr i deithio i'r Amerig i ganu ynghyd â Chôr Pro Arte yn New Jersey. Rhyw newid pulpud, fel petai, gyda'r côr a ddaeth i Lerpwl llynedd ac a ganodd yn Eglwys Mossley Hill gyda'r Undeb Corawl Cymreig. Os hir fu'r disgwyl, hir hefyd fu'r paratoi, gyda Linda Iley yn gwneud y trefniadau ar ein cyfer yn drwyadl i'r llythyren olaf, gyda channoedd o e-byst wedi croesi Môr Iwerydd. Y gerddoriaeth ddewisiedig oedd y *Requiem* gan Verdi, a brwd fu'r ymarfer i berffeithrwydd dan law medrus a dawnus ein harweinydd, Keith Orrel.

Rhyw griw o ddeugain, naw o Gymry Cymraeg ynghyd â rhyw ugain o wŷr a gwragedd yn hedfan o Fanceinion ar y ddydd Sul, 24 Mai 2009, am Newark, New Jersey, a chael ein cludo oddi yno gyda bws i'r *Skyline Hotel* yn Efrog Newydd. Pawb yn rhydd am ddau ddiwrnod i wneud beth a fynnent i fwynhau golygfeydd yr 'Afal fawr', ac wrth gwrs i weld sioe gerdd yn Broadway.

Yna, ar y dydd Mercher, newid mangre a symud i Paramus, New Jersey, i gyfarfod ein gwesteiwyr, sef aelodau Côr Pro Arte, ond yn gyntaf galw i mewn i Eglwys Gadeiriol y ddinas a chael y fraint o ganu eitemau yn Gymraeg yno i'r ymwelwyr a oedd yn bresennol. Cyrraedd Paramus a chael te croeso bendigedig gan aelodau Pro Arte, hwythau wedi sicrhau cael Cymro Cymraeg i'n cyfarch yn swyddogol, sef gŵr adnabyddus, Mr Philip Davies a'i wreiddiau yn Sir Gaerfyrddin. Cyflwynodd anerchiad a wnaeth i bob Cymro a oedd yn bresennol chwyddo gyda balchder. Diolch iddo, fe fydd ei gyflwyniad yn fythgofiadwy. Wedi setlo i mewn yn y *Crowne Plaza* buan fu rhaid teithio ryw dri chwarter awr i gael ein hymarfer cyntaf gyda'r côr a'r gerddorfa mewn capel hardd yn Westfield lle y byddem yn canu mewn cyngerdd nos Sadwrn.

Ar y dydd Iau, cael taith wedi ei threfnu i Morristown National Park lle y cawsom weld pencadlys George Washington yn y Rhyfel am Annibyniaeth oddi wrth Loegr. Agoriad llygad oedd darganfod pa gyfleusterau oedd gan yr hen arweinydd a ddaeth i fod yn Arlywydd cyntaf yr Unol Daleithiau. Rihyrsal arall yn yr hwyr, ond y tro hwn mewn capel newydd yn Ridgewood, lle y byddem yn canu nos Wener. Adeilad modern hardd dros ben, wedi ei adeiladu o'r newydd ar ôl difrod tân, gyda phob cyfleuster modern oddi mewn iddo. Cyn yr ymarfer cawsom '*Pot Luck dinner'* a hwyl cymdeithasol, y cyfan wedi ei drefnu gan ein gwesteion.

Dydd Gwener cael diwrnod rhydd, yna wedi'r cyngerdd, cael swper a chymdeithasu a chanu anffurfiol yn Bensi's gyda phawb yn bresennol. Y swper olaf yng nghwmni ein gilydd, fel petai, a chafwyd sawl gair o ddiolch a gwerthfawrogiad o'r ddolen gyswllt a wnaed rhwng y ddau gôr.

Fore dydd Sadwrn cael taith wedi ei threfnu i fyny Dyffryn yr Hudson ac i Kykuit, cartref yr hynaws John D. Rockefeller. Plasty o adeilad hyfryd dros ben a fu'n gartref i bedair cenhedlaeth o deulu'r Rockefellers.

Cafwyd dau gyngerdd bythgofiadwwy dan arweiniad rhyfeddol a theimladwy David Wroe, gŵr o Gaerlŷr a roddodd wefr arbennig i'r Côr a'r gerddorfa. Gadawodd ein taith lawer argraff ar bob un ohonom, ond un sylw arbennig a wnaed gan ein harweinydd, Keith Orrel, oedd bod crefydd yn amlwg yn rhan o frethyn cymdeithas yn y rhan honno o'r dalaeth, a gwir oedd hynny.

Mae'r Côr yn ymledu eu adenydd, Yr Almaen, Iwerddon, yr Alban, a dyna ni wedi cael menter fythgofiadwy yn yr Unol Daleithiau. Ble nesaf tybed?

W

189 WALTON 1753 ac yn 1953

gan E. Gwen Thomas

Mae'n anodd credu fy mod yn ddwy ar bymtheg oed cyn darllen gair o waith Goronwy Owen, a minnau wedi fy magu ar dir Môn, ac wedi mynychu ysgolion cynradd ac uwchradd, heb fod ymhell o'i fro enedigol.

> Henffych well, Fôn, dirion dir.
> Hyfrydwch pob rhyw frodir.

a ysgrifennodd un o'm frindiau mewn albwm i mi, a dyna'r tro cyntaf i mi fod yn ymwybodol o'r bardd erioed.

Gŵr y 'chweched dosbarth' oedd o yr adeg hynny i lawer, ac yn anffodus i mi, nid oedd Cymraeg yn un o'm pynciau. Nid oedd Saesneg 'chwaith, ac eto cefais wersi ar *Paradise Lost*, Milton. Dyna oedd yr anfantais o gael addysg yn y pedwardegau, pan nad oedd y Gymraeg yn bwysig i neb o'r pwysigion a lywiai ein dyfodol. Pwnc atodol oedd y Gymraeg i mi wedyn, pan euthum i'r coleg, ac ni chlywais air am y bardd enwog. Pe bai'r Gymraeg yn brif bwnc i mi, diau y buaswn wedi cael fy nhrwytho yn ei waith, ond nid felly y bu.

Ar ddiwedd fy nghwrs, daeth yn amser chwilio am waith yn athrawes, ac fel llawer o athrawon eraill fy nghyfnod nid oedd lle i ni yng Nghymru. Heb fath o gyfweliad, dim ond adroddiad ffafriol ar bapur o'r Coleg Normal, derbyniwyd criw ohonom i fod yn athrawon yn Lerpwl draw, a phawb ohonom yn cael ein gosod mewn ysgol, ar dafliad deis rhywun mewn swyddfa yng ngwaelod y dref, yn fwy na thebyg.

Ffawd yn unig a'm hapwyntiodd i yn athrawes i ysgol y babanod, - ysgol a oedd ynghlwm wrth Eglwys Walton, a hynny ym 1953.

Ddau gan mlynedd i'r flwyddyn honno, sef 1753, y cyrhaeddodd Goronwy Owen i'r union le, o Donnington. Yn ôl y sôn, ar y 29 Ebrill y cyrhaeddodd ef i fod yn gurad yno. Nid oedd ei deulu gydag ef ar y dechrau. Thomas Brooke oedd ficer y plwyf yr adeg honno, ac roedd wedi bod yno ers deng mlynedd ar hugain. Yr oedd yn ŵr tal o gorffolaeth a gwelai Goronwy Owen ei hun 'fel bad ar ôl llong'; yntau yn bwtyn bychan ei hunan. Yr oedd Thomas Brooke yn ŵr caredig iawn a bu'n hael wrth Goronwy Owen a'i wraig, gan eu helpu i ddodrefnu eu cartref newydd. Ym mis Mai 1753 y cyrhaeddodd Elin, Robin ac Owen, sef priod a phlant Goronwy Owen, Walton, i ymgartrefu yn y tŷ oedd wedi ei leoli ym mynwent yr eglwys.

Ym Medi 1953 y cyrhaeddais innau Walton. Syndod i mi oedd gweld llun o'r tŷ a'r ysgol lle y cartrefai ac y gweithiai Goronwy yn athro Saesneg, ac ar yr union safle hwnnw yr oedd yr ysgol y bwriais innau fy mhrentisiaeth ynddi ddau gan mlynedd yn ddiweddarach. Nid oedd ond *railings* yn gwahanu'r ysgol a'r fynwent yn fy amser i, ac felly'n union yr oedd hi ym 1753 yn ôl y llun a welir yn llyfr *Goronwy Ddiafael – Goronwy Ddu* gan Alan Llwyd. Roeddwn i'n lletya ar gwr pentref Walton, a cherddwn i'r ysgol trwy'r strydoedd cefn, gan gyrraedd yno ar hyd y llwybr troed, yr union lwybr a gerddodd Goronwy ei hun ganwaith, mwy na thebyg.

Ysgol Eglwys oedd hi ym 1753 a dyna oedd hi ym 1953, ac roedd y cysylltiad yn dal yn agos fel cynt. Roeddwn yn un o bump athrawes yn cynnwys y brifathrawes. Gweddw ifanc i ofalydd yr Eglwys oedd un ohonom, a byddai person plwy' Walton yn galw yn aml yn yr ysgol. Weithiau fe ddeuai'r curad yno i gymryd y gwasanaeth a chofiaf gael mynd i'r Eglwys am wasanaeth un bore a'r curad yn annerch y plant. Ysgol hapus iawn oedd ysgol Walton, ac roedd yno awyrgylch hamddenol a chyfeillgar. Roeddwn innau yr un mor hapus yno ac yr oedd Goronwy Owen ei hunan yn ystod ei fisoedd cyntaf yntau. Yn ddiweddarach newidiodd ef ei feddwl am y plwyfolion, a dywedodd wrth rywun nad oeddynt ond 'un radd yn uwch na Hotentots!'

Ychydig dros ddeugain punt y flwyddyn oedd ei gyflog ef am ei waith yn gurad ac athro, a'm cyflog innau yn dri chant a deuddeg punt y flwyddyn. Tystiai Goronwy Owen fod pethau'n ddrud tua Walton, ond byddai yn llwyddo i gael nwyddau'n weddol rad o Fôn, gan fod llawer o deithio rhwng yr ynys a Lerpwl yn y cyfnod hwnnw.

Rhaid dweud mai crafu byw oedd fy hanes innau hefyd ar ôl talu am fy llety, gyda theulu o Sir Fôn. Yr oedd digon o Gymry o gwmpas Walton ym 1753 i Goronwy gael cymdeithasu efo nhw. Byddai'n cyfarfod llongwyr o Gaergybi ac fe gafodd gwmni un Owen Prichard, oedd yn perthyn i'w ffrindiau, sef Morrisiaid Môn. Sonnir am Edward Owen o Sir Drefaldwyn a oedd yn glerigwr yn Crosby, plwy' cyfagos iddo, ond Cymro llugoer oedd hwnnw yn ôl Goronwy ei hun. Roedd digon o Gymry yn Lerpwl ym 1953 hefyd, ac fel yntau, byddwn yn cael cwmni difyr mewn capel ac aelwyd. Ym mis Tachwedd 1753 ganwyd merch i Elin a Goronwy Owen, ac fe'i galwyd hithau'n Elin. Bedyddiwyd hi ychydig ddyddiau cyn y Nadolig.

Oddeutu'r un dyddiad, ddwy ganrif yn ddiweddarach, gorfu i mi ffarwelio ag ysgol Walton am fod rhif y plant wedi gostwng. Rhwng trigain a deg a thrigain o blant oedd yno yng nghyfnod Goronwy Owen, a'r ysgol yn ffynnu. Yr oedd y nifer yn fy nghyfnod i yn agos i gant ac yn lleihau. Yn anfoddog iawn y ffarweliais i â'r ysgol, er bod yr adeilad yn hen ac yn ddigon di-raen, a gwyddwn y byddai ysgol newydd sbon yn fy nisgwyl o fewn wythnosau. Nid oeddwn eisiau gadael o gwbl. Ar fy ymadawiad cefais fwnsiad o flodau hardd gan y plant, y blodau cyntaf i mi eu cael erioed, ac fe gefais anrheg gan fy nghyd-athrawon. Prynais innau gerdyn post o'r hen eglwys hynafol i gofia am yr amser hapus yn ei chysgod.

Ffarweliodd Goronwy Owen â Walton ym 1755 ac aeth ymhellach oddi wrth ei sir enedigol. Aeth ag Elin, ei wraig a Robin ac Owen, ei ddau fab, gydag ef i Northolt, yng nghyffiniau Llundain, ond gadawodd drysor ar ei ôl.

Ddechrau Ebrill 1755, bu farw ei annwyl ferch, Elin, ac fe'i claddwyd ym mynwent Walton, ac yno yr oedd gweddillion ei chorff ym 1953, er na welais olwg o'i bedd.

Ysgrifennodd Goronwy Owen awdl farwnad ar ei hôl.

Mae cystudd rhy brudd i'm bron – 'rhyd f'wyneb
    Rhed afonydd heilltion;
  Collais Elin liw hinon,
  Fy ngeneth oleubleth lon.

Os cefnu ar Fôn o raid a wnaeth y bardd, fe gefais i ddychwelyd adref. Ond, mae gennyf le cynnes iawn yn fy nghalon i hen Ysgol Eglwys Walton hyd heddiw. Wedi'r cyfan, y mae hi yn rhan o hanes Cymru.

190 WILLIAM OWEN, MOSSLEY HILL

gan D. Ben Rees

Ar bnawn Gwener, 7 Gorffennaf [?blwyddyn], yn ei gartref yn Elmsley Road, Mossley, bu farw Mr William Owen yn 74 mlwydd oed ar ôl hir gystudd. Roedd yn esiampl i bawb ohonom yn ei wroldeb ac fe wynebodd ei wendid corfforol heb ddigalonni. Un o ardal Amlwch, Môn, ydoedd ac nid anghofiodd yr ynys na'i thraddodiadau. Monwysyn ydoedd ac nid rhyfedd iddo ddymuno ar Nan Hughes Parry i adrodd darn o gywydd Goronwy Owen mewn hiraeth am Fôn, na chwaith darn o waith Robert Burns i ddiolch am ofal ei briod, May, Albanes, a hwythau wedi cael partneriaeth o 54 mlynedd. Unig blentyn ydoedd i deulu Bedyddiedig, a soniai gryn lawer am ei rieni. Bu'n ofalus ohonynt.

Ar ôl addysg ar Ynys Môn daeth i Goleg y Gogledd (Prifysgol Cymru) Bangor a dod yn ffrindiau â llu o fyfyrwyr o bob rhan o Gymru. Gwasanaethodd yn y Lluoedd Arfog ac yn ystod ei gyfnod yn Dundee, cyfarfu â May, ac o'r cyfarfyddiad hwnnw y tarddodd cymaint o'i gysuron hyd ddiwedd ei daith ddaearol.

Athro ysgol ydoedd a Saesneg oedd ei bwnc. Cychwynnodd yn ninas Birmingham (Aston) ac yna i Lerpwl, gan ddysgu yn Ysgol Bootle, Gateacre, Liverpool Girls College pan oedd Miss Cadman Smith yn Brifathrawes, ac yn Ysgol Stanley, lle y bu'n rhaid iddo roi'r gorau iddi yn 1976 oherwydd trawiad ar y galon.

Cafodd ymddeoliad da. Dysgodd fyw gyda'r sefyllfa a mwynhau yr hyn oedd yn bwysig. Ei deulu, y mab John a'i deulu, y ferch Margaret a'i theulu, yr wyrion. Credai mewn teithio, mewn darllen a chyfoethogi ei feddwl trwy gerddoriaeth a mwynhau chwaraeon. Rhoddodd gefnogaeth gref i Glwb y Cymry yn eu cyfarfodydd a hefyd i Gapel y Bedyddwyr Cymraeg yn Earlsfield Road. Roedd y byd Bedyddiedig yn gyfarwydd iawn iddo a rhai o'i arwyr pennaf oedd gweinidogion fel y Parch. Lewis Valentine a'r huawdl Barch. Jubilee Young. Meddai ar argyhoeddiadau cryf fel Sosialydd a soniai yn aml am esiampl Aneurin Bevan gyda'r Gwasanaeth Iechyd, gwasanaeth y bu ef yn ddyledus iawn iddo am flynyddoedd. Nid oedd yn gibddall ei ymrwymiad ond gwyddai lle yr oedd yn sefyll.

Darllenydd y *Guardian* ydoedd. Bu'n boblogaidd iawn ar sail ei bersonoliaeth hawddgar, gyfeillgar a'i agosatrwydd. Gwnaeth lu o ffrindiau a phan fu'n rhaid iddo wynebu ar glefyd y cancr gwnaeth hynny gyda dewrder yr hir gofir. Erbyn hyn yr oedd wedi dod yn aelod yn Eglwys Bresbyteraidd Cymru Bethel, Heathfield Road, lle y bu'n gaffaeliad o ran aml gyfraniad gloyw mewn seiat holi a chyfarfod, ac yn gwbl deyrngar ac yn ffyddlon ar y Sul i'r ddwy oedfa pan fedrai. Meddyliai'n fawr o'r arweinwyr a chanmolai'r ffrindiau da a gafodd yng nghymdeithas Bethel, a rhoddodd imi gyfarwyddiadau llawn ar gyfer ei arwyl yn Amlosgfa Springwood ar bnawn Llun, 17 Gorffennaf, pan ddaeth tyrfa gref ynghyd i dalu'r deyrnged olaf. Roedd hi'n godiad calon i gael gweld yr ymdrech a wnaed i ddod o'r Alban, Cymru a gwahanol rannau o Lannau Mersi i arwyl William Owen. Coffa da amdano ac mae'n chwith hebddo a heb ei weld yn ddyddiol ar Allerton Road, ym Methel, ac yn y cartref ym Mossley Hill.

191 WILLIAM REES (GWILYM HIRAETHOG): PORTREAD

gan Meinwen Rees

Ni all hanesydd Cymry Lerpwl nac eisteddfodwr Cymraeg anghofio'r Parchedig William Rees, Gwilym Hiraethog. Roedd yn ymgorfforiad o'r gymdeithas Gymraeg ar lannau Merswy yn y bedwaredd ganrif ar bymtheg. Roedd yn ddyn prysur, llawn ynni, di-dderbyn- wyneb a diofal ohono'i hun. Mae llun ohono ar gael yn weinidog ifanc yn Brownlow Hill, ei wallt yn ddu fel y frân a'i wyneb crwn yn mynegi'r awdurdod oedd yn perthyn iddo. Nid hwn yw'r llun cyfarwydd ohono. Yn hwnnw, gwelwn ef wedi colli'i wallt, a'i farf wen laes batriarchaidd yn ein hatgoffa ni o'r darluniau lliwgar yn rhai o hen argraffiadau Beibl Pitar Williams. Erbyn hynny, roedd wedi magu bol, ac eto, nid oedd ei weithgarwch ronyn llai na phan ddaeth o Ddinbych i Lerpwl ym mis Mai 1843 yn ŵr deugain ac un mlwydd oed.

Fel cannoedd o'i flaen ac ar ei ôl, galwad i waith oedd yr alwad i Lerpwl ac yn y ddinas brysur gosmopolitan y cyflawnodd waith mawr ei fywyd yn weinidog, golygydd, darlithydd, llenor a bardd. Dyma'r cylch a roddodd fanteision iddo ddatblygu'i ddoniau niferus, doniau a oedd cyn hynny i raddau mawr yn guddiedig, ond fe'i meithrinwyd yn y gymdeithas Gymraeg lewyrchus a welwyd ar y Glannau. Rhoddwyd iddo bob cyfle i ddatblygu'n areithiwr hynod ar lwyfan y Blaid Ryddfrydol. Meddylir amdano ymhlith prif areithwyr ei gyfnod yng Nghymru a Lloegr, ond er hyn i gyd nid oedd yn well yn unman nag ymhlith ei gynulleidfaoedd ei hun ar y Glannau. Soniai llawer un am y profiadau a gawsent pan gymerai oedfa noson waith, ran amlaf ar nos Iau, pan fyddai'n annerch ar destun cyfarwydd o'r Efengylau, neu'n wir ar un o gymeriadau'r Beibl. Pryd hynny, deuai'n agos iawn at ei bobl gan eu swcro a'u denu ac weithiau'n eu rhybuddio rhag peryglon y ddinas. Fel ei frawd, Henry Rees, a weinidogaethai ddim ond tafliad carreg oddi wrtho yn Mulberry Street ac o 1860 i 1869 yn Chatham Street, yr oedd yn ŵr cwbl arbennig wrth Fwrdd yr Arglwydd. Fe ddarluniodd un o'i hen aelodau y bardd bregethwr wrth y Bwrdd yn y brawddegau hyn:

> Yr oedd y tir y sangem arno yn ddaear sanctaidd. Deuai Aberth mawr y groes yn sylwedd byw i ni, a llenwid y lle â distawrwydd dwfn, a'n heneidiau a'r fath ddifrifoldeb nes y teimlem ein bod ym mhorth y nefoedd, ac yn cael ein hymgylchynu gan lu y gogoniant.

Gwir y dywedodd yr aelod dienw hwnnw:

> Ofer ceisio disgrifio'r swperau sanctaidd hynny; nid oes neb ond a fu yn bresennol ar yr adegau hynny a fedrai amgyffred unrhyw ddarlun a ellid tynnu ohonynt.

Ac eto, dyma'r bwriad yn yr ysgrif bortread hon: tynnu darlun ohono fel y gŵr amryddawn a fu'n gyfrifol am lawer agwedd o'n bywyd fel cenedl y Cymry, a'i weld fel artist athrylithgar yn lliwio'r cyfan yn batrwm ysblennydd. Os llwyddwn, yna, cawn ein hargyhoeddi o arbenigrwydd mawr Gwilym Hiraethog a'i ddylanwad ar y bedwaredd ganrif ar bymtheg.

Mae darlun ohono'n newyddiadurwr. Ef oedd un o'r arloeswyr. Am un mlynedd ar bymtheg, bu'r *Amserau*, a gyhoeddwyd o 1843 hyd 1859, yn gwbl ddiogel dan ei olygyddiaeth. Deuai'r *Amserau* allan bob pythefnos a gweithiodd Gwilym Hiraethog yn egnïol, yn wir, fe arbedodd y cylchgrawn rhag mynd i'r gwellt. Roedd yr argraffydd John Jones, Castle Street (ffrind mawr iddo) yn colli arian ar y cyhoeddi nes i Gwilym Hiraethog daro ar y syniad gwreiddiol o ysgrifennu 'Llythyrau'r Hen Ffarmwr'. Llythyron syml oedden nhw, heb eu gwisgo mewn arddull lenyddol yn gymysgedd o iaith lafar bro Hiraethog. Anghymeradwyodd David Rees, Llanelli, y fath arddull, ond fe groesawyd y llythyron gan y werin. Roedd y llythyrau'n agor eu meddyliau a'u calonnau i sylweddoli eu cyflwr, i wynebu'r angen am newid, ac i gydymdeimlo â'r rhai gorthrymedig. Mae'n ddiddorol darllen y llythyron hyn heddiw. Dyma enghraifft o lythyr a ysgrifenwyd yn 1849 am yr arferiad o osod tyddyn at dyddyn a fferm at fferm.

> Y mae gwahaniaeth mawr iawn yn hun ers pen ydw i'n cofio - mi wn am lawer, tair, peder, a chwech o ffermydd lle roudd pobl yn gneyd byfoliaeth dwt ystalwm, chwedi i gneyd yn un ffarm fawr rŵan... Dyma bobl ifenc yn priodi... ond tous dim lle iddyn nhw i'w gaul - dim posibl bron gaul cornel i odro dwy neu dair o fuchod a chadw deuben o gyffyle y rŵan am fod y ffermydd mawr chwedi lluncud y ffermydd bychin fel gwartheg Pharo, a dim modd gin i bobl ifenc i gymud ffarm fawr tae un i'w chael, a tene nhw'n chwalud u ceiniog, ag yn munud yn dlodion ar y plwy.

Byddai'n trin pob math o bynciau yn yr un arddull, pynciau fel: perthynas crefydd â'r Wladwriaeth; Deddfau'r Ŷd; Pabyddiaeth; Kossuth; Mazzini; Garibaldi; a rhyddid caethion yr Unol Daleithiau. Trwy gynnwys yr ysgrifau hyn, symbylodd Gwilym Hiraethog ei ddarllenwyr i bledio am ryddid i werinoedd Hwngari a'r Eidal. Galwodd Mazzini i'w weld yn ogystal â dirprwyaeth oddi wrth Kossuth. Canlyniad naturiol i'r llwyddiant oedd y cynnydd yn rhif y darllenwyr fesul degau, bob rhifyn. Ychydig cyn Rhyfel y Crimea, cyrhaeddodd cylchrediad yr *Amserau* wyth mil, ond wedi i'r papur ochri gyda Rwsia yn y rhyfel gwaedlyd hwnnw, gostyngodd ei gylchrediad a bu'n rhaid i'r *Amserau* uno â'r *Faner*. Daliai Gwilym Hiraethog i ysgrifennu fel cynt i *Faner* Thomas Gee yn Ninbych, a maes o law cyhoeddwyd casgliad o'r llythyron ym 1878 yn dwyn y teitl *Llythyrau'r Hen Ffarmwr*.

Prif orchest Gwilym Hiraethog yn yr *Amserau* oedd cael y cyhoedd Cymraeg i edrych ar gwestiynau gwleidyddol o safbwynt syniadau ac nid o safbwynt personau'n unig. Gwnaeth Ymneilltuwyr Cymru yn garfan i'w parchu yn y Blaid Ryddfrydol. Mawr oedd y galw arno i annerch ar lwyfannau'r Blaid Ryddfrydol yng ngogledd Cymru a, rhan amlaf, ef oedd y prif siaradwr.

Felly, down at ddarlun arall ohono fel 'Tad y Ddarlith Gymraeg' ac fe ddaeth y ddarlith yn gyfrwng arall iddo drosglwyddo'i syniadau. Nid Gwilym Hiraethog gychwynnodd yr arferiad, ond ef a fu'n gyfrwng i dorri tir newydd a gwneud y ddarlith yn atyniad poblogaidd. Yn Lerpwl y traddodwyd y ddarlith gyntaf ar nos Fercher, 25 Tachwedd 1846, yn y *Concert Hall*, Lord Nelson Street. Dewiswyd David Davies, Paradise Street, gŵr amlwg o blith y Cymry, yn Gadeirydd a gwerthwyd y tocynnau ymlaen llaw gan farsiandwyr yn Stanhope Street, Mill Street, Brownlow Hill a Tithebarn Street. Cyhoeddwyd rhaglen a phosteri i hysbysebu'r amgylchiad a thyrrodd y Cymry yn eu cannoedd i lenwi'r neuadd. Am ddwy awr, darlithiodd Gwilym Hiraethog ar y Pêr Ganiedydd. Mae hon yn batrwm o ddarlith, a chyhoeddwyd hi ar ôl ei farw. Mentrodd ar lawer testun a hwyrach mai ei fenter fwyaf oedd darlithio ar Chwyldroadau 1848. Dyma ddarlith sy'n gyforiog o wybodaeth, yn gosod y testun ar ei gynfas, ac yn hynod o lawdrwm ar dywysogion a brenhinoedd. Roedd ganddo adnabyddiaeth drylwyr o'r gwahanol wledydd, ac roedd ei ddull ddramatig yn gorfodi'r gynulleidfa i wrando'n astud. Roedd yn feistr ar ei gyfrwng a gwyddai'r gynulleidfa ei fod mor hyddysg yn hanes Ewrop ag yr oedd yn hanes yr emynydd o Bantycelyn. Gwyddai hanes Martin Luther fel y gwyddai hynt gwledydd gwleidyddion Ewrob . Yr oedd y ddarlith yn gyfrwng iddo wrth ddiddori a diwyllio'r werin bobl.

Ei gymhelliad mawr oedd gwasanaethu'i gyd-Gymry a chyflwyno iddynt ddarlun o Gristnogaeth a anghofiwyd ac a ddiystyrwyd mor aml, y Gristnogaeth Galfinaidd ymosodol, gadarn herfeiddiol. Pregethai Gristnogaeth a oedd yn ddigon parod i herio'r byd a'i lywiawdwyr. Gwnaeth hynny yn ei ysgrifau, ei ddarlithiau ac i raddau hefyd yn ei farddoniaeth.

Pan drown at y darlun ohono fel bardd, gwelwn ei fod yn perthyn i dyrfa fawr o feirdd a oedd yn weinidogion yn enwad yr Annibynwyr, beirdd fel Emrys, Ieuan Gwynedd, Dewi Ogwen, ap Vychan a Gwalchmai. Ac o'r rhain erys gwaith Gwilym Hiraethog gyda'r mwyaf niferus.. Ychydig o'i gerddi sy'n haeddu lle ymysg barddoniaeth orau'r genedl ond, mae ambell em yn ei awdl i 'Heddwch', yn arbennig rhai llinellau o'r 'Cywydd i'r Gof'.

Chwythu'i dân dan chwibanu
Ei fyw dôn wna y gof du;
Un llaw fegina a'r llall
Faluriau'r glo fel arall.

Rhed ei fawd ar hyd ei fin,
Dewrfodd i brofi'r durfin
Ffugia'r gŵr yn filwr fod,
Neu yn hen gadben hynod.

Fe'i cura nes â yn swch
Gywrain ei gwasanaethgarwch
I aru'r ddaear iraidd,
A thy' o hon wenith a haidd.

Beth bynnag ddyfarna'r beirniaid llenyddol, i'r Cymry heddiw, dyn un emyn ydy Gwilym Hiraethog. Ond fe fydd ei enw'n byw byth tra'i cenir:

Dyma gariad fel y moroedd,
Tosturiaethau fel y lli;
T'wysog Bywyd pur yn marw –
Marw i brynu'n bywyd ni.
Pwy all beidio â chofio amdano?
Pwy all beidio â thraethu'i glod?
Dyma gariad nad â'n angof
Tra fo nefoedd wen yn bod.

Diflannodd llawer o waith creadigol Gwilym Hiraethog i silffoedd siopau ail-law. Yno ambell dro cawn gipolwg ar ei *Nodiadau ar yr Epistol at yr Hebreaid*, ond go brin fod neb yn darllen ei ddwy gyfrol o bregethau gyda'r teitl Hebraeg *Koheleth*. Eto i gyd, mae'r holl lyfrau o'i waith yn llefaru'n huawdl dros y nerth a'r ynni a berthynai i William Rees. Hyd y gwelaf, ar ôl ei farw ar 8 Tachwedd 1883, y dechreuwyd ei alw'n gyson yn ôl ei enw barddonol.

I ni sy'n byw heddiw, dros ganrif yn ddiweddarach, gallwn weld gwerth hollbwysig y portread hwnnw ohono fel heddychwr. Ni chafodd hi'n hawdd adeg Rhyfel y Crimea. Daliodd trwy'r cyfan i gyd i bledio efengyl tangnefedd. Roedd mwy nag un o'i braidd ei hun yn ddig wrtho am ei heddychiaeth. Roedd ei frawd ei hun, Henry Rees, yn gweld bai arno am ei safiad, oherwydd yn ei olwg ef roedd hi'n rhyfel 'cyfiawn'. Ond i William Rees dim ond un safiad oedd yn bosibl. Roedd yn llawn argyhoeddiad a mentrodd draddodi darlith wefreiddiol yn y *Concert Hall*, Lerpwl a'i theitl oedd 'Y Rhyfel - ar bwy mae'r bai?' Rhoddodd y ddarlith hon hwb mawr i'r mudiad heddwch a theimlai Henry Richard, yr Apostol Heddwch, yn reit hapus pan glywodd fod un o brif arweinwyr y Cymry heb lyncu'r propaganda jingoistaidd. Fe olygodd y cwbl ddewrder anghyffredin i William Rees. Ond dyn felly ydoedd, yn ddewr a pharod i gyhoeddi'i argyhoeddiadau.

Un agwedd anghyffredin arall i gymeriad amlochrog William Rees oedd ei ddiddordeb mewn seryddiaeth. Lluniodd ysgrifau hynod o afaelgar a difyr i'r *Traethodydd* ar y pwnc hwn. Dywedodd fwy nag unwaith pe bai'n cael ail-fyw ei fywyd, y byddai'n rhoi mwy o'i amser i astudio seryddiaeth. Mae hanes amdano'n cerdded fwy nag unwaith i gartref Eleazar Roberts er mwyn cael edrych trwy'r sbienddrych oedd ganddo yno. Dyn o flaen ei oes ydoedd yn hyn o beth fel llawer peth arall.

Mae'r hanes yn dadlennu prysurdeb gweithgarwch y dyn cyhoeddus. Yr oedd yr un mor gydwybodol ei gonsárn dros ei deulu. Mae'r dystiolaeth yn sicr ei fod yn dad tyner. Pan fu farw David, ei ail fab athrylithgar, yn un ar hugain mlwydd oed, cyfaddefodd Gwilym Hiraethog ei fod yn teimlo fel Job yn ei brofedigaeth. Profodd aml brofedigaeth. Bu marwolaeth ei gyfaill

Joseph Jones, Price Street, yn ergyd arall iddo. Gŵr talentog oedd hwnnw ac fe fu farw cyn ei hanner cant oed. Mae hanes am ei weinidog, Gwilym Hiraethog, yn hiraethu ar ôl ei gyfaill. O'r herwydd, roedd ganddo gylch ffyddlon o ffrindiau. Deuai Hugh Pugh, gweinidog ym Mostyn, i Lerpwl o leiaf unwaith yr wythnos er mwyn cael treulio peth amser yn ei gwmni. Ffrind arall iddo oedd Thomas Pierce, gweinidog gyda'r Annibynwyr yn ninas Lerpwl, ac fe arferai Gwilym Hiraethog ddweud iddo ddod i Lerpwl er mwyn cael mwy o gwmni'i frawd Henry Rees a Thomas Pierce.

Er ei holl weithgarwch a'i feistrolaeth ar gymaint o wahanol feysydd, ni chollodd ei symlrwydd calon na'i awydd i wasanaethu'i gyd-Gymry. Llafuriodd heb laesu dwylo. Mae hyn yn rhyfeddol. Roedd yn ŵr o gorffolaeth fawr, ac eto, nid ymddangosai fel pe bai'n blino o gwbl. Teithiodd ar hyd y blynyddoedd, ac ysgrifennodd yn helaethach na bron neb o'i gyfoeswyr. Er iddo ddweud y drefn yn erbyn Toriaid Lerpwl, eto cadwodd ei barch ar hyd y blynyddoedd ymhlith Cymry'r ddinas. Fel y cydnebydd Dyfed, yn ei englyn cryno:

Yn ben ar y llwyfan bu,– trylwythog
Dad darlithwyr Cymru;
Huawdledd yn cenhedlu
Bywyd hael i bawb o'i du.

Y

192 Y BARDD GWILYM DEUDRAETH

gan Elfed Williams

Ar y ffordd i Borthmadog wythnos y 'Steddfod yng nghwmni Mr Hugh John Jones ac wrth fynd trwy bentref Penrhyndeudraeth, daeth enw Gwilym Deudraeth â'i gysylltiad agos â Lerpwl yn destun ymgom arall rhyngom. Amhosibl fyddai datgysylltu Gwilym Deudraeth oddi wrth Lerpwl, nac ychwaith Lerpwl oddi wrth Gwilym Deudraeth, gan iddo fyw a gweithio yma am flynyddoedd lawer ac yma, hefyd, y bu farw ar 20 Mawrth 1940 yn 77 mlwydd oed.

Fe'i ganed yn Hen Walia, Caernarfon, yn 1863 a dyma a ddywed:

Cefn nid oes fel cofion da,
Rwy'n Wilym o'r Hen Walia .

Symudodd y teulu wedyn i Benrhyndeudraeth: yn ei amser fe fu'n llongwr, chwarelwr a gorsaf feistr ar lein bach 'Stiniog a hefyd yng ngorsaf Rhoslyn. Blinodd ar fod yn orsaf-feistr yn Rhoslyn gan fynegi ei deimlad fel hyn:

Ciciwch fi i werthu cocos – neu hyrddiwch
Fi'r Werddon i aros,
Waeth ple, i rhywle o'r Rhos
Put me in ynys Patmos.

Ymgartrefu yn Lerpwl wedyn a phriodi Mrs Harriet Edwards o Lanferres, ger yr Wyddgrug, ac roedd pedwar o blant yn y teulu. Cydnabyddid Gwilym Deudraeth yn 'Arwr yr englyn' – dywediad go fawr a gyfiawnheir yn ei englynion bachog yn y lleddf a'r llon. Dyma ddisgrifiad sy'n cydio wrth iddo adael y warws lle y gweithiai:

Annifyrwch hen furiau – adawaf
Wel diolch am Suliau,
Amhirion a fai'n horiau
Heb *weekend* i'n bywiocáu.

Yr oedd brawd iau na Gwilym ar fwrdd llong o'r enw *Tyne* a oedd wrth ei hangor yn Aber-soch yn disgwyl am dywydd ffafriol i hwylio, a dyma'r awen yn byrlymu eto:

Yn y 'Tyne' a dŵr tanoch – i'w nofio,
Mae'n annifyr arnoch,
Hyn o gysur a gawsoch
Bwrw Sul yn Aber-soch.

Gallai hefyd gynganeddu llinell fach syml gyffredin a'i gwneud yn anghyffredin, e. e.

‘

Sut mae bys Tomi bach’
Sydney a oes adnod?’

Rhoddodd hefyd enw Cymraeg i *chip shop* – ‘Y Dafarn Datws’, ac wrth gwrs y mae ganddo englyn lled adnabyddus i Canada Dock ar achlysur ei agor gan Edward VII pan oedd yn Dywysog Cymru, ond mae hwn yn rhy agos i’r pridd i’w chyhoeddi yn *Yr Angor*.

Nac anghofiwn ychwaith ei awdl odidog i fis Mai; mae’n dechrau fel hyn:

Wele’r mis a elwai Mai
A’i hen ddefod yn ddifai.

ac yn diweddu’n fendigedig:

Mi ganaf am ogonedd – Y Bwthyn
A’i obeithiol rinwedd.
A rhof hylawn orfoledd
Am oedfa Mai hyd fy medd.

Wrth ddarllen ei englyn ‘Lledu Asgell’ mi dybiaf ei fod yn dipyn o athronydd hefyd:

Lledu asgell o hyd i esgyn – wna
Diniwed aderyn,
Ond Ha! Ha! dyna wna dyn
Lledu asgell a disgyn.’

Talodd cyfoeswr o lenor enwog deyrnged llachar iddo pan ddywedodd – ‘Bydd englynion Gwilym Deudraeth byw tra bo y Gymraeg fyw a hyd yn oed wedyn tra bo rhai â’i darlleno fel y darllenir Lladin a hen ieithoedd eraill.’ Fel y dywedwyd ar y dechrau, mae cwlwm annatod yn rhwymo Gwilym Deudraeth i Lerpwl, canys yma hefyd y rhoddwyd ei weddillion i orffwys ym mynwent Allerton fore Sadwrn y Pasg, 1940.

Cydnabyddaf ar y diwedd fy nyled a’m diolch i bapur bro *Eco’r Wyddfa* am roi mêr a chig ar fy ngwybodaeth eiddil am Wilym Deudraeth.

Tyrfa o amgylch bedd y bardd ym mynwent Allerton

Dic Jones a’i briod ynghyd a Henry Pearson

193 Y BARDD A GOFIAF

gan John Edward Williams

Yr oedd gennyf ewythr yn trigiannu ar lannau Merswy, ac ato ef yr awn am fy ngwyliau haf bob blwyddyn yn ddieithriad. Un noswaith, yn niwedd y pedwardegau, galwodd dyn yng nghartref f'ewythr: un cymharol fyr, yn ei drigeiniau cynnar, hoffus, ac os da y cofiaf yr oedd nam ar un o'i lygaid. Fe'm cyflwynwyd i'r gŵr dieithr, a dyna'r tro cyntaf a'r unig dro, ysywaeth, i mi gyfarfod â Chollwyn.

Nid wyf yn cofio nemor ddim am y sgwrs a fu ar yr aelwyd, ond cofiaf, fel petai ddoe, yr ymddiddan hir a gefais ag ef wrth ei hebrwng ran o'i ffordd adref. Synhwyrodd fy niddordeb yn y Gymraeg, y mae'n debyg, ac ymroes i fegino'r fflam eiddil honno. Cofiaf rai o'r gwersi a roes imi y nos Sadwrn honno yn sŵn trafnidiaeth ddi-dor Sheil Road: peidio byth â sgrifennu 'pan mae' ond 'pan yw': gochel sgrifennu 'os na' ond sgrifennu 'oni' neu 'onid' bob amser; a chofio nad oes eisiau acen grom ar y llythyren 'a' pan fo'n dilyn y gair 'rhwng'.

Meddyliais lawer am y gŵr da a phybyr hwn o bryd i'w gilydd a gofidio na chawswn fwy o'i gwmpeini diddan a'i hyfforddiant golau. Ni chlywais am y pethau hyn yn yr ysgol.

Ond, atolwg, pwy oedd y Collwyn hwn?

William Morgan oedd ei enw bedydd ac o Garno yr hanai. Gadawodd ysgol elfennol y pentref yn ifanc iawn ac aeth i weithio ar fferm yn y gymdogaeth. Aeth ymhen ysbaid i weithio i byllau glo y Deheudir i geisio gwella'i amgylchiadau, ac yna treiglodd i Lerpwl lle y bu'n gweithio am flynyddoedd lawer yn y diwydiant cotwm.

Yr oedd yn fardd medrus ac yn llenor gloyw, a chaf ar ddeall ei fod yn hynod gyfarwydd â hanes ei wlad a'i bobl. Un o'i bennaf cyfeillion oedd Gwilym Deudraeth. Er mai gŵr o'r mwyneiddiaf ydoedd, cythruddid ef yn enbyd pan fwrid dirmyg ar ei wlad, ei bobl neu ar ei iaith.

Dysgodd gywreinion a chyfrinion y Gymraeg i Saeson ac i ugeiniau lawer o Gymry ieuainc ar ddwylan Merswy. Bu hefyd yn athro allanol ar ddau ddosbarth nos o dan nawdd Prifysgol Lerpwl.

Bu'n aelod ffyddlon o Eglwys Fethodistaidd Oakfield yn ardal Anfield, a bu farw Ionawr 1952.

Yn ei fywyd ef gwelwn y werin Gymreig ar ei gorau. Dylai myfyrio uwchben ei rawd godi'r gwrid cochaf i wyneb cannoedd lawer o Gymry'r dydd, onid ydynt wedi llwyr golli'r gallu i gywilyddio, y Cymry hynny nad agorant lyfr Cymraeg o ddechrau blwyddyn i'w diwedd, heb sôn am ei fewndreulio ac na faliant ffeuen am ddyfodol eu cenedl a'u hiaith.

A chofiais am y gŵr lledneis a diwylliedig hwn yn sydyn neithiwr. Ac fel hyn y bu: myfyrio'r oeddwn uwchben bywyd, gwaith a rhyfeddod Ann Griffiths, a daeth englyn o waith Collwyn i'r emynyddes ddihefelydd i'm cof, englyn a adroddodd wrthyf yn nadwrdd y stryd honno yn Lerpwl. Dyma'r englyn:

O'i dawn a'i thanbaid ynni – fe rannodd
Fêr ei henaid inni;
Erys tro fyth heb oeri
Farworyn ei hemyn hi.

Credaf fod yr englyn uchod yn gwbl deilwng o'r gyfrinydd-emynyddes a oedd yn hanu o'r un sir â Chollwyn, a chredaf hefyd mai'r englyn crefftus hwn a geidw enw Collwyn yn fyw i'r oesoedd a ddêl.

194 YMATEB ENILLYDD CYSTADLEUAETH Y MIS

gan Sydney Bowen

Annwyl Gyfaill,

Cyfarchion Cristnogol i chi. Diolch yn fawr i chi am y llyfr rhagorol *Cymry Lerpwl a'u Crefydd* a dderbyniais. Llongyfarchiadau i chi ac i'r Dr R. Merfyn Jones am waith penigamp. Llongyfarchiadau hefyd i Mr Glyn Rees am gynllun y clawr.

Mae yna gyfeiriadau yn y llyfr sy'n dwyn y gorffennol yn ôl. Cael pregethu yn Runcorn, Widnes, St Helens, St Helens Junction (yn amser Griffith Jones), Huyton Quarry, Whiston, Ellesmere Port a Skelmersdale, yr oedfa yn Gymraeg a Saesneg yn yr olaf. A dyna'r hen gyfaill annwyl Je Aitsh, y cerddwr mawr hwnnw. Yr oeddych yn sôn am Owen Owen (tud. 23). Yr oedd gan Owen Owen blasty mawr ym Mhenmaen-mawr o'r enw Tan-y-foel, lle roedd fy mam yn gwasanaethu pan oedd yn ieuanc. Fe gafodd mam set o lestri gan Mr a Mrs Owen yn rhodd briodas oddeutu 80 mlynedd yn ôl. Mae'r set gennym yn y cartref hwn. Y mae sôn yn eich llyfr am W. E. Gladstone. Yr oedd ef yn dod yn aml am ei wyliau i Benmaen-mawr, yr oedd yr awyr iach yn help mawr iddo – aer y môr a'r mynydd. Mae yna gofgolofn iddo ym Mhantyrafon, Penmaen-mawr. Yr oedd *bust* o Gladstone ar y golofn, ond mae fandaliaeth wedi bod, a'r *bust* wedi ei gymryd i ffwrdd.

Yn Rhestr y Tanysgrifwyr ar dudalen 70 mae enw Mr E. J. Owen, 4 Florence Terrace, Falmouth, Cornwall. Wel, wel, cefais gyfnod o'm gweinidogaeth yn y dref, ac yr oedd Cymro arall wedi bod yn gweinidogaethu yno o'm blaen – Y Parchedig Evan Jones. Yr oedd yr achos yn Falmouth yn hen iawn – 1661 neu oddeutu hynny, os rwyf yn cofio'n iawn. Cafodd ein mab, Thomas Cernyw, ei eni yn *Cornwall*, dyna pam mae ei ail enw yn Cernyw.

Ar ôl yr oedfa hwyrol y Sul, yr oedd gennyf oedfa Gymraeg i'r Cymry, ac yr oedd rhai yn dod i Flushing ar draws Afon Penryn a'r llall o Devoran (mi gredaf). Yr oedd y ddwy yn hannu o Roscilybebyll, de Cymru. Yr oedd trysorydd yr eglwys, sef Fred Roberts, yn aelod o bwyllgor Cymdeithas Gernywaidd y sir.

Wel, gwell i mi ddod at y terfyn.

Yr eiddoch yn Gristnogol,

Sydney Bowen

195 YMWELIAD Â CHYMANFA'R SUL 2003

gan Gruffydd Gwynne

Bu manylion ar hysbysfwrdd Capel Oaker Avenue yn sôn am gyfarfod o dan ofal y mudiad Cymdeithas Dydd yr Arglwydd yng Nghymru i'w gynnal ar Sul olaf mis Mehefin 2003 yng nghapel Blaen-waun, ym mhentref Llandudnoch – *St Dogmaels* yr yr iaith fain, sy nawr, o'r diwedd, yn llwyr yn Sir Benfro. Yn y pentref ac yn yr eglwys hon y'm codwyd i yn aelod o deulu lluosog a selog yn y 'moddion'. Wrth imi sôn am harddwch yr ardal a'r fendith a fyddai ar gael yn yr eglwys, penderfynodd dau ffrind da o Gapel Oaker Avenue ddod gyda mi yno. Ymweliad cyntaf Eflyn ac Elwyn Evans, ond nid yr olaf medden nhw, â'r lle annwyl a chysegredig hwn.

Ar ôl taith odidog yng nghar Elwyn ar draws cefn gwlad canoldir Cymru, seibiant yn Aberystwyth o annwyl goffadwriaeth, ac yna ar hyd arfordir gwych Ceredigion a chroesi trwy dref Aberteifi cyraeddasom bentref fy nghyndadau a'm mebyd, Llandudoch. Cael yna groeso brwd a chynnes fy nghefnder a'i briod a ddaeth i fyw yn ôl i'r pentref o Gaerdydd wedi ymddeol. Maent wedi ymgartrefu'n llwyr a dim ond un golled, nid ydynt yn siarad yr heniaith. Haul llachar ar hyd y daith, y wlad a'r pentref yn eu holl ogoniant. Mwynhau cyngerdd nos Sadwrn yng nghanol adfeilion Abaty Llandudoch gan Gôr Meibion Treorci yn canu fel angylion (ydi angylion yn canu bas?). Mewn gwirionedd, yn well na hynny, yn canu fel Cymry.

Dydd Sul, wedi treulio'r bore yn ymweld â'r fro, teithio allan i'r wlad i gapel Blaen-waun, a adeiladwyd gyntaf pan oedd Anghydffurfiaeth yn anghyfreithlon, ac a ailadeiladwyd yn 1885, crud a mangre gysegredig achos y Bedyddwyr yn y cylch. Pawb yn dod ynghyd o bob rhan o Gymru i addoli a gwrando neges rymus y Parch. Tudor Davies, Aberystwyth, ar thema'r pwysigrwydd o ddiogelu a chadw Dydd yr Arglwydd. Yna, ar ôl math o bicnic, uno mewn Cymanfa Ganu a chanu detholiad o emynau o *Caneuon Ffydd.* Canu cyfareddol o dan arweiniad penigamp Mr John S. Davies, Efail-wen a chymorth organydd disglair, Mr. Alan Fewster, Llangennech, ger Llanelli. Cymerwyd rhan yn y ddau wasanaeth gan y Parchedigion Aled Jenkins, Hwlffordd; Lewis Wyn Daniel, Pontrhydfendigaid; ac ysgrifennydd y mudiad a golygydd *Etifeddiaeth* y Parch. Ddr. D. Ben Rees. Braf oedd cael cwmni'r Parch. Ddr. a'i briod, Mrs. Meinwen Rees, yn ystod y dydd.

Yng ngwasanaeth y prynhawn yr organydd oedd Ysgrifennydd capel Blaen-waun, Mrs Mair Garnon James. Hoffwn feddwl fod y gynrychiolaeth fach a hollol answyddogol o Fanceinion wedi cyfrannu'n deilwng at lwyddiant y Gymanfa, yn y llecyn hardd, tawel hwn o Gymru, a beddau'r tadau a'r cyndadau o'n hamgylch.

Daeth y diwrnod bendigedig i ben drwy gyfnewid atgofion melys bore oes am ychydig o hanes eglwysi Presbyteraidd Cymru ym Manceinion a balch oeddym, Eflyn, Elwyn a fi, i fod yn rhyw ddolen gydiol rhyngom yn y profiad arbennig a bythgofiadwy.o Gymanfa'r Sul 2003 yn Llandudoch.

196 Y CYMRY MENTRUS A WNAETH GYFRANIAD I DWF A CHYFOETH LERPWL

gan Hafina Clwyd

Bnawn Sadwrn, 17 Mai 2002, yr oeddwn yn crwmpian mewn cawod drom o law tarannau ac yr oedd f'ambarel yn gollwng. O 'nghwmpas yr oedd rhyw ddeugain o bobl o Sir Ddinbych yn canu 'Dyma gariad fel y moroedd'. Yr oedd y llif yn rhedeg megis moroedd i lawr y stryd. Am beth mae hon yn sôn, meddech chi. Sefyll o flaen bedd Gwilym Hiraethog yr oeddym ni ym mynwent Toxteth, Smithdown Road yn Lerpwl. Ef oedd awdur yr emyn a ganwyd yn y glaw. Bu farw gant ac ugain o flynyddoedd i eleni.

Bachgen bach o Lansannan ydoedd, ond fe dreuliodd gyfran helaeth o'i oes y tu allan i Gymru, yn weinidog yn Lerpwl ac wedyn ar ôl ymddeol, yng Nghaer.

Nid y glaw yn unig oedd yn gwneud i mi deimlo braidd yn drist ddydd Sadwrn, eithr gweld bod bedd y gŵr mawr hwn mewn daear estron. Un arall sy'n gorwedd nid nepell oddi wrth Gwilym Hiraethog yw Harri Evans, y bachgen bach o Ferthyr a wnaeth gyfraniad mawr mewn oes fer i fywyd cerddorol Cymru a Lerpwl. Bu Côr Meibion Merthyr a Chôr Meibion Dowlais yn llwyddiannus iawn dan ei arweiniad.

Gan mlynedd yn ôl, derbyniodd wahoddiad i fod yn arweinydd Undeb Corawl Cymreig Lerpwl a daeth yn enwog iawn. Bu farw ym 1914, ond y mae pobl Lerpwl yn dal i sôn amdano. Y flwyddyn honno y dechreuodd y Rhyfel Mawr a thu allan i gapel Heol Stanley y mae yna gofgolofn ac arni restr o dros ddeugain o fechgyn y capel a laddwyd yn y rhyfel ofnadwy hwnnw. Pob un ohonyn nhw ag enwau Cymraeg.

Fe gafodd y capel ei fomio yn yr Ail Ryfel Byd ond ar orchymyn y Weinyddiaeth Amddiffyn fe'i codwyd yn ei ôl yn union yr un fath ag yr oedd gynt. 'Gan gynnwys yr holl wendidau hefyd,' eglurodd Dr. D. Ben Rees wrthym. Hynny yw, yr oedd yr acwstics yn ddifrifol sâl yn yr adeilad gwreiddiol ac yr oeddynt yn ddifrifol wael yn yr ail un hefyd! Lle anodd pregethu ynddo, meddai, gan fod eich geiriau'n dod yn ôl! Y mae'n edrych yn gapel hardd iawn o'r tu allan, o garreg lwyd hyfryd. Ond swyddfeydd sydd ynddo heddiw.

Ar un o deithiau blynyddol Cymdeithas Hanes Sir Ddinbych yr oeddwn. Clywir yn aml mai Lerpwl yw prifddinas Gogledd Cymru ac mai tuag yno y mae'r tueddiad i fynd i siopa ac i weld gêm bêl-droed ac ati. Wedi dweud hynny, yr wyf yn gorfod cyfaddef fy mod i'n anghyfarwydd iawn â'r ddinas ac yr oedd y daith ddydd Sadwrn, dan arweiniad Ben Rees, yn dipyn o agoriad llygad.

Nid oeddwn wedi sylweddoli pa mor hardd yw hi efo'i therasau Sioraidd – gan gynnwys y nodedig Stryd Rodney – a'i pharciau helaeth. Ac yr oedd y coed ar eu gorau wedi'r glaw.

Soniais uchod fy mod yn teimlo braidd yn drist. Yr hyn a'm trawodd oedd bod y Cymry wedi gwneud cyfraniad mor enfawr i dwf a chyfoeth a diwylliant y ddinas. Rhes ar ôl rhes o strydoedd wedi eu codi gan Gymry; dwsinau o gapeli mawr wedi bod yn ffynnu – y mwyafrif erbyn hyn wedi cau neu eu dymchwel; cyfraniad meddygon megis Hugh Owen Thomas ac Emyr Wyn Jones; siopau Lewis ac Owen Owen. Mae John Evans, Eglwys-bach, a Pedrog ac Owen Thomas wedi'u claddu yno.

Meddwl yr oeddwn i am y miloedd ar filoedd a adawodd gefn gwlad Cymru ac a greodd eu cyfoeth ac a wnaeth eu cyfraniad y tu allan i'w gwlad. Collwyd hufen cymdeithas, y rhain oedd y bobl fentrus a galluog. Un ohonyn nhw oedd Syr Alfred Lewis Jones, genedigol o Lanedi, Sir Gaerfyrddin. Wrth i ni deithio ger yr afòn yn ardal y dociau gwelem ei gerflun. Edrychai allan dros y dociau. Dyn busnes llwyddiannus iawn. Ond y mae'n debyg mai'r hyn a gofiwn yn bennaf amdano yw mai ef a ddaeth â bananas gyntaf i wledydd Prydain. Pan welodd y bobl y banana am y tro cyntaf nid oeddynt am eu bwyta o gwbl. Achafi. Wedyn dyma Syr Alfred yn dweud wrth ei weithwyr, am fynd â nhw ar y stryd a'u rhannu am ddim. Y diwrnod wedyn yr oedd pobl yn ciwio amdanynt! Dyna i chi gyfrinach dyn busnes. Fe wnaeth ei ffortiwn. Bu'n hael hefyd. Sefydlodd Ysgol Feddyginiaeth Drofannol yn Lerpwl yn 1899.

Wedi gweld y gyfran helaeth o Bootle a West Derby, Gateacre ac Aigburth, dyma gyrraedd yr enwog Penny Lane. Yno, ar y gornel, y mae capel Bethel, lle mae Ben yn weinidog ers 1968. Ac yno y daeth ein taith i ben uwch paned wych o de a sgons a chacennau.

(Ymddangosodd yr ysgrif hon yn y lle cyntaf yn y *Western Mail* a diolchwn am gyfle i'w ailgyhoeddi – Gol.)

197 Y CYMRY MENTRUS YN CROESAWU YN 2008

gan D. Ben Rees

Y mae hi'n flwyddyn brysur yn ninas Lerpwl [2008] a'r Cymry yn chwarae rhan allweddol yn y gweithgareddau amrywiol a gawson hyd yn hyn. Diwylliant capel yw'r diwylliant a fu'n gynhaliaeth i gymunedau Cymraeg Lerpwl dros y cenedlaethau, ac i raddau helaeth mae hynny'n dal yn wir, er ein bod wedi addasu'n helaeth. Y peth pwysig i'n hynafiaid yn Lerpwl oedd eu cartrefi a'u teuluoedd, yr iaith Gymraeg a'u crefydd enwadol. Deil hyn o hyd yn bwysig i gnewyllyn ohonom, er bod y capeli a'r eglwysi wedi cau eu drysau o un i un. Ond deil grwpiau ohonom yn frwdfrydig, a heb hyn mi fyddem fel cymuned Gymraeg mewn argyfwng dwys. Llwydda'r cyfryngau Cymraeg, yn radio a theledu, i ddod o hyd i ambell lais dieithr sy'n byw yn Lerpwl, yn meddu'r iaith, ond yn amharod i gefnogi unrhyw weithgarwch Cymraeg ei iaith. Mae hynny'n wir am y myfyrwyr. Er i ni fod wrthi ers chwarter canrif trwy Gaplaniaeth Cymry'r Glannau yn ceisio bugeilio'r Cymry ifainc yn y prifysgolion (ac erbyn hyn mae tair), ni fu'r ymdrech yn un llwyddiannus iawn.

Pan ddeuthum i yma gyntaf i Lerpwl, cefais flynyddoedd llewyrchus iawn gyda'r ieuenctid. Deuai 60 o leiaf i'r oedfa nos Sul, cenhedlaeth Ieuan Wyn Jones, A. C. Môn, ac ar ei ôl ef cenhedlaeth Dr. Hywel Morris, ac atgofion Eisteddfod Gadeiriol y Glannau. Erbyn hyn gellir cyfrif yr ifanc brwd ar un llaw. Trychineb y Gymru gyfoes. Poendod pob bugail cydwybodol. Ond gwelsom nifer ohonynt ar noson *Pawb a'i Farn* o neuadd hardd St George ar nos Iau, 14 Chwefror 2008. Fel un a fu'n gwylio'r rhaglenni hyn i gyd eleni ar S4C, gallaf ddoethinebu mai'r Gymraeg fwyaf coeth a glywyd oedd o ddinas Lerpwl, o ran pawb a gymerodd ran, ond y rhaglen fwyaf gobeithiol oedd yr un a ddarlledwyd yn fyw o Bontypŵl. Ac eto yr ydym yn Lerpwl ar hyn o bryd yn llawer mwy ffodus na Chymry Gwent, gan fod gennym well rhwydwaith i'n clymu ni gyda'n gilydd gyda'r cylchlythyron a phapur bro.

Gwledd y Flwyddyn 2008

Cawsom wythnos y Cymry, 1-8 Mawrth, pan ddaeth nifer o Gymry amlwg i'n cynorthwyo i ddathlu bodolaeth Lerpwl fel Dinas Diwylliant Ewrop 2008. Ar y nos Sadwrn llenwid Neuadd y Philharmonic i glywed Aled Jones yn canu gyda Chôr Undeb Corawl Cymry Lerpwl a Cherddorfa Lerpwl yn ogystal. Roedd mwyafrif y gynulleidfa fawr hon yn cwmpasu ein cymunedau yn Lerpwl. Sylwais fod y Cymry Cymraeg yno, a'r Cymry Di-Gymraeg hefyd (brodorion Brymbo, Abertawe, Y Fenni, Aberhonddu ac ati), Cymry sydd heb feddiannu'r Gymraeg, eu rhieni a'u teuluoedd yn Gymry Cymraeg, ac wrth eu bodd yn canu'r Anthem Genedlaethol ar derfyn y cyngerdd. Rhanedig oedd yr ymateb i Aled Jones. Canodd y caneuon poblogaidd, arferol, tra oedd llawer wedi disgwyl iddo fentro'n fwy uchelgeisiol. Ond canodd o leiaf hanner ei raglen yn Gymraeg a oedd yn hynod o bwysig.

Y diwrnod canlynol trefnwyd oedfa ddwyieithog yn Eglwys y Plwyf a gwahoddwyd Arglwydd Faer Lerpwl i'n plith, a thrwy hynny cawsom ninnau ein croesawu i Neuadd y Ddinas ar ddiwedd y prynhawn. Ein cennad oedd Archesgob Cymru, y Gwir Barchedig Barry Morgan, a phregethodd yn afaelgar gan ein hatgoffa y dylem bellach fel Cymry fod yn ddigon aeddfed yn sgil y Cynulliad, i fabwysiadu pawb a ddaw atom yn aelodau o'r teulu. Yn wir, byddai hi yn o fain ar ysgolheictod yn y Gymraeg heb y Saeson yn ein plith a feistrolodd ein hiaith a'n llenyddiaeth. Ac yr ydym wedi cael aml i gymwynas gan y rhain yn Lerpwl. Wedi'r cyfan, ysgrifennydd cyntaf Cymdeithas Etifeddiaeth Cymry'r Glannau oedd Hugh Begley, Penbedw, gŵr o Lerpwl o dras Wyddelig a ddysgodd yr iaith ac a ddaeth yn athro ardderchog i un o ddysgwyr yr iaith Gymraeg, a gofidiwn yn ei waeledd presennol.

Y noson ganlynol daethom at ein gilydd i wrando ar Dr Robin Gwyndaf o Gaerdydd yn cyflwyno, yn ei ffordd arbennig ei hun, ddarlith ar werth ein diwylliant, gan atgoffa ef ei hun a'r gwrandawyr o gyfraniad tri o'i hen fro yn Uwchaled a gyfrannodd i'n diwylliant ni yn Lerpwl: y cerddor John Ellis, cyfansoddwr y dôn 'Elliot', y bardd telynegol R. H. Jones a'r cyhoeddwr, Hugh Evans o Wasg y Brython a'i glasur *Cwm Eithin*. Un o lenorion pwysicaf yr ugeinfed ganrif yn ôl W. J. Gruffydd, a chytunaf â'i ddedfryd.

Noson y beirdd a'r telynor oedd hi nos Fercher yng nghwmni Dr Gwyn Thomas, Bangor, Deryn Rees-Jones o Brifysgol Lerpwl, a Robin Huw Bowen, cynnyrch Cymry Lerpwl, ar y delyn deires. Diwylliant ar ei orau o fewn tafliad carreg i Penny Lane, a Neuadd Bethel yn llawn.

Cefais innau gyfle ar brynhawn Gwener yn llyfrgell prif glwb Lerpwl, yr Athenaeum, i nodi cryfderau'r Gymdeithas Gymraeg a'n gwendidau. Y cryfderau yw ein parodrwydd i gynnal llenyddiaeth a cherddoriaeth a diwylliant cynhenid y Cymry, ein methiant yw methiant ein harweinwyr gwleidyddol, o bob plaid, yn Lerpwl fel ag yng Nghymru, i warchod yr hyn sydd mor hanfodol yn ein hanes. Nid anghofiaf y siom a gefais rai blynyddoedd yn ôl fel aelod o ddirprwyaeth o dan gadeiryddiaeth yr Arglwydd Gwilym Prys-Davies i'r Cynulliad ar fater y mewnfudwyr a chyfarfod gyda gweinidog oedd yn gofalu am yr iaith Gymraeg na feddai air o'r iaith honno! Anhygoel! Er bod y gweinidog presennol o'r un cefndir Ymneilltuol â minnau, nid oes gan y Parch. Rhodri Glyn Thomas fy argyhoeddiad i o bell ffordd ar fater cefnogi'r papur dyddiol hir ddisgwyliedig, *Y Byd,* nag ar nifer o faterion Cymraeg eraill. Rhyfeddaf fod y rhai sy'n llywyddu cyfarfodydd yng Nghymru, ac yn bobl amlwg yn ein treftadaeth yn rhy barchus ac ofnus i lywyddu'r holl sesiwn trwy gyfrwng y Gymraeg pan mae system gyfieithu ar y pryd ar gael. Pam o pam? Rhaid magu'r hyder hyn a sylwais fod hyn yn wir ym mywyd dinas Lerpwl, am fod creadur fel yr eiddoch yn gywir yn gofalu fod hynny'n digwydd. Mae'n bwysig fod y Saeson yn clywed rhythmau a geiriau'r Gymraeg ac y mae'n llawer mwy perthnasol o fewn ffin Cymru.

Ar nos Sadwrn, 8 Mawrth, yn un o westai enwog Lerpwl, yr Adelphi, y bu dathlu Gŵyl Ddewi yng nghwmni dau o'n cynnyrch ni fel Cymry, Owain Ellis Roberts, bellach o Gaerdydd a Robin Huw Bowen, bellach o Gapel Seion, Aberystwyth. Roeddwn yn falch wrth wrando arnynt o'r hyn a gyflawnwyd yn ein cymdeithas dros y deugain mlynedd ddiwethaf.

Rydym yn falch fod Llyfrgell Genedlaethol Cymru yn noddi dwy ddarlith eleni yn ein dinas, y gyntaf ar nos Fawrth, 10 Mehefin, yng nghwmni'r Athro-Emeritws Hywel Teifi Edwards (gwledd i'r glust fydd hynny), ac yna'r Parch. Ddr. Elfed ap Nefydd Roberts, Wrecsam, yng Nghymanfa'r Sul Cymdeithas Dydd yr Arglwydd ar 'Ffydd a Diwylliant' ar 29 Mehefin. Ymhlith digwyddiadau eraill bydd cyngerdd gan yr athrylith Llŷr Williams, a chyngerdd arall gan Bryn Terfel, arddangosfa Gwynedd-Lerpwl ym Mangor (Medi-Hydref) a Lerpwl (gobeithio ym mis Tachwedd), drama Dylan Thomas, Noson y Gwylwyr S4C ym mis Hydref a dadorchuddio model o'r llong 'Mimosa' yn Amgueddfa Forwrol Lerpwl ar y Sadwrn olaf ym mis Medi.

Chwith oedd clywed bod Gŵyl y Glaniad, a oedd wedi derbyn gwahoddiad i Lerpwl ym mis Gorffennaf, yn awr wedi penderfynu mynd i'r Bala. Pa mor blwyfol y gall pobl fod? Penderfynwyd gwario dros £2,500 ar y model o'r llong hwyliau 'Mimosa' a adawodd Lerpwl cofier, nid y Bala, am Borth Madryn ym 1865, a chynhelir y ddefod o ddadorchuddio'r model ar 27 Medi. Da gwybod bod y cyfryngau wedi dangos diddordeb mawr yn ein bwriad. Gobeithio y gall y rhai mwyaf mentrus o Gymry'r Ariannin sy'n byw yng Nghymru ymlwybro i Lerpwl i 'Gofio'r Mimosa' yn 2008. Gwn fod awdur y gyfrol bwysig ar y llong, sef Susan Wilkinson o Ontario, Canada, yn barod i ddod yr holl ffordd atom. Pe bai pawb sy'n ymddiddori yn y Wladfa mor hylaw a charedig â hi byddai'n hetifeddiaeth yn ddiogel o ran cofio doe. Ond mae angen heddiw yn fawr, angen mwy o ymlafnio fyth. Dyma yw ein cyfrifoldeb o fewn pob cymuned Gymraeg, boed honno ar dir Cymru, ar dir Lloegr, neu ar dir gogledd America neu Ariannin.

198 Y PARCH. O. PRYS DAVIES

gan E. Gwyn Hughes

Bu farw'r Parch. Owen Prys Davies yn dawel yn ysbyty Broadgreen ar 6 Mai 1995, yn 91 mlwydd oed. Collodd yr Eglwys Fethodistaidd un o'i gweinidogion mwyaf ymroddedig ac un a roddodd wasanaeth arbennig i eglwysi Glannau Mersi.

Un o ardal Llandecwyn ym Meirionnydd ydoedd. Roedd yn Gymro i'r carn ac yn falch o'i fro enedigol gyda'i chrefydd a'i diwylliant a'i chewri. Pregethodd ei bregeth gyntaf ym Mron Tecwyn, y capel y magwyd ef ynddo, ac roedd ei gyhoeddiad olaf ym Mryn Tecwyn, y capel Presbyteraidd yn y fro, a hynny rhyw dair blynedd yn ôl.

Gwasanaethodd nifer o gylchdeithiau yn ystod ei weinidogaeth, ond treuliodd fwy o amser yn Lerpwl nag yn unman arall. Bu'n gweinidogaethau yn y Fflint, Dolgellau, Llansilin, Llangollen, Ffynnongroyw, Dinbych, Lerpwl, Bagillt ac yn ôl i Lerpwl yn 1960, hyd nes iddo ymddeol yn 1970. Yn Llansilin y cyfarfu â'i wraig, Mary, a fu'n ei gefnogi ymhob rhan o'i weinidogaeth yn ei ffordd dawel ei hun, hyd ei marwolaeth yn 1984.

Uchel fraint ei fywyd oedd bod yn weinidog yr Efengyl a chyflawnodd ei waith gydag urddas a diffuantrwydd bob amser. Roedd ganddo ddiddordeb arbennig mewn pobl, ac felly roedd yn naturiol yn ofalus iawn o'i braidd. Roedd, nid yn unig yn ei hadnabod yn dda, ond hefyd yn gwybod am eu holl gysylltiadau teuluol. Wrth wrando arno'n sôn am y cysylltiadau hynny, hawdd meddwl mai un teulu mawr oeddem yn yr eglwys. A pheth braf yw meddwl felly!

Meddai ar y ddawn i weinyddu'n effeithiol bob amser. Bu am nifer o flynyddoedd yn Ysgrifennydd Eiddo'r dalaith. Cyflawnodd y gwaith hwnnw'n raenus gyda pharodrwydd bob amser i gynorthwyo unrhyw gylchdaith a fyddai mewn anhawster gyda'r adeiladau. Roedd ganddo weledigaeth ar gyfer eglwysi cylchdaith Lerpwl. Pan ddaeth cynllun i atgyweirio'r *Central Hall* ddiwedd y chwedegau, fe welodd gyfle i droi rhan o'r neuadd yn gapel ac yn ystafelloedd i'r Cymry ac o dan ei arweiniad daeth eglwysi Trinity Road, Spellow Lane, Oakfield, Mynydd Seion a Garston yn un achos yn eu cartref newydd.

Pregethai'r Efengyl gydag arddeliad. Medrai greu awyrgylch gyda'i lais cyfoethog ac roedd ei bregethu bob amser yn fynegiant o'i argyhoeddiad dwfn a chadarn. Ei ffydd sicr yng Nghrist oedd syfaen ei fywyd – sylfaen ei deyrngarwch i bopeth da, ei gonsýrn am bobl, ei ymroddiad i bob tasg a ymgymerai â hi, ei addfwynder, ei sirioldeb a'i hiwmor iach.

Cynhaliwyd gwasanaeth i'r teulu yn Amlosgfa Springwood ar bnawn Iau, 11 Mai. Cydymdeimlwn yn ddiffuant â Marian a Gwyddfid oedd mor ofalus o'u tad bob amser, a hefyd â'i frodyr a'i chwiorydd sy'n byw yng Nghymru.

199 Y CHWAER KATE EVANS

gan Gwilym Arthur Jones

I Benrhosgarnedd, Bangor, y daeth y diweddar Barch. W. D. Jones a Mrs Gwen Jones i ymddeol wedi cyfnodau o weinidogaethu gydag Eglwys Bresbyteraidd Cymru yng Nghymru a Lerpwl. Fe gofia nifer o addolwyr yr enwad, sy'n parhau i ddwyn cysylltiad â'r Eglwys yn Heathfield Road, gydag edmygedd am ei fugeiliaeth olaf yn Edge Lane, ac am ei lafur diflino dros y Cyfundeb.

Wedi iddynt gartrefu yn yr ardal ac ymaelodi yng Nghapel y Graig, arferwn alw heibio iddynt o bryd i'w gilydd. Yr oedd seiadau ar eu haelwyd yn brofiadau pleserus. Ar un o'r achlysuron hynny y rhoes Mr. Jones gopi o ddyddiadur y Chwaer Kate Evans yn fy llaw. Cefais ei fenthyg a'i ddarllen o glawr i glawr.

Un o Nant Peris oedd y Chwaer Kate Evans (1868-1955) ac aelod yn eglwys Rehoboth. Rhoes ei bryd ar fod yn genhades yn India, ond nid oedd y meddygon yn fodlon ar gyflwr ei hiechyd. Penderfynodd hithau newid cyfeiriad ac ymroi i weini cysur ymhlith merched syrthiedig tref Caernarfon ac, yn ddiweddarach, dinas Lerpwl. O dan nawdd Pwyllgor Chwiorydd cydenwadol y gweithiai ac nid oedd yn ddim ond ugain oed pan ddechreuodd ar ei chenhadaeth ddyngarol. Ymaelododd hithau yn Engedi. Yn ychwanegol at ei gorchwylion beunyddiol o gwmpas y dref, fe aeth ati i gofnodi ei hymweliadau yn ei dyddiadur gan ysgrifennu yn Saesneg. Ymddiddorai hefyd mewn syniadau athronyddol a chadwai nodiadau ar rai o athronwyr gwlad Groeg. Gan fod ei hargraffiadau o gyflwr tai a moesau teuluoedd y dref yn ddadlennol, euthum ati i'w cyfieithu. Wrth ddychwelyd y dyddiadur i'r Parch. W. D. Jones, pwysais arno i'w ddiogelu a'i drosglwyddo i ofal archif y Cyfundeb. Nid oes gofnodiad ohono yno.

Gwaredai Kate Evans wrth weld cyflwr rhai o dai trigolion mwyaf difreintiedig y dref a drigai yn rhai o'r cowtiau afiach. Yr oedd y drewdod yn annioddefol a meddwdod yn rhemp.

Deuai'r milisia i wersylla yn y caeau dros yr Aber. Câi llawer geneth ei hudo gan sŵn y band a lifrau'r milwyr. Yr oedd unrhyw ddihangfa'n well nag adfyd tlodi. Llafuriai Kate Evans i hyrwyddo amcanion y *Band of Hope,* ond er cael llawer meddwyn i arwyddo'r '*pledge*' fe gaed hanes am fwy nag un yn llithro'n ôl. Ac ym mlwyddyn rhialtwch yr arwisgo doedd y sefyllfa fawr gwell. Pan oedd arwyddion o wanwyn yn y tir ac argoelion am haf tesog, fe alwodd Kate Evans yn y wyrcws a chanfod fod tair o'r genethod a anfonwyd yno wedi eu rhyddhau efo'u babanod, ond bod un wedi dychwelyd i eni ei hail blentyn ac iddi gael ei chadw yno am flwyddyn i helpu efo'r plant eraill. Cofnodir bod gŵr a gwraig wedi eu carcharu am esgeuluso eu merch ddeg oed. Yn y *Common Lodging House* yr arhosent. Anfonwyd y plentyn i'r *Industrial School* yn Coventry. Ymweld drachefn â'r wyrcws lle'r oedd dwy eneth ifanc yn eistedd o boptu'r tân gyda'u babanod yn y *lying-in-ward.* Un ferch yn gwrthod mynd i Gartref gan fynnu y gallai ofalu am ei phlentyn allan o'i chyflog, er bod ganddi blentyn tair oed eisoes. Hwnnw'n aros yn y wyrcws efo'i fam.

Pymtheng mlynedd a dreuliodd y Chwaer Evans yn y dref. Erbyn 1 Hydref 1912 yr oedd wedi derbyn sialens newydd. Gadawodd Gaernarfon am ddwndwr a bwrlwm dinas Lerpwl. Aeth i fyw i 19 Stryd Battenberg, Kensington. Mynych y gwelid hi'n tramwyo strydoedd cefn y ddinas yn chwilio fel rheol am ferched o Gymru a aeth ar ddisberod. Arferai wisgo gwisg swyddogol ac, yn ôl y sôn, fe'i gwelid yn y rhannau hynny o'r ddinas na feiddiai plismon fentro iddynt. Yr oedd yn ymwelydd cyson â charchar Walton ac yn ei hadroddiad am 1927 – bellach yn yr iaith Gymraeg – fe gronicla fod lleihad yn nifer y merched o Gymru. Wedi bod yn dwyn yr oedd y mwyafrif ac un wedi esgeuluso ei phlentyn. Genethod o'r Bermo, Caergybi a Phenmachno oedd y rhain, ac un wraig 57 oed, - 'y fwyaf haerllug a welsom erioed' – a ymhyfrydai yn y ffaith ei bod yn feddwyn! Yr oedd yn arfer gan y Chwaer Kate Evans brynu dillad, esgidiau a bwyd ar gyfer y merched ac oni bai amdani hi fe fyddai'n fyd llwm iawn arnynt.

Treuliodd ddeunaw mlynedd ar hugain yn Lerpwl. Er iddi ymddeol yn 1950 pan oedd yn ddwy a phedwar ugain oed, ni phallodd hyd y diwedd, gan fynychu holl gyfarfodydd y '*mission*', chwedl hithau. Dyma ei thaflen amser:

Nos Lun yn Smith Street
Nos Fawrth yn Warwick Street
Nos Fercher – rhywle arall yn ôl y galw
P'nawn Difiau – ymweld â charchar Walton
Nos Iau – Seiat yn Edge Lane.

Ond nid gwrandawr yn unig mohoni. Derbyniai wahoddiadau rheolaidd i bregethu yn achosion cenhadol Dosbarth St Helens – llefydd fel Blackburn, Ashton-in-Makerfield, Whiston, St. Helens, Runcorn, &c. Cyfrannai Henaduriaeth Lerpwl £25 tuag at ei phensiwn blynyddol a bu sawl aelod eglwysig yn hael ei gefnogaeth iddi. Treuliodd ei blynyddoedd olaf mewn cartref hwyrddydd a marw ar 1 Rhagfyr 1955 yn 97 mlwydd oed. Fe'i claddwyd ym mynwent Nant Peris.

Diamau fod gan rai o aelodau hynaf eglwysi'r glannau atgofion am y wraig ryfeddol hon a byddai'n dda clywed amdanynt. Fe ellir tybio iddi roi ar gof a chadw ei phrofiadau yn ystod ei chyfnod yn Lerpwl, ond ni welwyd y ddogfen hon hyd yma. Yn sicr, fe fyddai'n gyfraniad dadlennol a phwysig i unrhyw astudiaeth gymdeithasegol o amodau byw yn y ddinas yn ystod hanner cyntaf y ganrif hon.

(Cyhoeddwyd detholiad o ddyddiaduron y Chwaer Kate Evans yn atodiad i *Pobl Caernarfon ac Addolwyr Engedi 1842-1992* gan Gwilym Arthur Jones (Gwasg Pantycelyn, 1992) o dan y teitl 'Cyni'r Dref yn nhro'r Ganrif').

200 YR AROLYGYDD JOHN LYONS

gan D. Ben Rees

Wyneb adnabyddus John Lyons, un o arweinwyr bywyd Cymraeg y Glannau yw llun y dudalen flaen y tro hwn. Ond yn ei ddyddiau cynnar, Sais rhonc ydoedd, Ifaciwi o Lundain. Wedi tyfu'n llanc yn ardal Rhyd-wyn, Môn, roedd hi'n anodd i bobl yr ardal honno ei dderbyn fel Cymro. Dychwelodd oherwydd hynny i Lundain, ond yno yr oedd y Saeson yn gwrthod ei gydnabod yn ddim arall ond Cymro.

Llun o John nid yn 1982 ond 2018 !

Fe'i derbyniwyd yn groesawgar gan Gymry Llundain. Aeth yn ôl i Ogledd Cymru a bu wrth ei fodd yn plismona ar strydoedd tref hynafol Caernarfon. Ni allai wrthod yr alwad a ddaeth iddo o Lerpwl a'r Cyffinau. Ymunodd â Heddlu'r Glannau. Derbyniodd y naill ddyrchafiad ar ôl y llall ym myd yr heddlu. Dyma ei benodi yn ddiweddar yn arolygwr dros stesion Wavertree a rhan helaeth o ardal de Lerpwl bellach dan ei ofal. Rhoddodd ef a'i deulu wasanaeth cyson yn Eglwys Bresbyteraidd Stanley Road, Bootle, a gwelwyd ef ar lawer amgylchiad yn hybu'r gwaith yn flaenor defnyddiol. Mae'n aelod o Banel Golygyddol *Yr Angor*. Eleni, sef yn 1982, mae'n gorffen ei dymor yn Gadeirydd Undeb Ysgolion Sul Glannau Merswy, a bu'n ffyddlon i'r holl ddisgwyliadau. Derbynia gefnogaeth gref yn y cartref ym mhentref Knowsley gan ei briod hawddgar, Marian Lyons, a ddaw o Ynys Môn. Y mae ganddynt ddwy ferch a mab. Gwelir hwy ym mhob cyfarfod yng nghapel Cymraeg Stanley Road, Bootle, lle y mae John, ers rhai blynyddoedd, yn flaenor da ei air. Y mae ei Gymraeg yn gyhyrog a bu'r genedl Gymreig yn ffodus o gael un sy'n cyfrif ei hun yn Gymro cadarn.

201 YR ANHYGOEL BOB OWEN,CROESOR

gan D. Ben Rees

Mae ymhell dros hanner can mlynedd er pan fu farw Bob Owen (30 Ebrill 1962), ond deil ei enw i olygu llawer, yn bennaf oherwydd y *Casglwr*, Cymdeithas Bob Owen, a llyfr difyr Dyfed Evans, *Bywyd Bob Owen* a gyhoeddwyd yn 1977. Deuthum i'w adnabod yn niwedd ei oes, pan oeddwn yn fyfyriwr yn Aberystwyth, a llwyddais i'w ddenu i'n hannerch, a hefyd ei wahodd i roi darlith ym mhentref fy mebyd, Llanddewibrefi, yn 1960, os cofiaf yn iawn.

Cofiaf yn dda am y daith honno. Trefnais i'w gyfarfod yng ngorsaf y rheilffordd yn Aberystwyth a'i hebrwng i Landdewi ar y trên i Bontllanio. Roedd wrth ei fodd, ac yn siarad fel pwll y môr, am lyfrau, am eu chwilota, a'i ddiddordeb ysol ar yr ymfudiadau i'r Unol Daleithiau. Yr oeddwn wedi trefnu car fy ewythr i ddod i'n cyfarfod yng ngorsaf Pontllanio, gan ei bod hi'n ddwy filltir i'w cherdded. Yr oedd ef i aros gyda fy rhieni, ac ar ôl cyrraedd cafodd bryd da o fwyd a sgwrs na fu mo'i thebyg rhwng fy mam ac yntau. Yr oedd ganddi hi yr un gynneddf ag yntau, diddordeb i fusnesa i hanes teuluoedd. Gwyddai hi hanes bron pob teulu o Gymry Cymraeg o Lanilar i Lanfair Clydogau, a dyma hi'n agor yr wythïen gyfoethog honno am bobl Dyffryn Ystwyth a Theifi.

Daeth hi'n adeg mynd i festri Capel Bethesda, Llanddewi, i'w gyflwyno i swyddogion y Gymdeithas Lenyddol. Daeth llond y festri ynghyd gan mai hwn oedd y tro cyntaf iddo ddarlithio, hyd y gwn i, yn y pentref hanesyddol. Ni chlywais ddarlith debyg na chynt na chwedyn, oherwydd nid darlith mohoni, ond cyfres o ddarluniau ar y testun 'Dryllio'r Delwau'. Nid oedd pall ar y llefaru a chawsom gant a mil o ffeithiau, rhai yn berthnasol, llawer yn amherthnasol, ond y cyfan yn ddifyr odiaeth. 'Dryllio'r Delwau' oedd y testun, a dyna a gafwyd. Y dryllio mwyaf, digon addas mewn festri Capel y Methodistiaid Calfinaidd, oedd ar John Elias o Fôn. Fel Sosialydd tanboeth, cynhesodd fy nghalon wrth glywed am ddinoethi y 'Tori mawr oedd o'. Erbyn heddiw, a minnau wedi chwilota cryn dipyn yn hanes John Elias, gwn nad oedd y darlun a gawsom o'r pregethwr grymus yn deg o gwbl. Darlun unllygeidiog ydoedd i fyfyriwr oedd ar dân dros Gymru Anghydffurfiol Sosialaidd, yr oeddwn wedi fy mhlesio'n fawr. Plesiwyd bron pawb arall. Cwynai un neu ddau ei fod e'n siarad yn rhy gyflym o lawer.

Ond nid anghofiaf yr oriau a gawsom ar ôl mynd yn ôl i Nythfa. Ni ein dau, gan fod fy rhieni yn clwydo'n gynnar, ond adar y nos oedd y ddau ohonom. Adroddodd i mi fel y bu'n casglu llyfrgell enfawr, ac erbyn heddiw yr wyf yn yr un sefyllfa ag ef, miloedd ar filoedd o lyfrau. Dal i gasglu. Methu peidio. Ond yn niwedd y noson gofynnodd am y gymwynas, a fyddwn i yn ei gynorthwyo i gael ei esgidiau oddi ei draed a'i gynorthwyo i dynnu ei ddillad i ffwrdd oherwydd y 'gwynegon' oedd yn ei ddwylo. Braint oedd gwneud hynny i un o werinwyr ac achyddwyr pennaf ei gyfnod.

Fore trannoeth rhaid oedd ffarwelio â Llanddewi am Aberystwyth, a daeth nifer o'm teulu ynghyd i ddiolch iddo am ddod atom ac am ei ddarlith unigryw. Ni chafwyd darlithydd mwy poblogaidd yn ein hanes, ar wahân i John William Hughes, Marian-glas, a'r Athro Hywel Teifi

Edwards. Gan fy mod â'm golygon ar y Weinidogaeth gyda'r Eglwys Bresbyteraidd (enwad yr oedd ef yn flaenor o'i mewn) cawsom gloriannu rhai o enwau cyfarwydd ei gyfnod.

Ychydig ddyddiau ar ôl y ddarlith, cefais lythyr ganddo yn fy siarsio i ymweld â Ffor (Fourcrosses) , ger Pwllheli, pan fyddwn yn pregethu yn Llŷn rai wythnosau yn ddiweddarach, gan fod llyfrgell y pregethwr galluog A. J. George, Tyddyn Siôn ar werth. . Penderfynais drefnu i alw, ond pan gyrhaeddais Hendre Bach, cofiaf yr annwyl R. W. Roberts yn dweud wrthyf 'Rydych yn rhy hwyr! Bu Bob Owen yma bythefnos yn ôl'. Rhoddodd yr argraff yn ei nodyn y byddai ef yn cadw draw, ond ni allai; yr oedd yn ormod o lyfrbryf fel y deallais.

Cenhedlaeth yn ddiweddarach, bûm yn chwilio rhai o'i lythyrau sydd ar gof a chadw ym Mhrifysgol Bangor. Llythyron a luniodd i'w gyfaill o'r Llyfrgell, Dr. Tom Richards. Mae pob un o'r llythyron hyn yn hynod o ddadlennol. Cawn ddarlun o'r tyndra rhyngddo ef a'i gyd-flaenoriaid yng Nghapel Croesor. Dywed yn ei lythyr, dyddiedig 14 Mai 1945 wrth Dr. Tom am saint Croesor:

> Pobl hunanol yw pobl Croesor. Gwylltiais wrth Bob Anwyl yn y sêt fawr neithiwr ynglŷn â'r Casgliad Mawr. Mae'n amlwg ei fod ef yn erbyn y Casgliad, ac yn gwrthwynebu myned o gylch i'w gasglu, ac nid wyf yn siŵr nad yw Robert Roberts, Croesor Fawr yn ei erbyn. Deuai a bwganod - yr hen gynllun. Piti ar y diawl bod bechgyn eglwysi mawr Bangor a Lerpwl wedi aberthu yn y Rhyfel i drio arbed dynion o fath Robert Anwyl nad ydynt yn meddwl am ddim ond eu budd eu hunain. Popeth yn iawn os caiff Croesor ordro pobl eraill. Dyna y moto gan y ddau.

Perl o baragraff yn cyfleu i'r dim y tensiwn o fewn sêt fawr Capel Croesor.

Ar 1 Gorffennaf 1945 bu yng Nghyfarfod Misol Henaduriaeth Gorllewin Meirionnydd, a hynny yng Nghapel Siloam. Dywed yn ei lythyr ar 2 Gorffennaf wrth Dr Tom Richards am ymgyrch Gwynfor Evans:

> Bûm yno [Cyfarfod Misol] drwy'r dydd, a chanfasio gymaint â fedrwn i Gwynfor ymysg y Blaenoriaid a'r pregethwyr. Dadl fawr benboeth rhyngof a Penry Jones wrth fwrdd y cinio, a finnau yn fy afiaith yn peltio i Ryddfrydwyr ar uchaf fy llais. Cythraul o helynt rhwng Howel Jones y Tabernacl a Chamwy; ar gownt ryw helynt sydd ynglŷn â Chapel Engedi, Llan Ffestiniog; cewch yr hanes eto. Finnau druan bach oherwydd fy anwybyddiaeth o'r peth wedi helpu y ffrae i fod yn ffyrnicach. Ymddengys fod Camwy yn y baw gan weinidogion y Cyfarfod Misol. Howel Jones yn rhoddi anerchiad ysgubol wrth roi'r gadair i fyny. Dyma chwi yn ddi-os un o arweinwyr y Cyfundeb yn y dyfodol. Dim arswyd o ofn neb arno. Diplomat gwych a gweledigaeth ganddo. Ni welais neb erioed wedi cynyddu cymaint â Howell.
>
> Nid yw Ffestin Williams, Penry Jones a'r arweinwyr eraill yn yr un cae ag ef mewn Cyfarfod Misol. Y mae mor gadarn a dwfn â John Owen, Morfa Nefyn a Wheldon gynt. Heb os, efo yw Brenin Cyfarfod Misol Gorllewin Meirionnydd.'

Dadansoddiad hynod iawn. Cefais gyfle i gymdeithasu gyda Chamwy lawer tro yn ei hen ddyddiau, ac edmygu Ffestin Williams fel heddychwr a chydwybod Eglwysi Rhyddion Gogledd Cymru. Ond yr oedd Bob Owen wedi gweld potensial y Parch. Hywel Jones, Gellifor, cyn neb arall. Do, fe ddaeth yn un o arweinwyr pennaf y Presbyteriaid yn ei oes, a hefyd yn Llafurwr oedd yn gohebu'n gyson gyda Cledwyn Hughes, ac eraill o gewri'r Blaid Lafur.

Y mae'n amlwg na wyddai Bob Owen am deyrngarwch Hywel Jones i'r Blaid Lafur neu ni fyddai wedi ei ganmol i'r entrychion! Yr oedd Gwynfor Evans ar bedestal ganddo bob amser. Meddylier amdano yn dweud hyn wrth Dr Tom ar 4 Gorffennaf 1945:

> Gresyn fod Ambrose Bebb yn areithiwr mor wantan, nid yw yn yr un cae, coeliwch fi â Gwynfor Evans.

Byddwn yn anghytuno â'i osodiad. W. Ambrose Bebb oedd un o'r areithwyr gorau imi ei glywed trwy gyfrwng y Gymraeg, ac felly yn fy nhyb i, nid yr oedd Ambrose a Gwynfor ar yr un gwastad â'i gilydd.

Meddyliai Bob Owen gryn dipyn o T. E. Nicholas (Niclas y Glais). I'w gartref e yr aeth y ddau ohonom ar ôl cyrraedd Aberystwyth wedi darlith Llanddewi. Dyma a ddywed Bob Owen wrth Dr Tom Richards am Ddarlith y Comiwnydd:

> Niclas y Glais yn Llanfrothen neithiwr [3 Gorffennaf 1945], fe daflwyd dŵr oer ar ei gyfarfod oherwydd bod Clough Williams Ellis a'i wraig yn bresennol yn y cyfarfod, a chaseir y ddau hynny gan drigolion Llanfrothen; ac yr wyf yn gwybod i sicrwydd bod pob un o rai berthynai i'r Blaid Lafur yn yr etholiad o'r blaen yn *supporters* Gwynfor Evans.

Mae'n sicr nad oedd ef wedi deall arwyddion yr amserau yn 1945 ac yn dangos cryn dipyn o ragfarn tuag at Clough Williams-Ellis, gŵr sy'n haeddu gwrogaeth am ei weledigaethau. Ond yn yr Etholiad ym Meirionnydd yn 1945, bu ymgeisydd galluog y Blaid Lafur bron â chipio'r sedd o ddwylo Emrys Roberts y Rhyddfrydwr. Mwyafrif y Rhyddfrydwyr dros Huw Morris-Jones (Llafur), y cymdeithasegydd o Brifysgol Bangor, oedd 112 yn unig.

Dyma'r ffeithiau:

Emrys Roberts Rh.	8495	35.8%
Huw Morris-Jones Llaf	8383	35.4%
C. P. Hughes Ceid.	4374	18.5%
Gwynfor Evans PC	2448	10.3%
Mwyafrif	112	0.4%

Mae'n amlwg iawn fod Robert Owen, Croesor, yn well llyfrbryf ac achyddwr nag ydoedd o ddadansoddwr gwleidyddiaeth ei gyfnod. Mae'n amhosibl cael y gair olaf ym mhob maes!

202 YR HEN GYNEFIN YN GARSTON A LERPWL

gan Jennie Jones

Derbyniais dri ôl-gopi o'r *Angor* yn ddiweddar, a darllenais y tri gyda diddordeb a phleser, yn enwedig ysgrif Mrs Francis am Gôr y Pentre. Nid wyf yn cofio dim am y Côr, ond cofiaf am y Brodyr Francis yn cynnal Cyngerdd Nadolig yng Nghapel David Street yn 1908. Roeddym ni, fel teulu, newydd symud o Borth-y-gest i Aigburth, Lerpwl, ac wedi ymaelodi yn David Street, a chofiaf fel y byddai band y *Salvation Army* yn martsio i lawr Park Road am 6.30 nos Sul, ac yn chwarae â'i holl nerth, ac yn aml yn boddi llais y Pregethwr. Symudasom yn 1913 i ochr arall Aigburth Vale, ac yr oedd yr annwyl ddiweddar Barch. J. D. Evans yn dweud fod ganddo ef hawl ar y Cymry yr ochr honno, ac felly roedd yn rhaid ymaelodi yng Nghapel Garston. Yno y bûm i'n aelod o 1913 hyd 1967, pryd y daeth y gŵr a minnau i fyw i Ynys Môn.

Tybed a oes rhywun yn cofio'r Eglwysi Presbyteraidd (M.C. yr amser hwnnw) yn cynnal *Bazaar* ac Arddangosfa yn *St George's Hall* tua 1929. Roedd y *Bazaar* a'r Arddangosfa yn yr *Hall* fawr lle mae'r organ, a ninnau'r to ifanc yn perfformio *Pageant* yn y *Concert Hall*. Y Prifardd Cynan luniodd y *Pageant* i ni, a byddai'n dod i roi tipyn o sglein ar ein gwaith, a brodyr lleol yn gweithio'n reit galed bob wythnos. Roedd Eglwysi'r Dref wedi eu rhannu fesul dwy neu dair. Roedd y tair eglwys yn Nosbarth y De yn actio hanes Cymru pan oedd y Derwyddon yn rheoli, a Joseff o Arimathea yn dod â'r Greal Sanctaidd. Yr oedd amryw o'r penodau'n sôn am wahanol agweddau'r Genhadaeth, megis Mary Slessor a'r Affricanwyr, ac arferiad India o losgi'r wraig gyda chorff ei gŵr, *Sutti* oedd y gair. Wythnos wych, a gwnaed elw ardderchog i'r Genhadaeth.

Peth arall a gofiaf yn dda oedd Cymanfa Ganu fawr yn *Sun Hall,* i ddiolch am Heddwch ar ôl *Armistice* 1918. Yr *Hall* yn orlawn ac rwy'n credu mai Dr Caradog Roberts oedd yn arwain, a *cherddorfa* fechan o dan arweiniad Mr Sam Evans, cerddor gwych o Eglwys Douglas Road yn cynorthwyo'r canu. Bendigedig.

Un digwyddiad doniol a gofiaf wrth ddod allan o'r Neuadd a channoedd o bobl o gwmpas, ac yn ceisio cael ar yr hen dram *No. 26*, ac yn gwthio'n ddidrugaredd, ac i ryw greadur o Sais yn stryglio'i orau ac yn gweiddi, '*These scrambling Welsh Devils, they're everywhere.*' Ond cerdded adre yr holl ffordd trwy Sefton Park, dan ganu, i Aigburth Vale, oedd fy hanes i a'm ffrindiau. Nid oedd yr hen *26* yn dod ddim pellach na Croxteth Road a doedd yna ddim trafnidiaeth ar hyd Princes Road.

Roedd Eisteddfod Blodau'r Oes mewn bri hefyd yr adeg honno ac yn cael ei chynnal yn Chatham Street, a chystadlu brwd rhwng y pum eglwys yn Ne Lerpwl. Cofiaf Gôr Plant Garston yn ennill y Gwpan Arian dair gwaith o dan arweiniad yr annwyl Mr M. W. Humphreys. Roedd ef yn ewythr i Delynores Eryri, ac yn denor gyda llais hyfryd a dawn arwain ganddo. Pan ddaeth y cwpan yn feddiant i'r Côr Plant am byth, awgrymodd un o'r blaenoriaid y buasai'n rhoi cwpan arian arall i'r Steddfod. Enillwyd honno hefyd gan y Côr, ac y mae'r ddau gwpan mewn cwpwrdd gwydr yn Festri Garston o hyd, rwy'n gobeithio.

Roedd amryw o gwmnïau drama yn yr eglwysi yr adeg honno. Roeddym ni yn Eglwys Garston yn cael hwyl garw efo'r perfformiadau o dan ofal Mr D. J. Patrick. Ymarfer yn Festri'r Capel, ond yn y *Parish Hall, Grassendale,* y cynhelid y noson fawr. Roedd prysurdeb mawr p'nawn Sadwrn yn paratoi'r llwyfan, a chael benthyg dodrefn gan aelodau'r Capel, a'r bechgyn yn mynd rownd efo *handcart,* bechgyn fel Justin Evans, Rob Roberts a Dr. Alan Morton a oedd yn fyfyriwr y pryd hwnnw, ac amryw eraill. Cofiaf yn dda un wraig o'r Capel yn gofyn, 'Pryd mae'r ddrama nesa', mae'n hen bryd i'r setl dderw gael ei chlirio!'

Roeddwn yn derbyn *Y Bont* yn rheolaidd, a'r un oedd o'i flaen. Credaf mai'r *Glannau* oedd enw hwnnw. Cofiaf Mr Edmund Clarke, Garston, yn llunio clawr newydd pan newidiwyd yr enw. Da clywed yn *Yr Angor* fod Steddfod y Myfyrwyr wedi ailgychwyn. Roedd hwyl fawr yn yr hen *Lecture Hall* yn y dyddiau gynt. Pan fyddai geneth go ddel yn mynd i fyny i'r llwyfan i gael gwobr, byddai'r myfyrwyr wrthi'n siantio 'Sws, Sws, Sws', nes na fyddai'r ferch yn gwybod beth i'w wneud! Roedd merched yn gwrido yn y dyddiau hynny.

Dyna ychydig o fy atgofion am yr hen gynefin yn Garston a Lerpwl.

203 YSGRIF GOFFA ALUN HOWELL EVANS

gan D. Ben Rees

Syfrdanwd ni ar nos Lun, 29 Chwefror [2016], i glywed am farwolaeth sydyn Alun H. Evans yn ei gadair ac yn ei gartref yn Cambridge Road, Crosby yn 87 mlwydd oed. Cawsom ei gwmni ef a'i ferch, Susan, yn oedfa bore Sul Capel Bethania, yn Eglwys Crist, Crosby Road South y diwrnod cynt. Yr oedd yn ôl ei arfer yn drwsiadus ei wisg ac yn siaradus, yn meddu ar gymaint o hanesion Cymry Gogledd Lerpwl.

Mab ydoedd i Winifred a Howell Evans, ac yn ŵyr i Hugh Evans, Cwm Eithin, sylfaenydd Gwasg y Brython, Stanley Road. Ganwyd ef ar 26 Awst 1928 yn 21 Wadham Road, Bootle, ond symudwyd pan oedd yn rhai misoedd oed i Crosby. Addysgwyd ef yn Ysgol Gynradd St Lukes yn Hallsall Street, Crosby, Ysgol Baratoadol Holyat, ac yna i Ysgol y Bechgyn Merchant Taylors. Pan ddaeth y rhyfel anfonwyd ef at deulu yn y Sarnau, ger y Bala, a derbyniodd addysg yn Ysgol Ramadeg y Bala, a dod i nabod llu o blant o'r un anian ag ef ei hun.

Yno y daeth i adnabod Kity Haf a ddaeth yn ddiweddarach yn wraig iddo. Dychwelodd i Lerpwl yn 1944 i weithio fel prentis yng nghwmni ei dad a'i ewythrod, Hugh Evans a'i Feibion. Teithiai ddau ddiwrnod yr wythnos i Adran Argraffu Coleg Arlunio Lerpwl (*Liverpool College of Art*) lle y dysgai'r grefft o gysodi ac argraffu. Bu'n rhaid iddo yn 1946 fynd i'r Lluoedd Arfog ac ymunodd gyda'r Awyrlu yn *flight mechanic airframe/rigger.* Yn 1949 manteisiodd ar y cyfle i ddilyn cwrs ym myd argraffu yng Ngholeg Technegol Twickenham. Ac felly, ailymunodd â chwmni Hugh Evans a'i Feibion yn 1950, a phenodwyd ef yn 1952 i arolygu'r gwaith cysodi. Yn y flwyddyn honno y priododd (6 Rhagfyr 1952) gyda Kity Haf a symud i fyw i Cambridge Road, ei gartref am weddill ei ddyddiau. Ganwyd iddynt fab, David, a dwy ferch, Gwenda a Susan, a chafodd fudd a hyfrydwch yn eu magwraeth a'u cwmni ar hyd y blynyddoedd.

Yn 1956 fe'i penodwyd yng ngofal yr argraffu a'r swyddfa a'r gwerthiant. Yr oedd Gwasg y Brython yn cyhoeddi llu o lyfrau Cymraeg yn ogystal â *Rhaglen y Dydd* yr Eisteddfod Genedlaethol a'r *Cyfansoddiadau a'r Beirniadaethau*. Golygai hyn gryn gyfrifoldeb arno, yn cario llwythi o lyfrau i'r babell ar faes yr Eisteddfod Genedlaethol. Daeth i adnabod awduron y wasg yn dda, beirdd fel Cynan a llenorion fel E. Tegla Davies. Yr oedd hi'n bleser ei glywed ef yn adrodd yr hanesion a chan fod ganddo gof mor eithriadol, mi fedrai dynnu darlun byw iawn fel y gwelwyd yn ei gyfweliad yng Ngŵyl y Cyhoeddwyr yn 2013.

Apwyntiwyd ef yn Gyfarwyddwr Gwasg y Brython ym Medi 1962 ac yn Gyfarwyddwr Gweithredol (*Managing Director*) o Medi 1967 hyd nes i'r wasg gau'r drysau yn 1977. Deuthum i'w adnabod yn dda iawn yn y cyfnod hwn gan fy mod, yn sgil Cyhoeddiadau Modern, wedi argraffu rhai llyfrau yn argraffty Hugh Evans. Yr oedd ef a'i gyfnither, Miss Bronwen Evans, yn gyfrifol am holl agweddau y cwmni cyhoeddi.

Derbyniodd nifer fawr o Gymry Cymraeg swyddi yn yr argraffty ac yr oedd graen ar y cynnyrch. Yr oedd Alun yn effeithiol, yn ddibynadwy, ac yn fedrus, yn ei waith ac o 1977 hyd ei ymddeoliad yn 1993, bu'n gyflogedig gyda Mawdsley Reed Cyf. a chyda A. P. Printers lle yr awn yn gyson i brynu amlenni a phapur ac ati ganddo. Bu'n flaenllaw yn y maes argraffu ac yn Llywydd y *Liverpool and District Printing Industries Association* (1971-3).

Rhoddodd o'i orau i gapel Cymraeg Waterloo o'i blentyndod ac yn y 23 mlynedd diwethaf i gapel Bethania. Gofalodd yn dyner am ei briod yn ei gwaeledd dros bum mlynedd, a mwynhaodd ei deithiau at ei ferch Gwenda a Tim Collier yn ne Cymru a mwynhau cwmni ei ŵyr a'r ddwy wyres. Bu colli ei briod yn 2012 ar ôl 60 mlynedd o fywyd priodasol yn anodd, ond gyda gofal ei ferch, Susan, a'i fab, David, daliodd i ymlwybro i'w gapel. Bydd colled fawr ar ei ôl.

Cynhaliwyd yr arwyl ar 11 Mawrth yn Eglwys Crist ac Amlosgfa Thornton a daeth cynulleidfa deilwng i dalu gwrogaeth i ŵr dawnus.

204

Alun H.Evans

204 YSGRIF GOFFA - ANNE CLITHEROW

gan D. Ben Rees

Ganwyd Anne Williams mewn blwyddyn anodd yn hanes dinas Lerpwl pan oedd y bomio yn ei anterth. Ond gofalodd ei mam, un o ferched Ynys Môn, mai mewn ffermdy yng Nghaergeiliog y genid ei phlentyn cyntaf (y cyntaf o bump o blant) a hynny ar 31 Awst 1941. Mewn llai na mis, yr oedd y baban a'r fam yn ôl yn 16 Adelaide Street, Kensington (o fewn canllath i gapel Pedrog, adeilad a gafodd ei fomio yn yr Ail Ryfel Byd) ac yn y stryd honno y bu fyw weddill ei hoes, yn fawr ei pharch ac yn Gymraes lân, loyw. Yno y bu farw'n ddisymwth ar nos Fawrth, 13 Hydref 2009, a hithau yn ddim ond 68 mlwydd oed.

Llwyddodd i fod yn Gymraes am fod eu rhieni Owen Henry Williams, a weithiai ar y rheilffordd, a'i mam Jennie Williams (y ddau yn wreiddiol o Ynys Môn) yn siarad Cymraeg ar yr aelwyd yng nghlyw y pum plentyn (Ann, Owen, Glyn, Margaret a Howell) ac yn uniaethu eu hunain gyda Chapel Cymraeg y Presbyteriaid yn Edge Lane. Roedd y teulu yn gwarchod y 'pethe' yn Lerpwl a Chymru. Brawd i'w mam oedd y Parch. D. Lloyd Williams, Penrhosgarnedd, Bangor, a phregethwr grymus yn ei ddydd, ac felly y mae'r Prifardd Iwan Llwyd a'r actor Llion Williams yn ddau gefnder cyfan iddi. O'r un hil y deuai'r bardd gwlad telynegol, John Williams, Llannerch-y-medd a'r unawdydd, Aeron Wyn Jones, Caergeiliog a fu farw yn gynamserol yn gynharach yn y flwyddyn.

'Chafodd hi ddim awr o Gymraeg yn yr ysgol, sef Ysgol Rathbone, Stryd Albany (a hi oedd yn ddiweddarach yn un o lywodraethwyr cyntaf dros rieni' r ysgol. honno). Enillodd Ysgoloriaeth i Ysgol Uwchradd, Ellergreen, Norris Green, cyn derbyn swydd yn swyddfa y Frigâd Dân yn Halton Gardens. Yno y cyfarfu gyda gŵr ifanc o deulu nodedig yn Lerpwl, Jo Clitherow. Bu ei ewythr, Richard Clitherow (1902-47) yn Aelod Seneddol Llafur dros Edge Hill o 1945 i 1947. Priododd y ddau yng nghapel Edge Lane gyda'r Parch. W. D. Jones yn gweinyddu, ar Ddydd Gŵyl Dewi 1962 a ganwyd iddynt dri o blant, sef Joseph, Jennie a Gaenor, a ganwyd pob un ohonynt yn y cartref yn Adelaide Road gyda'r un fydwraig, Myra McLeod yn gofalu.

Yr oedd hi'n hyfrydwch bob amser i alw yn y cartref croesawgar. Nid oedd dim modd gadael heb baned ac yr oedd llawenydd a chwmni plant ac yna'r wyrion a'r wyresau yn dygyfor ar yr aelwyd. Gofalodd am ei theulu ar hyd y blynyddoedd. Bu farw ei mam yn 1977; ei thad yn 1987; ei nai, Gareth, yn 1993; a'i brawd, Owen, yn 2007; felly gwelodd gyfnodau hynod o anodd. Cofiaf yn dda gan imi wasanaethu ar bob un o'r amgylchiadau hyn. Pwysleisiai bwysigrwydd y priodasau a'r bedyddiadau. Hi oedd Mam y teulu oll a chadwodd hi hwy gyda'i gilydd. Ffoniai bob un ohonynt yn gyson a bu'n esiampl mewn ymroddiad a bywyd da i'w thylwyth.

Ar ôl yr uniad yn 1975, daeth hi a'i theulu o Gapel Edge Lane i Gapel Bethel, Heathfield Road. Roedd hwn yn gyfnod diddorol yn ei hanes (1975-85) gan iddi hi a'i phriod ymdaflu i gynorthwyo'r Cynghorydd David Alton (Arglwydd Alton erbyn hyn) i ennill etholaeth Edge Hill o ddwylo Llafur. Etholaeth fechan, hwylus ydoedd, deunaw mil o gartrefi a hynny o fewn pedair milltir sgwâr. Gwelwyd y potensial yn Etholiadau Cyffredinol 1974 (Chwefror a Hydref) pan ymladdodd Alton dros y Blaid Ryddfrydol, ond ar ôl marwolaeth Syr Arthur Irving, yr Aelod Seneddol, cafwyd buddugoliaeth ysgubol yn yr Isetholiad. Penderfynodd Anne Clitherow sefyll ei hun yn ymgeisydd dros Ward Smithdown yn 1979 ac ennill yn hawdd. Blwyddyn yn ddiweddarach ymunodd ei phriod â hi fel Cynghorydd.

Gwnaeth Mrs Anne Clitherow argraff buan o fewn Cyngor Dinas Lerpwl. Gwahoddwyd hi yn Ddirprwy Gadeirydd y Pwyllgor Addysg; y Cadeirydd oedd Mike Storey, Arglwydd Faer Lerpwl yn 2009. Rhoddwyd cyfrifoldebau mawr arni, yn arbennig fel aelod o Banel Penodiadau. Cafodd nifer o athrawon a phrifathrawon, a fydd yn darllen y deyrnged hon, eu hapwyntio ganddi. Llwyddodd i gyflawni llu o gymwynasau y gwn i amdanynt, ac ni bu neb yn ei chyfnod, rhwng 1978 a 1984, yn fwy egnïol ar ran addysg plant Lerpwl ac ysgolion y ddinas na hi. Trueni mawr iddi roddi'r gorau iddi. Roedd yn Gynghorydd gwerthfawr. Meddai ar allu naturiol i gyfathrebu yn Gymraeg a Saesneg.

Am y deng mlynedd ar hugain diwethaf bu'n barod iawn i lefaru ar Radio Cymru ac S4C ar faterion yn ymwneud â dinas Lerpwl, ond sy'n berthnasol hefyd i fywyd a phobl Cymru. Rhoddodd bob cefnogaeth pan fyddwn yn awgrymu ei henw i'r cyfryngau gysylltu â hi. Ambell dro bydd y cyfryngau yn gofyn i mi awgrymu chwech i ddeg enw, a byddwn yn ddieithriad yn awgrymu ei henw fel merch a oedd yn meddu ar farn deg a chytbwys. Pleser oedd gwrando arni yn mynegi ei barn. Gwelwyd hi ar y teledu yn gynharach eleni ar *Dechrau Canu, Dechrau Canmol* (S4C) o Ganolfan Llandudno.

Roedd yn arferiad bellach gennym yng Nghymdeithas Lenyddol Capel Bethel i'w gwahodd, yn un o dri i gymryd rhan yn ein Cyfarfod Gweddi ar Ddechrau Blwyddyn. Pleser oedd gwrando ar y defosiwn, ei dewis o emynau, y darlleniad a'r weddi ddwys, berthnasol, a honno wedi ei gwau yn ysgrythurol-emynyddol. Gallaf ei gweld yn awr ar nos Lun, 5 Ionawr 2009 yn yr Ysgoldy Mawr (dau ddwsin ohonom ynghyd) a hithau yn darllen gydag eneiniad emyn gafaelgar T. J. Pritchard 'Beth fydd fy rhan ar hyd eu misoedd maith?' a'r pwyslais roddodd hi ar y llinell olaf o'r pennill sy'n ein sobri ni – 'Bodlon, os caf ymaflyd yn dy law.'

Bellach, gwireddwyd y cyfan a chollodd Cymry Lerpwl ferch nodedig yn ei dydd a'i hoes, a bydd bwlch mawr ar ei hôl yn y teulu, ym Methel, ac yn Kensington. Daeth tyrfa fawr ynghyd i Gapel Bethel ar bnawn Iau, 22 Hydref (un o'r angladdau mwyaf a welwyd yn y Capel ers blynyddoedd) o dan fy ngofal, gyda Mrs Margaret Anwyl Williams wrth yr organ. Canwyd tri emyn, dau yn Saesneg ac un yn Gymraeg, a thalwyd teyrnged hardd iddi am ei holl stiwardiaeth raenus a meddylgar. Bu'n gefn i'w gweinidog, yn ffrind i'r claf a'r methedig, yn annwyl i'w hanwyliaid, ac yn frenhines y gymdogaeth. Bydd yr hiraeth amdani yn hir ei barhad.

205 YSGRIF GOFFA – DAVID GLANVILLE REES

gan D. Ben Rees

Ar 2 Awst 2016, yn Ysbyty Southport a Formby, bu farw'r Parch. David Glanville Rees yn 96 mlwydd oed, a chollodd Cymry'r Glannau un o'i hynafgwyr anwylaf. Traddododd ei bregeth olaf yng nghapel Bethania, Waterloo, ar 10 Ebrill y flwyddyn hon a gofidiai'n fawr ei fod yn gorfod ildio i wendid corff, ac yntau mor awyddus i draethu'r newyddion da. Ganwyd ef yn Nhre-boeth, ger Abertawe, yn fab hynaf o dri mab i Elizabeth a Ben Rees. Bu farw'r tri brawd o fewn dwy flynedd i'w gilydd, yr ail frawd y Parch. Bromley Rees, Coed-poeth, a'r ieuengaf, Aethon Rees. Symudodd y teulu i Rydaman lle y bu ei dad yn golier glo caled ar ôl Dirwasgiad 1926. Ymaelododd y teulu yn eglwys Bresbyteraidd Bethany a magwyd ef o dan weinidogaeth efengylaidd y Parch. W. Nantlais Williams, ac yn ddiweddarach y Parch. J. D. Williams.

Wedi pasio'r Bwrdd Ymgeiswyr, cychwynnodd ar y daith hir o baratoi ar gyfer y Weinidogaeth yng Ngholeg Trefeca, ac oddi yno i Goleg y Brifysgol yng Nghaerdydd yn 1940. Astudiodd Athroniaeth, Groeg a Hebraeg gan raddio yn 1943. Enillodd radd B.A. yn y Dosbarth Cyntaf. Aeth ymlaen i Goleg Diwinyddol Aberystwyth i astudio ar gyfer gradd B.D., gan arbenigo mewn Hebraeg. Arhosodd flwyddyn ychwanegol er mwyn derbyn o allu'r Athro Bleddyn Jones Roberts, a ddaeth, maes o law, yn frawd yng nghyfraith iddo. Graddiodd ac yna symud ymlaen i Golegau Mansfield a Sant Catherine ym Mhrifysgol Rhydychen.

Yr oedd 1948 yn flwyddyn fawr iddo. Derbyn galwad i fugeilio Eglwys London Road, Castell-nedd a chael ei ordeinio gan Gymdeithasfa'r De yn Sasiwn Charing Cross, Llundain, ar 7 Tachwedd. Llywydd y Gymdeithasfa a'i hordeiniodd, sef ei dad yng nghyfraith, y Parchedig John Davies, Gweinidog Salem (Capel y Morfa y dyddiau hyn), Aberystwyth, am 30 mlynedd. Priododd Nansi Margaret Davies yng Nghapel Coleg Mansfield yn 1948, gyda'r Prifathro Nathaniel Micklem yn gwasanaethu.

Nansi oedd merch ieuengaf Annie a John Davies, ac yr oedd ei chwaer, Miriam, yn briod â'r Parch. Athro Bleddyn Jones Roberts a wnaeth ddiwrnod da o waith fel un o gyfieithwyr yr Hen Destament ar gyfer y Beibl Newydd Saesneg ac fel Cadeirydd y Panel a gynhyrchodd y *Beibl Cymraeg Newydd.* Yr oedd y ddau deulu'n meddwl yn fawr o'i gilydd.

Symudodd Glanville a Nansi o Gastell-nedd i ofalu am Eglwys Bresbyteraidd Saesneg Llandudno yn 1952, lle y bu am ddeng mlynedd yn llwyddiannus yn Weinidog a Bugail. Symudodd i ofalu am Eglwys Bresbyteraidd Lloegr, Sefton Park, Lerpwl, y gweinidog cyntaf nad oedd o'r Alban, oherwydd dyna'r traddodiad o ddyddiau eu gweinidog enwog, Dr. John Watson. Yn y cyfnod hwn gwnaeth radd M.A. mewn seicoleg cymdeithasol ar y testun 'Agweddau Rhyngenwadol ar Dduw'.

Derbyniodd gyfle yn 1969 i fod yn brif ddarlithydd i ddysgu'r pwnc yng Ngholeg Edge Hill, Ormskirk. Dysgai gwrs anrhydedd Prifysgol Lancaster nes iddo ymddeol yn gynnar yn 1982 er mwyn canolbwyntio ar ei alwedigaeth. Yn ystod y cyfnod hwn bu'n gofalu am eglwys Bresbyteraidd Parkfield, Yr Wyddgrug. Gofalodd am Eglwys Ddiwygiedig Unedig Norris Green o 1977 tan 1982, pryd y cafodd alwad i fugeilio Eglwys St George's yn Lord Street, Southport a hefyd Capel Cymraeg Peniel, Portland Street, Southport, lle'r anwylid ef yn fawr. Bu yno hyd ddiwedd 1989. Symudwyd i Gilgwri a bu'n arwain Eglwys URC Tranmere (1989-92) a chymerodd ofal Eglwys Bresbyteraidd City Road, Caer, yn wreiddiol am flwyddyn, ond yn y diwedd bu yno am ddeng mlynedd!

Tristwch mawr iddo ef a'r teulu oedd colli ei briod annwyl a mam hoffus ym mis Ionawr 2000, ond daliodd yn gadarn gan fod yn ffyddlon i'r eglwys. Cawsom ni yn Henaduriaeth Lerpwl ei orau a bu'n gwasanaethu capeli fel Bethel Heathfield Road, Bethania, Waterloo a Seion, Penbedw am dros hanner can mlynedd. Teithiai mor bell â'r Bala i bregethu ac yna draw i Fanceinion, ac edrychai'r ffyddloniaid ymlaen at ei weinidogaeth ysbrydoledig. Yr oedd ganddo gof eithriadol a bu'n fawr ei ddiddordeb ac yn frwdfrydig i wasanaethu ei Arglwydd ar lwybr y Gair.

Y Parch David Glanville Rees (1920-2016)

Bu'n Gaplan ar lawer achlysur, ef oedd Caplan Maer Cilgwri pan fu Mrs Hilary Jones yn y swydd, a gwasanaethodd y Lleng Brydeinig yn Rock Ferry am lawer blwyddyn.

Ganwyd i'w briod ag yntau ddau fab, John a Gareth. Addysgwyd y ddau yng Ngholeg Lerpwl. Rhoddodd John Rees oes (42 mlynedd) o wasanaeth i Ysgol Bluecoat. Daeth yn bennaeth yr Adran Ymarfer Corff a chwaraeodd hoci dros Gymru. Mae ganddo atgofion melys, pan oedd ef yn llanc, o'i dad yn mynd ag ef bob Sadwrn i wylio pêl-droed. Un Sadwrn byddai'r ddau yn Anfield a'r Sadwrn canlynol ym Mharc Goodison. Ef a wasanaethodd ym mhriodas John a Jayne yn swydd Efrog yn 1979, a bellach mae'r ddau yn byw yn y cartref a fu'n eiddo i'w rieni yn Allerton.

Bu Gareth yn ddeintydd, ond clywodd yntau alwad i'r Weinidogaeth fel ei dad, a llawenydd mawr iddo oedd gweld yr ail fab yn cael ei ordeinio i Eglwys Brebyteraidd Cymru, ac yn cael ei sefydlu yn Weinidog ar Gapel Moreton yn 2002. Ei dad a wasanaethodd yno ym mhriodas Gareth a Susan yng Nghapel Moreton yn 2003. Meddyliai yn fawr o'i deulu, a'r ŵyr a'r wyres, Nicholas a Jemma.

Yr oedd Glanville yn Gymro i'r carn. Cysur mawr iddo oedd canu emynau Seion, clywed y corau meibion, a gwylio Cymru yn chwarae rygbi. Medrai ymlacio yn gwylio chwaraeon o bob math, yn arbennig criced a phêl-droed. Bu'n ddarllenwr mawr ac yn gyfathrebwr effeithiol. Mynnodd gadw ei annibyniaeth a gwerthfawrogai'r cymwynasau a ddeuai i'w ran, gofal yr ysbyty y misoedd diwethaf, a bu ei gymydog yn Southport, Helen Brown yn hynod o garedig. Dirywiodd ei olwg y blynyddoedd diwethaf ond daliodd yn llawn ffydd yn addewidion yr Efengyl.

Bu'r arwyl yn Amlosgfa Southport ar fore Mawrth, 16 Awst, ac yna yn Eglwys URC Port Sunlight yn y pnawn o dan fy ngofal. Cymerodd Mr Mervyn Phillips, Yr Wyddgrug, a'r Parch. D. Gareth Rees ran, a thraddodais deyrnged i'w yrfa nodedig, gan mai ef oedd y Gweinidog hynaf yn Eglwys Bresbyteraidd Cymru o ran hyd gwasanaeth, sef 68 mlynedd. 'Da was, da a ffyddlon'.

206 YSGRIF GOFFA – ARTHUR JOHN EDWARDS

gan D. Ben Rees

Yn blygeiniol fore Llun, 15 Mawrth 2010, bu farw Arthur J. Edwards yn Ysbyty Brenhinol Lerpwl ar ôl cystudd byr, a chollwyd un o gymeriadau anwylaf y gymdeithas Gymraeg yn Lerpwl. Bu'n cyfeilio mewn oedfa ym Methel mor ddiweddar â'r Sul, 24 Ionawr 2010, ond gwelid y diwrnod hwnnw arwyddion fod y corff yn llesgáu. Un o blant Cymry Lerpwl ydoedd. Ganwyd pum o blant i Evan a Mary Elizabeth Edwards yn Aigburth, sef dau fab, Ronnie ac Arthur, a thair merch Marian, Siani a Glenys. Bu'r merched yn ofalus iawn o'u brawd, Marian a Goronwy Owen yn Dowsfield Lane, Siani ar ôl iddi ddychwelyd i'r Glannau, a Glenys ac Ian yn yr Wyddgruyg, a meddyliai y byd o ferched Glenys – Alison a Barbara, a meibion Marian, sef Hywel, Robbie ac Aled Owen.

Yr oedd yn ymfalchïo yn ei hynafiaid, a byddai wrth ei fodd yn cael sgwrs gyda'i gyfneitherod fel Menna Edwards yn Blundellsands, Lucida Hughes yng Nghaernarfon a Myfanwy ym Moelfre.. Medrai adrodd anturiaethau ei ewythrod ac eraill a fu o amgylch y byd mewn llongau hwyliau a chael byw i oedran teg. Yn Lerpwl, Capel Cymraeg y Methodistiaid Calfinaidd yn Garston, ei rieni a'r aelwyd a'i cadwodd yn Gymro, ac yn gyfeilydd ac organydd a'r iawn ryw. Rhoddodd gyfraniad pwysig i'r gymuned yn Chapel Road a bu'n rhan hefyd, fel gweddill y teulu, o Ysgol Sul Milner Road, o fewn tafliad carreg i'w gartref yn Wingate Road, Aigburth.

Yn niwedd 1975 trosglwyddwyd ei aelodaeth o gapel Garston i gapel Bethel, Heathfield Road, lle y bu'n hynod o weithgar yng nghaniadaeth y Cysegr. Ymunodd â thîm yr organyddion a thrwy'r wythdegau a'r nawdegau ceid o leiaf bump organydd yn gwasanaethu, yn eu tro, yn yr oedfaon. Disgynnodd y cyfrifoldeb yn drwm y blynyddoedd diwethaf hyn, ond cafwyd ymroddiad llwyr ganddo a theyrngarwch di-ildio. Gweithiai ef gyda Rhiannon Liddell a Margaret Annwyl Williams i berffeithio moliant i Dduw, a mawr yw ein dyled i'r tri, ac yn y cyswllt hwn, i allu, gwybodaeth, diddordeb a diffuantrwydd Arthur.

Meistrolodd y Llyfrau Emynau ac o 2011 ymlaen llafuriodd yn ddygn i feistroli'r gyfrol fawr, *Caneuon Ffydd*. Da o beth oedd iddo gael ei anrhydeddu am ei gyfraniad hir o 60 mlynedd wrth yr offeryn. Offerynnau cerdd, sef yr organ a'r piano, oedd ei brif fwyniant. Er iddo gychwyn ei yrfa ym myd morwriaeth, cafodd fodd i fyw pan dderbyniodd swydd gan gwmni adnabyddus Rushworth a Draper yn Whitechapel, Lerpwl. Yr oedd yn ei elfen. Rhoddid cyfle iddo chwarae'r piano. Cymysgai gyda phobl y byd cerddorol. Daeth aelodau o'r staff yn ffrindiau oes iddo fel Dave a fu'n ofalus iawn ohono yn ei lesgedd. Ei hoff dôn oedd 'Belmont', ond deuai 'Blaenwern', 'Cwm Rhondda', a 'Pantyfedwen' yn agos iawn i'r brig yn ei Ddeg Uchaf.

Gŵr gwybodus oedd Arthur J. Edwards, yn hanes dinas ei enedigaeth, yn myd teithio, a byd y rheilffordd. Ysgrifennai erthyglau i gylchgrawn y *Tramway Association* yn ei dro. Meddai ar gof manwl am ffeithiau a digwyddiadau. Bu'n haelionus, yn dangnefeddwr, yn gwmnïwr da (hyfryd oedd treulio awr yn y cartref gyda'r ddwy gath yn canu grwndi ac yntau yn cyflwyno darn o gerddoriaeth ar ei biano moethus), ac yn hynod o boblogaidd. Cafodd bob gofal, ei nith Alison a phriod ei nai, Diana Owen a hefyd Jasmin, Dave, a'r gweinyddesau, y rhai a alwai ef yn '*girls*' mewn diolchgarwch llwyr. Yr oedd yn aeddfed i alwad yr Anfeidrol. Roedd ei ffydd yn gadarn fel Craig yr Oesoedd ac yn gysur mawr i mi ei Weinidog. Buom yn bennaf ffrindiau am ddeugain mlynedd. Chwith gennyf ffarwelio ag ef. Ond nid oes mo'r dewis fel y dywedodd wrthyf, byddaf yn ddiogel yng nghwmni'r Iesu a'm hanwyliaid. Gwir y dywedodd. Ar dôn 'Belmont', dyfynnaf eiriau Gomer (rhif 165):

Derbyniad euog ddyn i'r nef,
O'r fath ryfeddod yw,
a ddengys drwy'r trigfannau fry
mai cariad ydyw Duw.

Canwyd yr emyn y Sul ar ôl ei arwyl ym Methel.

Bu'r angladd, brynhawn Iau, 25 Mawrth 2010, ar drothwy'r Pasg, yn Amlosgfa Springwood, a daeth cynulleidfa gref ynghyd i ddiolch am oes o lafur cariad i Eglwys Dduw yn ninas Lerpwl. Gelwais arno yr ugain mlynedd diwethaf yn gyson i wasanaethu mewn angladdau ym Methel ac yn Springwood. Ni fethodd dderbyn un gwahoddiad. Un felly ydoedd, cwbl ddibynadwy. Gwerthfawrogai gael bod yn aelod o Bwyllgor Gwaith *Yr Angor* a byddai wrth ei fodd yn ein plith. Rhoddodd gyfrif da dros y maith flynyddoedd a chafodd ei gadw i yrru'r car, hyd ryw flwyddyn yn ôl, ac i fwynhau cymdeithas y saint a gwefr cymuned Gymraeg Lerpwl. Braint oedd cael cydweithio ag ef a'i adnabod fel cyfaill.

Tri o Gymry 'r Glannau a roddodd oes o wasanaeth i ganiadaeth y cysegr. Anrhydeddwyd hwy yn y llun hwn am 60 mlynedd o wasanaeth , Arthur Edwards ar ben uchaf y sedd a fu yng nghapeli Garston a Bethel Heathfield Road; yn y canol Nan Lewis a wasanaethodd am 60 mlynedd mewn tri chapel, Walton Park, Stanley Road, Bootle a Bethania, Crosby Road South, Waterloo , a'r nesaf atom J. H. Thomas a fu yn gofalu yn eglwysi y Methodistiaid yn Bootle ac yna yn Salem, Laird Street, Penbedw.

207 YSGRIF GOFFA – ELIZABETH WINIFRED MORRIS

gan D. Ben Rees

Ar 18 Mawrth 2016, yn Ysbyty Gwynedd, , bu farw Mrs Elizabeth Winifred Morris, Llain yr Haf, Llanddaniel-Fab, mam a phriod a nain gyda'r anwylaf. Ganwyd hi yn 2 Amity Street ond fe gafodd fagwraeth yn 45 Borrowdale Road, Wavertree. Ar ôl yr ysgol, gweithiodd mewn ffatri gwneud arfau ar gyfer yr Ail Ryfel Byd. Teulu o Faldwyn oedd ei theulu ar ochr ei thad a'i mam, a bu pedair cenhedlaeth o Gymry Cymraeg yn rhan o'r cartref yn Borrowdale Road. Cyfarfu â Chymro, Evan Griffith Morris, ac yntau yn filwr dewr yn y *Royal Engineers*. Mae ei hunangofiant yn adrodd y stori yn llawn.

Priodwyd hwy ym mis Mawrth 1946 yn Eglwys Anglicanaidd St. Bridget a deng mlynedd a thrigain yn ddiweddarch cynhaliwyd gwasanaeth arwyl iddi, a hynny ar fore Iau, 31 Mawrth o dan ofal y Ficer, y Parch. Bill Sanders a minnau. Telais y deyrnged i'w choffadwriaeth. Yno y magwyd hi a'i mam yn un o'r ffyddloniaid mwyaf cywir ei cherddediad.

Symudodd y pâr ifanc yn ôl i Gymru ar ôl i'w phriod gael gwaith ym Mangor gydag E. B. Jones. Yn ystod gaeaf mawr 1947 daeth yn ôl i nyrsio ei mam oedd yn ddifrifol wael. Bu yn Lerpwl am dri mis oherwydd yr eira a'r salwch. Yn ystod y cyfnod hwn, bu farw ei mam a ganwyd iddi hi ferch, Beryl, a bedyddiwyd hi yn eglwys St. Bridget. Ar ôl symud i Landdaniel-Fab gwnaeth gymwynasau lu, magu Beryl, Owen, John ac Evan Wyn, a chael pleser mawr yn yr wyrion a'r wyresau, Caren, Dafydd, Elisabeth, Leah, Mared, Siôn, Rhys, Llŷr, Arron, Nathan, Elsa, a hefyd yn y gorwyrion.

Agorodd siop yn y pentref, hi a'i chwaer o Lerpwl, Margaret Noble, a daethpwyd i'w hadnabod gan ardal gyfan fel 'Mrs Morris y Siop'. Bu'n hynod o lwyddiannus, yn fam dda a phriod cefnogol a Christion ymroddedig. Derbyniodd gysur yn addoliad Eglwysi Anglicanaidd Llanedwen a Llanddaniel-Fab.

Cynhaliwyd gwasanaeth yn Amlosgfa Bangor o dan ofal y Canon Idris Thomas a bu'r rhoddion amdani tuag at Eglwys St. Bridget, Capel Bethel a phapur bro *Yr Angor*. Cofiwn amdani gydag anwyldeb.

208 YSGRIF GOFFA – IFAN GARETH JAMES

Yr oedd hi'n siom fawr i'r gymdeithas Gymraeg yn Lerpwl pan ddaeth y newydd am ymadawiad sydyn ein cyfaill da, Gareth James, a hynny ar ddydd Sadwrn, 26 Mawrth 2011, ac yntau yn ddim ond yn 74 mlwydd oed. Y Sul cyn hynny, yn Eglwys y Crist, Waterloo, yr oedd Gareth ac Iona yn cydaddoli, ac yntau yn eu hwyliau arferol, yn ddiolchgar, yn gyfeillgar ac yn falch o gael bod yn Oedfa'r Cymun, i gofio aberth Crist drosom. Gwelwn ei golli yn fawr fel Cymry alltud a da gweld tri o arweinwyr y bywyd Cymraeg (Mrs Nan Hughes-Parry, Dr. Pat Williams a Mr Roderick Owen) wedi medru dod i'r Oedfa Ddiolch am ei fywyd a'i waith yng Nghapel y Porth, Porthmadog.

Golygai Porthmadog gymaint iddo. Yn y dref honno, ar 19 Mai 1936, y ganwyd ef yn fab i James James neu Jimmy James ac Evelyn James. (Cofiaf yn dda gyfarfod â'i fam un Nadolig, a hithau'n aros dros y gwyliau yn Lerpwl). Ar ôl i'w dad bwrcasu siop cigydd yn Harlech, symudodd y teulu yno a chlywais Gareth yn sôn am drafferthion cadw busnes yn ystod yr Ail Ryfel Byd. Yr oedd yn storïwr penigamp. Bu am gyfnod yn Ysgol Gynradd Harlech ond yr oedd tynfa Porthmadog yn fawr gyda'r canlyniad iddo dreulio blynyddoedd gyda'i daid a'i nain, Anna ac Evan Thomas, hwythau hefyd yn yr un byd yn gigyddion yn Stryd Fawr Porthmadog. Parhaodd ei addysg yn Ysgol Gynradd ac Ysgol y Sir (Ysgol Eifionydd erbyn hyn). Erbyn y chweched dosbarth, yr oedd wedi ei lwyr gyfareddu gan un o ferched anwylaf y dref, Iona Jones, ac ni bu carwriaeth well yn holl hanes y ddynoliaeth na phartneriaeth Gareth a Iona.

Yn grefyddol fe gafodd fanteision Capel Tabernacl, Porthmadog a gweinidogaeth gyfoethog y Parch. J. P. Davies. Gareth oedd y plentyn cyntaf i'w fedyddio gan y Parch. J. P. Davies, ac ef hefyd a fedyddiodd Ifan, mab Iona a Gareth, er llawenydd mawr i'r ddau deulu. Yr oedd gan Gareth edmygedd mawr o J. P. Davies, gŵr o flaen ei oes, a gweinidog a gymerodd ddiddordeb mawr yn y plant a'i ieuenctid, a byddai'n crwydro gyda hwy ym misoedd yr haf i fannau diddorol yn Eifionydd.

Dewisodd Gareth fynd i Goleg Caer am ei hyfforddiant yn ddarpar-athro, ac ychydig filltiroedd lawr y ffordd yn Wrecsam, blwyddyn yn ddiweddarach, y daeth Iona am ei haddysg uwch. Yn 1957 yr oedd y ddau, fel cannoedd eraill o Gymry ifanc, wedi cyrraedd Lerpwl. Lerpwl oedd atyniad mawr y degawd hwnnw yn hytrach na Chaerdydd. Priodwyd Gareth ac Iona yn 1958, a chawsant ddathlu Priodas Aur. Yn 1959 symudwyd i'w cartref clyd yn Aintree ac yn yr un flwyddyn y ganwyd Ifan, cannwyll llygaid ei rieni. Yn Lerpwl bu'n athro cydwybodol a deallus mewn amryw o ysgolion, yn ardaloedd Broadgreen, Garston, Fazakerley ac Anfield. Pan ofynnais iddo, ryw chwech wythnos yn ôl, a fyddai ef yn ailgychwyn yn athro, cefais ateb pendant, na fyddai; ac o wybod am ei gyfraniad i gymdeithas, gallaf ddeall yn iawn ei ymateb.

Yr oedd gan Gareth galon i gydymdeimlo gyda'i fforddolion. Y tro cyntaf imi gylwed ei enw oedd yn y saithdegau cynnar gan Sosialydd o Gymro yn dweud wrthyf – mae yna Gymro Cymraeg dawnus yn mynd i sefyll dros y Blaid Lafur yn Etholiad Cyffredinol Hydref 1974, a'i enw yw Gareth James. Sosialydd Cristnogol ydoedd Gareth. Ei safbwynt ef oedd

Yn erbyn pob gormeswr cryf
O cymer blaid y gwan;
darostwng ben y balch i lawr
a chod y tlawd i'r lan.

Yr oedd ef wedi bod yn Asiant i Robert Kilroy Silk, Aelod Seneddol Knowsley, ac yn ddylanwadol iawn yn yr etholaeth. Safodd yr eildro yn Etholiad Cyffredinol 1979, ond yn fuan ar ôl hynny cafodd ei ddadrithio yn fawr gan yr anghydfod yn rhengoedd y Blaid Lafur. Ymunodd yn 1981 gyda'r SDP (*Social Democratic Party*), ef a 29 o Aelodau Seneddol Llafur. Credid bod newid mawr i ddigwydd. Enillodd ef sedd ar Gyngor Sefton mewn Is-Etholiad dros Ward Sedell, Maghull, gydag mwyafrif mawr, yn wir ef oedd y Cynghorydd cyntaf ym Mhrydain dros yr SDP. Chwaraeodd ran amlwg ym muddugoliaeth ysgubol Shirley Williams yn etholaeth Crosby. Yn wir, trodd eu cartref yn ganolfan i'r ymgyrchwyr; bu'r cyfathrebwr enwog o'r America, Walter Cronkite, yn gwneud cyfweliad o'r cartref.

Yn y blynyddoedd 1972 i 1985 cyfarfu Gareth a Iona â phobl hynod o ddiddorol, oedd yn arweinwyr ym Mhrydain, o Harold Wilson i Shirley Williams, o Roy Jenkins i David Alton, a llu o rai eraill. Byddai Gareth wedi gwneud Aelod Seneddol o'r radd flaenaf. Yr oedd yn gymeriad crwn, gonest, didwyll, deallus â diddordeb mawr yn y gymuned a'i thrigolion. Pan sefydlwyd yr elusen, 'Gobaith mewn Gweithrediad', i hybu addysg plant ar ddarfod amdanynt yn slymiau Nairobi, gofynnais i Gareth fod yn drysorydd. Ef oedd yn gofalu am drosglwyddo'r arian i gynnal yr Ysgol yn Kokoarko, talu'r athrawon, bwydo'r plant. A phan ddaeth Sasiwn y Gogledd i Lerpwl yn 1990, cawsom anerchiad cwbl gofiadwy gan Gareth James yn y Cyfarfod Cyhoeddus ar ran 'Gobaith mewn Gweithrediad'. Gallai Gareth ddweud gydag un o feirdd Eifionydd, Robert ap Gwilym Ddu:

Er cwyno lawer canwaith – a gweled
  Twyll y galon ddiffaith,
 Ni fyn Duw, o fewn y daith
 Droi neb i dir anobaith.

Yr oedd ganddo gof da, a chyfoeth o ran iaith, Cymraeg a Saesneg. Dyna oedd yn rhoi iddo ddiddordeb i baratoi croeseiriau, a bu'n paratoi rhai i'r papur newydd, *Independent* yn Saesneg, ac yn Gymraeg i'r *Faner* ac i'r *Goleuad*. Hoffai lenwi'r croeseiriau, yn wir wythnos cyn ei ymadawiad, enillodd wobr y *Daily Post* am groesair cywir.

Clywais ef yn darlithio lawer gwaith i 'Cylch Pump ar Hugain', i Gymdeithas Lenyddol Bethel, i Gymdeithas Etifeddiaeth Glannau Mersi. Ef oedd Darlithydd Gwadd Gŵyl y Mimosa 2005 yn Lerpwl. Cyflwynydd gwerth gwrando arno. Paratodd ei ddarlith ar gefndir yr ymfudo i'r Wladfa yn ofalus gan ddelio â hanes pobl anturus fel Lewis Jones, Michael D. Jones ac Edwin Cynrig Roberts gyda manyldeb. Cyflwynodd y cyfan mewn Cymraeg godidog nes ein gwefreiddio, yn arbennig y bobl oedd wedi dod i'r Ŵyl o wahanol rannau o Gymru nad oedd wedi ei glywed erioed o'r blaen. Ef oedd un o ddarlithwyr Gŵyl Moelwyn oedd i'w chynnal ym Mhenbedw, Sadwrn, 18 Mehefin. Soniodd wrthyf ychydig ddyddiau cyn yr alwad ei fod wedi bod ym Mlaenau Ffestiniog, ef a Iona a'i brawd Robin, a'i fod ef wedi gofyn i rywrai am yr emynydd a'r pregethwr Moelwyn. Yr unig ateb gafodd e oedd, 'Yr Unig Moelwyn rydan ni'n gwybod amdano yw'r mynydd yna o'r enw Moelwyn'. Cafodd ei syfrdanu oherwydd yr oedd ef yn ymchwilydd manwl, ac yn gryn awdurdod ar hanes teuluoedd, a sut mae dod o hyd i hanes ein hynafiaid. Roedd ef yn gallu dweud fod ganddo hynafiaid yn Sir Forgannwg, y rhan Gymraeg o'r Sir, Cylch Llansamlet, Treforys ac Abertawe. Perthynai i lawer o gymdeithasau sy'n rhoi pwys ar y gorffennol a'r cenedlaethau a aeth o'n blaen. Ymddiddorodd o'r cychwyn yng Nghymdeithas Ffynhonnau Cymru, sylwais mai ef oedd yr unig un o Lannau Mersi ymhlith yr aelodau cychwynnol yn 1996, ac yn cefnogi y cylchlythyr, *Llygad y Ffynnon*.

Roedd yn Gymro twymgalon, yn gwybod am bob bro yng Nghymru fwy neu lai. Pan fu Iona yn fawr ei chyfraniad i gynllunio a gwnïo gwaith celfydd mewn croesbwyth, cefnogodd Gareth y gwaith. Cefnogai'r ddau yr Eisteddfod Genedlaethol yn y Gogledd a'r De. Er ei ymroddiad i'n diwylliant, i'n hiaith a'n crefydd, yr oedd cyfandir Ewrop yn atyniad parhaol. Yr oedd ganddo ddiddordeb ac atgofion am Ffrainc a hefyd y Swistir. Rwy'n cofio imi sgrifennu i'r *Angor* am hyfrydwch dinas a llyn Lucerne ac iddo ymateb mewn llythyr yn cytuno gant y cant. Wedi'r cyfan yno y treuliodd Gareth a Iona ran o'u mis mêl.

Yn y blynyddoedd diwethaf bu'n fawr ei gyfraniad i elusennau sy'n cynorthwyo cleifion a dioddefwyr. Gwybu Iona am afiechyd, a thair blynedd yn ôl, daeth y clefyd siwgr i fywyd Gareth a phroblemau gyda'r galon. Rhoddodd gefnogaeth ymarferol i Ymchwil Cancr, *British Heart Foundation* ac yn arbennig i gymdeithas y Clefyd Siwgr. Gwasanaethodd yn aelod o Bwyllgor Gwaith North Mersey Diabetes Action Group.

Cafodd Gareth fyw dros oed yr addewid ac y mae mwy ohonom yn croesi'r llinell honno, oedd yn dipyn o rwystr i'r Salmydd, erbyn hyn. Terfynedig yw hi, ac y mae meddyginiaeth a gwyddoniaeth yn drwyadl fedrus, ond mae'n rhaid cofio'r Drefn yn hyn o fyd. 'Yn dy law y mae f'amserau'. A'n gorchwyl ni yw gwneud ein gorau tra bôm ar bererindod ddaearol.Dyna wnaeth Ifan Gareth James, a diolchwn am gael ei gyfeillgarwch, ei gyfraniad, a'i gefnogaeth.

Bu'r arwyl yn ôl ei ddymuniad yng Nghapel y Porth, Porthmadog, ar bnawn Gwener, 1 Ebrill o dan arweiniad gweinidog yr eglwys, y Parch. Christopher Prew, y Parch. Gwyn Thomas, Pwllheli, a minnau, a chefais gyfle i dalu teyrnged i'w goffadwriaeth yn yr adeilad a fu'n gartref ysbrydol iddo ef a'i deulu yn nechrau'r daith. Cawsom ni yng nghapel Bethel, Heathfield Road, Lerpwl, gefnogaeth dda ganddo ers dechrau'r wythdegau, a bu'n teithio'n gyson ar draws y ddinas i'n hoedfaon. Gosodwyd ef ym mynwent Treflys, mynwent lle y gorffwys ei rieni a'i daid a'i nain, ac ymhlith llawer o ffrindiau bore oes. Y mae'n ddiogel bellach, ac ni fu arno gywilydd o Efengyl Crist 'oblegid gallu Duw yw hi er iachawdwriaeth i bob un a'r sydd yn credu'.

209 YSGRIF GOFFA – EIRA WYN HUGHES, CILGWRI

Glöyn byw yw'r disgrifiad gorau o Eira Wyn, un a gyflawnodd ddiwrnod da o waith dros yr iaith Gymraeg a'r diwylliant Cymraeg yng Nghilgwri. Ganwyd hi yn ninas Manceinion ar 14 Chwefror 1936 am fod ei mam, Rosa Thomas (née Jones), yn gynnyrch y ddinas honno. Mewn dyddiau cyn y Gwasanaeth Iechyd Cenedlaethol, mae'n amlwg ei bod hi am ymddiried yn sgiliau bydwragedd Manceinion yn hytrach na rhai Arfon! Yn fis oed, dychwelodd i ardal Llanrug i Gymreictod, ac at ei thad, Tom Thomas a'r teulu, oedd yn arddel y gwerthoedd. Rheolwr oedd ef gyda chwmni *Royal Liver Friendly Society* yn y swyddfa ym Mangor, ond yn ei filltir sgwâr, gweithredai fel diacon yng nghapel yr Annibynwyr Cymraeg, Bryn-gwyn, ym mhlwyf Llanrug. Cyfrifid ef yn ŵr haelionus i elusennau yn y gymdogaeth. Etifeddodd y ddwy ferch riweddau eu rhieni a bu'r chwaer ieuengaf, Megan, a'i gŵr Gareth, yn hynod o annwyl i'w chwaer yn ei gwaeledd gan deithio ddwywaith yr wythnos am dros flwyddyn i ymyl gwely ei chwaer yn y cartref nyrsio yng Nghilgwri.

Addysgwyd Eira Wyn yn lleol ac yn yr Ysgol Sul a chael ei derbyn i Ysgol Ramadeg Brynrefail, lle y disgleiriodd ar sail ei hymroddiad addysgol a diwylliannol. Derbyniwyd hi i Goleg Hyfforddi Cartrefle, Wrecsam. Yn y coleg hwnnw daeth yn edmygydd o'r llenor coeth Tom Hughes Jones, awdur *Sgweiar Hafila* a chyfrolau eraill. Daeth allan o'r coleg yn athrawes drwyddedig a chael swydd dysgu yn ninas Lerpwl, lle y ceid ugeiniau eraill o'r fro Gymraeg. Mynychai Glwb y Cymry yn Upper Parliament Street, lle y darperid yn helaeth ar gyfer y Cymry, ac yno y cyfarfu gyda Chymro brwd arall, Glyn Hughes. Priodwyd hwy yn 1959 yng nghapel Bryn-gwyn, ond cymaint oedd edmygedd Cymry Penbedw o'r ddau, nes i gapel yr Eglwys Wesleaidd logi bws o Claughton Road, er mwyn cefnogi'r ddau ifanc ar gychwyn y daith briodasol. Talodd y weithred hardd honno ar ei ganfed. Sefydlodd y ddau eu cartref newydd yn Prenton, rhan o Benbedw, cartref Cymraeg, a ganwyd iddynt ferch, Bethan, a mab, Hywel, gan eu cynysgaeddu â'r iaith Gymraeg, a bu'r ddau a'u teuluoedd yn gannwyll ei llygaid ar hyd y blynyddoedd.

Gwreiddiodd y teulu yn Mhenbedw gan ymdaflu i fywyd Cymraeg a chrefyddol eu cyd-Gymry. Dychwelodd Eira i fyd dysgu ar ôl i'r plant ddechrau'r ysgol ac yn y cyfnod hwn y mynychodd ddosbarth nos i ddysgu'r grefft o nyddu a chwiltio. O fewn amser byr yr oedd yn hynod o fedrus, a daeth y disgybl yn ddigon abl i gymryd dosbarth ei hun. Dyma ddechrau ar ei chyfraniad pwysig gyda'r droell nyddu ac yn myd cwiltio. Medrai eich cadw yn ddiddig yn egluro'r gwahaniaethau rhwng cwiltio Cymreig a chwiltio Saesnig neu gwiltio Eidalaidd.

Dechreuodd annerch cyfarfodydd yn Gymraeg a Saesneg ar y grefft a chofiaf yn dda ei gwahodd bedair gwaith i gymdeithas Lenyddol Lerpwl dros gyfnod o ugain mlynedd i ddangos ei gwaith ac i wrando arni'n traethu'n huawdl gan arddangos y cwiltiau hardd, y lliwiau, a'r cyfan yn waith un a gysegrodd ei doniau. Y cyfan yn golygu cymaint o ymdrech. Gyda chefnogaeth ei theulu, mentrodd ymhellach na Sir Gaerhifryn a Sir Gaer a chreodd stori gwerth ei hadrodd. Bu ar ymweliad â'r Unol Daleithiau yn arddangos ei gwaith ac annerch ar ei chynnyrch 26 o weithiau. Derbyniodd wahoddiadau o gyfandir Ewrop, bu ar ymweliad â Rwsia a gwahoddwyd hi i Siena. Derbyniodd y gwahoddiad a theithiodd yr holl ffordd bell yno. Nid oedd diwedd ar ei medr, yr egni, yr awydd i gyfathrebu a dawn dweud gafaelgar yn y ddwy iaith.

Yng nghanol hyn i gyd, fel llysgenhad answyddogol y Cymry i'r byd mawr fel petai, nid esgeulusodd ei phlwyf, sef Cymdeithas Gymraeg Penbedw, gan ymdaflu ei hun gorff ac ysbryd i weithgarwch cyson, wythnosol bob hydref, gaeaf a gwanwyn. Bu'n Llywydd y Gymdeithas ac yn ysgrifennydd penigamp am gyfnod hir, ac yn medru perswadio ni i gyd i ddod i ganu, adrodd storïau, annerch a darlithio. Darlithiai ei hun, cymerai ran yn y dadleuon, a llwyddai i gael darlithwyr poblogaidd gogledd Cymu i deithio yng nghanol gaeaf i Benbedw ar nos Lun. Adnabyddai gynifer o bobl a chynifer ohonynt yn edmygwyr mawr ohoni. Bu colli ei phriod yn gryn siomedigaeth iddi, ac ni bu bywyd yn hawdd nag yr un fath ar ôl y brofedigaeth. Cafodd broblemau gyda'r golwg a bu'n rhaid rhoi'r gorau i ddreifio ac i gyflawni gwaith cwiltio. Symudodd o'i chartref ac yn fuan gwelid bod arni angen gofal dwys. Derbyniodd ofal cariadus yng nghartref nyrsio Beechcroft, Oxton, a diolchir iddynt am eu tosturi a'u caredigrwydd. Diolchwn, fel alltudion Glannau Mersi, am ei chyfraniad a erys, sef Cymdeithas Cymry Penbedw yn goffadwriaeth iddi i'r dyfodol, a gwerthfawrogiad miloedd o bobl ar dri chyfandir a'i clywodd a gweld ei gwaith cywrain.

210 YSGRIF GOFFA – IRIS HUGHES JONES

gan D. Ben Rees

Yn Llyfr yr Actau, pennod 20, adnod 28, y mae gennym anogaeth yr Apostol Paul i eglwys Effeus: 'Gofalwch amdanoch eich hunain ac am yr holl braidd, y gosododd yr Ysbryd Glân chwi yn arolygwr drosto i fugeilio eglwys Dduw, yr hon a enillodd ef â gwaed ei briod un'. Dymuniad Iris oedd fod yr Efengyl yn cael ei chyhoeddi yn ei harwyl, ac ni wn i am well disgrifiad o'n chwaer. Bu'n ofalus o'r praidd yn Wallasey a Laird Street a chafodd ei bendithio yn helaeth yn ei gwaith o fugeilio eglwys Dduw, yr hon a ddaeth inni trwy fuddugoliaeth y Pasg. Ac ar drothwy'r Pasg, addas iawn yw cyfeirio ein camre at yr hanfodion a fu'n gynhaliaeth bywyd ysbrydol ein hannwyl gyd-weithwraig.

Ymhle y dechreuodd y daith i Iris? Wel yng nghartref nyrsio Craig Beuno, Bangor ar 6 Mawrth 1932, ac fe'n gadawodd bron yr un dyddiad, 4 Mawrth 2018, ar aelwyd ei brawd, Edgar Hughes Jones, a fu mor ofalus ohoni. Rhieni Iris ac Edgar oedd Huw a Kitty Jones o'r Waunfawr. Iris oedd yr hynaf a bu'n ofalus iawn pan ddaeth brawd iddi ar yr aelwyd.

Addysgwyd hi yn Ysgol Waunfawr ac ennill yr 11+ i Ysgol Ramadeg Caernarfon, Ysgol Syr Hugh Owen, lle y dangosodd allu ac ymroddiad gan wneud llu o ffrindiau, nifer ohonynt fel hithau a ddaeth i fyw i lannau Mersi. Bu am addysg bellach yng Ngholeg y Brifysgol Gogledd Cymru, Bangor, lle bu'n astudio Mathemateg a Saesneg cyn mentro i'r byd yn athrawes ysgol.

Derbyniodd swydd yng Nghanoldir Lloegr yng nghanol y pumdegau, yn Ysgol Ramadeg y Merched, Willehall, ger Wolverhampton. Daeth i adnabod Capel y Presbyteriaid yn Wolverhampton, ond yn niwedd y pumdegau a dechrau'r chwedegau symudodd i Ysgol Uwchradd Speke, ysgol fawr, a daeth dinas Lerpwl yn gartref iddi.

Yr oedd Lerpwl yn y chwedegau yn fyrlymus ym mhob rhyw ystyr. Daeth Lerpwl yn ddinas adnabyddus, ac yr oedd y Cymry yn llawn gweithgarwch. Ond yr oedd mantais fawr gan Iris gan fod ganddi fodryb (chwaer ei mam) yn byw yn Croxteth Road. Cyfarfûm ag Iris ar aelwyd Mrs Stephens, a phan fu farw ei phriod, Mr Charles Stephens gofynwyd imi weinyddu yn yr arwyl. Yr oedd Mrs Grace Stephens yn meddu ar ddarlith ddiddorol ar ei bywyd yn Ymwelydd Iechyd â chartrefi'r ddinas a byddai'n mynd ar ei beic. Byddai Iris a hithau yn derbyn budd o weithgarwch ac addoliad Eglwys y Drindod, Princes Road, a chafodd glywed y pregethwr grymus Ifor Oswy Davies, a sylwodd ar nodweddion pregethu yn ei ysblander. Yn 1970 derbyniodd swydd yn athrawes yn Wallasey lle y bu hyd ei hymddeoliad yn 1996. Ymunodd â Chapel Cymraeg Rake Lane, a gwn mai ar nos Fawrth, 28 Ebrill 1970 y mynychodd hi'r capel am y tro cyntaf. Y noson honno agorodd y blaenor, W. D. Owen, drafodaeth ar y Beibl Saesneg Newydd, a gwrandawyd hefyd ar argraffiadau Miss Beti Jones, Prenton, o Gynhadledd Genhadol y Barri. Yn yr un cyfarfod croesawyd Miss Iris Hughes Jones, Lerpwl i'w plith, a dyma ddechrau deng mlynedd ar hugain o ymroddiad i'r achos.

Yr oedd Capel Wallasey yn y dyddiau hynny o dan ofal y Parch. E. Watkin Jones ac yn meddu ar lawer iawn o weithwyr canol oed ac ifanc fel Mair Pierce Jones, Goronwy Humphreys, Olwen a Gwyn Jones, Mrs Olwen Roose Williams, Lynne Byrne a llawer mwy, ond dyna'r enwau a ddaw i'r cof. Yr oedd Iris Hughes Jones wrth ei bodd ac yn manteisio ar y cyfle i deithio i wledydd amrywiol. Bu'r daith a gyflawnodd i Israel yn brofiad mawr iddi yn niwedd y nawdegau, gan ei bod erbyn hynny'n ysgwyddo llawer o gyfrifoldebau fel blaenores. Cafodd ei hethol i'r swydd yn 1977, a phan drefnais Gwrs i Hyfforddi Lleygwyr i fod â gofal oedfaon ar y Sul, daeth hi'n aelod brwdfrydig o'r dosbarthiadau. Golygai deithio bob haf o leiaf hanner dwsin o weithiau i ysgoldy Bethel i wrando ar arbenigwyr a fyddai'n trafod agwedd o'r addoliad, a bu'r cwrs yn bodoli am nifer o flynyddoedd yng nghanol yr wythdegau. Golygodd hyn i Iris Hughes Jones fanteisio yn helaeth ar y ddarpariaeth a dod yn gennad yn y gwahanol gapeli. Fel y dywedodd un o'r gwrandawyr wrthyf: 'Mae'n hawdd gwrando arni'.

Bu'n Llywydd yr Henaduriaeth ac yn gynrychiolydd i'r llysoedd. Cofiaf yn dda ei chludo o ymyl gwesty'r Adelphi yn Lerpwl yr holl ffordd i'r Gymanfa Gyffredinol yn Llanbedr Pont Steffan a mynd â hi ar ffordd gul na fu erioed arni o'r blaen drwy Pont y Gŵr Drwg (Pontarfynach), Ysbyty Cynfyn, Ffair-rhos, Tregaron ac i Lambed. Cafodd wledd o weld yr unigeddau.

Yr oedd hi'n ddylanwad ar lawer ac yn medru gwneud ffrindiau'n hawdd. Bu'n ofalus o deulu o Indiaid sydd bellach wedi ysgaru i Lundain, Caerlŷr, Nottingham a Milton Keynes. Yr oedd ei chefnogaeth i'r Henaduriaeth yn dweud yn glir mai person rhyngwladol ydoedd yn y bôn.

Yn nechrau'r ganrif hon, daeth hi'n argyfwng arnom a phenderfynwyd argymell bod capeli Rake Lane, Wallasey a Salem, Laird Street yn cael eu huno mor fuan ag yr oedd modd. Yn 2001 dathlodd Capel Rake Lane ganmlwyddiant adeiladau'r capel a oedd ar y ffin rhwng Wallasey a New Brighton. Daeth dau gapel ynghyd, Capel Liscard Road, Seacombe, a chapel Egerton Street, New Brighton. Dyma lle y bu J. Saunders Lewis yn derbyn ei fagwraeth grefyddol ac ar ôl cymryd rhan mewn oedfa yn ystod y Rhyfel Byd Cyntaf dywedodd:

'And yet I liked that tiny gathering of men and women, all simple and not rich, meeting in an English city to pray and have quiet time, and speaking and singing in their own tongue ...'

Trefnwyd oedfa arbennig ar ddydd Sul, 5 Mehefin 2001, yn Rake Lane i gofio'r canmlwyddiant ac i uno'r ddwy gynulleidfa mewn eglwys i'w galw'n Seion, lle y bu Iris yn arweinydd, yn Ysgrifennydd a Thrysorydd dibynadwy, ac yn gyson o ran ei chefnogaeth. Yr oedd gyda'r mwyaf ymroddedig o'r arweinwyr.

Cafodd oes dda a gwnaeth waith canmoladwy. Trawyd hi'n wael ddiwedd 2017, bu yn Ysbyty Arrowe Park o 20 Rhagfyr i 11 Ionawr, ac yna daeth allan a chael gofal arbennig iawn gan ei brawd a'r strwythur sydd ar gael gan y Wladwriaeth i helpu'r claf a hynny am 52 o ddiwrnodau. Bu Maureen a Martin O'Sullivan yn noddfa fawr i'w brawd yn ystod y gofal a'r brofedigaeth lem a'i gadawodd yn unig.

Cynhaliwyd ei hangladd ar ddydd Iau, 29 Mawrth 2018, yng nghapel Seion, Laird Street o dan fy ngofal. Chwaraewyd yr organ gan Mrs Margaret Anwyl Williams o Bethel. Da oedd gweld y Parch. Eleri Edwards (Manceinion) yn cynrychioli'r Henaduriaeth yn Seion a'r Parch. Robert Parry (Wrecsam) yn cynrychioli yn Amlosgfa Landican, ac ef a arweiniodd gynulleidfa hardd a ddaeth ynghyd, yn ddwys ar lwybr gweddi. Cydymdeimlir â'i brawd, Edgar Hughes Jones, yn fawr iawn a da oedd cael gweld pobl wedi teithio yn bell i'r gwasanaethau.

211 Ysgrif Goffa ----Robert Owen

Yr Athro Robert Owen

Cefais gryn lawer o gwmniaeth yr Athro Robert Owen y deugain mlynedd diwethaf , un o feddygon Cymraeg athrylithgar ei oes. Ni allai ddweud gair gwael am neb, dim ond canmol a chefnogi a gweithredu. Meddai galon dyner tuag at yr anabl, tlodion y trydydd byd a theuluoedd yn ei pryder am ei anwyliaid . Nid cydymdeimlo a wnai ond gweithredu er budd unigolion o bob oedran. . Bu ei gyfraniad amhrisiadwy o fewn Prifysgol Lerpwl fel darlithydd ac Athro, ei ofal am blant a phobl ifanc Ysbyty Alder Hey, cleifion Ysbytai Abergele a Gobowen, a'r Ysbyty Frenhinol yn Lerpwl. Ef yw'r olaf o'r cewri ei genhedlaeth a gerddodd goridorau'r ysbyty fawr honno a byddwn fel caplan yn ei gyfarfod ef yn gyson ynghyd a Dr Emyr Wyn Jones, Howell Hughes, Goronwy Thomas (ei fentor) ac eraill. . Y cyfarchiad bob amser yn ein hiaith. Pan ddaeth i wybod fy mod yn ymddiddori yn hanes meddygon esgyrn Cymraeg y ddinas, roedd ei ffiol yn llawn, gan iddo yntau gadw enwau Hugh Owen Thomas a Syr Robert Jones yn fyw, a bellach gellir cyplysu ei enw ef yn y traddodiad orthopaedig clodwiw hwnnw . Treuliodd nifer o flynyddoedd yng Nghadair Orthopedig Prifysgol Lerpwl, swydd y bu yn gysurus ynddi, a phenderfynodd ychwanegu cwrs hyfforddi Meistr I fyfyrwyr ol-radd o Brydain a thramor. Disgwylid iddo deithio I gynhadleddau I ddarlithio ac I Brifysgolion a bu yn barod iawn I drosglwyddo ei wybodaeth I fyfyrwyr yn Mhrifysgolion yn Malaysa, Hong Kong, Singapor, Indonesia, India, Brasil, Unol Daleithiau a Sbaen.

Daeth y ddau ohonom yn gydweithwyr ar gynllun i gynorthwyo cleifion o Gymru a Ynys Manaw a fyddai'n derbyn triniaethau llawfeddygol yn Ysbyty'r Galon a'r Frest yn Broadgreen, Lerpwl..Gwyddwn o brofiad y gwewyr a'r broblem o gael noddfa i anwyliaid y cleifion hyn am bris rhesymol ac yn gyfleus i 'r ysbyty.Awgrymodd Dr Robert Owen y dylid ystyried cael ty ar dir yr Ysbyty lle medrai y perthnasau pryderus gael llety cysurus. Y dasg oedd codi arian. Un ffordd oedd trefnu Cyngerdd mewn Canolfan hwylus yn Lerpwl gyda Chor Cymraeg. Llafur cariad oedd y cyfan, y Capel , y cor a'n gweithgarwch I drefnu a gwerthu tocynnau. Dyna gychwyn yr ymdrech ac yn y diwedd trwy haelioni unigolion, cymdeithasau , staff Ysbytai Lerpwl codwyd chwarter miliwn . Agorwyd y Ty yn Broadgreen yn 1997 a'i alw yn Robert Owen House ac yn yr ugain blynedd diwethaf gwn trwy brofiad gymaint o fendith a fu. Yn wir daeth fwy o haelioni i'r Gronfa fel y medrid ehangu 'r cartref. Saif y ty yn gofgolofn i''w weledigaeth.

Nid arbedodd ei hun. Ef na'i ddiwedd ar briod Meg na'i ferch Gwyneth gan iddynt roddi tymhorau (yn arbennig ar ol ymddeol) i anghenion y Trydydd Byd.Ni wn am neb a fu mor weithgar, gan ddechrau yn Nigeria (yn ystod rhyfel cartref 1969), a chwmpasu gwledydd y cyfandir fel Malawi, Zimbabwe, a Chad. Yna bu yn y Dwyrain Canol, yn yr Aifft a Saudi Arabia. Ond y wlad yr ymserchodd ynddo oedd Nepal.Gwlad dlawd a cheir ychydig o'r stori yn ei hunangofiant diddorol a ddaeth allan yn 2015, O Gricieth I Kathamandu.Mab fferm a arbenigai mewn ceffylau , yn ardal Llanymstudwy ydoedd a newidiodd ei feddwl o fod yn feddyg yn hytrach na fferiar. Ond ni chollodd ei serch at geffylau a bu yn arloeswr canolfan farchogaeth I farchogion anabl hen ac ifanc yn Llanfynydd, Sir y Fflint. Cefnogodd yr adfywiad ymhlith meddygon Cymraeg o gyflwyno meddygaeth a'r hanes trwy gyfrwng y Gymraeg . Ymhyfrydai fel Llywydd Cymdeithas Hanes Meddygaeth Cymru. Ond yr oedd ei orwelion yn eang. Cymro I'r carn ond cosmopolitan ei fryd.Dyrchafwyd ef yn Llywydd Cymdeithas Sgoliosis Prydain yn 1979, a Llywydd Cymdeithas Asgwrn Cefn Gyddfol Prydain yn 1981. Cyhoeddodd yn eang yn ei faes lyfrau ac erthyglau a derbyniodd yr OBE yn 1994.Llwyddodd i gadw yn heini a phrysur hyd y deunaw mis diwethaf ac yntau ymhell yn ei nawdegau. Gadawodd i alaru mab a merch a phump o wyrion mor osgeiddig a thal fel yntau.

D.Ben Rees.

Bu farw Robert Owen ar 7 Mawrth 2018

212 YSGRIF GOFFA – EDWARD GORONWY OWEN

gan D. Ben Rees

Ar Ddydd yr Arglwydd, 19 Gorffennaf 2015, bu farw un o flaenoriaid mwyaf ymroddedig enwad Eglwys Bresbyteraidd Cymru ar lannau'r Mersi. Bu'n flaenor am 63 mlynedd ac ymhyfrydodd ymhob agwedd o'r gwaith. Mab y Mans ydoedd. Yr oedd ei dad, y Parch. W. R. Owen, a'i fam, Mrs Margaret Owen (née Davies), yn rhieni i'r ddiweddar Eirwen Price, priod i offeiriad Anglicanaidd, David Price, llenor, hanesydd a diwinydd a fu yn gweinidogaeth yn swydd Salop. .

Ganwyd Goronwy yn Nhrefeglwys yn 1920, ond symudodd ei dad yn 1922 ar dderbyn galwad i Weston Rhyn gyda'r canlyniad fod y mab wedi treulio bron ei holl fywyd y tua allan i Gymru. Ar ôl addysg yn ysgol Ramadeg Rhiwabon a Phrifysgol Lerpwl ynghyd ag Ysgol Fferyllwyr oedd dan ofal H.Humphreys Jones. Gwasanaethodd yn ystod yr Ail Ryfel Byd (1943-6) yn Colombo Sri Lanka,Bu'n fferyllydd yn Lerpwl, i ddechrau gydag Evans Medical (1947-54), ac yna mewn partneriaeth am gyfnod maith. Adeiladodd fusnes llwyddiannus gyda phum siop yn ei feddiant yn gweini ar hyd a lled y ddinas o Bootle, Scotland Road , Anfield i'r Dingle. Bu'n gysylltiedig â thri chapel yn Lerpwl : Eglwys y Drindod, Princes Road, Garston a Bethel, Heathfield Road. Etholwyd ef yn flaenor yn 1952 yn Garston ac ym Methel yn 1977. Fel Trysorydd y ddwy eglwys bu'n ysbrydoliaeth, fel cymwynaswr haelionus i elusennau di-ri, i Ysbyty Shillong, Urdd Gobaith Cymru, Coleg y Bala, Gobaith mewn Gweithrediad gan fod yn ymddiriedolwr ac i Gapel Bethel, Heathfield Road / Auckland Road a phob mudiad a ddeuai ar ofyn yr Eglwys. Collodd ei briod, Marian (un o ferched Capel Garston) yn 1998 ond goresgynnodd ei brofedigaeth gyda'i ffydd a'i ymroddiad a gofal ei dri mab, Robert, Hywel ac Aled a'u teuluoedd.

Bu'n arweinydd doeth yn yr Henaduriaethau, Ymddiriedolaeth Gogledd-ddwyrain yr India, Rotari, Caplaniaeth Glannau Mersi, Pwyllgor Mawl y Glannau a'r papur bro *Yr Angor*. Rhoddodd gyfraniad cwbl nodedig fel Cadeirydd Pwyllgor Gwaith yr Angor. Medddai ar ddoethineb a mi fedrai wneud pob un oedd yn dal perthynas a'r papur bro deimlo fod ei hymdrech yn cael ei werthfawrogi yn fawr ganddo. Ni chollai oedfa na chyfarfod wythnos ar hyd ei oes , o ddyddiau Capel Weston Rhyn i ddyddiau Bethel , Heathfield Road , a chyda'r wên ei eiriau gofalus, a'i galon hael, goleuai bob cyfarfyddiad. Bu'n frawd a chyfaill da a thalwyd teyrnged haeddiannol iddo ar ddydd ei arwyl yn ninas ei fabwysiad ar bnawn Mercher, 29 Gorffennaf. 2015 Dyn dewr ydoedd.. Mentrodd ddwy flynedd cyn yr alwad olaf i wynebu ar driniaeth lawfeddygol fawr yn Ysbyty y Galon a'r Ysgyfaint Broadgreen. Cafodd ddwy flynedd fwy cysurus fel canlyniad. Yr oedd gennym destun diolch am fywyd disgybl da i Grist a chollwn ei gwmniaeth yn Tegfan, Dowsfield Lane ar gyrion parc nodedig Calderstones. .

213 YMATEB DA I'R HOLIADUR (2010) *gan D. Ben Rees*

Pleser oedd cael derbyn ugain o holiaduron yn pwyso a mesur ein papur bro, ond siomedig iawn oedd yr ymateb, pan gofir i ni gyflwyno dwy dudalen yn rhifyn Ebrill o'r *Angor*. Cafwyd ymateb, felly, gan lai na deg y cant o'n tanysgrifwyr, a sylweddolaf mai tanysgrifwyr sy'n derbyn y papur trwy'r post oedd y mwyafrif mawr o'r ymatebion a dderbyniwyd. Ychydig ar y naw sy'n derbyn y papur yn Lerpwl a aeth ati i lenwi'r holiadur. Mae hyn yn awgrymu bod bron pawb sy'n cael y papur yn y capeli yn gwbl hapus gyda'i gynnwys, ei olygyddol, a'i gyflwyniad. Ychydig o'r rhai a anfonodd yr holiadur sy'n derbyn papurau bro eraill. Dyma'r rhai a enwir – *Llanw Llŷn, Y Bedol, Y Barcud, Papur Fama, Lleu* a phapur na chlywais erioed amdano o'r blaen, *Y Golomen* (pa ardal a gynrychiolir gan y papur bro hwnnw tybed?).

Dau beth arall sydd gennyf i'w nodi. Nid oedd un o'r atebion yn barod i roi ei enw a'i gyfeiriad, ffaith hynod ynddo'i hun, ar ddiwedd yr holiadur. A'r ail beth oedd fod pob un a ymatebodd dros 61 mlwydd oed, hwy wedi'r cyfan yw asgwrn cefn y capeli, y cymdeithasau a gwylwyr S4C. Er yr holl syniad am y Cynulliad Cymreig, a'i fanteision, y mae hi'n ddydd y farn arnom fel cymunedau Cymraeg yng Nghymru a thu allan iddi. Mae cynulleidfaoedd S4C wedi gostwng ac mae oedran y gwylwyr fel oedran darllenwyr *Yr Angor*, ar gyfartaledd yn anghyffyrddus o uchel.

Gallaf fel Golygydd *Yr Angor* a gall y Pwyllgor Gwaith deimlo'n gwbl fodlon ar *Yr Angor*. Mae pob un a ymatebodd yn cytuno fod cynnwys y papur bro yn ddiddorol, y mwyafrif yn cytuno bod lluniau y papur yn glir, ond o leiaf bedwar yn teimlo y gellir cael lluniau cliriach ar adegau. Pob un yn cytuno bod iaith y papur yn ddealladwy, yn gweld yr hysbysebion yn ddefnyddiol, y papur bro yn berthnasol, ac yn cytuno fod pris *Yr Angor* yn rhy rhad. Diddorol hynny, ond am 40 ceiniog y rhifyn y mae'n fargen o'r mwyaf, £7 y flwyddyn drwy'r post. Dim ond dau sydd am weld tudalennau mewn lliw a bron neb yn credu bod lle i wella cynnwys y papur bro. Hoffir hefyd faint y tudalen.

Yn adran 4, nid yw'r mwyafrif am weld papur bro ar y we. Gwelir tudalen flaen pob rhifyn ar y we ers rhai blynyddoedd, o dan y Liverpool-Welsh.co.uk, ac nid oes neb yn gwarafun bod hynny'n digwydd. Sylwer mai dyma yr adrannau sy'n plesio fwyaf :

i) Lluniau
ii) Golygyddol
iii) Newyddion o Lannau Mersi a Manceinion

Y mae'r trydydd pwynt yn cael ei danlinellu yn fyw iawn, a dyledus ydym i'r pump sy'n cofnodi yr hanes bob mis. Cawn adroddiadau blasus o Fanceinion gan Mrs Lois Murphy; o Laird Street, Penbedw gan Mrs Marged Jones; Cymdeithas Gymraeg Penbedw gan Mrs Eirwen Sergeant; Cymdeithas Cymry Lerpwl gan Mrs Beryl Williams; a Chapel Bethel gan Miss Mair Powell – pum gwraig – diolch o galon i chi oddi wrth y Golygydd sy'n dibynnu arnoch. I gloi, dyfynnaf dri ymateb o dan y cwestiwn. *Pa fwynhad / beth rydych chi yn cael allan o'r papur bro?* Dyma'r cyntaf o Gilgwri:

'Byddaf yn edrych ymlaen yn eiddgar at dderbyn *Yr Angor* ac wrth fy modd yn ei ddarllen o un tudalen i'r llall. Mae yn cynnwys erthyglau diddorol iawn. Braf iawn hefyd yw cael cadw mewn cysylltiad â'r capeli a'r cymdeithasau ar y Glannau – a chael gwybod am bopeth sydd yn mynd ymlaen'

Ymateb arall o Ogledd Lerpwl:
'Pleser pur yw darllen rhifyn misol *Yr Angor*.'

A dywed un sydd yn byw y tu allan i Lerpwl.

'Mae'r papur yn ddiddorol i mi – oedran 60+, ond a yw'n ddiddorol i rai iau sy'n gwestiwn arall. Daliwch ati plis.'

A chredaf fod yr ymateb yna yn ein calonogi a'n sobri yr un pryd. Y cwestiwn mawr fydd – a fedrwn ni ar ôl 31 mlynedd o fodolaeth *Yr Angor* drosglwyddo'r papur bro hwn i genhedlaeth iau. Amser a ddengys yw'r unig ateb boddhaol.

214 YMCHWIL AR GYMRY LERPWL

gan Olwen Morris-Jones

Mae'r gwaith hwn wedi cael ei baratoi fel rhan o astudiaethau cwrs '*Geography for Management*' ym Mhrifysgol Lerpwl. Yn wreiddiol o Landaf, yng Nghaerdydd, mae gan Olwen Morris-Jones gysylltiadau teuluol gyda Lerpwl gan bod ei thaid, Ioan Meirion Jones, o'r Bermo wedi bod yn gweithio ar y Blue Funnel Line yn y pumdegau. Mae ei mam, Dilys Morris Jones, yn gynhyrchydd gydag ITV Cymru ac yn gyn-gynhyrchydd ar *Dechrau Canu, Dechrau Canmol.*

Mae Olwen newydd raddio ac mae hi'n drist iawn i adael Lerpwl, ond bydd y ddinas yn parahu'n agos iawn at ei chalon a bydd yn ymweld yn aml.

Hoffai Olwen ddiolch yn fawr am y cydweithrediad parod a dderbyniodd gan Gymry Lerpwl tra oedd hi'n gweithio ar y gwaith ymchwil. Cafodd groeso mawr a sgyrsiau hynod o ddifyr fydd yn aros yn y cof. Os oes unrhyw gangymeriadau ffeithiol, ei bai hi yw hyn, ac mae hi'n ymddiheuro o flaen llaw. Mae ei diolch pennaf i Dr. D. Ben Rees am ei arweiniad a'i garedigrwydd.

UNIVERSITY OF LIVERPOOL

Welsh migration and the retention of identity in Liverpool

Olwen Morris-Jones

Department of Geography

School of Environmental Sciences

2010 – 11

Dissertation submitted as partial fulfilment of the degree
B.A. Geography for Management

215 YMCHWIL AR HANES CYFFROUS CALFINIAID LERPWL

gan Bobi Jones

Codi Stêm a Hwyl yn Lerpwl, Hanes Capel Bethel, Heathfield Road, Lerpwl. Profiadau Pererinion Webster Road, Maesgrug a Bethel, (Lerpwl, Cyhoeddiadau Modern), 287 tt. Pris - £15.00.

Rhan o'r ymerodraeth Gymraeg, fel Llydaw, Patagonia, a Llundain yw Lerpwl: o leiaf capeli Lerpwl. A bu ei chyfraniad i'r famwlad yn enfawr. Fe gynhaliwyd y diwylliant Cymraeg yno gan unigolion diwylliedig, drwy eisteddfodau, cyhoeddiadau, a chymdeithasau. Cafwyd criw amrywiol - llenorion nodedig, cyfreithwyr, gwyddonwyr, athrawon, masnachwyr, meddygon, economegwyr, plismyn a cherddorion ac eraill. Nid y lleiaf o'r *ex-pats* amrywiol hyn yw awdur y gyfrol hon.

Dyry i ni hanes hwyliog, cyffrous a manwl gan ganoli'i sylw ar gapel Smithdown Lane, Webster Road, Ramilies Road, Heathfield Road a Bethel, 1864-2007. I rywrai, nid geiriau a fyddai'n awgrymu stêm na hwyl yw enwau capeli mwyach. Ond treuliodd D. Ben Rees ddeugain mlynedd (1968-2008) yn weinidog yn Lerpwl, a phery bellach yn weinidog rhan amser. Gŵyr ef yn amgenach. Rhydd i ni nawr arolwg safonol o hanes yr Hen Gorff yn y ddinas a Bootle, lle y cafwyd 30 o gapeli drwy'r blynyddoedd, ynghyd â 64 o ganghennau, cyfanswm o 94 o ganolfannau. Ni ddywedaf am y penodau cyntaf namyn hyn: cafwyd cewri yn y weinidogaeth yn y ddinas hon gan gynnwys Henry Rees (Chatham Street) a'i frawd Gwilym Hiraethog, David Saunders, Owen Thomas, Josiah Thomas, Dr. John Williams Brynsiencyn, William Owen a G. Moelwyn Hughes, cewri na ragorwyd arnynt yn y cyfnod hwnnw yn yr un ddinas arall, ddwedwn i. A chafwyd ar un adeg, am ryw gyfnod, gynnydd eithriadol o lewyrch ymhlith yr eglwysi – gyda chapel Mulberry Street, er enghraifft, yn cynyddu o ran aelodaeth o 103 yn 1841 i 409 yn 1859. Darlunia'r Oes Aur, yn sicr, oes ddeallol a phrofiadol ac egnïol ei diwylliant, na chaed mo'i thebyg o ran ffrwythlondeb mewn llawer iawn o drefi yng Nghymru. Felly, cafwyd yr hanes yn fanwl ac yn amryfal am naw pennod ddifyr ac addysgiadol, hyd at y cyfnod diweddar.

Yna, down at y cyfnod a gofir heddiw gan lawer, onid y rhan fwyaf, o Gymry Lerpwl sy'n ymwneud o hyd â materion ysbrydol a diwylliannol Cymraeg, o 1968 hyd heddiw. Yn briodol iawn, rhoddir pum pennod i'r cyfnod hwn a allasai fod wedi troi'n hunangofiant gan gymaint egnïon a llydaned diddordebau a ffrwythloned ymarferoldeb yr awdur. Sonia H. Wyn Jones yn ei ysgrif deyrnged i'w weinidog: 'cawsom ein breintio fel Eglwys a chynulleidfa trwy glywed pregethu'r Crist Croeshoeliedig ac Atgyfodedig - ein diddanydd a'n cysur, ein hiachawdwr a'n hachubwr.' Mae'r geiriau hyn am y cyfnod hwn yn arwyddocaol iawn, fel y cawn weld.

Stêm a Hwyl? Cafodd ei eglwys ei thynnu i mewn i weithgareddau creadigol helaeth, megis cynnal papur bro (golygwyd *Yr Angor* gan D. Ben Rees er 1979 hyd heddiw), cyhoeddi llyfrau, gwerthu cyfnodolion a llyfrau, trefnu teithiau, chwarae pêl-droed, darlithiau, cyngherddau. Edmygaf yn fawr fel y bu ef, y prysuraf o ddynion, gyda'i amser sbâr diarhebol, yn cynnal dosbarth dysgu Cymraeg i oedolion ar nosau Gwener dros gyfnod o 22 mlynedd. (Sylwaf fod rhai o'r dysgwyr wedyn yn cefnogi rhai o weithgareddau'r eglwys). Lle yr oedd y bröydd Cymraeg yn ymgyfyngu i brotestio a 'chadw' yn unig, yr oedd Lerpwl yn ymrwymo yn yr adennill, a hynny gyda gŵr yr oedd bod yn enillgar iddo yn uchel ar ei agenda.

Bu'n enwadwr teyrngar, a gredai mewn cydweithrediad, a thorchodd ei lawes. Mae'n amlwg iddo gael ei gefnogi gan dîm deallus, gweithgar, a difrif-hwyliog yr oedd ef yn hoff iawn ohono.

Mwynheuais i lygadu'n agos, wrth iddo ef olrhain hynt a helynt ei ymroddiad ysbrydol ymhlith ei bobl, beth yn union a oedd yn digwydd iddo ef ei hun yr un pryd. Mae yna rywbeth go arbennig wedi digwydd iddo, bron yn ddiarwybod ddwedwn i. Ac roedd yn wahanol i'r hyn sy'n digwydd i'r dyngarwyr confensiynol, y radicaliaid cyfarwydd efallai a oedd erbyn diwedd yr Ail Ryfel Byd ychydig yn flinedig ac ystrydebol am nad oeddent yn credu dwyfoldeb Crist, na'r goruwchnaturiol, na phenarglwyddiaeth Duw, na'r Iawn, na'r atgyfodiad. Mae yna rywbeth mwy chwyldroadol na'r cyffredin yn yr enwadau wedi digwydd i D. Ben Rees. Bu Ben, ar un adeg efallai, tan 1974, yn rhyddfrydwr cyfyngedig, ac yn hir iawn o dan ddylanwad yr Athro Ifor Enoch. Cadwai o hyd wedyn yn y cefndir gariad angerddol cyson at Gymru ac at ei enwad. Bu'r ddwy elfen hynny iddo yn bont. Ond digwyddodd rhywbeth penodol tua 1974 a esgorodd ar dair blynedd o fyfyrdod dwys. Daeth D. Ben Rees go wahanol allan o'r berw mewnol. Wrth iddo astudio bywyd a meddwl Owen Thomas, fe ganfu ef fod y pethau mawr y bu'r eglwysi Methodistaidd Calfinaidd yn eu credu gyda'r briffordd eglwysig yn hanes yr enwadau eraill drwy'r oesoedd, ac a daflwyd heibio gan bwyll yn ail hanner y bedwaredd ganrif ar bymtheg, wedi'r cyfan, yn wir bob gair, ac yn wir mewn ffordd ychydig yn wahanol i'r pwyslais a gafwyd ganddo ynghynt. Nid oedd hyn yn golygu cefnu'r un fodfedd ar ei safonau dyngarol a'i weithgaredd moesol. Ond gosodwyd yr unochredd hwnnw o fewn cyd-destun dyfnach bellach, cyd-destun llawnach a mwy efengylaidd Galfinaidd.

Nid oedd Ben wedi llifo gyda'r rhelyw yn llaciach, laciach, i gorsydd y rhagdybiau gormesol dyn-ganolog gan ymgymhwyso i'r oes, fel y digwyddodd dan y gorthrwm cyfarwydd. Roedd ganddo amgenach cenadwri i roi ynni a phwrpas iddo bellach. Gwnaethai astudiaeth gymdeithasegol ar gyfer MSc ym 1972. Ond symudodd y gogwydd yn awr bron yn ddisylw. Aed â Gandhi bellach i Fryniau Khasia, heb golli'i barch at Gandhi. Aeth o Aneurin at Owen Thomas a John Elias, heb gefnu ar ddyngarwch *Aneurin* (h.y. Bevan, sef enw'r cylchgrawn y bu'n ei olygu pan oedd ef yn fyfyriwr yma yn Aberystwyth). Arweiniai hyn mwyach at ei ddarlith nodedig ar Galfin.

Os yw'r hanes am eglwysi Lerpwl yn anrhydeddus iawn, er ei fod yn arwain at drasiedi'r cyfnod diweddar, y mae hanes arwrol a chudd yr awdur yr un mor ogleisiol. Dadlennu a wna wneuthuriad ac adeiladaeth un o weinidogion mwyaf gweithgar unrhyw oes yn y Gymraeg, wrthi'n herio materoliaeth cyfnod y dirywiad, yn erbyn llif a ddechreuasai godi yn ail hanner y bedwaredd ganrif ar bymtheg. Dadlenna hefyd gefndir ffrwythlon yr hanesydd ynddo. Da oedd ysgrif werthusol ofalus a theg gan y Parch. Emlyn Richards, Cemaes, Môn. Caiff Ben bellach ei gyfrif gydag Eifion Evans yn un o'r haneswyr Methodistaidd mwyaf ymroddedig sy'n byw heddiw ac sydd erioed wedi byw – a bu hanesyddiaeth y Methodistiaid Calfinaidd (hyd nes iddynt golli'r enw hwnnw) yn un arwrol.

Cynhyrchwyd y gyfrol hon gydag arddeliad hardd, gan adlewyrchu parch y gynulleidfa a'r gweinidog at y pwnc rhyfedd hwn. Dymunwn 'ymddeoliad' ffrwythlon a llawen i'r awdur wrth iddo gynaeafu gweddill ei gynlluniau.

216 YMWELIAD YR ARGLWYDD CLEDWYN O BENRHOS (AWST-MEDI 1979)

gan Ieuan A. Jenkins

Ychydig ddyddiau ar ôl cael ei ddyrchafu i Dŷ'r Arglwyddi, ymwelodd yr Arglwydd Cledwyn o Benrhos â dinas Lerpwl. Bu ef yn Aelod Seneddol (Llafur) dros Ynys Môn o 1951 i 1979 a daeth i Ginio Blynyddol Clwb Rotari Toxteth yn brif siaradwr ar 14 Mehefin 1979. Llywydd y Clwb Rotari yw Mr E. Goronwy Evans a theimlai falchder mawr iddo lwyddo i berswadio'r gwleidydd adnabyddus i ddod yn ŵr gwadd. Clywir canmol mawr hefyd am lywyddiaeth E. Goronwy Owen o fewn Clwb Rotari Toxteth. Gofalwyd am briod yr Arglwydd Cledwyn o Benrhos, y Fonesig Jean, gan Mrs Marian Owen (priod Goronwy), Calderstones, a hefyd Mrs Meinwen Rees, Allerton, sy'n ffrindiau i'r ddau .

Yr Arglwydd Cledwyn o Benrhos
(1916-2001).

217 YMDDEOLIAD Y LLAW FEDDYG EDGAR PARRY (EBRILL 1984)

gan Glyn Davies

Dyma hanes Mr Edgar Parry, y llawfeddyg adnabyddus, a anwyd yn Waunfawr, Arfon. Daeth i Lerpwl cyn yr Ail Ryfel Byd i astudio meddygaeth yn y Brifysgol a threuliodd y rhan fwyaf o'i oes ar y Glannau yn llawfeddyg ymgynghorol yn ysbytai Broadgreen a Waterloo. Yn y cyfnod hwn bu'n arloesi gyda'r driniaeth lawfeddygol o'r rhydwelïau a'r gwythiennau a bu llawer o gleifion o ogledd Cymru yn ogystal â'r Glannau o dan ei ofal.
Edgar Parry

Bu Mr Parry yn amlwg yng nghylchoedd meddygol y ddinas ac fe'i anrhydeddwyd pan etholwyd ef yn Llywydd Cymdeithas Feddygol Lerpwl, un o'r sefydliadau meddygol hynaf yn y wlad hon, ac yn ei araith o'r gadair dewisodd sôn am Edward Lhuyd, y Cymro hynod o'r ail ganrif a'r bymtheg a ddaeth yn enwog fel naturiaethwr a hynafiaethwr.

Cyhoeddir y llun hwn gan Royal Medical Institution

Bu Mr Parry yn gefnogol bob amser i weithgareddau Cymraeg y Glannau, ac mae'n un o gymrodyr Eisteddfod Gadeiriol Glannau Merswy.

Mewn cinio arbennig a drefnwyd gan ei gyd-feddygon i ddymuno'n dda iddo, darllenwyd yr englyn milwr canlynol a gyfansoddwyd yn arbennig gan Geraint Lloyd Owen:

A'r gwan win ei gyffur,
Rhoi'n gyson eiriau'n gysur
A bywiocáu lle bu cur.

Ymunwn ninnau Gymry'r Glannau i ddymuno iddo ef a'u briod iechyd a hoen i fwynhau eu hymddeoliad yn eu cartref ar ynys Môn.

218 Apel Dathliad Yr Angor yn 40ain oed

Rhestr Cyfranwyr

1	Cymdeithas Cymry	Lerpwl	£230.00
2	Cymdeithas Lenyddol Eglwys Bethel	Lerpwl	£55.00
3	Cymdeithas Cymry	Penbedw	£100.00
4	Cymdeithas Gymraeg	Manceinion	£250.00
5	Eglwys Bethania	Waterloo	£200.00
6	Eglwys Seion	Penbedw	£50.00
7	Ymddiriedolaeth Eglwys Dewi Sant	Lerpwl	£630.00
8	Cyngerdd Penbedw gan Gantorion Bethel	Lerpwl	£40.00
9	Cystadleuaeth Golff y Cymry	Lerpwl	£750.00
10.	Mrs Lillian Coulthard	Aigburth	£50.00
11	Mrs Eryl Chitty	Gateacre	£100.00
12	Mr & Mrs Eurfryn Davies	Llandegfan	£360.00
13	Mr & Mrs Glyn Davies	Rhuthun	£50.00
14	Barch Eleri Edwards	Manceinion	£50.00
15	Mr & Mrs Elwyn Evans	Manceinion	£180.00
16	Mrs Mair Evans	Caernarfon	£40.00
17	Mr & Mrs Meirion Evans	Allerton	£180.00
18	Dr Robin Gwyndaf a Mrs Eleri Gwyndaf	Caerdydd	£60.00
19	Mrs Gwenfyl Haynes	Wavertree	£75.00
20	Mr Ben Hughes	Childwall	£100.00
21	Mrs Ann Jones	Llanwrin	£45.00
22	Mrs Betty Jones	Llandegfan	£40.00
23	Mrs Beryl Jones	Welwyn Grn. City	£160.00
24	Mr Eryl Wynn Jones	Woolton	£180.00
25	Mrs Gwen Jones	Allerton	£25.00
26	Mr John Wyn Jones	Abertawe	£50.00

27	Mrs Mair Rees Jones	Penbedw	£100.00
28	Mrs Rhiannon Liddell	Wavertree	£45.00
29	Mrs Betty Lockyer	Betws Bledrws	£30.00
30	Miss Hilda Lloyd	Rainhill	£50.00
31	John Lyons a'r diweddar Marian Lyons	Knowsley Village	£230.00
32	Mrs Betty Morris	Caer	£55.00
33	Parch John Morris (er cof am ei fam)	Llanddaniel Fab	£30.00
34	Mr & Mrs Clifford Owen	Llanfairfechan	£235.00
35	Mr & Mrs Elizabeth Owen	Halewood	£170.00
36	Mr & Mrs Roderick Owen	Allerton	£180.00
37	Mr & Mrs Alun Pari-Huws	Llandudno	£150.00
38	Mrs Nan Hughes Parry	Woolton	£55.00
39.	Miss Mair Powell	West Derby	£230.00
40	Dr D Ben Rees a Mrs Meinwen Rees	Allerton	£405.00
41.	Mr & Mrs Dafydd Ll.Rees	Llundain	£125.00
42	Y Barnwr a Mrs Hefin Rees	Harpenden	£125.00
43	Yr Athro Huw Rees	Boncath	£60.00
44	Mr Hywel Wyn Roberts	Caernafon	£180.00
45	Mrs & Mrs Idris Roberts	Allerton	£215.00
46	Dr & Mrs Arthur Thomas	Mossley Hill	£120.00
47	Ms Daniella Schlinck	Porthaethwy	£50.00
48	Mr & Mrs Brian Thomas	Mossley Hill	£220.00
49	Mr John Thomas	Allerton	£270.00
50.	Mr David Williams	Langford	£50.00
51	Dr John G. Williams a Mrs Beryl Williams	Allerton	£280.00
52	Yr Athro Mari Lloyd Williams	Llanelwy	£180.00
53.	y diweddar Mr Ken Williams	Gateacre	£200.00
54	Dr Patricia Williams	Childwall	£100.00
55.	Mr & Mrs Robyn Williams	Caergybi	£45.00.
		Cyfanswm	£8235.00